Flusslandschaften

studia humaniora

Düsseldorfer Studien zu Mittelalter und Renaissance

Herausgegeben von
Ricarda Bauschke-Hartung, Bruno Bleckmann,
Andrea von Hülsen-Esch und Achim Landwehr

Band 50

Flusslandschaften

In Mittelalter und Moderne

Herausgegeben von
Andrea von Hülsen-Esch

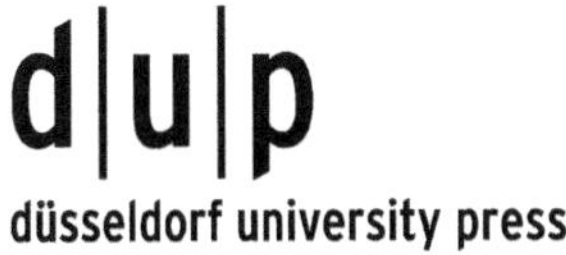

Wir danken für die Unterstützung durch die Heinrich-Heine-Universität Düsseldorf.

ISBN 978-3-11-108534-0
e-ISBN (PDF) 978-3-11-110277-1
e-ISBN (EPUB) 978-3-11-110350-1
ISSN 2940-6110
DOI https://doi.org/10.1515/9783111102771

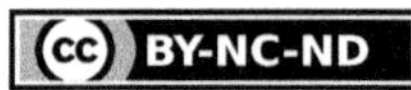

Library of Congress Control Number: 2023931685

Bibliografische Information der Deutschen Nationalbibliothek
Die Deutsche Nationalbibliothek verzeichnet diese Publikation in der Deutschen Nationalbibliografie; detaillierte bibliografische Daten sind im Internet über http://dnb.dnb.de abrufbar.

Dieses Buch ist als Open-Access-Publikation verfügbar über www.degruyter.com.
d|u|p düsseldorf university press ist ein Imprint der Walter de Gruyter GmbH.

Einbandabbildung: Ansicht von Koblenz mit dem Rhein und der Festung Ehrenbreitstein, Zeichnung von Johann Adam Klein, 1815, 22.8 × 32.7 cm, aufbewahrt im The J. Paul Getty Museum, Los Angeles, USA, https://www.getty.edu/art/collection/object/109DJW
Satz: Integra Software Services Pvt. Ltd.
Druck und Bindung: CPI books GmbH, Leck

dup.degruyter.com

Inhaltsverzeichnis

Andrea von Hülsen-Esch

Einführung

Flüsse sind – ebenso wie Meere oder Gebirge – seit jeher ein prägender Bestandteil von Räumen. Sie dienen als natürliche Grenzen, formen den Charakter einer Landschaft und das Bild ganzer Regionen. In politischer Hinsicht sind Flüsse oftmals umkämpfte Grenzen oder Orte kriegerischer Auseinandersetzungen und können zur Projektionsfläche für nationale Diskurse werden. Sie spielen für die Wahrnehmung eines geografischen Raumes eine wesentliche Rolle und sind selbst an der Konstitution von Räumen beteiligt, die nicht mit den geografischen identisch sein müssen. Zudem bilden sie Räume des Kontakts, in denen kulturelle Transfer- und Austauschprozesse stattfinden, sind Gegenstand von Dichtung und Literatur und tragen als solche entscheidend zur Herausbildung von Raumkulturen und zur Entstehung von Kulturräumen bei. Der vorliegende Band *Flusslandschaften* erkundet aus kunsthistorischer, germanistischer, anglistischer, romanistischer und aus historischer Perspektive im gesamten epochalen Längsschnitt von der Antike bis in die Gegenwart die Dimensionen von Flusslandschaften und den damit verbundenen Raumkategorien.

Dabei nimmt, vielleicht dem Standort der Autorinnen und Autoren entlang dieses Flusses geschuldet, die Hälfte der Vorträge unterschiedlichste Abschnitte und Funktionen des Rheins in den Blick. Der Rhein spielt als Grenzfluss und Transportweg, als Lebensraum und Sagenstoff eine entscheidende Rolle bei der Konstruktion nationaler, kultureller und regionaler Identitäten, die, je nach Zeitraum und politischer Situation, einander überlagern, voneinander abgegrenzt werden, sich durchmischen oder miteinander konkurrieren und die Vorstellungen von einem vermeintlich grenzenlosen Europa prägen. Er bietet die Folie für ästhetische, wirtschaftliche und ökologische Diskurse über Europa und ist seit der Antike über das Mittelalter bis in die Moderne ein Raum kulturell-gesellschaftlicher Verflechtung und Abgrenzung: Seit der Antike ist der Rhein umkämpfte Grenze, an der sich Identitäten trennen, langanhaltende Feindschaften ausbilden, aber auch grenzübergreifende Regionen entstehen, die Fragen nach transkulturellen Prozessen neu stellen lassen. Am Rhein wurden neue Formen politischer Herrschaft jenseits des Nationalstaates erprobt, und er war (und ist) der wichtigste Knotenpunkt europäischer Infrastrukturen, wie zum Beispiel der Schifffahrt, der Eisenbahn, der Straßen etc. In wirtschaftsgeografischer Hinsicht ist der Rhein das Rückgrat der europäischen Ökonomie, als Voraussetzung für Innovationen und wirtschaftliche Prosperität von den Alpen bis zur Nordsee und darüber hinaus, überregional betrachtet, nach England und Skandinavien sowie schließlich in die ganze Welt.

https://doi.org/10.1515/9783111102771-001

Wie aber verhält es sich mit anderen Flüssen und den durch sie geprägten Räumen? Die weiteren Beiträge des Bandes loten aus, inwiefern andere europäische Flusslandschaften, Flussmetaphern und fluide Räume als Korrektiv oder auch als Bestätigung für die hier konzentrierte Sicht auf den Rhein dienen und welche Aspekte und Raumkategorien darüber hinaus mit anderen Flüssen und Disziplinen verbunden sind.

Einführend schärft Eckhard Wirbelauer in seinem Beitrag *Oberrheinische Verkehrswege – Skizze einer Talgeschichte* mit einer Geschichte der Verkehrswege im oberrheinischen Tal und dem Rhein als zentraler Achse unseren Blick für topographische, hydrologische und allgemein geografische Zusammenhänge in der historischen Tiefendimension, die mit unserem Blick auf den Fluss als stets funktionierendem Verkehrsweg in der Regel nicht mehr wahrgenommen werden: Er führt vor Augen, dass es sich bei diesem Strom eigentlich um sich ständig verändernde, von Hoch- und Niedrigwasser sowie Flussbettverlagerungen gekennzeichnete, oftmals unterbrochene, durch Überschwemmungs- und Sumpfgebiete unwegsame, fluide Räume handelt. Wirbelauer zeichnet die Vielfalt der Verkehrs- und Kommunikationswege von Gütern und Personen im Oberrheintal von der Antike bis ins 20. Jahrhundert nach und macht deutlich, dass im alltäglichen Normalfall der Bewegungsradius bis zur Einführung des Schienenverkehrs kaum zehn Kilometer überstieg. Zwar diente der Oberrhein nachweislich seit Jahrhunderten für den Holz- und Materialtransport, jedoch aufgrund der Gefälle und des beschwerlichen Treidelns ab Straßburg nicht in dem entsprechenden Maße stromaufwärts als Transportweg. Insgesamt benennt der Autor in der chronologischen Dimension von 2000 Jahren die naturräumlichen, wirtschaftlichen, sozialen und politischen Faktoren, die bei der Betrachtung einer Flusstal-Landschaft eine Rolle spielen, und bereitet zugleich mit seinem abschließenden Blick auf die tiefgreifende Umgestaltung des Tals im 19. und 20. Jahrhundert den Boden für den letzten Beitrag des vorliegenden Bandes.

Die folgenden drei Beiträge betrachten die titelgebenden ‚Flusslandschaften' unter wissenschaftsgeschichtlichen und kunstgeografischen Aspekten. Andrea von Hülsen-Esch lotet in *Flusslandschaften als ‚Kunstlandschaften'? Überlegungen zu den raumkonstituierenden Funktionen von Flüssen* aus, in welcher Form Flüsse und die durch sie auf verschiedenste Weise geschaffenen Räume Perspektiven für die Kunstgeschichtsforschung des Mittelalters bieten. Dabei geht sie von *fluiden Räumen* aus, deren Größe und Beschaffenheit nicht unbedingt mit den geomorphologischen Gegebenheiten identisch sind und die dynamischen Veränderungen und Überlagerungen (durch Witterung, Population, Handel, Kultur, Politik) ausgesetzt sind. Anhand von vier Themenfeldern – der mittelalterlichen Kartographie, den Transferprozessen von Kunst und Künstlern, der Erschließung von Rohstoffen und der Flusslandschaft als Deutungskategorie – erörtert der Beitrag die verschiedenen

Aspekte, die mit der ‚Flusslandschaft' als Forschungskategorie jenseits der ‚Kunstlandschaft' Erkenntnisse generieren können.

Marc Carel Schurr gibt in *Flusslandschaft – Kunstlandschaft – Kulturlandschaft. Gedanken zu kunstgeografischen Zusammenhängen in Europa* zunächst einen kurz gefassten, profunden Einblick in die kunstgeografischen Diskurse der Kunstgeschichte seit dem 19. Jahrhundert, mit einem Fokus auf die Entstehung und Verwendung des in vielfacher Hinsicht befrachteten Begriffs der ‚Kunstlandschaft' im 20. Jahrhundert und der Veränderung auch der methodischen Grundlagen, die zur Entwicklung der Forschungen zum Kunst- und Kulturtransfer führten. Daran anschließend entfaltet er am Beispiel von an unterschiedlichen Orten entstehenden innovativen Maßwerk- und Bauformen des Spätmittelalters ein Verbreitungsszenario dieser Neuerungen über Flusswege, die sich nicht an Ländergrenzen orientieren und die intrinsische Verknüpfung von Mechanismen des Austauschs und Phänomenen der Regionalisierung vor Augen führen. Das führt ihn zu dem Plädoyer, die Flussläufe stärker in kunstgeografische Forschungen einzubeziehen, um die „künstlich homogenisierten Konstruktionen der nationalen und regionalen Identitäten" durch einander durchdringende kulturelle Räume zu ersetzen.

Julia Trinkert betrachtet in ihrem Beitrag *Ströme und Flüsse in Nordeuropa. Wege der Kunst im Mittelalter* die Flussverkehrsnetze der Nord- und Ostsee-Anrainer und, damit verbunden, den Handel mit und den Transport von Kunstwerken, die nachweisbare Mobilität von Künstlern und die Herkunft von Rohstoffen zur Produktion von Retabeln und Schreinen (Holz aus dem Baltikum oder Preußen) oder zum Bau von Kirchen (Tuffstein aus dem Rheinland). Dabei ermöglichen digitale geografische Forschungsprojekte wie das internationale *Viabundus*-Projekt Rekonstruktionen von Handelswegen, die Verbindungen zwischen Städten sichtbar machen und plausible Erklärungen für die Herkunft auch von schwer transportierbaren Kunstwerken, wie Taufen aus Stein und Bronze oder großformatigen Retabeln, aus weit entfernten Regionen bieten.

In völlig anderer Weise können Flusslandschaften für die Literatur des Mittelalters und der frühen Neuzeit fruchtbar gemacht werden. Während der Beitrag von Tanja Mattern die Lyrik in einem durch Flussläufe begrenzten Raum untersucht, widmet sich Miriam Edlich-Muth der symbolischen Überformung des Flusses im mittelalterlichen englischen Roman und in der Mittelalter-Rezeption in den Fantasy-Romanen des 20. Jahrhunderts. Gereon Faßbeck hingegen untersucht die spanische Dichtung des 16. Jahrhunderts im Hinblick auf die Identifikation mit Flussverläufen als ein Stilmittel und Mittel der kulturellen Selbstvergewisserung, und Ursula Hennigfeld bietet mit dem Blick des französischen Dichters Joachim Du Bellay auf Rom ein Beispiel für die metaphorische Überhöhung mythischer und existierender Flüsse und ihre Funktionalisierung als mahnende Exempla.

Die Lyrik Herzog Jans I. von Brabant entsteht in dem als vielsprachiger Raum gekennzeichneten Rhein-Maas-Gebiet, wo Mittelniederdeutsch, Französisch und Niederländisch aufeinandertreffen. Tanja Mattern zeichnet in ihrem Aufsatz *Ein Minnesänger aus dem Rhein-Maas-Raum: Herzog Jan von Brabant, der Sieger der Schlacht bei Worringen* die durch vielfältige personale Verflechtungen mit den angrenzenden Herrscherhäusern gekennzeichnete machtpolitische Situation dieser Region zur Zeit Herzog Jans I. von Brabant nach, der ein entscheidender Akteur in der Schlacht um Worringen wird. Vor dem Hintergrund dieses Settings untersucht die Autorin die ausschließlich im Heidelberger *Codex Manesse* überlieferte Liebeslyrik des Jan von Brabant, die von einer Übertragung romanischer Liedformen ins Deutsche geprägt ist. Es entsteht ein Bild des Herzogs von Brabant, „der seine Machtansprüche ebenso auf dem Schlachtfeld demonstrierte wie auf diplomatischem Gebiet, beim Turnier und im Minnesang". Kennzeichnend für das von den Flüssen umschlossene Rhein-Maas-Gebiet ist die offenbar von einem besonderen Selbstverständnis Jans I. getragene sprachliche Verflechtung des Romanischen mit dem Mittelhochdeutsch-Mittelniederländischen.

In völlig anderer Weise werden die Flüsse zu Protagonisten in Miriam Edlich-Muths Beitrag *Der mittelalterliche Fluss als Ort des Wandels: Eine literarische Zeitreise von Thomas Malory zu Terry Pratchett.* Sie beleuchtet die symbolische Aufladung von Flüssen mit geradezu konträren Inhalten sowohl in der mittelenglischen Literatur als auch in der Fantasy-Romanwelt im 20. Jahrhundert. Flüsse fungieren als Grenzen zwischen imaginierten Räumen in der Artussage, als magische Räume, die als „Überbrückung von Lücken zwischen verschiedenen literarischen oder metaphorischen Welten" dienen, als mörderische Herausforderung für Perceval und als Orte der Verwandlung. Anhand der in vorindustrieller Zeit spielendenden *Scheibenwelt*-Romane des Fantasy-Autors Terry Pratchett untersucht Edlich-Muth im zweiten Teil ihres Beitrags, in welcher Weise ein zeitgenössischer Autor das Fluss-Motiv verwendet und kommt zu dem Schluss, dass Pratchett den Fluss in Fortsetzung der mittelalterlichen Tradition als einen Ort der Transformation und der Gegenüberstellung von Stadt- und Landkultur beschreibt.

Gero Faßbeck nimmt uns mit seiner Analyse der spanischen Lyrik des frühen 16. Jahrhunderts nicht nur mit in das südliche Europa, er führt auch eine Funktion der Flüsse vor Augen, die man vielleicht eher mit bestimmten Flussregionen, wie dem Rheinland, im 20. Jahrhundert verbindet: Der Fluss als Ausdruck eines kulturellen Selbstbewusstseins. In seinem Beitrag *„An den grünen Ufern des Guadalquivir": Flusslandschaften in der spanischen Lyrik der Frühen Neuzeit* arbeitet Faßbeck am Beispiel der literarischen Flusslandschaften von Garcilaso de la Vega und Luis de Góngora y Argote heraus, inwiefern die Identifikation mit naturräumlichen Gegebenheiten in der spanischen Lyrik des 16. Jahrhunderts ein besonderes dichterisches Mittel darstellt: Sie offenbart, dass die kulturelle Legitimation nicht mehr allein aus der römischen Antike bezogen wird, sondern dass die landschaftsprägenden Flüsse zwar zunächst noch in das formale Gewand der antiken Dichtung gekleidet werden, die Handlung jedoch an den Ufern spanischer Flüsse spielt. Im voranschreitenden Jahrhundert zeigt sich die kulturelle Eigenständigkeit in der pastoralen Dichtung dann auch durch den Rekurs auf die spanische Geschichte und die nunmehr verwendete volkstümliche spanische Gattung des *romance culto*, so dass die Flüsse als literarische Ausdrucksformen eines neuen Selbstverständnisses anzusehen sind.

Nach den spanischen Flussdichtungen führt uns Ursula Hennigfeld mit *Zwischen Styx und Tiber. Joachim Du Bellays Rom-Sonette* nur vermeintlich in das Rom der zweiten Hälfte des 16. Jahrhunderts. Ihre Analyse der Sonettzyklen zeigt vielmehr, dass Du Bellay die von ihm im Rahmen seiner Dichtung über Aufstieg und Fall der Stadt Rom verarbeiteten mythischen und real existierenden Flüsse funktionalisiert und metaphorisch überhöht. Der Tiber wird zum Sinnbild des „im-Fluss-Seins“, des Gesetzes der steten Veränderung inmitten der ewigen Stadt, deren Größe unwiederbringlich verloren ist und nur in der Dichtung heraufbeschworen werden kann; zugleich ist der Tiber metaphorisches Mahnmal inmitten der nach ewigem Ruhm und Größe strebenden Mächte. Der Styx hingegen, so legt die Autorin schlüssig dar, ohnehin ein mythischer fluider Raum des Übergangs, wird zum Wasser des Vergessens, das allein durch den Dichter überbrückt und in der Dichtung mit den Spuren der Vergangenheit verbunden werden kann.

Von unruhigen Zeiten waren auch die Flüsse nicht ausgenommen, was die folgenden vier Beiträge mit dem Fokus auf Flussregionen als umkämpfte Regionen, in denen Herrschafts- und Abgrenzungsdiskurse stattfinden und Erinnerungskulturen implementiert werden, die aufgrund der vollzogenen Transformationen z. T. bis heute relevant sind, näher beleuchten. Hans Hecker führt uns in ein Land, auf das sich derzeit aufgrund des russischen Angriffskriegs 2022 die Augen der Welt richten, und erläutert in *Dnepr und Volga – Fluss und Herrschaft*, dass die naturräumlichen Voraussetzungen schon in vergangenen Zeiten verschiedene Formen der Bildung und Erweiterung von Herrschaft begünstigt haben. Er beleuchtet zwei unterschiedliche Funktionen des Dnepr und der durch ihn gezeichneten Landschaft: Zum einen die Begünstigung der Entstehung und Ausbildung ostslavisch-warägischer Herrschaft namens „Ruś“ bis zum Großfürstentum mit Kiev als Zentrum, zum anderen die Abgrenzung zwischen zwei grundverschiedenen, gegnerischen Mächten. In der sich formierenden Ukraine begegneten sich am Dnepr der moskauisch-orthodoxe und der lateinisch-polnische Einflussbereich, behaupteten sich an der Volga die aufständischen Kosaken gegen ein zum Zartum aufgestiegenes Moskauer Großbürgertum mit imperialem Expansionsdrang. Zugleich wurde schließlich mit der Ausdehnung der Moskauer Herrschaft über die Volga nach Osten die Volga zum russischen Fluss schlechthin, zu einem Erinnerungsort, der als ‚Mütterchen

Volga‘ die zentralen expansiven kriegerischen Ereignisse einbettet in ein überformendes Kollektivgedächtnis.

Auch im Westen wird es in der Rheinlandschaft zunehmend ungemütlicher. Achim Landwehr nimmt uns in seinem Beitrag *Im Kriegstheater 1688: Der Rhein zwischen den Zeiten* mit auf eine Rheinreise, in der der Fluss abwesender Protagonist ist, Vehikel als Transportmittel (von dem aus Reisende wie Gilbert Burnet die Vorbereitung des Krieges auf französischer Seite durch den Bau der großangelegten Befestigungsanlagen bereits nachvollziehen können), Grenze im Neunjährigen Krieg und Ziel der Landeserweiterung von französischer Seite sowie ein ferner Geliebter, der in der nostalgischen Rückschau eine heimatliche Landschaft heraufbeschwören lässt. Der Rhein wird Ende des 17. Jahrhunderts hochgradig mit Emotionen aufgeladen und ist letztlich doch nicht als naturräumliche Gegebenheit, als fluider Raum, interessant, sondern als topographisches Element, an dem die umkämpften und vorrangig wahrgenommenen Städte liegen. Allenfalls sichtbar, so entfaltet es Achim Landwehr, werden Dynamik und Statik des Flusses in den durch die Eigenzeiten der menschlichen Protagonisten entworfenen Modellierungen der Zeit.

Schlachtengeschehen liegen auch den im Bild imaginierten Entscheidungssituationen in Hans Körners Beitrag *Der Übergang. Flussüberquerungen als Entscheidungssituationen in der bildenden Kunst* zugrunde. Ob Wilhelm Trübners „Caesar am Rubikon“, Charles Le Bruns „Übergang über den Granikos“ aus seinem Alexander-Zyklus als Metapher für die Rheinüberquerung des siegreichen Ludwig XIV. oder Emmanuel Leutzes „Washington überquert den Delaware“ – es sind kriegerische Entscheidungssituationen, die mit der Flussüberquerung ins Bild gesetzt werden, mal als Konfrontation, mal als Entscheidung eines als überlegen inszenierten strategischen Herrschers. Körner nimmt diese historisch eindeutigen Situationen und mit unterschiedlichen Akzentuierungen ausgeführten Gemälde als Bilderfahrzeug für die ikonisch gewordene Rheinüberquerung Joseph Beuys‘ im Einbaum 1972, eine Aktion, mit der Beuys die Rücknahme einer Entscheidung erzwingen wollte: diejenige seiner fristlosen Entlassung als Akademieprofessor.

Mit dem letzten Beitrag bleiben wir am Rhein. Einen weitreichenden Einblick in die völkerrechtlichen Fragen, die mit Flussläufen verbunden sein können, bietet die Studie *Über den Nationen? Der Rhein als völkerrechtlicher Inkubations-Raum im frühen 19. Jahrhundert* von Guido Thiemeyer. Er zeigt auf, dass der Rhein an der Wende vom 18. zum 19. Jahrhundert zum Modellfall für eine völkerrechtliche Regulierung wurde, weil sich Regierungen bereit erklärten, einen Teil ihrer Kompetenzen einer internationalen Organisation zu übertragen, die bis heute existiert. Guido Thiemeyer beleuchtet am Beispiel des Grenzflusses Rhein die Hintergründe, die in Bezug auf Handel und Schifffahrt zu einem von den Nationalstaaten unabhängigen fluiden Raum und zur Konstruktion dieses neuen

Rechtsraumes führten. Diese innovative transnationale Einrichtung hatte nach dem Wiener Kongress Vorbildcharakter für weitere Flussräume und führte zur Bildung vergleichbarer Kommissionen nicht nur an Elbe und Weser, sondern darüber hinaus an Donau und Po und auf dem afrikanischen Kontinent an Kongo und Niger.

Die multidisziplinären Blicke auf die ‚Flusslandschaften' haben ein thematisches Panorama entworfen, das nicht nur die verschiedenen methodischen Zugriffe in Geschichte, Kunstgeschichte und Literaturwissenschaften ausbreitet, sondern das auch das Potenzial einer tiefen chronologischen Betrachtung aufzeigt, in der sich die Fallbeispiele gegenseitig erhellen: Reale und fiktive naturräumliche Flusslandschaften werden in Literatur, Politik und bildender Kunst zum Vehikel von Entscheidungen und realen wie entwicklungspsychologischen Transferprozessen, zeitliche Metaphern in der Dichtung korrelieren mit Eigenzeiten der in der Erinnerung entworfenen Flusslandschaft, fluide Räume führen zu Raumkonstruktionen, die in die Einrichtung transnationaler Institutionen münden. Die in diesem Band versammelten Beiträge machen deutlich, dass ‚Flusslandschaften' jenseits der Betrachtung eines geografischen Raumes Deutungshorizonte eröffnen, die wegführen von starren Verortungen. Mit der Betrachtung fluider Räumer richten sich die Blicke auf Transferprozesse, auf Konstruktionen von Erinnerung und Zeit, auf Veränderungen in der (Selbst-)Wahrnehmung und auf kulturelle Überlagerungen, die weit über die vordergründig festgefügte Flusslandschaft hinausgehen.

Forschungen auf dem Gebiet des Mittelalters und der Neuzeit durch einen interdisziplinären Ansatz voranzubringen, ist das Ziel des *Forschungsinstituts für Mittelalter und Renaissance*. Im FiMuR-Verbund engagieren sich Wissenschaftlerinnen und Wissenschaftler aus Anglistik, Germanistik, Geschichte, Jiddistik, Kunstgeschichte, Philosophie und Romanistik und arbeiten in engem Austausch zu jährlich wechselnden thematischen Schwerpunkten. Ergebnisse der Forschungsgruppe werden seit 1985 in der Reihe *studia humaniora* publiziert.

Mein Dank für diese spannenden Einsichten geht zuerst an alle Autorinnen und Autoren des Bandes, die ihre im Rahmen der Vorlesungsreihe von FiMuR gehaltenen Vorträge zeitnah für den Druck fertig gemacht haben. Für vielfältige Tätigkeiten im Redaktionsprozess und akribisches Korrekturlesen danke ich Ann-Kathrin Illmann und Lena Horn, die von Niels Baumgarten und Jennifer-Melina Geier unterstützt wurden. Nicht zuletzt jedoch gebührt mein Dank Dr. Anne Sokoll für ihre stets umsichtige und kenntnisreiche Begleitung des Publikationsprozesses; sie hat in fruchtbarer Zusammenarbeit mit dem Redaktionsteam bei De Gruyter der *studia humaniora*-Reihe zu einem neuen Gewand verholfen.

Eckhard Wirbelauer

Oberrheinische Verkehrswege – Skizze einer Talgeschichte

Einführung

Wer Flusslandschaften näher beschreiben möchte, wird zunächst nach ihren Grenzen schauen. Im Falle des Oberrheins ist dies recht einfach, zumal die geographische Beschreibung durch die Geologie bestätigt wird. Der ‚Oberrheingraben' ist ein durch Zugversagen entstandener Grabenbruch, der im Westen durch die Vogesen und den Pfälzerwald sowie im Osten durch den Schwarzwald und den Odenwald beziehungsweise den Spessart markiert wird.[1] Der Schweizer Jura im Süden sowie Hunsrück und Taunus im Norden vervollständigen den Rahmen. Der Strom selbst fließt ab dem Basler Knie bis Mainz 335 Stromkilometer nach Norden, bevor ihn der Taunus für knapp 30 Stromkilometer in westliche Richtung ablenkt und er dann bei Bingen mit erneutem Richtungswechsel nach Norden den Mittelgebirgsrücken zu durchstechen beginnt.[2] Das Tal ist im Süden deutlich stärker markiert durch die beiden Gebirge, die es bis zu 1 000 Höhenmeter über-

1 Zur Einführung immer noch hilfreich: Reinhard Pflug, *Bau und Entwicklung des Oberrheingrabens* (Erträge der Forschung 184), Darmstadt 1982; Rudolf Hüttner, Bau und Entwicklung des Oberrheingrabens. Ein Überblick mit historischer Rückschau, in: *Geologisches Jahrbuch Reihe E* 48 (1991), S. 17–42; ein Überblick aus geographisch-umweltwissenschaftlicher Perspektive: Jean-Nicolas Beisel / Rob S. E. W. Leuven / Laurent Schmitt, u. a., The Rhine River Basin, in: *Rivers of Europe*, hg. v. Christopher T. Robinson, Klement Tockner und Christiane Zarfl, Amsterdam ²2021, S. 333–391, https://doi.org/10.1016/B978-0-08-102612-0.00006-7, vgl. auch die sehr hilfreichen Seiten auf http://www.oberrheingraben.de mit weiteren Hinweisen und hervorragenden Karten, Grafiken und Bildern (vgl. hier Abb. 1).

2 166,6 km (Mittlere Rheinbrücke Basel) – 501,9 km (Mainz, Petersaue/Rettbergsaue zwischen Theodor-Heuss-Brücke und Schiersteiner Brücke) – 529,1 km (Nahemündung bei Bingen). Die Rheinkilometerzählung beginnt nach dem Austritt des Flusses aus dem Bodensee in der Mitte der Rheinbrücke in Konstanz. Nähere Angaben s. http://www.deutsche-leuchtfeuer.de/binnen/rhein/rhein.html.

Anmerkung: Mein besonderer Dank gebührt Andrea von Hülsen-Esch, die durch ihre Tatkraft die gemeinsamen Ringvorlesungen der Universitäten Düsseldorf und Straßburg seit 2019 ermöglicht hat. Nach „Karl der Große und seine Rezeption in Deutschland und Frankreich", „Metropolen in Mittelalter und Renaissance", „Flusslandschaften" wird nunmehr die 4. Ausgabe über „Antikerezeption" im Wintersemester 2022/23 stattfinden. Konrad Krimm, Doris Meyer und Laurent Schmitt danke ich für kritische Lektüre und Hinweise, Caroline Kircher (Stadtarchiv Kehl) und Alexander Mayer (Endingen) für ihre Hilfe bei der Beschaffung von Abbildungen. Alle Internetadressen wurden am 29. September 2022 geprüft. Den Beitrag widme ich Dr. Wolfgang Meyer (1931–2017), der am Deutschen Industrie- und Handelstag als Abteilungsleiter die Verkehrspolitik der Bonner Republik mitgestaltete.

https://doi.org/10.1515/9783111102771-002

ragen; im Nordwesten geht es in ein Hügelland über, im Nordosten besteht keine klar sichtbare Grenze zum Unterlauf des Mains. Auf der Höhe von Mülhausen und zwischen Straßburg und Hagenau treten die Vogesen nach Westen zurück, in der Freiburger Bucht der Schwarzwald nach Osten. Wer in der Botanik nach einem Bild suchen mag, wird vielleicht an einen Pfifferling denken (Abb. 1).

Nach der geographischen Beschreibung kommen wir nun zu den Schlüsselbegriffen dieses Beitrags: ‚Verkehr' soll mit dem Volkswirtschaftler Walter Hamm „die Ortsveränderung von Personen, Gütern und Nachrichten" bezeichnen.[3] Für das Gelingen einer solchen Ortsveränderung sind zwei Komponenten entscheidend: der menschliche Wille und die naturräumlichen Gegebenheiten. Doch nicht immer ist, wo ein Wille besteht, auch ein Weg: Daher ist hier der Begriff der ‚Trasse' einzuführen:[4] Unter einer ‚Trasse' sei eine *mögliche* Verkehrsverbindung verstanden, die sich aufgrund der morphologischen Bedingungen abzeichnet und zu verschiedenen historischen Zeiten als Weg genutzt werden *kann*. Dagegen bezeichnet der ‚Weg' „im Allgemeinen einen durch den Menschen geschaffenen, einem nicht näher spezifizierten Verkehr von Waren, [Nachrichten] oder Personen vorbehaltenen Bereich in der Landschaft".[5] Wege sind also das Ergebnis menschlicher Interaktionsbedürfnisse unter Anpassung an naturräumliche Gegebenheiten. Da sich die Bedürfnisse der Menschen mit der Zeit verändern, unterliegen auch die Wege einem ständigen Wandel. Dies gilt insbesondere auf der Ebene des lokalen Verkehrs, der vom Wachstum und Bedeutungswandel von Siedlungen ebenso bedingt wird wie von Bevölkerungsabnahme oder gar Aufgabe eines Siedlungsplatzes. Doch auch Fernverbindungen verändern sich entsprechend den ökonomischen, politischen oder technischen Erwartungen ihrer Nutzer. In den letzten zwei Jahrhunderten haben sich die Menschen zunehmend gegen die Natur durchgesetzt: Rheinbegradigung, Eisenbahnlinien und Schnellstraßen nahmen immer weniger Rücksicht auf das Tal, so dass heute vielfach keine Anschauung der vormodernen Verhältnisse mehr möglich ist. Dass hierdurch sogar Wissenschaftler getäuscht werden können, hielt Lucien Febvre seinem geographischen Co-Autor Albert Demangeon im Nachgang zu ihrem gemeinsamen

3 Walter Hamm, Art. „Verkehr. Überblick", in: Karl-Erich Born u. a. (Hg.), *Handwörterbuch der Wirtschaftswissenschaften*, 9 Bde., Göttingen 1977–1983, Bd. 8, 1980, S. 224 f., hier S. 224. Den Hinweis auf diese griffige Definition verdanke ich Norbert Ohler, Verkehr am Oberrhein im Mittelalter und in der frühen Neuzeit, in: *Alemannisches Jahrbuch* (1999/2000), S. 177–224, hier S. 177.

4 Dietrich Denecke, Art. „Wege und Wegenetz", in: Herbert Jankuhn u. a. (Hg.), *Reallexikon der germanischen Altertumskunde*, 35 Bde., Berlin / New York ^{2}1968–2007, Bd. 35, 2007, Sp. 626–648, vgl. Alexander Veling, Altwegeforschung. Forschungsstand und Methoden, in: *aventinus varia* Nr. 44 (28.03.2014), http://www.aventinus-online.de/no_cache/persistent/artikel/9847/.

5 Ebd. Sp. 626 – die „Nachrichten" habe ich Deneckens Definition im Sinne Hamms (wie Anm. 3) hinzugefügt.

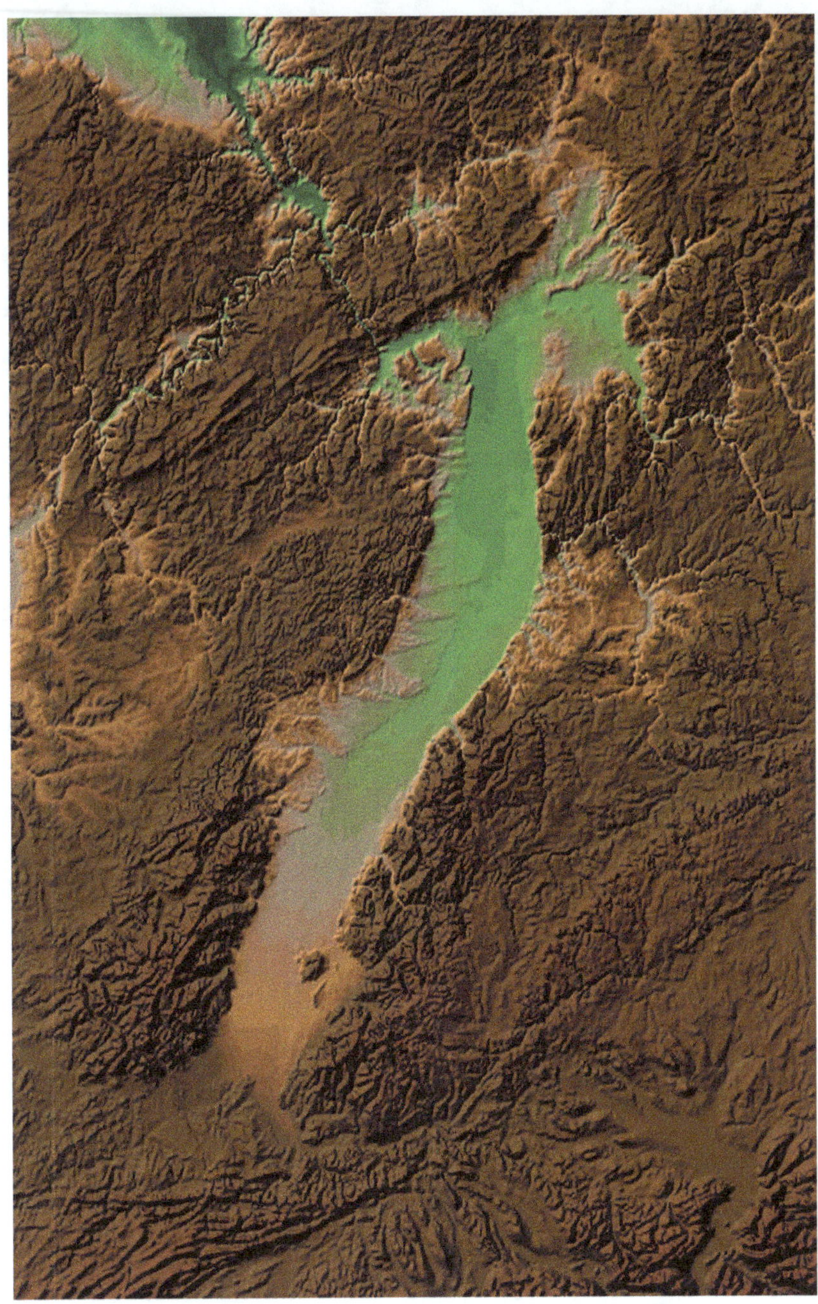

Abb. 1: Morphologie des Oberrheingrabens.

Rhein-Buch vor. Demangeon habe „mit leichter Feder“ ein Drei-Epochen-Modell der Rheingeschichte vertreten, worin diese vom transkontinentalen Strom der Antike über die Handelsachse im Mittelalter zum internationalisierten Rhein seit dem 19. Jahrhundert vorangeschritten sei. Febvre dagegen plädierte dafür, sich bis in die Neuzeit einen Rhein vorzustellen, „der aus lauter dichten, aktiven, beweglichen, arbeitssamen und wohlhabenden Garten- und Stadt-Oasen bestand, die untereinander durch eine oftmals unterbrochene Linie verbunden waren“[6].

> Bis zum 19. Jahrhundert gibt es ‚mehrere Rheine‘, die zu unterschiedlichen Zeiten mehr oder weniger erfolgreich waren, ‚Rheine‘, die sich jeweils aufgrund einer Fülle voneinander unabhängiger Anstrengungen gebildet haben, aufgrund sich ständig verändernder Verkehrs- und Tauschbeziehungen – so wie auch die an den Ufern lebenden Völker auf der Suche nach Glück ständig in Bewegung waren.[7]

Febvres Kritik, dass „wir, ohne es zu merken, auf die fragmentarischen Bilder der lokalen und regionalen ‚Rheine‘ das Bild eines systematisch gegliederten Rheins projizieren, der scheinbar von oben und als Ganzes betrachtet und von Menschen realisiert wird, die nicht etwa tausend kleine fragmentarische Verbesserungspläne, sondern einen großen, durchdachten und erstaunlich langfristigen Gesamtplan ausführen“, ist heute mehr denn je aktuell, angesichts der noch viel weiter fortgeschrittenen Umgestaltung des Tales durch den Menschen (Abb. 2).[8] Was heute Verkehr begünstigt oder zu begünstigen scheint, etwa Siedlungsdichte und Orientierungsmöglichkeiten im Raum, stellte sich vor dem 20. Jahrhundert völlig anders dar: Wälder nahmen die Sicht, Flüsse verzweigten sich, Wege waren versperrt und unpassierbar infolge von Schlamm, umgestürzten Bäumen oder Wegelagerern. Die Unterscheidung von Trassen und Wegen zielt also auf die Historisierung unserer Vorgehensweise und beinhaltet die methodische Einsicht, dass in der Geschichte nicht alles, was möglich ist, auch im selben Masse und zur selben Zeit eintritt.

Betrachten wir also zunächst das Mögliche,[9] die Trassen, bevor wir historische Verkehre anschauen. Wie in anderen vergleichbar breiten Tälern bestehen auch

---

6 Lucien Febvre, *Der Rhein und seine Geschichte*, hg., übers. und mit einem Nachwort v. Peter Schöttler, Frankfurt ³2006 [1. Auflage 1994], S. 214.

7 Ebd., S. 215.

8 Grundlegend für die Umweltgeschichte des Oberrheintals ist jetzt die Monographie von Christoph Bernhardt, *Im Spiegel des Wassers. Eine transnationale Umweltgeschichte des Oberrheins (1800–2000)* (Umwelthistorische Forschungen 5), Köln u. a. 2016, worin dieser zwei Jahrzehnte intensiver Beschäftigung mit dem Thema zu einer Gesamtdarstellung verdichtet hat.

9 Vgl. Eckhard Wirbelauer, Verkehrswege im Oberrheintal zu Lande und zu Wasser, in: *Am anderen Flussufer. Die Spätantike beiderseits des südlichen Oberrheins / Sur l'autre rive. L'Antiquité tardive de part et d'autre du Rhin supérieur méridional* (Archäologische Informationen aus Baden-Württemberg, Heft 81), hg. v. Gertrud Kuhnle und Eckhard Wirbelauer, Esslingen 2019, S. 158–169 und S. 317f.

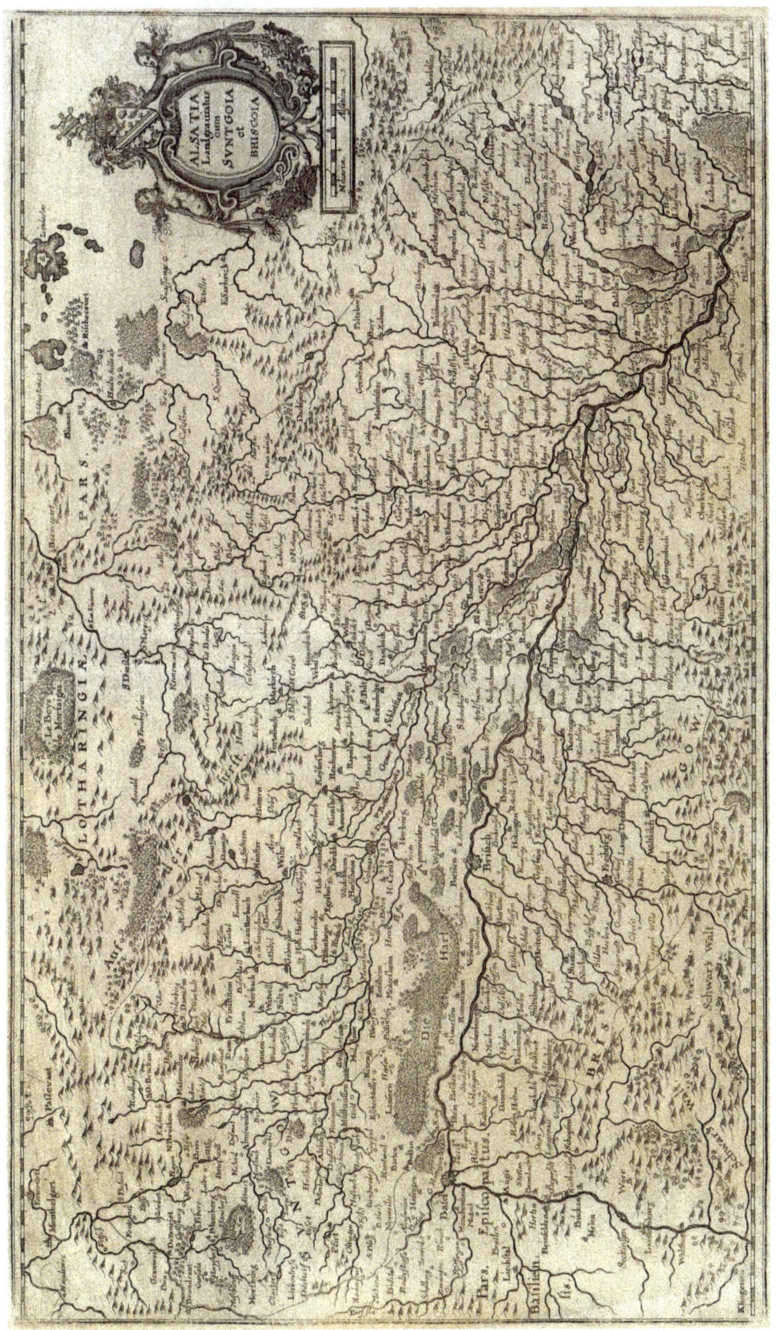

Abb. 2: Das Oberrheintal in der Mitte des 17. Jahrhunderts (M. Merian).

im Rheintal zwischen Basel und Mainz zwei Haupttrassen auf beiden Talseiten: Die eine folgt dabei der beiderseits recht klar erkennbaren Hanglinie, also im Westen [Belfort –] Cernay – Rouffach – Eguisheim – Bergheim – Dambach-la-Ville – Obernai – Molsheim – Saverne – Niederbronn-les-Bains – Wissembourg – Bad Bergzabern – Bad Dürkheim und im Osten Weil am Rhein – Bad Bellingen – Müllheim – Freiburg – Emmendingen – Lahr – Offenburg – Ettlingen – Bruchsal – Heidelberg – Darmstadt. Ergänzt werden diese beiden Haupttrassen im Süden durch die Linie Allschwil/Hégenheim – Sierentz – Habsheim – Riedisheim/Mulhouse. Beide Trassen unterscheiden sich aber durch die erwartbaren Niederschlagsmengen sowie durch ihre Viabilität. Die Westtrasse verläuft auf der Leeseite der Vogesen und ist so deutlich geringeren Niederschlagsmengen ausgesetzt, dass von der „Colmarer Trockeninsel" gesprochen wird: Im langjährigen Mittel sind die Regenmengen auf der anderen Talseite, also am Schwarzwaldrand, um 50% höher (1981–2010: Colmar-Meyenheim: 607,3 mm / Freiburg-St. Georgen 950 mm)[10].

Auf beiden Talseiten gibt es je eine weitere Trasse auf der Niederterrasse entlang der Abbruchkante der Rheinaue – im Oberrheintal wird diese allgemein als Hochgestade bezeichnet. Dieses markieren auf der Westseite die Orte Basel – Kembs – Biesheim – Rhinau – Gerstheim – Strasbourg – Seltz – Lauterbourg – Rheinzabern – Germersheim – Speyer – Altrip – Worms – Oppenheim – Mainz, auf der Ostseite Neuenburg – Hartheim – Breisach –Sasbach – Rust – Kehl – Rheinau – Rheinstetten – Rheinsheim – Rheinhausen – Rheinau/Neckarau – Lampertheim – Gernsheim – Mainz-Kastel. Schon aus der Aufzählung wird deutlich, dass die Ortsnamen des Öfteren die Nähe zum Rhein beziehungsweise zur Aue (vgl. auch ‚Auenheim') widerspiegeln.

In ihren naturräumlichen Gegebenheiten differieren die beiden Talseiten erheblich, und zwar nicht nur in Bezug auf die durchschnittlichen Regenwasservolumina, sondern auch in Bezug auf das Einzugsgebiet: Selbst, wenn wir den Main aus der Betrachtung herausnehmen, entwässern die größeren Nebenflüsse auf der Schwarzwaldseite fast 50% mehr Fläche als auf der Vogesenseite. Allerdings täuscht hier die Tabelle, denn der Neckar vereinigt auf sich ein in etwa ebenso großes Einzugsgebiet wie alle linksrheinischen Zuflüsse zusammen.

Der Vergleich zwischen Neckar und Ill, also zwischen den jeweils längsten Nebenflüssen mit dem jeweils größten Einzugsgebiet auf seiner Seite, ist jedoch in anderer Hinsicht höchst aufschlussreich: Während der Neckar kaum 30 km vom Eintritt in die Ebene bis zu seiner Mündung in den Rhein benötigt, fließt die Ill ab Mülhausen über etwa 130 km im westlichen Teil des Oberrheingrabens fast

10 Vgl. https://www.infoclimat.fr/climatologie/normales-records/1981-2010/colmar-meyenheim/valeurs/07197.html und https://www.dwd.de/DE/leistungen/klimadatendeutschland/mittelwerte/nieder_8110_fest_html.html?view=nasPublication&nn=16102.

Tab. 1a: Die wichtigsten linksseitigen Nebenflüsse zum Oberrhein.

Nebenfluss	Mündung bei Stromkilometer	Länge in km	Einzugsgebiet in km²
Ill	311,2	216,7	4760,5
Moder	334,5	93,0	1720,0
Sauer	344,0	70,0	805,5
Lauter	355,5	71,3	378,6
Michelsbach (Sondernheimer Altrhein)	380,4	12,5	340,5
Queich	384,8	51,3	268,9
Speyerbach	400,2	58,7	612,0
Isenach	440,2	44,8	376,7
Pfrimm	446,7	42,7	246,4
Selz	518,7	61,0	389,1
Nahe	529,1	125,1	4067,1
Linksrheinische Nebenflüsse		847,1	13965,3

Tab. 1b: Die wichtigsten rechtsseitigen Nebenflüsse zum Oberrhein.

Nebenfluss	Mündung bei Stromkilometer	Länge in km	Einzugsgebiet in km²
Wiese	169,3	51,5	458,0
Elz	291,6	121,1	1539,1
Kinzig	298,2	93,3	1406,2
Rench	314,8	56,8	306,1
Acher (Sandbach)	335,9	53,5	335,2
Murg	344,5	79,3	617,0
Alb	367,6	51,1	446,7
Pfinz	383,4	60,2	361,2
Saalbach (Philippsburger Altrhein)	389,2	50,6	265,4
Kraichbach (Ketscher Altrhein)	406,3	59,8	384,8
Neckar	428,2	362,3	13934,0
Weschnitz	454,8	58,9	435,7
Main	496,6	527,0	27292,0
Rechtsrheinische Nebenflüsse		1625,4	47781,4
Rechtsrheinische Nebenflüsse (ohne Main)		1098,4	20489,4

parallel zum Rhein, verfügt also über mehr als das Vierfache an Länge im Tal. Aus der Sicht der Menschen, die die jeweilige Trasse als Weg nutzen wollen, könnte der Unterschied kaum größer sein: Die Westtrasse ist also nicht nur hinsichtlich der Niederschlagsmengen deutlich trockener, sie kreuzt auch eher leicht zu überschreitende Wasserläufe, denn die Ill sammelt Bach für Bach alle nach

Osten abfließenden Vogesenabwässer bis zur Breusch auf. Wer sich ab Mülhausen auf dem östlichen Illufer nach Norden bewegt, wird sogar (fast) trockenen Fußes bis Straßburg gelangt sein (Tab. 1a) und b))[11].

Auf der rechten Rheinseite dagegen sind bereits ab der Wiese bei Basel immer wieder größere Nebenflüsse zu überwinden, die nach dem Eintritt in die Ebene den Menschen Ungemach bereiteten: Die Überschwemmungen der Elz beeinträchtigten die Menschen nördlich des Kaiserstuhls so häufig und so schwer, dass bereits vor Tulla ein Kanalbau zur Entwässerung in den Rhein projektiert wurde. Unmittelbar nach den napoleonischen Kriegen griff dieser das Anliegen auf: Die badische Regierung brachte die Anliegergemeinden in einem „Flussbauverband" zusammen, ließ Pläne für den „Notkanal" erarbeiteten, die dann in sechsjähriger Bauzeit zwischen 1837 und 1843 umgesetzt wurden: Als der nördliche Breisgau 1844 und 1845 trotz Extremhochwassern erstmals nicht überschwemmt wurde, hatte der „Leopoldskanal" seinen Nutzen unter Beweis gestellt.[12] Ungeachtet solcher Verbesserungen, die auch die Viabilität förderten, blieben aber auf der östlichen Talseite Neckar und Main Hindernisse, die selbst bei Niedrigwasser nicht ohne Fähren oder Brücken zu überwinden waren. So haben naturräumliche Gegebenheiten die Nutzung der Trassen ohne Zweifel bis in die Neuzeit bedingt: Straßburg, Ladenburg beziehungsweise Heidelberg und Mainz sind als Siedlungen nur ihren besonderen Standort im Tal und durch ihren Bezug zum Wasser zu erklären. Die linksrheinische Prosperität, die seit der Antike immer wieder festzustellen ist, dürfte nicht nur dem Geschick der Bewohner, sondern eben auch den besseren Standortbedingungen geschuldet sein.

Geschichtlichkeit des Verkehrs

Menschen als soziale Wesen interagieren, und zwar nicht nur in der jeweils eigenen Gemeinschaft, sondern auch darüber hinaus mit Nachbarn. Schon solche Interaktionen führen zur Ausbildung von Wegen, deren Ausgestaltung naturräumlichen Gegebenheiten Rechnung trug. Häufigere Interaktionen, insbesondere solche, bei denen Menschen in höherer Zahl mobilisiert werden, etwa bei Arbeits- oder Festgemein-

---

11 Eigene Zusammenstellung unter Verwendung frei zugänglicher Informationen auf Wikipedia und http://www.kapitanskepatenty.cekuj.net/RHEINATLAS.PDF. Aufgenommen wurden Nebenflüsse, die länger als 50 km sind oder deren Einzugsgebiet größer als 250 km² ist unter Einschluss der Pfrimm.

12 Rafaël Schneider, *Landschafts- und Umweltgeschichte im Einzugsgebiet der Elz*, Geowiss. Diss. Freiburg i. Br. 2000, S. 101–102, 107–108, https://d-nb.info/961132779/34.

schaften, wirken sich ebenso auf die Gestaltung der Wege aus wie der Einsatz von begleitenden Tieren oder Fahrzeugen. Breite und Befestigung, aber auch die Wegführung, die Errichtung von wegunterstützenden Bauwerken (insbesondere befestigte Furten und Brücken) und der Aufbau einer Infrastruktur, die die Reisenden mit allem Nötigen materieller und immaterieller Art versorgt, hängen von der wiederholten Nutzung des jeweiligen Weges ab. Ändert sich diese Nutzung erheblich, kommt es zur Anpassung, ja vielleicht sogar zur grundlegenden Umgestaltung oder Aufgabe der betreffenden Verbindung. Besonders gut lässt sich dies bei manchen Alpenübergängen beobachten, deren heutiges Erscheinungsbild frühere Bedeutung widerspiegelt: So belegen Reste eines augusteischen Feldlagers und spätmittelalterliche Straßenbefestigungen die hohe Aufmerksamkeit, die die Römer und der Bischof von Chur dem Septimer als direkten Übergang von der Po-Ebene zum Rheintal einst entgegenbrachten.[13] Heute dagegen ist diese Verbindung über den Alpenscheitel vom Julier (im Osten) sowie vom Splügen und vom San Bernadino (im Westen) so vollständig ersetzt, dass nicht einmal der Tourismus des 20. Jahrhunderts zur Anlage einer Fahrstraße geführt hat. Im Oberrheintal lassen sich vielerorts die Auswirkungen des Baus neuer Fernstraßen im 20. Jahrhundert beobachten, etwa im Falle der Bundesstraße 3, die in großen Teilen der oben skizzierten Trasse am östlichen Hang folgt. Straßennamen wie „Alte Bundesstraße“ in Gundelfingen bei Freiburg im Breisgau oder in Ringsheim zeugen von solchen Verlegungen. Insbesondere politische Veränderungen hinterlassen ihre Spuren: Während des Ersten Weltkriegs wurden im Hinterland der Front auf deutscher Seite zwei Eisenbahnlinien eingerichtet (1916 Ensisheim – Habsheim; 1917 Bantzenheim – Blotzheim/Neuweg), die beide nach dem Krieg aufgehoben wurden.[14] Dagegen bestand zwischen Straßburg und Colmar auf der nunmehr wieder französisch gewordenen Rheinseite eine elektrifizierte Meterspurbahn direkt am Rhein zur Versorgung der Ligne Maginot, von der heute nur noch Bauwerke im Gelände zeugen.[15] Die weitgehend parallel dazu verlaufende Straße, die bezeichnenderweise nicht die Dörfer am Hochgestade verbindet, sondern weiter westlich im Gebiet der (früheren) Rheinaue verläuft, war ebenfalls aus militärischen Gründen errichtet worden und wird heute vor allem

---

13 Jürg Rageth, Schleuderbleie, Pilumspitzen und Hellebardenäxte, in: *Terra Grischuna* 70 (2011), HF 6, S. 18–21, http://www.gr.ch/DE/institutionen/verwaltung/ekud/afk/adg/ADGDokumentePublikationen/terra%20grischuna_septimer.pdf; Ingrid H. Ringel, *Der Septimer. Wahrnehmung und Darstellung eines Alpenpasses im Mittelalter* (Quellen und Forschungen zur Bündner Geschichte 24), Chur 2011.

14 Vgl. http://archeoferroviaire.free.fr/v31/spip.php?rubrique159.

15 Vgl. für den Hintergrund Joël Forthoffer, Les chemins de fer secondaires d'Alsace, hier et demain, in: *Revue d'histoire des chemins de fer* 24–25 (2002), S. 190–210, http://journals.openedition.org/rhcf/2047.

von Touristen und Ausflüglern genutzt. Gerade die politischen Umwälzungen im süd-westlichen Teil der Oberrheinebene haben in mannigfaltiger Weise ihre Spuren im Wegenetz hinterlassen, und zwar zu Land und zu Wasser. Aus dem Bereich des Straßenbaus sei nur an ehemalige Grenzkontrollstellen erinnert, die heute bisweilen umgewidmet (Rheinbrücke Breisach, Staustufe Gambsheim), gelegentlich auch in Teilen funktionslos sind (Grenzübergang Lauterbourg A35/B9) oder nur noch als asphaltierte Plätze (Grenzübergang Marckolsheim/D424) an die einstige Verwendung erinnern. Im Eisenbahnnetz ist der nach 1871 in Elsaß-Lothringen eingerichtete Rechtsverkehr beibehalten worden, wovon nicht nur alte Überwerfungsbauwerke wie dasjenige zwischen Xouaxange und Imling auf der ehemaligen Schnellzuglinie Paris-Straßburg zwischen Nancy und Saverne zeugen. Das jüngste Kreuzungsbauwerk nördlich von Vendenheim (beziehungsweise westlich von Eckwersheim) wurde beim Anschluss des Oberrheintals an das französische TGV-Netz erst vor wenigen Jahren (2016) in Betrieb genommen; in der mit ihm verbundenen Kurve kam es bei einer Probefahrt zum bis heute schwersten Unfall eines TGV, als am 14. November 2015 ein Zug wegen zu hoher Geschwindigkeit entgleiste. Im Wasserstraßennetz, das seit dem frühen 19. Jahrhundert ausgebaut wurde, zeugen die Kanalverbindungen vom Rhein zur Marne, beziehungsweise zur Rhone von früheren Verkehrsverbindungen, die nach 1871 neu bewertet wurden. Ursprünglich wurden beide Kanäle zur besseren Anbindung des Elsasses an andere französische Landesteile errichtet, im Falle des ‚Canal de la Marne au Rhin' übrigens genau in denselben Jahren wie die Eisenbahnverbindung Paris – Strasbourg: Die Eröffnungen beider Fernverbindungen lagen kaum ein Jahr auseinander, 1852 und 1853, und zeitigten in der Tat rasche Wirkung in wirtschaftlicher Hinsicht. Nach dem Übergang von Elsaß-Lothringen in das neu formierte Deutsche Reich wurde die im Deutschen stets ‚Rhein-Marne-Kanal' genannte Wasserstraße eine wichtige Verbindung, die ganz verschiedene Güter wie Kohle, Stahl und Soda aus dem Saar- und Moseltal oder Straßburger Bier in umgekehrter Richtung lieferte und die zudem die Kanalanrainer an die französischen und die niederländischen Seehäfen anschloss.

Neben den vielen historischen Verkehren von Personen und Gütern[16] bedurfte aber auch die Ortsveränderung von Nachrichten bis in das 19. Jahrhundert hinein der klassischen Wege, bevor sie zunächst durch optische Signale, dann elektrisch per Kabel und schließlich kabellos mittels Wellen stattfand. Schon dieser Entwicklung ist zu entnehmen, dass bei der Nachrichtenübermittlung der Geschwindigkeit allergrößte Bedeutung zukam, ganz im Gegensatz zu den Verkehren von Personen und

16 Es ist nicht möglich im Rahmen dieser Skizze, die verschiedenen Verkehre zu den jeweiligen Zeiten en détail darzustellen. Für die Zeit des Mittelalters und der Frühen Neuzeit sei auf den sehr materialreichen Überblick von Ohler, Verkehr (wie Anm. 3) verwiesen. Sehr nützlich zudem: Nor-

Gütern. Ein Pilger war einem nur geringen Zeitdruck ausgesetzt und konnte seine Reisegeschwindigkeit den eigenen Kräften und den Reisebedingungen anpassen. Beim Güterverkehr stand die wohlbehaltene Ankunft von Mensch und Gut im Vordergrund, wobei die Verderblichkeit einer Ware immerhin ein zu berücksichtigendes Element darstellte. Nur Nachrichten wurden daher auf die schnellste zur Verfügung stehende Weise transportiert, also gewöhnlich zu Land und dort meist zu Pferde oder durch geübte Läufer, sofern das Terrain oder das Klima den Einsatz von Reittieren verunmöglichte. Nur im Ausnahmefall (und dann auch fast nur flussabwärts) wurde der Wasserweg genutzt. Doch auch die Nachrichtenübermittlung zu Land stößt rasch an äußerliche Grenzen, jenseits der physischen Konstitution des Menschen und seines Reittiers: Berittene Boten sind nur so schnell, wie es ihnen die Wege erlauben, Hochwasser, Schnee und Eis, aber auch Schlaglöcher oder Hindernisse wie Bäume oder Steine beeinträchtigen zumindest das Vorankommen, wenn sie es nicht gar blockieren. So sannen findige Menschen auf Alternativen und mit dem Eintritt in das 19. Jahrhundert begann die Ablösung der Nachrichtenübertragung von der Straße. In Frankreich ist ein erstes optisches Telegraphensystem bereits zu Zeiten der Französischen Revolution aufgekommen, dessen zweite in Dienst gestellte Linie ausgehend von Paris 1798 Straßburg erreichte. Meist einfach nach seinem Erfinder Claude Chappe benannt, erlaubte der ‚Télégraphe Chappe' dank einer ausgeklügelten Kodierung und spezieller Wörterbücher eine unschlagbar schnelle Übermittlung längerer Buchstaben- und Wortfolgen von Turm zu Turm (Abb. 3). Erst in der Mitte des 19. Jahrhunderts wurde dieses erste Fernmeldesystem durch die kabelgebundene Telegraphie abgelöst, der Télégraphe Chappe auf dem Straßburger Münster verschwand wieder. Auch wenn damit die Nachrichtenübermittlung selbst nicht mehr auf Land- oder Wasserwege zurückgriff, bleibt sie doch auf klassische Wege angewiesen, nicht nur beim Bau, sondern vor allem für die Wartung. Entsprechendes

---

bert Ohler, *Landeskunde Südwestdeutschlands: Eine Auswahlbibliographie mit Schwerpunkt Geschichte unter Berücksichtigung von Anrainern und Nachbardisziplinen*, 2010, vgl. https://freidok.uni-freiburg.de/data/7863. Für den südlichen Teil des Oberrheintals bieten Odile Kammerer / Benjamin Furst (Hg.), *Atlas historique du Rhin supérieur / Der Oberrhein: ein historischer Atlas. Essai d'histoire transfrontalière*, Straßburg 2019, 57 thematische Karten zu allen Epochen mit weiterführender Literatur. Den Verkehr auf dem Wasser behandelt Clemens von Looz-Corswarem, *Schifffahrt und Handel auf dem Rhein vom Mittelalter bis ins 19. Jahrhundert. Beiträge zur Verkehrsgeschichte* (Schriften zur rheinisch-westfälischen Wirtschaftsgeschichte 48), Göttingen 2020. – Allerdings handelt es sich nicht um eine Synthese, sondern um die Sammlung früherer Beiträge des Kölner Archivars, die fast ausschließlich den Rhein zwischen Köln und der niederländischen Grenze behandeln und den Oberrhein allenfalls am Rande miteinbeziehen, wie schon ein Blick in das Register zeigt, in welchem wichtige Orte kaum (Ludwigshafen, Kehl) oder gar nicht (Kaiserstuhl, Breisach, Neuenburg, Isteiner Klotz) zu finden sind, vgl. die Rezension zu von Looz-Corswarem, Schiffahrt (ebd.) von Werner Scheltjens, http://www.sehepunkte.de/2022/01/34483.html.

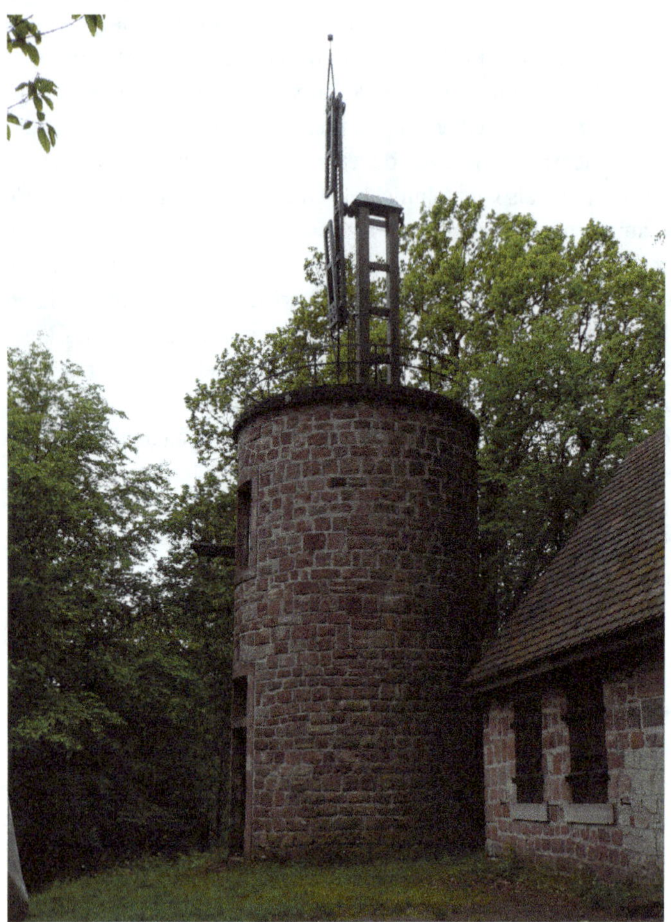

Abb. 3: Turm des Télégraphe Chappe in Haegen bei Saverne.

gilt im Übrigen auch für andere Netze wie Frisch- und Abwasser, Strom, Telefon, Gas, Fernwärme; besonders augenfällig ist diese auf den Unterhalt zielende Funktion bei den bereits angesprochenen Wasserstraßen, die seit dem 19. Jahrhundert nahezu durchgehend von Wegen flankiert werden, die neben dem Vorankommen (durch Treideln mit Personen, Tieren oder motorisierten Zugmaschinen) immer auch den Arbeiten am Bauwerk dienten. Vergessen wir nicht: Selbst die Sendemasten von Mobilfunknetzen müssen angeliefert, errichtet und gewartet werden.

Verkehr zu Land

Bis zur Industrialisierung im 19. Jahrhundert ist der Verkehr zu Land ganz überwiegend ein Nahverkehr, der sich innerhalb von 5 bis 10 km rund um den eigenen Wohnort abgespielt hat. Febvres Wort von den vielen ‚Rheinen' gilt in noch kleinerem Maßstab auch für die Bewohner des Oberrheintals. Wir sollten uns diese Welt wie eine Vielzahl von kleinen Inseln vorstellen, deren Bewohner größere Anstrengungen unternehmen müssen, um mit ihren Nachbarn auf den nächsten Inseln in Kontakt zu treten. Die Makroperspektive, die gerade in der Alten und Mittelalterlichen Geschichte oftmals eingenommen wird und zudem infolge der erhaltenen Quellen meist auf militärische Unternehmungen größeren Umfangs fokussieren, lenkt von den wirklichen Lebensbedingungen vor Ort eher ab. Auf diesem Gebiet sind freilich in der näheren Zukunft bahnbrechende Erkenntnisse zu erwarten, da die Auswertungen archäologischer Funde seit den letzten zwei Jahrzehnten ganz neue Aussagen ermöglichen. So lassen sich heute nicht nur verwandtschaftliche Beziehungen zwischen den Toten eines Bestattungsplatzes ermitteln, sondern auch dank eingehender Zahnanalysen ihre Ernährungssituation über einen längeren Zeitraum ihres Lebens nachvollziehen, darunter bei Erwachsenen für die ersten zwei Jahrzehnte ihres Lebens. Es handelt sich natürlich um punktuelle Ergebnisse, doch im Falle der Nekropole, die im Gewann ‚Kirchbuehl' des heutigen Niedernai im Zuge des Autobahnbaus im Sommer 1995 gefunden wurde, erlauben sie weiterreichende Schlüsse. Denn die Mehrheit der 31 nachgewiesenen Toten, die ausgenommen dreier alle zwischen der Mitte des 5. Jahrhunderts und dem ersten Drittel des 6. Jahrhunderts hier gelebt haben und begraben worden sind, haben nach Ausweis von Strontium-Isotopenanalysen einen gleichmäßigen Ernährungsstatus.[17] Nun liegt aber Niedernai direkt an der Trasse am westlichen Talrand, also an einer Linie, für deren Nutzung als historischer Weg bis in das 5. Jahrhundert Belege vorliegen (Abb. 4).[18] Wenn also die angesprochenen Personen genügend ernten konnten, um sich davon zu ernähren, dann ist fast sicher davon auszugehen, dass ihnen

17 Andrea Czermak, Isotopenanalysen – Nachzeichnen individueller Lebensgeschichten, unveröffentlichter Beitrag zur Sektion ‚Niedernai, „Kirchbuehl": une nécropole du Ve siècle (projet ANR-DFG Nied'Arc 5)' zum internationalen Kolloquium *Le Rhin supérieur aux IVe et Ve siècles : mobilité – communication – infrastructure / Der Oberrhein im 4. und 5. Jahrhundert: Mobilität – Kommunikation – Infrastruktur*, das vom 7. bis 9. Dezember 2016 in Straßburg stattfand, vgl. https://ateg.hypotheses.org/files/2018/09/Ateg_5_preactes.pdf. Zum deutsch-französischen Projekt Nied'Arc 5 vgl. https://anr.fr/Projet-ANR-13-FRAL-0016 und https://gepris.dfg.de/gepris/projekt/246602782.

18 Vgl. Wirbelauer, Verkehrswege (wie Anm. 9); zur Tabula Peutingeriana, die die spätantiken Straßen auf der linken Talseite dokumentiert, vgl. *Tabula Peutingeriana. Codex Vindobonensis 324*, kommentiert v. Ekkehard Weber, Graz 1976.

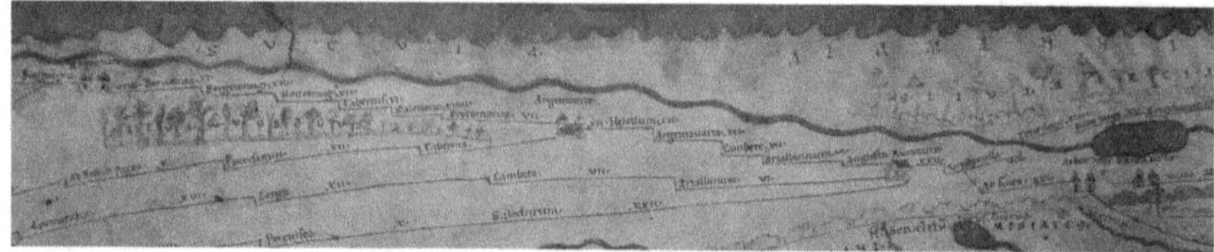

Abb. 4: Das Oberrheintal in der Darstellung der *Tabula Peutingeriana.*

niemand diese Ernten weggenommen hat, mithin, dass sie nicht unter kriegerischen Handlungen in großem Umfang zu leiden hatten. Ein Blick auf andere Zeiten zeigt die Bedeutung dieses Befundes: In den 1620er und 1630er Jahren litten die Menschen im Oberrheintal fast überall unter den verschiedenen Heerhaufen, die sich alle ‚aus dem Lande' ernährten, also den Bauern ihre Ernte abnahmen. Tote dieser Zeiten würden ein anderes Analyseergebnis hervorbringen, und dies würde sicher auch im 19. und noch in der ersten Hälfte des 20. Jahrhunderts festzustellen sein, da bekanntlich die Ernährungssituation im Deutschen Reich während des Ersten Weltkriegs immer schlechter wurde und auch zwischen 1942 und 1948 insbesondere in den Städten sehr schwierig war. In solchen Zeiten waren die Wege, die die Waren in die größeren Siedlungen brachten, noch wichtiger als sonst und stellten für viele Menschen das Überleben sicher.

Wenn wir freilich vom Nahverkehr außerhalb der Siedlungen sprechen, dann geht es zuallererst um die Zugänge zu den Stätten der Nahrungsmittelgewinnung, seien es Felder, Wiesen, Wälder oder Gewässer. Manche Bauwerke wie Wegbefestigungen, Furten oder Brücken, die auch Verkehre längerer Distanzen erleichterten, verdanken ihre Entstehung und vor allem den Unterhalt ihren unmittelbaren Nutzern in der Nähe. Im Mittelalter bildete sich vielerorts sogar die Pflicht heraus, dass die Einwohner einer Siedlung die Wege in Stand halten und gegebenenfalls zu reparieren hatten. Die jeweiligen Grundherren sorgten mit Hilfe dieser Fronleistung für die Viabilität und damit die Rentabilität ihres Besitzes. Auch nach dem Ende der Grundherrschaft, die zunächst im Elsass dank der Revolution und im 19. Jahrhundert auch im restlichen Tal abgeschafft wurde, trugen alle Bewohner zum lokalen Wegebau bei, zunächst oft durch Handarbeit oder Stellung von Tieren und Fuhrwerken, später immer mehr durch Ersatzleistungen in Geld. In Frankreich ist hieraus die „Wohnsteuer" (taxe d'habitation) entstanden: Ihre derzeit laufende, schrittweise Abschaffung darf als Zeichen dafür gewertet werden, dass der Staat diesen Teil nunmehr vollständig als seine hoheitliche Aufgabe begreift und aus dem allgemeinen Steueraufkommen bestreiten will. Dennoch wird der Unterhalt der voies communales im Elsass auch künftig auf Gemeindeebene verhandelt werden, so wie dies auch in den Ländern Baden-Württemberg, Rheinland-Pfalz und Hessen der Fall ist.

Neben den Stätten der Nahrungsmittelgewinnung erfordern auch weitere Orte eine Verkehrsanbindung: Technologische Entwicklungen wie die im Mittelalter aufkommende Wassermühle oder die Entdeckung von Bodenschätzen, die zu deren Ausbeutung führt, lassen Wege entstehen und nach der Schließung eines solchen Betriebs auch wieder verschwinden. Besonders augenfällig ist dies im 19. Jahrhundert, als mit der Eisenbahn ein zweites Transportmittel für Massengüter aufkommt, dessen Netz sich zudem erheblich leichter ausbauen und unterhalten lässt als die Wasserwege. Erst die Schiene machte den Menschen bewusst, dass sie nunmehr (fast) überall ihre Wegewünsche auch realisieren konnten, denn erst der Eisenbahnbau löste die bis dahin innige Verbindung zwischen ‚Trasse' und ‚Weg' auf: Weite Brücken aus Stahl überspannten Täler und Schluchten, Tunnels durchquerten Hindernisse, die selbst im Oberrheintal vorkommen, etwa am Isteiner Klotz. Für den römischen Fernwegebau war diese Verengung des rechten Talwegs so markant, dass der Verkehr von Basel bis Kembs wohl weitgehend linksrheinisch verlief und erst bei Neuenburg eine durchgehende rechtsrheinische Straße begann.

Neben wirtschaftlichen Interessen waren stets auch politische von Belang, insbesondere dann, wenn sie mit militärischen Mitteln durchgesetzt wurden. Andererseits zeigt gerade die politische Geschichte des Elsass im 19. und 20. Jahrhundert, dass politisch beziehungsweise militärisch motivierte Wege besonders schnell verschwanden, wenn sie nach dem Verlust ihrer jeweiligen Aufgabe nicht eine Zweitnutzung, etwa durch den Tourismus erfuhren. Die Route des crêtes, die zur Versorgung der französischen Stellungen auf dem Vogesenhauptkamm im Ersten Weltkrieg gebraucht wurde, erschließt diesen heute so vielen Besuchern, dass manch ein Naturschützer ihre Existenz bedauern mag. Ähnliches gilt für die Schwarzwaldhochstraße.

Sprechen wir noch von den Verkehrsrichtungen: Nehmen wir die eingangs angesprochenen Trassen, so könnte der Eindruck entstehen, dass die meisten Verkehre parallel zum Rhein verliefen. Für den südlichen Teil des Oberrheins gilt dies mit Sicherheit, denn sowohl die Vogesen als auch der Schwarzwald sind zwar gewiss nicht unüberwindbar, aber doch ausgesprochen hinderlich, ja bisweilen unpassierbar, insbesondere bei winterlichen Bedingungen. Im nördlichen Teil dagegen ist das Oberrheintal auch für Verkehre quer zur Talrichtung besser geeignet, insbesondere natürlich dort, wo große Nebenflüsse wie der Neckar und der Main den Weg nach Osten erleichtern. Eine ähnlich öffnende Funktion übernimmt nach Westen die Mosel, die aber hier außer Betracht bleiben darf, da sie nur indirekt mit dem Oberrheintal verbunden ist. Für den querenden Verkehr war die Frage, wie der Rhein zu überwinden war, entscheidend. Bis in die Mitte des 19. Jahrhunderts sind nur ganz wenige feste Brücken nördlich von Basel belegt. Bei Mainz bestand eine solche zur Römerzeit – wir kennen sie dank eines

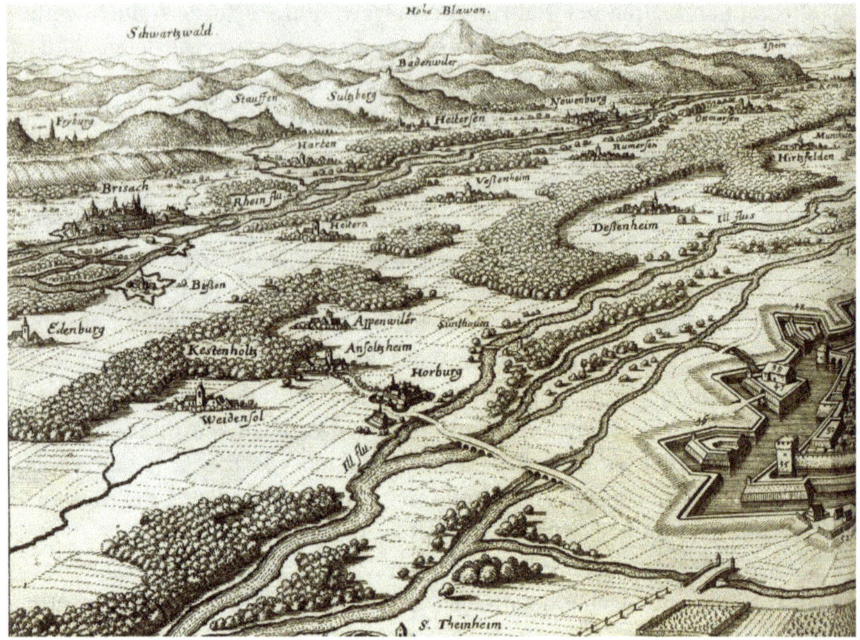

Abb. 5: Merians Blick auf Rhein und Ill.

einzigartigen Bleimedaillons aus der Zeit der Tetrarchen.[19] Von einer Nachfolgerin berichtet uns der Biograph Karls des Großen, Einhard, der in Seligenstadt am Unterlauf des Mains unweit des nordöstlichen Randes des Oberrheintals starb. Ihm zufolge sei die hölzerne Brücke, die in einem Zeitraum von zehn Jahren auf Geheiß Karls des Großen errichtet worden sei, kurz vor seinem Tode durch einen zufällig entstandenen Brand zerstört und nicht wieder aufgebaut worden.[20] Erst mit der Errichtung der Schiffsbrücke durch den Mainzer Erzbischof Johann Philipp von Schönborn (1661) war der Rhein hier wieder trockenen Fußes passierbar, die erste feste Brücke am nördlichen Oberrhein war die 1862 eingeweihte Mainzer Südbrücke. Zwischen Mainz und Basel bestanden nach der Antike nur an zwei Stellen feste Brücken, bei Breisach (Abb. 5) und bei Straßburg/Kehl. Erstere

19 Hans Ulrich Nuber, Das „Lyoner Bleimedaillon" – ein frühes Bildzeugnis zur Geschichte Alamanniens, in: *Alemannisches Jahrbuch* 58/59 (2009/10), S. 9–88.

20 Einhard, *Vita Caroli Magni*, 17 und 32, hg. von Oswald Holder-Egger, MGH SS rer. Germ. 25, Hannover 1911, S. 20 und S. 36, vgl. den Zusatz der Handschriftenklassen D und E in den *Reichsannalen*, hg. v. Friedrich Kurze, MGH SS rer. Germ. 6, Hannover 1895, S. 137 zum Jahr 813: *Pons apud Mogontiacum mense Maio incendio conflagravit.*

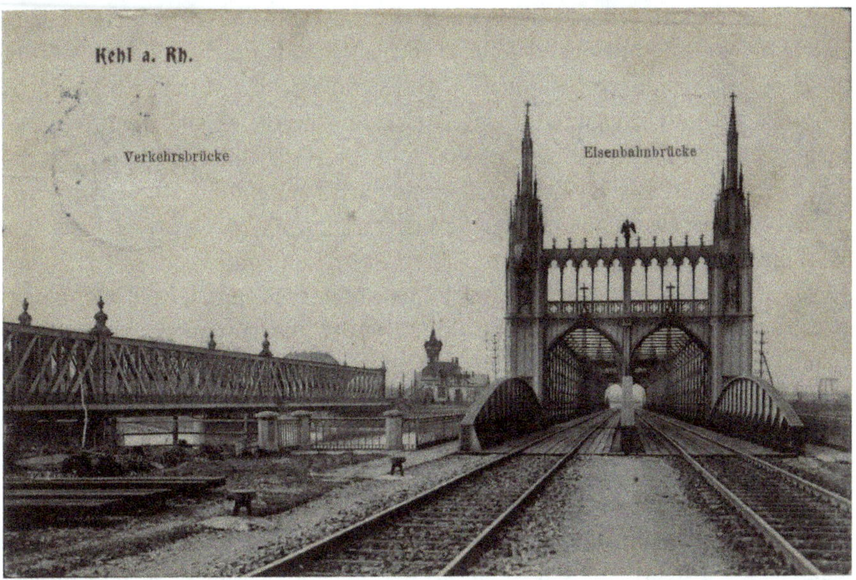

Abb. 6: Straßen- und Eisenbahnbrücke bei Kehl zu Beginn des 20. Jahrhunderts.

ist bereits im 13. Jahrhundert, letztere seit 1388 bezeugt, beide wurden in den folgenden Jahrhunderten mehrfach durch Hochwasser und Krieg zerstört.[21] Die Breisacher Brücke wurde entsprechend dem Friedensvertrag von Rijswijk von den Franzosen zerstört; danach benutzten die Breisacher wie andernorts eine Fähre.[22] Die „Lange Bruck", über die am 7. Mai 1770 von Kehl kommend die österreichische Prinzessin Maria Antonia französischen Boden bei Straßburg betrat, um als Marie Antoinette den späteren Ludwig XVI. zu ehelichen, wurde 1793 zerstört und wurde wie in Mainz durch Schiffsbrücken ersetzt – ein Neubau der festen Brücke bestand lediglich noch für einige Jahre, zwischen 1808 und 1815.[23] Die

---

21 Ohler, Verkehr (wie Anm. 3), S. 209 mit Anm. 114.

22 Friedensvertrag von Rijswijk, F, K, R, 1697 X 30, Kap. XXIII, in: Heinz Duchhardt / Martin Espenhorst (Hg.), *Europäische Friedensverträge der Vormoderne online*, https://www.ieg-friedensvertraege.de/treaty/1697%20X%2030%20Friedensvertrag%20von%20Rijswijk/t-968-1-de.html?h=1; Günther Haselier, *Geschichte der Stadt Breisach am Rhein*, Bd. 2, Breisach 1971, S. 111.

23 Zur viel behandelten Reise von 1770 vgl. Gilles Buscot, La dauphine Marie-Antoinette à Fribourg et à Strasbourg. Point de vue contrastif sur deux fêtes franco-autrichiennes de part et d'autres du Rhin, in: *Deutsch-Französische Begegnungen am Rhein 1700–1789 / Rencontres Franco-Allemandes dans l'espace rhénan entre 1700 et 1789* (Beiträge zur Geschichte der Literatur und Kunst des 18. Jahrhunderts 12), hg. v. Heinke Wunderlich / Jean Mondot, Heidelberg 1994, S. 103–131. Die Darstellung des Beschusses von Kehl durch die französischen Truppen am 12.

hier 1861 in Betrieb genommene Eisenbahnbrücke (Abb. 6 und 7) läutete die neue Epoche fester Brückenbauwerke über den Oberrhein nördlich von Basel ein, wie die Liste des Frankfurter Kaufmanns und Geographen Johann Heinrich Meidinger (1792–1867) belegt: Er kannte 1853 im Bereich des Oberrheins fünf „Schiffbrücken" (Kehl/Straßburg, Maximiliansau bei Karlsruhe, Germersheim, Mannheim/Ludwigshafen, Mainz/Castel) sowie sieben „fliegende Brücken" (Hüningen, Breisach, Plittersdorf/Seltz, Speyer, Philippsburg, Worms, Oppenheim).[24] Bei letzteren handelt es sich um sogenannte Gierseilfähren, deren Prinzip in Nimwegen 1657 erfunden wurde und die die Überquerung breiter Flüsse sehr erleichterten (Abb. 8).[25] Bereits 1669 ist eine solche bei Mannheim errichtet worden, die älteste ihrer Art am Oberrhein;[26] 1835 wird diese durch die von Meidinger gelistete Schiffbrücke ersetzt.

Doch zum Abschluss dieses Abschnitts sei noch unterstrichen, dass bis zum Aufkommen der Dampfschifffahrt im 19. Jahrhundert auf den eingangs angesprochenen ‚vielen Rheinen' Febvres im Tal zwischen Basel und Mainz kaum Konkurrenz zwischen querendem und wassernutzendem Verkehr bestand. Die Anzahl von schwimmenden Brücken war sehr begrenzt, und nur diese stellten für den Schiffsverkehr überhaupt ein Hindernis dar. Zudem mussten diese ohnehin des Öfteren geöffnet werden, etwa im Falle von Hochwasser oder um Holzflöße der Flözer durchzulassen.

September 1793 zeigt eine brennende Brücke auf hölzernen Pfeilern, vgl. https://numistral.bnf.fr/ark:/12148/btv1b101109426. Drei Jahre später war die Brücke immer noch unterbrochen, eine daneben errichtete Schiffsbrücke ermöglichte den österreichischen Truppen am 18. September 1796 den Angriff, den die französischen Verteidiger abwehrten, vgl. https://www.numistral.fr/ark:/12148/btv1b10201277b; dieselbe Situation ist auch auf einem Stich zu erkennen, der auf den 9. Januar 1797 datiert ist, vgl. https://numistral.bnf.fr/ark:/12148/btv1b101109426. Neun Jahre später hat sich nichts verändert, denn auch der Sieger von Austerlitz nutzte am 22 Januar 1806 eine Schiffsbrücke („pont de bateaux") für seinen Übertritt über den Fluss, vgl. Relation des *fêtes données par la Ville de Strasbourg à leurs majestés impériales et royales, les 22 et 23 janvier 1806, à leur retour d'Allemagne*, Straßburg 1806, S. 2; vgl. auch *Die lange Bruck: 600 Jahre Wege zum Nachbarn; Geschichte der Rheinbrücken zwischen Straßburg und Kehl*, hg. v. Angelika Sadlau, Helmut Schneider und Carl Helmut Steckner, Kehl 1989 mit weiteren Details, insbesondere die Ausführungen von Carl Helmut Steckner zum Neubau einer festen Brücke in napoleonischen Zeit ebd. S. 24–27.

24 Heinrich Meidinger, *Die deutschen Ströme in ihren Verkehrs- und Handels-Verhältnissen, mit statistischen Uebersichten: Abt. 2: Der Rhein*, Leipzig 1853, S. 14–16.

25 Hans Wolfgang Kuhn, Frühe Gierponten. Fliegende Brücken auf dem Rhein im 17. und 18. Jahrhundert, in: *Deutsches Schiffahrtsarchiv* 6 (1983), S. 25–64.

26 Vgl. auch die Darstellung in Carl Christian Schramms Brückenwerk http://doi.org/10.7890/ethz-a-000514964.

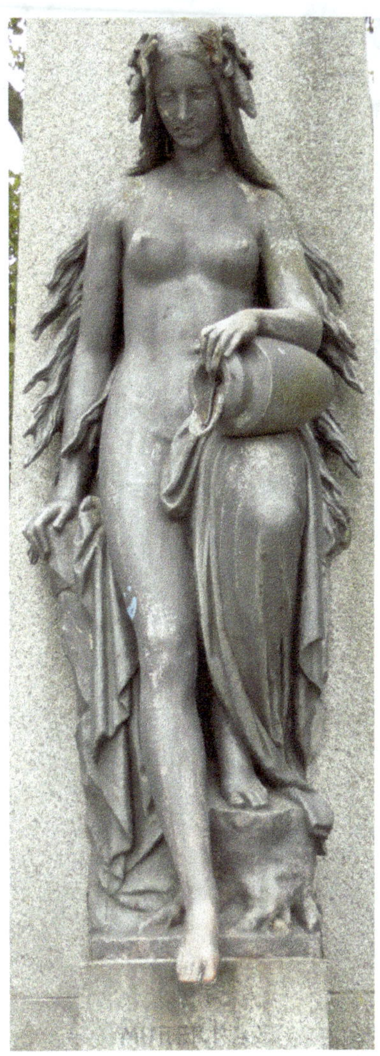

Abb. 7: ‚Mutter Kinzig' von der ersten Eisenbahnbrücke in Zweitverwendung als Kriegerdenkmal in Kehl.

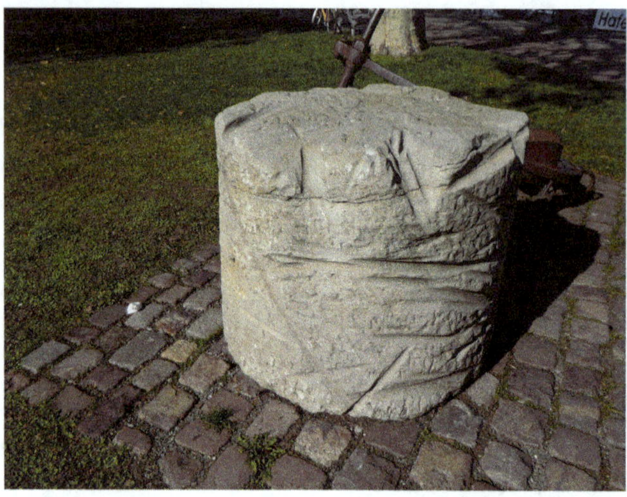

Abb. 8: Wiedergefundener Ankerstein der Gierseilfähre am Rheinufer in Ludwigshafen.

Verkehr zu Wasser

Seit der Zeit der Römer wurde der Oberrhein wie andere schiffbare Flüsse zum Transport von Lasten genutzt. Stromabwärts sind die Spuren dieser Transporte bisweilen heute noch erkennbar, so etwa an dem Baumaterial, das in der Befestigung des Straßburger Legionslagers verwendet wurde und vom Kaiserstuhl stammt,[27] vielleicht sogar in Teilen vom Isteiner Klotz, wo der Kalkstein direkt am Fluss gewonnen werden konnte. Da mit den Steinen auch das Holz der Flöße verbaut wurde, haben wir es mit einer fast hundertprozentigen Nutzung jedes Transports zu tun. Der Holztransport flussabwärts blieb bis zum ausgehenden 19. Jahrhundert ein wichtiger Wirtschaftszweig für manche Seitentäler, wie die Flözerei im Kinzigtal belegt. Erst die Eisenbahn wird dem Holzhandel neue Routen erschließen.

Doch nicht nur Baumaterial und anderer Warenverkehr gelangten durch den Fluss zu den Rheinanwohnern. Städte wie Straßburg, Mannheim und Mainz verdanken ihre Existenz ihrer Lage an der Mündung eines bedeutenden Nebenflusses. Im Falle von Straßburg war die Ortswahl eindeutig, da es sich um den Eintritt der Ill in die Rheinaue handelt: Bis hier war der Rhein auch zur Römerzeit so gut

27 Gertrud Kuhnle, *Argentorate. Le camp de la VIIIe légion et la présence militaire romaine à Strasbourg* (Monographien des Römisch-Germanischen Zentralmuseums 141), mit Beiträgen von Heidi Cicutta, Bérangère Fort, Francesca Ginella u. a., Mainz 2018, S. 93–95, 163 f., 281 auf der Basis der geologischen Untersuchungen durch Wolfhard Wimmenauer, ebd. S. 505–511 (Annexe 9).

schiffbar, dass Truppen und Waren von Mainz kommend angelandet werden konnten. Zudem war Straßburg der Ausgangspunkt für alle illaufwärtigen Verkehre. Etwas weniger klar ist die Situation am Neckar: Die Römer haben wie bei Straßburg eine Siedlung nebenflussaufwärts bevorzugt und sich beim heutigen Ladenburg angesiedelt. Der Stauferzeit beziehungsweise dem 17. Jahrhundert werden Heidelberg (am Austritt des Neckars aus dem Gebirge) und Mannheim (an der Neckarmündung) verdankt, die Ladenburg als Zentren am Neckar in der Oberrheinebene ablösten. Dabei war die Anwesenheit von regierenden Fürsten in beiden Fällen entscheidend: Die Pfalzgrafen bauten Heidelberg ab dem 13. Jahrhundert zu ihrer Residenz aus, gründeten hier 1386 eine Universität, die erste im Oberrheintal und die dritte im Heiligen Römischen Reich nach Prag und Wien, und legten so den Grundstein für den Erfolg dieser Siedlung bis in das 17. Jahrhundert hinein. Die verheerenden Kriege dieser Zeit verschafften trotz etlicher Zerstörungen Mannheim die Residenz des pfälzischen Kurfürsten und damit die führende Stellung am Neckar im Oberrheintal im 18. Jahrhundert.[28] Eine gut vergleichbare Entwicklung finden wir weiter südlich im Tal, wo die Markgrafen von Baden nach der Zerstörung ihres Stammschlosses und ihrer Residenz, deren Kurbetrieb ein ähnliches ‚Alleinstellungsmerkmal' darstellte wie die Heidelberger Universität, in die Ebene nach Rastatt zogen und damit an denjenigen Ort, bis zu dem die Murg schiffbar war.[29] Die immer aufwändigeren Hofhaltungen dieser Zeit profitierten erheblich von der Anlieferung von Waren auf dem Wasserweg.

Naturgemäß ist die Fahrt stromaufwärts schwieriger. Allerdings ändern sich die Verhältnisse im Laufe des Oberrheintals erheblich, denn das Gefälle nimmt nach Norden hin immer weiter ab und beträgt bei Mainz nur noch ein Zehntel des-

---

28 Hanspeter Rings, *Mannheim auf Kurs. Hafen- und Schifffahrtsgeschichte der Stadt an Rhein und Neckar* (Schriftenreihe MARCHIVUM 3), Mannheim [2]2019, S. 50–55; vgl. auch Walther Borgius, *Mannheim und die Entwicklung des südwestdeutschen Getreidehandels*, Freiburg i. Br. 1899, Bd. 1, S. 53–55.

29 Zur Zerstörung durch die Franzosen im Sommer 1689 vgl. Dagmar Rumpf, Leben in Trümmern. Der große Stadtbrand von 1689 und seine Folgen für die Residenz- und Kurstadt Baden-Baden, in: *Der Friede von Rastatt „... dass aller Krieg eine Thorheit sey". Aspekte der Lokal- und Regionalgeschichte im Spanischen Erbfolgekrieg in der Markgrafschaft Baden-Baden*, Regensburg 2014, S. 59–69; zum Kurbetrieb Dagmar Kicherer, *Kleine Geschichte der Stadt Baden-Baden*, Leinfelden-Echterdingen 2008, S. 41–43, 67 f., 88 ff. sowie Ulrich Coenen, *Von Aquae bis Baden-Baden. Die Baugeschichte der Stadt und ihr Beitrag zur Entwicklung der Kurarchitektur*, Aachen 2008; zur Verlegung der Residenz nach Rastatt und die Folgen s. Oliver Fieg, „... gefährliche Conjuncturen und höchst betrübte Kriegszeithen. Rastatt zwischen Pfälzischem Erbfolgekrieg und Rastatter Frieden, in: *Der Friede von Rastatt* (zit.), S. 43–57.

sen, was am Basler Rheinknie festzustellen ist.[30] Die Abflachung des Flussbetts spiegelt sich in der Flussgestalt: Während von Basel bis südlich von Straßburg laufend Furkationen aufeinander folgen, geht der Fluss dann immer mehr in einem schlingenförmigen Verlauf über, der insbesondere ab Karlsruhe dominiert. Die Furkationen, die zur Ausbildung von zahlreichen, sich teils rasch verlagernden Inseln führen und dem Flussbett ein ‚verzopftes' Aussehen verleihen, entstehen infolge der gefälleabhängigen Strömung. Deren Abschwächung nach Norden hin bringen den Fluss dann immer mehr zum ‚Mäandrieren'. Für den vormodernen Schiffsverkehr aber bedeutet dies nun, dass der untere Teil des Oberrheins (bis etwa Straßburg) deutlich leichter zu bewältigen war als der obere Teil, und zwar unabhängig von der gewählten Antriebskraft. Dabei sollte allerdings nicht unterschätzt werden, dass sowohl das Segeln (infolge der im Oberrheintal vorherrschenden Winde aus südlichen beziehungsweise westlichen Richtungen) wie auch das Treideln (infolge der vielfach nicht befestigten Ufer) kein leichtes Unterfangen war und umso schwieriger wurde, je weiter man flussaufwärts strebte.[31] Ob der Rhein südlich von Straßburg vor dem 19. Jahrhundert überhaupt nennenswerten Verkehr stromaufwärts kannte, scheint angesichts des Gefälles mehr als zweifelhaft.[32] Für den nördlichen Teil ist er seit der Römerzeit belegt: So sind etwa auf einem Schiffswrack, das unweit der Illmündung bei der Wantzenau gefunden wurde, Mühlsteine aus der Eifel gefunden worden, die für das römische Straßburg bestimmt waren.[33] Solche Transporte wurden durch einen ‚Antriebsmix' ermöglicht, wie sich nun auch aufgrund von Er-

---

30 Zwischen dem Pegel Maxau (Rheinkilometer 362,33; 97,72 m NHN) und dem Pegel Mainz (Rheinkilometer 498,27; 78,37 m NHN) ergibt sich heute ein mittleres Gefälle von weniger als 0,15 ‰; nehmen wir hinzu, dass sich gerade auf diesem Flussabschnitt die Strecke durch die Rheinbegradigung erheblich verkürzte, dürfen wir von einem noch geringeren mittleren Gefälle ausgehen, das an 0,10 ‰ heranreichte. Zwischen Basel-Rheinhalle (Rheinkilometer 165,90; 240,00 m NHN) und dem Pegel Rheinweiler (Rheinkilometer 186,18; 217,29 m NHN), 2 km nach Kembs, sind dagegen 1,12 ‰ festzustellen, also etwa der zehnfache Wert. Vom Pegel Rheinweiler bis Kehl-Kronenhof (Rheinkilometer 292,25; 133,02 m NHN) ergeben sich immer noch 0,8 ‰, von Kehl-Kronenhof bis Maxau 0,5 ‰ (wobei auf dieser Strecke der oben angesprochene Effekt der Rheinbegradigung ebenfalls miteinzubeziehen ist); Angaben zu Rheinkilometern und Pegelnullpunkten in Normalhöhennull (NHN) nach https://www.pegelonline.wsv.de/gast/pegelinformationen?scrollPosition=0&gewaesser=RHEIN.

31 Vgl. Looz-Corswarem, *Schiffahrt* (wie Anm. 15), S. 36–52 zu Schiffstypen und Fortbewegungsarten.

32 Dies ergibt sich indirekt auch aus den Ausführungen von Looz-Corswarem, *Schiffahrt* (wie Anm. 15), S. 36–40, zum Treideln, der einen ausgebauten Leinpfad oder Treidelweg zur „Voraussetzung für den Schiffverkehr auf dem Rhein stromaufwärts" (ebd., S. 36) erklärt. Leinpfade sind am Oberrhein vor der Rheinbegradigung nicht durchgehend nachgewiesen.

33 Robert Forrer, Ein versunkener spätantiker Mühlsteintransport in Wanzenau bei Straßburg, in: *Anzeiger für elsässische Altertumskunde* 4 (1912), S. 131–143, vgl. auch Wirbelauer, Verkehrswege (wie Anm. 9), S. 309 f.

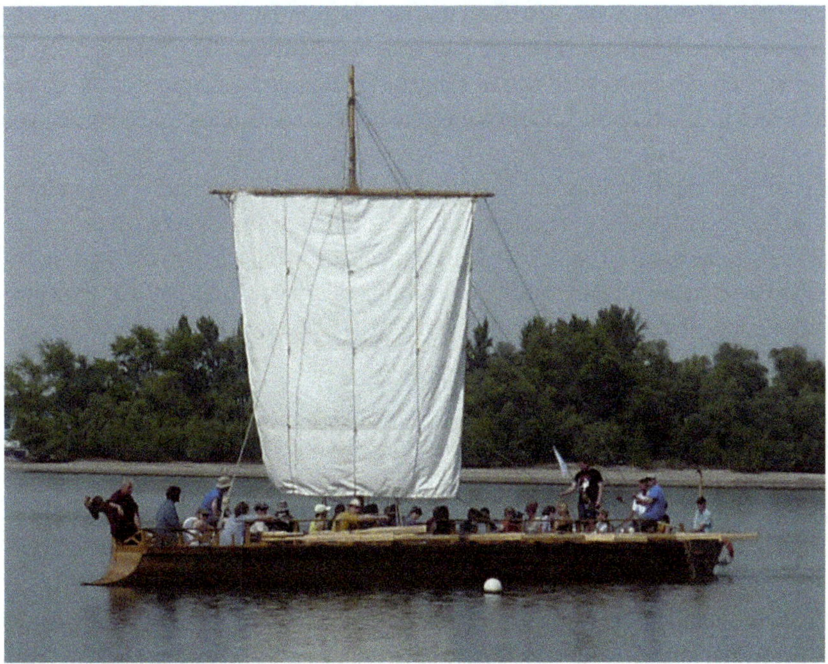

Abb. 9: Die *Lusoria Rhenana*: der Nachbau eines römischen Schiffs auf dem Rhein (2011).

fahrungen der experimentellen Archäologie bestätigen lässt (Abb. 9).[34] Dabei wurde soweit möglich gesegelt und im Bedarfsfalle durch Rudern oder durch Treideln unterstützt. Dass auf bildlichen Darstellungen des 16. bis früheren 19. Jahrhunderts auf dem unteren Oberrhein viel häufiger gesegelt als gerudert oder getreidelt wird, dürfte somit ebenso den wirklichen Verhältnissen entsprechen wie die Tatsache, dass die meisten dargestellten Schiffe stromabwärts gerichtet sind. Wie mühsam das Unterfangen gewesen sein muss, zeigt etwa die Darstellung auf der *Großen Kurpfälzischen Rheinstromkarte* vom ausgehenden 16. Jahrhundert mit einem getreidelten Schiff, das auf dem linksrheinischen Ufer in Richtung Lauterburg gezogen wird.[35]

In diesem Zusammenhang sei nochmals an Lucien Febvres Wort von den ‚vielen Rheinen' erinnert, denn gerade die Verkehre stromaufwärts waren nur mit örtlicher

34 Christoph Schäfer, Universität Trier, hat hier bahnbrechende Forschungen unternommen, vgl. Fritz Brechtel / Christoph Schäfer / Gerrit Wagener (Hg.), *Lusoria Rhenana. Ein römisches Schiff am Rhein. Neue Forschungen zu einem spätantiken Schiffstyp*, Hamburg 2016.

35 Generallandesarchiv Karlsruhe, H/Rheinstrom Nr. 19, 24, 27, https://www.landesarchiv-bw.de/praesmodelle/fricke5/rhein.htm; das Treidelschiff auf Karte 1, Abschnitt 7.

Unterstützung möglich. Die Menschen am Fluss waren mit den Gegebenheiten, die sich durch jedes Hoch- und Niedrigwasser änderten, vertraut. Sie stellten die Zugtiere und führten sie entsprechend den aktuellen Verhältnissen. Fluss und Wetter zwangen zudem nicht selten zu Unterbrechungen, ja auch zum vorzeitigen Abbruch von Transporten, so dass manche Ware, die etwa nach Straßburg gelangen sollte, dort nie oder nicht auf dem Wasserweg eintraf. Der Landweg aber reduzierte die Menge der transportierten Güter erheblich und war zumindest für längere Distanzen oftmals ausgeschlossen. So waren die Rheinanwohner nicht selten Zwischenhändler, die das Umschlagen auf landläufige Transportmittel ermöglichten, und dieselben verschafften den Schiffern Waren für den Verkehr zu Wasser.

Die Industrialisierung der Verkehrswege

Mehrfach ist schon angeklungen, was nun noch angesprochen werden soll: die tiefgreifende Umgestaltung des Oberrheintals in den letzten beiden Jahrhunderten.[36] Wollte man alles auf ein Moment reduzieren und damit eine komplexe Entwicklung vielleicht allzu sehr simplifizieren, dann hätte man wohl an das Erscheinen des ersten Dampfschiffs auf dem Oberrhein zu denken. Doch während solche Ereignisse auf dem Niederrhein für großes Aufsehen sorgten und als Vorboten einer neuen Zeit galten, zumal es sich um englische Schiffe handelte, denen nach dem Ende der napoleonischen Kriege der Rhein wieder zugänglich war,[37] war die Ankunft der *Concordia* in Mainz eher ein Misserfolg, denn bei ihrer Indienstnahme stellte sich heraus, dass die Wassertiefe des Flusses südlich von Mainz für ihre Durchfahrt nicht ausreichte. Immerhin stellten die *Concordia* und ihr Schwesterschiff, die *Friedrich Wilhelm* nun einen regelmäßigen Verkehr zwischen Mainz und Köln her und schlossen somit das Oberrheintal auf ganz neue Weise an die unteren Flussabschnitte an.

Im Oberrheintal selbst war bereits in der frühen Neuzeit an manchen Orten in den Flussverlauf eingegriffen worden.[38] Doch im ausgehenden 18. Jahrhundert nahmen Pläne einer umfassenden Rheinregulierung Gestalt an, für die heute vor allem

36 Vgl. Bernhardt, *Spiegel* (wie Anm. 8); zum Schiffsverkehr auf dem Rhein s. auch Norbert Kriedel, La navigation fluviale sur le Rhin au XIXe siècle, in: *Revue d'Allemagne et des pays de langue allemande* 47–2, 2015, S. 307–320, http://journals.openedition.org/allemagne/282.

37 Vgl. Looz-Corswarem, *Schiffahrt* (wie Anm. 15), S. 329–355.

38 Franz Josef Mone, Ueber den Flußbau am Oberrhein. Von 1391 bis 1660, in: *Zeitschrift für die Geschichte des Oberrheins* 1 (1850), S. 303–308.

der Name des gebürtigen Badeners Johann Gottfried Tulla steht.[39] Im Dienste der französischen Regierung konzipierte er ein Projekt, das er nach 1815 mit Hilfe des badischen Großherzogs umsetzte – das Januarhochwasser von 1816, das schwere Schäden etwa in der Gemeinde Wörth verursacht hatte, beschleunigte die Ausführung des Projekts erheblich. Nach dem Staatsvertrag zwischen Bayern und Baden vom 26. April 1817 begannen noch im selben Jahr die Arbeiten in Knielingen, um mit einem Graben dem Rhein ein neues Bett zu weisen, das ihn durch den direkten Verlauf an der Falllinie zu einem schnelleren Fließen und damit zu einer tieferen Erosion des Flussbettes zwingen sollte. Da bei den Arbeiten nur ein Leitgraben entlang der neuen Trasse angelegt wurde, den der Fluss nach Öffnung des Dammes selbständig zum neuen Talweg ausdehnte, variierte die Dauer bis zum erfolgreichen Abschluss des Bauabschnitts: Meist folgte der Rhein bereits nach wenigen Jahren der neuen Trasse, doch konnte es im Einzelfall auch Jahrzehnte dauern wie im Falle des heutigen Angelhofer Altrheins bei Speyer (1826/1876). Mit insgesamt 18 realisierten „Durchstichen" von Rheinschlingen wurde der Fluss zwischen der Lautermündung und Mainz von 135 km auf 86 km gekürzt und zugleich der Schiffsverkehr durch die erzielte Vertiefung des Bettes erleichtert. Nachdem die Ergebnisse an den badisch-pfälzischen Abschnitten den Aufwand rechtfertigten, wandte sich die Aufmerksamkeit auch südlicheren Teilen zu: Mit dem Staatsvertrag zwischen Frankreich und Baden vom 5. April 1840 waren die rechtlichen Bedingungen geschaffen, um auch den Fluss zwischen Basel und Lauterburg zu bearbeiten, um ihn bis zum Basler Knie mit größeren Schiffen befahren zu können. Mit dem Bau des Rheinseitenkanals durch Frankreich ist die Wasserstraße Oberrhein heute so leistungsfähig wie nie zuvor in der Geschichte, freilich zu einem ökologischen Preis, der im letzten halben Jahrhundert immer deutlicher zu Buche schlägt, etwa beim Hochwasser- oder beim Artenschutz.

Im zweiten Viertel des 19. Jahrhunderts erlebte das Oberrheintal gleich mehrere technologiebedingte Umgestaltungen, die das Leben der Menschen und die Verkehre im Tal irreversibel veränderten. Diese betrafen die Nutzung der Dampfmaschine, zunächst auf dem Wasser, bald darauf auch auf der Schiene. Damit einher ging die technische Aufrüstung in den Betrieben, so dass die Produktion von Gütern in manchen Sparten stark stieg und zusätzlicher Transportbedarf entstand, nicht nur mit Blick auf die Verteilung der Produkte, sondern auch auf die benötigten Rohstoffe. Im Zuge dieser Entwicklung entstanden neue Städte, von denen Ludwigshafen gegenüber von Mannheim dank der *Badischen Anilin- und*

39 Vgl. dazu jüngst Christoph Bernhardt, Die Oberrheinkorrektion, ihre Umweltfolgen und der Mythos um Johann Gottfried Tulla: Neue Befunde, in: *Zeitschrift für die Geschichte des Oberrheins* 168 (2020), S. 355–372.

Sodafabrik als ‚Leuchtturm' der zweiten Industriellen Revolution am Oberrhein gewiss die prominenteste ist.[40]

Weitere solche epochalen Umgestaltungen kamen im Laufe des 20. Jahrhunderts hinzu: Mit der Anlage von Fernstraßen führten nun Wege nicht mehr von Ort zu Ort, sondern an den Orten vorbei; diese Tendenz verstärkte sich noch seit den 1980er Jahren, als immer häufiger Ortsumgehungen geplant und gebaut wurden. Doch nicht nur horizontal, auch vertikal boten neue Technologien bislang ungeahnte Möglichkeiten: Der erste „Deutsche Zuverlässigkeitsflug durch die Oberrheinische Tiefebene" führte die Teilnehmer vom 20. bis 28. Mai 1911 von Baden-Baden über Freiburg, Mülhausen, Straßburg, Karlsruhe, Heidelberg, Mannheim, Mainz, Frankfurt bis nach Darmstadt. Vordergründig galt es, die Tauglichkeit der teilnehmenden Flugzeuge zu testen, doch natürlich antworteten solche Wettbewerbe auf die allgemein große Begeisterung für das Fliegen in diesen Jahren.[41] Nach dem Weltkrieg, der im Oberrheintal auch die ersten Bombardierungen von Verkehrswegen aus der Luft brachte, wurde das Flugzeug zu einem immer breiter genutzten Verkehrsmittel mit eigener Infrastruktur auf dem Boden. Die Geschichte der Verkehrswege im Oberrheintal des 20. Jahrhunderts ist somit nicht nur durch Verdichtung, sondern auch durch Diversifizierung geprägt, wie auch der Aufbau eigener Netze für die Nachrichtenübermittlung (Telegraph, Telefon, Radio- und Fernsehen mittels Kabel und Wellen) lehrt.

Die natürlichen Grenzen des Verkehrs

Bis in das letzte Drittel des 20. Jahrhundert hinein trieben die Menschen im Oberrheintal den Ausbau der Verkehrsinfrastruktur ohne große Rücksicht auf die Natur voran.[42] Einige Veränderungen wie die Umstellung des Schienenverkehrs von

40 *Geschichte der Stadt Ludwigshafen am Rhein 1853–2003*, 2 Bde, hg. v. Stefan Mörz und Klaus Jürgen Becker, Ludwigshafen 2003. Ludwigshafen war zunächst als private Ansiedlung mit Hafen gegenüber von Mannheim entstanden, wurde 1843 vom bayerischen Staat erworben, 1853 als Gemeinde eingerichtet und 1859 zur Stadt erhoben. Die Konzession zur Ansiedlung der *Badischen Anilin- und Sodafabrik* im Jahre 1865 ermöglichte die stürmische Entwicklung in den folgenden Jahrzehnten. Vergleichbar, wenngleich zeitlich um ein bis zwei Generationen jünger, ist die Entwicklung der Fabrik Bayer bei Wiesdorf am Rhein, die 1930 zur Gründung der Stadt Leverkusen führte.

41 Vgl. die Ausschreibung in der Zeitschrift *Flugsport*, Heft 9/1911, S. 308–312, sowie den Bericht unter dem Titel „Was die deutschen Flieger leisten können". ebd., HF 12/1911, S. 392–404. Dem eigentlichen Wettbewerb waren am 19. Mai Schauflüge in Baden-Baden vorausgegangen.

42 Wie schon bei der Frage der gemeinsamen Nutzung (Rheinschifffahrtskommission, vgl. den Beitrag von Guido Thiemeyer in diesem Band) war auch beim Kampf gegen die Umweltver-

Kohle auf Diesel und Strom verringerten zwar die Luftverschmutzung, änderten aber nichts daran, dass die Menschen hier wie überall auf der Welt davon ausgingen, dass mehr Wege zu mehr Verkehr und damit zu Wachstum und Wohlstand führen. Doch ganz allmählich wurde die Allgegenwärtigkeit von Wegen nicht mehr als Fortschritt, sondern als Problem wahrgenommen und wohl erstmals in der Menschheitsgeschichte Gebiete der Unwegbarkeit ausgewiesen. In einem so dicht besiedelten Raum wie dem Oberrheintal benötigt nunmehr die Natur den Menschen, um zumindest in solchen Schutzzonen einigermaßen zu überleben. Dass dies nicht immer gelingt, zeigt die Rheinkatastrophe vom 1. November 1986, als nahezu das gesamte Leben im Fluss durch verunreinigtes Löschwasser, das beim Brand auf dem Sandoz-Gelände in Basel in den Rhein gelangte, ausgelöscht wurde (Abb. 10).[43] Während in diesem Fall der Fluss mit großen Anstrengungen in der Folgezeit wiederbelebt werden konnte, ist dies im Fall der Grundwasserversalzung im elsässischen Kalirevier auch Jahrzehnte nach der Entdeckung der Katastrophe noch nicht absehbar, im Gegenteil: Alle bisherigen Maßnahmen, die die weitere Versalzung des Oberrhein-Aquifer, eines der bedeutendsten Grundwasserleiter in Mitteleuropa, verhindern oder abschwächen sollten, haben bislang nicht den erhofften Erfolg gehabt, an manchen Bohrlöchern werden höhere Salzkonzentrationen gemessen als im Meerwasser.[44] Weitere Risiken stellen die seit Jahrzehnten hohe Nitratbelastung des Grundwassers dar sowie das im September 2002 bei einem Brand beschädigte Giftmüllendlager Stocamine.[45] Manchem mag auch bei

---

schmutzung der Rhein der erste Strom, bei dem sich die Anrainer zur Gründung einer supranationalen Kommission entschlossen: Am 11. Juli 1950 wurde die „Internationale Kommission zum Schutz des Rheins“ (IKSR) gegründet, die heute unter anderem federführend an der Umsetzung der Wasserrahmenrichtlinie der EU mitwirkt, vgl. https://www.iksr.org.

43 Infolge dieser Katastrophe gewann die IKSR bedeutend an Einfluss, vgl. https://www.iksr.org/de/iksr/ueber-uns/geschichte/der-wendepunkt-der-sandoz-unfall-1111986.

44 Frankreich bekannte sich zu seiner Verantwortung bereits im Bonner „Übereinkommen zum Schutz des Rheins gegen Verunreinigung durch Chloride“ vom 03. Dezember 1976, vgl. https://www.iksr.org/fileadmin/user_upload/DKDM/Dokumente/Rechtliche_Basis/DE/legal_De_Chlorid1976.pdf. Dass aber nicht nur das Oberflächen-, sondern noch viel mehr das Grundwasser geschädigt wurde, wurde erst später deutlich und führte nur langsam zu behördlichem Handeln, auch in gemeinsamen deutsch-französische Anstrengungen, vgl. etwa: *Werkzeug zur grenzüberschreitenden Bewertung und Prognose der Grundwasserbelastung mit Chlorid zwischen Fessenheim und Burkheim / Outil de gestion transfrontalier de la pollution saline des eaux souterraines entre Fessenheim et Burkheim*, Freiburg i. Br. 2008, https://produkte.lgrb-bw.de/docPool/c500_data.pdf, vgl. auch https://www.mitwelt.org/grundwasserversalzung-umweltskandal-am-oberrhein.html.

45 Vgl. Stéphane Mandard, Stocamine, l’histoire sans fin de la „ poubelle toxique de l’Alsace “, in: *Le Monde*, 06. Mai 2022, https://www.lemonde.fr/planete/article/2022/05/06/stocamine-l-histoire-sans-fin-de-la-poubelle-toxique-de-l-alsace_6124952_3244.html?random=336950975. Im Falle von

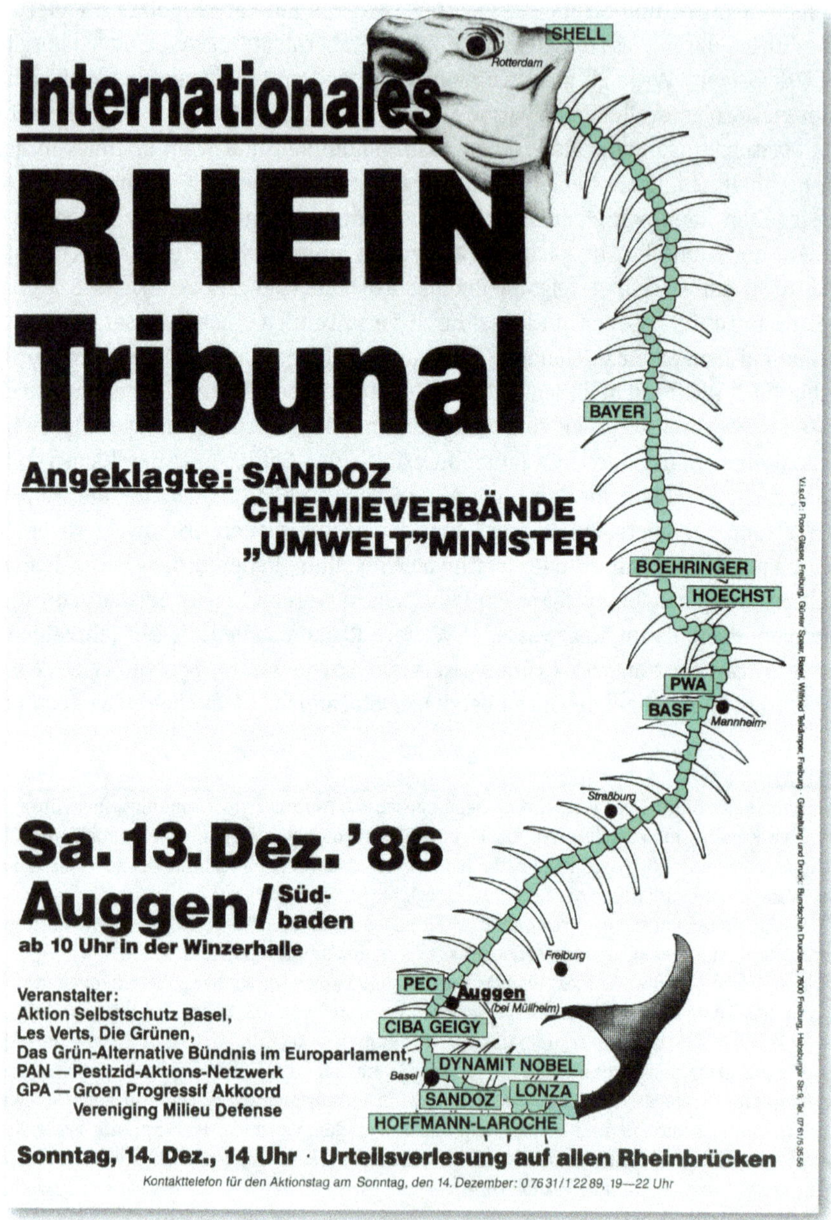

Abb. 10: Basel, Brand bei Sandoz, 1. Nov. 1986: der Wendepunkt für den Schutz des Rheins.

dem Gedanken, dass sich das Atomkraftwerk Fessenheim direkt über dem Aquifer befindet, unwohl sein. In jedem Fall aber gilt: Ohne entsprechend qualitätsvolles Grundwasser wird der Mensch im Oberrheintal kaum noch Wege brauchen, da er seinen eigenen Lebensraum nachhaltig zerstört haben wird. Die Geschichte der Wege im Oberrheintal wäre an ihr Ende gekommen.

Bibliographie

Quellen

Friedensvertrag von Rijswijk, F, K, R, 1697 X 30, in: Heinz Duchhardt / Martin Espenhorst (Hg.), *Europäische Friedensverträge der Vormoderne online*, https://www.ieg-friedensvertraege.de/treaty/1697%20X%2030%20Friedensvertrag%20von%20Rijswijk/t-968-1-de.html?h=1.

Generallandesarchiv Karlsruhe, H/Rheinstrom Nr. 19, 24, 27, https://www.landesarchiv-bw.de/praesmodelle/fricke5/rhein.htm.

Reichsannalen, hg. v. Friedrich Kurze, MGH SS rer. Germ. 6, Hannover 1895.

Tabula Peutingeriana. Codex Vindobonensis 324, kommentiert v. Ekkehard Weber, Graz 1976.

Vita Caroli Magni, hg. von Oswald Holder-Egger, MGH SS rer. Germ. 25, Hannover 1911.

Werkzeug zur grenzüberschreitenden Bewertung und Prognose der Grundwasserbelastung mit Chlorid zwischen Fessenheim und Burkheim / Outil de gestion transfrontalier de la pollution saline des eaux souterraines entre Fessenheim et Burkheim, Freiburg i. Br. 2008, https://produkte.lgrb-bw.de/docPool/c500_data.pdf.

Literatur

Beisel, Jean-Nicolas / Leuven, Rob S. E. W. / Schmitt, Laurent u. a., The Rhine River Basin, in: *Rivers of Europe*, hg. v. Christopher T. Robinson, Klement Tockner und Christiane Zarfl, Amsterdam [2]2021, S. 333–391, https://doi.org/10.1016/B978-0-08-102612-0.00006-7.

Bernhardt, Christoph, Die Oberrheinkorrektion, ihre Umweltfolgen und der Mythos um Johann Gottfried Tulla: Neue Befunde, in: *Zeitschrift für die Geschichte des Oberrheins* 168 (2020), S. 355–372.

Stocamine zeigt sich nicht zum ersten Mal, welch ungeheure Lasten Ingenieure, Unternehmer und Politiker des 20. Jahrhunderts den künftigen Generationen aufgebürdet haben und wo die Grenzen des Verursacherprinzips liegen. Das französische Umweltministerium versucht seit längerem, die kostenintensive Bergung des Sondermülls zugunsten einer endgültigen Versiegelung des Bohrschachts zu verhindern unter bewusstem Ausblenden der Gefahren für das Grundwasser, wogegen vor Ort mit Unterstützung durch die regionale Politik Widerstand geleistet wird. Zur Zeit (Ende September 2022) sind die Arbeiten vor Ort unterbrochen, um auf eine gerichtliche Entscheidung zu warten.

Bernhardt, Christoph, *Im Spiegel des Wassers. Eine transnationale Umweltgeschichte des Oberrheins (1800–2000)* (Umwelthistorische Forschungen 5), Köln u. a. 2016.

Borgius, Walther, *Mannheim und die Entwicklung des südwestdeutschen Getreidehandels*, Freiburg i. Br. 1899.

Brechtel, Fritz / Schäfer, Christoph / Wagener, Gerrit (Hg.), *Lusoria Rhenana. Ein römisches Schiff am Rhein. Neue Forschungen zu einem spätantiken Schiffstyp*, Hamburg 2016.

Buscot, Gilles, La dauphine Marie-Antoinette à Fribourg et à Strasbourg. Point de vue contrastif sur deux fêtes franco-autrichiennes de part et d'autres du Rhin, in: *Deutsch-Französische Begegnungen am Rhein 1700-1789 / Rencontres Franco-Allemandes dans l'espace rhénan entre 1700 et 1789* (Beiträge zur Geschichte der Literatur und Kunst des 18. Jahrhunderts 12), hg. v. Heinke Wunderlich und Jean Mondot, Heidelberg 1994, S. 103–131.

Coenen, Ulrich, *Von Aquae bis Baden-Baden. Die Baugeschichte der Stadt und ihr Beitrag zur Entwicklung der Kurarchitektur*, Aachen 2008.

Czermak, Andrea, Isotopenanalysen – Nachzeichnen individueller Lebensgeschichten, unveröffentlichter Beitrag zur Sektion 'Niedernai, „Kirchbuehl": une nécropole du Ve siècle (projet ANR-DFG Nied'Arc 5)' zum internationalen Kolloquium *Le Rhin supérieur aux IVe et Ve siècles: mobilité – communication – infrastructure / Der Oberrhein im 4. und 5. Jahrhundert: Mobilität – Kommunikation – Infrastruktur, Straßburg, 7.-9.12.2016*, vgl. https://ateg.hypotheses.org/files/2018/09/Ateg_5_preactes.pdf.

Denecke, Dietrich, Art. „Wege und Wegenetz", in: Herbert Jankuhn u.a. (Hg.), *Reallexikon der germanischen Altertumskunde*, 35 Bde., Berlin / New York ²1968–2007, Bd. 35, 2007, Sp. 626–648.

Die lange Bruck: 600 Jahre Wege zum Nachbarn; Geschichte der Rheinbrücken zwischen Straßburg und Kehl, hg. v. Angelika Sadlau, Helmut Schneider und Carl Helmut Steckner, Kehl 1989.

Febvre, Lucien, *Der Rhein und seine Geschichte*, hg., übers. und mit einem Nachwort v. Peter Schöttler, Frankfurt ³2006 [1. Auflage 1994].

Fieg, Oliver, „... gefährliche Conjuncturen und höchst betrübte Kriegszeithen." Rastatt zwischen Pfälzischem Erbfolgekrieg und Rastatter Frieden, in: *Der Friede von Rastatt „... dass aller Krieg eine Thorheit sey". Aspekte der Lokal- und Regionalgeschichte im Spanischen Erbfolgekrieg in der Markgrafschaft Baden-Baden*, Regensburg 2014, S. 43–57.

Forrer, Robert, Ein versunkener spätantiker Mühlsteintransport in Wanzenau bei Straßburg, in: *Anzeiger für elsässische Altertumskunde* 4 (1912), S. 131–143.

Forthoffer, Joël, Les chemins de fer secondaires d'Alsace, hier et demain, in: *Revue d'histoire des chemins de fer* 24–25 (2002), S. 190–210; vgl. http://journals.openedition.org/rhcf/2047.

Geschichte der Stadt Ludwigshafen am Rhein 1853–2003, 2 Bde., hg. v. Stefan Mörz und Klaus Jürgen Becker, Ludwigshafen 2003.

Hamm, Walter, Art. „Verkehr. Überblick", in: Karl-Erich Born u.a. (Hg.), *Handwörterbuch der Wirtschaftswissenschaften*, 9 Bde., Göttingen 1977–1983, Bd. 8, 1980, S. 224 f.

Haselier, Günther, *Geschichte der Stadt Breisach am Rhein*, Bd. 2, Breisach 1971.

Hüttner, Rudolf, Bau und Entwicklung des Oberrheingrabens. Ein Überblick mit historischer Rückschau, in: *Geologisches Jahrbuch Reihe E* 48 (1991), S. 17–42.

Kammerer, Odile / Furst, Benjamin (Hg.), *Atlas historique du Rhin supérieur / Der Oberrhein: ein historischer Atlas. Essai d'histoire transfrontalière*, Straßburg 2019.

Kicherer, Dagmar, *Kleine Geschichte der Stadt Baden-Baden*, Leinfelden-Echterdingen 2008.

Kriedel, Norbert, La navigation fluviale sur le Rhin au XIXe siècle, in: *Revue d'Allemagne et des pays de langue allemande* 47–2, 2015, S. 307–320, vgl. http://journals.openedition.org/allemagne/282.

Kuhn, Hans Wolfgang, Frühe Gierponten. Fliegende Brücken auf dem Rhein im 17. und 18. Jahrhundert, in: *Deutsches Schiffahrtsarchiv* 6 (1983), S. 25–64.

Kuhnle, Gertrud, *Argentorate. Le camp de la VIIIe légion et la présence militaire romaine à Strasbourg* (Monographien des Römisch-Germanischen Zentralmuseums 141), mit Beiträgen von Heidi Cicutta, Bérangère Fort und Francesca Ginella u. a., Mainz 2018.

Looz-Corswarem, Clemens von, *Schifffahrt und Handel auf dem Rhein vom Mittelalter bis ins 19. Jahrhundert. Beiträge zur Verkehrsgeschichte* (Schriften zur rheinisch-westfälischen Wirtschaftsgeschichte 48), Göttingen 2020.

Mandard, Stéphane, Stocamine, l'histoire sans fin de la « poubelle toxique de l'Alsace », in: *Le Monde*, 06. Mai 2022, https://www.lemonde.fr/planete/article/2022/05/06/stocamine-l-histoire-sans-fin-de-la-poubelle-toxique-de-l-alsace_6124952_3244.html?random=336950975.

Meidinger, Heinrich, *Die deutschen Ströme in ihren Verkehrs- und Handels-Verhältnissen, mit statistischen Uebersichten: Abt. 2: Der Rhein*, Leipzig 1853.

Mone, Franz Josef, Ueber den Flußbau am Oberrhein. Von 1391 bis 1660, in: *Zeitschrift für die Geschichte des Oberrheins* 1 (1850), S. 303–308.

Nuber, Hans Ulrich, Das „Lyoner Bleimedaillon" – ein frühes Bildzeugnis zur Geschichte Alamanniens, in: *Alemannisches Jahrbuch* 58/59 (2009/10), S. 9–88.

Ohler, Norbert, *Landeskunde Südwestdeutschlands: Eine Auswahlbibliographie mit Schwerpunkt Geschichte unter Berücksichtigung von Anrainern und Nachbardisziplinen*, 2010, vgl. https://freidok.uni-freiburg.de/data/7863.

Ohler, Norbert, Verkehr am Oberrhein im Mittelalter und in der frühen Neuzeit, in: *Alemannisches Jahrbuch* (1999/2000), S. 177–224.

Pflug, Reinhard, *Bau und Entwicklung des Oberrheingrabens* (Erträge der Forschung 184), Darmstadt 1982.

Rageth, Jürg, Schleuderbleie, Pilumspitzen und Hellebardenäxte, in: *Terra Grischuna* 70 (2011) HF 6, S. 18–21; vgl. http://www.gr.ch/DE/institutionen/verwaltung/ekud/afk/adg/ADGDokumentePublikationen/terra%20grischuna_septimer.pdf.

Ringel, Ingrid H., *Der Septimer. Wahrnehmung und Darstellung eines Alpenpasses im Mittelalter* (Quellen und Forschungen zur Bündner Geschichte 24), Chur 2011.

Rings, Hanspeter, *Mannheim auf Kurs. Hafen- und Schifffahrtsgeschichte der Stadt an Rhein und Neckar* (Schriftenreihe MARCHIVUM 3), Mannheim ^{2}2019.

Rumpf, Dagmar, Leben in Trümmern. Der große Stadtbrand von 1689 und seine Folgen für die Residenz- und Kurstadt Baden-Baden, in: *Der Friede von Rastatt „... dass aller Krieg eine Thorheit sey.". Aspekte der Lokal- und Regionalgeschichte im Spanischen Erbfolgekrieg in der Markgrafschaft Baden-Baden*, Regensburg 2014, S. 59–69.

Scheltjens, Werner, Rezension von Clemens von Looz-Corswarem, *Schifffahrt und Handel auf dem Rhein vom Mittelalter bis ins 19. Jahrhundert. Beiträge zur Verkehrsgeschichte* (Schriften zur rheinisch-westfälischen Wirtschaftsgeschichte 48), Göttingen 2020, in: http://www.sehepunkte.de/2022/01/34483.html.

Schneider, Rafaël, *Landschafts- und Umweltgeschichte im Einzugsgebiet der Elz*, Geowiss. Diss. Freiburg i. Br. 2000.

Veling, Alexander, Altwegeforschung. Forschungsstand und Methoden, in: *aventinus varia* Nr. 44 (28. März 2014), http://www.aventinus-online.de/no_cache/persistent/artikel/9847/.

Wirbelauer, Eckhard, Verkehrswege im Oberrheintal zu Lande und zu Wasser, in: *Am anderen Flussufer. Die Spätantike beiderseits des südlichen Oberrheins / Sur l'autre rive. L'Antiquité tardive de part et d'autre du Rhin supérieur méridional* (Archäologische Informationen aus Baden-Württemberg, Heft 81), hg. v. Gertrud Kuhnle und Eckhard Wirbelauer, Esslingen, 2019, S. 158–169 und S. 317f.

Internetquellen

Alle Internetadressen wurden am 29. September 2022 geprüft.

http://archeoferroviaire.free.fr/v31/spip.php?rubrique159.

http://www.deutsche-leuchtfeuer.de/binnen/rhein/rhein.html.

http://doi.org/10.7890/ethz-a-000514964.

https://www.dwd.de/DE/leistungen/klimadatendeutschland/mittelwerte/nieder_8110_fest_html.html?view=nasPublication&nn=16102.

https://www.iksr.org.

https://d-nb.info/961132779/34.

https://www.mitwelt.org/grundwasserversalzung-umweltskandal-am-oberrhein.html.

https://numistral.bnf.fr/ark:/12148/btv1b101109426.

https://www.infoclimat.fr/climatologie/normales-records/1981-2010/colmar-meyenheim/valeurs/07197.html.

http://www.oberrheingraben.de.

https://www.pegelonline.wsv.de/gast/pegelinformationen?scrollPosition=0&gewaesser=RHEIN.

Andrea von Hülsen-Esch

Flusslandschaften als ‚Kunstlandschaften'? Überlegungen zu den raumkonstituierenden Funktionen von Flüssen

> wir nennen uns die rheingruppe, damit kommt zum ausdruck, daß wir mit dem rhein als landschaft etwas zu tun haben, daß wir nicht aus zufall hier sitzen oder sitzen geblieben sind [...] daß zum anderen wir glauben, daß der geist dieser landschaft sich in unserer arbeit einen ausdruck sucht, und daß unsere arbeit für den geist der landschaft zeugnis ablegt.[1]

Wilhelm Seiwert scheint zu Beginn des 20. Jahrhunderts programmatisch zu formulieren, was als Versuch der Definition einer ‚Flusslandschaft' aus künstlerischer Perspektive gelten könnte, wobei hier zugleich eine ästhetische Kategorie mit dem Landschaftsbegriff verbunden wird, die diesem im deutschen Sprachgebrauch erst seit dem 18. Jahrhundert eignet.[2] Im Mittelalter noch war der Begriff ‚Landschaft' immer mit Personen, mit Bewohnern einer Region oder eines Lands verbunden; erst in der Gegenwart tritt das Räumliche beziehungsweise Geographische in den Vordergrund.[3] Wilhelm Seiwert verbindet nun mit der Künstlervereinigung *Rheingruppe* den Fluss Rhein sowohl mit dem geographischen und ästhetischen Aspekt des Landschaftsbegriffes als auch mit dem personalen. Ohne an dieser Stelle die ‚Flusslandschaften' in die Forschungen zum Begriff ‚Kunstlandschaft' einreihen zu wollen, sollen in dem folgenden Beitrag mit der exemplarischen Betrachtung von Kunstproduktion und Transferwegen am Rhein Facetten einiger für die Kunstgeschichte möglicherweise bereits ad acta gelegten Fragestellungen verfolgt werden, die das Verhältnis der von Flüssen maßgeblich geprägten Räume – also beispielsweise der für das westliche Deutschland durch den Rhein geformte Raum – zu einer ‚Kunstlandschaft' erörtern. Der Begriff der ‚Kunstlandschaft', seit Beginn des letzten Jahrhunderts immer wieder erneut beforscht und

1 Franz Wilhelm Seiwert, rede, gehalten bei der eröffnung der ausstellung der rheingruppe in düsseldorf am 30. august 1930, in: *a bis z*, Nr. 11 (1930), S. 41.

2 Heinz Krieg, Zur Geschichte des Begriffs ‚Historische Landschaft' und der Landschaftsbezeichnung ‚Oberrhein', in: *Historische Landschaft, Kunstlandschaft? Der Oberrhein im späten Mittelalter* (Vorträge und Forschungen / Konstanzer Arbeitskreis für mittelalterliche Geschichte 68), hg. v. Peter Kurmann und Thomas Zotz, Ostfildern 2007, S. 31–64, hier S. 35.

3 Vgl. zum Begriff ‚Landschaft' in der gesamten Breite Simone Hespers, *Kunstlandschaft. Eine terminologische und methodologische Untersuchung zu einem kunstwissenschaftlichen Raumkonzept* (Literaturen und Künste der Vormoderne 3), Stuttgart 2007, S. 47–75.

https://doi.org/10.1515/9783111102771-003

auch jüngst in verschiedene Forschungskontexte eingebettet,[4] unterliegt stets aufs Neue verschiedenen Deutungsschemata: dominant bleibt seit der Verknüpfung und Festschreibung mit der künstlerzentrierten Kunstgeschichtsschreibung die Verbindung mit einem bestimmten Stilbegriff, der dann, wenn die prominente, namhaft fassbare Künstlerpersönlichkeit fehlt, auch geographische Räume umreißt: Man spricht etwa von *französischer Gotik* – womit sowohl der geographische Raum, spezifische Bauformen, Materialien, Schmuckformen als auch eine gewisse inhärente ‚Mentalität' gemeint ist (Abb. 1) –, oder von *alpenländischer, böhmischer, elsässischer* (Abb. 2), *norddeutscher, kölnischer* (Abb. 3), *oberrheinischer* (Abb. 4) oder *niederrheinischer Kunst,* und die Reihe ließe sich beliebig fortsetzen.[5] Auch die jüngsten Forschungen, mithilfe von Datenbanken Zentren und Peripherien und eventuell weiter entfernte stilistische Einflüsse sichtbar zu machen, stellen die Grundannahme nicht in Frage, dass bestimmte Stilmerkmale in eindeutig zu bestimmende Entstehungsräume führen.[6] Ist aus kunsthistorischer Perspektive eine ‚Flusslandschaft' also gleichbedeutend mit einer ‚Kunstlandschaft'?

---

4 Grundlegend der Band von Thomas DaCosta Kaufmann, *Towards a Geography of Art,* Chicago / London 2004 sowie begriffsschärfend Hespers, *Kunstlandschaft* (wie Anm. 3); zu den jüngeren Beiträgen s. beispielsweise den Überblick bei Ute Engel, Kunstlandschaft und Kunstgeschichte. Methodische Probleme und neue Perspektiven, in: *Landschaft(en). Begriffe – Formen – Implikationen*, hg. v. Franz J. Felten u. a., Stuttgart 2012, S. 87–114 sowie den Sammelband: *Historische Landschaft* (wie Anm. 2); s. für die sorglose Weiterverwendung der Begriffe z. B.: Thomas Coomans, Die Kunstlandschaft der Gotik in China. Eine Enzyklopädie von importierten, hybridisierten und postmodernen Zitaten, in: *Architektur als Zitat,* hg. v. Heiko Brandl, Andreas Ranft und Andreas Waschbüsch, Regensburg 2014, S. 133–161 oder Anke Fröhlich-Schauseil, Kunstlandschaft Dresden. Adrian Zings Vorgänger der sächsischen Landschaftsmalerei, in: *Wissenschaft, Sentiment und Geschäftssinn,* hg. v. Roger Fayet, Regula Krähenbühl und Bernhard von Waldkirch, Zürich 2017, S. 182–203.

5 Vgl. Bruno Boerner, Mittelalterliche Skulptur am Oberrhein und die Diskussion um die Kunstlandschaft, in: *Historische Landschaft* (wie Anm. 2), S. 361–399; *Frankfurt als Zentrum unter Zentren? Kunsttransfer und Formgenese am Mittelrhein 1400–1500,* hg. v. Martin Büchsel, Hilja Droste und Berit Wagner, Berlin 2019; Robert Suckale, Über die Hinfälligkeit einiger historiographischer Konzepte und Begriffe zur Deutung der Kunst Böhmens, in: *Kunst als Herrschaftsinstrument. Böhmen und das Heilige Römische Reich unter den Luxemburgern im Europäischen Kontext (Konferenzschrift, Prag, 9. bis 13. Mai 2006),* hg. v. Jiří Fajt und Andrea Langer, Berlin / München 2009, S. 27–43; *Der Niederrhein – Kunstlandschaft der Spätgotik: eine Dokumentation zum 3. Rheinischen Tag für Denkmalpflege in Kalkar,* hg. v. Andrea Pufke, Bonn 2013; *Rebellion und Anpassung: Ostdeutschland – Neubewertung einer Kunstlandschaft,* hg. v. Oliver Zybok, Köln 2019; Roland Recht, Wilhelm Vöge, Louis Grodecki et la première sculpture gothique, in: *Wilhelm Vöge und Frankreich. Akten des Kolloquiums aus Anlaß des 50. Todestages von Wilhelm Vöge,* hg. v. Wilhelm Schlink, Freiburg i. Br. 2004, S. 201–216.

6 Vgl. Andreas Peiter, Der Mittelrhein, die Kunstgeographie und eine Datenbank, in: *Magister operis. Beiträge zur mittelalterlichen Architektur Europas. Festgabe für Dethard von Winterfeld*

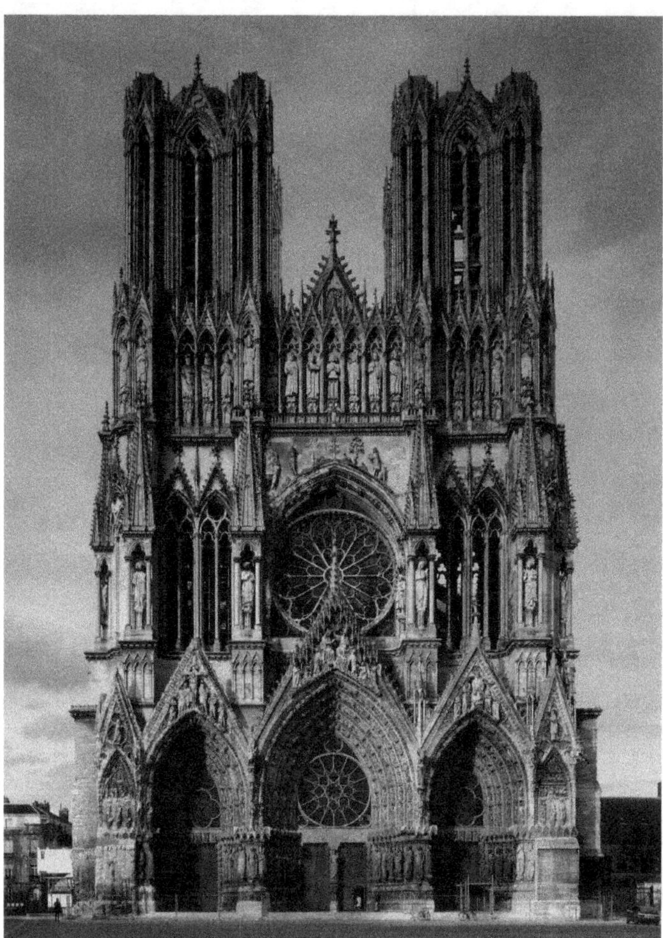

Abb. 1: Reims, Kathedrale, Westfassade, 13. Jh.

zum 70. Geburtstag, Regensburg 2008, S. 9–31; zum Verhältnis von Zentrum und Peripherie als Kategorien der Kunstgeschichte vgl. Peter Cornelius Claussen, Zentrum, Peripherie, Transperipherie. Überlegungen zum Erfolg des gotischen Figurenportals an den Beispielen Chartres, Sangüesa, Magdeburg, Bamberg und den Westportalen des Doms S. Lorenzo in Genua, in: *Studien zur Geschichte der europäischen Skulptur im 12./13. Jahrhundert*, hg. v. Herbert Beck und Kerstin Hengevoss-Dürkop, Frankfurt a. M. 1994, Bd. 1, S. 665–687, und Brigitte Kurmann-Schwarz, Zur Geschichte der Begriffe ‚Kunstlandschaft' und ‚Oberrhein', in: *Historische Landschaft* (wie Anm. 2), S. 65–90, hier S. 80–82.

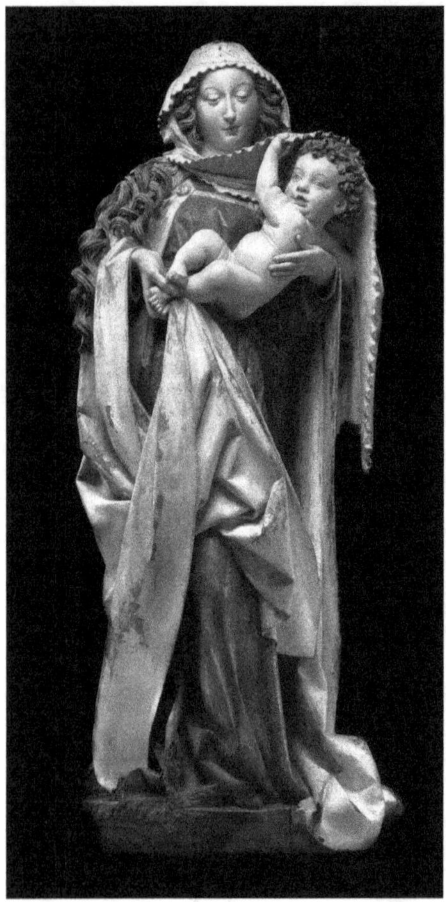

Abb. 2: Niclaus Gerhaert von Leyden, *Dangolsheimer Madonna*, Berlin, Staatl. Museen Preußischer Kulturbesitz, ca. 1460.

Forschungsgeschichtlich ist die deutsche Kunstgeschichte hier geprägt von der Instrumentalisierung des Raumbegriffs durch die Nationalsozialisten,[7] aber bereits vorher war es die gesamte zugespitzte Auseinandersetzung über die Erfindung der Gotik und eine ‚französische' oder ‚deutsche' Kunst vor und nach dem Ersten Weltkrieg mit Wilhelm Worringer und Wilhelm Vöge, die den Sprengstoff

7 Insbesondere der Begriff ‚Kunstlandschaften', der seit den 1920er Jahren in der Kunstgeschichte aufkommt, ist damit verbunden; s. Kurmann-Schwarz, Geschichte (wie Anm. 6), S. 66–68; Engel, Kunstlandschaft (wie Anm. 4), S. 93–99.

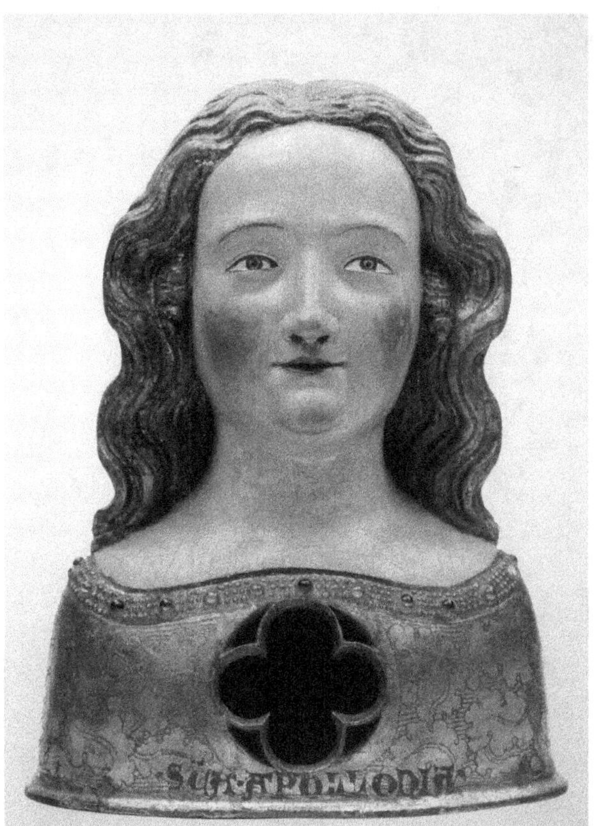

Abb. 3: Mittelalterliche Reliquienbüsten (sog. ‚Ursulabüsten‘) vom Clarenaltar, Köln, Dom, um 1350/60.

für diese lange vernachlässigten Fragestellungen liefert.[8] Genau genommen muss sich jede stilkritische Untersuchung mit der Frage nach einer ‚Kunstlandschaft‘ auseinandersetzen:[9] Wenn das nicht mehr explizit geschieht, liegt die Gefahr

8 Recht, Vöge (wie Anm. 5), passim; Bruno Boerner, Stilgeschichte um 1900 und im 20. Jahrhundert, in: *Stilfragen zur Kunst des Mittelalters*, hg. v. Bruno Klein und dems., Berlin 2006, S. 61–78, bes. S. 61–70; Ders., Mittelalterliche Skulptur (wie Anm. 5), S. 363–366.

9 Anders als Peter Kurmann und Thomas Zotz, Zur Einführung, in: *Historische Landschaft* (wie Anm. 2), S. 9–18, hier S. 13, bin ich nicht der Ansicht, dass eine Kunstlandschaft per se etwas Gegenteiliges meint als der Stil, der als „eine Regionen und Länder übergreifende, aber nur für einen bestimmten Zeitraum gültige Kategorie“ definiert wird – Kunstlandschaft und Stil können durchaus zusammenfallen, wie die Beiträge des Bandes zum Oberrhein im späten Mittelalter zeigen.

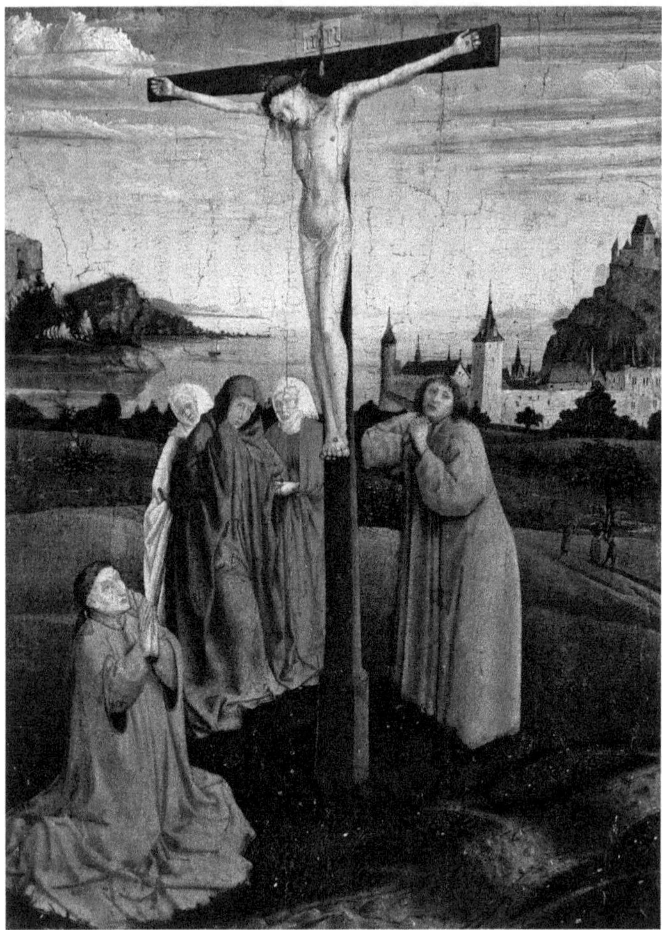

Abb. 4: Ein Stifter vor dem Kreuz Christi (Umkreis Konrad Witz), Berlin, Gemäldegalerie, um 1445/50.

eines impliziten Weitertragens zumindest der Diktion und Begrifflichkeiten vorhergehender Ausführungen – bis hin zur Übernahme von überholten ethnischen Vorstellungen – sehr nahe. Schon Länderbezeichnungen wie ‚Deutschland' oder ‚Frankreich' sind problematisch, denn im Mittelalter waren mit den heute einen geographischen Raum bezeichnenden Namen die unterschiedlichsten Gebiete verbunden.[10] Zudem suggerieren diese Begrifflichkeiten, dass die modernen Ländergrenzen eine Rolle für die künstlerische Produktion spielen – und vernachläs-

10 Frédérique Boura, Paysages culturels, culture matérielle. Que reste-t-il d'une frontière disparue?, in: *Grenzverschiebungen, Kulturraum, Kulturlandschaft. Kulturerbe mit wechselnden Herr-*

sigen damit, dass Künstler ebenso wie Kunstwerke zu allen Zeiten weit gereist sind und möglicherweise eine andere Kunstregion als ihre heimatliche entscheidend geprägt haben.[11] Damit zusammenhängend müssen auch stilistische Charakterisierungen mit Vorsicht behandelt werden. Kategorisierungen von „Stil“ sind immer Deutungsschemata, die wir in der Retrospektive mit bestimmten Motiven und Formgebungen sowie mit Epochen verbinden.[12] Dass periodisierende Stiltermini problematisch und immer zu relativieren sind, hat der Soziologe Georg Simmel bereits zu Beginn des 20. Jahrhunderts in seinen „Grundfragen der Soziologie (Individuum und Gesellschaft)“ erkannt:

> Niemand scheut sich, von der Entwicklung zum Beispiel des gotischen Stils zu sprechen, obgleich es nirgends gotischen Stil als aufzeigbare Existenz gibt, sondern nur einzelne Werke, in denen die Stilelemente doch nicht greifbar gesondert neben den individuellen Elementen liegen. Der gotische Stil als einheitlicher Gegenstand historischer Erkenntnis ist ein aus den Realitäten erst heraus gewonnenes geistiges Gebilde, aber selbst keine unmittelbare Realität. Wir wollen unzählige Male gar nicht wissen, wie individuelle Dinge sich im Einzelnen verhalten, sondern wir formen aus ihnen eine neue, kollektive Einheit, wie wir, nach dem gotischen Stil, seinen Gesetzen, seiner Entwicklung fragend, nicht einen einzelnen Dom oder Palast beschreiben, trotzdem wir den Stoff jener jetzt erfragten Einheit aus diesen Einzelheiten gewinnen.[13]

Ein ‚Stilbegriff‘ ist also etwas in höchstem Maße Diskursives, und doch gibt es objektivierbare Parameter – wie den Verlauf einer Linie, das Volumen einer Form, das Motiv, das Material etc. – die aber schon alleine durch die Versprachlichung wiederum Deutungsschemata und damit subjektiven Wertungen unterliegen; schon wenn von einem ‚internationalen Stil‘ die Rede ist, können zwei Personen

---

schaftsansprüchen (Veröffentlichungen des Arbeitskreises Theorie und Lehre der Denkmalpflege 18), hg. v. Birgit Franz und Gabriele Dolff-Bonekämper, Holzminden 2009, S. 34–36.

11 Vgl. Reinhard Stauber / Wolfgang Schmale, Einleitung. Mensch und Grenze in der Frühen Neuzeit, in: *Menschen und Grenzen in der Frühen Neuzeit* (Innovationen 2), hg. v. dens., Berlin 1998, S. 9–22; Ute Kümmel, Heirat, Reise, Beute. Kulturtransferprozesse anhand von spätmittelalterlichen Fürstenschätzen, in: *Kulturtransfer am Fürstenhof. Höfische Austauschprozesse und ihre Medien im Zeitalter Kaiser Maximilians I.* (Schriften zur Residenzkultur 9), hg. v. Matthias Müller, Karl-Heinz Spieß und Udo Friedrich, Berlin 2013, S. 104–121, und Wolfgang Schmid, Kunstlandschaft – Absatzgebiet – Zentralraum. Zur Brauchbarkeit unterschiedlicher Raumkonzepte in der kunstgeographischen Forschung vornehmlich an rheinischen Beispielen, in: *Figur und Raum. Mittelalterliche Holzbildwerke im historischen und kunstgeographischen Kontext*, hg. v. Uwe Albrecht und Jan von Bonsdorff, Berlin 1994, S. 21–34, sowie Frédéric Elsig, Migrations artistiques. Quelques enjeux méthodologiques, in: *Kunst + Architektur in der Schweiz* 58 (2007), S. 6–12.

12 Bruno Boerner / Bruno Klein, Fragen des Stils, in: *Stilfragen* (wie Anm. 8), S. 7–23.

13 Georg Simmel, *Grundfragen der Soziologie (Individuum und Gesellschaft)*, Berlin / Leipzig 1917, zitiert nach Georg Simmel, Individualismus der modernen Zeit und andere soziologische Abhandlungen, ausgewählt und mit einem Nachwort von Otthein Rammstedt, Frankfurt a. M. 2008, S. 8f.

sich darunter etwas gänzlich anderes vorstellen. Stilistische Einordnungen sind also ebenso wie kunstgeographische Verortungen immer mit geschärften Sinnen und großem begrifflichen Differenzierungsvermögen vorzunehmen – können aber, richtig und umsichtig angewendet, jenseits aller dokumentarischen Relikte genau dort zu einer näheren künstlerischen Eingrenzung und zeitlichen Einordnung führen, wo die Quellenlage versagt, im Mittelalter also auch der Einschätzung von künstlerischer Herkunft und Zugehörigkeit dienen.[14] Dem liegt – und das ist eine Prämisse, die man sich immer vor Augen führen muss –, die Annahme zugrunde, dass zu bestimmten Zeiten und in bestimmten Gegenden spezielle ‚Stilsprachen' üblich waren. Wenn also zum Beispiel von Kunstproduktion im Rhein-Maas-Gebiet die Rede ist, müssen der Umgang mit Materialien, die Technik, Motive und Modi der Bearbeitung, der Plastizitätsgrad, die Ornamentik, Polychromie und Vergoldung als Parameter dessen untersucht werden, was gemeinhin mit dieser Region verbunden wird.

Im Idealfall kann man das dahinter stehende komplexe Geflecht aus sozialen Handlungen und Kommunikation beschreiben und nachvollziehbar machen; Unschärfen werden jedoch bleiben. Folgt man der Forschung, so lassen sich ‚Kunstlandschaften' hauptsächlich an stilistischen Charakteristika erkennen, die sich in bestimmten Regionen zu jeweils unterschiedlichen Zeiten immer wieder in typischen Herstellungs- und Darstellungskonventionen zeigen. Andererseits sind auch die Stilformen in ‚Kunstlandschaften' stetigen Veränderungen ausgesetzt, weil sowohl die Auftraggeber als auch die Künstler für Veränderungen empfänglich bleiben und äußeren Einflüssen ausgesetzt sind.[15] Hier kommen sowohl die durch auswärtige, reisende Künstler verursachten Einflüsse zum Tragen als auch die durch den Handel in bestimmten Regionen plötzlich vorhandenen Objekte aus anderen Regionen, deren Rezeption die weitere Kunstproduktion beeinflusst.

Fluide Räume

Welche Rolle aber spielen dabei die Flüsse? Wenn man davon ausgeht, dass Flüsse – ähnlich wie Gebirge – prägende Bestandteile von Naturräumen sind und als solche auch ihren festen Platz in der Betrachtung der kulturellen, politischen, sozialen, (wirtschafts-)geographischen und naturräumlichen Gegebenheiten im Rahmen der historischen Kulturwissenschaften haben – warum spielen sie in ihrer genuinen Funktion als Transportweg für Material, Menschen, Kunstwerke dann eine so ge-

14 Boerner / Klein, Fragen (wie Anm. 12), S. 11 und passim.
15 Boerner, Mittelalterliche Skulptur (wie Anm. 5), S. 399.

ringe Rolle bei der Untersuchung von Entstehungsprozessen, ‚Künstlerwanderung', Stildiskussionen, bei der Konstruktion nationaler, kultureller und regionaler Stilformen, die, je nach Zeitraum und politischer Situation einander überlagern, voneinander abgegrenzt werden oder aber sich durchmischen? Welche Diskurse konstituieren einen Kulturraum, eine ‚Flusslandschaft', und wie wirken sie in andere Diskurse und Wissenschaften hinein? Eine ‚Flusslandschaft' wird als historisch veränderliche Kategorie beispielsweise durch die Repräsentation in Karten stets aufs Neue produziert (Abb. 5), aber sie ist auch ein physischer Raum, der durch Witterung, Temperatur, Ernährung, Bodenbeschaffenheit etc. auf Menschen, Tiere und naturräumliche Umgebung einwirkt. Damit handelt es sich – gemäß der Veränderbarkeit von ‚Flusslandschaften' als historische Konstrukte – eher um *fluide Räume*, deren Größe und Beschaffenheit nicht mit den geomorphologischen Grundlagen identisch sind.[16] Im Folgenden sollen Aspekte dessen, was eine ‚Flusslandschaft' ausmachen könnte, jenseits einer stilkritischen Verortung von Kunstwerken vorgestellt werden und als Ausgangspunkt für eine etwas andere Perspektive auf kunstgeographische Zusammenhänge dienen.

Zu untersuchen wäre beispielsweise, wenn man vom Rhein – oder einem Abschnitt davon – als einem Kulturraum ausgeht, ob die semiotischen Raum-Bezeichnungen im Mittelalter mit der territorialen Beherrschung des Raums übereinstimmten, oder wann überhaupt das Augenmerk mit Hilfe der Versprachlichung auf bestimmte Regionen gelenkt wurde.[17] Zudem muss die Frage gestellt werden, wann und warum diese Flusswege sich in ihrer Bedeutung für die Kunstproduktion ändern und mit welchen Faktoren es zusammenhängt, dass ‚Flusslandschaften' im Flussverlauf neue Zentren der Kunstproduktion ausbilden. Welche Rolle spielen die angrenzenden Länder und Diskurse bei den verschiedenen Konstruktionen von fluiden Räumen, und wie verändert sich der Kulturraum bei einem immer größer werdenden Radius von Kunsttransfer, bei sich mit technischem Fortschritt vervielfältigenden Wegen?

Anders gefragt: Was ermöglicht der Fluss, das ohne ihn nicht denkbar wäre? Entfernungen werden wesentlich schneller überwunden, d. h., auch die Mobilität

---

16 Boerner, Mittelalterliche Skulptur (wie Anm. 5), S. 399, spricht davon, dass die Kunstlandschaft „als räumlich und zeitlich limitiertes Prozeßfeld der Kunstproduktion und -nutzung verstanden werden" müsse, „das in einen sich stets verändernden gesellschaftlichen Kontext eingebettet ist und von dessen Normen und Regelsystemen mitbestimmt und gegebenenfalls variiert wird". Dieser Ansatz lässt allerdings geomorphologische Einsatzfaktoren außen vor.

17 Ganz grundsätzlich hängt damit auch die Diskussion um die Landschaftserfahrung zusammen, die sich im 13. und 14. Jahrhundert im europäischen Raum insofern ändert, als das Verständnis von einer in sich geschlossenen, auf einen religiös-kosmologischen Zusammenhang verwiesenen, Natur aufbricht; vgl. Hespers, *Kunstlandschaft* (wie Anm. 3), S. 53–55.

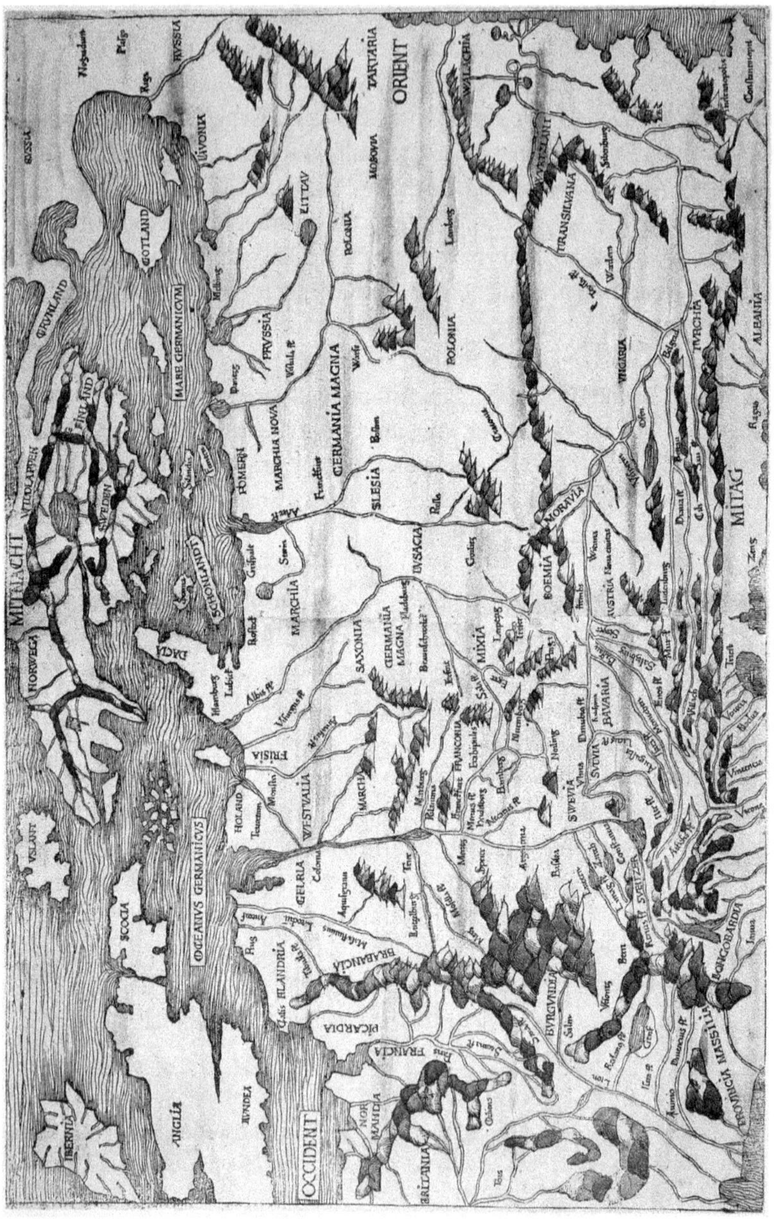

Abb. 5: Hieronymus Münzer, Europa nördl. der Alpen, Schedelsche Weltchronik 1493.

unter anderem von Künstlern – aber auch von Material – ist eine völlig andere, wenn man diese Wege mit einbezieht.[18] Dabei erfährt der durch den Flussverlauf geprägte Raum auch dynamische Veränderungen, nicht nur witterungsbedingt während der Jahreszeiten,[19] sondern besonders an den Stellen, wo es Zuflüsse oder Überschneidungen mit großen Handelswegen über Land gibt, die dafür sorgen können, dass eine Flusslandschaft ganz im Sinne Foucaults eine Heterotopie, ein zeitlich und räumlich diversifiziertes Gebilde wird, an dem sich mehrere Räume überlagern: Handelsräume, politische Regionen und kulturell geprägte Räume, in denen sich möglicherweise auch unterschiedliche kulturelle Identitäten miteinander vermischen.[20] Und, um noch einmal den ökonomischen Aspekt aufzurufen: Sollte man nicht, von Flüssen her gedacht, die ökonomische, politische und die künstlerische Inbesitznahme von Räumen, die bisher immer mit den vermeintlich geographische Wirklichkeiten abbildenden Karten und Portulanen des 16. Jahrhunderts in Zusammenhang gebracht wird, in das sogenannte Mittelalter vorziehen?[21] Welche Rolle spielen beispielsweise mittelalterliche Karten, die Flussverläufe zeigen und auf den ersten Blick ein Land repräsentieren, bei der Imagination von Räumen (Abb. 5)? Wie verändert sich der Begriff von einer ‚Kunstlandschaft', wenn wir den Fluss als autoreferentielles geographisches Fluidum begreifen, der Dinge anstößt und Räume schafft?[22]

---

18 Sabine Huy, Rivers as Routes of Connectivity? The Case of the Don from the late 7th to the early 3rd Century BC, in: *Mediterranean Rivers in a Global Perspective*, hg. v. Johannes C. Bernhardt, Markus Koller und Achim Lichtenberger, Paderborn 2019, S. 205–271.

19 Zum Niederschlag häufiger Überschwemmungen des Rheins in der Sprachlichkeit mittelalterlicher Texte bspw. Hildegards von Bingen s. Ortrun Riha, Reißende Flüsse, schäumende Töpfe. Die Bedeutung der Bilder in Hildegards von Bingen *Causae et Curae*, in: *Concilium medii aevi* 14 (2011), S. 223–237, hier S. 228 f.

20 Ariane Koller, Terra incognita, in: *Reading room. Re-Lektüren des Innenraums*, hg. v. Christine Göttler und Peter J. Schneemann, Berlin / Boston 2019, S. 251–261, hier S. 252, weist dieses Phänomen der *terra incognita* den Karten des 16. Jahrhunderts zu, aber ich denke, man kann es schon als Modell für den Umbruch in der mittelalterlichen Kartengestaltung bei fluiden Räumen heranziehen.

21 Die Wirtschaftsgeschichte spielt auch für die Kunst beispielsweise bei den Hansestädten immer eine Rolle, wird aber in der Regel dann eben nur auf das Meer bezogen, an dem die Stadt liegt, oder bei Köln auf den Rhein, nicht auf mögliche Flusssysteme. Zum Handel beispielsweise für die regionale Kölner Skulptur s. Ulrike Bergmann, Kölner Skulptur der Hochgotik im wirtschaftlichen und historischen Kontext, in: *Wallraf-Richartz-Jahrbuch* 66 (2005), S. 59–108.

22 Zu Regionen als Handlungsräumen s. Hespers, *Kunstlandschaft* (wie Anm. 3), S. 123–142; ferner Verena Türck, Regionen in der Wahrnehmung der Zeitgenossen. Rhein-Main-Neckar-Raum, Oberitalien und Sizilien in schriftlichen und kartographischen Quellen der Stauferzeit, in: *Die Staufer und Italien. Drei Innovationsregionen im mittelalterlichen Europa* (Ausst.-Kat., Mannheim, Reiss-Engelhorn-Museen 2010), hg. v. Alfred Wieczorek, Bernd Schneidmüller und Stefan Weinfurter, Darmstadt 2010, S. 177–188.

Im Folgenden sollen anhand von vier Beispielen Perspektiven für die Erforschung von mittelalterlicher Kunst entworfen werden, die sich aus der Fokussierung auf Flüsse und den damit verbundenen Räumen ergeben. Zunächst wird die mittelalterliche Kartographie betrachtet, sodann die ‚Wanderung' von Kunst und Künstlern, drittens die naturräumlichen Gegebenheiten von Material und viertens die ästhetische, symbolische und naturwissenschaftliche Signifikanz von gemalten Flusslandschaften.

Flussräume in der mittelalterlichen Kartographie

Das Gebiet der mittelalterlichen Kartographie stellt innerhalb der historischen Forschung mittlerweile ein großes Feld dar, wodurch die Darstellungspraktiken in diesem Medium, das Wissen um die jeweilige Wahrnehmung von geographischen Räumen und naturräumlichen Grenzen sowie die Repräsentation auch der europäischen Länder unter Anlegung verschiedenster Deutungsschemata und Berücksichtigung des jeweiligen kulturellen Kontextes betrachtet werden können. Dabei sind Karten bis etwa 1600, also zu dem Zeitpunkt, als auch die Kriterien des Vermessens Eingang fanden, eher als eine „politisch, religiös und sozial konstruierte Form des Wissens" zu begreifen, bei der die dargestellten Gebiete gewissermaßen zur Verhandlungsmasse werden (Abb. 6).[23] Ohnehin sind zum Beispiel die mittelalterlichen Weltkarten symbolische Repräsentationen des Wissens von der Welt in heilsgeschichtlicher Perspektive, d. h. es geht nicht um eine Darstellung der geographischen Verhältnisse, sondern um eine Verortung der Geschichte in der Heilsgeschichte (Abb. 7).[24] Ortsnamen bezeichnen in der Regel Plätze, an denen in der Vergangenheit etwas Bedeutsames stattfand, sie stehen im Zusammenhang mit den Taten der Griechen und Römer oder aber mit der biblischen

---

23 Ingrid Baumgärtner, Graphische Gestalt und Signifikanz. Europa in den Weltkarten des Beatus von Liébana und des Ranulf Higden, in: *Europa im Weltbild des Mittelalters. Kartographische Konzepte*, hg. v. Ingrid Baumgärtner und Hartmut Kugler, Berlin 2008, S. 81–132, hier S. 81; ferner Michelina Di Cesare, *Studien zu Paulinus Venetus De mapa mundi*, Wiesbaden 2015, S. 26, mit dem Hinweis, dass beispielsweise die Ebstorfer oder die Hereforder Weltkarte für die Ausstellung in Kirchen angefertigt und dort sowohl von Lesekundigen wie auch von Illiteraten rezipiert wurden.

24 Di Cesare, *Studien* (wie Anm. 23), S. 26 f.

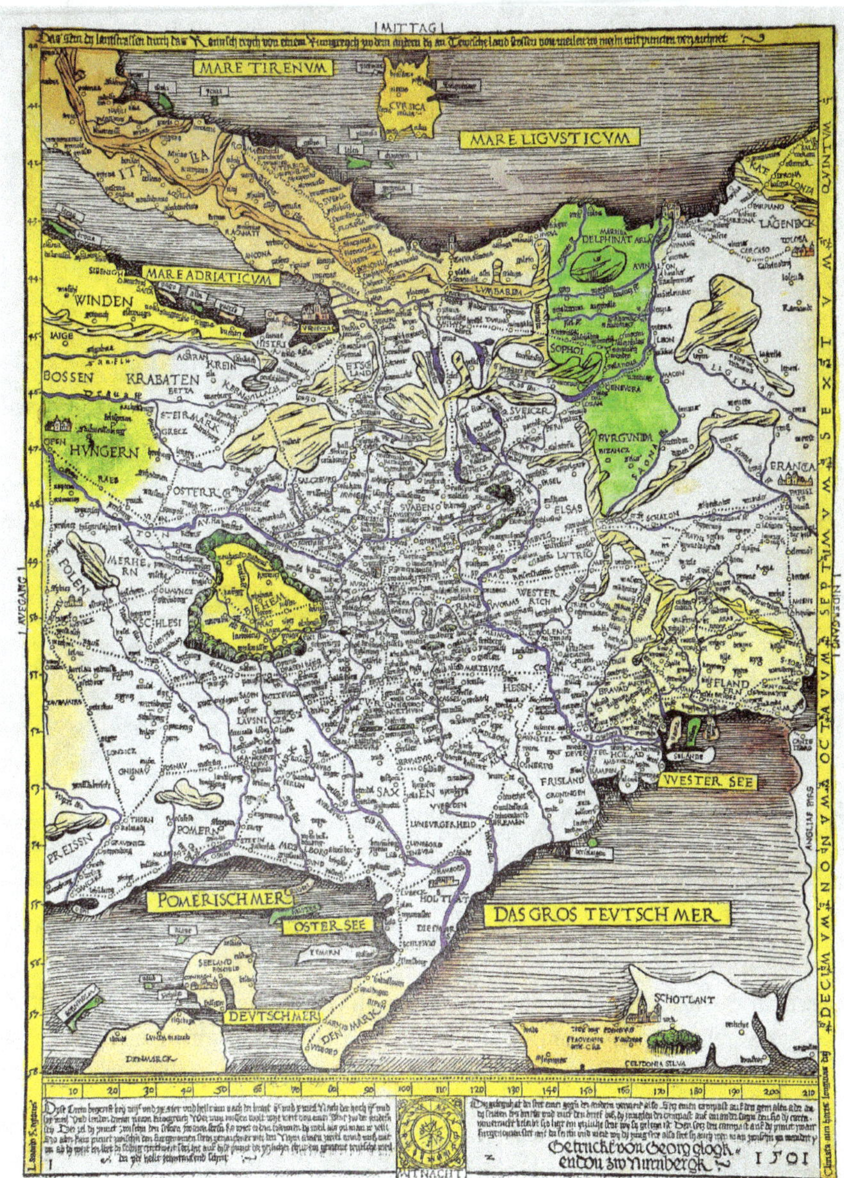

Abb. 6: Karte von Erhard Etzlaub, Nürnberg 1501.

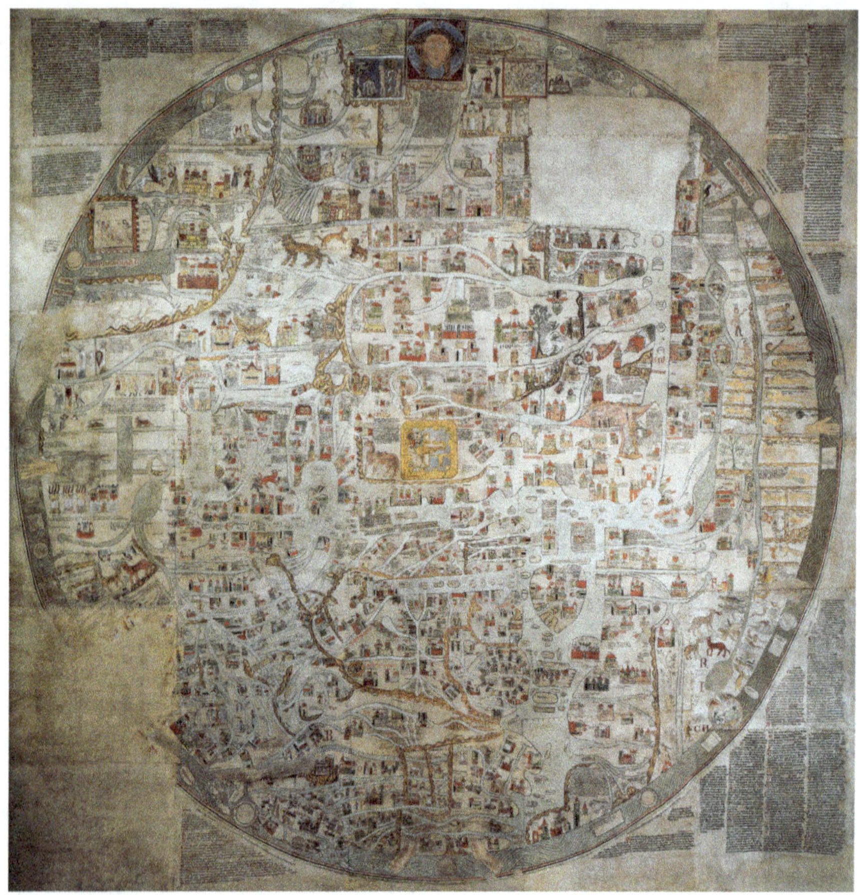

Abb. 7: Ebstorfer Weltkarte (verbrannt), um 1300.

Geschichte – deshalb bildet oftmals Jerusalem den Mittelpunkt der Weltkarte.[25] Die dargestellten Fabelwesen dienen wie reale Orte und historische Personen als Anhaltspunkte für einen raum-zeitlichen – kosmologischen, theologischen, histo-

25 Ingrid Baumgärtner, Erzählungen kartieren. Jerusalem in mittelalterlichen Kartenräumen, in: *Projektion, Reflektion, Ferne. Räumliche Vorstellungen und Denkfiguren im Mittelalter*, hg. v. Sonja Glauch, Berlin 2011, S. 193–223. Sandra Sáenz-López Pérez, *The Beatus Maps. The Revelation of the World in the Middle Ages*, Burgos 2014, S. 121, weist zu Recht darauf hin, dass dies in den Beatus-Handschriften, die noch einer römischen Tradition folgen, nicht der Fall ist – hier findet mit dem Psalter in der British Library (ca. 1265) und der Zentrierung Jerusalems sicherlich die Bedeutung der Kreuzzüge ihren Niederschlag.

rischen und eschatologischen – Gehalt der Weltkarten, die zum Verständnis der göttlichen Ordnung beitragen.

Dafür sind etwa die frühen Weltkarten in den in Spanien und Südfrankreich entstandenen Apokalypsekommentaren des Beatus von Liébana gute Beispiele:[26] Die Weltkarte illustriert ursprünglich den Prolog zu Buch II des Apokalypsekommentars: Dieser enthält einen Abschnitt, der die Apostel mit den Ländern identifiziert, in die sie das Evangelium gebracht haben – die Weltkarte in der Beatus-Handschrift von Burgo de Osma (Archiv der Kathedrale) zeigt an den entsprechenden missionarischen Wirkungsgebieten die Köpfe der Apostel (Abb. 8). Die Weltkarte, die 1086 entstand, hatte die Urfassung der Beatus-Kommentare als Vorlage und zeigt die Form einer ovalen Weltkarte; der Archetyp dieser Weltkarte stammt aus einer Enzyklopädie des Isidor von Sevilla (um 560–636), der dann im 8. Jahrhundert in die früheslen Beatus-Kommentare übernommen wurde. Das Mittelmeer als eine der größten Wasserflächen nimmt die Mittelachse ein und trennt den europäischen vom afrikanischen Kontinent.[27] Mit dem Mittelmeer gliedern das Rote Meer und der Fluss Tanais (Don) die Erde. Rings um das Mittelmeer gruppieren sich die drei Erdteile Europa (links), Asien (oben) und Afrika (rechts). Im äußersten Osten (also jenseits von Asien) liegt das Paradies beziehungsweise der Garten Eden mit den vier Paradiesflüssen: Euphrat, Gihon, Hiddekel und Pison (nach 1. Mose 2, 10–14). Eingezeichnet sind der Berg Ararat in Armenien als der Landeplatz der Arche Noah ebenso wie die Städte Troja und – ihr gegenüberliegend – Konstantinopel. Die zwölf Köpfe der Apostel sind jeweils an den Stellen platziert, an denen sie gewirkt haben; Petrus ist gemeinsam mit Paulus in Rom lokalisiert, dem Ort ihres Martyriums. Ganz rechts liegt ein vierter Erdteil. Er wird als Wohnstätte monströser Völker beschrieben;

---

26 Hierzu und zum folgenden: Sáenz-López Pérez, *The Beatus Maps* (wie Anm. 25); John Williams, *The Illustrated Beatus. A Corpus of the Illustrations of the Commentary of the Apocalypse*, London 1994–2003, 5 Bde.; Ingrid Baumgärtner, Visualisierte Weltenräume. Tradition und Innovation in den Weltkarten der Beatustradition des 10. bis 13. Jahrhunderts, in: *Tradition, Innovation, Invention. Fortschrittsverweigerung und Fortschrittsbewusstsein im Mittelalter*, hg. v. Hans-Joachim Schmidt, Berlin - New York 2005, S. 231–276.

27 Das ist auf die Dreiteilung der Welt in der antiken Geographie zurückzuführen; Sáenz-López Pérez, *The Beatus Maps* (wie Anm. 25), S. 117 und 133. Zur Dreiteilung der Welt insgesamt s. Ingrid Baumgärtner, Winds and Continents: Concepts for Structuring the World and Its Parts, in: *Maps and Travel in the Middle Ages and the Early Modern Period. Knowledge, Imagination, and Visual Culture*, hg. v. ders., Nirit Ben-Aryeh Debby und Katrin Kogman-Appel, Berlin 2019, S. 91–135, hier S. 104–116, und als mnemotechnisches Schema s. Marcia A. Kupfer, The Rhetoric of World Maps in Late Antiquity and the Middle Ages, in: *The Visualization of Knowledge in Medieval and Early Modern Europe*, hg. v. Marcia A. Kupfer, Adam S. Cohen und J. H. Chajes, Turnhout 2020, S. 259–290, hier S. 264–267.

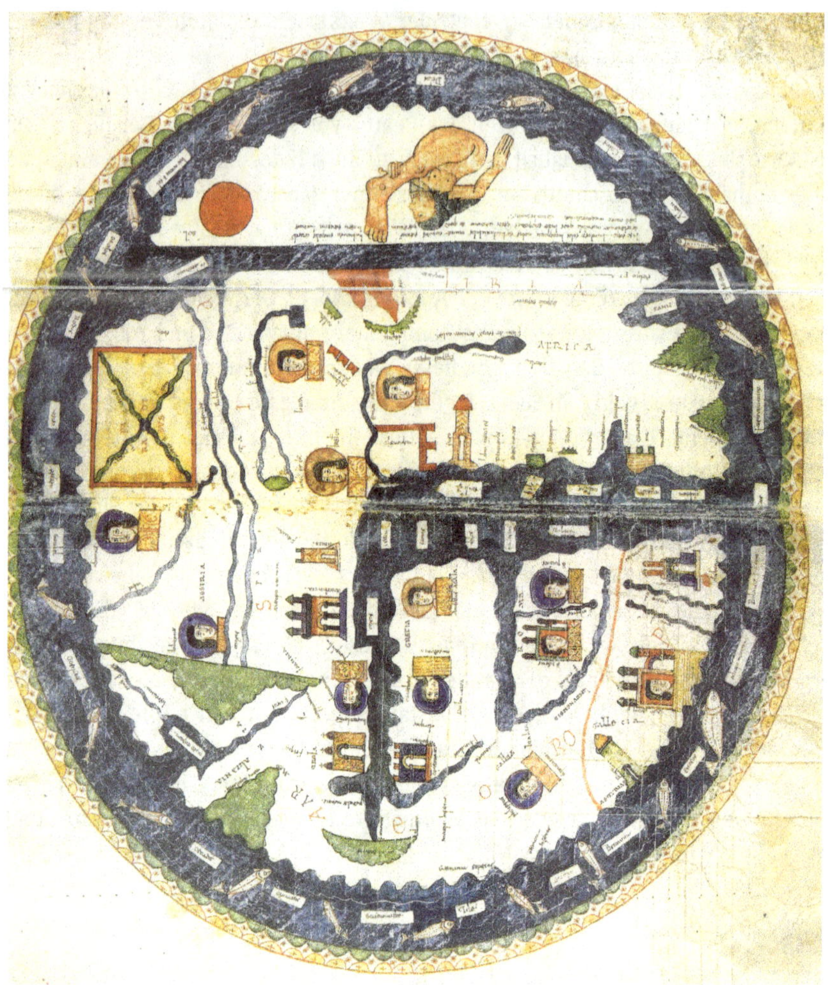

Abb. 8: Beatus von Liébana, *Mappamundi* im Apokalypsekommentar, Burgo de Osma, Archiv der Kathedrale, 1086.

eine Inschrift bezeichnet ihn als unerforschte, glühendheiße Wüste.[28] Die ganze Erde ist von einem Ozean umgeben, der von Fischen besetzt ist.

Im Fokus der Betrachtung stehen bei mittelalterlichen Karten bislang die generelle Anlage, das transportierte Wissen, die Symbolik und Funktion im Bereich der

28 Die Beatus-Handschrift von Burgo de Osma bevölkert diesen Erdteil mit den sogenannten ‚Sciopoden' oder Schattenfüßlern, die als Schutz vor der Sonne ihren großen Fuß über sich halten.

Apokalypsekommentare, die heilsgeschichtliche Perspektive und bei großformatigen Wandkarten wie beispielsweise der *Ebstorfer Weltkarte* (Abb. 7) zuweilen auch ihre Rezeption und Funktion. Einige wenige kunsthistorische Aufsätze widmen sich der Farbgebung der Karten und der künstlerischen Gestaltung[29] sowie dem Umfeld der Künstler und Buchmaler, seltener dem Verhältnis zwischen Künstler und Konzepteur sowie Text und Bild.[30] Dabei geht es an dieser Stelle nicht um die Beischriften als Identifikation von Orten, sondern um die Frage, welche Informationen die bildliche Gestaltung darüber hinaus bereithält.[31] Dass Karten Räume generieren und damit auch Akzeptanz für etwas schaffen können, dass nicht verbürgtem, niedergeschriebenem oder in Messdaten erfasstem Wissen entspricht, ist mittlerweile in der Kartographie ein anerkannter Allgemeinplatz,[32] dennoch spielen die konkreten, lokalen Bedingungen der Produktion von Karten, die künstlerische Aufbereitung oder Gestaltung orographischer Elemente und damit die Kontextualisierung der Buchmaler oder Künstler und die Bewertung ihres Anteils an der Konstruktion von Räumen in der Diskussion bislang eine untergeordnete Rolle. Keine Weltkarte gleicht der anderen oder kann als eine bloße Kopie angesehen werden: Unterschiede in den Größenverhältnissen, der geographischen Lage von naturräumlichen Elementen, der Lokalisierung von Städten, Menschen, Tieren etc. zeichnen die Karten untereinander

29 Marcia A. Kupfer, Mappaemundi. Image Artefact, Social Practice, in: *The Hereford World Map: Medieval World Maps and their Context,* hg. v. Paul D. A. Harvey, London 2006, S. 253–267; Paul D. A. Harvey, Colour in Medieval Maps, in: *Signs and Symbols. Proceedings of the 2006 Harlaxton Symposium,* hg. v. John Cherry und Anne Payne, Donington 2009, S. 42–52; Kupfer, Rhetoric (wie Anm. 27), S. 277–282, Emily Goetsch, World Maps and Waterways. Place and Space in the Beatus *Mappaemundi,* in: *Place and Space in the Medieval World,* hg. v. Meg Boulton, Jane Hawkes und Heidi Stoner, New York / London 2018, S. 198–209, Morgan, 2006, passim, Sáenz-López Pérez, *The Beatus Maps* (wie Anm. 25), S. 116 f. und Raleigh Ashlin Skelton, Colour in Mapmaking, in: *The Geographical Magazine* 32 (1960), H. 11, S. 544–553.

30 Hierzu zentral Tanja Michalsky, Grata pictura und mapa duplex. Paolino Minorita's Late Medieval Map of Rome as an Epistomological Instrument of a Historiographer, in: *Convivium* 2 (2015), HF 1, S. 38–59.

31 Einzelne Aspekte berührt bei Sáenz-López Pérez, *The Beatus Maps* (wie Anm. 25), S. 231 ff.; Kupfer, Rhetoric (wie Anm. 27), S. 277–285.

32 Tanja Michalsky, Karten schaffen Räume. Kartographie als Medium der Wissens- und Informationsorganisation, in: *Gerhard Mercator. Wissenschaft und Wissenstransfer,* hg. v. Ute Schneider und Stefan Brakensiek, Darmstadt 2015, S. 15–37; Dies., Stadt und Geschichte im Überblick. Die spätmittelalterliche Karte Roms von Paolino Minorita als Erkenntnisinstrument des Historiographen, in: *Europa in der Welt des Mittelalters. Ein Kolloquium für Michael Borgolte,* hg. v. Tillmann Lohse und Benjamin Scheller, Berlin-Boston 2014, S. 189–210, hier S. 192: „Eine Karte zeigt nicht etwa das Gebiet auf das sie scheinbar nur verweist, eine Karte konstruiert vielmehr ein Gebiet dadurch, dass sie ihm durch Einzeichnung von Orten bestimmte Eigenheiten zuschreibt und andere vernachlässigt. Die Auswahl von Orten und ihren Relationen generiert eine Aussage, die über tradierte Wissensbestände und topographische Gegebenheiten hinausweist."

aus.[33] Diese Unterschiede, das Weglassen oder Vergrößern topographischer Elemente oder naturräumlicher Details, können auf die Wahrnehmung der Vorlagen, das Wissen der Kartengestalter oder aber auch auf eine bewusste Entscheidung zurückzuführen sein. Im Zusammenhang mit der veränderten Wahrnehmung von Räumen und deren Übersetzung in Karten interessiert also, in welcher Form Flüsse in diese Weltkarten eingezeichnet sind (Abb. 9), was sie über die Wahrnehmung und Funktion der Flüsse vermitteln, wie sich die Darstellungsform im Laufe der Zeit ändert – und welche Aussagen sich damit über die Bedeutung der Flüsse und die durch sie überformten Landschaften treffen lassen. Diese Betrachtungsweise entbindet nicht von der Pflicht, alle bisher getroffenen Einordnungen und Fragestellungen weiterhin zu verfolgen, aber sie kann einen Hinweis darauf enthalten, dass Flüsse auch für Künstler, Buchmaler etc. einen Realitätszuwachs erhalten haben, etwa durch eine veränderte Form der Wahrnehmung des räumlichen Umfelds, in Form eines vermehrt beanspruchten Transportweges oder eines Wissenszuwachses über geographische Verhältnisse. So können die in der Folge auftretenden „äußerst farbenprächtige Ausschmückung und die plastische Linienführung, in deren Folge einige Flüsse stärker den Raum prägen“[34] dem Vermögen des Künstlers geschuldet sein, sie können aber auch Zeichen eines zunehmenden Ins-Bewusstsein-Tretens dieser naturräumlichen Gegebenheiten sein.[35] Ingrid Baumgärtner sieht in der Akzentuierung von Flussmündungen durch kreisartige Hervorhebungen oder die weite Fächerung der Quellen des Nils (Abb. 10) eine „Aufwertung des gesamten Mittelmeergebietes im Wirkungskreis des spätrömischen Reiches“ und durch die geographische Anschaulichkeit einen Niederschlag des gesellschaftlichen Wissens.[36]

Wenn also im „imaginativen Schöpfungsprozeß der Kartographen“[37] auch die Gestaltung von Flüssen die Wahrnehmung von der Welt formten und neue Formen von Realität schufen, wie sind dann die zunehmende Strukturierung, graphische Gestaltung, farbliche Aufwertung der Karten durch die Flüsse zu deuten? Offensichtlich wurde, dass Flüssen auch schon im Verlaufe des Mittelalters in der Kartographie eine spezifische Präsenz eignete, deren Bedeutung über die geographischen, historischen, heilsgeschichtlichen, politischen oder sozioökonomischen

33 Kupfer, Mappaemundi (wie Anm. 29), passim.

34 Ingrid Baumgärtner, Die Welt im kartographischen Blick. Zur Veränderbarkeit mittelalterlicher Weltkarten am Beispiel der Beatustradition vom 10. bis 13. Jahrhundert, in: *Der weite Blick des Historikers*, hg. v. Wilfried Ehbrecht, Köln 2002, S. 527–549, hier S. 534.

35 Vgl. hierzu den Aufsatz von Emily Goetsch, World Maps (wie Anm. 29), S. 198–209, die die bedeutungskonstituierende Funktion der formalen Gestaltung von Flüssen im Zusammenhang mit den naturräumlichen Gegebenheiten am Beispiel der Beatus-Karte in der Kathedrale von Burgo de Osma untersucht.

36 Baumgärtner, Welt (wie Anm. 34), S. 534.

37 Ebd., S. 549.

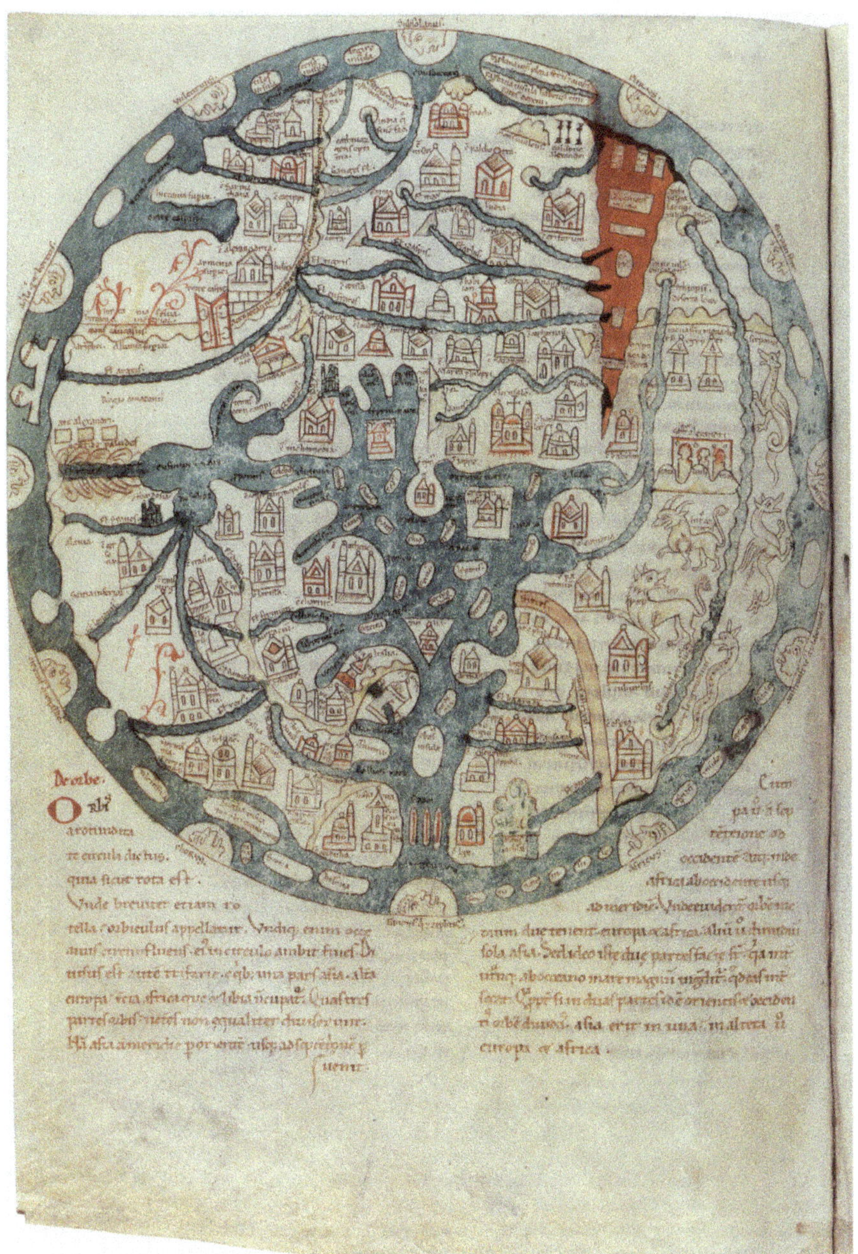

Abb. 9: Isidor von Sevilla, *Mappamundi*, München, Bayerische Staatsbibl., Clm. 10058, fol. 154v, um 1130.

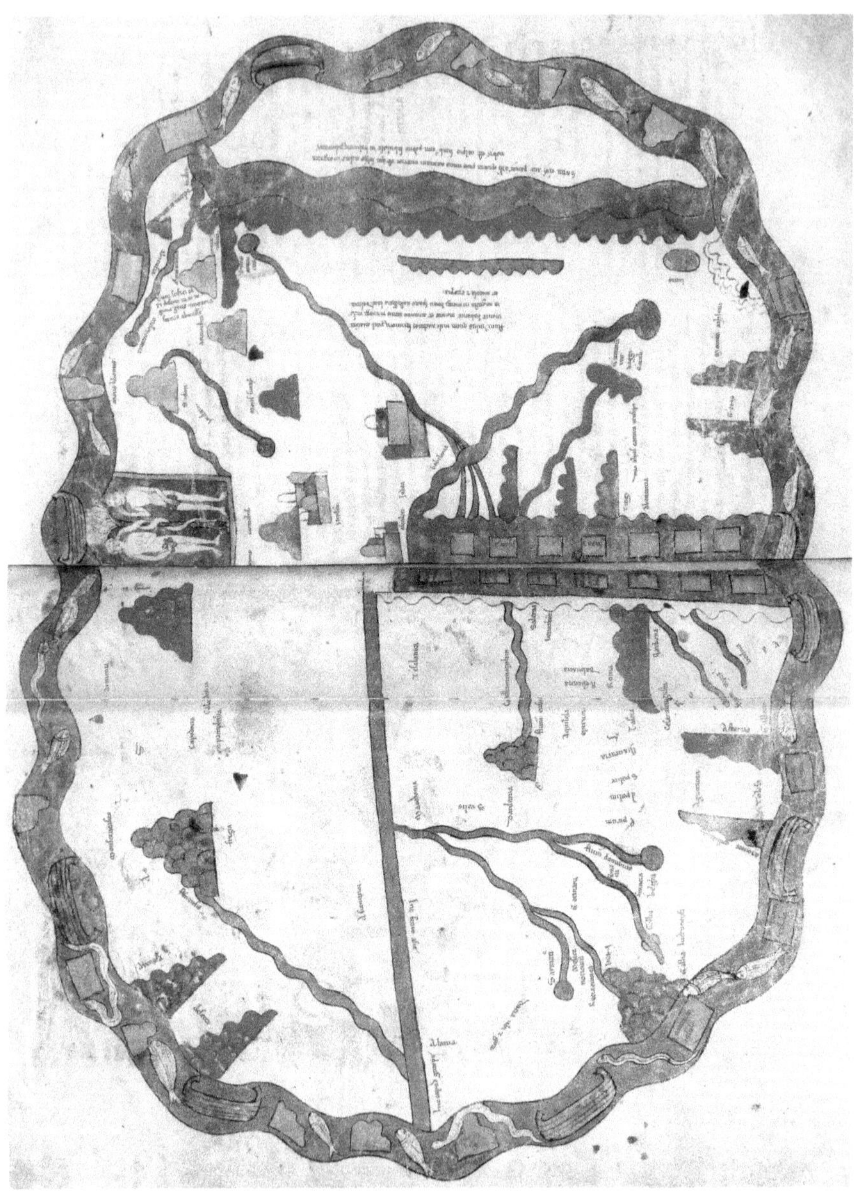

Abb. 10: Beatus von Liébana, *Mappamundi* im Apokalypsekommentar von Las Huelgas, Pierpont Morgan Library, New York, M. 429, fo. 31v–32r, um 1220.

Einordnungen in den Rahmen der Karten hinausgehend bislang nicht eigens befragt wurde. Ingrid Baumgärtner kommt im Ergebnis in ihrer Untersuchung zu dem Schluss, dass „die Auswahl der Karteninhalte [zwar] einem Grundrepertoire an Einträgen innerhalb des Kartentyps folgte, aber die Umgestaltungen und Ergänzungen häufig einem Wunsch nach regionaler Erfassung und aktualisierender Aneignung kultureller und religiöser Grenzräume entsprangen."[38] Eine andere Sichtweise wäre es, die Darstellung von Flüssen als eine Akzentuierung von Transferräumen oder als ein Konstituens für fluide Räume jenseits von Flussgrenzen aufzufassen und ihnen damit eine „geomorphologische Handlungsmacht" zuzusprechen.[39]

Transferprozesse von Kunst und Künstlern

Der Transfer von Kunst und Künstlern wurde in den letzten Jahren für viele Regionen erforscht und im Sinne einer Netzwerkforschung ausgebaut; fokussiert wurden im europäischen Bereich insbesondere der Mittelmeerraum sowie für die spätmittelalterliche Forschung auch die Alpenregion.[40] Forschungen über ‚Künstlerwanderungen' vermitteln uns mittlerweile ein Ausmaß von der Mobilität von Künstlern, die diesen mittelalterlichen Berufsstand auftragsbedingt zuweilen von Rastlosigkeit getrieben erscheinen lässt.[41] Das Beispiel italienischer Künstler des

---

38 Ingrid Baumgärtner, Europa in der Kartographie des Mittelalters. Repräsentationen – Grenzen – Paradigmen, in: *Europa im Weltbild des Mittelalters. Kartographische Konzepte*, hg. v. Ingrid Baumgärtner und Hartmut Kugler, Berlin 2008, S. 9–28, hier S. 22.

39 Dipesh Chakrabarty, *Das Klima der Geschichte im planetarischen Zeitalter*, Berlin 2022, S. 27.

40 *Les transferts artistiques dans l'Europe gothique (XIIe–XVIe siècles). Repenser la circulation des artistes, des oeuvres, des savoir-faire et des modèles*, hg. v. Jean-Marie Guillouet, Benoît van den Bossche und Jacques Dubois, Paris 2014; Dies., Circulations versus transferts artistiques dans l'Europe gothique: éléments d'un bilan, in: *Medieval Europe in Motion. The Circulation of Artists, Images, Patterns and Ideas from the Mediterranean Cost to the Atlantic Coast (6th–15th Century)*, hg. v. Maria Alessandra Bilota, Palermo 2018, S. 99–117. Stefan Köhler, *Marseilles Levantehandel im 12. und 13. Jahrhundert*, Berlin 2018; Ute Kümmel, Heirat, Reise, Beute. Kulturtransferprozesse anhand von spätmittelalterlichen Fürstenschätzen, in: *Kulturtransfer am Fürstenhof. Höfische Austauschprozesse und ihre Medien im Zeitalter Maximilians I.*, hg. v. Udo Friedrich, Matthias Müller und Karl-Heinz Spieß, Berlin 2013, S. 104–121; Enrico Castelnuovo, Les Alpes au début du XVe siècle. Une Kunstlandschaft?, in: *Historische Landschaft* (wie Anm. 2), S. 19–30; Zum transalpinen Handel s. Andreas Lippert, *Wirtschaft und Handel in den Alpen*, Stuttgart 2012.

41 Claudia Caesar, *Der „Wanderkünstler". Ein kunsthistorischer Mythos*, Berlin 2012; Günther Binding, *Wanderungen von Werkmeistern und Handwerkern im frühen und hohen Mittelalter* (Sitzungsberichte der wiss. Gesellschaft an der Johann Wolfgang Goethe-Universität Frankfurt a. M., Bd. XLIII,1), Stuttgart 2012. *Dialog-Transfer-Konflikt. Künstlerische Wechselbeziehungen im Mittelalter und in der Frühen Neuzeit*, hg. v. Wolfgang Augustyn und Ulrich Söding, Passau 2014; An-

Hochmittelalters, deren Ubiquität durch ihre Signaturen nachzuverfolgen ist, belegt, dass der Ortstransfer von Künstlern bei Malern, Goldschmieden, Architekten, Bildhauern und Bronzegießern im 12. Jahrhundert normal und oftmals auch durch die Kontakte der Auftraggeber bedingt war.[42] Betrachtet man diese Transferprozesse noch einmal unter dem Aspekt der Flussverläufe, könnte für einzelne Künstler etwas mehr Licht in die Omnipräsenz dieser Persönlichkeiten gebracht werden: Der in Köln am *Dreikönigenschrein* (Abb. 11) tätige Nikolaus von Verdun jedenfalls, dessen künstlerische Autorschaft über die identische Punzierung im Goldblech (Abb. 12) wie bei dem *Klosterneuburger Altar* nahegelegt wird, ist ab 1181, der Vollendung des Altars im Augustinerchorherrenstift Klosterneuburg bei Wien, über Köln bis 1205 in Tournai künstlerisch nachweisbar.[43] Die Überwindung großer Strecken scheint bei ihm ebenso plausibel über die Flüsse Donau und Rhein zu sein, wie etwa die Präsenz Peter Parlers im 14. Jahrhundert in Köln (Abb. 13) und Straßburg über den Rhein, aber auch mit einem möglichen weiteren Weg über den Neckar zu seinem schwäbischen Herkunftsraum Schwäbisch Gmünd und dann wiederum, nach Überquerung der Schwäbischen Alb,[44] von Ulm aus, wo er ebenfalls tätig war, über

dreas Tacke, Der Maler als Wandergeselle. Eine handwerksgeschichtliche Perspektive zum Kultur- und Wissenstransfer in der Kunst, in: *Innovationen in der Bauwirtschaft*, hg. v. Eva-Maria Seng und Frank Göttermann, Berlin / Boston 2021, S. 509–524.

42 Fabio Betti, „ursus magester" e gli altri. Le sottosrizioni di artifici nella scultura altomedioevali in Italia centrale: analisi comparativa e contesto storico, in: *Domus sapienter staurata*, hg. v. Anna Maria D'Achille, Antonio Iacobini, Pio Francesco Pistilli und Cinisello Balsamo, Milano 2021, S. 75–86; vgl. die Beiträge von Peter Cornelius Claussen und Horst Bredekamp, in: *Künstler-Signaturen von der Antike bis zur Gegenwart*, hg. v. Nicole Hegener und Florian Horsthemke, Petersberg 2013, S. 76–99; Albert Dietl, *Die Sprache der Signatur. Die mittelalterlichen Künstlerinschriften Italiens*, München 2009 und grundlegend Peter Cornelius Claussen, Nachrichten von den Antipoden oder der mittelalterliche Künstler über sich selbst, in: *Der Künstler über sich in seinem Werk*, hg. v. Matthias Winner, Weinheim 1992, S. 19–54 und Ders., Künstlerinschriften, in: *Ornamenta Ecclesiae. Kunst und Künstler der Romanik* (Ausst.-Kat., Köln, Schnütgen-Museum und Joseph-Haubrich-Kunsthalle 1985), hg. v. Anton Legner, Köln 1985, s. Bd. 1, S. 263–276.

43 Umfassend zuletzt: Dorothee Kemper, *Die Goldschmiedearbeiten am Dreikönigenschrein im Kölner Dom*, Köln 2014, Bd. 1, bes. S. 265 –278 zur Datierung und den Werken des Nikolaus von Verdun im Verhältnis zum Dreikönigenschrein. Zur angenommenen Werkstatt des Nikolaus von Verdun und die Missinterpretation möglicher Vorlagenblätter s. die Einlassungen von Peter Diemer in seiner Rezension: Die Heiligen Drei Könige, ihre Bilder und ihr Schrein, in: *Kunstchronik* 80 (2015), S. 430–440, hier S. 439. Grundlegend sind immer noch die verschiedenen Beiträge in *Ornamenta Ecclesiae.* Zu den künstlerischen Voraussetzungen s. Peter Cornelius Claussen, Antikisierende Kleinplastik im Vorfeld und Umkreis des Nikolaus von Verdun, in: *Römische historische Mitteilungen* 41 (1999), S. 95–116.

44 Jüngste Studien zur anthropogenen Formung der Ulmer Alp belegen die durchgängige Überquerung der Alp von Geislingen ausgehend nach Ulm; vgl. Rainer Schreg, Die Kulturlandschaft der Ulmer Alb. Ein Produkt von Natur, Gesellschaft und Politik, in: *Die konstruierte Landschaft. Befunde*

Donau und Moldau nach Prag.[45] Die Tradierung von Technik, Motiven und Bearbeitungsmodi und Stilen in andere, auch weit entfernt liegende Regionen innerhalb eines relativ kurzen Zeitraums erhält jedenfalls eine höhere Wahrscheinlichkeit, wenn man die Flussverläufe mit in Betracht zieht – und zugleich wird damit die Hybridität von Kulturlandschaften offenbar.

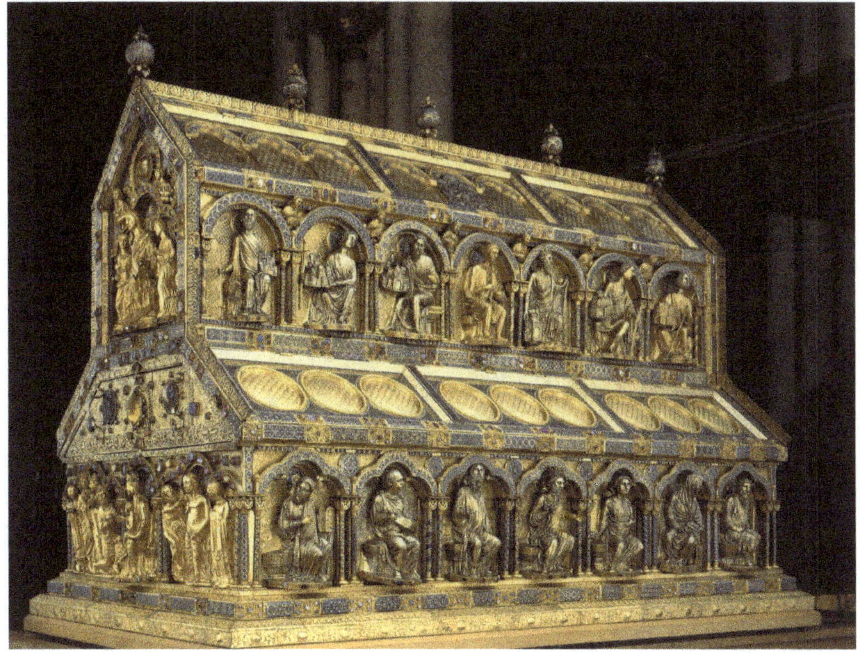

Abb. 11: Nikolaus von Verdun, Dreikönigenschrein, Köln, Dom, um 1181 bis 1201.

Neben den mobilen Künstlern eröffnet auch der Transport von Großkunstwerken völlig andere Blickrichtungen: So wird etwa bei den Bronzetüren der *Sophienkathe-*

und Funde zu anthropogenen Geländeveränderungen in Mittelalter und früher Neuzeit. Mitteilungen der Deutschen Gesellschaft für Archäologie des Mittelalters und der Neuzeit 33 (2020), S. 15–28.

45 Die Parlerbauten mit Befragung dessen, was denn der „parlerische Stil" sein könne, und damit einen Überblick über die Bauvorhaben gebend zuletzt Thomas Flum, Die Parler. Ein Stolperstein der Geschichte, in: *Stilfragen* (wie Anm. 8), S. 150–163. Zur Architektur der Parler s. die Arbeiten von Marc Carel Schurr, insbes. *Die Baukunst Peter Parlers. Der Prager Veitsdom, das Heiligkreuzmünster in Schwäbisch Gmünd und die Bartholomäuskirche zu Kolin im Spannungsfeld von Kunst und Geschichte.* Ostfildern 2003, sowie den Beitrag in diesem Band; zur Skulptur Assaf Pinkus, *Patrons and Narratives of the Parler School: The Marian Tympana 1350–1400*, München 2009.

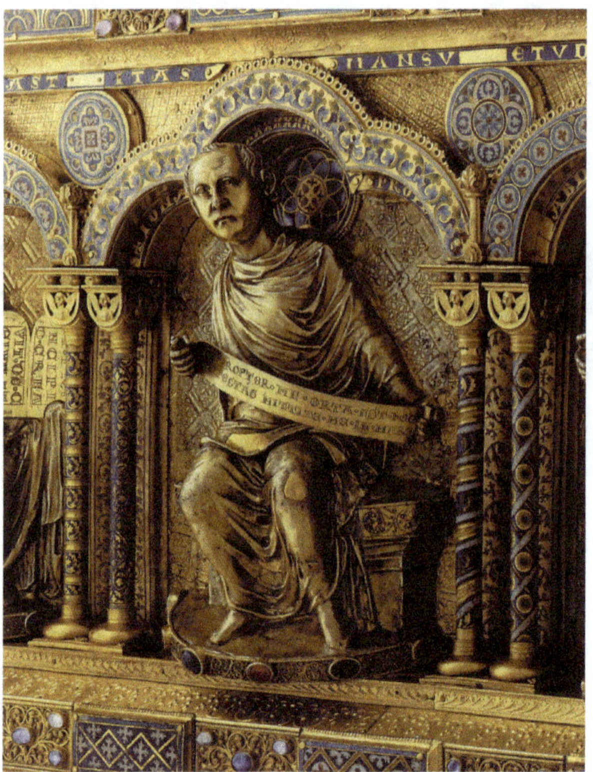

Abb. 12: Nikolaus von Verdun, Dreikönigenschrein, Detail: Prophet Jonas, Köln, Dom, um 1181 bis 1201.

drale von Nowgorod (Abb. 14), die zwischen 1152 und 1154 in Magdeburg für die Kirche *Mariä Himmelfahrt* in Płock gegossen wurden und die vermutlich zwischen 1435 und 1460 unter bislang immer noch ungeklärten Umständen nach Nowgorod gelangten,[46] stets vermutet, diese seien, zunächst in einzelne Kompartimente zer-

46 Eine ausführliche Einordnung der Bronzetür bei Ursula Mende, *Die Bronzetüren des Mittelalters 800–1200,* erweiterte Neuauflage München 1992, S. 74–83 und 154–161 (zur Ikonographie der Türflügel). Zur Diskussion der Bronzetüren im Zusammenhang mit anderen Gusswerken Magdeburger Provenienz s. Dies., Kleinbronzen im Umkreis der Magdeburger Gusswerkstatt, in: *Gusswerke. Beiträge zur Bronzekunst des Mittelalters,* hg. v. Michael Brandt, Claudia Höhl und Lothar Lambacher, Regensburg 2020, S. 222–243, hier S. 223–231 (zuerst in: *Der Magdeburger Dom, ottonische Gründung und staufischer Neubau,* hg. v. Ernst Ullmann, Leipzig 1989, S. 98–106) und Dies., Zur Topographie sächsischer Bronzewerkstätten im welfischen Einflussbereich, in: *Ebd.,* S. 83–96, hier S. 87–89 (zuerst in: *Heinrich der Löwe und seine Zeit. Herrschaft und Repräsentation der Welfen 1125–1235* (Ausst.-Kat., Braunschweig, Herzog Anton Ulrich-Museum 1995), hg. v. Jochen Luckhardt

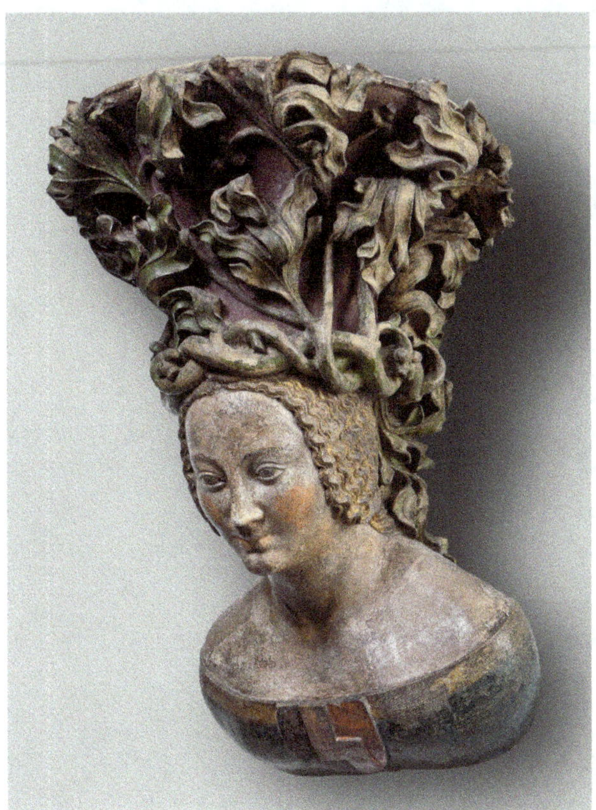

Abb. 13: Peter Parler, Konsolbüste, Köln, Museum Schnütgen, um 1390.

legt, nach Płock und dann – als ganze Türen? – nach Nowgorod transportiert worden.[47] Gerade bei derart monumentalen und schweren Kunstwerken könnte ein Denken in Flusssystemen als Transportweg zumindest in diesem Punkte eine Lösung herbeiführen (Abb. 15): Von Magdeburg aus ist ein Transport über Elbe – Nordsee – Skagerak und Kattegat in die Ostsee und dann über die Weichsel nach Płock im Mittelalter sehr viel leichter zu bewältigen als über Land – und der Weg von Płock über die Weichsel – Ostsee – Sankt Petersburg – den Ladogasee und den Wol-

und Franz Niehoff, München 1995, Bd. 2, S. 427–439); von polnischer Seite Andrzej Poppe, Some Observations on the Bronze Doors of St. Sophia in Novgorod, in: *Les pays nord et Byzance*, hg. v. Rudolf Zeitler, Uppsala u. a. 1981, S. 407–418, hier S. 412 f. die Festlegung des Zeitraums der Überführung der Bronzetür nach Nowgorod auf der Grundlage der paläographischen Analyse von kyrillischen Inschriften auf der Tür.

47 Mende, Kleinbronzen (wie Anm. 46), S. 225–227.

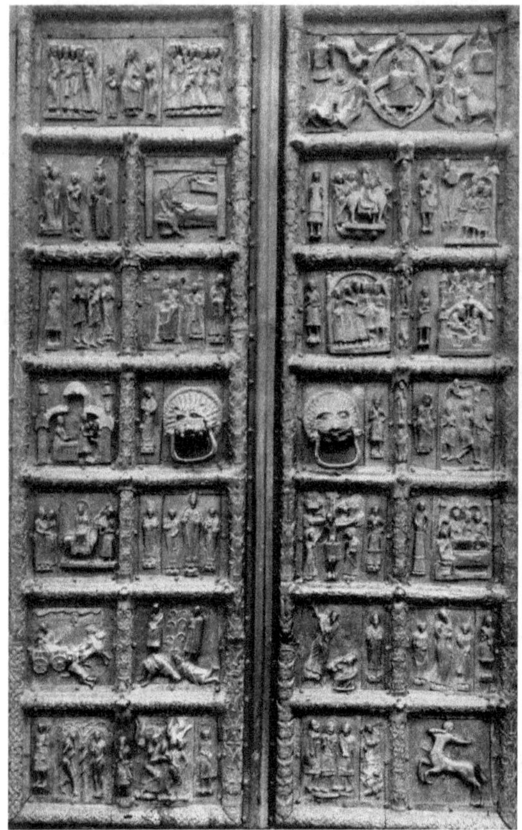

Abb. 14: Bronzetür, Nowgorod, Sophienkathedrale, 1152–1154.

chow nach Novgorod hört sich nur für in Straßenverkehrsnetzen denkende Menschen des 21. Jahrhunderts kompliziert an.

Zur Erschließung von Rohstoffen über Flusswege

Die naturräumlichen Gegebenheiten werden insgesamt aber in zweifacher Weise für die Produktion von mittelalterlichen Kunstwerken relevant: einmal mit den Flüssen als Transportwegen und darüber hinaus auch mit der Anlieferung weit entfernt abgebauter Rohmaterialien. Der Rohstoff Bergkristall führt in eindringlicher Weise die Notwendigkeit vor Augen, sich mit dem Fluss als einem konstituierenden Faktor für die Kunstproduktion auseinanderzusetzen: 2005 wurde in Köln im Zuge

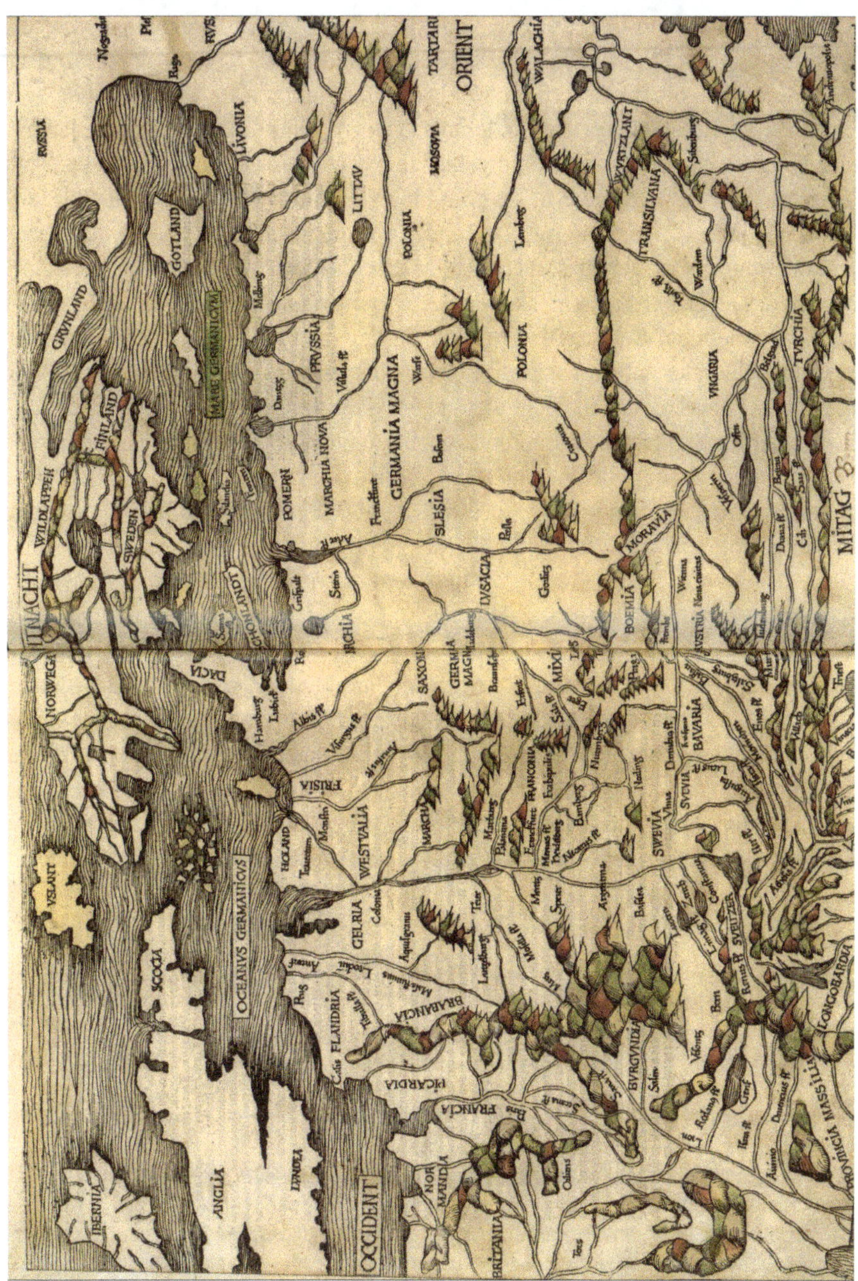

Abb. 15: Karte Mitteleuropas nach Nicolaus Cusanus.

des Stadtbahnbaus östlich des Doms eine Bergkristallwerkstatt gefunden, die eine Bergkristallproduktion bereits in der zweiten Hälfte des 12. Jahrhunderts bezeugt und vermutlich bis zur Grundsteinlegung des Doms aktiv war. Dieses Gelände, ehemals vor der alten römischen Stadtmauer gelegen, wurde im 12. Jahrhundert bei der Stadterweiterung in das Stadtgebiet integriert.[48] Das Werkstattgebäude mit einer Größe von circa 10 x 5 m lässt auf einen beachtlichen Betrieb schließen. Seit langem steht mit den seit den 1160er Jahren entstandenen Kölner Schreinen, deren Firstkämme große Bergkristallcabochons zieren (Abb. 11), die Frage im Raum, woher diese kostbaren Steine kamen und warum sie ausgerechnet in Köln in diesem Umfang in der Goldschmiedeproduktion Verwendung fanden.[49] Lässt die Existenz einer Bergkristallwerkstatt nun tatsächlich vermuten, dass die Cabochons in Köln gefertigt wurden,[50] so bleibt die Frage, woher der Rohstoff kam: Das Hauptabbaugebiet für Bergkristall waren und sind bis heute die Alpen; selbst venezianische Handwerker scheinen ihren Rohstoff für Bergkristallarbeiten aus den Alpen (und nicht, wie man denken könnte, aus der Levante) bezogen zu haben.[51] Ein Abbau aus dem Gotthard ist belegt, und mineralogische Gutachten belegen eine Herkunft der Kristalle aus diesem Gebiet.[52] Damit kommt wieder der schiffbare Rhein als Transportweg ins Spiel, zumal das Stapelrecht, also das Umladen der per Schiff anlandenden Waren in Köln, auch eine Vorauswahl und Sicherung des Rohstoffs in großen Mengen oder selbst in Form großer Bergkristallblöcke ermöglicht haben könnte.[53] Ein Hinweis auf die Plausibilität dieser Überlegungen sowie auf die Kontinuität der Funktion des Rheins in dieser Hinsicht bieten Fundstellen von Bergkristallcabochons in merowingischer und karolingischer Zeit: Ginevra Kornbluth hat in langjährigen Forschungen zu Bergkristallcabochons herausgefunden, dass es eine auffällige Häufung davon in Frauengräbern Englands, Nordfrankreichs, Flandern,

48 Manfred Burianek / Thomas Höltgen, A Rock-crystal Workshop from Cologne, in: *Gemstones in the first Millennium AD*, hg. v. Alexandra Hilgner, Susanne Greiff und Dieter Quast, Mainz 2017, S. 137–147, bes. S. 137–139 und ebd. Abb. 2; s. auch Anton Legner, *Faszination Bergkristall: Kölner Erinnerungen*, Köln 2021, S. 115–118.

49 Zu Bergkristallobjekten in Kölner Kirchenschätzen s. jetzt den Artikel von Anna Pawlik, Schätze von großer Klarheit. Romanische Bergkristallarbeiten in Kölner Kirchen, in: *Magie Bergkristall* (Ausst.-Kat., Köln, Museum Schnütgen 2022), hg. v. Manuela Beer, München 2022, S. 103–117; zu den Schreinen auch Legner, *Faszination* (wie Anm. 48), S. 163–165.

50 Burianek / Höltken, Rock Crystal (wie Anm. 48), S. 143.

51 Michela Agazzi, L'opera dei „cristalleri". Cristalli di rocca, diaspri, oreficerie e reliquie a Venezia (secc. XIII–XIV), in: *Hortus artium medievalium* 22 (2016), S. 145–156, hier S. 155 f.

52 Jens Berthold / Markus Trier, Eine Bergkristallwerkstatt des 12. Jahrhunderts in der Kölner Domimmunität, in: *Kölner Domblatt* 71 (2006), S. 61–80, hier S. 70.

53 Ebd., S. 70 f., Berthold und Trier glauben, dass die Rohstoffblöcke im Schnitt 10 cm groß waren – diese könnten aber bereits Zuschnitte aus größeren Stücken gewesen sein.

Deutschlands und Prags gibt.[54] Diese Bergkristalle wurden ursprünglich als Schmuck, in Goldbändern gefasst, an langen Bändern der Frauentracht, zusammen mit Amuletten und Münzen, als Zeichen von Macht und Kraft und zur Schadensabwehr getragen (Abb. 16). Dabei zeigt eine Zusammenschau der Fundorte auf einer Karte sehr deutlich, dass es eine Häufung der Fundorte entlang der Rheinschiene vom Gotthardt nach Köln gibt.[55] Es erscheint lohnend, der Frage des Rohstofftransfers entlang von Flüssen einmal systematisch nachzugehen um möglicherweise neue Erkenntnisse darüber zu gewinnen, an welchen Orten sich durch den bislang in dieser Weise nicht berücksichtigten Transfer eine spezifische Kunstproduktion angesiedelt hat.

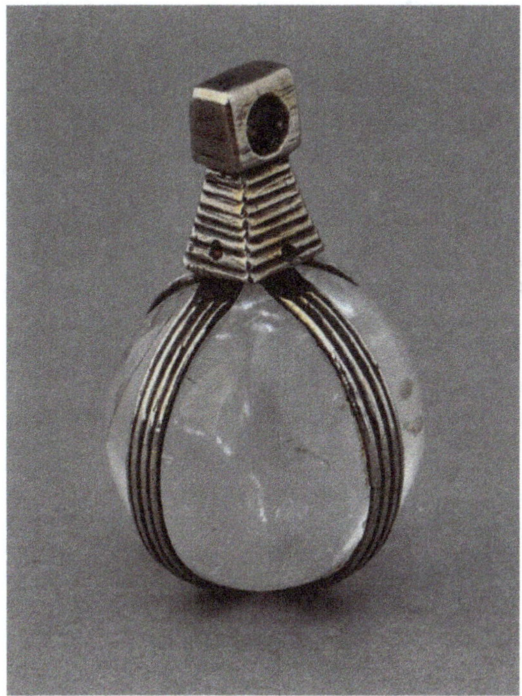

Abb. 16: Bergkristall-Anhänger mit silberner Fassung (Pendant), Berlin, Staatl. Museen zu Berlin, Kunstgewerbemuseum, inv. F 4808.

54 Genevra Kornbluth, Transparent, Translucent and Opaque: Merovingian and Carolingian Crystal Amulets, in: *Seeking Transparency. Rock Crystal across the Medieval Mediterranean*, hg. v. Cynthia Hahn und Avinoam Shalem, Berlin 2020, S. 67–77; vgl. jetzt Genevra Kornbluth, Bergkristall im Frühmittelalter. Merowingische Amulette und karolingische Intaglios, in: *Magie Bergkristall* (Ausst.-Kat., Köln, Museum Schnütgen 2022), hg. v. Manuela Beer, München 2022, S. 233–240.

55 Kornbluth, Transparent (wie Anm. 54), S. 74, Abb. 6.

Diese Frage ist auch mit Blick auf die bereits erwähnte Produktion von großen Reliquienschreinen aus Gold in Köln im 12. Jahrhundert zu stellen. Die zunehmende und augenfällige Verwendung von Gold für beispielsweise Buchdeckel wird in gewisser Weise reflektiert durch Gedanken, die man sich über die Herkunft und Zusammensetzung des Edelmetalls in den Etymologien und theologischen Traktaten des 11. und 12. Jahrhunderts machte.[56] Hierin kann sich eine steigende Wertschätzung für das Material spiegeln, wobei Gold immer wertvoll war. Es könnte auch mit wirtschaftsgeographischen Faktoren zusammenhängen, wie dem Abbau oder dem vermehrten Import des Edelmetalls.[57] Das früheste mittelalterliche Traktat zum Kunsthandwerk, von Gotthold Ephraim Lessing wiederentdeckt und *Schedula diversarum artium* benannt, wurde unter dem Pseudonym des Presbyter Theophilus verfasst und trägt unter anderem das mittelalterliche Wissen über die Herkunft und Zusammensetzung verschiedener Goldarten zusammen:[58] Beschrieben wird das Gold aus dem Lande Evilat (Buch III, 46), über das man Kenntnis aus der Bibel Gen I, 10–12 hatte, sodann das arabische Gold (Buch III, 47), das hier eher pars pro toto für Gold aus dem nah- und fernöstlichen Raum steht, und schließlich das Sandgold (Wasch- oder Seifengold) aus Flüssen (Buch III, 49), das sowohl in der Antike als auch im frühen Mittelalter (9. Jahrhundert) tatsächlich dort, wo der Rhein entspringt, also unweit von Basel, und im

---

56 Gespiegelt wird dies beispielsweise bei Rupert von Deutz, *De divinis officiis*, hg. v. Hrabanus Haacke, Turnhout 1967, S. 67; in Übersetzung bei Christel Meier-Staubach, Schönheit – Wert – Bedeutung. Zur Materialität und Symbolik von Gold und Edelsteinen im Mittelalter, in: *Westfalen* 91 (2013), S. 29–55, hier S. 53: „Auch die Evangelienbücher werden nicht ohne Grund mit Gold, Silber und Edelsteinen geschmückt, da in ihnen das Gold himmlischer Weisheit schimmert, das Silber gläubiger Beredsamkeit glänzt, die kostbaren Steine der Wunder leuchten, die die kunstreich gestalteten goldenen Hände Christi [...] bewirkt haben."

57 Bis zum Ende des 11. Jahrhunderts (1086) war das aus Nordafrika über Andalusien nach Nordspanien importierte Gold eine mögliche Quelle für das Rohmaterial; vgl. James A. Miller, Revealing North-South Relations in the Eleventh Century, in: *Hispaniens Norden im 11. Jahrhundert. Christliche Kunst im Umbruch*, hg. v. Achim Arbeiter, Christiane Kothe und Bettina Marten, Petersberg 2009, S. 73–84, aber auch die Goldgewinnung aus dem kaukasischen Gebirge Georgiens ist schon seit der Antike bekannt; vgl. *Gold & Wein: Georgiens älteste Schätze: Begleitband zur Sonderausstellung 6. Oktober 2018–10. Februar 2019* (Ausst.-Kat., Frankfurt, Archäologisches Museum Frankfurt 2018), hg. v. Liane Giemsch und Svend Hansen, Mainz 2018.

58 Zu den verschiedenen Handschriftenüberlieferungen, der Rezeption seit Lessing und der Frage der Autorschaft s. die Einführung von Andreas Speer, Zwischen Kunsthandwerk und Kunst. Die ‚Schedula diversarum artium' als „Handbuch" mittelalterlicher Kunst?, in: *Zwischen Kunsthandwerk und Kunst. Die ‚Schedula diversarum artium'*, hg. v. Andreas Speer in Zusammenarbeit mit Maxime Mauriège und Hiltrud Westermann-Angerhausen, Berlin / Boston 2014, S. XI–XXXIII.

15. Jahrhundert noch nahe Gernsheim in geringen Mengen gewonnen wurde.[59] Inwieweit dies auch im Hochmittelalter der Fall war, lässt sich nicht genau feststellen, doch existiert eine Quelle aus dem frühen 13. Jahrhundert, die alle goldführenden Flüsse Mitteleuropas nennt.[60] Hierunter fällt weiterhin der Oberrhein, neben allen Flüssen in Oberitalien, einigen Wasserläufen im nordwestlichen Spanien und im östlichen Frankreich. Da bei Theophilus – oder vielleicht eher dem Mitverfasser Nort[h]ungus, der als gelehrter Mönch in *St. Michael* in Hildesheim und als Verfasser naturwissenschaftlicher Schriften nachweisbar ist – der Vorgang des Goldwaschens am genauesten beschrieben wurde, liegt die Annahme nahe, dass dem Autor dieser Prozess tatsächlich von einem Zeitgenossen beschrieben wurde.[61] Diese Kapitel spiegeln, soweit man weiß, die damalige Kenntnis von wirtschaftsgeographischen Fakten – und auch das besondere Augenmerk, das auf den Flüssen lag.[62] Sichtbar wird das auch bei dem der Autor des um 1200 verfassten *Nibelungenliedes*, der den aus Edelsteinen und vor allem aus Gold bestehenden Schatz der Nibelungen im Rhein versenken lässt.[63]

---

59 Vgl. Erhard Brepohl, *Theophilus Presbyter und das mittelalterliche Kunsthandwerk. Gesamtausgabe der Schrift* De diversis artibus *in einem Band*, Köln 2013, S. 340 f., 344; zu der sagenhaften Herstellung des ‚Spanischen Goldes‘ (Buch III, 48) zuletzt Chet van Duzer, An Arabic Source for Theophilus's Recipe for Spanish Gold, in: *Kunsthandwerk* (wie Anm. 58), S. 369–378. Die Waschbeziehungsweise Seifengoldgewinnung aus dem Rhein aus antiken Zeiten bis in die jüngere Vergangenheit ist anschaulich beschrieben bei Eberhard Kümmerle, Rheingold – Mythos und geologische Wirklichkeit, in: *Jahrbuch des Nassauischen Vereins für Naturkunde* 124 (2003), S. 131–144, bes. S. 137–141; Bergbau und Goldwäscherei im Frühmittelalter als Rohstofflieferanten für Königsschätze wird diskutiert bei: Matthias Hardt, *Gold und Herrschaft. Die Schätze europäischer Könige und Fürsten im ersten Jahrtausend*, Berlin 2004, S. 203–206. Theophilus' lebhaftes Interesse an der Herkunft des Materials thematisiert Heidi C. Gerhaert, *Theophilus and the Theory and Practice of Medieval Art*, Pennsylvania 2017, Kap. 2 und speziell zum Gold S. 59 f. Zu den goldverarbeitenden Techniken bei Theophilus s. vor allem Charles Dodwell, Gold Metallurgy in the Twelfth Century: The *De diversis artibus* of Theophilus the Monk, in: *Aspects of Art of the Eleventh and Twelve Centuries*, hg. v. ders., London 1996, S. 125–133 [zuerst in: *Gold Bulletin* 4,3 (1971), S. 51–55].

60 Zu den Goldvorkommen und dem Abbau im Mittelalter s. Karl-Heinz Ludwig, Artikel ‚Gold‘, in: *Lexikon des Mittelalters IV* (1989), Sp. 1535–1537, zur italienischen Quelle von 1207 bes. Sp. 1535.

61 Weniger wahrscheinlich ist, dass er ihn mit eigenen Augen gesehen hatte, denn angesichts seiner sonstigen Ausführlichkeit hätte er diese Gelegenheit genutzt, um das Verfahren noch anschaulicher zu schildern. Zum Mitverfasser Northungus s. Speer, Kunsthandwerk (wie Anm. 58), S. XVI–XXII.

62 Die großen Metall- und Erzvorkommen im Rhein-Maas-Gebiet und die Bedeutung des Flusstransportnetzes gerade im Hochmittelalter thematisiert auch Gerhaert, *Theophilus* (wie Anm. 59), S. 61–64.

63 Zum Umgang mit Gold in den Heldensagen und insbesondere im Nibelungenlied s. Matthias Hardt, Schätze voller Armringe aus Kaisergold und Goldgriffschwerter aus der Halle des Kaisers. Erinnerungen an die Sachkultur der Völkerwanderungszeit in der Heldendichtung des Mit-

Hinsichtlich der Rohstoffe lenkten jüngste Forschungen noch einmal den Blick auf diesen nicht genügend berücksichtigten Aspekt von Transferräumen, die durch Flüsse geschaffen werden: Das um 1060 datierte *Werdener Kruzifix* gehört zu den wenigen großen Bronzekruzifixen des Mittelalters (Abb. 17).[64] Während die meisten bronzenen Altarkreuze kaum mehr als 30 cm erreichen, misst der Corpus 107,5 cm in der Höhe und 96 cm in der Breite. In einem aufwendigen technischen Verfahren wurde er in mehreren Teilen gegossen, so dass die separat gefertigten Arme und Beine erst in einem zweiten Schritt mit dem Rumpf verbunden wurden. Anschließend folgte die Ziselierung, das heißt, die Nachbearbeitung des gegossenen Metalls mit Stichel, Hammer und Feile. Von der ursprünglichen, abschließenden Vergoldung der Skulptur ist mit bloßem Auge heute keine Spur mehr zu entdecken. Der schlanke Körper ist auf ein modern ergänztes Holzkreuz montiert. Lange Zeit war vermutet worden, dass das Kruzifix ursprünglich für das Benediktinerkloster *St. Ludgeri* in Helmstedt bestimmt war.[65] Laut Überlieferung hat der Werdener Abt Hermann von Holten das Bronzekruzifix dort im Jahr 1547 vor der Reformation gerettet und erst dann nach Werden verbracht. Die engen Verbindungen zwischen Werden und Helmstedt lassen dies nicht unmöglich erscheinen, denn ein und dieselbe Person stand damals beiden Klöstern als Abt vor. Unabhängig von den letztlich fehlenden, eindeutigen historischen Belegen spricht die Tatsache, dass das Essen-Werdener Bronzekruzifix Gegenstand glorifizierender Legendenbildung war, für die Bedeutung und die besondere Verehrung des Bildwerks schon in früherer Zeit: So soll sogar Karl der Große einst selbst das Kreuz in Helmstedt aufgerichtet haben. Diese Überlieferungen sind nunmehr alle nur noch rezeptionsgeschichtlich relevant: Als aufgrund des Brandes in der Folkwangschule am 11. Februar 2008 das Kruzifix aus der benachbarten Schatzkammer evakuiert werden musste, fiel das in circa 5,5 m Höhe angebrachte Kunstwerk herunter und sowohl riss der linke Arm

telalters?, in: *Gold in der europäischen Heldensage*, hg. v. Heike Sahm, Wilhelm Heizmann und Victor Millet, Berlin / Boston 2019, S. 35–50, zur ambivalenten Bewertung des Goldes im mittelalterlichen Heldenepos vgl. Tanja Mattern, Held und Gold. Zu Stellenwert und Funktion von Metallen im Heldenepos, in: *ebd.*, S. 142–173; zu den naturräumlichen Gegebenheiten für die Versenkung des Goldschatzes s. Kümmerle, Rheingold (wie Anm. 59), S. 133–136.

64 Hierzu und zum Folgenden: *Goldene Zeiten? Die Restaurierung des Werdener Kruzifixes*, hg. v. Andrea Wegener, Daniela Krupp und Katharina Hülscher, Essen 2019, sowie Andrea Wegener, Goldene Zeiten? Die erfolgreiche Restaurierung des Werdener Kruzifixes 2016/17, in: *Das Münster* 70 (2017), S. 331–335.

65 Zur Objektgeschichte vgl. Anna Pawlik, *Das Bildwerk als Reliquiar? Funktionen früher Großplastik im 9. bis 11. Jahrhundert*, Petersberg 2013, S. 213–216 sowie eine Zusammenfassung der Überlieferungsgeschichte bei Wegener, Goldene Zeiten (wie Anm. 64), S. 332.

ein als auch brach der Mittelfinger der rechten Hand ab.[66] Was zunächst einmal ein furchtbarer Schaden ist, erwies sich hinsichtlich der näheren Bestimmung der Entstehungsumstände als ein reiner Glücksfall: Durch die anschließenden technischen und chemischen Analysen zu Guss- und Montagetechnik sowie zum verwendeten Metall konnte zum einen plausibel gemacht werden, dass das Material der hochkupferhaltigen Gusslegierung mit größter Wahrscheinlichkeit aus dem Rheinischen Schiefergebirge oder aus dem Sauerland stammt. Zum anderen konnte belegt werden, dass der *Liudgerkelch*, die älteste Glocke und das Kruzifix aus derselben Guss-

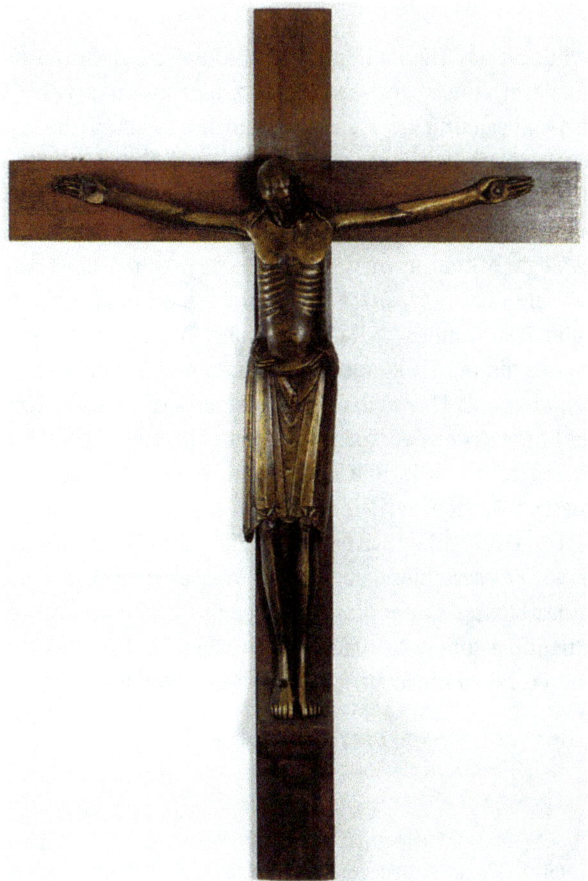

Abb. 17: Bronzekruzifix, Essen-Werden, Propsteikirche St. Ludgerus, Schatzkammer, um 1060.

66 Wegener, Goldene Zeiten (wie Anm. 64), S. 331.

werkstatt in Essen-Werden stammen.[67] Die Möglichkeit einer Verschiffung der zugrundeliegenden Materialien über Rhein und Ruhr nach Essen-Werden aber hat man in der Forschung bislang nie in Betracht gezogen – und doch wäre dies eine viel naheliegendere Möglichkeit für eine Kunstproduktion als immer wieder den Bergbau im Harz und eine langwierige Verbringung des dann in Helmstedt gefertigten Kunstwerks über den Landweg in der Kunstgeschichtsschreibung zu verankern.

Flusslandschaften als Deutungskategorie

Schließlich und abschließend soll das Thema ‚Flusslandschaften' mit Blick auf die spätmittelalterliche Buchmalerei kurz angerissen werden, hier in einer mehrfachen Funktion – sowohl als landschaftliches Element als auch als ästhetische und symbolische Deutungskategorie: Das berühmte sogenannte *Turin-Mailänder Stundenbuch*, in den hier interessierenden Teilen um 1420 entstanden, enthält eine Miniatur mit der Geburt Johannes des Täufers, die Jan van Eyck zugeschrieben wird (Abb. 18).[68] Diese großangelegte Miniatur wird im Bas-de-page durch ein Landschaftspanorama mit der Taufe Christi ergänzt sowie durch eine Initialminiatur, von der ausgehend Gottvater Jesu Gottesbotschaft verkündet. Das herausragende Flusspanorama im Bas-de-page nimmt die Landschaftsmalerei des 16. Jahrhundert vorweg: Bildwürdig erscheint hier das Thema der Landschaft an sich, so dass selbst die Taufgruppe zwar in der Mittelachse wiedergegeben, aber doch unverhältnismäßig klein dargestellt wird. Die Taufe im Jordan wurde zum Anlass, das schmale, querrechteckige Format dieses Bildfeldes mit einem weiten Landschaftspanorama zu füllen (Abb. 19): Am Ufer des ruhig dahinströmenden Flusses befindet sich auf der linken Seite ein stattliches Wasserschloss, das sich im Wasser spiegelt, auf der gegenüberliegenden Seite des Flusses säumen Steinhäuser das Ufer (Abb. 20), zu beiden Seiten begrenzen baumbestandene Hügel den Flusslauf und führen den Blick des Betrachters in die Ferne zu einer auf einem Felsen liegenden Burg, die

67 Detlef Wilke, Die Frage nach der Provenienz – Spurenelementbestimmung in den Gussformanhaftungen am Kruzifix, in: *Goldene Zeiten?* (wie Anm. 64), S. 113–120, und Wegener, Goldene Zeiten (wie Anm. 64), S. 334. Unter der Patina befindet sich eine originale Feuervergoldung; der Werdener Kruzifixus ist somit der älteste erhaltene großformatige Goldkruzifixus (ebd.).

68 Vgl. zur Zusammenfassung der Forschung und der Kontroverse um die Beteiligung Jan van Eycks insbesondere bei den frühen in Mailand überlieferten Miniaturen Dominique Vanwijnsberghe, Die eyckischen Miniaturen im Turin-Mailänder Stundenbuch, in: *Van Eyck. Eine optische Revolution* (Ausst.-Kat. Gent, Museum voor Schone Kunsten 2020), hg. v. Till-Holger Borchert, Frederica van Dam, Jan Dumolyn, u. a., Stuttgart 2020, S. 297–315, hier S. 297–305.

noch von den letzten Sonnenstrahlen schwach angestrahlt wird. Das Hauptinteresse des Malers lag augenscheinlich auf der Darstellung des Lichtes mit seinen verschiedenen Spiegelungseffekten sowie einer Charakterisierung der Materialität von Wasser, Felsen, Wiesen, Blättern etc.[69] Hinzu kommt, dass der niedrige Horizont der Flusslandschaft eine große Tiefendimension öffnet. Der Schilderung der naturräumlichen Gegebenheiten gilt hier offensichtlich das Hauptinteresse des Künstlers; die menschlichen Protagonisten als Träger der Handlung und ursächlicher Gegenstand der Darstellung werden eingebettet in die Szenerie, Johannes der Täufer mit der Farbigkeit seines Gewandes und der blockhaften Gestalt geradezu felsartig wiedergegeben. Insgesamt haben die Farbe und die Art, wie van Eyck die Farbe einsetzt, großen Anteil an der Wirkung des Landschaftspanoramas: Er stellt die Farbe vollkommen in den Dienst der Gegenstandsbeschreibung. Die in vielfachen Abstufungen variierenden Farbtöne schaffen einen Gesamtzusammenhang, beispielsweise bei der Gestaltung der Farbe des Flusswassers, indem jede einzelne Farbnuance Teil eines einheitlichen farbigen Gesamttones ist. Dieser farbige Gesamtton ist zum konstitutiven Faktor für die Konstruktion des Flusspanoramas geworden; er erscheint als das künstlerische Äquivalent eines Ausschnittes aus der Realität.[70] Dass mit dieser Flusslandschaft nicht das reale Jordantal abgebildet wird, versteht sich ebenso wie die Tatsache, dass mit dieser idealen Landschaft das biblische Ereignis, vergleichbar einer Paradieslandschaft, gewissermaßen überhöht wird.[71] In der Folge treten insbesondere bei bestimmten ikonographisch relevanten Themen – der Taufe Christi, der Flussdurchquerung des Christophorus, aber auch

---

69 Siehe Matthias Depoorter, Jan van Eycks Entdeckung der Natur, in: *Van Eyck* (wie Anm. 68), S. 205–235. Es wird mittlerweile allgemein angenommen, dass Jan van Eyck die aus dem Arabischen übersetzte *Optik* Alhazens kannte und damit auch mit den verschiedenen Phänomenen der Lichtbündelung und Lichtbrechung, beispielsweise im Wasser, vertraut war. Vgl. Maximiliaan Martens, Jan van Eycks optische Revolution, in: *Van Eyck* (wie Anm. 68), S. 141–179, hier S. 163–171.

70 Zu van Eycks außerordentlicher und auch entsprechend trainierter visueller Fähigkeit, die Natur realistisch wiederzugeben, auch wenn es sich um konstruierte Landschaften handelt, vgl. Depoorter, Entdeckung (wie Anm. 69), S. 206–210. Ein vergleichbares Oszillieren zwischen Realität und biblischer Vision gelingt van Eyck mit dem Flusspanorama in der *Madonna Rolin*, Paris, Musée du Louvre (circa 1435), wo die Flusslandschaft sowohl die einträglichen Weinberge des Auftraggebers zur Linken als auch das Himmlische Jerusalem hinter der Muttergottes zur Rechten vereint, lediglich durch den Fluss voneinander getrennt. Siehe hierzu Sally Whitman Coleman, The Dirty Work of Fifteenth-Century Landscape Painting in Northern Europe, in: *Imagery and Ingenuity in Early Modern Europe. Essays in Honor of Jeffrey Chipps Smith*, hg. v. Catharine Ingersoll, Alisa McCusker und Jessica Weiss, Turnhout 2018, S. 215–223, hier S. 218 f.

71 Zum ästhetischen Landschaftsbegriff s. Hespers, *Kunstlandschaft* (wie Anm. 3), S. 51–54.

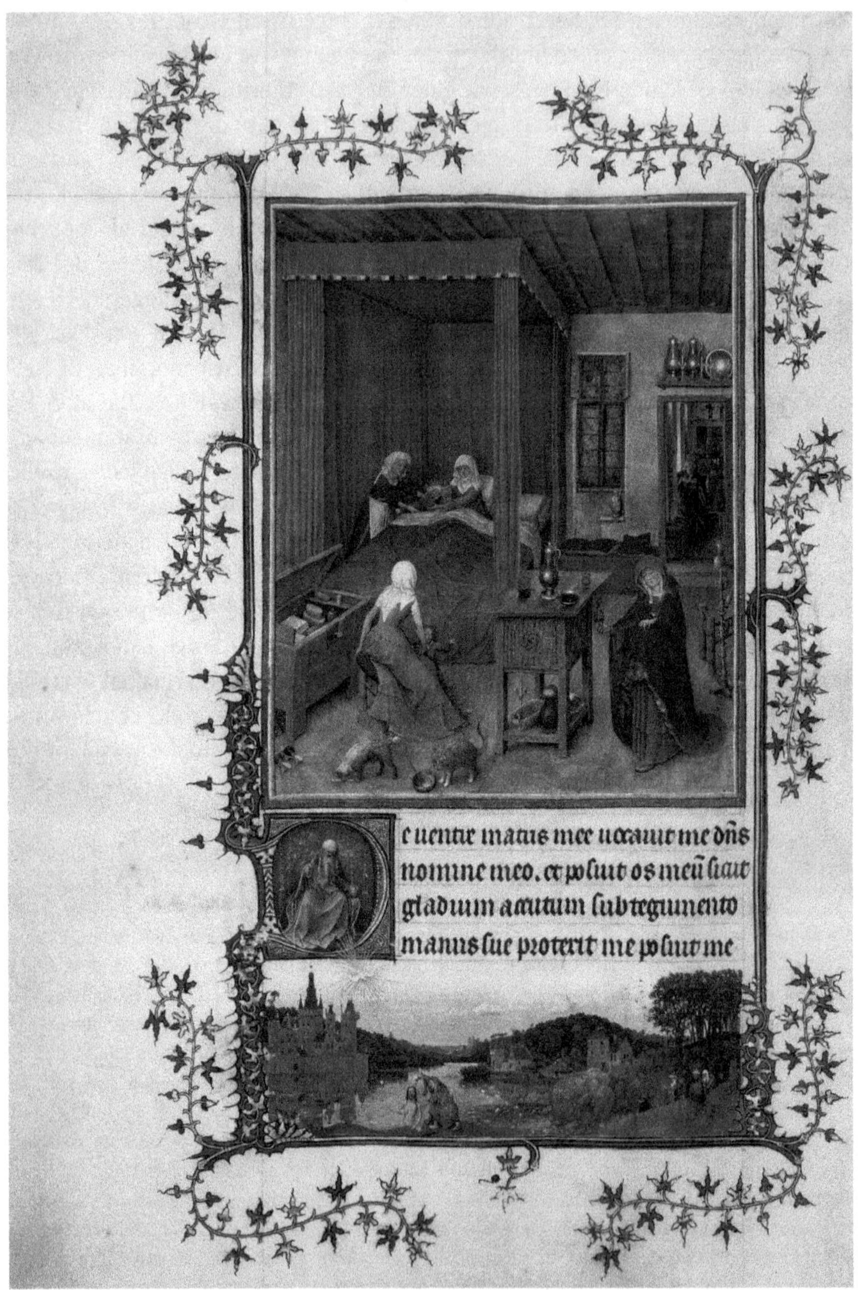

Abb. 18: Jan van Eyck, *Die Geburt Johannes des Täufers*, sog. Turin-Mailänder Stundenbuch fol. 93v, Turin, Museo Civico, um 1420.

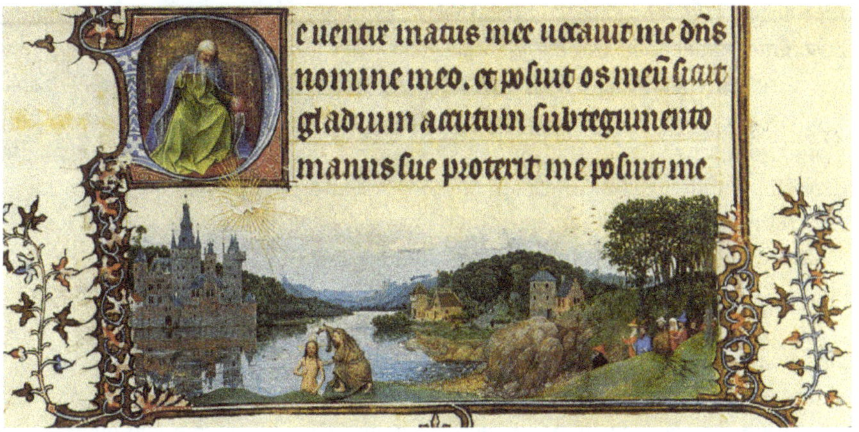

Abb. 19: Jan van Eyck, *Die Geburt Johannes des Täufers*, Bas-de-page (Detail aus Abb. 18).

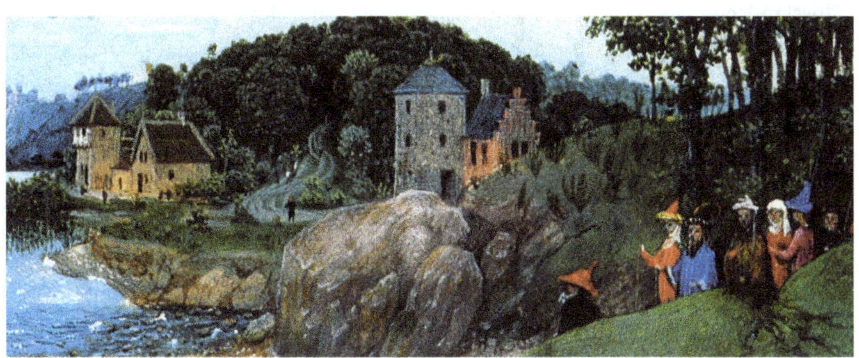

Abb. 20: Jan van Eyck, *Die Geburt Johannes des Täufers*, Bas-de-page (Detail aus Abb. 19).

bei Andachtsbildern Johannes des Täufers oder bei Ausblicken aus Fenstern – im 15. Jahrhundert ausgeprägte Flusslandschaften oder Flusspanoramen auf, die nur zu einem Teil auf die vorbildgebende Funktion van Eycks zurückzuführen sind.[72]

72 Gerard David, *Triptychon mit der Taufe Christi*, Brügge, Musea Brügge, Groeningemuseum (1502–08); Joachim Patinir, *Landschaft mit der Taufe Christi*, Wien, Kunsthistorisches Museum (circa 1521–24); nach van Eyck, *Hl. Christophorus*, Philadelphia, Philadelphia Museum of Art, John G. Johnson Collection (circa 1460/70); Hans Memling, *Triptychon mit den hll. Christophorus, Ägidius und Maurus (Moreel-Triptychon)*, Brügge, Musea Brügge, Groeningemuseum (1484); Hans Memling, *Triptychon des Jan Floreins*, Seitentafel: Hl. Johannes d. Täufer vor Flusslandschaft, Brügge, Musea Brügge, Sint-Janshospitaal (1479), Kopie nach Rogier van der Weiden, *Der hl. Lukas zeichnet die Madonna* (Fensterausblick: Flusspanorama), Brügge, Musea Brügge, Groenin-

Eine derart gegebene Flusslandschaft wird zur Deutungskategorie in verschiedenen Zusammenhängen: als ästhetische Kategorie – der Fluss als Teil der Natur, vermittelt durch die Landschaft –, als Mittler wissenschaftlicher Erkenntnis, hier insbesondere als malerische Reflexion der optischen Theorien, sowie als Transporteur ikonographischer und theologischer Referenzen. Die Frage, warum der Blick auf den Fluss – und nicht der Blick auf das Sujet – vor dem Auftreten der Landschaftsmalerei diese Deutungsräume eröffnet, lässt ihn abermals zu einem neue wissenschaftliche Pfade bereithaltenden Gegenstand werden.

Die Überlegungen zu Bedeutung und Potential von Flüssen als raumkonstituierendes Element in vier verschiedenen Themenfeldern der mittelalterlichen Kunstgeschichte zeigen, dass es lohnt, diese teilweise gut erforschten Gegenstände mit einer veränderten Perspektive zu betrachten. Der Blickwechsel lässt Umstände und Fragestellungen aufscheinen, die dazu verhelfen können, sowohl von eindeutigen Produktionszentren abzurücken als auch neue zu eröffnen, Netzwerke anders zu denken und die Mobilität von Objekten in anderen Dimensionen einzuräumen. ‚Flusslandschaften', von den Flüssen her gedacht, sind fluide Räume, deren Gegenstand nicht die Frage nach einer darin produzierten Kunst im Sinne einer ‚Kunstlandschaft' ist. Vielmehr eröffnen Flüsse als Gegenstand der Betrachtung, wie in der mittelalterlichen Kartographie, oder als raumbildkonstituierendes Element in der (Buch-)Malerei vor der so bezeichneten Landschaftsmalerei Einblicke in naturwissenschaftliche Kategorien, die neue Fragen hinsichtlich des Wahrnehmungsvermögens und des visuellen Denkens von Künstlern sowie der Raumwahrnehmung und -konstruktion auch im Hinblick auf Übergangsräume und Grenzziehungen ermöglichen.

Bibliographie

Agazzi, Michela, L'opera dei „cristalleri". Cristalli di rocca, diaspri, oreficerie e reliquie a Venezia (secc. XIII–XIV), in: *Hortus artium medievalium* 22 (2016), S. 145–156.

Augustyn, Wolfgang / Söding, Ulrich, *Dialog-Transfer-Konflikt. Künstlerische Wechselbeziehungen im Mittelalter und in der Frühen Neuzeit*, Passau 2014.

gemuseum (circa 1490/1500); Umkreis des Hans Traut, *Maria mit Kind* (Fensterausblick: Flusspanorama), New York, The Metropolitan Museum of Art (circa 1490/1500); s. zu den genannten Kunstwerken (in der Reihenfolge) *Van Eyck bis Dürer. Altniederländische Meister und die Malerei in Mitteleuropa* (Ausst.-Kat., Brügge, Groeningemuseum 2020), hg. v. Till-Holger Borchert, Stuttgart 2020, S. 140 f., Kat.-Nr. 14; S. 200, Kat.-Nr. 64; S. 157, Kat.-Nr. 31; S. 189 f., Kat.-Nr. 57; S. 186 f., Kat.-Nr. 56; S. 213, Kat.-Nr. 74 und S. 411, Kat.-Nr. 226.

Baumgärtner, Ingrid, Die Welt im kartographischen Blick. Zur Veränderbarkeit mittelalterlicher Weltkarten am Beispiel der Beatustradition vom 10. bis 13. Jahrhundert, in: *Der weite Blick des Historikers*, hg. v. Wilfried Ehbrecht, Köln 2002, S. 527–549.

Baumgärtner, Ingrid, Visualisierte Weltenräume. Tradition und Innovation in den Weltkarten der Beatustradition des 10. bis 13. Jahrhunderts, in: *Tradition, Innovation, Invention. Fortschrittsverweigerung und Fortschrittsbewusstsein im Mittelalter*, hg. v. Hans-Joachim Schmidt, Berlin / New York 2005, S. 231–276.

Baumgärtner, Ingrid, Europa in der Kartographie des Mittelalters. Repräsentationen – Grenzen – Paradigmen, in: *Europa im Weltbild des Mittelalters. Kartographische Konzepte*, hg. v. Ingrid Baumgärtner und Hartmut Kugler, Berlin 2008, S. 9–28.

Baumgärtner, Ingrid, Graphische Gestalt und Signifikanz. Europa in den Weltkarten des Beatus von Liébana und des Ranulf Higden, in: *Europa im Weltbild des Mittelalters. Kartographische Konzepte*, hg. v. Ingrid Baumgärtner und Hartmut Kugler, Berlin 2008, S. 81–132.

Baumgärtner, Ingrid, Erzählungen kartieren. Jerusalem in mittelalterlichen Kartenräumen, in: *Projektion, Reflektion, Ferne. Räumliche Vorstellungen und Denkfiguren im Mittelalter*, hg. v. Sonja Glauch, Berlin 2011, S. 193–223.

Baumgärtner, Ingrid, Winds and Continents: Concepts for Structuring the World and Its Parts, in: *Maps and Travel in the Middle Ages and the Early Modern Period. Knowledge, Imagination, and Visual Culture*, hg. v. ders., Nirit Ben-Aryeh Debby und Katrin Kogman-Appel, Berlin 2019, S. 91–135.

Berthold, Jens / Trier, Markus, Eine Bergkristallwerkstatt des 12. Jahrhunderts in der Kölner Domimmunität, in: *Kölner Domblatt* 71 (2006), S. 61–80.

Betti, Fabio, „ursus magester" e gli altri. Le sottosrizioni di artifici nella scultura altomedioevali in Italia centrale: analisi comparativa e contesto storico, in: *Domus sapienter staurata*, hg. v. Anna Maria D'Achille, Antonio Iacobini, Pio Francesco Pistilli und Cinisello Balsamo, Milano 2021, S. 75–86.

Binding, Günther, *Wanderungen von Werkmeistern und Handwerkern im frühen und hohen Mittelalter* (Sitzungsberichte der wiss. Gesellschaft an der Johann Wolfgang Goethe-Universität Frankfurt a. M., Bd. XLIII,1), Stuttgart 2012.

Boerner, Bruno, Stilgeschichte um 1900 und im 20. Jahrhundert, in: *Stilfragen zur Kunst des Mittelalters*, hg. v. Bruno Klein und dems., Berlin 2006, S. 61–78.

Boerner, Bruno, Mittelalterliche Skulptur am Oberrhein und die Diskussion um die Kunstlandschaft, in: *Historische Landschaft, Kunstlandschaft? Der Oberrhein im späten Mittelalter* (Vorträge und Forschungen / Konstanzer Arbeitskreis für mittelalterliche Geschichte 68), hg. v. Peter Kurmann und Thomas Zotz, Ostfildern 2007, S. 361–399.

Borchert, Till-Holger / van Dam, Frederica / Dumolyn, Jan, *Van Eyck. Eine optische Revolution* (Ausst.-Kat. Gent, Museum voor Schone Kunsten 2020), Stuttgart 2020.

Boura, Frédérique, Paysages culturels, culture matérielle. Que reste-t-il d'une frontière disparue?, in: *Grenzverschiebungen, Kulturraum, Kulturlandschaft. Kulturerbe mit wechselnden Herrschaftsansprüchen* (Veröffentlichungen des Arbeitskreises Theorie und Lehre der Denkmalpflege 18), hg. v. Birgit Franz und Gabriele Dolff-Bonekämper, Holzminden 2009, S. 34–36.

Bredekamp, Horst, Die Ich-Werdung des Werkes im Mittelalter, in: *Künstler-Signaturen von der Antike bis zur Gegenwart*, hg. v. Nicole Hegener und Florian Horsthemke, Petersberg 2013, S. 90–99.

Brepohl, Erhard, *Theophilus Presbyter und das mittelalterliche Kunsthandwerk. Gesamtausgabe der Schrift* De diversis artibus *in einem Band*, Köln 2013.

Büchsel, Martin / Droste, Hilja / Wagner, Berit, *Frankfurt als Zentrum unter Zentren? Kunsttransfer und Formgenese am Mittelrhein 1400–1500*, Berlin 2019.

Burianek, Manfred / Höltgen, Thomas, A Rock-crystal Workshop from Cologne, in: *Gemstones in the first Millennium AD*, hg. v. Alexandra Hilgner, Susanne Greiff und Dieter Quast, Mainz 2017, S. 137–147.

Caesar, Claudia, *Der „Wanderkünstler". Ein kunsthistorischer Mythos*, Berlin 2012.

Castelnuovo, Enrico, Les Alpes au début du XVe siècle. Une Kunstlandschaft?, in: *Historische Landschaft, Kunstlandschaft? Der Oberrhein im späten Mittelalter* (Vorträge und Forschungen / Konstanzer Arbeitskreis für mittelalterliche Geschichte 68), hg. v. Peter Kurmann und Thomas Zotz, Ostfildern 2007, S. 19–30.

Chakrabarty, Dipesh, *Das Klima der Geschichte im planetarischen Zeitalter*, Berlin 2022.

Claussen, Peter Cornelius, Künstlerinschriften, in: *Ornamenta Ecclesiae. Kunst und Künstler der Romanik* (Ausst.-Kat., Köln, Schnütgen-Museum und Joseph-Haubrich-Kunsthalle 1985), hg. v. Anton Legner, Köln 1985, Bd. 1, S. 263–276.

Claussen, Peter Cornelius, Nachrichten von den Antipoden oder der mittelalterliche Künstler über sich selbst, in: *Der Künstler über sich in seinem Werk*, hg. v. Matthias Winner, Weinheim 1992, S. 19–54.

Claussen, Peter Cornelius, Zentrum, Peripherie, Transperipherie. Überlegungen zum Erfolg des gotischen Figurenportals an den Beispielen Chartres, Sangüesa, Magdeburg, Bamberg und den Westportalen des Doms S. Lorenzo in Genua, in: *Studien zur Geschichte der europäischen Skulptur im 12./13. Jahrhundert*, hg. v. Herbert Beck und Kerstin Hengevoss-Dürkop, Frankfurt a. M. 1994, Bd. 1, S. 665–687.

Claussen, Peter Cornelius, Antikisierende Kleinplastik im Vorfeld und Umkreis des Nikolaus von Verdun, in: *Römische historische Mitteilungen* 41 (1999), S. 95–116.

Claussen, Peter Cornelius, Egotrip im 12. Jahrhundert?, in: *Künstler-Signaturen von der Antike bis zur Gegenwart*, hg. v. Nicole Hegener und Florian Horsthemke, Petersberg 2013, S. 76–89.

Coomans, Thomas, Die Kunstlandschaft der Gotik in China. Eine Enzyklopädie von importierten, hybridisierten und postmodernen Zitaten, in: *Architektur als Zitat*, hg. v. Heiko Brandl, Andreas Ranft und Andreas Waschbüsch, Regensburg 2014, S. 133–161.

DaCosta Kaufmann, Thomas, *Towards a Geography of Art*, Chicago / London 2004.

Depoorter, Matthias, Jan van Eycks Entdeckung der Natur, in: *Van Eyck. Eine optische Revolution* (Ausst.-Kat. Gent, Museum voor Schone Kunsten 2020), Stuttgart 2020, S. 205–235.

Deutz, Rupert von, *De divinis officiis*, hg. v. Hrabanus Haacke, Turnhout 1967.

Di Cesare, Michelina, *Studien zu Paulinus Venetus* De mapa mundi, Wiesbaden 2015.

Diemer, Peter, Die Heiligen Drei Könige, ihre Bilder und ihr Schrein, in: *Kunstchronik* 80 (2015), S. 430–440.

Dietl, Albert, *Die Sprache der Signatur. Die mittelalterlichen Künstlerinschriften Italiens*, München 2009.

Dodwell, Charles, Gold Metallurgy in the Twelfth Century: The *De diversis artibus* of Theophilus the Monk, in: *Aspects of Art of the Eleventh and Twelve Centuries*, hg. v. ders., London 1996, S. 125–133 [zuerst in: *Gold Bulletin* 4,3 (1971), S. 51–55].

Elsig, Frédéric, Migrations artistiques. Quelques enjeux méthodologiques, in: *Kunst + Architektur in der Schweiz* 58 (2007), S. 6–12.

Engel, Ute, Kunstlandschaft und Kunstgeschichte. Methodische Probleme und neue Perspektiven, in: *Landschaft(en). Begriffe – Formen – Implikationen*, hg. v. Franz J. Felten u. a., Stuttgart 2012, S. 87–114.

Flum, Thomas, Die Parler. Ein Stolperstein der Geschichte, in: *Stilfragen zur Kunst des Mittelalters*, hg. v. Bruno Klein und Bruno Boerner, Berlin 2006, S. 150–163.

Fröhlich-Schauseil, Anke, Kunstlandschaft Dresden. Adrian Zings Vorgänger der sächsischen Landschaftsmalerei, in: *Wissenschaft, Sentiment und Geschäftssinn*, hg. v. Roger Fayet, Regula Krähenbühl und Bernhard von Waldkirch, Zürich 2017, S. 182–203.

Gerhaert, Heidi C., *Theophilus and the Theory and Practice of Medieval Art*, Pennsylvania 2017.

Giemsch, Liane / Hansen, Svend, *Gold & Wein: Georgiens älteste Schätze: Begleitband zur Sonderausstellung 6. Oktober 2018–10. Februar 2019* (Ausst.-Kat., Frankfurt, Archäologisches Museum Frankfurt 2018), Mainz 2018.

Goetsch, Emily, World Maps and Waterways. Place and Space in the Beatus *Mappaemundi*, in: *Place and Space in the Medieval World*, hg. v. Meg Boulton, Jane Hawkes und Heidi Stoner, New York / London 2018, S. 198–209.

Guillouet, Jean-Marie / van den Bossche, Benoît / Dubois, Jacques, *Les transferts artistiques dans l'Europe gothique (XIIe–XVIe siècles). Repenser la circulation des artistes, des oeuvres, des savoir-faire et des modèles*, Paris 2014.

Guillouet, Jean-Marie / van den Bossche, Benoît / Dubois, Jacques, Circulations versus transferts artistiques dans l'Europe gothique: éléments d'un bilan, in: *Medieval Europe in Motion. The Circulation of Artists, Images, Patterns and Ideas from the Mediterranean Cost to the Atlantic* Coast *(6th–15th Century)*, hg. v. Maria Alessandra Bilota, Palermo 2018, S. 99–117.

Hardt, Matthias, *Gold und Herrschaft. Die Schätze europäischer Könige und Fürsten im ersten Jahrtausend*, Berlin 2004.

Hardt, Matthias, Schätze voller Armringe aus Kaisergold und Goldgriffschwerter aus der Halle des Kaisers. Erinnerungen an die Sachkultur der Völkerwanderungszeit in der Heldendichtung des Mittelalters?, in: *Gold in der europäischen Heldensage*, hg. v. Heike Sahm, Wilhelm Heizmann und Victor Millet, Berlin / Boston 2019, S. 35–50.

Harvey, Paul D. A., Colour in Medieval Maps, in: *Signs and Symbols. Proceedings of the 2006 Harlaxton Symposium*, hg. v. John Cherry und Anne Payne, Donington 2009, S. 42–52.

Hegener, Nicole / Horsthemke, Florian, *Künstler-Signaturen von der Antike bis zur Gegenwart*, Petersberg 2013.

Hespers, Simone, *Kunstlandschaft. Eine terminologische und methodologische Untersuchung zu einem kunstwissenschaftlichen Raumkonzept* (Literaturen und Künste der Vormoderne 3), Stuttgart 2007, S. 47–75.

Huy, Sabine, Rivers as Routes of Connectivity? The Case of the Don from the late 7th to the early 3rd Century BC, in: *Mediterranean Rivers in a Global Perspective*, hg. v. Johannes C. Bernhardt, Markus Koller und Achim Lichtenberger, Paderborn 2019, S. 205–271.

Historische Landschaft, Kunstlandschaft? Der Oberrhein im späten Mittelalter (Vorträge und Forschungen / Konstanzer Arbeitskreis für mittelalterliche Geschichte 68), hg. v. Peter Kurmann und Thomas Zotz, Ostfildern 2007.

Kemper, Dorothee, *Die Goldschmiedearbeiten am Dreikönigenschrein im Kölner Dom*, Köln 2014, Bd. 1.

Köhler, Stefan, *Marseilles Levantehandel im 12. und 13. Jahrhundert*, Berlin 2018.

Koller, Ariane, Terra incognita, in: *Reading room. Re-Lektüren des Innenraums*, hg. v. Christine Göttler und Peter J. Schneemann, Berlin / Boston 2019, S. 251–261.

Kornbluth, Genevra, Transparent, Translucent and Opaque: Merovingian and Carolingian Crystal Amulets, in: *Seeking Transparency. Rock Crystal across the Medieval Mediterranean*, hg. v. Cynthia Hahn und Avinoam Shalem, Berlin 2020, S. 67–77.

Kornbluth, Genevra, Bergkristall im Frühmittelalter. Merowingische Amulette und karolingische Intaglios, in: *Magie Bergkristall* (Ausst.-Kat., Köln, Museum Schnütgen 2022), hg. v. Manuela Beer, München 2022, S. 233–251.

Krieg, Heinz, Zur Geschichte des Begriffs ‚Historische Landschaft' und der Landschaftsbezeichnung ‚Oberrhein', in: *Historische Landschaft, Kunstlandschaft? Der Oberrhein im späten Mittelalter* (Vorträge und Forschungen / Konstanzer Arbeitskreis für mittelalterliche Geschichte 68), Ostfildern 2007, hg. v. Peter Kurmann und Thomas Zotz, Sigmaringen 2008, S. 31–64.

Kümmel, Ute, Heirat, Reise, Beute. Kulturtransferprozesse anhand von spätmittelalterlichen Fürstenschätzen, in: *Kulturtransfer am Fürstenhof. Höfische Austauschprozesse und ihre Medien im Zeitalter Kaiser Maximilians I.* (Schriften zur Residenzkultur 9), hg. v. Matthias Müller, Karl-Heinz Spieß und Udo Friedrich, Berlin 2013, S. 104–121.

Kümmel, Ute, Heirat, Reise, Beute. Kulturtransferprozesse anhand von spätmittelalterlichen Fürstenschätzen, in: *Kulturtransfer am Fürstenhof. Höfische Austauschprozesse und ihre Medien im Zeitalter Maximilians I.*, hg. v. Udo Friedrich, Matthias Müller und Karl-Heinz Spieß, Berlin 2013, S. 104–121.

Kümmerle, Eberhard, Rheingold – Mythos und geologische Wirklichkeit, in: *Jahrbuch des Nassauischen Vereins für Naturkunde* 124 (2003), S. 131–144.

Kupfer, Marcia A., Mappaemundi. Image Artefact, Social Practice, in: *The Hereford World Map: Medieval World Maps and their Context*, hg. v. Paul D. A. Harvey, London 2006, S. 253–267.

Kupfer, Marcia A., The Rhetoric of World Maps in Late Antiquity and the Middle Ages, in: *The Visualization of Knowledge in Medieval and Early Modern Europe*, hg. v. Marcia A. Kupfer, Adam S. Cohen und J. H. Chajes, Turnhout 2020, S. 259–290.

Kurmann-Schwarz, Brigitte, Zur Geschichte der Begriffe ‚Kunstlandschaft' und ‚Oberrhein', in: *Historische Landschaft, Kunstlandschaft? Der Oberrhein im späten Mittelalter* (Vorträge und Forschungen / Konstanzer Arbeitskreis für mittelalterliche Geschichte 68), hg. v. Peter Kurmann und Thomas Zotz, Ostfildern 2007, S. 65–90.

Legner, Anton, *Faszination Bergkristall: Kölner Erinnerungen*, Köln 2021.

Lippert, Andreas, *Wirtschaft und Handel in den Alpen*, Stuttgart 2012.

Ludwig, Karl-Heinz, Artikel ‚Gold', in: *Lexikon des Mittelalters IV* (1989), Sp. 1535–1537.

Martens, Maximiliaan, Jan van Eycks optische Revolution, in: *Van Eyck. Eine optische Revolution* (Ausst.-Kat. Gent, Museum voor Schone Kunsten 2020), Stuttgart 2020, S. 141–179.

Mattern, Tanja, Held und Gold. Zu Stellenwert und Funktion von Metallen im Heldenepos, in: *Gold in der europäischen Heldensage*, hg. v. Heike Sahm, Wilhelm Heizmann und Victor Millet, Berlin / Boston 2019, S. 142–173.

Meier-Staubach, Christel, Schönheit – Wert – Bedeutung. Zur Materialität und Symbolik von Gold und Edelsteinen im Mittelalter, in: *Westfalen* 91 (2013), S. 29–55.

Mende, Ursula, *Die Bronzetüren des Mittelalters 800–1200*, erweiterte Neuauflage München 1992.

Mende, Ursula, Kleinbronzen im Umkreis der Magdeburger Gusswerkstatt, in: *Gusswerke. Beiträge zur Bronzekunst des Mittelalters*, hg. v. Michael Brandt, Claudia Höhl und Lothar Lambacher, Regensburg 2020, S. 222–243 (zuerst in: *Der Magdeburger Dom, ottonische Gründung und staufischer Neubau*, hg. v. Ernst Ullmann, Leipzig 1989, S. 98–106).

Mende, Ursula, Zur Topographie sächsischer Bronzewerkstätten im welfischen Einflussbereich, in: *Der Magdeburger Dom, ottonische Gründung und staufischer Neubau*, hg. v. Ernst Ullmann, Leipzig 1989, S. 83–96, hier S. 87–89 (zuerst in: *Heinrich der Löwe und seine Zeit. Herrschaft und Repräsentation der Welfen 1125–1235* (Ausst.-Kat., Braunschweig, Herzog Anton Ulrich-Museum 1995), hg. v. Jochen Luckhardt und Franz Niehoff, München 1995, Bd. 2, S. 427–439).

Michalsky, Tanja, Stadt und Geschichte im Überblick. Die spätmittelalterliche Karte Roms von Paolino Minorita als Erkenntnisinstrument des Historiographen, in: *Europa in der Welt des Mittelalters. Ein Kolloquium für Michael Borgolte*, hg. v. Tillmann Lohse und Benjamin Scheller, Berlin-Boston 2014, S. 189–210.

Michalsky, Tanja, Grata pictura und mapa duplex. Paolino Minorita's Late Medieval Map of Rome as an Epistomological Instrument of a Historiographer, in: *Convivium* 2 (2015), HF 1, S. 38–59.

Michalsky, Tanja, Karten schaffen Räume. Kartographie als Medium der Wissens- und Informationsorganisation, in: *Gerhard Mercator. Wissenschaft und Wissenstransfer*, hg. v. Ute Schneider und Stefan Brakensiek, Darmstadt 2015, S. 15–37.

Miller, James A., Revealing North-South Relations in the Eleventh Century, in: *Hispaniens Norden im 11. Jahrhundert. Christliche Kunst im Umbruch*, hg. v. Achim Arbeiter, Christiane Kothe und Bettina Marten, Petersberg 2009, S. 73–84.

Ortrun Riha, Reißende Flüsse, schäumende Töpfe. Die Bedeutung der Bilder in Hildegards von Bingen *Causae et Curae*, in: *Concilium medii aevi* 14 (2011), S. 223–237.

Pawlik, Anna, *Das Bildwerk als Reliquiar? Funktionen früher Großplastik im 9. bis 11. Jahrhundert*, Petersberg 2013.

Pawlik, Anna, Schätze von großer Klarheit. Romanische Bergkristallarbeiten in Kölner Kirchen, in: *Magie Bergkristall* (Ausst.-Kat., Köln, Museum Schnütgen 2022), hg. v. Manuela Beer, München 2022, S. 103–117.

Peiter, Andreas, Der Mittelrhein, die Kunstgeographie und eine Datenbank, in: *Magister operis. Beiträge zur mittelalterlichen Architektur Europas. Festgabe für Dethard von Winterfeld zum 70. Geburtstag*, Regensburg 2008, S. 9–31.

Pinkus, Assaf, *Patrons and Narratives of the Parler School: The Marian Tympana 1350–1400*, München 2009.

Poppe, Andrzej, Some Observations on the Bronze Doors of St. Sophia in Novgorod, in: *Les pays nord et Byzance*, hg. v. Rudolf Zeitler, Uppsala u. a. 1981, S. 407–418.

Pufke, Andrea, *Der Niederrhein – Kunstlandschaft der Spätgotik: eine Dokumentation zum 3. Rheinischen Tag für Denkmalpflege in Kalkar*, Bonn 2013.

Recht, Recht / Wilhelm Vöge, Louis Grodecki et la première sculpture gothique, in: *Wilhelm Vöge und Frankreich. Akten des Kolloquiums aus Anlaß des 50. Todestages von Wilhelm Vöge*, hg. v. Wilhelm Schlink, Freiburg i. Br. 2004, S. 201–216.

Sáenz-López Pérez, Sandra, *The Beatus Maps. The Revelation of the World in the Middle Ages*, Burgos 2014.

Schmid, Wolfgang, Kunstlandschaft – Absatzgebiet – Zentralraum. Zur Brauchbarkeit unterschiedlicher Raumkonzepte in der kunstgeographischen Forschung vornehmlich an rheinischen Beispielen, in: *Figur und Raum. Mittelalterliche Holzbildwerke im historischen und kunstgeographischen Kontext*, hg. v. Uwe Albrecht und Jan von Bonsdorff, Berlin 1994, S. 21–34.

Schreg, Rainer, Die Kulturlandschaft der Ulmer Alb. Ein Produkt von Natur, Gesellschaft und Politik, in: *Die konstruierte Landschaft. Befunde und Funde zu anthropogenen Geländeveränderungen in Mittelalter und früher Neuzeit. Mitteilungen der Deutschen Gesellschaft für Archäologie des Mittelalters und der Neuzeit* 33 (2020), S. 15–28.

Schurr, Marc Carel, *Die Baukunst Peter Parlers. Der Prager Veitsdom, das Heiligkreuzmünster in Schwäbisch* Gmünd *und die Bartholomäuskirche zu Kolin im Spannungsfeld von Kunst und Geschichte*, Ostfildern 2003.

Seiwert, Franz Wilhelm, rede, gehalten bei der eröffnung der ausstellung der rheingruppe in düsseldorf am 30. august 1930, in: *a bis z*, Nr. 11 (1930), S. 41.

Simmel, Georg, *Individualismus der modernen Zeit und andere soziologische Abhandlungen*, ausgewählt und mit einem Nachwort von Otthein Rammstedt, Frankfurt a. M. 2008.

Skelton, Raleigh Ashlin, Colour in Mapmaking, in: *The Geographical Magazine* 32 (1960), H. 11, S. 544–553.

Speer, Andreas, Zwischen Kunsthandwerk und Kunst. Die ‚Schedula diversarum artium' als „Handbuch" mittelalterlicher Kunst?, in: *Zwischen Kunsthandwerk und Kunst. Die ‚Schedula diversarum artium'*, hg. v. Andreas Speer in Zusammenarbeit mit Maxime Mauriège und Hiltrud Westermann-Angerhausen, Berlin / Boston 2014, S. XI–XXXIII.

Stauber, Reinhard / Schmale, Wolfgang, Einleitung. Mensch und Grenze in der Frühen Neuzeit, in: *Menschen und Grenzen in der Frühen Neuzeit* (Innovationen 2), hg. v. dens., Berlin 1998, S. 9–22.

Suckale, Robert, Über die Hinfälligkeit einiger historiographischer Konzepte und Begriffe zur Deutung der Kunst Böhmens, in: *Kunst als Herrschaftsinstrument. Böhmen und das Heilige Römische Reich unter den Luxemburgern im Europäischen Kontext (Konferenzschrift, Prag, 9. bis 13. Mai 2006)*, hg. v. Jiří Fajt und Andrea Langer, Berlin / München 2009, S. 27–43.

Tacke, Andreas, Der Maler als Wandergeselle. Eine handwerksgeschichtliche Perspektive zum Kultur- und Wissenstransfer in der Kunst, in: *Innovationen in der Bauwirtschaft*, hg. v. Eva-Maria Seng und Frank Göttermann, Berlin / Boston 2021, S. 509–524.

Türck, Verena, Regionen in der Wahrnehmung der Zeitgenossen. Rhein-Main-Neckar-Raum, Oberitalien und Sizilien in schriftlichen und kartographischen Quellen der Stauferzeit, in: *Die Staufer und Italien. Drei Innovationsregionen im mittelalterlichen Europa* (Ausst.-Kat., Mannheim, Reiss-Engelhorn-Museen 2010), hg. v. Alfred Wieczorek, Bernd Schneidmüller und Stefan Weinfurter, Darmstadt 2010, S. 177–188.

Ulrike Bergmann, Kölner Skulptur der Hochgotik im wirtschaftlichen und historischen Kontext, in: *Wallraf-Richartz-Jahrbuch* 66 (2005), S. 59–108.

van Duzer, Chet, An Arabic Source for Theophilus's Recipe for Spanish Gold, in: *Zwischen Kunsthandwerk und Kunst. Die ‚Schedula diversarum artium'*, hg. v. Andreas Speer in Zusammenarbeit mit Maxime Mauriège und Hiltrud Westermann-Angerhausen, Berlin / Boston 2014, S. 369–378.

Wegener, Andrea, Goldene Zeiten? Die erfolgreiche Restaurierung des Werdener Kruzifixes 2016/17, in: *Das Münster* 70 (2017), S. 331–335.

Wegener, Andrea / Krupp, Daniela / Hülscher, Katharina (Hg.), G*oldene Zeiten? Die Restaurierung des Werdener Kruzifixes*, Essen 2019.

Whitman Coleman, Sally, The Dirty Work of Fifteenth-Century Landscape Painting in Northern Europe, in: *Imagery and Ingenuity in Early Modern* Europe. *Essays in Honor of Jeffrey Chipps Smith*, hg. v. Catharine Ingersoll, Alisa McCusker und Jessica Weiss, Turnhout 2018, S. 215–223.

Wilke, Detlef, Die Frage nach der Provenienz – Spurenelementbestimmung in den Gussformanhaftungen am Kruzifix, in: *Goldene Zeiten? Die Restaurierung des Werdener Kruzifixes*, hg. v. Andrea Wegener, Daniela Krupp und Katharina Hülscher, Essen 2019, S. 113–120.

Williams, John, *The Illustrated Beatus. A Corpus of the Illustrations of the Commentary of the Apocalypse*, London 1994–2003, 5 Bde.

Zybok, Oliver, *Rebellion und Anpassung: Ostdeutschland – Neubewertung einer Kunstlandschaft*, Köln 2019.

Marc Carel Schurr

Flusslandschaft – Kunstlandschaft – Kulturlandschaft. Gedanken zu kunstgeographischen Zusammenhängen in Europa

Will man heute in Europa eine Reise unternehmen, egal ob geschäftlich oder aus touristischen Gründen, so plant man mit dem Straßenatlas oder betrachtet den Plan des Schienennetzes. Übersichtskarten zeigen oft das buntscheckige Bild eines Europas, unterteilt in Nationalstaaten, die miteinander durch die Verkehrswege zu Lande verknüpft sind. Die Wasserstreifen entlang der Flussufer oder Küsten markieren hingegen häufig die Grenzen. Doch das Einhegen von Territorien durch klar umrissene Grenzen – die im Ernstfall überwacht, geschlossen oder verteidigt werden, was für uns die Normalität darstellt und erklärt, wie verbissen während und nach den beiden Weltkriegen um die Grenzlinien gekämpft wurde –, diese präzisen Grenzziehungen stellten über viele Jahrhunderte hinweg nicht die Regel, sondern eher die Ausnahme dar. Trotzdem haben wir uns heute daran gewöhnt, dass Flüsse unsere Staatsgrenzen definieren – Rhein, Oder, Neiße – und dass es Straßen sind, die diese nur an bestimmten, leicht zu überwachenden Brückenköpfen überwinden dürfen.

Wie verschieden davon die Wahrnehmung im Mittelalter war, belegt die Karte Europas in der *Schedel'schen Weltchronik* (Abb. 1). Politische Einheiten wie *Burgundia, Saxonia* oder *Bavaria* sind zwar eingetragen, aber nicht klar abgegrenzt. Gegliedert wird die Karte nicht durch Landesgrenzen und Straßen, sondern durch die namentlich bezeichneten Flüsse, welche sich zwischen den topographisch dominierenden Gebirgen hindurchschlängeln und die Städte und Regionen miteinander verbinden.

Das Interesse der Kunstgeschichtsschreibung an der Geographie ist nicht neu. Neben der Verortung der Werke in der zeitlichen Dimension interessierte die Kunstgeschichte immer auch die Erscheinung der Kunst in der Dimension des Raumes.[1] Schon in der Antike haben die Autoren gewisse formale Eigenheiten der künstlerischen Produktion gerne auf regionale Einheiten bezogen, beispielsweise Vitruv, wenn er in der Architektur von dorisch und ionisch spricht, oder Plinius,

1 Als grundlegende Zusammenstellung nach wie vor maßgeblich ist Thomas DaCosta Kaufmann, *Toward a Geography of Art*, Chicago 2004. Vgl. auch *La Notion d'École*, hg. v. Philippe Lorentz und Christine Peltre, Straßburg 2007; Ute Engel, Kunstgeographie und Kunstlandschaft im internationalen Diskurs. Ein Literaturbericht, in: *Jahrbuch für Regionalgeschichte* 27 (2009), S. 109–120.

https://doi.org/10.1515/9783111102771-004

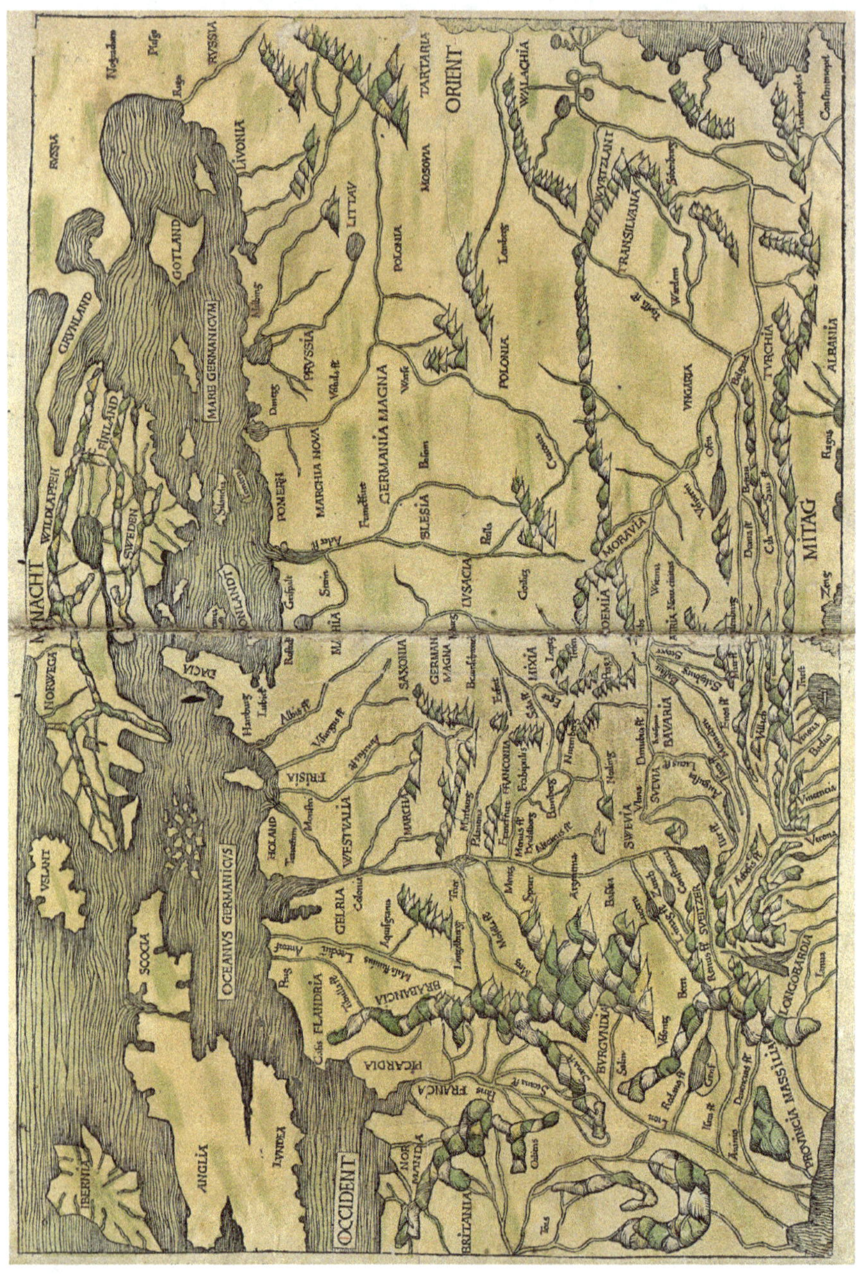

Abb. 1: Schedel'sche Weltchronik, Karte Europas, Nürnberg 1493.

wenn er in seiner *Naturalis historia* die Malschulen von Sykione und Korinth voneinander abgrenzt.[2] Die Humanisten und mit ihnen der berühmte Vasari haben sich von den antiken Autoren inspirieren lassen und deren regionalistisch geprägte Betrachtungsweise auf die damalige Gegenwart übertragen.[3] Auch bei Johann Joachim Winckelmann, der in seinen grundlegenden Arbeiten zur antiken Skulptur die stilanalytische Methode entwickelte, findet man die Zuordnung von Stilen zu Völkern und Regionen.[4] Maßgeblich von Winckelmann inspiriert entstand im Laufe des 19. Jahrhunderts dann die neue wissenschaftliche Disziplin der Kunstgeschichte durch die Anwendung der am Antikenstudium entwickelten Methoden auf die mittelalterliche Kunst. Dabei übernahmen Autoren wie Arcisse de Caumont, der bereits 1831 von einer „géographie des styles" sprach,[5] oder Franz Kugler von den Archäologen nicht nur die Stilanalyse, sondern auch die an Völkern und Regionen orientierte Darstellungsform.[6] Hegels Vorstellung vom Volksgeist und Herders Begriff der Kultur als Ausdruck landschaftsgebundener Einheit von Mensch und Natur trugen entscheidend dazu bei, den kunstgeographischen Narrativen neue Bedeutung zu verleihen.[7] Bahnbrechend wirkte schließlich gegen Ende des 19. Jahr-

---

2 Gaius Plinius Secundus, *Naturkunde / Naturalis historia*, hg. und übers. v. Roderich König in Zusammenarb. mit Gerhard Winkler, Buch 35: Farben, Malerei, Plastik (Sammlung Tusculum), Berlin [3]2013, Kapitel V–VII.

3 Markus Brandis, *La maniera tedesca. Eine Studie zum historischen Verständnis der Gotik im Italien der Renaissance in Geschichtsschreibung, Kunsttheorie und Baupraxis*, Weimar 2002; vgl. auch Christian Freigang, Zur Wahrnehmung regional spezifischer Architekturidiome in mittelalterlichen Diskursen, in: *Kunst & Region. Architektur und Kunst im Mittelalter*, hg. v. Uta Maria Bräuer, Emanuel S. Klingenberg und Jeroen Westermann, Utrecht 2005, S. 14–33, sowie, *Diffusion des Humanismus. Studien zur nationalen Geschichtsschreibung europäischer Humanisten*, hg. v. Johannes Helmrath, Ulrich Muhlack und Gerrit Walther, Göttingen 2002.

4 So schreibt er beispielsweise im ersten Band seiner 1764 in Dresden erschienenen *Geschichte der Kunst des Alterthums* über späte Kunst der Hetrurier (Etrusker): „Die angegebenen Eigenschaften dieses Stils sind noch itzo in gewisser Maaße [sic] dieser Nation überhaupt eigen, welche auf Kleinigkeiten gehet; und dieses zeiget sich in ihrer Schreibart, welche sehr gesucht und gekünstelt ist, und trocken und dürre erscheinet gegen die reine Klarheit der Römischen; sonderlich aber offenbaret es sich in der Kunst. Der Stil ihrer alten Künstler blicket noch itzo hervor in den Werken ihrer Nachkommen, und entdecket sich unpartheyischen Augen der Kenner in der Zeichnung des Michael Angelo, des größten unter ihnen." (S. 111).

5 Arcisse de Caumont, *Cours d'antiquités monumentales professés à Caen*, Bd. 4: Architecture religieuse, Caen 1831, S. 189–193, hier S. 189; vgl. auch Willibald Sauerländer, Die Geographie der Stile, in: *Wien und die Entwicklung der kunsthistorischen Methode* (Akten des XXV. Internationalen Kongresses für Kunstgeschichte, Wien, 4. bis 10. September 1983), Bd. 3: Probleme und Methoden der Klassifizierung, hg. v. Hermann Fillitz und Martina Pippal, Wien u. a. 1985, S. 27–35.

6 Franz Kugler, *Handbuch der Kunstgeschichte*, Stuttgart 1842.

7 Zusammenfassend mit weiterer Literatur: Friedrich A. Kittler, *Eine Kulturgeschichte der Kulturwissenschaft*, München 2001, insbes. S. 43–51, 67–108.

hunderts der Geograph Friedrich Ratzel, der als Begründer der Kulturgeographie gelten darf und den Begriff der Anthropogeographie prägte.[8] Er war es auch, der erstmals von „historischer Landschaft“ sprach und damit die Historiker zur Ausbildung des Faches der Landesgeschichte inspirierte.[9]

So hatte er großen Einfluss auf den Bonner Kreis um Hermann Aubin, in dem man sich mit dem heiklen Problem der Konstruktion eines staatstreuen Regionalbewusstseins in der so heterogenen wie historisch jungen preußischen Rheinprovinz zu befassen hatte. Vor dem Hintergrund der Besetzung des Rheinlandes durch die Siegerstaaten des Ersten Weltkriegs wurde 1920 unter der Leitung Aubins das *Institut für geschichtliche Landeskunde der Rheinlande* an der Universität Bonn gegründet.[10] Hier tritt zum vielleicht ersten Mal die politische Dimension der Kulturgeographie deutlich zutage, indem nun mit dem kulturgeschichtlichen Argument jeglichem Besitzanspruch insbesondere Frankreichs in den besetzten deutschsprachigen Regionen ein Riegel vorgeschoben und deren Zugehörigkeit zum deutschen Staat unterstrichen werden sollte. Dabei strebte der Historiker Hermann Aubin explizit eine interdisziplinäre Zusammenarbeit an, wobei der Kunstgeschichte eine tragende Rolle zukommen sollte. Als Manifest von Methodik und Ausrichtung der Bonner Gruppe darf der 1926 von Hermann Aubin, Theodor Frings und Josef Müller herausgegebene Band *Kulturströmungen und Kulturprovinzen in den Rheinlanden. Geschichte, Sprache, Volkskunde* gelten. Für Aubin lag im neuen Forschungszweig der ‚Kunstgeographie‘ die Zukunft. Es ist gut möglich, dass Aubin die Anregung hierfür während seines Studienaufenthalts im Jahre 1910/11 am *Institut für Österreichische Geschichtsforschung* in Wien erhalten hat. Dort hatte der Geograph Hugo Hassinger 1910 in einem Aufsatz über die Aufgaben der Städtekunde den Begriff der ‚Kunstgeographie‘ in das Arsenal der me-

8 Friedrich Ratzel, *Anthropogeographie*, 2 Bde., Leipzig 1882/1891. Vgl. auch Günther Buttmann, *Friedrich Ratzel. Leben und Werk eines deutschen Geographen 1844–1904*, Stuttgart 1977; Hanno Beck, Friedrich Ratzel. Der große Anreger der Anthropogeographie, in: Ders., *Große Geographen. Pioniere – Außenseiter – Gelehrte*, Berlin 1982, S. 164–179.

9 Heinz Krieg, Zur Geschichte des Begriffs „Historische Landschaft“ und der Landschaftsbezeichnung „Oberrhein“, in: *Historische Landschaft – Kunstlandschaft? Der Oberrhein im späten Mittelalter*, hg. v. Peter Kurmann und Thomas Zotz, Ostfildern 2008, S. 31–64; Joachim Schneider, Der Begriff der Landschaft in historischer Perspektive, in: *Landschaft(en). Begriffe – Formen – Implikationen* (Geschichtliche Landeskunde 68), hg. v. Franz J. Felten, Harald Müller und Heidrun Ochs, Wiesbaden 2012, S. 87–114.

10 Zum Bonner Institut vgl. *Rheinische Landesgeschichte an der Universität Bonn. Traditionen – Entwicklungen – Perspektiven*, hg. v. Manfred Groten und Andreas Rutz, Göttingen 2007. Zu Hermann Aubin und seiner Implikation in politische Prozesse seiner Zeit zuletzt, mit Angabe älterer Literatur, Eduard Mühle, *Für Volk und deutschen Osten. Der Historiker Hermann Aubin und die deutsche Ostforschung* (Schriften des Bundesarchivs 65), Düsseldorf 2005.

thodischen Werkzeuge der historischen Wissenschaften eingeführt.[11] Hermann Aubin war sich der Bedeutung der Kunstgeschichte für seinen kulturgeographischen Ansatz also wohl bewusst. Leider fehlt in dem programmatischen Band von 1926 über die Kulturströmungen in den Rheinlanden der ursprünglich vorgesehene kunstgeschichtliche Beitrag, da der designierte Autor, Heribert Reiners, kurz zuvor einen Ruf an die Universität Freiburg in der Schweiz erhalten und Bonn den Rücken gekehrt hatte.[12]

Im Bereich der Kunstgeschichte fanden Aubins Ideen ebenfalls Widerhall in den Arbeiten des Bonner Ordinarius Paul Clemen, der als Provinzialkonservator und Autor der *Kunstdenkmäler* wichtige eigene Forschungen im Bereich der regionalen Kunstgeschichte leistete, zugleich aber auch als Universitätslehrer einen großen Einfluss ausübte. Im Kreis um Clemen und Aubin bürgerte sich schließlich der Begriff der ‚Kunstlandschaft' ein, der somit von Anfang an mit einem unterschwelligen politischen Diskurs belegt war.[13] Trotzdem, oder gerade deswegen war dem Begriff der ‚Kunstlandschaft' ein großer Erfolg beschieden. Er passte perfekt in das Framework einer großangelegten Kulturraumforschung, die nicht nur die Fragen regionaler Besonderheiten und Befindlichkeiten im Blick hatte, sondern sich zugleich den großen, übergeordneten Zusammenhängen widmen und damit die Grundlagen für eine Neuordnung der Welt schaffen wollte, die an bestehende politische Grenzen nicht gebunden war.

Neben das Ringen um die nationale Zugehörigkeit, bei der das sprachliche Element neben dem künstlerischen eine wesentliche Rolle spielte, trat im Laufe der Zeit zunehmend das ethnische oder völkische Element.[14] Arcisse de Caumont hatte 1831 neben der Unterschiedlichkeit der zur Verfügung stehenden Materialien lediglich die unterschiedlichen materiellen Voraussetzungen und gegebenenfalls divergierende kulturgeschichtliche Prägungen als Ursache regionaler Differenzen gelten lassen wollen. Etwas anders tönte es dann nur rund zehn Jahre später, 1842, in Franz Kuglers *Handbuch der Kunstgeschichte*. Den Begriff des ‚romanischen Stils' hatte er von Arcisse de Caumont übernommen. Die Gotik, welche bei Arcisse de

---

11 Hugo Hassinger, Aufgaben der Städtekunde, in: *Petermanns geographische Mitteilungen* 56 (1910), S. 289–294.

12 Brigitte Kurmann-Schwarz, Zur Geschichte der Begriffe „Kunstlandschaft" und „Oberrhein" in der Kunstgeschichte, in: *Historische Landschaft – Kunstlandschaft?* (wie Anm. 9), S. 65–91.

13 Simone Hespers, *Kunstlandschaft. Eine terminologische und methodologische Untersuchung zu einem kunstwissenschaftlichen Raumkonzept*, Stuttgart 2007; Kurmann-Schwarz, Zur Geschichte der Begriffe (wie Anm. 12); Engel, Kunstgeographie (wie Anm. 1); Dies., Kunstlandschaft und Kunstgeschichte. Methodische Probleme und neuere Perspektiven, in: *Landschaft(en)* (wie Anm. 9), S. 87–114, insbes. S. 93–95.

14 Derartige Tendenzen lassen sich bereits bei Winckelmann festmachen (vgl. Sebastian Kaufmann, Klassizistische Anthropometrie. Idealschöne Griechen vs. „entlegene Völker" in Winckelmanns „Geschichte der Kunst des Althertums", in: *Aufklärung* 27 [2015], S. 7–29).

Caumont „style ogival", also Spitzbogenstil genannt wurde, nannte Kugler – wie die meisten deutschen Autoren der Zeit – den „germanischen Stil". In der Einleitung des entsprechenden Kapitels seines Handbuches begründete Kugler die Begriffswahl wie folgt:

> Zwar gehört derselbe nicht ausschließlich den rein-germanischen Nationen an; im Gegenteil sehen wir ihn – doch noch unterentwickelt – bei einigen Völkern romanischer Zunge (in Nordfrankreich und England) sogar früher erscheinen als z. B. in Deutschland. Dennoch erkennen wir entschieden, auch bei diesen Mischvölkern, dass es der Germanismus ist, dem er seine Nahrung verdankt; dass er sich da am lautesten und vollendetsten ausbildet, wo der germanische Volksgeist vollkommen rein und im durchgebildeten Bewusstsein seiner Eigenschaften auftritt.[15]

Schon bei Kugler wird also der Zusammenhang von Volkscharakter und Kunstschaffen als zentrales Argument vorgebracht. Zugleich scheint in der etwas abschätzigen Bemerkung über die Mischvölker in Nordfrankreich und England ein ethnisches Element mit auf, wenngleich Kugler seinen ‚Volksgeist' primär als sprachlich-kulturelle Sphäre definiert. Explizite Berücksichtigung fanden Überlegungen zum Zusammenhang von Ethnie und Kultur dann aber im Werk Friedrich Ratzels, der seine Vorstellungen zu Geopolitik und Raumtheorie unter starkem Einfluss der damals brandaktuellen Thesen Charles Darwins entwickelt hatte.[16]

Im Laufe der 1920er und 1930er Jahre gewann dann der ethnische Blick, gerade bei den deutschsprachigen Kunstgeographen, immer größeres Gewicht. Wie sehr, wird in der unter der Leitung von Paul Clemen und Alfred Stange entstandenen Bonner Dissertation von Paul Pieper deutlich. Unter dem Titel *Kunstgeographie. Versuch einer Grundlegung* präsentierte Pieper 1936 eine Synthese der kunstgeographischen Methoden, wobei er zum Schluss kam, es könne „nicht Landschaft, nur Stamm [...] die letzte Basis sein, auf die die Kunstgeschichte normalerweise zurückgehen kann"[17]. Für Pieper sind die Kunstlandschaften konstituiert durch Raumstile, die Ausdruck eines als Ahnen- und Sprachgemeinschaft verstandenen Stammestums sind. Ähnliche Tendenzen lassen sich in den gleichzeitigen Arbeiten nicht nur der Bonner Kunsthistoriker feststellen, sondern auch von Wiener Vertretern des Fachs wie Josef Stzrygowski, Karl Maria Swoboda oder Dagobert Frey.[18] Die Kunst-

15 Kugler, Handbuch (wie Anm. 6), S. 513–514.

16 Charles Darwin, *On the Origin of Species*, London 1859, erschien bereits im Folgejahr in deutscher Übersetzung (*Über die Entstehung der Arten*, Stuttgart 1860).

17 Paul Pieper, *Kunstgeographie. Versuch einer Grundlegung*, Berlin 1936, S. 27.

18 Beate Störtkuhl, Paradigmen und Methoden der kunstgeschichtlichen „Ostforschung". Der „Fall" Dagobert Frey, in: *Kunsthistoriker und Denkmalpfleger des Ostens*, hg. v. Gerhard Eimer und Ernst Gierlich, Bonn 2007, S. 137–154; Ernö Marosi, Josef Strzygowski als Entwerfer von natio-

geographie wurde so fast automatisch zu einer tragenden Säule völkischer Ideologie und Politik und diente nicht selten der Rechtfertigung militärischer Annexionen, was praktisch ebenso zwangsläufig zu einer Fundamentalkritik der Methode nach dem Zweiten Weltkrieg führte. Dazu kam es allerdings erst Ende der 1960er Jahre, also mit reichlich Abstand zum Ende des Krieges.[19]

Die Inanspruchnahme der Kunstgeographie durch nationalistisch-identitäre Ideologien beschränkte sich übrigens nicht auf den deutschsprachigen Raum. Auch in der französischen Kunstgeschichte hatte es beispielsweise ähnliche Tendenzen gegeben. Schon 1901 schwärmte Paul Vitry, der an der *École du Louvre* Assistent von Louis Courajod gewesen war, in seiner Dissertation über den Bildhauer Michel Colombe vom französischen Nationalcharakter des Künstlers, dem „[...] caractère bien français que nous avons essayé de définir en opposition à ceux de l'art flamand et de l'art italien, ce calme, cette pondération robuste, ce sentiment de la mesure et de l'harmonie, cet amour pour la discrétion et les émotions contenues, cette notion du goût qui est au fond du tempérament national"[20]. Doch wurde zur selben Zeit in Frankreich mit der ‚Géographie artistique' ein beinahe gegensätzliches Konzept entwickelt, das einen starken Akzent auf die historischen Bedingungen setzte und sich mehr auf die Wege und Akteure der Vermittlung konzentrierte als auf die regionale Verwurzelung.[21] Der Geograph Paul Vidal de la Blache hatte hierfür die Grundlagen gelegt, und die Historiker der Annales-Schule nahmen diesen Ansatz bereitwillig in ihr Repertoire auf.[22] Schließlich eignete sich der geographische Raum perfekt als strukturierender Faktor, wenn man menschliches Handeln in Zusammenhängen jenseits des exemplarischen Einzelfalls und über chronologische Grenzen hinweg darstellen wollte.

Auf diesen Grundlagen hat die Kunst- und Kulturwissenschaft die heute aktuellen Methoden entwickelt, die sich unter den Stichworten ‚Kunsttransfer', ‚Kul-

nalen Kunstgeschichten, in: *Kunstgeschichte im „Dritten Reich"*, hg. v. Ruth Heftrig, Olaf Peters und Barbara Schellewald, Berlin 2008, S. 103–113; Kurmann-Schwarz, Geschichte der Begriffe (wie Anm. 12); Engel, Kunstlandschaft (wie Anm. 13).

19 Reiner Haussherr, Überlegungen zum Stand der Kunstgeographie. Zwei Neuerscheinungen, in: *Rheinische Vierteljahresblätter* 30 (1965), S. 352–371; Ders., Kunstgeographie und Kunstlandschaft, in: *Kunst in Hessen und am Mittelrhein* 9 (1969), Beih. S. 38–44; Ders., Kunstgeographie. Aufgaben, Grenzen, Möglichkeiten, in: *Rheinische Vierteljahresblätter* 34 (1970), S. 158–171.

20 Zitiert nach Michela Passini, *La fabrique de l'art national. Le nationalisme et les origines de l'histoire de l'art en France et en Allemagne 1870–1933* (Passages 43), Paris 2012, S. 56–57.

21 Kaufmann, Geography of Art (wie Anm. 1), S. 62–67; vgl. auch Pierre Francastel, *L'humanisme roman. Critique des théories sur l'art du XIe siècle en France*, Straßburg / Rodez 1942.

22 Lucien Febvre, *La terre et l'évolution humaine. Introduction géographique à l'histoire*, Paris 1922; Fernand Braudel, *La Méditerranée et le monde méditerranéen à l'époque de Philippe II*, Paris 1949; vgl. auch Peter Burke, *Offene Geschichte. Die Schule der Annales*, Berlin 1991.

turtransfer‘ und ‚cultural exchange‘ subsumieren lassen. Peter Burke und Thomas DaCosta Kaufmann haben hier aus der Perspektive der Kunst- und Kulturgeschichte Grundlegendes geleistet,[23] wesentliche Beiträge kamen aber auch von den Literaturwissenschaften, insbesondere von Michel Espagne und Michael Werner, die den Begriff der ‚transferts culturels‘ ausgehend von der wechselseitigen Beeinflussung deutscher und französischer Literatur des 18. Jahrhunderts geprägt haben.[24]

Doch darf der Blick auf die Mechanismen von Transfer und Austausch zwischen verschiedenen Orten und Milieus nicht darüber hinwegtäuschen, dass gewisse Phänomene der Regionalisierung sich tatsächlich feststellen lassen. Oder, wie es der Historiker Hans-Joachim Schmidt am Ende einer dem Phänomen *Historische Landschaft / Kunstlandschaft* gewidmeten Tagung des Konstanzer Arbeitskreises für mittelalterliche Geschichte ausdrückte: „Die nicht zu negierende regionale Differenz bleibt für uns ein Stachel, die Angelegenheit nicht auf sich beruhen zu lassen“[25].

Und auch den Vorstellungen von künstlerischen und kulturellen Transfers liegen lokale Raumkonstruktionen ja mindestens implizit zugrunde, indem die jeweiligen Pole des Austauschprozesses als räumlich und kulturell different betrachtet werden. Die Transfers haben Richtungen, sie brauchen Ausgangspunkte und Ziele, die zu benennen sind. Gilt es also vielleicht beide Dinge gleichberechtigt zu behandeln, die Phänomene der Regionalisierung und diejenigen des Transfers?

In diesem Zusammenhang scheint mir bemerkenswert, dass bereits Friedrich Ratzel die Beobachtung vorgetragen hat, dass die Entstehung und Entwicklung einer Hochkultur ohne räumliche Öffnung, menschliche Mobilität und kulturellen Austausch nicht möglich sind.[26] Beides, regionale Verwurzelung und überregionaler Austausch, erscheinen untrennbar miteinander verknüpft und sind daher auch methodisch nicht voneinander zu trennen. Die moderne kulturgeographische For-

---

23 Kaufmann, Geography of Art (wie Anm. 1); Peter Burke, *Kultureller Austausch*, Frankfurt a. M. 2000. Eine wesentliche Anregung boten auch die von Thomas W. Gaethgens unter dem Titel *Künstlerischer Austausch* herausgegebenen Akten des XXVIII. Internationalen Kongresses für Kunstgeschichte 1992 in Berlin (erschienen 1993 in Berlin).

24 *Transferts. Les relations interculturelles dans l'espace franco-allemand (XVIIIe et XIXe siècle)*, hg. v. Michel Espagne und Michael Werner, Paris 1988. Zur Rezeption des Ansatzes in der Kunstgeschichte vgl. Michel Espagne, Cultural Transfers in Art History, in: *Circulations in the Global History of Art* (Studies in Art Historiography 10), hg. v. Thomas DaCosta Kaufmann, Catherine Dossin und Béatrice Joyeux-Prunel, Farnham et al. 2015, S. 97–112.

25 Hans-Joachim Schmidt, Zusammenfassung, in: *Historische Landschaft – Kunstlandschaft?* (wie Anm. 9), S. 419–440, hier S. 438.

26 „Die Kultur eines Volkes löst sich, indem es wächst, vom Boden los, auf dem sie sich entfaltet hat, und schafft sich, je weiter sie sich entwickelt, um so mehr Organe, die mehr den Elementen der Bewegung als des Wurzelns dienen.“ (Friedrich Ratzel, *Völkerkunde*, Bd. 1, Leipzig 1887, S. 18).

schung darf demnach beides gleichzeitig zum Gegenstand der Untersuchung machen: die Mechanismen des Transfers und die Phänomene der Regionalisierung.

Ob man dabei den Begriff der Kunstlandschaft hierfür weiterverwenden will, ist eine andere Frage und aus Sicht des wissenschaftlichen Interesses unwichtig. Einerseits ist der Begriff mittlerweile im Repertoire der Kunstgeschichte fest verankert und bis in die populäre Kulturvermittlung hinein verbreitet. Andererseits lässt er sich aufgrund seiner exzessiven Verwendung im Kontext völkischer Ideologien nicht ohne eine vorherige Klärung des Begriffs wissenschaftlich verwenden. Ansonsten droht das Risiko, in den Verdacht zu geraten, völkisch-rassistischen Denkmustern Vorschub leisten zu wollen.

Nur ein empirischer Blick erlaubt es, die regionalen Differenzen zu beschreiben und die Spezifika der lokalen kulturellen Schichtungen zu erfassen. Eine notwendige Voraussetzung stellt die möglichst vollständige Inventarisierung der bestehenden und abgegangenen Baudenkmäler sowie die sorgfältige Erfassung der Provenienzen und des Verbleibs mobiler Objekte dar. Wünschenswert sind darüber hinaus detaillierte historische Studien der lokalen Milieus, um die Entstehung der Kunstwerke in den richtigen Zusammenhang zu setzen. Mit dem Blick auf die Phänomene des Transfers gilt es zugleich, in Zusammenarbeit mit den Geographen, die naturräumliche Gliederung zu verstehen und, gemeinsam mit den Sozial- und Wirtschaftshistorikern, die Netze und Wege der Vermittlung zu erfassen. Dass dabei neben den alten Militärstraßen und Handelswegen die Flüsse und Meere als zentrale Vektoren des kulturellen Austauschs zu gelten haben, liegt auf der Hand. Schon ein rascher Blick auf ein paar beispielhaft gewählte, klassische Themen der Kunstgeschichte des Mittelalters erlaubt es, die große Bedeutung der Flussgeographie zu erkennen.

So kommt es beispielsweise um 1180 im Norden des Pariser Beckens und im Maasland zur Entstehung eines neuen gotischen Figurenstils. Steinmetze und Goldschmiede haben sich ganz offensichtlich an antiken Vorbildern orientiert, um ihren Figuren eine Natürlichkeit und Anmut zu geben, wie sie die romanische Kunst nicht kannte. Verblüffend lebensecht wirkt der sitzende König aus der Wurzel Jesse in den Archivolten des mittleren Westportals von Laon (Abb. 2).[27] Sein leichtes Gewand liegt dicht am Körper, und die elegant geschwungenen Faltenwürfe erscheinen als logische Folge der natürlichen Bewegung der Arme. Ganz ähnlich ist auch die Figur des Propheten Abdias gestaltet, die den Dreikönigenschrein des Nikolaus von Verdun

27 Für das Verständnis der stilistischen Entwicklung der gotischen Skulptur nach wie vor grundlegend ist Willibald Sauerländer, *Gotische Skulptur in Frankreich 1140–1270*, München 1970. Zu Stil und Datierung der Laonnaiser Skulptur zuletzt Iliana Kasarska, *La sculpture de la façade de la cathédrale de Laon. Eschatologie et humanisme*, Paris 2008.

im Kölner Dom ziert (Abb. 3).[28] Diesen neuen Figurenstil, der zu Recht der antikisierende Stil genannt wird, finden wir um 1200 also bereits am Niederrhein. Etwas später begegnet er uns auch am Oberrhein in Gestalt der faszinierend fein gearbeiteten Skulpturen am Südquerhaus des Straßburger Münsters (Abb. 4).[29]

Noch einen Schritt weiter in der realistischen Naturwiedergabe gingen die Bildhauer der Kathedrale von Reims, als sie an einigen Konsolfiguren begannen, mit der Darstellung von Emotionen zu experimentieren. Es sind faszinierende, bisweilen fast an Karikaturen erinnernde Gestalten, die uns von den Querhausfassaden herab anblicken.[30] Im Winter 1224/25 muss ein Trupp von Steinmetzen aus Bamberg diese Skulpturen in der Reimser Bauhütte gesehen haben. Als sie im Sommer 1225 zurück in Bamberg waren, schufen sie die beeindruckenden Figuren im Tympanon des Fürstenportals des Domes, wo zum ersten Mal in der Geschichte der christlichen Kunst die Emotion, die Verzweiflung der Verdammten und das Glück der Seligen, zum Hauptthema einer Darstellung des Jüngsten Gerichts wurden.[31] Dabei war der Weg von Reims nach Bamberg gar nicht so beschwerlich und kompliziert, wie man denken möchte: Es galt nur ins benachbarte Erzbistum Trier zu gelangen, von dort die Mosel hinab und ab Koblenz rheinaufwärts zu reisen, bei

28 Zum Dreikönigenschrein zuletzt mit einer detaillierten Zusammenfassung der Forschungsgeschichte Dorothee Kemper, *Die Goldschmiedearbeiten am Dreikönigenschrein. Bestand und Geschichte seiner Restaurierungen im 19. und 20. Jahrhundert* (Studien zum Kölner Dom 11 / Denkmäler deutscher Kunst: Die großen Reliquienschreine des Mittelalters 1,2 / Der Dreikönigenschrein im Kölner Dom 2), Köln 2014. Vgl. auch *Caspar – Melchior – Balthasar. 850 Jahre Verehrung der Heiligen Drei Könige im Kölner Dom* (Ausst.-Kat., Köln, Domschatzkammer, 2014–2015), hg. v. Leonie Becks et al., Köln 2014.

29 Vgl. zuletzt unter Angabe der älteren Literatur Sabine Bengel, *Das Straßburger Münster. Seine Ostteile und die Südquerhauswerkstatt*, Petersberg 2011; Ilona Katharina Dudzinski, La (r)évolution gothique? Neue Ergebnisse der Historischen Bauforschung zum Südquerhausportal des Straßburger Münsters, in: *In situ* 11 (2019), S. 23–40.

30 Sauerländer, Gotische Skulptur (wie Anm. 27), Tafel 257. Vgl. auch Dagmar Schmengler, *Die Masken von Reims. Zur Genese negativer Ausdrucksformen zwischen Tradition und Innovation* (Kunstwissenschaftliche Studien 187), Berlin / München 2016.

31 Zur Baugeschichte und Datierung vgl. Manfred Schuller, Das Fürstenportal des Bamberger Doms (Veröffentlichungen des Diözesanmuseums Bamberg 6), Bamberg 1996; zu den Zusammenhängen zwischen Reims und Bamberg vgl. Willibald Sauerländer, Reims und Bamberg, in: *Zeitschrift für Kunstgeschichte* 39 (1976), S. 167–192; Peter Kurmann, Redemptor sive judex. Zu den Weltgerichtsportalen von Reims und Bamberg, in: *Bericht des Historischen Vereins für die Pflege der Geschichte des Ehemaligen Fürstbistums Bamberg* 143 (2007), S. 159–184; Ders., Zur Rolle der Kathedrale von Reims in der deutschen Gotik, in: *Studien zur mittelalterlichen und frühneuzeitlichen Kunstgeschichte und Geschichte* (Abhandlungen der Sächsischen Akademie der Wissenschaften zu Leipzig, philologisch-historische Klasse 81,3), hg. v. Hans-Joachim Krause und Andreas Ranft, Stuttgart 2009, S. 36–52, 130–156.

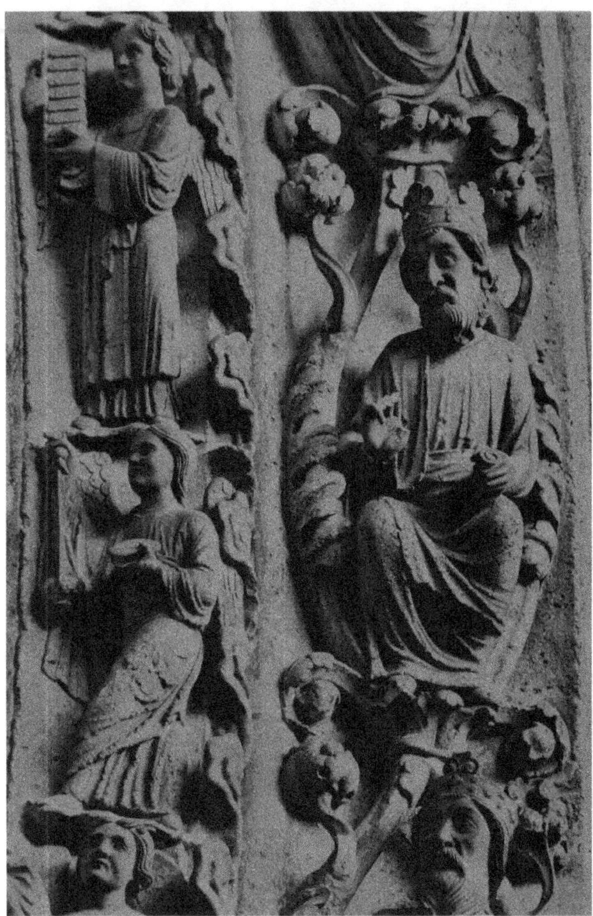

Abb. 2: Laon, Kathedrale, Archivolte des mittleren Westportals: König aus der Wurzel Jesse.

Mainz die Abzweigung nach Osten nicht zu verpassen und dem Main beziehungsweise der Regnitz bis Bamberg zu folgen.

Auf demselben Weg scheint sich auch die gotische Architektur ausgebreitet zu haben. 1210 wurde mit dem Neubau der Kathedrale von Reims begonnen.[32] Was hier ins Werk gesetzt wurde, war wirklich spektakulär. Zum ersten Mal vereinigte

32 Zur Baugeschichte der Kathedrale von Reims und mit einer ausführlichen Diskussion des Forschungsstandes zuletzt Alain Villes, *La cathédrale Notre-Dame de Reims. Chronologie et campagnes de travaux. Essai de bilan des recherches antérieures à 2000 et propositions nouvelles*, Joué-lès-Tours 2009.

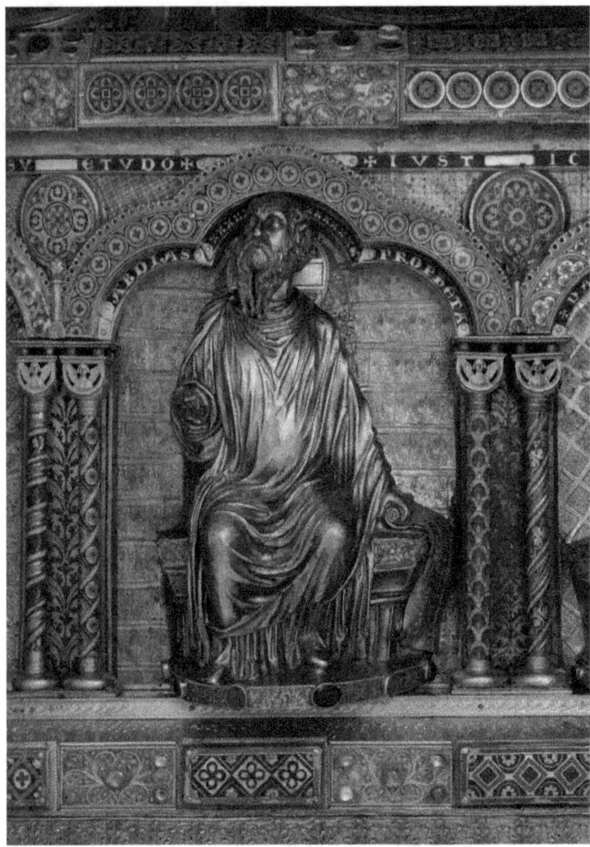

Abb. 3: Kölner Dom, Dreikönigenschrein: Der Prophet Abdias.

ein Bau alle klassischen Elemente der gotischen Kathedralen Frankreichs: ein basilikaler Umgangschor mit Kapellenkranz und ein basilikales Langhaus mit dreizonigem Wandaufriss – bestehend aus Arkadenzone, Triforium und Obergaden –, dazu noch vierteilige Kreuzrippengewölbe, ein offenes Strebewerk und filigranes Stabmaßwerk in den Fensteröffnungen. Die Krönungskathedrale der französischen Könige stellte alles in den Schatten, was die Baumeister der frühen Gotik zustande gebracht hatten. Im Heiligen Römischen Reich gab es kaum etwas Vergleichbares. Die einzige gotische Kathedrale, die damals im Reich in Bau war, die Kathedrale von Lausanne, folgte den Prinzipien der älteren Bauhütten von Sens und Canterbury.[33]

33 *La cathédrale Notre-Dame de Lausanne. Monument européen, temple vaudois*, hg. v. Peter Kurmann, Lausanne–Paris 2012.

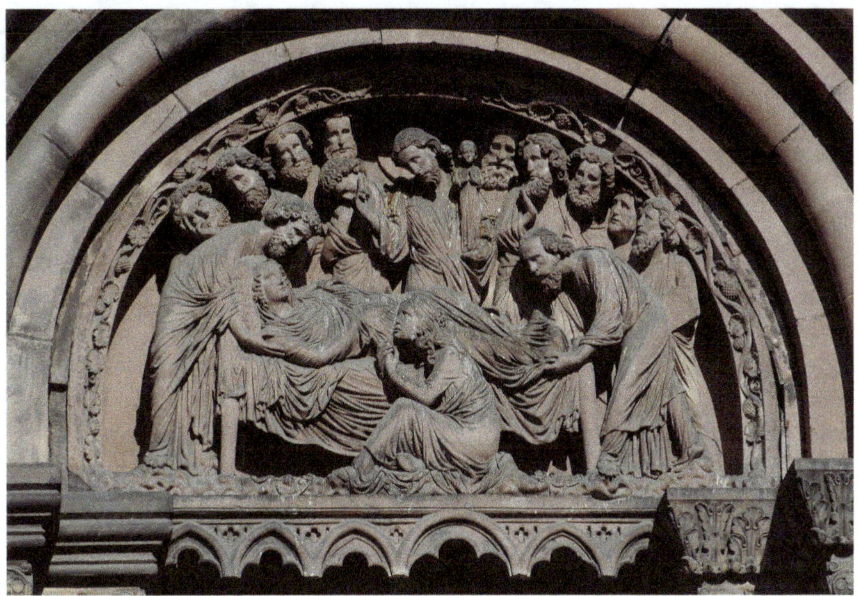

Abb. 4: Straßburger Münster, Südquerhausportal, Darstellung des Marientodes im linken Tympanonrelief.

Die neuartige Reimser Architektur wurde aber schon bald nach Baubeginn, ab 1221, beim Neubau der Kathedrale von Toul wiederaufgegriffen.[34] Das Bistum Toul war zwar französischsprachig, gehörte aber als Suffragan zur Kirchenprovinz Trier. Damit ist die Kathedrale von Toul die zweite gotische Kathedrale im Reich und muss als ein Schlüsselbau für die Ausbreitung der Gotik im deutschsprachigen Raum gelten.[35] Von Toul aus führen die Spuren moselabwärts nach Trier, wo 1227, also sechs Jahre nach Toul, mit dem Bau der Liebfrauenkirche begonnen wurde, dem ältesten Bauwerk Deutschlands in rein gotischen Formen.[36] Nochmals sieben Jahre später, 1235, folgte dann der zweite gotische Bau, die Elisabethkirche in Marburg.[37] Erneut

34 Alain Villes, *La cathédrale de Toul. Histoire et architecture*, Metz 1983.

35 Marc Carel Schurr, *Gotische Architektur im mittleren Europa 1220–1340. Von Metz bis Wien* (Kunstwissenschaftliche Studien 137), München / Berlin 2007.

36 Ders., The Liebfrauenkirche in Trier. Form and Meaning in Early Gothic Architecture in the Holy Roman Empire, in: *Architecture, Liturgy and Identity. Liber amicorum Paul Crossley* (Studies in Gothic Art 1), hg. v. Zoë Opačić und Achim Timmermann, Turnhout 2011, S. 111–122; *Liebfrauen in Trier. Architektur und Ausstattung von der Gotik bis zur Gegenwart* (Studien zur internationalen Architektur- und Kunstgeschichte 131), hg. v. Andreas Tacke und Stefan Heinz, Petersberg 2016.

37 Die Baugeschichte mit Verweisen auf die einschlägige Literatur zusammengefasst bei Schurr, Gotische Architektur (wie Anm. 35), S. 30–37, 330–331.

stellen die Flüsse die naturgeographische Verbindung her: von Trier bis Koblenz an den Rhein, und von dort der Lahn folgend, noch immer im Trierer Erzbistum, bis nach Limburg und schließlich nach Marburg.

Auch die Innovationen der Pariser Rayonnantgotik, die eine vollständige Durchlichtung aller Wandflächen anstrebte und dabei an die Grenzen des technisch Machbaren ging, erreichten das Reich zunächst im frankophonen Teil des Erzbistums Trier (Abb. 5). Noch vor 1248 wurde in Metz der Obergaden des Doms in Angriff genommen, der wie ein riesiges Glashaus über dem Mittelschiff zu schweben scheint.[38] Er entspricht in seiner Anlage, aber auch in seinen Dimensionen fast exakt dem Kölner Domchor (Abb. 6). Ungefähr gleichzeitig mit den Kölner Domherren greifen dann auch die Straßburger das Metzer Vorbild auf und transformierten das Langhaus des Münsters in einen Himmelspalast mit farbig leuchtenden Glaswänden.[39] Neben Toul und Trier ist also Metz der dritte gotische Großbau an der Mosel, der die aus der Île-de-France kommenden künstlerischen Neuerungen der Mosel und dem Rhein entlang nach Osten weiterleitet.

Die Liste der raschen Weitergabe gestalterischer Innovationen über oftmals verblüffende Distanzen hinweg entlang der Flüsse ließe sich fast beliebig fortsetzen. Als frappante Beispiele, die nun auch die Donau als fluviale Hauptachse miteinbeziehen, seien nur zwei Beispiele genannt.

Zum einen das Maßwerkmotiv der Zwickelblase. Jeder kennt die charakteristischen Fischblasen als Leitmotiv der Spätgotik, denn kaum ein Bauwerk des 15./16. Jahrhunderts kommt ohne dieses dekorative Element aus. Entstanden sind diese Formen aber bereits um 1300 im Bodenseeraum und am Oberrhein, wie das repräsentative Maßwerkfenster der ehemaligen Zisterzienserkirche in Salem belegt.[40] Zum Zeitpunkt ihrer Entstehung waren derartige Formen etwas höchst Exklusives und wurden sicherlich als avantgardistisch und besonders raffiniert empfunden. Kein Wunder, dass die Ordensbrüder von Kloster Heiligenkreuz im

---

38 Christoph Brachmann, *Gotische Architektur in Metz unter Bischof Jacques de Lorraine (1239–1260). Der Neubau der Kathedrale und seine Folgen*, Berlin 1998; Marc Carel Schurr, Von Meister Gerhard zu Heinrich Parler. Gedanken zur architekturgeschichtlichen Stellung des Kölner Domchores, in: *Kölner Domblatt* 68 (2003), S. 107–146; Alain Villes, Remarques sur les campagnes de construction de la cathédrale de Metz au XIIIe siècle, in: *Bulletin monumental* 162 (2004), S. 243–272, 331–332.

39 Schurr, Gotische Architektur (wie Anm. 35), S. 65–97; Yves Gallet, La nef de la cathédrale de Strasbourg et l'architecture rayonnante. Une mise au point, in: *Bulletin de la cathédrale de Strasbourg* 28 (2008), S. 121–132.

40 Ulrich Knapp, *Salem. Die Gebäude der ehemaligen Zisterzienserabtei und ihre Ausstattung* (Forschungen und Berichte der Bau- und Kunstdenkmalpflege in Baden-Württemberg 11), Stuttgart 2004.

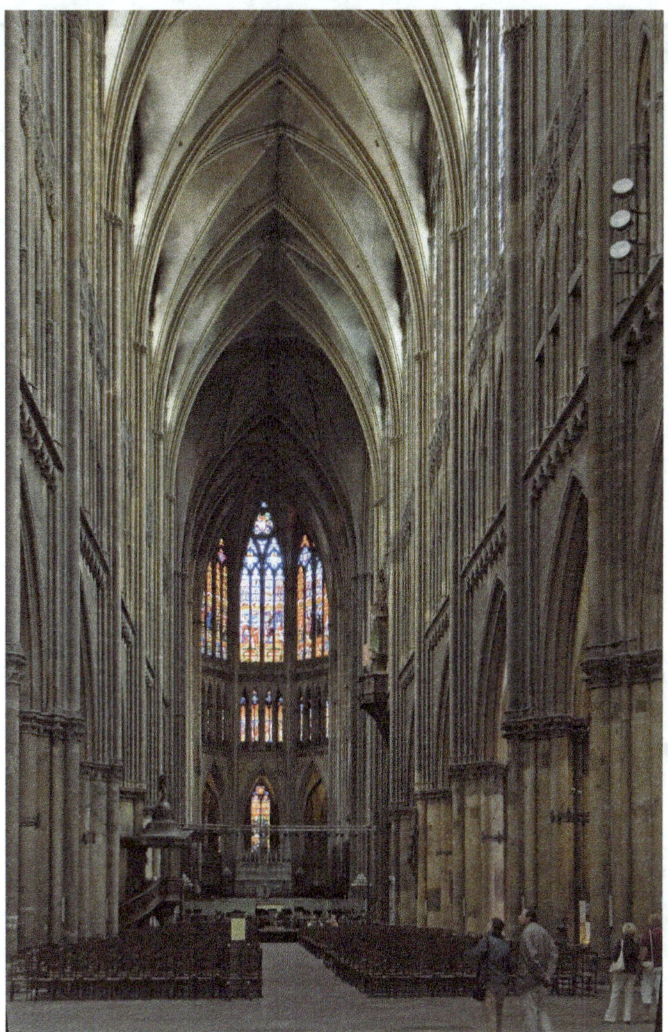

Abb. 5: Metz, Kathedrale, Innenansicht.

Wienerwald ihr repräsentatives Brunnenhaus gerne mit derartigen Blendmaßwerken verzieren ließen.[41] Der Import von Handwerkern und Ideen aus dem Bo-

41 Markus Thome, *Kirche und Klosteranlage der Zisterzienserabtei Heiligenkreuz. Die Bauteile des 12. und 13. Jahrhunderts* (Studien zur internationalen Architektur- und Kunstgeschichte 52), Petersberg 2007; vgl. auch Marc Carel Schurr, Die Zisterzienserbauten im mittleren Europa und

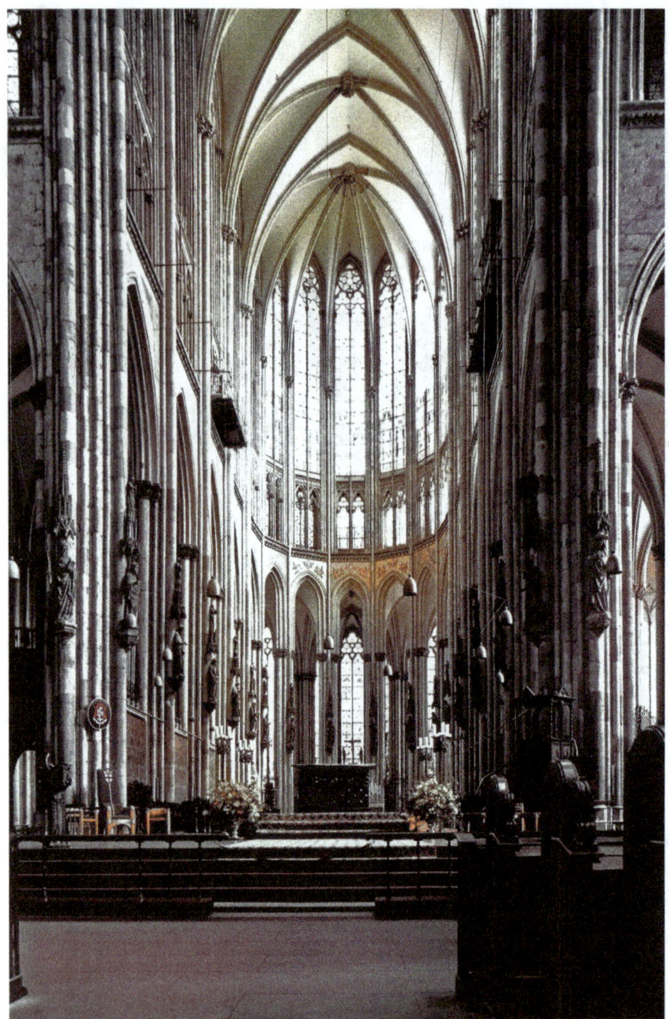

Abb. 6: Kölner Dom, Innenansicht des Chores.

denseeraum stellte jedenfalls durch die gute Befahrbarkeit der Donau keine Schwierigkeit dar.

Über Rhein und Donau muss auch das Know-how des Meisters der Oppenheimer Katharinenkirche seinen Weg nach Wien gefunden haben. Sowohl das Lang-

ihr Beitrag zur Ausprägung des spätgotischen Maßwerkrepertoires, in: *Regnum Bohemiae et Sacrum Romanum Imperium* (Festschrift für Jiří Kuthan), Prag 2005, S. 233–246.

haus der Katharinenkirche, als auch der Chor des Wiener Stephansdoms verfügen über äußerst raffinierte Pfeiler (Abb. 7).[42] Aus der Entfernung wirken sie wie einfache Bündelpfeiler, aber bei näherem Hinsehen offenbaren sie sich als hochkomplexe, ondulierende Profile. Der bei beiden Pfeilern fast identische Querschnitt zeigt die ungewöhnliche Konstruktion: Anders als üblich, sind die einzelnen Dienste nicht in die rechtwinkligen Versprünge eines kreuzförmigen Pfeilerkerns eingestellt. Auch sind sie nicht um einen runden Pfeilerkern herum angeordnet. Sie sind vielmehr durch weiche Hohlkehlen zu einem ondulierenden Profil verbunden, das gar keinen Pfeilerkern mehr erkennen lässt. Sichtbar bleiben nur die runden Leiber der Dienste, die als plastisch geformte Glieder im hellen Licht stehen, während der Rest der Pfeilermasse in den tief verschatteten Hohlkehlen verschwindet.

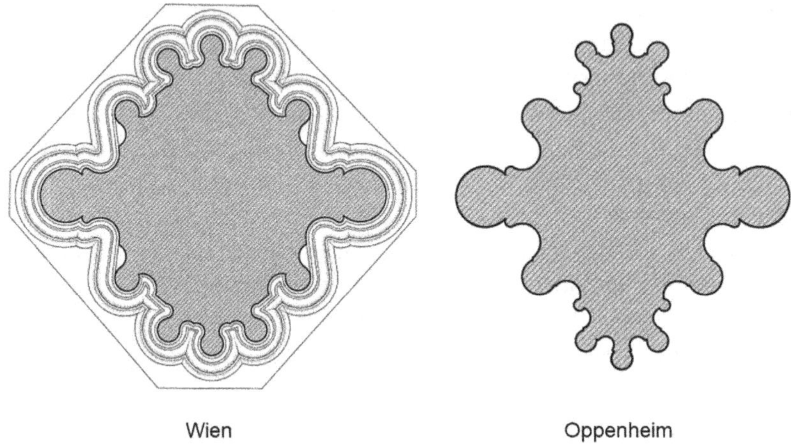

Abb. 7: Vergleich der Querschnitte eines Langhauspfeilers der Katharinenkirche in Oppenheim und eines Chorpfeilers von St. Stephan in Wien.

Bei aller Dynamik der aufgezeigten Transferprozesse entlang der Flussläufe soll aber nicht verschwiegen werden, dass diese auch wieder zu Regionalisierungseffekten geführt haben. Nachfolger des Oppenheim/Wiener Pfeilers finden sich sehr schnell in ganz Österreich, die Rayonnantgotik des Straßburger Langhauses prägte bald den gesamten Oberrhein und auch die Skulptur Ostdeutschlands stand noch lange unter dem Einfluss des Bamberger Fürstenportals.

---

42 Ders., Gotische Architektur (wie Anm. 35), S. 271–279; Ders., Stilpluralismus, Stilentwicklung oder Hofstil? Gedanken zu Formphänomenen am Chor des Wiener Stephansdomes, in: *Wiener Jahrbuch für Kunstgeschichte* 61 (2014), S. 21–38; zur Baugeschichte vgl. Barbara Schedl, *St. Stephan in Wien. Der Bau der gotischen Kirche (1200–1500)*, Wien 2018.

Es entstanden hier also in Folge der Transfers neue regionale Formgewohnheiten, wobei sich die geographische Verbreitung je nach künstlerischer Gattung, ikonographischem Sujet und Zeitstellung unterscheidet. Zudem sind die kunstgeographischen Ausdehnungsgebiete nur selten deckungsgleich mit politischen Grenzen oder Sprach- beziehungsweise Dialektgrenzen. Die so verstandenen Kultur- oder Kunstlandschaften erscheinen somit weder homogen noch stabil, sondern als amöbenhaft die Gestalt verändernde, von Enklaven durchsetzte Gebiete. Diese Räume grenzen sich nicht ab, sondern sie gehen ineinander über. Und sie sind verbunden durch Netze der Kommunikation und des sozialen Handelns, die sich entlang der Reise- und Verkehrswege entfalten.

Eine moderne Kunstgeographie sollte also beides zugleich im Blick haben: die Phänomene der Regionalisation und diejenigen des Austauschs. Dazu gilt es, insbesondere die kulturellen Zentren zu identifizieren, denn beides – Regionalisation und Austausch – geht von ihnen aus. Auch lohnt es sich, die Wege des Austauschs genauer zu untersuchen, zu denen nicht zuletzt die Flussläufe zählen. Die gerade auch in der kunstgeschichtlichen Analyse erfassbaren Wege der Vermittlung stellen nämlich nichts anderes dar als den historischen Kern, das Gerippe sozusagen, der europäischen Zivilisation. Ihre Betrachtung ermöglicht es, die monolithischen, starren, oftmals widersprüchlichen und künstlich homogenisierten Konstruktionen der nationalen und regionalen Identitäten des frühen 20. Jahrhunderts aufzubrechen und durch eine elastischere und offenere Vision einander durchdringender, in permanentem Austausch stehender kultureller Räume zu ersetzen. Sie sind über Jahrhunderte hinweg das wahre Fundament der europäischen Zivilisation.

Bibliographie

Beck, Hanno, Friedrich Ratzel. Der große Anreger der Anthropogeographie, in: Ders., *Große Geographen. Pioniere – Außenseiter – Gelehrte*, Berlin 1982, S. 164–179.

Bengel, Sabine, *Das Straßburger Münster. Seine Ostteile und die Südquerhauswerkstatt*, Petersberg 2011.

Brachmann, Christoph, *Gotische Architektur in Metz unter Bischof Jacques* de Lorraine *(1239–1260). Der Neubau der Kathedrale und seine Folgen*, Berlin 1998.

Brandis, Markus, *La maniera tedesca. Eine Studie zum historischen Verständnis der Gotik im Italien der Renaissance in Geschichtsschreibung, Kunsttheorie und Baupraxis*, Weimar 2002.

Braudel, Fernand, *La Méditerranée et le monde méditerranéen à l'époque de Philippe II*, Paris 1949.

Burke, Peter, *Offene Geschichte. Die Schule der Annales*, Berlin 1991.

Burke, Peter, *Kultureller Austausch*, Frankfurt a. M. 2000.

Buttmann, Günther, *Friedrich Ratzel. Leben und Werk eines deutschen Geographen 1844–1904*, Stuttgart 1977.

Caspar – Melchior – Balthasar. 850 Jahre Verehrung der Heiligen Drei Könige im Kölner Dom (Ausst.-Kat., Köln, Domschatzkammer, 2014–2015), hg. v. Leonie Becks, Matthias Deml und Klaus Hardering, Köln 2014.

Caumont, Arcisse de, *Cours d'antiquités monumentales professés à Caen*, Bd. 4: Architecture religieuse, Caen 1831.

DaCosta Kaufmann, Thomas, *Toward a Geography of Art*, Chicago 2004.

Darwin, Charles, *On the Origin of Species*, London 1859.

Darwin, Charles, *Über die Entstehung der Arten*, hg. und übers. v. Thomas Junker, Stuttgart 1860.

Diffusion des Humanismus. Studien zur nationalen Geschichtsschreibung europäischer Humanisten, hg. v. Johannes Helmrath, Ulrich Muhlack und Gerrit Walther, Göttingen 2002.

Dudzinski, Ilona Katharina, La (r)évolution gothique? Neue Ergebnisse der Historischen Bauforschung zum Südquerhausportal des Straßburger Münsters, in: *In situ* 11 (2019), S. 23–40.

Engel, Ute, Kunstgeographie und Kunstlandschaft im internationalen Diskurs. Ein Literaturbericht, in: *Jahrbuch für Regionalgeschichte* 27 (2009), S. 109–120.

Engel, Ute, Kunstlandschaft und Kunstgeschichte. Methodische Probleme und neuere Perspektiven, in: *Landschaft(en). Begriffe – Formen – Implikationen* (Geschichtliche Landeskunde 68), hg. v. Franz J. Felten, Harald Müller und Heidrun Ochs, Wiesbaden 2012, S. 87–114.

Espagne, Michel, Cultural Transfers in Art History, in: *Circulations in the Global History of Art* (Studies in Art Historiography 10), hg. v. Thomas DaCosta Kaufmann, Catherine Dossin und Béatrice Joyeux-Prunel, Farnham et al. 2015, S. 97–112.

Febvre, Lucien, *La terre et l'évolution humaine. Introduction géographique à l'histoire*, Paris 1922.

Francastel, Pierre, *L'humanisme roman. Critique des théories sur l'art du XIe siècle en France*, Straßburg / Rodez 1942.

Freigang, Christian, Zur Wahrnehmung regional spezifischer Architekturidiome in mittelalterlichen Diskursen, in: *Kunst & Region. Architektur und Kunst im Mittelalter*, hg. v. Uta Maria Bräuer, Emanuel S. Klingenberg und Jeroen Westermann, Utrecht 2005, S. 14–33.

Gaethgens, Thomas W., *Künstlerischer Austausch, Artistic exchange. Akten des XXVIII. Internationalen Kongresses für Kunstgeschichte, Berlin, 15.-20. Juli 1992*, Berlin 1993.

Gallet, Yves, La nef de la cathédrale de Strasbourg et l'architecture rayonnante. Une mise au point, in: *Bulletin de la cathédrale de Strasbourg* 28 (2008), S. 121–132.

Haussherr, Reiner, Überlegungen zum Stand der Kunstgeographie. Zwei Neuerscheinungen, in: *Rheinische Vierteljahresblätter* 30 (1965), S. 352–371.

Haussherr, Reiner, Kunstgeographie und Kunstlandschaft, in: *Kunst in Hessen und am Mittelrhein* 9 (1969), Beih. S. 38–44.

Haussherr, Reiner, Kunstgeographie. Aufgaben, Grenzen, Möglichkeiten, in: *Rheinische Vierteljahresblätter* 34 (1970), S. 158–171.

Hassinger, Hugo, Aufgaben der Städtekunde, in: *Petermanns geographische Mitteilungen* 56 (1910), S. 289–294.

Hespers, Simone, *Kunstlandschaft. Eine terminologische und methodologische Untersuchung zu einem kunstwissenschaftlichen Raumkonzept*, Stuttgart 2007.

Kasarska, Iliana, *La sculpture de la façade de la cathédrale de Laon. Eschatologie et humanisme*, Paris 2008.

Kaufmann, Sebastian, Klassizistische Anthropometrie. Idealschöne Griechen vs. „entlegene Völker" in Winckelmanns „Geschichte der Kunst des Althertums", in: *Aufklärung* 27 (2015), S. 7–29.

Kemper, Dorothee, *Die Goldschmiedearbeiten am Dreikönigenschrein. Bestand und Geschichte seiner Restaurierungen im 19. und 20. Jahrhundert* (Studien zum Kölner Dom 11 / Denkmäler deutscher

Kunst: Die großen Reliquienschreine des Mittelalters 1,2 / Der Dreikönigenschrein im Kölner Dom 2), Köln 2014.

Kittler, Friedrich A., *Eine Kulturgeschichte der Kulturwissenschaft*, München 2001.

Knapp, Ulrich, *Salem. Die Gebäude der ehemaligen Zisterzienserabtei und ihre Ausstattung* (Forschungen und Berichte der Bau- und Kunstdenkmalpflege in Baden-Württemberg 11), Stuttgart 2004.

Krieg, Heinz, Zur Geschichte des Begriffs „Historische Landschaft" und der Landschaftsbezeichnung „Oberrhein", in: *Historische Landschaft – Kunstlandschaft? Der Oberrhein im späten Mittelalter*, hg. v. Peter Kurmann und Thomas Zotz, Ostfildern 2008, S. 31–64.

Kugler, Franz, *Handbuch der Kunstgeschichte*, Stuttgart 1842.

Kurmann, Peter, Redemptor sive judex. Zu den Weltgerichtsportalen von Reims und Bamberg, in: *Bericht des Historischen Vereins für die Pflege der Geschichte des Ehemaligen Fürstbistums Bamberg* 143 (2007), S. 159–184.

Kurmann, Peter, Zur Rolle der Kathedrale von Reims in der deutschen Gotik, in: *Studien zur mittelalterlichen und frühneuzeitlichen Kunstgeschichte und Geschichte* (Abhandlungen der Sächsischen Akademie der Wissenschaften zu Leipzig, philologisch-historische Klasse 81,3), hg. v. Hans-Joachim Krause und Andreas Ranft, Stuttgart 2009, S. 36–52, 130–156.

Kurmann-Schwarz, Brigitte, Zur Geschichte der Begriffe „Kunstlandschaft" und „Oberrhein" in der Kunstgeschichte, in: *Historische Landschaft – Kunstlandschaft? Der Oberrhein im späten Mittelalter*, hg. v. Peter Kurmann und Thomas Zotz, Ostfildern 2008, S. 65–91.

La cathédrale Notre-Dame de Lausanne. Monument européen, temple vaudois, hg. v. Peter Kurmann, Lausanne / Paris 2012.

La Notion d'École, hg. v. Philippe Lorentz und Christine Peltre, Straßburg 2007.

Liebfrauen in Trier. Architektur und Ausstattung von der Gotik bis zur Gegenwart (Studien zur internationalen Architektur- und Kunstgeschichte 131), hg. v. Andreas Tacke und Stefan Heinz, Petersberg 2016.

Marosi, Ernö, Josef Strzygowski als Entwerfer von nationalen Kunstgeschichten, in: *Kunstgeschichte im „Dritten Reich"*, hg. v. Ruth Heftrig, Olaf Peters und Barbara Schellewald, Berlin 2008, S. 103–113.

Mühle, Eduard, *Für Volk und deutschen Osten. Der Historiker Hermann Aubin und die deutsche Ostforschung* (Schriften des Bundesarchivs 65), Düsseldorf 2005.

Passini, Michela, *La fabrique de l'art national. Le nationalisme et les origines de l'histoire de l'art en France et en Allemagne 1870–1933* (Passages 43), Paris 2012.

Pieper, Paul, *Kunstgeographie. Versuch einer Grundlegung*, Berlin 1936.

Ratzel, Friedrich, *Anthropogeographie*, 2 Bde., Leipzig 1882/1891.

Ratzel, Friedrich, *Völkerkunde*, Bd. 1, Leipzig 1887.

Rheinische Landesgeschichte an der Universität Bonn. Traditionen – Entwicklungen – Perspektiven, hg. v. Manfred Groten und Andreas Rutz, Göttingen 2007.

Sauerländer, Willibald, *Gotische Skulptur in Frankreich 1140–1270*, München 1970.

Sauerländer, Willibald, Reims und Bamberg, in: *Zeitschrift für Kunstgeschichte* 39 (1976), S. 167–192.

Sauerländer, Willibald, Die Geographie der Stile, in: *Wien und die Entwicklung der kunsthistorischen Methode* (Akten des XXV. Internationalen Kongresses für Kunstgeschichte, Wien, 4. bis 10. September 1983), Bd. 3: Probleme und Methoden der Klassifizierung, hg. v. Hermann Fillitz und Martina Pippal, Wien u.a. 1985, S. 27–35.

Schedl, Barbara, *St. Stephan in Wien. Der Bau der gotischen Kirche (1200–1500)*, Wien 2018.

Schmengler, Dagmar, *Die Masken von Reims. Zur Genese negativer Ausdrucksformen zwischen Tradition und Innovation* (Kunstwissenschaftliche Studien 187), Berlin / München 2016.

Schmidt, Hans-Joachim, Zusammenfassung, in: *Historische Landschaft – Kunstlandschaft? Der Oberrhein im späten Mittelalter*, hg. v. Peter Kurmann und Thomas Zotz, Ostfildern 2008, S. 419–440.

Schneider, Joachim, Der Begriff der Landschaft in historischer Perspektive, in: *Landschaft(en). Begriffe – Formen – Implikationen* (Geschichtliche Landeskunde 68), hg. v. Franz J. Felten, Harald Müller und Heidrun Ochs, Wiesbaden 2012, S. 87–114.

Schuller, Manfred, Das Fürstenportal des Bamberger Doms (Veröffentlichungen des Diözesanmuseums Bamberg 6), Bamberg 1996.

Schurr, Marc Carel, Von Meister Gerhard zu Heinrich Parler. Gedanken zur architekturgeschichtlichen Stellung des Kölner Domchores, in: *Kölner Domblatt* 68 (2003), S. 107–146.

Schurr, Marc Carel, Die Zisterzienserbauten im mittleren Europa und ihr Beitrag zur Ausprägung des spätgotischen Maßwerkrepertoires, in: *Regnum Bohemiae et Sacrum Romanum Imperium* (Festschrift für Jiří Kuthan), Prag 2005, S. 233–246.

Schurr, Marc Carel, *Gotische Architektur im mittleren Europa 1220–1340. Von Metz bis Wien* (Kunstwissenschaftliche Studien 137), München / Berlin 2007.

Schurr, Marc Carel, The Liebfrauenkirche in Trier. Form and Meaning in Early Gothic Architecture in the Holy Roman Empire, in: *Architecture, Liturgy and Identity. Liber amicorum Paul Crossley* (Studies in Gothic Art 1), hg. v. Zoë Opačić und Achim Timmermann, Turnhout 2011, S. 111–122.

Schurr, Marc Carel, Stilpluralismus, Stilentwicklung oder Hofstil? Gedanken zu Formphänomenen am Chor des Wiener Stephansdomes, in: *Wiener Jahrbuch für Kunstgeschichte* 61 (2014), S. 21–38.

Secundus, Gaius Plinius, *Naturkunde / Naturalis historia*, hg. und übers. v. Roderich König in Zusammenarb. mit Gerhard Winkler, Buch 35: Farben, Malerei, Plastik (Sammlung Tusculum), Berlin [3]2013.

Störtkuhl, Beate, Paradigmen und Methoden der kunstgeschichtlichen „Ostforschung". Der „Fall" Dagobert Frey, in: *Kunsthistoriker und Denkmalpfleger des Ostens*, hg. v. Gerhard Eimer und Ernst Gierlich, Bonn 2007, S. 137–154.

Thome, Markus, *Kirche und Klosteranlage der Zisterzienserabtei Heiligenkreuz. Die Bauteile des 12. und 13. Jahrhunderts* (Studien zur internationalen Architektur- und Kunstgeschichte 52), Petersberg 2007.

Transferts. Les relations interculturelles dans l'espace franco-allemand (XVIIIe et XIXe siècle), hg. v. Michel Espagne und Michael Werner, Paris 1988.

Villes, Alain, *La cathédrale de Toul. Histoire et architecture*, Metz 1983.

Villes, Alain, Remarques sur les campagnes de construction de la cathédrale de Metz au XIIIe siècle, in: *Bulletin monumental* 162 (2004), S. 243–272, 331–332.

Villes, Alain, *La cathédrale Notre-Dame de Reims. Chronologie et campagnes de travaux. Essai de bilan des recherches antérieures à 2000 et propositions nouvelles*, Joué-lès-Tours 2009.

Winckelmann, Johann Joachim, *Geschichte der Kunst des Alterthums*, Bd. 1, Dresden 1764.

Julia Trinkert

Ströme und Flüsse in Nordeuropa. Wege der Kunst im Mittelalter

Als Kontinent besitzt Europa im Vergleich zu seiner Größe eine verhältnismäßig lange Küstenlinie und wird von Meeren umgeben. Erst die Küstenlage vieler Regionen ermöglichte Handel und kulturellen Austausch über große Distanzen. Inseln dienten auf dem Weg von einer Küste zur anderen als Zwischenhalt und Knotenpunkt; sie sind als kulturelle Multiplikatoren in alle Himmelsrichtungen zu verstehen. Ausgehend von den Küsten erschließen Ströme und Flüsse das Hinterland. Sie gehören bereits im Mittelalter zur historischen Verkehrs- und Transportinfrastruktur, verbinden Zentren, bilden in Kombination mit Landwegen Räume, werden technisch zu Kanälen überformt, für den Betrieb von Mühlen genutzt, haben eine politische, historische oder andere Grenzfunktion und können auch selbst im Zentrum von künstlerischen oder literarischen Darstellungen stehen.

Für bildliche Darstellungen von Strömen und Flüssen wurden auch in Nordeuropa die naturräumlichen und geografischen Gegebenheiten in unterschiedlicher Differenzierung und Fokussierung aufgenommen. Den frühen Beispielen ist dabei die räumliche und bildliche Lage Nordeuropas an der Peripherie gemein, wie hier kursorisch und unter Vernachlässigung einer Einordnung gezeigt werden soll. Zudem geht es weniger um eine korrekte topographische Wiedergabe, sondern um die Repräsentation räumlicher Vorstellungen im Sinne von idealen Weltlandschaften. In der *Schedel'schen Weltchronik* (Abb. 1) von 1493 erscheint Nordeuropa am oberen Bildrand und enthält vor allem Bergketten und vereinzelt Flüsse. Auf der sogenannten *Waldseemüllerkarte* von 1507 (Abb. 2) hat die Anzahl von Inseln in der Ostsee deutlich abgenommen, zudem werden die einzelnen Regionen differenzierter benannt. 1539 fertigte Olaus Magnus eine Karte von Skandinavien an (Abb. 3), die neben der Meereslage diverse Charakterzüge verschiedener Landschaften mit bildlichen Attributen verzeichnete. Die Karte, die Abraham Ortelius schließlich im letzten Viertel des 16. Jahrhunderts vom dänischen Königreich erstellte (Abb. 4), stellt die Topographie und die naturräumlichen Gegebenheiten in den Vordergrund.

Aus kontinentaleuropäischer Perspektive führt die Lage an der Peripherie Europas häufig zu einseitigen Vorstellungen des nordeuropäischen Kulturraums. So ist die historische Bedeutung von Strömen und Flüssen in Nordeuropa mit den Wikingern und ihren seit dem 8. Jahrhundert in Quellen überlieferten Raubzügen

https://doi.org/10.1515/9783111102771-005

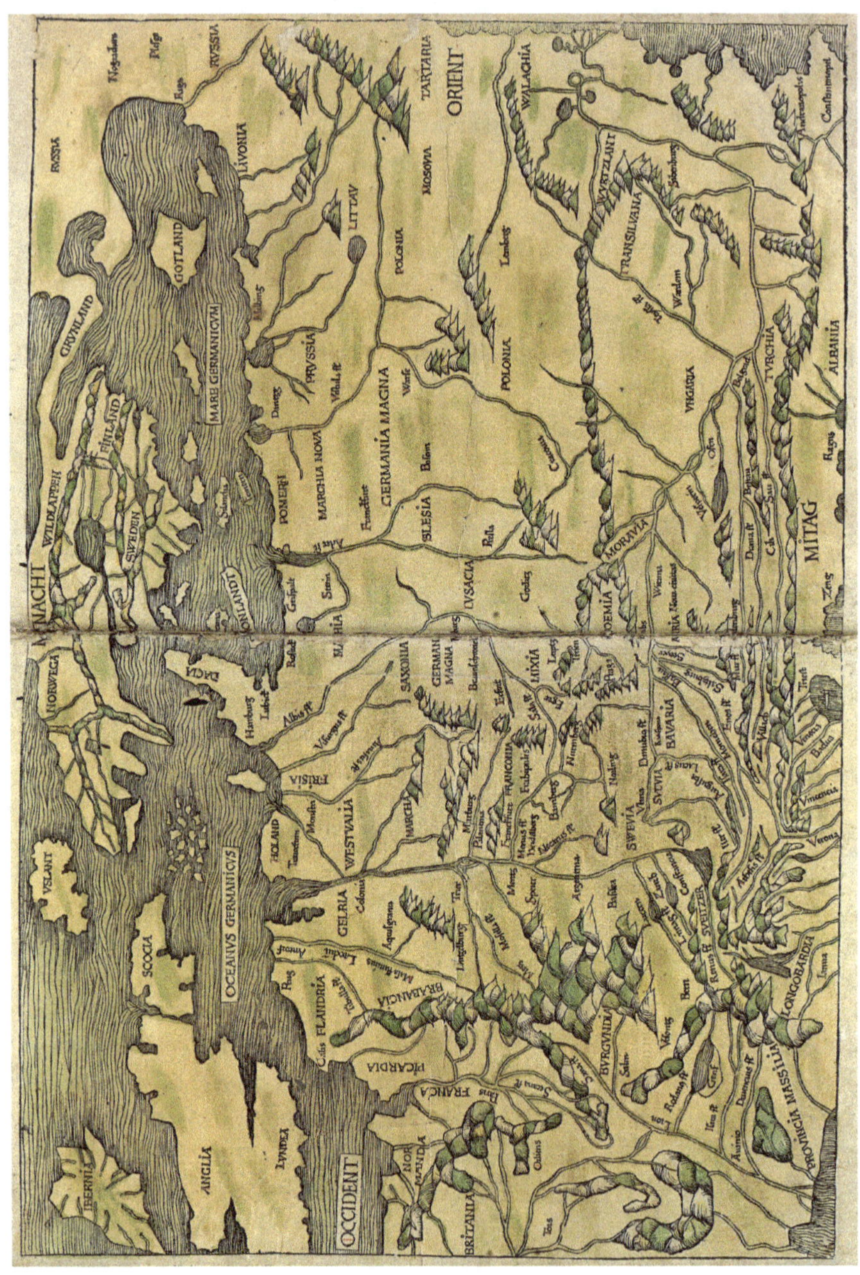

Abb. 1: Schedel'sche Weltchronik, Karte Europas, Nürnberg 1493.

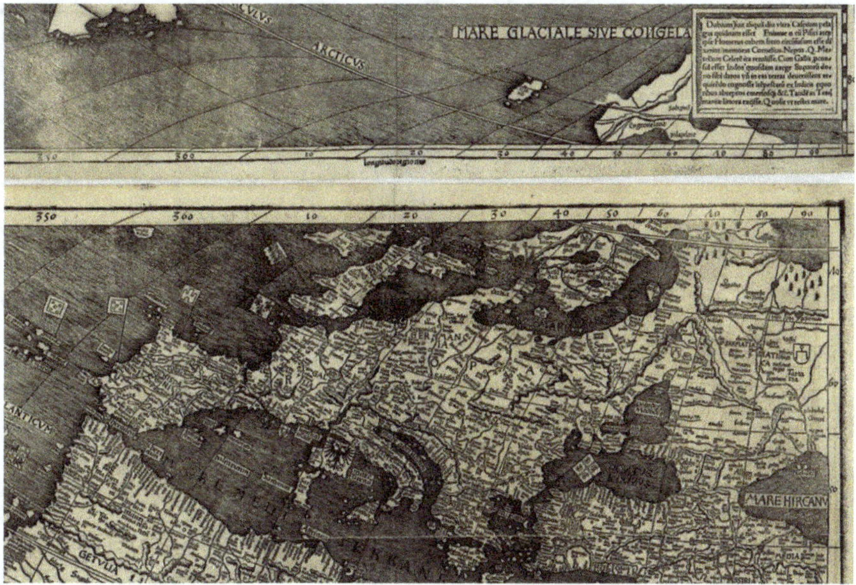

Abb. 2: Detailansicht von Europa. Martin Waldseemüller, *Universalis cosmographia [...]*, 1507. Library of Congress, Washington, DC, G3200 1507.W3.

assoziiert, die sie von ihren Siedlungen an den skandinavischen Küsten über die Meere auch bis in die unteren Flussläufe Europas brachten.[1]

Die Rolle von Strömen und Flüssen als Handelswege im Norden

Dieser Beitrag befasst sich hingegen mit der Rolle von Strömen und Flüssen für den mittelalterlichen Transport und für Verbreitungs- respektive Reisewege von Kunstwerken, Materialien und Künstlern in Nordeuropa – den Wegen der Kunst. Mobilität, Reisen und Dynamik waren und sind Bedingungen für Prozesse, die

---

1 Michael North, Connected Seas I, in: *History Compass* Bd. 16 H. 12 (2018), S. 2, https://onlinelibrary.wiley.com/doi/10.1111/hic3.12503 vom 14.11.2018; Gareth Williams, Raiding and Warfare, in: *The Viking World*, hg. v. Stefan Brink und Neil Price, London 2008, S. 193–203; Ekkehard Eickhoff, Maritime Defense of the Carolingian Empire, in: *Vikings on the Rhine. Recent Research on Early Medieval Relations Between the Rhinelands and Scandinavia*, hg. v. Rudolf Simek und Ulrike Engel, Wien 2004, S. 51–64, hier S. 55–56.

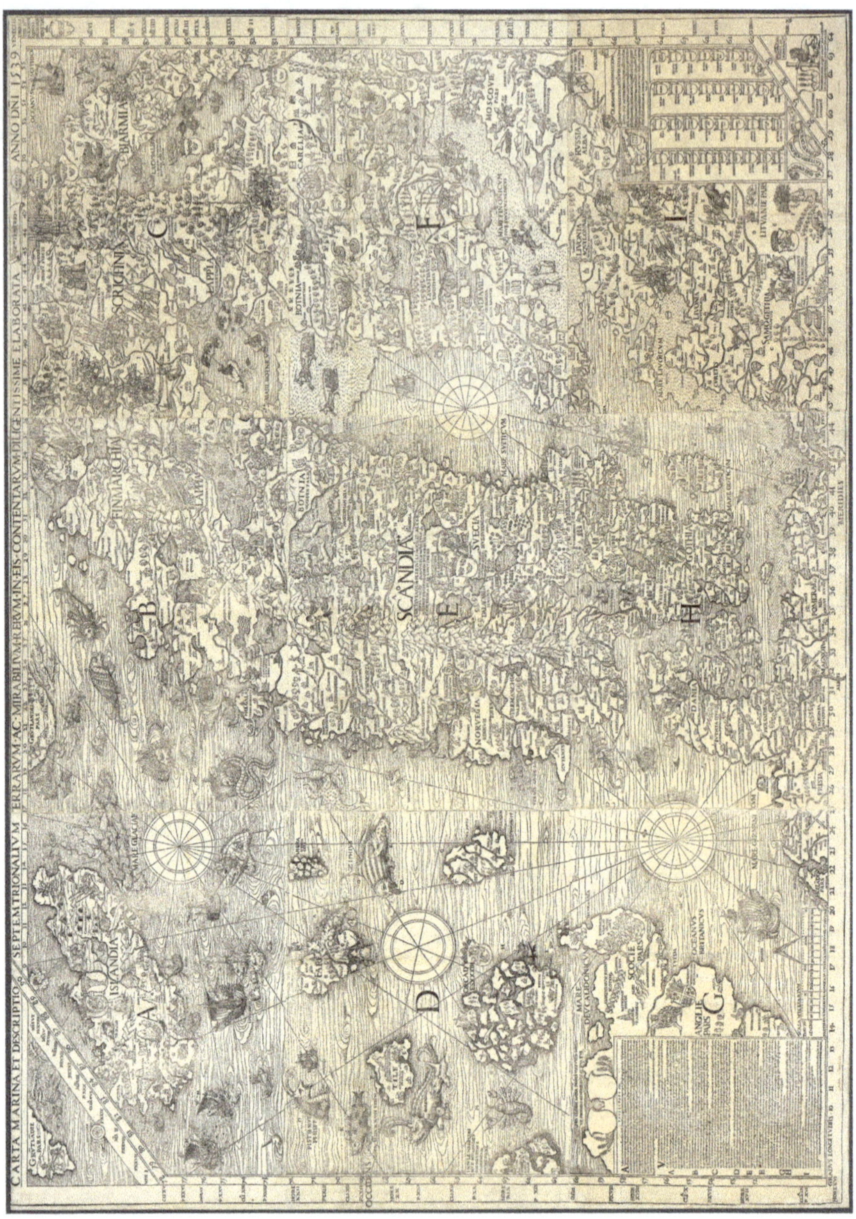

Abb. 3: Olaus Magnus: *Carta Marina et descriptio septemtrionalium terrarium [...]*, 1539. Uppsala, Universitetsbibliotek.

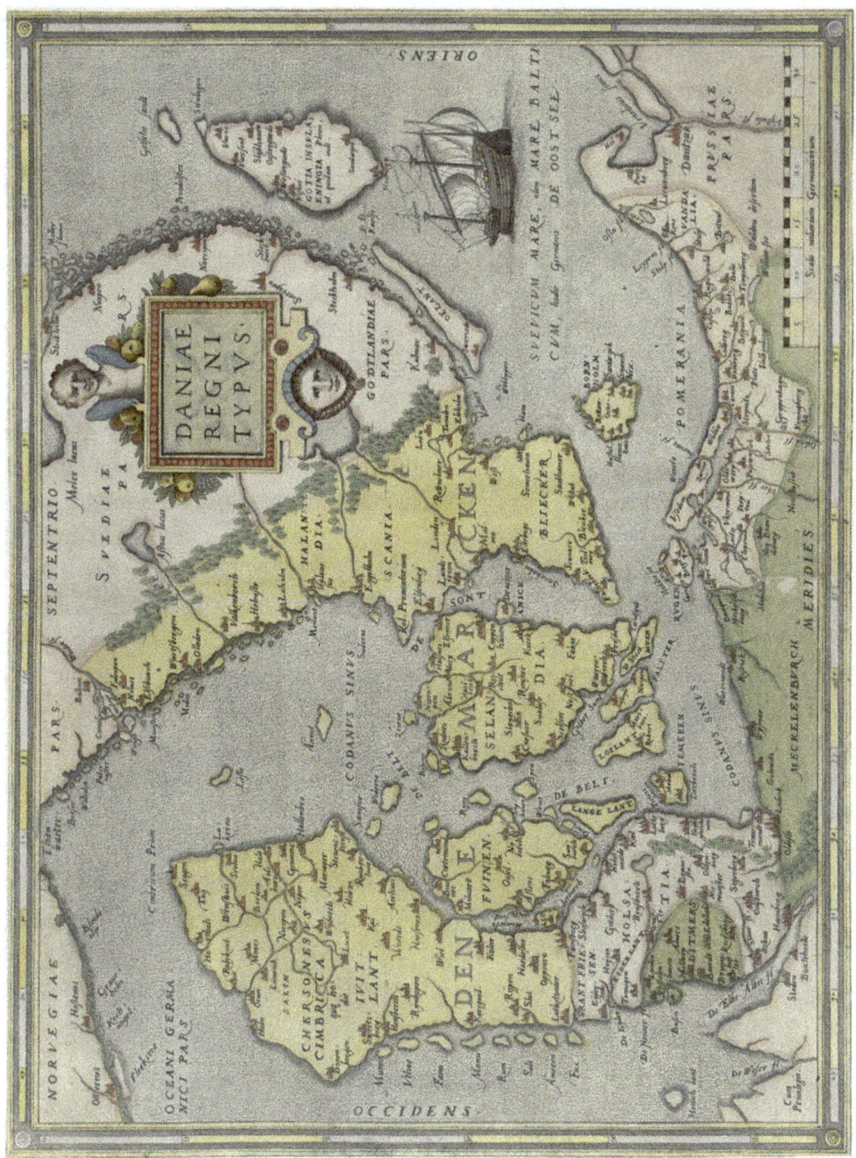

Abb. 4: Abraham Ortelius: *Daniae Regni Typvs Cum Privilegio*, Antwerpen 1570–1580.

kulturelle Formen, Ideen und Strömungen überhaupt erst ermöglichen. Gleichzeitig sind Untersuchungen zu Fragen von Kulturtransfer – oder, wie Gerhard Weilandt für den Ostseeraum postuliert, von einer Transferkultur[2] –, Künstlerwanderungen bis hin zur Künstlermigration oder auch Auftragsvergaben von Kunstwerken traditionelle Themen der mittelalterlichen Kunstgeschichte. Gleichwohl ist es nur teilweise möglich, die tatsächlichen Wege von Kunstwerken, Materialien und Künstlern anhand von den wenigen Quellen, die wir kennen, zu rekonstruieren. An dieser Stelle soll im Folgenden angesetzt und nach den tatsächlichen Infrastrukturen, basierend auf Wasserwegen – den Strömen und Flüssen –, die für den Transport und den Handel notwendig waren, gefragt werden.

Die Landschaft Nordeuropas unterscheidet sich grundsätzlich in ihren verschiedenen Regionen, die von ihrer Topographie und den klimatischen Unterschieden der sie umfassenden 20 Breitengrade geprägt sind. Während die Küstengebiete des heutigen Norddeutschlands, Polens und Dänemarks flach sind und im Mittelalter über gute landwirtschaftliche Voraussetzungen verfügten, dominieren im heutigen Norwegen Gebirge und Fjorde sowie im heutigen Schweden und Finnland große Seen und umfangreiche Waldgebiete, die sich im Baltikum fortsetzen.[3] Diese Diversität führte im Mittelalter zwangsläufig zu unterschiedlichen Spezialisierungen der dort lebenden Menschen, einer variierenden Bevölkerungsdichte und -entwicklung sowie unterschiedlich guten Anbindungen an überregionale und internationale Handelswege mit sich. Etwas pauschalisiert können wir festhalten, dass Fischerei im Norden und Landwirtschaft im Süden Haupteinnahmequellen waren.[4] Im Frühmittelalter entwickelte sich aus den Allianzen der im Handel auf Nord- und Ostsee tätigen Kaufleute das Hansenetzwerk, das den überregionalen Handel niederdeutscher Kaufleute von der Mitte des 12. bis zur Mitte des 17. Jahrhunderts dominierte.[5] Bedeutende Produkte für den Handel in Nordeuropa waren vor allem Holz und Fisch: Stockfisch aus Nordnorwegen und gesalzener Hering aus dem Öresund waren die prominentesten Handelsgüter und bestimmten die festen Verkehrsachsen über die Meere.[6] Wasser spielte in diesem Kontext immer

2 Gerhard Weilandt, Transferkultur. Danzig im Spätmittelalter, in: *Original – Kopie – Zitat. Kunstwerke des Mittelalters und der Frühen Neuzeit. Wege der Aneignung, Formen der Überlieferung*, hg. v. Wolfgang Augustyn und Ulrich Söding, Passau 2010, S. 73–101, hier S. 75.

3 Bjørn Poulsen / Olav E. Gundersen, Between Sea and River. Water in Medieval Scandinavian Towns, in: *WIREs Water* Bd. 6 H. 3 (2019), https://doi.org/10.1002/wat2.1346 vom 31.03.2019.

4 Ebd.

5 Ulrich Müller, Networks of Towns – Networks of Periphery? Some Relations Between the North European Medieval Town and its Hinterland, in: *Raumbildung durch Netzwerke?*, hg. v. Sunhild Kleingärtner und Gabriel Zeilinger, Bonn 2012, S. 55–78, hier S. 55.

6 Poulsen / Gundersen, Between Sea and River (wie Anm. 3), S. 6.

eine zentrale Rolle. Während die Länder im Norden über eine sehr große Küstenlinie entlang der Ost- und Nordsee mit all ihren Implikationen verfügten, war auch die Landwirtschaft aufgrund des kalten und feuchten Klimas auf Entwässerungssysteme und Deiche angewiesen. Regen, Überflutungen und Frost setzten den Menschen zu, veränderten im Jahreslauf die Landschaft und damit auch die Verkehrswege. So wurden etwa gefrorene Seen, Moore und Flüsse im Winter zu zusätzlichen Transportwegen,[7] während Flüsse durch Niedrigwasser, Strudel oder Klippen sowie durch künstliche Hindernisse wie Mühlen, Wehre und Fischereinetze wiederum unabhängig von klimatischen Bedingungen unpassierbar werden konnten.[8]

Wasserwege als Transportinfrastruktur im mittelalterlichen Nordeuropa

In den Forschungen zur Kulturgeschichte Nordeuropas, damit auch der mittelalterlichen Kunstgeschichte Nordeuropas, spielen Nord- und Ostsee eine zentrale Rolle. Die Meere sind das verbindende Element zwischen den verschiedenen Regionen und legen den Grund für Handelsnetzwerke wie das dominierende der Hanse, für wirtschaftlichen und politischen Erfolg, für Transferprozesse und Dynamiken. Diese augenfällige topographische Ausgangslage lenkt den Blick häufig von den vielen Strömen, die in die Meere flossen, und Flüssen, die gleichzeitig das angrenzende Binnenland erschlossen und in die Ströme mündeten. Wenig überraschend gehörten auch im Norden Ströme und Flüsse zu „konnektiven Gesamtsystemen" und bildeten im Verbund mit Seehäfen und kurzen Landwegen weitreichende Wegenetze über mehrere Flussläufe.[9] Auf den Netzwerkcharakter dieser historischen Verkehrsinfrastruktur, in dem Wasserstraßen als Fäden oder Kanten, die Häfen beziehungsweise Schiffslandeplätze als Knoten verstanden werden, ist Detlev Ellmers verschiedentlich eingegangen.[10] Während in Schweden die großen Seen Vänern,

---

7 Ebd., S. 3.

8 Stephan Freund, Flüsse und Wege. Theoretische und praktische Probleme der Kommunikation in vormoderner Zeit, in: *Siedlungsforschung. Archäologie – Geschichte – Geographie*, hg. v. Arbeitskreis für historische Kulturlandschaftsforschung in Mitteleuropa e.V. (ARKUM), Bd. 25, Bonn 2007, S. 49–50.

9 Stefan Burkhardt / Sebastian Kolditz, Zwischen Fluss und Meer. Mündungsgebiete als aquatisch-terrestrische Kontaktzonen im Mittelalter, in: *Wasser in der mittelalterlichen Kultur / Water in Medieval Culture*, hg. v. Gerlinde Huber-Rebenich et al., Berlin / Boston 2017, S. 90–104, hier S. 101.

10 Detlev Ellmers, Techniken und Organisationsformen zur Nutzung der Binnenwasserstraßen im hohen und späten Mittelalter, in: *Die Hanse der deutschen Kaufleute und ausgewählte Beiträge zur Geschichte der Seefahrt*, hg. v. Rolf Hammel-Kiesow und Volker Henn, Wismar 2018, S. 295–316, hier S. 297.

Vättern, Mälaren oder Stora Le große Flächen einnehmen, werden die Küstenregionen im Norden auch durch Fjorde charakterisiert, etwa den Oslofjord, Sognefjord, Hardangerfjord oder Trondheimsfjord in Norwegen, aber auch jene bei Haderslev, Randers, Mariager in Dänemark und nicht zuletzt die Schlei, die sich bis Haithabu respektive Schleswig erstreckt. Ströme münden in Meere oder Flüsse in Seen, so der Kokemäenjoki bis zu den Seen der heute finnischen Region Pirkanmaa (schwed. *Birkaland*) oder der Indalsälven in Nordschweden. Die Düna durchfließt das Binnenland der historischen Landschaft Livlands und mündet bei Riga in die Ostsee. In Schleswig-Holstein gelten Eider, Treene und Stör neben dem Ochsenweg und der Trave und Wakenitz als hauptsächliche Verkehrsrouten, in Mecklenburg waren dies Warnow, Peene, Trebel und Elde. Die Darstellungen dieser Wasserwege als Transportinfrastruktur von Städten und Regionen im Mittelalter war daher im Kontext der Repräsentation ihrer wirtschaftlichen Prosperität elementar und ist in zahlreichen Beispielen überliefert (Abb. 5).[11]

Noch im frühen Mittelalter wurden weite Strecken zumeist über den Wasserweg bestritten, wobei verschiedene Flüsse durch kurze Landwege, die in ein oder zwei Tagesreisen zu absolvieren waren, miteinander verbunden wurden.[12] Dieses Netz änderte sich jedoch seit dem Hochmittelalter, da der zunehmende Wasserbau mit seinen Stauanlagen und den Zuleitungskanälen für den Betrieb von Mühlen die Binnenschifffahrt behinderte und zu längeren Landstrecken zwischen den Flussabschnitten führte. Dieser Umstand ließ schließlich ein eigenes Langstrecken-Fuhrmannsgewerbe entstehen.[13]

Während der Seehandel von den technologischen Entwicklungen im Schiffsbau und den damit zusammenhängenden zunehmenden Transportmengen profitierte, blieben die Kosten für den Warentransport im Binnenland über die Flüsse insgesamt höher.[14] Zwar konnte die Flussströmung für die Talfahrten genutzt werden, was den Energiebedarf schonte, doch erforderte die Bergfahrt noch bis ins

11 Weitere Beispiele finden sich neben den Stadtansichten in der *Schedel'schen Weltchronik* auch in Braun / Hogenberg (Georg Braun / Franz Hogenberg, *Civitates orbis terrarum*, Köln 1593), etwa zu Lüneburg (https://digi.ub.uni-heidelberg.de/diglit/braun1593bd1/0072 vom 31.03.2019), Lübeck (https://digi.ub.uni-heidelberg.de/diglit/braun1593bd1/0074 vom 31.03.2019), Münster, Osnabrück, Wesel (https://digi.ub.uni-heidelberg.de/diglit/braun1593bd1/0070 vom 31.03.2019) oder Köln (https://digi.ub.uni-heidelberg.de/diglit/braun1593bd1/0103 vom 31.03.2019).

12 Ellmers, Techniken und Organisationsformen (wie Anm. 10), S. 297.

13 Ebd., S. 305, 307.

14 Siehe Poulsen / Gundersen, Between Sea and River (wie Anm. 3), S. 5. Im Hochmittelalter konnten Binnenschiffe auf der Stecknitz aufwärts zwischen Lübeck und Mölln bis zu 7,5 t laden, vgl. Ellmers, Techniken und Organisationsformen (wie Anm. 10), S. 306.

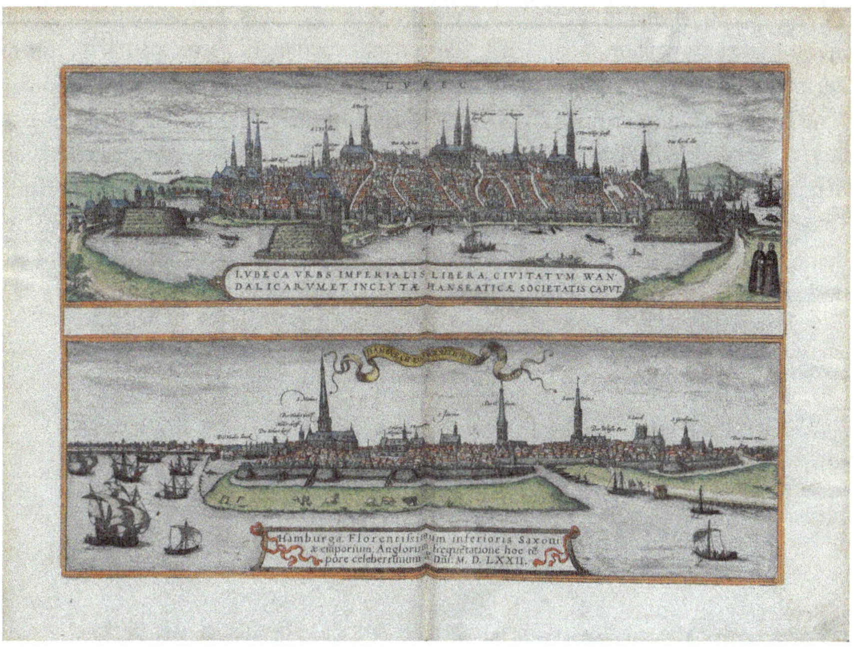

Abb. 5: Ansicht von Hamburg, aus: Georg Braun / Franz Hogenberg, *Civitates Orbis Terrarvm*, Köln 1593, S. 24. Universitätsbibliothek Heidelberg.

Hochmittelalter meist den mühevollen Einsatz des Stakens.[15] Waren bei Talfahrten so Tagesstrecken von etwa 100 km möglich, bedeuteten Bergfahrten hingegen nur ein langsames Schritttempo.[16] Dennoch blieb der Transport über Flüsse gerade für schwere oder zerbrechliche Waren attraktiv, die über den Landweg erheblichen Aufwand erforderten.[17] Einen solchen Aufwand können wir beispielsweise für den Transport fertiger Kunstwerke annehmen, etwa für Taufsteine. Da Taufsteine zu den primären Ausstattungsstücken der mittelalterlichen Kirchen gehörten, ist davon auszugehen, dass jede Kirche einen solchen Stein besaß. Hölzerne Kirchenbauten waren jedoch häufig Vorgänger der heutigen aus Stein errichteten Kirchen, daher muss das Entstehungsdatum des Taufsteins nicht zwangsläufig mit dem Bau der

15 Ebd., S. 298–299. Das von den Römern etablierte Treideln mit menschlicher Muskelkraft oder mit Zugtieren auf sog. Leinpfaden ist im frühen Mittelalter für den Rhein auf der linken Uferseite überliefert. Für Gebiete außerhalb der ehemaligen römischen Provinzen ist dies nicht bekannt.

16 Ebd., S. 299.

17 Aus diesem Grund entschied man sich wohl auch 801, das Geschenk von Harun al Raschid an Karl den Großen, den Elefanten Abul Abaz, per Schiff zu transportieren, vgl. Freund, Flüsse und Wege (wie Anm. 8), S. 52.

Steinkirche zusammenhängen. Des Weiteren wurden Taufsteine vereinzelt von anderen Kirchen übernommen.[18] Nichtsdestotrotz wurden Taufsteine aufgrund ihres Formats und Gewichts eher nicht mehrfach transloziert, so dass sich aufgrund von Häufungen bestimmter Ausführungen Aussagen zu ihrem Verbreitungsgrad treffen lassen. Von gotländischen Kalksteintaufen, die zwischen 1150 und 1400 gefertigt wurden, haben sich rund 800 in Nordeuropa erhalten. Nachdem bis um 1210 nahezu alle gotländischen Kirchen mit Taufsteinen ausgestattet waren, wurde überwiegend für den Export produziert.[19] Eine Verteilungskarte von Lars Berggren und Annette Landen, die im Zuge ihres Inventarisierungsprojektes entstand, gibt ein deutliches Bild

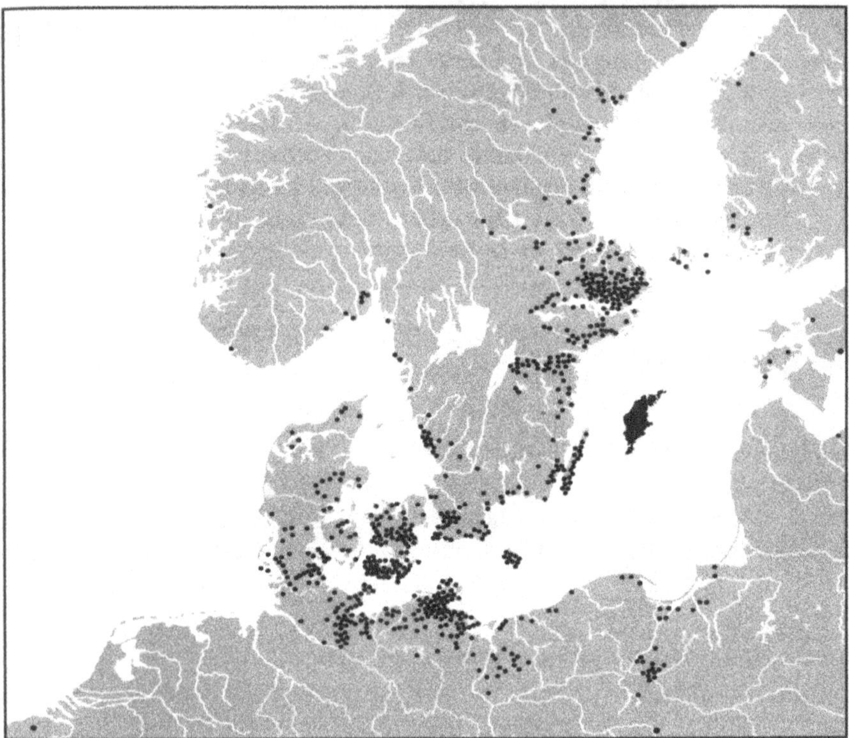

Abb. 6: Verteilungskarte mit Taufsteinen aus gotländischem Kalkstein, 13.-14. Jahrhundert. © Lars Berggren und Annette Landen.

18 Lars Berggren, The Export of Limestone and Limestone Fonts from Gotland During the Thirteenth and Fourteenth Centuries, in: *Cogs, Cargoes, and Commerce. Maritime Bulk Trade in Northern Europe, 1150–1400*, hg. v. dems., Toronto 2006, S. 143–180, hier S. 161, Anm. 25.
19 Ebd., S. 168.

der Verbreitung an den Küstenlinien im westlichen Ostseeraum (Abb. 6).[20] Analog zu den Handelswegen des Hansenetzwerks ist auch die Vermittlung der Taufsteine zu verstehen. Abgesehen von den direkten Küstenregionen lässt sich eine Häufung an den Wasserläufen Östergötlands und Södermanlands, vor allem am Motala ström hin zum Vättern, sowie am nördlichen Ufer des Mälaren in Uppland, erkennen. Im Herzogtum Schleswig finden sich gotländische Kalksteintaufen entlang von Eider und Treene, in Holstein vor allem entlang des Stecknitzkanals. Neben fertigen Taufsteinen blühte zudem der Handel mit Einzelteilen, also Schäften, Basen und Kuppae, die eine Kombination mit Teilen aus lokalem Material oder aus lokaler Herstellung ermöglichten.[21] Unabhängig von Flussverläufen oder anderen Wasserwegen lassen sich kaum erhaltene Kalksteintaufen aus Gotland finden, daher war ein Transport auf dem Wasser wohl der pragmatischste Weg an den Bestimmungsort.

Flussräume und Prosperität

Als weiterer Faktor des Warentransports, auch dem von Kunstwerken, muss zudem das notwendige Umladen von Gütern, das an verschiedenen Schnittstellen stattfand, berücksichtigt werden: zwischen Wagen und Flussschiffen, zwischen Fluss- und Küsten- beziehungsweise Seeschiffen und zwischen Binnensee- und Flussschiffen.[22] An solchen Schnittstellen bildeten sich im Frühmittelalter erst Ufermärkte, daraus Ufersiedlungen und schließlich Hafenstädte.[23] Seit der Wikingerzeit etablierten sich im Norden daher an solchen Stellen Handelszentren wie Haithabu, dem Vorgänger der Stadt Schleswig. Die Lage an der Schlei war ein bedeutender Knotenpunkt zwischen Nordsee und Ostsee.[24] Dabei reichte die Schlei 42 km ins Binnenland hinein und bot durch ihre Tiefe sowie durch enge und weite Passagen die notwendigen naturräumlichen Grundlagen für einen Schutz an den Anlandeplätzen und damit auch für die Besiedlung der Ufer.[25]

Bedeutende Hafenstädte wurden an Flussunterläufen gegründet, im Ostseeraum etwa Lübeck an der Trave, Rostock an der Warnow, Danzig an der Weichsel und Riga an der Düna. An der Nordsee finden sich Bremen und Hamburg, aber auch etwa Borg (heute Sarpsborg), 15 km von der Mündung des längsten Flusses

20 Ebd., S. 162.
21 Ebd., S. 174.
22 Ellmers, Techniken und Organisationsformen (wie Anm. 10), S. 300–301.
23 Ebd., S. 301.
24 North, Connected Seas I (wie Anm. 1), S. 5.
25 Müller, Networks of Towns (wie Anm. 5), S. 66.

Norwegens, Glomma, entfernt.[26] Das notwendige Umladen zwischen Küsten- und Binnenschiffen trug diesen Städten ein faktisches Stapelrecht zu. Eine darauf zurückzuführende wirtschaftliche Blüte lässt sich auch in den Städten beobachten, die an einer Schnittstelle zwischen Binnenseen und Flüssen liegen, zum Beispiel Linköping an der Mündung des Stångån in den See Roxen.[27] Auch die direkt an Flussmündungen gelegenen Städte wirkten daher in besonderer Weise als kommunikative Handelszentren und Kontaktzonen von Transportwegen zu Land und zu Wasser.[28]

Die an den Küsten der Nord- und Ostsee liegenden Städte mit ihren Häfen waren Knotenpunkte in einem weitgespannten Netzwerk von Personen, Gütern, urbanen und ländlichen Regionen. Beispiele für im Mittelalter aufstrebende kleinere Städte in Nordeuropa, die von der Lage an Flussmündungen profitierten, waren etwa Trondheim am Fluss Nid in Mittelnorwegen, eine Gründung aus dem 10. Jahrhundert und Sitz des einzigen Erzbistums im Land,[29] oder Odense auf der Insel Fünen. Die zentrale Lage im Straßennetzwerk war hier allerdings vorrangig, da heute über die Schiffbarkeit des Flusses Odense Å keine qualifizierten Aussagen, zumindest für das Spätmittelalter, getroffen werden können.[30] Um dies zu beurteilen, wird eine Methode angewendet, die die heutige Wasserführung in Kubikmeter pro Sekunde berücksichtigt. Im Vergleich zur heutigen Befahrbarkeit von Binnengewässern ist jedoch davon auszugehen, dass ihre historische Schiffbarkeit deutlich häufiger anzunehmen ist.[31] In Hafenstädten wurden zur einfacheren Löschung der Schiffsladungen zunächst hölzerne, später steinerne Landeplätze im Schutz der Stadtmauern sowie Uferschutzbauten angelegt, die seit dem Ende des 15. Jahrhunderts auch in bildlichen Darstellungen, etwa der *Schedel'schen Weltchronik* überliefert sind.[32]

---

26 Poulsen / Gundersen, Between Sea and River (wie Anm. 3), S. 6.

27 Ellmers, Techniken und Organisationsformen (wie Anm. 10), S. 311.

28 Burkhardt / Kolditz, Zwischen Fluss und Meer (wie Anm. 9), S. 100.

29 Poulsen / Gundersen, Between Sea and River (wie Anm. 3), S. 4.

30 Ebd., S. 5. In der Wikingerzeit und dem Frühmittelalter war der kleine Fluss wahrscheinlich schiffbar, Bart Holterman et al., *Viabundus Pre-Modern Street Map 1.1* (Stand 06.12.2021), Göttingen 2021, https://www.viabundus.eu vom 14.03.2022.

31 Diese von Martin Eckholdt 1980 entwickelte Methode geht davon aus, dass die geringstmögliche Wasserführung für eine Befahrbarkeit bei 1,5 bis 3 m^3/s lag, vgl. Ellmers, Techniken und Organisationsformen (wie Anm. 10), S. 297.

32 Ebd., S. 313. Solche finden wir etwa in Paris (https://www.digitale-sammlungen.de/de/view/bsb00059084?page=100,101 vom 31.03.2019), Köln (https://www.digitale-sammlungen.de/de/view/bsb00059084?page=204,205 vom 31.03.2019), Magdeburg (mit gleicher Vorlage wie Paris: https://www.digitale-sammlungen.de/de/view/bsb00059084?page=382,383 vom 31.03.2019) und Lübeck (https://www.digitale-sammlungen.de/de/view/bsb00059084?page=554,555 vom 31.03.2019).

Seit dem Hochmittelalter bemühten sich die Städte, die Hoheit über die für sie relevanten Wasserwege zu erhalten. So besaß Lübeck seit 1188 die von Kaiser Barbarossa übertragenen Privilegien über die Trave von ihrer Ostseemündung bis nach Oldesloe sowie über die in die Trave mündenden kleineren Flüsse Stepenitz, Wakenitz und Stecknitz, um Holztransporte in die Stadt zu sichern.[33] Um die Stecknitz schiffbar zu machen, bauten die Lübecker in der Folge Stauschleusen in Anlehnung an jene, die sie an der Wakenitzmündung für den Mühlenbetrieb errichtet hatten und konnten so mit Schiffen den Möllner See erreichen. Rostock handhabte die Erschließung des Hinterlandes durch die Warnow mit ebensolchen Maßnahmen.[34] Die Stecknitz wiederum wurde zur bedeutendsten Verbindung zwischen Elbe und Ostsee. Seit 1390 baute Lübeck dafür acht Jahre lang einen 11,5 km langen Graben zwischen dem Möllner See zur Delvenau, die bei Lauenburg in die Elbe mündet. Dieser Kanal, die sogenannte Stecknitzfahrt, wurde ausschlaggebend für den Lüneburger Handel mit Salz, das über 97 km nach Lauenburg und Lübeck in den Ostseeraum exportiert wurde und bedeutend für den Heringshandel war.[35]

Kunsthandel über Land und Wasser: das Trinitäts-Retabel in Reval

Da sich Ströme und Flüsse zwar in ihren Schleifen, nicht aber in ihrem grundsätzlichen Verlauf änderten, stellen heutige Gewässerkarten auch das Netzwerk mittelalterlicher Flussläufe dar.[36] Forschungsprojekte wie *Viabundus* machen sich dies zunutze und lassen eine Rekonstruktion von möglichen Handelswegen mittelalterlicher Kunstwerke zu.[37] So kann auf diese Weise etwas mehr Licht in die genaue Route des *Trinitäts-Retabels* für die Schwarzhäupterbruderschaft in Reval (Talinn) gebracht werden, das sie 1424 für ihre Kapelle in der Dominikanerkirche in Auftrag gegeben hatten. Hinlänglich bekannt ist die Überlieferung aus den Rechnungs-

33 Ebd., S. 306.

34 Ebd.

35 Ebd., S. 310.

36 Ebd., S. 298.

37 Das internationale Verbundprojekt *Viabundus – Vormoderne Straßenkarte* basiert auf der Digitalisierung des Hansischen Handelsstraßen Atlasses von Friedrich Bruns und Hugo Weczerka (1962); Holterman et al., Viabundus (wie Anm. 30) und https://www.landesgeschichte.uni-goettingen.de/roads/viabundus/the-project/ vom 14.03.2022.

büchern der Bruderschaft, laut der der Revaler Tischler Hans Kankelow die Holz- und Bildhauerarbeiten verantwortete und das Retabel 1429 über Lübeck nach Hamburg verschifft wurde, um dort farbig gefasst und bemalt zu werden.[38] Das Retabel selbst hat sich zwar nicht erhalten, doch ist diese Quelle vor allem im kunsthistorischen Diskurs über die Existenz eines Hamburger Künstlers „Meister Francke" verortet, dessen Name in einer weiteren Quelle im Kontext des *Thomasretabels der Englandfahrer* von 1424 in St. Johannis in Hamburg genannt wird.[39]

Mithilfe des *Viabundus*-Projektes lassen sich nun zwei mögliche Routen für das Retabel nachverfolgen, einmal über 81 km mit dem Schiff bis Oldesloe und danach mit dem Wagen nach Hamburg oder über 144 km über den Wasserweg und damit über die Hauptverbindung zwischen Elbe und Ostsee, den Stecknitzkanal. In beiden Fällen wurde das Retabel über die Ostsee zunächst nach Travemünde gebracht. Von dort aus fuhr das Schiff 26 km die Trave aufwärts, das Retabel wurde dann in Lübeck für die Binnenschifffahrt umgeladen. Die Strecke über den Wasser- und Landweg über Oldesloe betrug 1429 etwa 64 km, führte über drei Zollstätten, einen Stapel und zwei Brücken nach Hamburg. Die gesamte Reisezeit betrug dabei einen Tag und sechs Stunden, davon wurden 4,5 Stunden mit dem Schiff bis Oldesloe und ein Tag und 1,5 Stunden mit einem Wagen bis Hamburg zurückgelegt. Bei Oldesloe lagen eine Brücke und eine Zollstätte, hier fand die Umladung auf einen Wagen statt.

Über den Stecknitzkanal betrug der Wasserweg 144 km und damit war die reine Transportstrecke bedeutend länger. Hier waren 1429 vier Zollstätten, ein Stapel sowie zehn Schleusen zu passieren. Das Schiff fuhr zunächst 23,2 km bis zur Berkenthiner Schleuse, nach 11,1 km folgte die Donnerschleuse, nach 3,2 km die Oberschleuse, nach 4,3 km die Hahnenburger Schleuse bei Mölln, die den Weg in den Stecknitzkanal öffnete, nach 11,4 km folgte die Zienburger Schleuse, kurz darauf nach 2,8 km die Seeburger Schleuse, nach 11,4 km die Büchener Schleuse, nach 4,6 km die Niebuhrschleuse, nach 2,2, km die Dückerschleuse, nach 13,5 km die Palmschleuse, nach 1,4 km die Frauweiseschleuse, die das Schiff dann bei Lauenburg und seiner Zollstätte in die Elbe führte. Von dort aus waren es noch 53,7 km bis Hamburg, auf etwa halber Strecke lag noch eine Zollstätte in Riepenburg. Welcher Transportweg gewählt wurde, hing sicherlich von mehreren Faktoren, wie Wetter, der Beschaffenheit der Verkehrswege, der Kosten sowie der Verfügbarkeit von Transportmitteln ab. Da sich die Verbindung zwischen Lübeck und Lüneburg über den Stecknitzkanal zu diesem Zeitpunkt vor allem im Salz-

38 Stephan Kemperdick, Painters, Monks and Fantasies, in: *Meister Francke revisited. Auf den Spuren eines Hamburger Malers*, hg. v. Ulrike Nürnberger et al., Petersberg 2017, S. 53–62, hier S. 55.
39 Ebd., S. 53.

handel schon über 40 Jahre etabliert hatte, spricht aus heutiger Sicht einiges dafür, dass das Revaler *Trinitäts-Retabel* ebenfalls diese Route nahm.

Generell können wir davon ausgehen, dass der Transport von Kunstwerken analog zu anderen Handelswaren gehandhabt wurde. Aus den Untersuchungen von Carsten Jahnke über den Kunsthandel in den hansischen Netzwerken lässt sich festhalten, dass zum Beispiel erhaltene Quellen von Revaler Kaufleuten zeigen, wie Auftraggeber primär die Netzwerke von ihnen bekannten Kaufleuten nutzen, um Kunstwerke zu beziehen. Der Fertigungsort eines Werkes war daher einerseits an die Handelsmärkte des Vermittlers und andererseits an das zur Verfügung stehende finanzielle Vermögen gebunden. Offensichtlich stand daher häufig weniger das individuelle Aussehen eines Kunstwerks im Vordergrund als vielmehr standardisierte Produkte, die über eigene Kanäle zu beziehen waren.[40] Dies ist sicher ein Grund für heute nicht mehr nachzuvollziehende Stationen mancher Werke. Noch unübersichtlicher wird diese Situation durch das parallel auf verschiedenen Märkten und in unterschiedlichen (Meeres-)Regionen stattfindende Handeln von mittelalterlichen Kaufleuten und ihren variierenden Strategien für den eigenen wirtschaftlichen Erfolg, wie dies Michael North aufzeigt.[41]

Die Versorgung der Städte fand auch im Norden häufig über Flüsse statt. Neben Waren des täglichen Bedarfs ist die kontinuierliche Verfügbarkeit von Baumaterialien von Bedeutung, also Sand, Lehm, Kalk, Steine oder Holz.[42] Neben Befestigungen und profanen Bauten benötigten die Städte diese auch für die Errichtung von Kirchen und Klöstern. In Norddeutschland spielten Hamburg und Lüneburg im 14. und 15. Jahrhundert in diesem Handelszweig eine bedeutende Rolle. So wurde der Handel von Backsteinen, Steinen, Holz und teilweise Kalk über Hamburg organisiert, während Lüneburg den Handel mit Gips und Kalk, die zur Herstellung von Mörtel unerlässlich waren, dominierte.[43] Dies hatte auch konkrete Auswirkungen auf die Bautätigkeit von Kirchen im Zuge des Landesausbaus in Schleswig-Holstein zwischen dem 12. und der Mitte des 14. Jahrhunderts. Die frühen hölzernen Kirchen wurden in dieser Zeit von steinernen Bauwerken abgelöst. In Holstein wurden zunächst einschiffige Feldsteinkirchen mit eingewölbtem Chor errichtet, deren Mauerwerk mit Gips vergossen oder großflächig verfugt wurde.[44]

---

40 Carsten Jahnke, Der Handel mit Kunst in den hansischen Netzwerken um 1500, in: *Hansische Identitäten*, hg. v. Kerstin Petermann et al., Petersberg 2018, S. 105–111, hier S. 110.

41 North, Connected Seas I (wie Anm. 1), S. 9.

42 Müller, Networks of Towns (wie Anm. 5), S. 69.

43 Ebd., S. 71.

44 Dirk Meier, *Schleswig-Holstein im Hohen und Späten Mittelalter. Landesausbau, Dörfer, Städte*, Heide 2012, S. 83.

Materialvorkommen und Flusstransportwege

In Schleswig spielten Tuff und Granit als Baumaterial seit dem 12. Jahrhundert eine große Rolle. Tuff wurde aus Andernach über den Rhein nach Deventer und Utrecht transportiert und dort weiterverkauft.[45] Es gelangte sodann über Nordsee, Eider und Treene gen Norden. Neben den Dombauten von Schleswig und Ribe sind hier romanische Dorfkirchen zu nennen, etwa auf Pellworm oder in Hollingstedt. Letztere wurde nur 100 m vom heutigen Ufer der Treene vollständig aus rheinischem Tuff gebaut. Auch im nördlichen Westschleswig, im heutigen Dänemark, wurde Tuff wohl in Anlehnung an den Dom von Ribe verwendet. Insgesamt wurden in Dänemark 55 Kirchen zwischen 1175 und 1250 aus Tuffstein gebaut.[46] Ein eindrucksvolles Beispiel ist hier die Kirche von Hviding (Abb. 7), für die zudem noch lokaler Backstein verbaut wurde.[47] An der Ostküste Süd- und Nordschleswigs wurden im Mittelalter überwiegend skandinavische Granitquader für den Kirchenbau verwendet, in Angeln etwa für die Saalkirchen in Sörup, Norderbrarup oder Husby, im heutigen Dänemark zum Beispiel in Tislund bei Haderlev.[48] Seit dem Ende des 12. Jahrhunderts setzt sich in den Marschen der Westküste Schleswig-Holsteins und schließlich auch im ganzen Land Backstein als primäres Baumaterial für Kirchen durch.[49]

Wenden wir uns dem Transport von Holz als Material für Kunstwerke zu, so sind in Nordeuropa vor allem Eichen-, Linden-, Nussbaum- und Nadelholz dominierend. Mit Blick auf Tafelbilder, Holzskulpturen, Flügelretabel, Schreine und andere Objekte, die in einem kirchlichen Kontext genutzt werden sollten, geben zahlreiche Zunftordnungen, dort wo Regelungen nachgefragt waren, Auskunft über die erlaubte Verwendung spezifischer Holzarten. Dies scheint zudem dort von Relevanz gewesen zu sein, wo Hölzer eingeführt wurden und nicht aus lokalen Beständen stammten. Zudem griff man offensichtlich auf übliche Handelsware zurück, die auch anderen Zwecken als künstlerischen Aufträgen diente. Ausgehend von den Beobachtungen anhand des erhaltenen Bestands der spätmittelalterlichen Flügelretabel im Herzogtum Mecklenburg ist es trotz fehlender dendrochronologischer Analysen möglich, anhand der Maße der verwendeten Hölzer, etwa für die Tafeln der Flügel, aber auch für die Schreinkonstruktionen, eine Provenienz aus dem Bal-

45 Berggren, The Export of Limestone (wie Anm. 18), S. 144.

46 Ebd.

47 Meier, Schleswig-Holstein (wie Anm. 44), S. 87.

48 Ebd., S. 84, 87.

49 Ebd., S. 88.

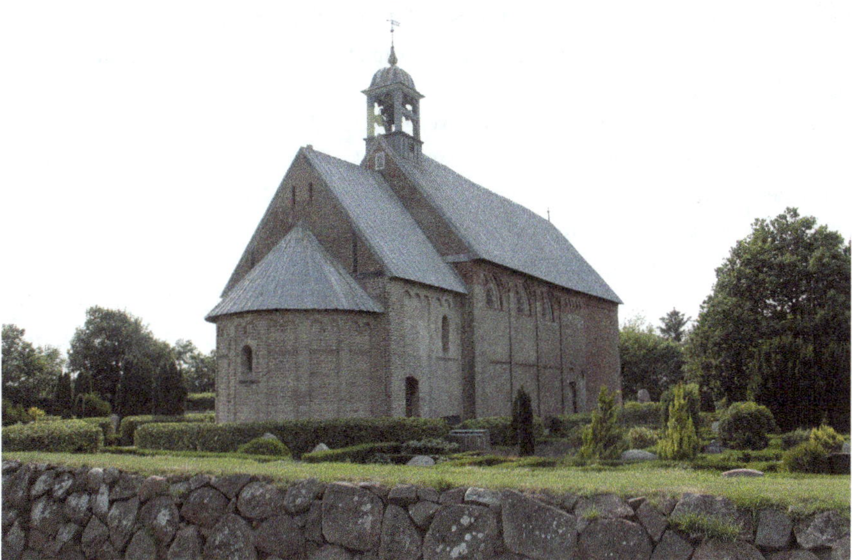

Abb. 7: Kirche in Hviding (Tønder Amt).

tikum oder Preußen abzuleiten.[50] Die größten Waldgebiete, die für die Holzwirtschaft im Mittelalter genutzt wurden, lagen im Gebiet der Weichsel und der Düna, im Hinterland von Danzig und Riga. Im 14. und 15. Jahrhundert dominierte Danzig den Holzhandel, während ab dem 16. Jahrhundert Königsberg und Riga diese Rolle übernahmen.[51] Der Export von qualitätvollem Holz aus diesen Regionen kann neben Quellen wie den Danziger Pfundzolllisten etwa auch anhand von Schiffwracks bis in das 13. Jahrhundert nachgewiesen werden. Die geschlagenen Baumstämme wurden über diese beiden Flüsse geflößt und dann zu Planken und Brettern in bestimmte Formate radial gespalten oder gesägt.[52] Dafür wurde 1338 eine Sägemühle in Danzig errichtet.[53] Weitere im 15. Jahrhundert entstandene Sägemühlen entlang der Weich-

50 Julia Trinkert, *Flügelretabel in Mecklenburg zwischen 1480 und 1540. Bestand, Verbreitung und Werkstattzusammenhänge*, Petersberg 2014, S. 61.

51 Daniel Zwick, A Fifteenth-Century Shipwreck with Scandinavian Features from Bremen. Interpreting the Beluga Ship in the Context of Late Medieval Clinker Construction in Northwestern Europe, in: *German Trade in the North Atlantic c. 1400–1700. Interdisciplinary Perspectives*, hg. v. Natascha Mehler et al., Stavanger 2019, S. 187–206, hier S. 191.

52 Ebd., S. 190.

53 Ebd., S. 192.

sel sprechen für gesägte Bretter als primäres Handelsformat.[54] Während die Danziger Pfundzollliste von 1409 etwa 41 Kategorien von Holzprodukten nennt, lassen sich daraus zwei Gruppen von Brettgrößen zusammenfassen: gesägte Hölzer, die als „dielen" oder „bottichholz" verwendet werden können, sowie radial gespaltene Hölzer in spezifischen Abmessungen, die als „Wagenschott" anzusprechen sind.[55] Bei Wagenschott handelte es sich um Holzstücke, die 314–565 cm in der Länge betrugen und aus einem Baumstamm in vier Teile („richtspaltig") gespalten waren. Daraus wurden lokal, zum Beispiel in Danzig, „dielen" mit einer Breite von circa 26,2 cm gespalten.[56] Die Verwendung von Wagenschott ist in der Wismarer Amtsrolle der Snidekker von 1500 erlaubt und auch in Lübeck war die Verarbeitung von Wagenschott durch Zimmerleute und Schnitzer, sowohl in Form von Brettern als auch von Stücken, üblich.[57] Die Maße der für Schreine verwendeten Holzbretter in Mecklenburg entsprechen den historischen Handelsmaßen von Wagenschott, zudem finden sich auch vereinzelt eingeritzte Markierungen auf den Brettern, die vom Holzhandel zeugen.[58] Blicken wir in diesem Kontext noch einmal auf das *Trinitäts-Retabel* aus Riga, das über die Ostsee voraussichtlich weiter über den Stecknitzkanal nach Hamburg transportiert wurde, so lässt sich anhand der dendrochronologischen Analysen der Hölzer der Bildtafeln der Werkgruppe um den sogenannten Meister Francke vermuten, dass es sich auch bei diesem heute verlorenen Werk um baltisches Eichenholz handelte, das im ersten Jahrzehnt des 15. Jahrhunderts geschlagen wurde.[59]

---

54 Ebd., S. 194.

55 Trinkert, Flügelretabel in Mecklenburg (wie Anm. 50), S. 241, Anm. 581; Arnulf von Ulmann, Über die Qualitätsbestimmung im Holzhandel, in: *Sculptures médiévales allemandes. Conservation et restauration*, hg. v. Sophie Guillot, Paris 1993, S. 223–232, hier S. 227; Tilo Schöfbeck, Handelsholz im norddeutschen Küstengebiet, in: *Keller in Mittelalter und Neuzeit. Beiträge zur Archäologie, Baugeschichte und Geschichte*, hg. v. Stefanie Brüggemann, Stralsund 2006, S. 67–78, hier S. 69; Eduard Schulte, Das Danziger Kontorbuch des Jakob Stöve aus Münster. Hansische Maße, Münzen, Waren, Wege und Zölle um 1560, in: *Hansische Geschichtsblätter*, Bd. 62, Lübeck 1937, S. 65, Anm. 37; Friedrich Stuhr, Schiffs- und Warenverkehr der mecklenburgischen Hansestädte mit Danzig am Ende des 15. Jahrhunderts, in: *Jahrbücher des Vereins für Mecklenburgische Geschichte und Altertumskunde*, Bd. 59, Schwerin 1894, S. 33–37, hier S. 36.

56 Zwick, A Fifteenth-Century Shipwreck (wie Anm. 51), S. 202, Anm. 48.

57 Trinkert, Flügelretabel in Mecklenburg (wie Anm. 50), S. 61.

58 Ebd., S. 62.

59 Silvia Castro, Kunsttechnologische Einblicke in die Arbeitsweise des Malers des Thomas-Retabels der hamburgischen Englandfahrer, gen. Meister Francke, in: *Meister Francke revisited. Auf den Spuren eines Hamburger Malers*, hg. v. Ulrike Nürnberger et al., Petersberg 2017, S. 163–201, hier S. 165.

Flüsse als Reisewege

Flüsse dienten neben dem Warentransport im Norden auch als Reiseweg für Künstler und Auftraggeber. Aus der grundsätzlich recht dürftigen Quellenlage lässt sich jedoch ein recht reger Reiseverkehr zwischen Lübeck und dem Birgittinenkloster in Vadstena belegen. 1492 holten zwei Klosterbrüder die Gesamtauflage von 800 Exemplaren der von Bartholomäus Ghotan gedruckten Ausgabe der *Reuelaciones extraugantes* der Hl. Birgitta in Lübeck ab (Abb. 8).[60] Sehr bekannt ist ferner der Rechtsstreit zwischen dem Kloster und dem Lübecker Künstler Hans Hesse, der den Auftrag, ein Retabel für den Altar der Hl. Birgitta zu liefern, vernachlässigte und Vorauszahlungen veruntreute, sodass schließlich Johannes Stenrat aushelfen musste.[61] Henrik Cornell publizierte 1916 den Ablauf der Bestellung anhand von erhaltenen Urkunden, die das Prozedere detailliert belegen.[62] An dem Auftrag waren Kaufleute aus Lübeck, Stockholm, Kalmar und Söderköping als Zwischenhändler und Vermittler beteiligt.[63] Für unseren Zusammenhang ausschlaggebend sind die Reisen Hans Hesses, die ihn 1456 und 1457 nach Vadstena führten. Der genaue Weg ist nicht überliefert. Anhand der topographischen Gegebenheiten ist davon auszugehen, dass er dazu zunächst mit dem Schiff über die Ostsee bis Norrköping reiste und von dort über die durch den Motala ström verbundenen Seen Glan, Roxen und Boren in den Vättern und nach Vadstena gelangte. Inwiefern er hier den Landweg hätte nutzen können, lässt sich nicht rekonstruieren. Im Zuge seiner zweiten Reise nach Vadstena führte ihn sein Weg aus unbekanntem Grunde weiter nach Kopparberget in Falun (Dalarna). Erst im Herbst 1458 kehrte er nach Lübeck zurück.[64]

Während der Export norddeutscher Werke nach Nordeuropa kursorisch immer wieder in der Forschung aufgenommen wird, meist durch Einzelbeobachtungen motiviert, und die Transportwege oft oberflächlich mit den Handelswegen im Hansenetzwerk begründet werden, fehlt bislang eine flächendeckende Untersuchung. Neben den spätmittelalterlichen Retabeln und Schreinen lassen sich mindestens

---

60 Jan von Bonsdorff, Kunstproduktion und Kunstverbreitung im Ostseeraum des Spätmittelalters, Helsinki 1993, S. 79; Holger Nickel, Zu Buchhandel und Buchproduktion im nordeuropäischen Raum während der Inkunabelzeit, in: *Bibliophilie und Buchgeschichte in Finnland. Aus Anlass des 500. Jubiläums des Missale Aboense*, hg. v. Esko Häkli und Friedhilde Krause, Berlin 1988, S. 25–31, hier S. 26–27; Friedrich Bruns, Die Lübecker Pfundzollbücher von 1492–1496, in: *Hansische Geschichtsblätter*, Bd. 14, Lübeck 1908, S. 387.

61 Bonsdorff, Kunstproduktion und Kunstverbreitung (wie Anm. 60), S. 98–110.

62 Henrik Cornell, Några nya dokument till 1400-talets konsthandel, in: *Konsthistoriska sällskapets publikation*, Stockholm 1916, S. 25–41.

63 Bonsdorff, Kunstproduktion und Kunstverbreitung (wie Anm. 60), S. 98.

64 Ebd., S. 104.

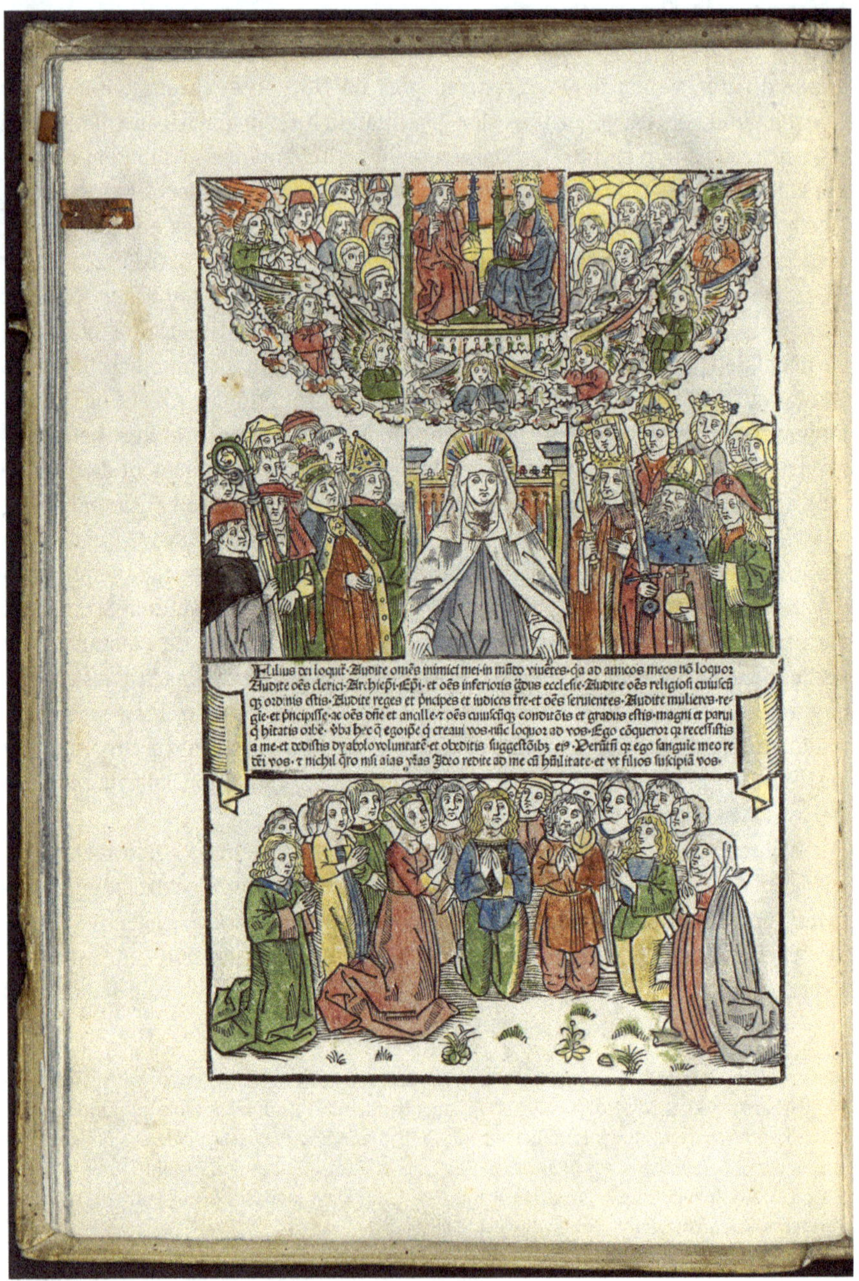

Abb. 8: Birgitta von Schweden, *Revelationes caelestes [...]*, 1492, München, Bayerische Staatsbibliothek München, 2 Inc.c.a. 2689, fol. 16v.

noch etwa 30 mittelalterliche Einzelskulpturen mit einer norddeutschen Provenienz finden.[65] Doch haben sich auch Bronzetaufen aus Norddeutschland erhalten, wie in Munktorp (Västmanland) und im Dom zu Linköping (Östergötland) sowie eine weitere in Burg auf Fehmarn, die ursprünglich für den Dom zu Västerås (Västmanland) bestimmt war und auf dem Weg von Lübeck an den Mälaren-See von Fehmaraner Piraten erbeutet wurde, sodass ein wechselseitiger Handel mit Taufbecken offensichtlich und damit eine vielschichtige Transferkultur im Norden deutlich wird.[66]

Des Weiteren kaum untersucht ist die Häufung von mittelalterlichen Holzskulpturen und Taufsteinen in der schwedischen Provinz Närke, nördlich vom See Vättern im Binnenland gelegen. Während von einer regen lokalen Produktion auszugehen ist, haben sich auf einer nur knapp 5.000 km^2 großen Fläche mindestens 61 mittelalterliche Werke erhalten. Davon wurden 23 Werke in einem Zeitraum von etwa 1200–1473 aus verschiedenen Gebieten importiert. Ihre Herkunft kann mit dem Bistum Linköping, der Provinz Östergötland, Mittelschweden und Gotland in der Nähe, aber auch mit Norddeutschland, dem Rheinland, Mechelen und dem Baltikum angegeben werden.[67] Auch hier spielte der Wasserweg über Flüsse und Seen für den Transport der Werke offensichtlich eine zentrale Rolle. Sehr wahrscheinlich wurden die großen Seen Vänern, Vättern mit ihrem Strömenetzwerk in die Ostsee sowie schließlich der Mälaren genutzt, um Werke aus allen Himmelsrichtungen zu beziehen.

Blickt man auch auf die Verbreitung von Holzskulpturen und Retabeln des 14. Jahrhunderts aus dem Rheinland in Schweden, so lassen sich neben typischen Lagen an Küsten Werke in den Provinzen Närke und Västmanland am Einzugsgebiet des Mälaren erkennen. Dabei handelt es sich zum Beispiel um Darstellungen des Hl. Olafs in Glanshammar (Närke) (Abb. 9) oder in Björksta (Västmanland) (Abb. 10) sowie um Figuren aus einem verlorenen Retabel in Hubbo, das in der zentralen Szene im Schrein das Jesuskind zwischen den thronenden Maria und Anna zeigte und von männlichen Heiligen flankiert wurde. Im kleinen Ort By, circa 100 km flussaufwärts am Dalälven gelegen, haben sich sowohl Fragmente eines Retabels mit einem thronenden Christus, einem Bischof und Heiligen erhalten als

---

65 An dieser Stelle befassen sich Kristin Kausland (NIKU Oslo) und Peter Tångeberg in ihrem Projekt *Dusting the Dusk of the Dark Ages* vor allem aus kunsttechnischer Perspektive mit der Bearbeitung solcher Importwerke in Norwegen und Schweden.

66 Albrecht, Uwe, Zur Gleichzeitigkeit des Ungleichzeitigen. Zwei holsteinische Bronze-Tauffünten des 14. Jahrhunderts: Kiel (1344) und Beidenfleth (1345), in: Schleswig-Holstein, H. 1 (2023), S. 156–177, hier S. 166; Hans Wentzel, Das Taufbecken des Beno Korp und einige verwandte Skulpturen in Schweden und Norddeutschland, in: *Fornvännen*, Bd. 129, Stockholm 1938, S. 129–153.

67 Datenbank *Medeltidens bildvärld*, https://medeltidbild.historiska.se/medeltidbild/ vom 14.03.2022.

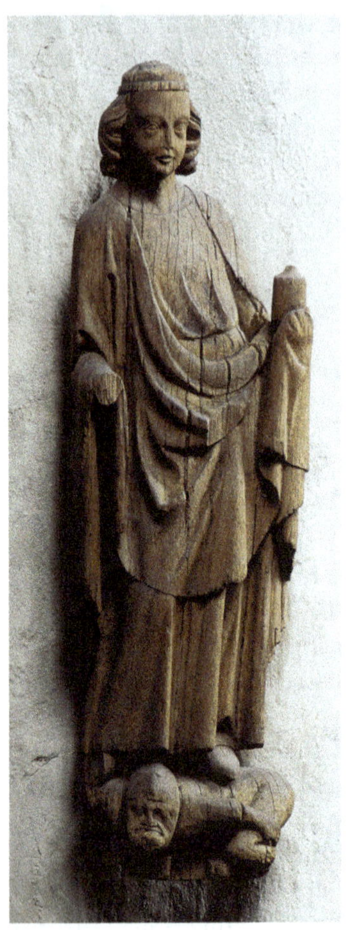

Abb. 9: Hl. Olaf in Glanshammar (Närke), Eichenholz, 2. Viertel 14. Jahrhundert.

auch ein Kruzifix aus dem Rheinland. Darüber hinaus zeugen neben zahlreichen lokalen Kunstwerken weitere Importwerke wie ein gotländischer Taufstein aus der Mitte des 13. Jahrhunderts, Holzskulpturen aus Norddeutschland aus dem 15. Jahrhundert sowie ein Flügelretabel aus einer Brüsseler Werkstatt, das im ersten Viertel des 16. Jahrhunderts gefertigt wurde, von den regen Handelskontakten und möglicherweise auch sich verlagernden Handelsschwerpunkten des Ortes im Mittelalter, die ohne die Lage am Dalälven nicht denkbar gewesen wären.

Abschließend wird deutlich, dass auch in Nordeuropa eine rege Kunstproduktion im Mittelalter stattfand, deren Bedingung eine funktionierende, an die äußeren Rahmenbedingungen geknüpfte Handels- und Verkehrsinfrastruktur war. Durch die dominierende Rolle der Meere mag die Bedeutung der Flüsse und Ströme für die Wege der Kunst vermeintlich in den Hintergrund geraten. Doch fehlen hier bislang

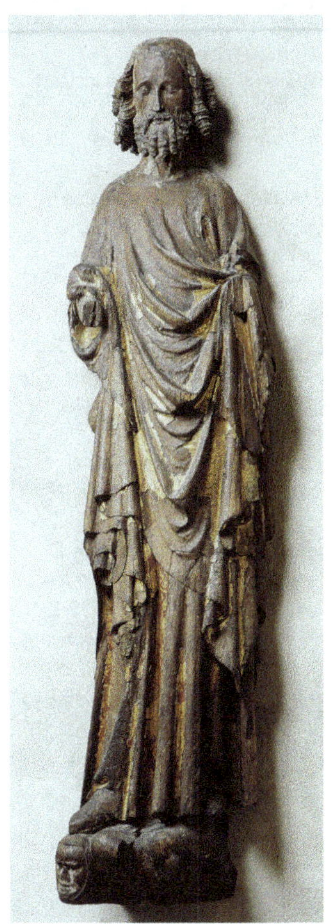

Abb. 10: Hl. Olaf in Björksta (Västmanland), Eichenholz, 2. Viertel 14. Jahrhundert.

offensichtlich vor allem aktuelle kunstgeografische Studien, die abseits von Konzepten wie Flüssen als Grenzlinien oder Verbreitungsräumen von Kunst-Strömungen, arbeiten sollten. Durch die Objektdichte ist das Potenzial dafür groß.

Bibliographie

Albrecht, Uwe, Zur Gleichzeitigkeit des Ungleichzeitigen. Zwei holsteinische Bronze-Tauffünten des 14. Jahrhunderts: Kiel (1344) und Beidenfleth (1345), in: Schleswig-Holstein, H. 1 (2023), S. 156–177.

Berggren, Lars, The Export of Limestone and Limestone Fonts from Gotland During the Thirteenth and Fourteenth Centuries, in: *Cogs, Cargoes, and Commerce. Maritime Bulk Trade in Northern* Europe, *1150–1400*, hg. v. dems., Toronto 2006, S. 143–180.

Bonsdorff, Jan von, *Kunstproduktion und Kunstverbreitung im Ostseeraum des Spätmittelalters*, Helsinki 1993.

Braun, Georg / Hogenberg, Franz, *Civitates orbis terrarum*, Köln 1593, https://digi.ub.uni-heidelberg.de/diglit/braun1593bd1 vom 14.03.2022.

Bruns, Friedrich, Die Lübecker Pfundzollbücher von 1492–1496, in: *Hansische Geschichtsblätter*, Bd. 14, Lübeck 1908, S. 357–407.

Burkhardt, Stefan / Kolditz, Sebastian, Zwischen Fluss und Meer. Mündungsgebiete als aquatisch-terrestrische Kontaktzonen im Mittelalter, in: *Wasser in der mittelalterlichen Kultur / Water in Medieval Culture*, hg. v. Gerlinde Huber-Rebenich et al., Berlin / Boston 2017, S 90–104, https://doi.org/10.1515/9783110437430-006 vom 14.03.2022.

Castro, Silvia, Kunsttechnologische Einblicke in die Arbeitsweise des Malers des Thomas-Retabels der hamburgischen Englandfahrer, gen. Meister Francke, in: *Meister Francke revisited. Auf den Spuren eines Hamburger Malers*, hg. v. Ulrike Nürnberger et al., Petersberg 2017, S. 163–201.

Cornell, Henrik, Några nya dokument till 1400-talets konsthandel, in: *Konsthistoriska sällskapets publikation*, Stockholm 1916, S. 25–41.

Eickhoff, Ekkehard, Maritime Defense of the Carolingian Empire, in: *Vikings on the Rhine. Recent Research on Early Medieval Relations Between the Rhinelands and Scandinavia*, hg. v. Rudolf Simek und Ulrike Engel, Wien 2004, S. 51–64.

Ellmers, Detlev, Techniken und Organisationsformen zur Nutzung der Binnenwasserstraßen im hohen und späten Mittelalter, in: *Die Hanse der deutschen Kaufleute und ausgewählte Beiträge zur Geschichte der Seefahrt*, hg. v. Rolf Hammel-Kiesow und Volker Henn, Wismar 2018, S. 295–316.

Freund, Stephan, Flüsse und Wege. Theoretische und praktische Probleme der Kommunikation in vormoderner Zeit, in: *Siedlungsforschung. Archäologie – Geschichte – Georgraphie*, hg. v. Arbeitskreis für historische Kulturlandschaftsforschung in Mitteleuropa e.V. (ARKUM), Bd. 25, Bonn 2007, S. 33–55.

Holterman, Bart, et al., *Viabundus Pre-Modern Street Map 1.1* (Stand 06.12.2021), Göttingen 2021, https://www.viabundus.eu vom 14.03.2022.

Jahnke, Carsten, Der Handel mit Kunst in den hansischen Netzwerken um 1500, in: *Hansische Identitäten*, hg. v. Kerstin Petermann et al., Petersberg 2018, S. 105–111.

Kemperdick, Stephan, Painters, Monks and Fantasies, in: *Meister Francke revisited. Auf den Spuren eines Hamburger Malers*, hg. v. Ulrike Nürnberger et al., Petersberg 2017, S. 53–62.

Meister Francke revisited. Auf den Spuren eines Hamburger Malers, hg. v. Ulrike Nürnberger, Elina Räsänen und Uwe Albrecht, Petersberg 2017.

Meier, Dirk, *Schleswig-Holstein im Hohen und Späten Mittelalter. Landesausbau, Dörfer, Städte*, Heide 2012.

Medeltidens bildvärld, https://medeltidbild.historiska.se/medeltidbild/ vom 14.03.2022.

Müller, Ulrich, Networks of Towns – Networks of Periphery? Some Relations Between the North European Medieval Town and its Hinterland, in: *Raumbildung durch Netzwerke?*, hg. v. Sunhild Kleingärtner und Gabriel Zeilinger, Bonn 2012, S. 55–78.

Nickel, Holger, Zu Buchhandel und Buchproduktion im nordeuropäischen Raum während der Inkunabelzeit, in: *Bibliophilie und Buchgeschichte in Finnland. Aus Anlass des 500. Jubiläums des Missale Aboense*, hg. v. Esko Häkli und Friedhilde Krause, Berlin 1988, S. 25–31.

North, Michael, Connected Seas I, in: *History Compass*, Bd. 16 H. 12 (2018), https://doi.org/10.1111/hic3.12503 vom 14. 11.2018.

Poulsen, Bjørn / Gundersen, Olav E., Between Sea and River. Water in Medieval Scandinavian Towns, in: *WIREs Water* Bd. 6 H. 3 (2019), https://doi.org/10.1002/wat2.1346 vom 31.03.2019.

Schöfbeck, Tilo, Handelsholz im norddeutschen Küstengebiet, in: *Keller in Mittelalter und Neuzeit. Beiträge zur Archäologie, Baugeschichte und Geschichte*, hg. v. Stefanie Brüggemann, Stralsund 2006, S. 67–78.

Schulte, Eduard, Das Danziger Kontorbuch des Jakob Stöve aus Münster. Hansische Maße, Münzen, Waren, Wege und Zölle um 1560, in: *Hansische Geschichtsblätter*, 62 (1937), S. 40–73.

Stuhr, Friedrich, Schiffs- und Warenverkehr der mecklenburgischen Hansestädte mit Danzig am Ende des 15. Jahrhunderts, in: *Jahrbücher des Vereins für Mecklenburgische Geschichte und Altertumskunde*, 59 (1897), S. 33–37.

Trinkert, Julia, *Flügelretabel in Mecklenburg zwischen 1480 und 1540. Bestand, Verbreitung und Werkstattzusammenhänge*, Petersberg 2014.

Ulmann, Arnulf von, Über die Qualitätsbestimmung im Holzhandel, in: *Sculptures médiévales allemandes. Conservation et restauration*, hg. v. Sophie Guillot, Paris 1993, S. 223–232.

Weilandt, Gerhard, Transferkultur. Danzig im Spätmittelalter, in: *Original – Kopie – Zitat. Kunstwerke des Mittelalters und der Frühen Neuzeit. Wege der Aneignung, Formen der Überlieferung*, hg. v. Wolfgang Augustyn und Ulrich Söding, Passau 2010, S. 73–101.

Wentzel, Hans, Das Taufbecken des Beno Korp und einige verwandte Skulpturen in Schweden und Norddeutschland, in: *Fornvännen*, 129 (1938), S. 129–153.

Williams, Gareth, Raiding and Warfare, in: *The Viking World*, hg. v. Stefan Brink und Neil Price, London 2008, S. 193–203.

Zwick, Daniel, A Fifteenth-Century Shipwreck with Scandinavian Features from Bremen. Interpreting the Beluga Ship in the Context of Late Medieval Clinker Construction in Northwestern Europe, in: *German Trade in the North Atlantic c. 1400–1700. Interdisciplinary Perspectives*, hg. v. Natascha Mehler et al., Stavanger 2019, S. 187–206.

Tanja Mattern

Ein Minnesänger aus dem Rhein-Maas-Raum: Herzog Jan von Brabant, der Sieger der Schlacht bei Worringen

Kulturtopographische Struktur des Rhein-Maas-Raums

Flüsse sind zugleich Verkehrsadern und Verbindungslinien, aber auch natürliche Grenzen, die geographische Räume markieren können, die mit heutigen nationalen Grenzverläufen nicht konform gehen müssen. So verhält es sich besonders mit dem Raum, um den es im Folgenden geht, der durch die Flüsse Maas und Rhein definiert, aber heute durch mehrere Ländergrenzen durchschnitten wird (Abb. 1). Aus literaturwissenschaftlicher Sicht steht der regionale Raum als Ordnungskriterium allerdings eher selten im Vordergrund, zu sehr ist der Blick hier von den Nationalphilologien bestimmt und stehen andere Kategorien wie Epochen, Gattungen und Autoren im Zentrum. Das gilt speziell für dieses Gebiet, denn hier treffen das Französische, das Niederländische und das Deutsche und damit gleich drei Philologien aufeinander.[1] In der Altgermanistik hat es gleichwohl nicht an kulturtopographischen Ansätzen gefehlt,[2] nicht zuletzt aus der Erkenntnis heraus, dass Literatur im Mittelalter zwar durchaus auch weite europäische Verbindungslinien kennt, dass sie insgesamt jedoch kleinräumiger organisiert ist; sind es doch bekanntlich Institutionen wie Kloster, Hof und Universität oder die Stadt, wo sie sich unter

1 Vgl. Bernd Bastert / Helmut Tervooren / Frank Willaert, Einleitung, in: *Dialog mit den Nachbarn. Mittelniederländische Literatur zwischen dem 12. und 16. Jahrhundert*, hg. v. dens., Berlin 2011, S. 1–12; Helmut Tervooren, Statt eines Vorwortes: Literatur im maasländisch-niederrheinischen Raum zwischen 1150–1400, in: *Literatur und Sprache im rheinisch-maasländischen Raum zwischen 1150 und 1450* (Zeitschrift für deutsche Philologie Sonderheft 108), hg. v. dems. und Hartmut Beckers, Berlin 1989, S. 3–19, hier S. 3.

2 Vgl. Nigel F. Palmer / Hans-Jochen Schiewer, Literarische Topographie des deutschsprachigen Südwestens im 14. Jahrhundert, in: *Regionale Literaturgeschichtsschreibung. Aufgaben, Analysen und Perspektiven* (Zeitschrift für deutsche Philologie Sonderheft 122), hg. v. Helmut Tervooren und Jens Haustein, Berlin 2003, S. 178–202; Helmut Tervooren, *Van der Masen tot op den Rijn. Ein Handbuch zur Geschichte der mittelalterlichen volkssprachlichen Literatur im Raum von Rhein und Maas*, Berlin 2006; Barbara Fleith / René Wetzel, Einleitung: Kulturtopographie des deutschsprachigen Südwestens im späteren Mittelalter, in: *Kulturtopographie des deutschsprachigen Südwestens im späteren Mittelalter. Studien und Texte* (Kulturtopographie des alemannischen Raums 1), hg. v. dens., Tübingen 2009, S. XI–XXII.

https://doi.org/10.1515/9783111102771-006

günstigen Voraussetzungen etablieren kann, die wiederum Kontakte in die Region und untereinander unterhalten.[3] Das Rhein-Maas-Gebiet war im Mittelalter ein wichtiger zusammenhängender Kulturraum, der sich allerdings in kleinräumigere Herrschaftsgebiete gliederte (Abb. 2). Der wichtigste Machtfaktor war das Erzbistum Köln mit den Suffraganbistümern Utrecht und Lüttich, dessen größter Konkurrent war das Herzogtum Brabant, dazu kamen das Herzogtum Limburg, die Grafschaften Geldern, Jülich, Kleve und Loon sowie weitere kleinere Herrschaften.[4] Die Bedeutung dieses Kulturraums für die Literatur hat von germanistischer Seite insbesondere Helmut Tervooren herausgearbeitet und damit zugleich exemplarisch gezeigt, wie erhellend die Profilierung einer solchen Literaturlandschaft sein kann.[5]

Für die Spezifik dieses Gebietes ist aus literaturhistorischer Sicht von besonderer Relevanz, dass hier verschiedene Sprachen und Varietäten aufeinandertreffen (Abb. 3). Es ist nicht nur gekennzeichnet durch seine Mittellage zwischen französischem, niederländischem und deutschem Sprachgebiet. Zu berücksichtigen ist auch, dass das Deutsche im Mittelalter keine einheitliche Sprache war, sondern sich aus einer Vielzahl von Dialekten zusammensetzte; zu unterscheiden ist hier vor allem der niederdeutsche und niederfränkische vom hochdeutschen Raum, gekennzeichnet durch die sogenannte zweite Lautverschiebung, deren Grenze, die sogenannte Benrather Linie, gerade durch dieses Gebiet verläuft.[6] Es trafen sich hier also niederländische, mitteldeutsche und niederdeutsche Dialekte mit dem Französischen im Süden, wobei man sich die Übergänge zwischen den germanischen Dialekten fließend vorstellen muss.[7] Etliche Höfe dieser Region orientierten sich zudem am benachbarten und kulturell fortschrittlicheren Frankreich und bedienten sich des Französischen,

---

3 Vgl. Tervooren, Literatur (wie Anm. 1), S. 4 f.

4 Vgl. Tervooren, Helmut, Überlegungen zu einer regionalen Literaturgeschichte des Rhein-Maas-Raumes, in: *Regionale Literaturgeschichtsschreibung. Aufgaben, Analysen und Perspektiven* (Zeitschrift für deutsche Philologie Sonderheft 122), hg. v. dems. und Jens Haustein, Berlin 2003, S. 7–30, hier S. 14; Detlev Arens, Kulturraum Rhein-Maas, in: *Rhein-Maas – Kulturraum in Europa. Ergebnisse eines Symposions in Aachen (25. – 27. Oktober 1990)*, hg. v. dems., Köln 1991, S. 3–22. Genau definiert ist dieser Raum freilich nicht, was nicht verwundert, da sich solche Regionen – sieht man hier von den beiden Flüssen als Markierungen ab – in der Regel gerade nicht durch strikte Grenzen auszeichnen, sondern durch fließende Übergänge. Arens, der das Gebiet aus kunsthistorischer Perspektive in den Blick nimmt, nennt die Städte Aachen, Maastricht und Lüttich als Dreieck, zwischen denen sich die heutige „Euroregion Maas-Rhein“ aufspanne (S. 3).

5 Vgl. besonders Tervooren, *Masen* (wie Anm. 2).

6 Zum besonderen Status des niederdeutschen Sprachgebiets aus literaturhistorischer Sicht vgl. demnächst *Literatur im mittelniederdeutschen Sprachraum (1200–1600)* (Wolfram-Studien 27), Rostocker Kolloquium 2021, hg. v. Franz-Josef Holznagel, Berlin.

7 Vgl. zur Gliederung des Sprachgebiets Jan Goossens, Zur linguistischen Problematik Deutsch / Niederländisch im Spätmittelalter und in der Frühmoderne, in: *Dialog mit den Nachbarn* (wie Anm. 1), S. 13–22.

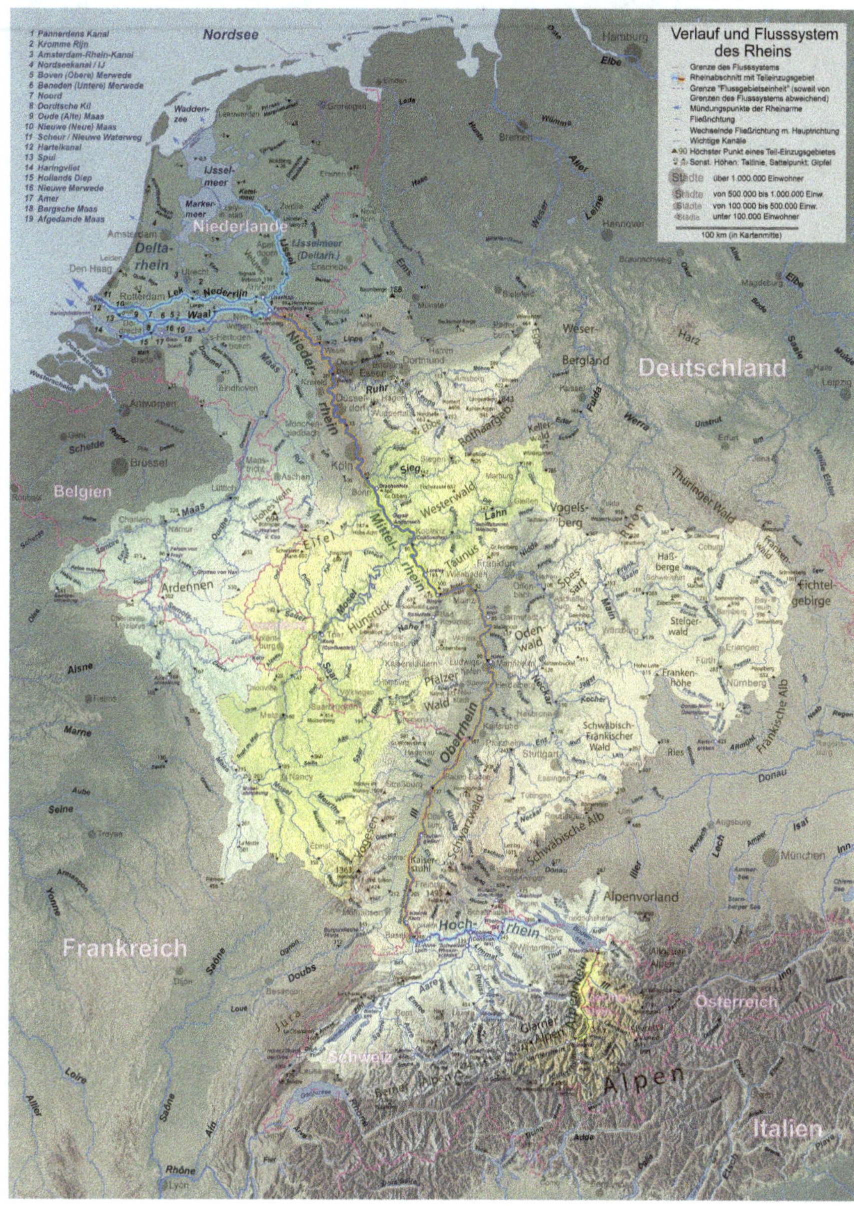

Abb. 1: Geographische Karte des Rhein-Maas-Gebietes.

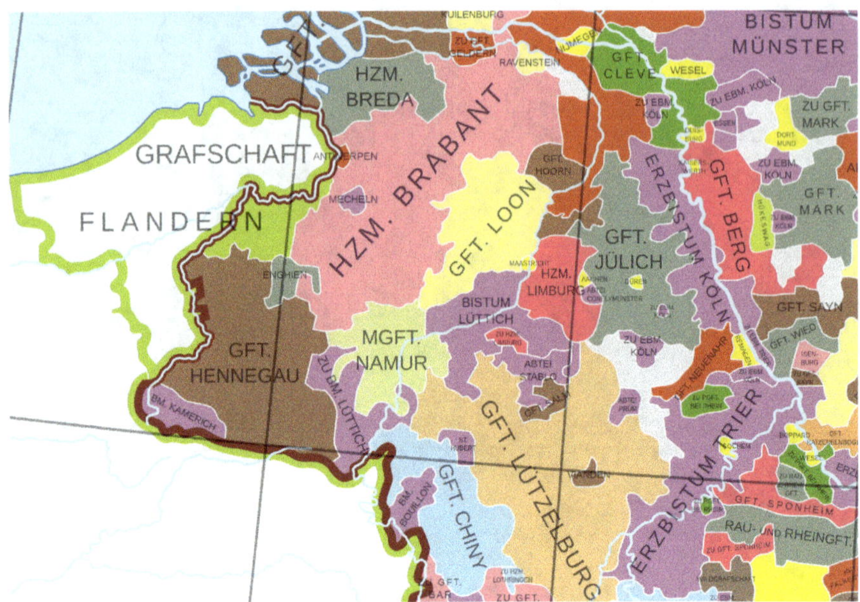

Abb. 2: Politische Gliederung des Rhein-Maas-Gebiets im Mittelalter (Ausschnitt).

auch wenn die Bevölkerung *diets*-sprachig war. Das gilt für den brabantischen Hof in Löwen und Brüssel sowie für die Grafen von Geldern, von Flandern und Luxemburg.[8] An diesen Höfen wurde entsprechend auch französische Literatur rezipiert und dort traten Trouvères auf, die nordfranzösischen Minnesänger.[9] Dieses Gebiet hatte daher eine wichtige Vermittlungsfunktion zwischen dem romanischen Sprachraum und dem deutschen Reich.[10] Für das Mittelalter waren solche grenz- und sprachüberschreitenden regionalen Literaturräume wichtiger als die Orientierung an einer ‚Nationalsprache', die es so noch nicht gab.[11]

Charakteristisch für diese Region ist das frühe und bekannte Beispiel Heinrichs von Veldeke, der mit einiger Sicherheit aus der Gegend von Hasselt stammte. Er ist

8 Vgl. Tervooren, Überlegungen (wie Anm. 4), S. 17–19.

9 Zu Geldern und Brabant vgl. Tervooren, Überlegungen (wie Anm. 4), S. 23.

10 Tervooren bezeichnet ihn daher als „kulturelle Drehscheibe" (ebd., S. 18) und betont an anderer Stelle, dass es gerade nicht „die Seele einer Landschaft" sei, die hier die Dichtung prägt, sondern „das Fremde, die Adaption westlicher Vorbilder" (Ders., Literatur [wie Anm. 1], S. 7).

11 Zum Forschungsstand einer überregionalen mittelhochdeutschen Dichtersprache vgl. Nina Bartsch, *Programmwortschatz einer höfischen Dichtersprache. hof / hövescheit, mâze, tugent, zuht, êre und muot in den höfischen Epen um 1200* (Deutsche Sprachgeschichte. Texte und Untersuchungen 4), Frankfurt a. M. 2014.

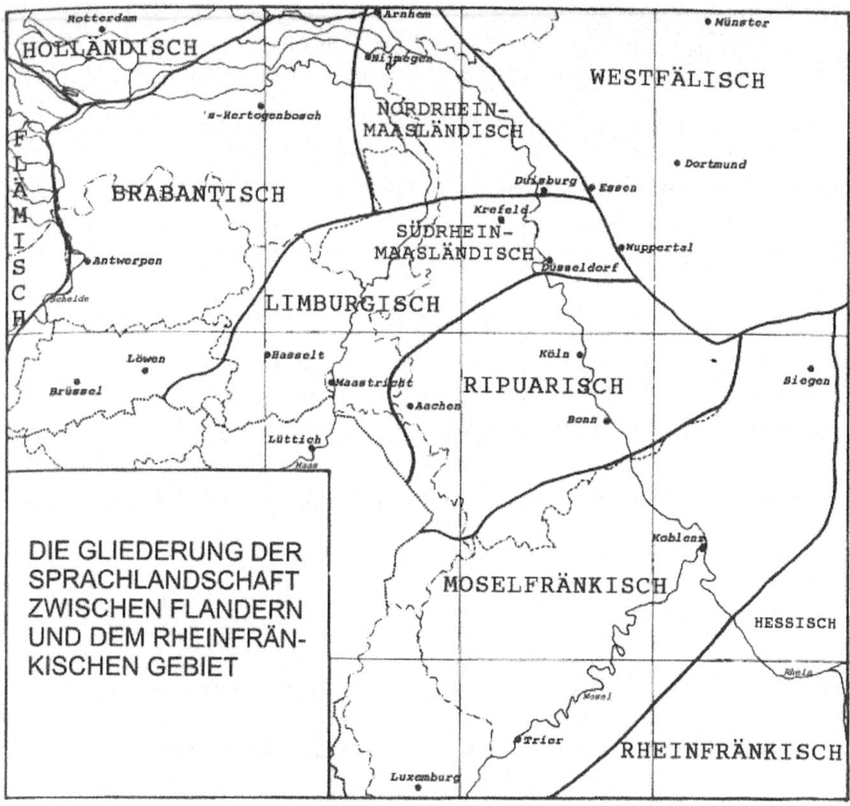

Abb. 3: Sprachkarte des Rhein-Maas-Gebietes.

bekannt für seinen *Eneasroman*, aber er verfasste auch eine Legende über den heiligen Servatius, den Bischof von Maastricht, und zwar im Auftrag der Gräfin Agnes von Loon und des Küsters Hessel, der wohl für den bedeutenden Domschatz von Maastricht verantwortlich war.[12] Diesen Text schrieb er in einem mittelniederländischen Dialekt, dem Limburgischen, während er in seinen Minneliedern ein mittelhochdeutsches Idiom nutzte, auch wenn lange strittig war, ob die überlieferten

12 Vgl. Heinric van Veldeken, *Sente Servas* (Bibliothek mittelniederländischer Literatur 3), hg. und übers. v. Jan Goossens, Rita Schlusemann und Norbert Voorwinden, Münster 2008, mit Erläuterungen zum Autor (S. 333–338) und zum Text (338–364); Heinrich von Veldeke, *Eneasroman*. Mittelhochdeutsch / Neuhochdeutsch. Nach dem Text von Ludwig Ettmüller ins Neuhochdeutsche übers., mit einem Stellenkommentar und einem Nachwort v. Dieter Kartschoke, Stuttgart 1997 (RUB 8303).

Formen auf Veldeke selbst zurückgehen.[13] Diese Lieder weisen sowohl Einflüsse des Minnesangs rheinisch-staufischer Prägung als auch solche der romanischen Lyrik auf, etwa was formale Eigenheiten oder die Vorliebe für Ironie und Pointen betrifft.[14] Ähnliches gilt für seinen *Eneasroman*, verfasst nach der französischen Vorlage des *Roman d'Eneas*, den Gottfried von Straßburg als Initialtext der (höfischen) deutschen Literatur rühmt[15] und der nach Heinrichs eigenem Bekunden nach jahrelanger Entwendung des unfertigen Manuskripts dann im Osten des deutschen Reiches am Thüringer Landgrafenhof fertiggestellt wurde.[16] Dass der Rhein-Maas-Raum nicht eine ‚Erfindung' der Kulturtopographie-Forschung ist, sondern bereits von den Zeitgenossen als eine Einheit wahrgenommen wurde, zeigt sich besonders daran, dass er sowohl in den literarischen als auch in den historiographischen Quellen als solcher bezeichnet wird, so auch in Veldekes *Servatius-Legende*, die sich räumlich im Wesentlichen in diesem Gebiet abspielt, sich also auch inhaltlich auf die Geschichte und vor allem die christliche Kultur des Raumes *vander Masen to opden Rijn* (V. 4334) bezieht und so seine Relevanz im Bewusstsein der Zeit belegt.[17]

---

13 Frings und Schieb haben auf dieser Prämisse die Lieder ins Limburgische ‚rückübersetzt', vgl. Heinrich von Veldeke. Die Lieder, hg. und komm. v. Theodor Frings und Gabriele Schieb, in: *Beiträge zur Geschichte der deutschen Sprache und Literatur* 69 (1947), S. 1–105; kritisch dazu Helmut Tervooren, Maasländisch oder Mittelhochdeutsch? Bemerkungen eines verspäteten Rezensenten zu der Ausgabe von Veldekes Liedern durch Theodor Frings und Gabriele Schieb, in: *Schoeniu wort mit süezeme sange. Philologische Schriften* (Philologische Studien und Quellen 159), hg. v. ders., Susanne Fritsch-Staar und Johannes Spicker, Berlin 2000, S. S. 20–38.

14 Vgl. Bernd Bastert, Möglichkeiten der Minnelyrik. Das Beispiel Heinrich von Veldeke, in: *Zeitschrift für deutsche Philologie* 113 (1994), S. 321–344; Frank Willaert, *Zwischen dem Rotten und der Sowe?* Einige Thesen zur Stellung Veldekes im frühen Minnesang, in: *Sprache und Literatur in den ‚Nideren Landen'. Gedenkschrift für Hartmut Beckers*, Köln u. a. 1999, S. 309–323; Helmut Tervooren, *Wan si suochen birn uf den buochen*. Zur Lyrik Heinrichs von Veldeke und zu seiner Stellung im deutschen Minnesang, in: ders., *Schoeniu wort* (wie Anm. 13), S. 204–219; Kenneth Fockele, Perspectives on the Self. Heinrich von Veldeke as Author, in: *Poetica* 48 (2018), S. 241–278.

15 Gottfried von Straßburg, *Tristan*. Mittelhochdeutsch-Neuhochdeutsch, nach dem Text von Friedrich Ranke, hg. und übers. v. Rüdiger Krohn, 3 Bde, Stuttgart 1981, Bd. 1, V. 4738 f.

16 Vgl. zum Wahrheitsgehalt dieser Aussage Tina Sabine Weicker, ‚Dô wart daz Bûch ze cleve verstolen'. Neue Überlegungen zur Entstehung von Veldekes ‚Eneas', in: *Zeitschrift für deutsches Altertum und deutsche Literatur* 130 (2001), S. 1–18 und Friedrich Michael Dimpel, Der Verlust der Eneas-Handschrift als Fiktion – eine computergestützte, textstatistische Untersuchung, in: *Amsterdamer Beiträge zur älteren Germanistik* 61 (2006), S. 87–102.

17 Heinric van Veldeken, *Sente Servas* (wie Anm. 12), es geht an dieser Stelle um die Vergabe Lothringens als Lehen; vgl. Tervooren, Literatur (wie Anm. 1), S. 8–10; er erkennt im Aufgreifen der Formel in zeitgenössischen Chroniken „eine Frontstellung der kleineren Territorien gegen Brabant und dessen Expansion gegen Osten, die sich seit Heinrich I. v. Brabant (1190–1235) beobachten läßt und die nach der Schlacht bei Worringen (1288) ihren Höhepunkt erreichte". Allerdings lässt sich das nicht für die Reimchronik geltend machen, die im Auftrag und Umfeld des

Während es allerdings etliche Belege dafür gibt, dass die Epik auch nach Veldeke und in seinem Gefolge in der Gegend blühte und gedieh, wird es um die Lyrik seltsam still und von deutschem Minnesang hören wir erst wieder, als der Herzog Jan (oder Johann) I. von Brabant die politische und literarische Bühne betritt.[18]

Jan I. und das Herzogtum Brabant

Jan I., der 1167 oder 1168 die Regierung antrat, wurde als „erste[r] wirkliche[r] Herzog von Brabant“[19] und „um diese Zeit wohl der mächtigste Fürst der Niederlande“[20] gerühmt. „Keimzelle“ des Herzogtums war die kleine Grafschaft Löwen, der 1106 auch das Herzogtum Niederlothringen zufiel, nachdem Gottfried von Bouillon auf dem ersten Kreuzzug ohne Nachfahren gestorben war.[21] Der Ursprung dieses Herrschaftsgebiets reichte bis in karolingische Zeiten zurück, dessen Besitz war deshalb zudem von symbolischer Bedeutung, auch wenn es sich später nurmehr um einen Titel handelte.[22] Zwar führten Jans Vorgänger den Titel des Herzogs von Brabant schon seit dem 12. Jahrhundert, aber erst Heinrich II. und sein Vater Heinrich III. betrieben eine zunehmend selbständigere Politik und suchten dabei sowohl die Verbindung nach Frankreich als auch zu Kaiser Friedrich II., um seinen Beistand gegen

---

Brabanter Hofes verfasst wurde und die die Formel ebenfalls häufig verwendet, etwa zu Beginn, wenn von den Ereignissen berichtet werden soll, die sich „[t]usschen der Mase ende den Rijn“ ereignet haben, vgl. ebenso in V. 105, 322, 1081, 1112 *et passim* (*Chronique en vers de Jean van Heelu ou relation de la bataille de Woeringen / Rymkronyk van Jan van Heelu betreffende den slag van Woeringen, van het jaer 1288* (Collection des Chroniques Belges inédites), hg. v. Jans Frans Willems, Brüssel 1836 http://www.mdz-nbn-resolving.de/urn/resolver.pl?urn=urn:nbn:de:bvb:12-bsb10722640-4 vom 04.03.2022).

18 Vgl. Tervooren, *Masen* (wie Anm. 2), S. 130; Frank Willaert, Lyriklandschaft Lotharingien, in: *Dialog mit den Nachbarn* (wie Anm. 1), S. 37–50, hier S. 43 f.

19 Walter Mohr, *Geschichte des Herzogtums Lothringen. Bd. 2: Niederlothringen bis zu seinem Aufgehen im Herzogtum Brabant (11.-13. Jahrhundert)*, Saarbrücken / Trier 1976, S. 157. Auch Gottfried I. (1095–1139) bezeichnete sich bereits als Herzog von Brabant. Heinrich I. hatte 1183 auch den Titel des Herzogs von Brabant angenommen.

20 Jean-Louis Kupper, Herzog Johann I. von Brabant und das Fürstentum Lüttich vor und nach der Schlacht bei Worringen, in: *Le Luxembourg en Lotharingie. Luxemburg im Lotharingischen Raum. Mélanges Paul Margue*, hg. v. Paul Dostert, u. a., Luxemburg 1993, S. 345–355 [Erstdruck in: *Blätter für deutsche Landesgeschichte* 125 (1989), S. 87–98], hier S. 354, http://periodika.digitale-sammlungen.de/bdlg/Blatt_bsb00000329,00095.html vom 10.3.2022.

21 Arens, Kulturraum (wie Anm. 4), S. 6 f.

22 Vgl. Mohr, *Geschichte* (wie Anm. 19), S. 157. Graf Gottfried I. von Löwen erhielt 1106 das Herzogtum Niederlothringen.

den Erzbischof von Köln zu erhalten, den großen regionalen Konkurrenten im Osten.[23] Die Herzöge von Brabant gelangten so bald zu Macht und Selbständigkeit, wurden aber mit den Nachbarn auch in vielfache Fehden verstrickt. Jan wurde 1252 oder 1253 am Brabanter Hof in Löwen geboren. Nach dem überraschend frühen Tod seines Vaters übernahm zunächst die Mutter Aleidis von Burgund die Regentschaft für den minderjährigen und zudem geistig beeinträchtigten älteren Bruder. Um den versuchten Einflussnahmen der benachbarten Fürsten Einhalt zu gebieten, suchte sie nun das Bündnis mit dem Kölner Erzbischof und bereitete den Herrschaftsantritt Jans vor, der nach dem offiziellen Verzicht des Bruders 1267 die Herrschaft antrat und bis zu seinem Tod 1294 regierte.[24]

Brabant unterhielt enge Beziehungen zum französischen Hof. Jan war in erster Ehe mit Margarete, einer Tochter König Ludwigs des Heiligen verheiratet, die jedoch bald starb. Sein Schwager Philipp III. hatte wiederum Jans Schwester Marie zur Frau und sie unterstützten sich politisch und militärisch.[25] In zweiter Ehe war der Herzog dann mit Margarete von Flandern (gest. 1285) liiert. Das Selbstbewusstsein der Herzöge von Brabant schlug sich auch in mehreren Genealogien und Chroniken aus dieser Zeit nieder, in denen sie ihr Geschlecht nicht nur auf Karl den Großen, sondern auch auf den trojanischen König Priamus zurückführten, wie das im mittelalterlichen Adel beliebt war.[26] Von konkreterer Bedeutung war jedoch Karl der Große als Ahnherr, der überdies auch schon Herzog von Brabant gewesen sei.[27] Ein ‚Beweis' dafür war, dass der Thron Karls des Großen in Aachen und damit insofern auf Brabanter Territorium lag, als das Herzogtum die Obervogtei über die Reichsstadt beanspruchte. Diese war zwar kaum von praktischer Relevanz und wird auch erst 1277 erstmals urkundlich erwähnt, sie passt aber zu den Ambitionen Jans und

23 Ebd.

24 Dazu ausführlich Paul De Ridder, Dynastisches und nationales Gefühl in Brabant während der Regierungszeit Herzogs Jan I. (1267–1294), des Siegers der Schlacht von Worringen, in: *Jahrbuch des Kölnischen Geschichtsvereins* 50 (1979), S. 193–220.

25 Vgl. Helmut Tervooren, Bemerkungen zu Herzog Jan I. von Brabant und zu seiner Pastourelle „Eins meien morgens fruo", in: ders., *Schoeniu wort* (wie Anm. 13), S. 175–185, hier S. 176 f.

26 Vgl. de Ridder, Gefühl (wie Anm. 24), S. 197 f.; Jan Goossens, Herzog Jan I. von Brabant und der limburgische Erbfolgekrieg in der mittelalterlichen niederländischen und deutschen Literatur, in: *Literatur und Sprache im rheinisch-maasländischen Raum zwischen 1150 und 1450* (Zeitschrift für deutsche Philologie Sonderheft 108), hg. v. Helmut Tervooren und Harmut Beckers, Berlin 1989, S. 178–192.

27 Dazu passt, dass Karl der Große als „königliche Leitfigur" des maasländisch-niederrheinischen Raumes angesehen werden kann, der in epischen Texten mehrfach als „handelnde oder sinnstiftende Figur" auftritt (Tervooren, Literatur [wie Anm. 1], S. 7).

ihrer historischen Legitimation.[28] Letztlich wurde so, zumindest implizit, ein Anspruch auf den französischen Königsthron erhoben. Insgesamt zeigt sich auch politisch eine Mittelstellung Brabants, das sowohl Beziehungen zum französischen Königshof als auch ins Reich unterhielt und dazwischen eine gewisse Eigenständigkeit zu erringen und zu bewahren suchte.

Jan von Brabant gehört also zu jenen hochadligen Minnesängern, die diese Kunst eher nebenbei betrieben, um zusätzlich zu Herrschafts- und Kriegskunst sowie Turniererfolgen auch noch auf diesem Gebiet ihre Fähigkeiten unter Beweis zu stellen. Das scheint auch der Maler des *Codex Manesse*, der berühmten Sammlung mittelhochdeutscher Lyrik aus der Zeit um 1300, so gesehen zu haben, der ihn im Kampfgetümmel zeigt, das meist als Schlacht von Worringen interpretiert wird, aber auch auf die Vorliebe des Herzogs für Turniere und seinen Tod durch ein solches hinweisen könnte (Abb. 4). Allerdings führt er hier das Wappen mit dem brabantischen goldenen Löwen im schwarzen Feld und dem limburgischen roten Löwen im weißen Feld, wie es nach dem Sieg von Worringen und dann auch erst unter seinem Sohn Jan II. üblich wurde, der nach dem Tod seines Vaters 1294 die Herrschaft antrat.[29]

Ursachen der Schlacht von Worringen und politische Struktur des Rhein-Maas-Raumes

Der 5. Juni 1288 war und ist bekanntlich ein wichtiges, wenn nicht das entscheidende Datum in der Düsseldorfer Geschichte, denn es ist der Tag der Schlacht von Worringen, in deren Folge dem bis dahin unbedeutenden Bauern- und Fischerdorf die Stadtrechte verliehen und damit der Grundstein zum Aufstieg zur

28 Vgl. Emil Pauls, Zur Geschichte der Vogtei Jülichs und der Obervogtei Brabants in Aachen, in: *Zeitschrift des Aachener Geschichtsvereins* 26 (1904), S. 355–382, hier S. 358 f. Die Obervogtei des Herzogtums wird auch ausdrücklich in der Chronik von Jan van Heelu thematisiert, vgl. Chronique (wie Anm. 17), V. 1166–1177.

29 Vgl. Jacob Klingner, Totenklage auf Herzog Johann I. von Limburg und Brabant, in: *Deutsches Literatur-Lexikon. Das Mittelalter. Bd. 3: Reiseberichte und Geschichtsdichtung*, hg. v. Wolfgang Achnitz. Mit einführenden Essays von Gerhard Wolf und Christoph Fasbender, Berlin u. a. 2012, Sp. 304–306.

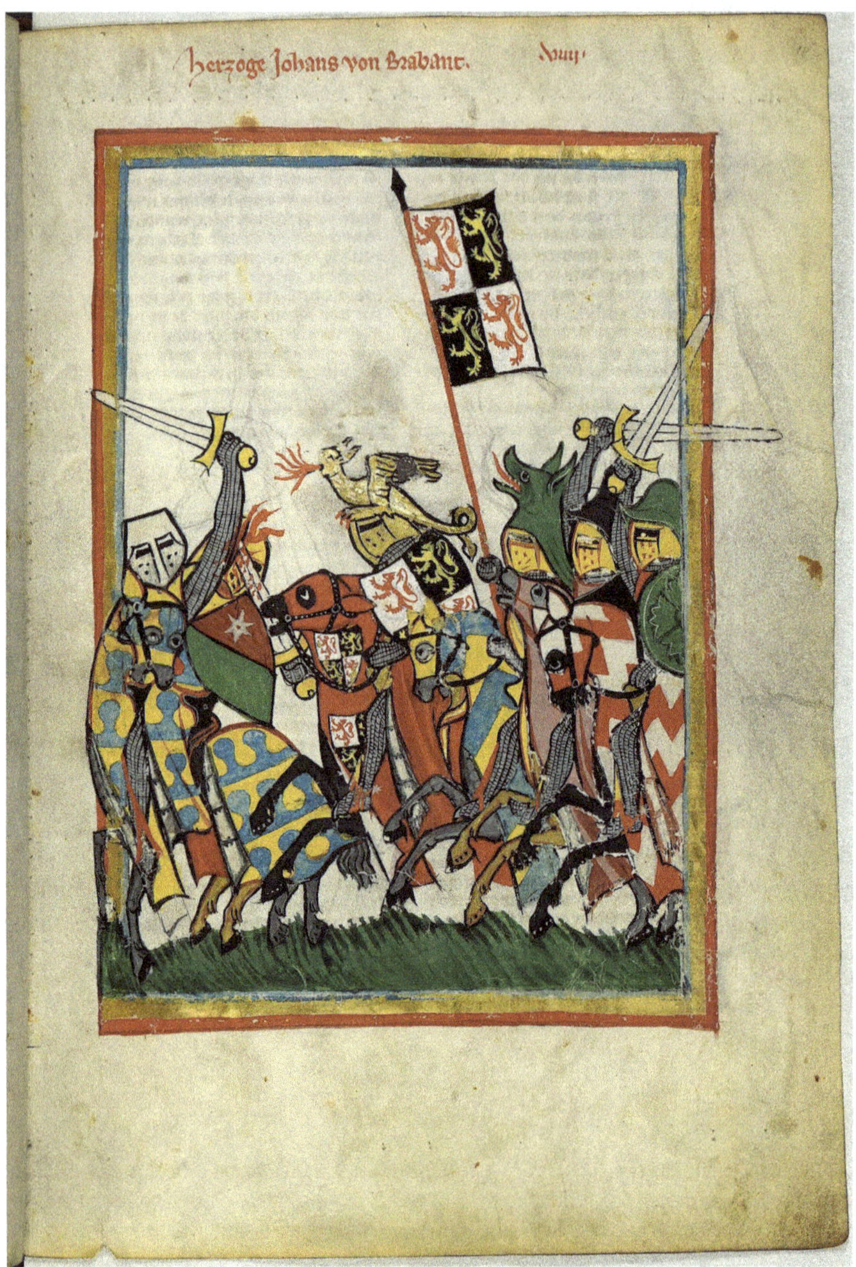

Abb. 4: Autorminiatur Jans von Brabant im *Codex Manesse*. Universitätsbibliothek Heidelberg, Cod. Pal. germ. 848, Große Heidelberger Liederhandschrift, Zürich, ca. 1300–1340, fol. 18^{r}.

Residenzstadt gelegt wurde.[30] Der Ausgang der Schlacht führte aber auch zu wichtigen Veränderungen im geopolitischen Raum, in dem sie stattfand. Der militärischen Auseinandersetzung ging eine längere Geschichte von konkurrierenden Besitzansprüchen, Konflikten und wechselnden Bündnissen voraus, die hier kurz skizziert werden sollen. Hintergrund war der Streit um das Herzogtum Limburg und dessen Erbnachfolge, denn der letzte Herzog hatte nur eine Tochter, Irmgard, die den Besitz in die Ehe mit dem Grafen Rainald von Geldern eingebracht hatte. König Rudolf I. bestätigte diese Nachfolge, indem er Irmgard 1282 mit Limburg belehnte und Rainald die Regentschaft auch über ihren Tod hinaus zusagte.[31] Doch schon im folgenden Jahr starb die Herzogin und da die Ehe überdies kinderlos war, erhoben gleich mehrere Anwärter Anspruch auf den Titel.

Der Hauptkonkurrent war Graf Adolf V. von Berg als Neffe des letzten Herzogs von Limburg. Jan von Brabant konnte selbst keine direkten Erbansprüche geltend machen, für ihn bedeutete der Besitz Limburgs allerdings die Wiedervereinigung des niederlothringischen Gebiets und konkret auch „die Kontrolle über wichtige Maas-Übergänge und weitere bedeutende Handelsstraßen“[32]. Als Graf Adolf erkannte, dass er selbst nicht genügend Macht besaß, seine Ansprüche durchzusetzen, verkaufte er diese an Jan. Dadurch sah sich sowohl der Erzbischof von Köln Siegfried von Westerburg in seiner Macht bedroht als auch der Graf von Geldern in seinen Ansprüchen auf Limburg, so dass sich beide verbündeten.[33] Je nach Interessenlage schlugen sich die umliegenden Adligen nun auf die eine oder andere Seite und wechselten diese mitunter auch. Es ging dabei nicht mehr nur um Limburg, sondern grundsätzlicher um die Macht am Niederrhein.

Zunächst kam es nicht zu einer großen Schlacht, sondern – wie das in solchen Konflikten nicht ungewöhnlich war – zu sich hinziehenden, immer wieder aufflackernden kleineren Scharmützeln, Belagerungen und auch Verhandlungen, die jedoch zu keinem Erfolg führten. 1288 kauften schließlich die Grafen von Luxemburg Heinrich VI. und sein Bruder Walram von Luxemburg-Ligny dem Grafen von Geldern seinen Anspruch auf Limburg ab und sammelten ein Heer, woraufhin Jan seinerseits ein Bündnis schmiedete. Dabei erwies er sich nach ein-

30 Ausführlich zu den Voraussetzungen und dem Aufstieg Düsseldorfs Erich Wisplinghoff, Vom Mittelalter bis zum Ende des Jülisch-Klevischen Erbstreits, in: *Düsseldorf. Geschichte von den Ursprüngen bis ins 20. Jahrhundert. Bd. 1: Von der ersten Besiedlung zur frühneuzeitlichen Stadt (bis 1614)*, im Auftrag der Landeshauptstadt Düsseldorf hg. v. Hugo Weidenhaupt, Düsseldorf 1988, S. 161–207.

31 Vgl. Hugo Stehkämper / Carl D. Dietmar, *Köln im Hochmittelalter: 1074/75–1288* (Geschichte der Stadt Köln 3), Köln 2016, S. 367.

32 Stehkämper / Dietmar, *Köln* (wie Anm. 31), S. 370.

33 Ebd.

helliger Meinung der Forschung als ausgezeichneter Diplomat und gewiefter Taktiker, der auch vor gewissen Täuschungsmanövern nicht zurückschreckte. Zu seinen Verbündeten zählten die meisten niederrheinischen Großen, allen voran natürlich der Graf von Berg, dann die nun erst in sein Lager gewechselten Grafen von Jülich sowie die Grafen von Loon und Holland. Es gelang ihm aber sogar, die Stadt Lüttich und ihren Bischof auf seine Seite zu ziehen, obwohl das Bistum eigentlich in andauernder und konfliktreicher Rivalität zu den Herzögen von Brabant stand.[34] Der Graf von Kleve konnte immerhin zu Neutralität verpflichtet werden.[35] Mit diplomatischem Geschick sorgte Jan auch dafür, die Bürger Kölns, die sich bekanntlich immer wieder im Clinch mit dem Erzbischof hinsichtlich ihrer Rechte und Freiheiten in der Stadt befanden, in das eigene Bündnis zu integrieren.[36] Auf der anderen Seite standen neben dem Grafen Rainald von Geldern und dem Erzbischof von Köln in der Hauptsache die Luxemburger Grafen sowie die Grafen von Jülich, Sayn, Nassau, Sponheim und Salm.[37]

Nach der sogenannten Valkenburger Vereinbarung, in der Rainald von Geldern seine Ansprüche auf Limburg für 40 000 brabantische Denare an die Luxemburger verkaufte, zog Herzog Jan I. mit seinem Heer ins Rheinland. Dabei bewies er auch seine Fähigkeit zur politischen Inszenierung, wie die sogenannte *Reimchronik der Schlacht von Worringen*, die zeitnah um 1290 von Jan van Heelu verfasst wurde, zu erkennen gibt.[38] Der Verfasser könnte ein Geistlicher am Brabanter Hof gewesen sein, jedenfalls stammte er aus dem näheren Umfeld, und gibt sich im Text als Augenzeuge aus. Im Prolog widmet er das Werk Jans Schwiegertochter Margareta, der Tochter König Eduards I. von England, die dadurch *dietsch* lernen sollte.[39] In diesem Text, der den Protagonisten mehr nach Art eines Heldenepos darstellt, wird berichtet, dass Jan sein Pferd zum Tränken an den Rhein führte – das ist zwar keine spektakuläre Flussüberquerung als Auftakt von Eroberung,[40] aber doch eine deutliche Geste der Inbesitznahme des Rheins als

34 Vgl. zu dieser langwährenden Rivalität und zu diesem „Resultat eines der glänzendsten diplomatischen Erfolge Herzog Johanns I." Kupper, Herzog (Anm. 20), Zitat S. 345. Es ging dabei u. a. um die Stadt Maastricht, in der sich der wichtigste Maas-Übergang befand (S. 348).

35 Stehkämper / Dietmar, *Köln* (wie Anm. 31), S. 371.

36 Vgl. zur historischen Einordnung der Auseinandersetzung Heinz Finger, Der Anspruch der Erzbischöfe auf die Stadtherrschaft über Köln nach der Schlacht bei Worringen, in: *Annalen des Historischen Vereins für den Niederrhein* 209 (2006), S. 45–76.

37 Stehkämper / Dietmar, *Köln* (wie Anm. 31), S. 371.

38 Vgl. Chronique (wie Anm. 17).

39 Vgl. ebd., V. 4–7: „Want si dietsche tale niet en can / Daer bi willic haer ene gichte / Sinden van dietschen gedichte / Daer si dietsch in leeren moghe".

40 Vgl. Tervooren, Bemerkungen (wie Anm. 25), S. 179; zur Flussüberquerung vgl. den Beitrag von Hans Körner in diesem Band und Achim Aurnhammer / Martin Beichle, Flussüberquerung,

neuer östlicher Grenze seines Herrschaftsgebiets. Danach zog er überdies nach Brühl, das der Erzbischof zu einer Befestigung im Süden Kölns ausbaute, und ließ in einer weiteren ebenso symbolträchtigen wie provozierenden Aktion eigens seine Jagdhunde herbeibringen, um in festlicher Manier in dessen Tiergarten eine Jagd abzuhalten.[41]

Zwischenzeitlich hatten die Kölner Bürger, deren Handel unter den Feindseligkeiten litt, sowohl mit dem Erzbischof als auch mit dem Herzog über eine friedliche Beilegung des Konflikts verhandelt. Bei Jan bat die Delegation – durchaus in Abstimmung mit dem Bischof – um den Landfrieden, wies allerdings auch darauf hin, dass der Herr von Limburg über den Landfrieden und die Raubritter *tusschen Mase ende Rijn* zu richten habe, womit sie seine Ansprüche implizit anerkannten.[42] Der Herzog ergriff die Gelegenheit und bot den Kölnern an, sie zu rächen und für die Beseitigung des „Räubernestes" Worringen zu sorgen, denn hier stand die Burg des Bischofs im Norden Kölns, die den Bürgern der Stadt ein Dorn im Auge war, weil er hier „in Raubrittermanier" Zölle von den Kaufleuten verlangte, anstatt diese, wie er es zuvor den Kölnern versprochen hatte, niederzulegen. Mit diesem Angebot überrumpelte Jan die Kölner und brachte sie auf seine Seite; über einen Ausgleich wurde nun nicht mehr verhandelt. Kurz darauf kam er dann auch nach Köln, jedoch nicht friedlich, sondern mitsamt seinen Truppen; dort beschwor er mit den Grafen von der Mark, von Berg und Jülich und der Stadt den „Landfrieden zwischen Maas und Rhein"[43]. Damit hatten die Kölner jedoch ihre Treueverpflichtung gegenüber dem Bischof gebrochen.[44]

Jans nächstes Ziel war Worringen. Der Herzog und seine Verbündeten belagerten die Burg, doch inzwischen hatten auch die Luxemburger und der Erzbischof ihre Truppen zusammengezogen und rückten ebenfalls Richtung Worringen vor. Dort auf der Fühlinger Heide kam es am 5. Juni 1288 zur Schlacht. Solche offenen Schlachten waren nicht so häufig, weil sie sehr risikoreich waren,[45] wie sich auch hier zeigte: Die beiden Grafen von Luxemburg sowie ihre Halbbrüder starben in

in: *Compendium heroicum*, hg. v. Ronald G. Asch, u. a., pub. v. Sonderforschungsbereich 948 „Helden – Heroisierungen – Heroismen" der Universität Freiburg, Freiburg 28.01.2021, https://www.compendium-heroicum.de/lemma/flussueberquerung/ vom 04.03.2022.

41 Vgl. Stehkämper / Dietmar, *Köln* (wie Anm. 31), S. 372, 375 und Chronique (wie Anm. 17), V. 4099–4104.

42 Ebd., S. 375 f.; Zitat Chronique (wie Anm. 17), V. 4126.

43 Ebd., S. 376.

44 Ebd.

45 Einen Überblick über die mittelalterliche Kriegsführung gibt Malte Prietzel, Was ist Krieg im Mittelalter? Töten um zu herrschen, in: *Krieg im Mittelalter*, hg. v. Gerd Althoff u. a., Darmstadt 2017, S. 11–26; vgl. auch mit Diskussion der Forschung Stefanie Rüther, Ordnungen der Gewalt? Narrative und Praktiken des Krieges im europäischen Mittelalter, in: *Narrative der Gewalt: inter-*

den Kampfhandlungen. Anfänglich sah es allerdings nicht nach einem Sieg der Brabanter Seite aus; insbesondere die Fußtruppen aus Berg und Köln waren den hochgerüsteten bischöflichen Reitern, die ihnen gegenüberstanden, nicht gewachsen. Der Erzbischof, der selbst an der Schlacht teilnahm, beging jedoch einen taktischen Fehler, indem er mit seinen Reitern die alte Römerstraße überquerte und sich gegen den Herzog wandte, denn damit behinderte er das Luxemburger Kontingent. Dieses Manöver kostete ihn möglicherweise den Sieg und führte schlussendlich zu seiner Gefangennahme wie auch der Grafen von Geldern.[46] Auch Gerhard Overstolz, der Anführer der Kölner aus einem der führenden Patriziergeschlechtern der Stadt, starb.[47] Er ist der einzige namentlich bekannte Kölner unter den Gefallenen; die genauen Zahlen sind unklar, aber gerade unter den Fußtruppen gab es wohl größere Verluste. Von den mutmaßlich 10 000 Teilnehmern an der Schlacht starben an die 2000 oder erlagen danach ihren Verletzungen, darunter nach dem späteren Zeugnis der *Steirischen Reimchronik* circa 700 Kölner.[48] Siegespreis für sie war jedoch die Burg Worringen, die sie gründlich zerstörten und deren Steine sie für die Stadtgräben verwendeten, und auch der Fahnenwagen des Erzbischofs wurde noch am selben Abend im Triumphzug nach Köln gebracht.[49] Das wichtigste Kriegsziel war damit aus ihrer Sicht erreicht, der Erzbischof blieb allerdings Herr der Stadt, anders als die Kölner gehofft hatten, und der Konflikt setzte sich fort. 1290 wurde eine päpstliche Untersuchungskommission eingesetzt, die die Kölner wegen ihrer Treueverletzung schuldig sprach und ihnen die Zahlung einer hohen Schadenssumme auferlegte. Da sie sich weigerten, verfiel die Stadt einem jahrelangen, wenn auch wohl nicht allzu streng befolgten Interdikt.[50]

---

disziplinäre Analysen, hg. v. Ferdinand Sutterlüty, Matthias Jung und Andy Reymann, Frankfurt a. M. / New York 2019, S. 241–258.

46 Vgl. Stehkämper / Dietmar, *Köln* (wie Anm. 31), S. 379 f. u. 382. Angeblich musste er die Zeit der Gefangenschaft in Rüstung verbringen, um seinen Status als ‚Kriegsgefangener' und nicht als Geistlicher zu betonen, vgl. dazu und zum Schlachtverlauf Petrus Bockemühl, Die Schlacht von Worringen 1288. Ein bedeutendes Ereignis der Regionalgeschichte, in: *Medamana* 55, 1 (2008), S. 17–18, hier S. 17 f.

47 Stehkämper / Dietmar, *Köln* (wie Anm. 31), S. 379 f.; zu Aufstieg und Bedeutung der Familie vgl. Wolfgang Herborn, *Die politische Führungsschicht der Stadt Köln im Spätmittelalter* (Rheinisches Archiv 100), Bonn 1977, S. 136–160, zu Gerhard Overstolz S. 145 f.

48 Vgl. Stehkämper / Dietmar, *Köln* (wie Anm. 31), S. 383; *Ottokars Österreichische Reimchronik* (Monumenta Germaniae Historica. Deutsche Chroniken 5), nach den Abschriften Franz Lichtensteins hg. v. Joseph Seemüller, Hannover 1890–1893, S. 782, V. 58768–58776, allerdings gesteht der Autor wenige Verse zuvor, dass er keine *gewisse zal* (V. 58759) über die Gefangenen und Gefallenen gehört habe.

49 Stehkämper / Dietmar, *Köln* (wie Anm. 31), S. 383.

50 Ebd., S. 384; Finger, Anspruch (wie Anm. 36), S. 50 f.

Durch den Ausgang der Schlacht wurde Jan von Brabant auch Herzog von Limburg und erhielt die Schirmvogtei über das Bistum Lüttich.[51] 1292 bestellte ihn König Adolf von Nassau überdies zum *advocatus generalis* am Niederrhein.[52] Während die Macht des Kölner Erzbischofs am Niederrhein sehr wesentlich beschnitten wurde, stieg Jan zu einem der mächtigsten Reichsfürsten auf, der „über die reichen Gebiete zwischen Maas und Rhein“ herrschte.[53]

Jan von Brabant als Minnesänger und die Kulturtopographie des Rhein-Maas-Raumes

Aus literarischer Sicht ist Brabant im 13. Jahrhundert besonders mit der durch Richard Wagners Adaptation bis heute bekannten Geschichte vom Schwanenritter Lohengrin verbunden, die unter anderem am Ende von Wolframs von Eschenbach *Parzival* erzählt wird.[54] Dort heißt es, dass die vollkommene und unverheiratete Fürstin von Brabant sich für keinen ihrer Werber entscheiden kann, so dass schließlich die Gralsgesellschaft Parzivals Sohn Loherangrin aussendet, in dessen Name schon ‚Lothringen‘ steckt[55] und der von einem Schwan gezogen in Antwerpen an Land geht, die Landesherrin heiratet und so zum Fürsten von Brabant wird, allerdings unter der Voraussetzung, dass sie ihn nicht nach seiner Herkunft fragt. Das Verbot wird, wie immer in solchen Fällen, übertreten, so dass Loherangrin zurück

51 Zu den Folgen des Sieges vgl. Kupper, Herzog (Anm. 20).

52 Vgl. David Guilardian, Les ducs de Brabant, héritiers des ducs de Lotharingie, in: *La Lotharingie en question. Identités, oppositions, intégration; actes des 14es Journées Lotharingiennes, 10–13 octobre 2006, Université du Luxembourg. Lotharingische Identitäten im Spannungsfeld zwischen integrativen und partikulären Kräften* (Publications du CLUDEM 26), hg. v. Michel Margue, Luxembourg 2016, S. 475–488, hier S. 483.

53 Paulus Bernardus Wessels, Art. „Johann von Brabant“, in: *Die deutsche Literatur des Mittelalters. Verfasserlexikon,* 14 Bde., hg. v. Kurt Ruth et al., Berlin u.a. [2] 1983, Bd. 4, Sp. 544–545 und Bd. 11 [2]2004, Sp. 763, hier Sp. 544.

54 Wolfram von Eschenbach, *Parzival. Studienausgabe.* Mittelhochdeutscher Text nach der sechsten Ausgabe v. Karl Lachmann. Übersetzung v. Peter Knecht. Mit Einführungen zum Text der Lachmannschen Ausgabe und in Probleme der ‚Parzival‘-Interpretation v. Bernd Schirok, Berlin / New York [2]2003, 824,1–826,30. Erwähnungen gibt es bereits seit dem zweiten Viertel des 12. Jahrhunderts, vgl. Claude Lecouteux, Zur Entstehung der Schwanenrittersage, in: *Zeitschrift für deutsches Altertum und deutsche Literatur* 107 (1978), S. 18–33, hier S. 19.

55 Vgl. Herbert Kolb, Die Schwanenrittersage als Ursprungsmythos mittelalterlicher Fürstengeschlechter, in: *History and Heroic Tale. Proceedings of the Eighth International Symposium organized by the Centre for the Study of Vernacular Literature in the Middle Ages held at Odense University on 21–22 November 1983,* hg. v. Tore S. Nyberg, u. a., Odense 1985, S. 23–50, hier S. 35.

auf die Gralsburg muss. Über die zurückbleibenden Kinder kann sich die Familie jedoch genealogisch auf den Schwanenritter als Spitzenahn beziehen. Zuvor wurde die Schwanenrittersage allerdings mit Graf Gottfried von Bouillon (gest. 1100), dem Anführer des ersten Kreuzzugs, und seiner Familie in Verbindung gebracht und wurde dann auf die Herzöge von Brabant übertragen, die deren Erbe angetreten hatten, und damit einen sichtbaren Platz in der Literatur der Zeit einnahmen.[56]

Es gilt als sicher, dass am Brabanter Hof zur Zeit Jans auch Literatur rezipiert und gefördert wurde. Bester Beleg dafür ist Jans Vater Hendrik III., der auch Liebeslieder, allerdings in französischer Sprache, verfasste.[57] Die Trouvères Gillebert de Berneville und Adenet le Roi waren bevorzugt an seinem Hof tätig;[58] letzterer soll auch um 1240 in Brabant geboren worden sein und seine Erziehung Heinrich verdankt haben. Außerdem bestanden Beziehungen zu Sängern aus der nordfranzösischen Stadt Arras, einem Hauptzentrum der Trouvères-Lyrik des 13. Jahrhunderts.[59]

Die Lieder Jans von Brabant sind ausschließlich im *Codex Manesse* überliefert (Abb. 5). Auf den Blättern 18 *verso* und 19 *recto* der Großen Heidelberger Liederhandschrift finden sich insgesamt 22 Strophen, die sich zu neun beziehungsweise

---

56 Vgl. Joachim Bumke, *Wolfram von Eschenbach* (Sammlung Metzler 36), 8., völlig neu bearb. Aufl. Stuttgart u. a. 2004, S. 122f. Im französischen *Chanson du chevalier au cygne et les enfances de Gaudefroy de Bouillon* ist der Schwanenritter Elyas der Großvater von Gottfried von Bouillon. Die Übertragung auf die Herzöge von Brabant erfolgte entweder aufgrund des Herzogtitels von Niederlothringen oder aufgrund von Verwandtschaft, vgl. zum historischen Hintergrund Erbe, Michael, *Belgien, Niederlande, Luxemburg. Geschichte des niederländischen Raumes*, Stuttgart / Berlin / Köln 1993, S. 43f.; zu Stoffgeschichte und Zeugnissen Thomas Cramer, *Lohengrin, Edition und Untersuchung*, München 1971, S. 46–129, hier S. 75f.; Edmond A. Emplaincourt / Jan A. Nelson, Le fond lotharingien de ‚La Chanson du Chevalier au Cygne', in: *Le Moyen Âge* 99 (1993), S. 232–247.

57 Vgl. Albert Henry, *L'Œuvre lyrique d'Henri III, duc de Brabant* (Rijksuniversiteit te Gent, Werken uitgegeven door de Faculteit van de Wijsbegeerte en Letteren 103), Brügge 1948; Remco Sleiderink, *De stem van de meester. De hertogen van Brabant en hun rol in het literaire leven (1106–1430)* (Nederlandse literatuur en cultuur in de middeleeuwen 25), Amsterdam 2003, S. 57–73.

58 Vgl. Paulus Bernardus Wessels, Zur Sonderstellung des niederländischen Minnesangs im Germanisch-Romanischen Raum, in: *Neophilologus* 37 (1953), S. 208–218, hier S. 212; Marc M. Vuijlsteke, Art. „Adenet le Roi", in: *Lexikon des Mittelalters*, Bd. 1, München u. a. 1980, Sp. 149; Marc-René Jung, Art. „Gillebert de Berneville", in: *Lexikon des Mittelalters*, Bd. 4, München u. a. 1989, Sp. 1454.

59 Vgl. Dietmar Rieger, Nachwort: Die mittelalterliche Lyrik Frankreichs, in: *Mittelalterliche Lyrik Frankreichs II. Lieder der Trouvéres.* Französisch / Deutsch, ausgew., übers. und komm. v. dems. (RUB 7943), Stuttgart 1983, S. 257–328, hier S. 258 und 279. Arras stand 932 bis 1190 unter flämischer Herrschaft und entwickelte sich zu einem Handlungszentrum, vgl. Robert Fossier, Art. „Arras", in: *Lexikon des Mittelalters*, Bd. 1, München u. a. 1980, Sp. 1026–1028.

zehn Liedern gruppieren.[60] Ihm wird eine „überwiegend streng höfische Motivik" attestiert,[61] hierunter fallen etwa die Liebesverwundung, die Liebesfessel und das Liebesfeuer. Jan benutzt aber auch das antike Register, wenn er Frau Venus anspricht, die in der mittellateinischen Lyrik zum festen Inventar gehört, im Minnesang aber eher selten genannt wird. Sie taucht vergleichsweise früh bei einem bildungsaffinen Minnesänger wie Heinrich von Morungen auf (MF 138,33)[62] und dann mehrmals bei Minnesängern des (späten) 13. Jahrhunderts.[63]

Bis auf eine Ausnahme besteht Jans Œuvre aus höfischen Liebesliedern, in denen der Sänger um die Zuwendung einer adligen Dame wirbt, ihre Vorzüge preist und trotz der Vergeblichkeit an seiner Liebe zu ihr festhält und so seine Qualitäten unter Beweis stellt. Bei der Ausnahme handelt es sich um eine Pastourelle, in der ein Mann, Adliger oder Kleriker, in freier Natur auf ein einfaches Mädchen, eine *pastorella* trifft und sie mal mit, mal ohne Erfolg zu einem spontanen Schäferstündchen zu überreden sucht. Im mittelhochdeutschen Minnesang machen die Sänger eher einen Bogen um diesen Liedtypus, obwohl Anspielungen und vereinzelte Ausnahmen deren Kenntnis deutlich unter Beweis stellen.[64] Dass Jan eine Pastourelle in sein Œuvre aufnimmt, überrascht weniger, wenn man weiß, dass das Nachbargebiet Nordfrankreich sozusagen die Hochburg der Pastourelle war und auch sein Vater eine solche verfasste.[65] Diese entspricht ganz den Gattungsvorgaben: Bei einem Ausritt trifft der gutgelaunte Sänger auf eine Hirtin und macht aus seinen Absichten keinen Hehl: *Vez ci vo dru!* – „Darf ich

60 Wessels, Johann (wie Anm. 53), Sp. 544.

61 Ebd. Zustimmend und mit weiteren Erläuterungen Frank Willaert, Een dichter te paard. De minnelyriek van Jan I van Brabant, in: *Queeste* 10 (2003), S. 97–115, hier S. 106–108.

62 *Des Minnesangs Frühling*. Unter Benutzung der Ausg. v. Karl Lachmann und Moriz Haupt, Friedrich Vogt und Carl von Kraus bearb. v. Hugo Moser und Helmut Tervooren, Bd. 1: Texte, 38., erneut rev. Aufl. mit einem Anhang: Das Budapester und Kremsmünsterer Fragment, Stuttgart 1988, S. 266–268.

63 Das ergibt eine Abfrage der Mittelhochdeutschen Begriffsdatenbank, http://mhdbdb.sbg.ac.at/ vom 04.03.2022.

64 Vgl. Sabine Christiane Brinkmann, *Die deutschsprachige Pastourelle. 13. bis 16. Jahrhundert* (Göppinger Arbeiten zur Germanistik 307), Göppingen 1985; Ingrid Kasten, Die Pastourelle im Gattungssystem der höfischen Lyrik, in: *Lied im deutschen Mittelalter. Überlieferung, Typen, Gebrauch*. Chiemsee-Colloquium 1991, hg. v. Cyril Edwards, Ernst Hellgardt und Norbert H. Ott, Tübingen 1996, S. 27–41; Mattern, Tanja, An den Grenzen der Gattung. Zur Rezeption der Pastourelle in der mittelhochdeutschen Lyrik, in: *Euphorion. Zeitschrift für Literaturgeschichte* 110 (2016), S. 287–317; Kessel, Raffaela, *Die Motive der galloromanischen Pastourellentradition in der deutschsprachigen Literatur des Mittelalters* (Deutsche Literatur. Studien und Quellen 38), Berlin / Boston 2021.

65 Vgl. Tervooren, Bemerkungen (wie Anm. 25), S. 179.

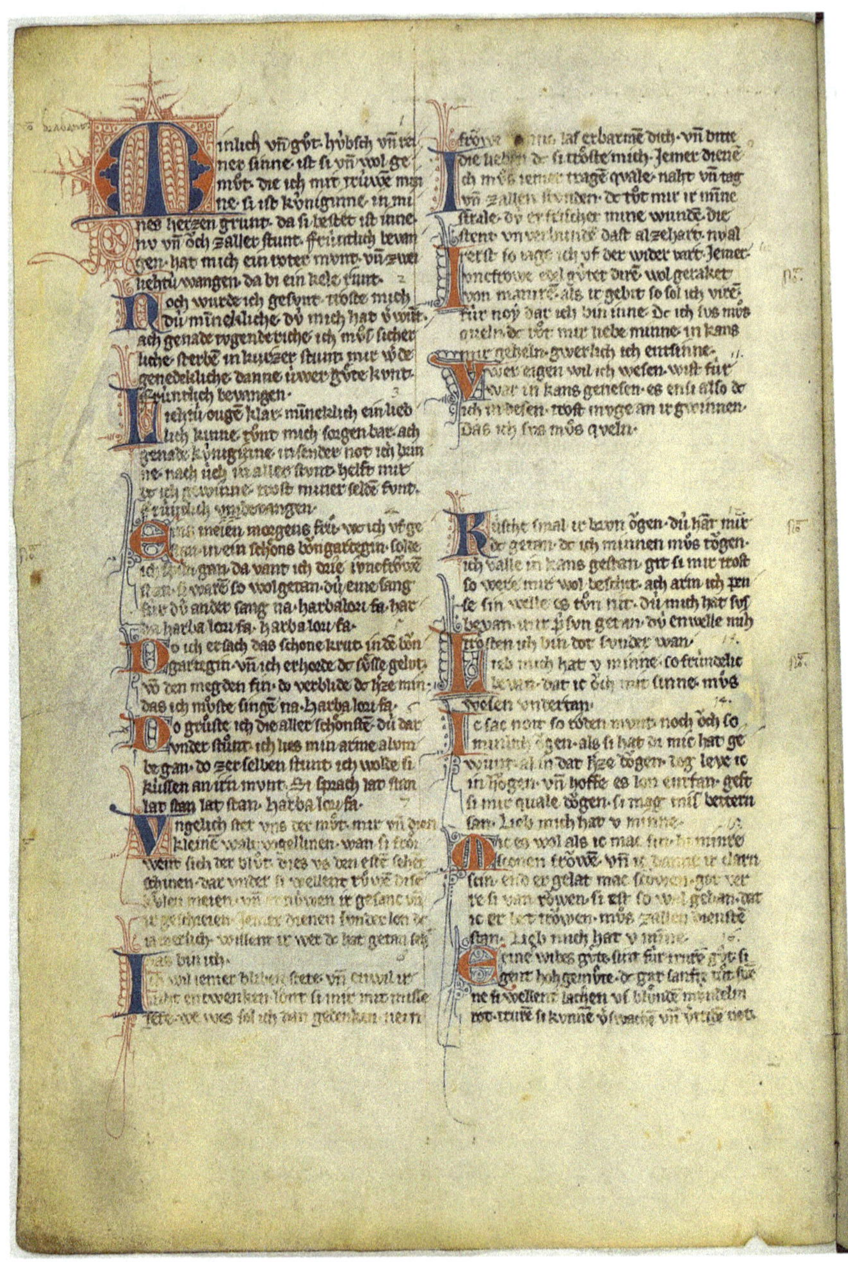

Abb. 5: Textcorpus Jans von Brabant im *Codex Manesse.* Universitätsbibliothek Heidelberg, Cod. Pal. germ. 848, Große Heidelberger Liederhandschrift, Zürich, ca. 1300–1340, fol. 18[v] und 19[r].

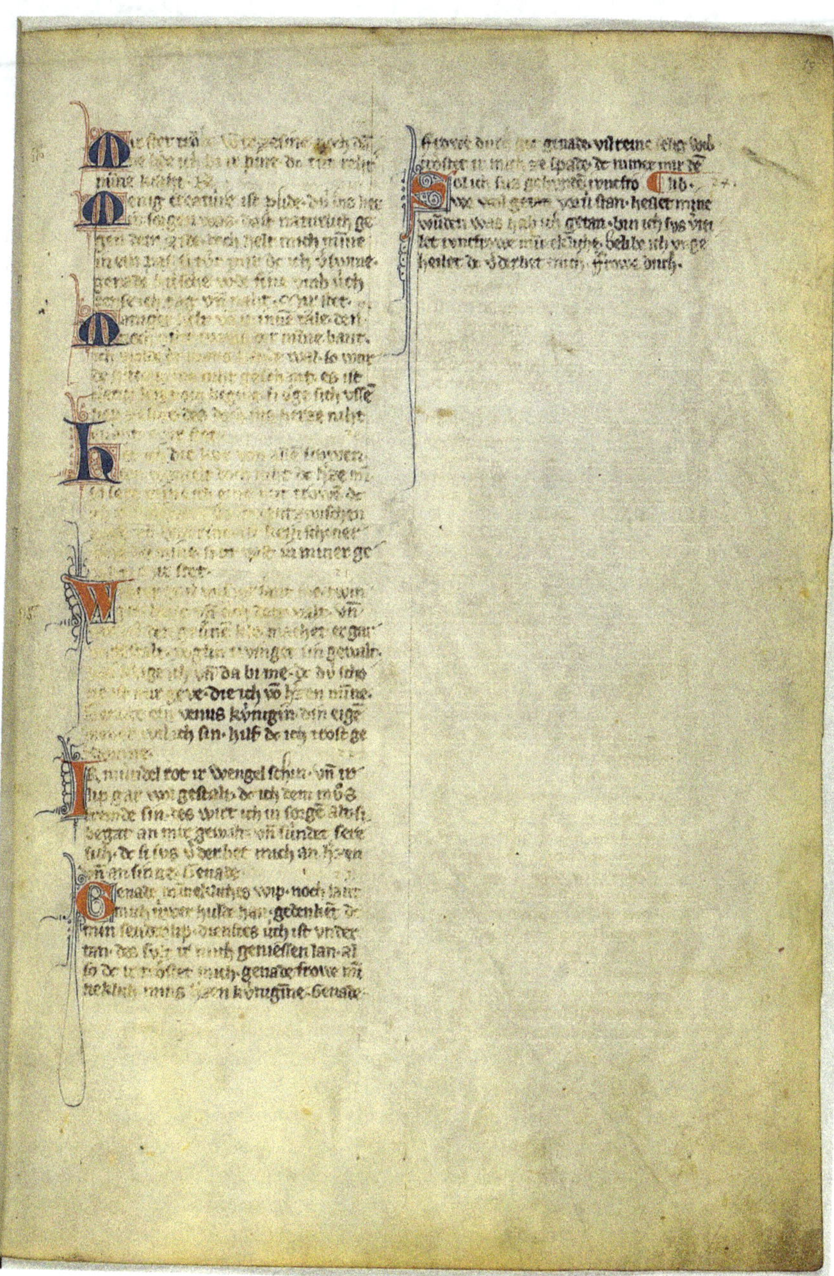

Abb. 5 (fortgesetzt)

Euch Euren Liebhaber vorstellen?“ (I, 12) begrüßt er sie frech.[66] Im folgenden gattungstypischen *débat* weist sie ihn und seine Geschenke scheinbar standhaft ab mit Hinweis auf ihren Liebsten, um am Ende doch sein Angebot anzunehmen und ihm rasch seinen Wunsch zu erfüllen. Daran erkenne er, schließt der Text, ihre *maniere*, also wohl die Liebesbereitschaft des einfachen Mädchens im Gegensatz zur Minnedame des *grand chant courtois*.

Anders verhält es sich in Jans Pastourelle, in der der Mann gleich auf drei singende junge Damen in einem Baumgarten trifft.[67] Er stimmt in ihren Gesang ein und will die Schönste von ihnen umarmen und küssen, worauf diese ihn mit einem wiederholten *lat stan* – „lass sein!“ oder „hör auf!“ – abweist. Die Differenzen sind evident: Die Szenerie ist in einen kultivierten Park verlegt, es handelt sich um *juncvrouwen* und keine Hirtinnen und entsprechend wird gemeinsam gesungen, aber mehr auch nicht. Allerdings hat die Forschung in diesem Lied Doppeldeutigkeiten ausgemacht: Das beginnt mit dem lautmalerischen Refrain des Liedes *Harba lori fa*, der zugleich der Gesang der Frauen ist. Dabei könnte es sich um eine Verballhornung des Alba-Rufes handeln.[68] *Alba* ist das provenzalische Wort für Sonnenaufgang und zugleich die Bezeichnung für die Gattung des Tagelieds, in dem die Liebenden die Nacht gemeinsam verbringen. In beiden Gattungen geht es also um Liebeserfüllung, wenn auch die Lizenz dazu auf unterschiedliche Weise erfolgt; in der Pastourelle ist es der Raum der Natur jenseits der höfischen Welt, im Tagelied ist es die nächtliche Zeit, die das vor der Gesellschaft verheimlichte Treffen ermöglicht.[69] Die Strophen schließen häufig mit dem Refrain, dass nun der Sonnenaufgang beziehungsweise der Tag komme und der Mann gehen müsse. Dieser Refrain

---

66 *Trouvères belges. Du XIIe au XIVe siècle. Chansons d,amour, jeux-partis, pastourelles, dits et fabliaux par Quenes de Béthune, Henri III, duc de Brabant, Gillebert de Berneville, Mathieu de Gand, Jacques de Baisieux, Gauthier le Long, etc.*, hg., nach den Manuskripten und komm. v. Auguste Scheler, Brüssel 1876–1879 [Nachdruck Genève 1977], S. 41–51, Lied S. 46–48; Henry, *L'Œuvre* (wie Anm. 57), S. 75–84.

67 Tervooren hält eine Anspielung auf das Paris-Urteil für möglich (Bemerkungen (wie Anm. 25), S. 182). Frank Willaert analysiert ausführlich die Übereinstimmungen mit der Gattung Pastourelle und der lyrischen Tradition generell (ders., A propos d'une ballette de Jean Ier, duc de Brabant (1253–1294), in: *Etudes germaniques* 35 (1980), S. 387–397).

68 Nico H. J. van den Boogaard stellt zunächst verschiedene Deutungsmöglichkeiten des Refrains vor und schlägt dann *alba lor i fa* (*„il leur y fait l'aube“*) vor (Quelques remarques sur une pastourelle en moyen néerlandais en particulier sur le refrain provençal: ‚harba lori fa‘, in: *Mélanges offerts à René Crozet à l'occasion de son 70e anniversaire par ses amis, ses collégues, ses élèves et les membres cu C.E.S.C.M. (Vol. 1–2)* (Cahiers de civilisation médiévale. Suppl.), hg. v. Pierre Gallais und Yves-François Riou, Poitiers 1966, Bd. 2, S. 1213–1216; vgl. Tervooren, Bemerkungen (wie Anm. 25), S. 183. Auch die Erotik des Klangs dürfte hier eine Rolle spielen, vgl. dazu Susanne Köbele, Rhetorik und Erotik. Minnesang als „süßer Klang“, in: *Poetica* 45 (2013), S. 299–332, bes. S. 310.

69 Vgl. Franz-Josef Holznagel, *Geschichte der deutschen Lyrik. Bd. 1: Mittelalter* (RUB 18888), Stuttgart 2013, S. 40 f.

oder Ruf könnte in *Harba lori fa* aufgenommen sein. In diesem Kontext könnte dann das *lat stan* einen neuen sexuellen Doppelsinn erhalten – also „lass stehen" und nicht „lass bleiben".[70] Die höfisierte Pastourelle, die an einem Maienmorgen beginnt, also dann, wenn das Tagelied zu Ende geht, wird damit aufgelöst mit der Aussicht auf eine bevorstehende Tagelied-Situation. Die im Französischen außerordentlich beliebte Gattung wird transformiert in die Gattung, die bei den deutschen Minnesängern hoch im Kurs steht, wenn es um die Liebeserfüllung geht – freilich alles mit einem spielerisch-ironischen Unterton.

Formal fallen die kunstvollen Reimfolgen und der Refrain auf, den bis auf eines alle Lieder Jans aufweisen. Im Minnesang ist er weit weniger häufig als im Französischen.[71] Das hängt auch damit zusammen, dass einige nordfranzösische Formtypen den Refrain obligatorisch verlangen, in der mittelhochdeutschen Lyrik ist er dagegen fakultativ. Jan dichtet nun zwar in deutscher Sprache, verwendet jedoch romanische Bauformen. Die *formes fixes* Ballete und Virelais, die er bevorzugt einsetzt,[72] verlangen einen Refrain, auch das Rondeau gehört in diese Gruppe. Das Virelais ist ein Tanz- und Liebeslied, das vom Ende des 13. Jahrhunderts bis zum 15. Jahrhundert verbreitet war. Es ist in der Regel dreistrophig und der Refrain schließt, anders als beim Ballete, nicht nur die Strophen ab, sondern wird auch der ersten Strophe vorangestellt. Typisch ist zudem die an den Refrain metrisch und reimtechnisch genau angepasste Gestaltung der vorangehenden Verse.[73] Diese Liedtypen gehören zum *registre populaire*, das heißt sie gelten als volkstümlichen Ursprungs oder sind es ihrer Art nach, werden hier aber in der höfischen Literatur eingesetzt. Sie wurden in der deutschen Lyrik nicht übernommen, vielleicht weil sie sich auch mit bestimmten Inhalten wie solchen der Pastourelle verbanden.[74] Jans Lieder stellen also eine absolute Ausnahme dar,[75] die als bewusster Transfer romanischer Formen ins Deutsche verstanden werden kann.

---

70 Vgl. Tervooren, Bemerkungen (wie Anm. 25), S. 183 f.

71 Nach Renate Hausner weisen insgesamt nur etwa 9% der mittelhochdeutschen Lieder einen Refrain auf, während es bei den französischen Liedern etwa 25% sind, vgl. Spiel mit dem Identischen. Studien zum Refrain deutschsprachiger lyrischer Dichtung des 12. und 13. Jahrhunderts, in: *Sprache – Text – Geschichte. Beiträge zur Mediävistik und germanistischen Sprachwissenschaft aus dem Kreis der Mitarbeiter 1964–1979 des Instituts für Germanistik an der Universität Salzburg* (Göppinger Arbeiten zur Germanistik 304), hg. v. Peter K. Stein, Göppingen 1980, S. 281–384, hier S. 309 f.

72 Wessels, Johann (wie Anm. 53), Sp. 545; Willaert, Een dichter (wie Anm. 61), S. 105 f.

73 Vgl. Hausner, Spiel (wie Anm. 71), S. 309–311; Willaert, Een dichter (wie Anm. 61), S. 103 f.; ders., Over ‚Ic sac noit so roden munt' van hertog Jan I van Brabant, in: *De Nieuwe Taalgids* 79 (1986), S. 481–492, hier S. 485.

74 So Hausner, Spiel (wie Anm. 71), S. 312.

75 Auch sein Vater Henri III. verwendet diese Formen nicht; vgl. zu dessen Texten Henry, *L'Œuvre* (wie Anm. 57); Willaert, Lyriklandschaft (wie Anm. 18), S. 44.

Was die Sprache von Jans Œuvre betrifft, hat die Forschung mit einem gewissen Erstaunen festgestellt, dass Jan sich des Deutschen bedient, obwohl der brabantische Hof französischsprachig war, obwohl sein Vater französische Minnelieder verfasste und französische Dichter an seinem Hof versammelte und obwohl er selbst enge Beziehungen zum französischen Hof unterhielt. Jan wäre also wohl durchaus in der Lage gewesen, in französischer Sprache zu dichten, entschied sich jedoch offenbar bewusst für das Deutsche.[76] Die Frage, ob die überlieferte sprachliche Form der Lieder überhaupt ihre ursprüngliche ist, hat der Forschung zusätzlich Rätsel aufgegeben und bis heute sind die Ansichten darüber nicht frei von Kontroverse. Die überlieferten Lieder weisen nämlich eine unterschiedliche sprachliche Färbung auf, da das Mittelhochdeutsche mal mehr mal weniger mit Niederlandismen durchsetzt ist. Insbesondere die ältere Forschung nahm daher an, dass die ‚echten' Lieder Jans ursprünglich mittelniederländisch verfasst worden seien, während die mehr mittelhochdeutschen ihm fälschlich zugeschrieben worden seien.[77] Vor allem Frank Willaert vertritt dagegen die Position, dass Jan seine Lieder von Anfang an in einer Mischung aus Mittelniederländisch und Mittelhochdeutsch verfasst habe[78] – eine Mischung, die auch in anderen Handschriften der Region zu finden ist, und auch sonst ist Sprachmischung im Mittelalter nicht selten.[79] Überdies hat der alemannische Schreiber des *Codex Manesse* in die Lieder eingegriffen und ihre hochdeutsche Färbung verstärkt.[80]

Jan gehört wie erwähnt zum späten Minnesang, der in der Forschung von Ausnahmen abgesehen lange als epigonal und schematisch abgewertet wurde. Positiv gewendet zeichnen sich viele Lieder des späten Minnesangs dadurch aus, dass sie virtuos mit der nunmehr langen Gattungstradition spielen, indem sie aus früheren

---

76 Vgl. Jan Goossens / Frank Willaert, De liederen van Jan I. diplomatische editie, in: *Queeste* 10 (2003), S. 115–127. Die Lieder Jans, ebenso wie die von Heinrich von Veldeke und Hadewijch, finden sich auch in der *Nederlandse Liederenbank* (http://www.liederenbank.nl vom 05.12.2022). Zur Sprachwahl vgl. Jan Goossens, Zur Sprache der Lieder des brabantischen Herzogs Johan I. in der Manessischen Handschrift, in: *Literatur – Geschichte – Literaturgeschichte. Festschrift für Volker Honemann zum 60. Geburtstag*, hg. v. Nine Robijntje Miedema und Rudolf Suntrup, Frankfurt a. M. 2003, S. 237–248; vgl. Tervooren, Überlegungen (wie Anm. 4), S. 22; ders., Masen (wie Anm. 2), S. 140 f.

77 Nach Boerma sind die Lieder II, IV, V, VI 1–2, VII ursprünglich mittelniederländisch, weil sie erkennbar entsprechende sprachliche Spuren aufweisen. Vgl. dazu und zu weiteren Erklärungsansätzen Goossens, Sprache (wie Anm. 76), S. 237–239.

78 Willaert, Over ‚Ic sac' (Anm. 73), S. 483; zustimmend Tervooren, Bemerkungen (wie Anm. 25), S. 176.

79 Vgl. W. P. Gerritsen / Brigitte Schludermann, Deutsch-niederländische Literaturbeziehungen im Mittelalter. Sprachmischung als Kommunikationsweise und als poetisches Mittel, in: *Akten des V. Internationalen Germanisten-Kongresses Cambridge 1975* (Jahrbuch für Internationale Germanistik A / 5, 2), hg. v. Leonard Forster und Hans-Gert Roloff, Bern u. a. 1976, S. 329–339.

80 Ausführlich dazu Goossens, Sprache (wie Anm. 76).

Liedern zitieren, bekannte Motive und Topoi neu montieren oder ihnen eine überraschende Wendung geben. Sie transformieren damit den Minnesang, der von Anfang an eine Variationskunst ist, nicht grundsätzlich, perspektivieren diesen jedoch neu.[81] Überdies ist es wichtig, zwischen den adligen Dilettanten und den Berufsdichtern zu unterscheiden, das gilt nicht nur für den sogenannten rheinischen Minnesang um Friedrich von Hausen, der Verbindungen zum Stauferhof hatte und zu dem auch Kaiser Heinrich VI. selbst gezählt wird.[82] Auch in der Spätzeit gibt es einen Kreis von Fürsten, die Minnesang betrieben, dazu gehören König Wenzel von Böhmen, Herzog Heinrich von Breslau, Markgraf Otto IV. von Brandenburg, Markgraf Heinrich von Meißen und der Graf Heinrich I. von Anhalt. Ihre kleinen Corpora sind als Gruppe im *Codex Manesse* prominent und nachträglich am Anfang positioniert worden (Abb. 6).[83] Gemeinsam ist ihnen, dass ihre Herrschaftsgebiete im Osten des Deutschen Reiches lagen, zudem waren sie untereinander politisch und dynastisch eng verbunden. Jan von Brabant im Westen steht dagegen eher isoliert. Die Tatsache, dass er im Anschluss mit seinen Liedern aufgeführt wird, kann mit der ständischen Ordnung zusammenhängen, in der die Minnesänger hier aufgeführt sind, es könnte aber auch ein Hinweis sein, dass er ebenfalls zu dieser spezifischen Gruppe fürstlicher Minnesänger gezählt wurde, die ihre Lyrik offenbar auch aus machtlegitimatorischen Gründen betrieben.[84]

---

81 Vgl. zur Frage nach Peripherie und Zentrum Doreen Brandt / Tanja Mattern, Workshopbericht „Vergessene Sänger, unbekannte Lieder. Prozesse und Mechanismen der Kanonbildung im Minnesang seit dem 19. Jahrhundert“, in: *Walther von der Vogelweide. Düsseldorfer Kolloquium 2018* (Wolfram-Studien 26), hg. v. Ricarda Bauschke und Veronika Hassel, Berlin 2020, S. 453–467; zur Bewertung des späten Minnesangs Gert Hübner, Konzentration aufs Kerngeschäft. Späte Korpora der Manessischen Liederhandschrift und die Gattungsgeschichte des Minnesangs im 13. Jahrhundert, in: *Transformationen der Lyrik im 13. Jahrhundert. Wildbader Kolloquium 2008* (Wolfram-Studien 21), hg. v. Susanne Köbele, Eckart Conrad Lutz und Klaus Ridder, Berlin 2013, S. 387–411 mit weiteren Literaturangaben.

82 Vgl. zum rheinischen Minnesang Gert Hübner, ‚Alumbe den Rîn‘. Rheinischer und romanischer Minnesang, in: *Dichtung und Musik der Stauferzeit: wissenschaftliches Symposium, 12. bis 14. November 2010* (Schriftenreihe der Nibelungenliedgesellschaft Worms 7), hg. v. Volker Gallé, Worms 2011, S. 15–40.

83 Ausgenommen ist nur der (ältere) Graf Heinrich I. von Anhalt. Vgl. zur (hierarchischen) Ordnung des Codex und zu den Umstellungen Lothar Voetz, *Der Codex Manesse. Die berühmteste Liederhandschrift des Mittelalters*, 2., durchges. Aufl. Darmstadt 2017, S. 41–45.

84 Vgl. Hans-Joachim Behr, *Literatur als Machtlegitimation. Studien zur Funktion der deutschsprachigen Dichtung am böhmischen Königshof im 13. Jahrhundert*, München 1989; zu den Askaniern Otto IV. von Brandenburg und Heinrich I. von Anhalt vgl. Tanja Mattern, Minnesang in Norddeutschland. Überlieferung und Sänger aus dem niederdeutschen Sprachraum, in: *Literatur im mittelniederdeutschen Sprachraum (1200–1600)* (Wolfram-Studien 27), Rostocker Kolloquium 2021, hg. v. Franz-Josef Holznagel u. a., Berlin [im Druck].

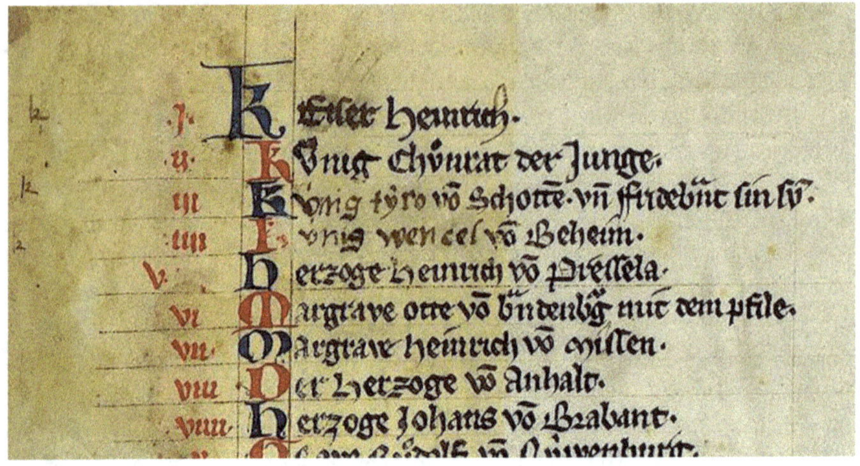

Abb. 6: Anfang des Registers im *Codex Manesse*. Universitätsbibliothek Heidelberg, Cod. Pal. germ. 848, Große Heidelberger Liederhandschrift, Zürich, ca. 1300–1340, fol. 4^{v}.

Nach Heinrich von Veldeke klafft wie bereits erwähnt eine große Lücke, was die deutschsprachige Lyrik in der Region angeht. Eine nennenswerte Überlieferung setzt überhaupt erst um 1400 ein und dann unter deutlich anderen Vorzeichen. Die Forschung hat für diesen Befund unterschiedliche Gründe genannt, die Tendenz geht allerdings dahin, dass in der Lyrik der Einfluss der Romania stärker war, nicht zuletzt weil an den meisten Höfen französisch gesprochen wurde.[85] Frank Willaert sieht den Grund vor allem in vom *grand chant courtois* abweichenden poetischen Traditionen und Präferenzen, die auch schon in Veldekes Lyrik wirksam gewesen seien.[86] Das erklärt allerdings noch nicht die unterschiedliche Rezeption von (romanischer) Lyrik und (germanischsprachiger) Epik. Helmut Tervooren nimmt an, dass die unterschiedliche Art der Rezeption – Epik im kleinen Kreis, Lyrik im größeren Rahmen von Fest und Aufführung – der Grund für die unterschiedliche Sprachwahl gewesen sein könnte. Demnach wäre die Lyrik stärker dem französisch geprägten Hofzeremoniell verpflichtet gewesen,[87] doch kann man dem entgegenhalten, dass gerade die Lyrik eher etwas für einen

---

85 Vgl. Tervooren, *Masen* (wie Anm. 2), S. 130; ders., Zur mittelniederländischen Lyrik. Überlegungen zur Überlieferung des höfischen Liedes im 13. und 14. Jahrhundert, in: *Gattungen und Formen des europäischen Liedes vom 14. bis zum 16. Jahrhundert*, hg. v. Michael Zywietz, Volker Honemann und Christian Bettels, Münster 2005, S. 285–294, hier S. 292 f.

86 Vgl. Willaert, Lyriklandschaft (wie Anm. 18), S. 43 f.; zu Heinrich von Veldeke auch Bastert, Möglichkeiten (wie Anm. 14).

87 Vgl. Tervooren, Überlegungen (wie Anm. 4), S. 22 f.

kleinen Kreis von Spezialisten war (und ist).[88] Außerdem wissen wir zu wenig über die sprachlichen Gepflogenheiten an diesen polyglotten Höfen und ihr ‚Code-Switching', also darüber in welchen Kontexten die jeweilige Sprache Verwendung fand.[89] Das bereits erwähnte Beispiel der aus England stammenden und daher französisch sprechenden Schwiegertochter, der angeblich mithilfe der Reimchronik das Niederländisch näher gebracht werden sollte, wirft ein interessantes Schlaglicht auf die diesbezüglichen Verhältnisse am Brabanter Hof. Remco Sleiderink vermutet Jan I. selbst als Mäzen hinter dieser Chronik, die in erster Linie das brabantische Publikum von den Qualitäten des Herzogs überzeugen und es zu seiner auch finanziellen Unterstützung bewegen sollte; diesem ‚Image' entspräche dann auch eine englische Prinzessin, die sich um den Erwerb der einheimischen Sprache bemüht.[90] Jedenfalls demonstriert der Text, dass auch dieses Idiom zunehmend als Literatursprache am Hof gepflegt wurde und dass man dort über eine hohe Sensibilität für die politischen Implikationen der Sprachwahl im Hinblick auf das jeweils anvisierte Publikum verfügte. Freilich muss Margarete nicht genau an diesem Text Niederländisch gelernt haben, aber die darin zum Ausdruck kommende Erwartung an die herzogliche Familie, sich in allen relevanten Sprachen verständigen zu können, dürfte mehr gewesen sein als reine ‚Imagepflege', sondern eher eine politische Notwendigkeit.[91]

Lied VII: *Mir stet troube von ir ze sine*

Ein Lied aus Jans Œuvre ist in diesem Kontext besonders interessant, nämlich das Lied VII *Mir stet troube von ir ze sine*. Sprachlich erweist es sich als schwierig, da es zu den Liedern mit mittelhochdeutsch-mittelniederländischer Sprachmischung gehört; damit ist die Unsicherheit verbunden, manche Formen richtig zu- und

---

88 Vgl. Willaert, Over ‚Ic sac' (Anm. 73), S. 490.

89 Zur Frage nach der Hofsprache vgl. Gabriele Schieb, Versuch einer Charakteristik der grundlegenden Kommunikationsbeziehungen um 1200 (Gedanken zu einigen Voraussetzungen einer Geschichte der deutschen Nationalitätssprache), in: *Zeitschrift für Phonetik, Sprachwissenschaft und Kommunikationsforschung* 33/3 (1980), S. 379–385. Zur Situation am Brabanter Hof liefert die Arbeit von Henry interessante Hinweise (*L'Œuvre* [wie Anm. 57]).

90 Vgl. Remco Sleiderink, Mäzene in der mittelniederländischen Literatur. Versuch einer Bestandsaufnahme, in: *Mäzenaten im Mittelalter aus europäischer Perspektive. Von historischen Akteuren zu literarischen Textkonzepten* (Encomia Deutsch 4), hg. v. Bernd Bastert, Andreas Bihrer und Timo Reuvekamp-Felber, Göttingen 2017, S. 201–222, hier S. 213 f.

91 Tervooren bemerkt zu den Sprachgepflogenheiten des Brabanter Hofes, dass dieser sich offenbar um die Mitte des 13. Jahrhunderts vom Französischen als Literatursprache löste (Ders., Literatur [wie Anm. 1], S. 11, Anm. 17), was als längerer Prozess zu denken ist.

einzuordnen. Formal handelt es sich um ein typisch dreistrophiges Virelais. Die Strophen sind inhaltlich nur locker verbunden, der Refrain, der Virelais-typisch auch vorangestellt ist, bildet die eigentliche Klammer, so dass sich die Struktur AAB/cdcd/aab/AAB ergibt:[92]

Mir stet troube von ir ze sine,[93] A
noch danne lide ich bi ir pine. A
das tuot rehter minne kraht. B
Menig creatiure ist plide, c
diu bis her in sorgen was. d
dast naturlich gegen dem zide, c
doch helt mich minne in ein pas. d
si tuot mir, das ich verswine. a
genade kiusche, werde, fine! a
Um iuch pense ich tag und naht. b
Mir stet [troube von ir ze sine A
noch danne lide ich bi ir pine A
das tuot rehter minne kraht] B

Ich bin traurig, wenn ich von ihr getrennt bin,
aber ich leide auch Qualen, wenn ich bei ihr bin,
das bewirkt die Macht der richtigen Liebe.
Manch ein Lebewesen ist fröhlich,
das bisher voll Sorge war.
Das ist nur natürlich in dieser Jahreszeit,
doch die Liebe hält mich in Trauer,
sie macht, dass ich vergehe.
Gnade, du Reine, Erhabene, Schöne!
An Euch denke ich Tag und Nacht.
Ich bin traurig, wenn ich von ihr getrennt bin,
aber ich leide auch Qualen, wenn ich bei ihr bin,
das bewirkt die Macht der richtigen Liebe.

Der Refrain greift ein minnesangtypisches Paradox auf: Der Sänger leidet sowohl unter der Trennung von der Frau, aber ebenso auch in ihrer Gegenwart, was jedoch als Ausdruck richtiger Liebe interpretiert wird. Die erste Strophe beginnt mit einem angedeuteten Jahreszeiteneingang, der sich im 13. Jahrhundert zunehmen-

92 Vgl. zu dieser Formbestimmung ausführlich Willaert, Een dichter (wie Anm. 61), S. 104f.; Ders., Over ‚Ic sac' (wie Anm. 73), S. 485f.; zu den ‚festen Formen' auch ders., Niederländische Lyrik, in: *Handbuch Minnesang*, hg. v. Beate Kellner, Susanne Reichlin und Alexander Rudolph, Berlin 2021, S. 156–171, hier S. 161; Hausner, Spiel (wie Anm. 71), S. 313, Anm. 62.
93 Der folgende Text beruht auf der Ausgabe von Goossens / Willaert, De liederen (wie Anm. 76), ich füge Interpunktion und Worttrennung bei *zesine* ein. Die Übersetzung ist von mir.

der Beliebtheit erfreute.[94] Der Frühling, auf den als Zeit der Freude angespielt wird, gilt als Zeit der Liebe, doch oft setzen die Sänger sich und ihre Situation, wie auch hier, kontrastiv dazu in Beziehung und beklagen ihr Liebesleid. Eingestreut sind mittelniederländische Formen wie *pas,* „Trauer“, oder *pense,* „denke“.[95] Die zweite Strophe setzt ein mit einer Kritik am Reden über die Minne ohne Erfahrung:

Maniger helt von minne tale,
den noch niht twanc der minne bant.
ich wolde, das mans kande wal,
so wurde guote minne niht geschant.
es ist clerig, leie noch begine,
si ouge sich ussen liep ze sine,
des doch ins herze niht enaht.
Mir stet [troube von ir ze sine,
noch danne lide ich bi ir pine.
das tuot rehter minne kraht.]

Manch einer hält Reden über die Liebe,
den noch nie das Band der Liebe gefesselt hielt.
Ich wünschte, dass man sie wirklich kennen würde,
dann würde gute Liebe nicht in Misskredit gebracht.
Es sei Kleriker, Laie oder Begine,
sie scheint nach außen dem zu gefallen,
der sie im Herzen nicht schätzt.
Ich bin traurig, wenn ich von ihr getrennt bin,
aber ich leide auch Qualen, wenn ich bei ihr bin.
Das bewirkt die Macht der richtigen Liebe.

Darin kann man zunächst eine Variation des Authentizitätsanspruchs sehen, den die Minnesänger schon immer erheben, auch gegen die (angeblichen) Zweifel an ihrer Liebe. Hier ist die Akzentuierung allerdings anders. Die Liebeserfahrung wird zur Voraussetzung richtig über sie zu sprechen und sie nicht durch falsche Rede in Misskredit zu bringen. Auf diese Weise insistiert der Sänger auf der Exklusivität von

94 Zu Jahreszeitentopos und Natureingang vgl. Jan-Dirk Müller, Jahreszeitenrhythmus als Kunstprinzip, in: *Rhythmus und Saisonalität. Kongreßakten des 5. Symposions des Mediävistenverbandes in Göttingen 1993,* hg. v. Peter Dilg, Gundolf Keil und Dietz-Rüdiger Moser, Sigmaringen 1995, S. 29–47 [wieder in: ders., *Minnesang und Literaturtheorie,* hg. v. Ute von Bloh und Armin Schulz, Tübingen 2001, S. 129–150]; Ludger Lieb, Der Jahreszeitentopos im ‚frühen‘ Minnesang, in: *Topik und Rhetorik. Ein interdisziplinäres Symposium,* hg. v. Thomas Schirren und Gert Ueding, Tübingen 2000, S. 121–142; Daniel Eder, *Der Natureingang im Minnesang. Studien zur Register- und Kulturpoetik der höfischen Liebeskanzone* (Bibliotheca Germanica 66), Tübingen 2016, S. 99–128, zur Abgrenzung von Jahreszeiten- und Natureingang S. 125.
95 Vgl. Goossens, Sprache (wie Anm. 76), S. 244 und S. 246 und *Woordenboek der Nederlandsche Taal online* http://wnt.inl.nl/ vom 01.03.2022.

Liebe und Liebeslyrik. Die Behauptung, Kleriker und Laien – eine gängige Umschreibung für ‚alle' – seien von der Liebe gleichermaßen betroffen, ist nicht ungewöhnlich.[96] Jan führt dies jedoch nicht als Beleg für ihre Macht an, der sich niemand entziehen kann, sondern setzt hier zu einer Kritik an, denn die besungene Liebe ist nichts für ‚Hinz und Kunz'. Zudem erweitert er die Formel von den Klerikern und Laien in sehr spezifischer Weise um die Begine; also ausgerechnet um die religiös, aber ohne Ordenseinbindung lebenden Frauen.[97] Das ist im Minnesang-Kontext eine auffällige Konkretisierung, wie sie sonst gerade vermieden wird. Dass diese hier als eigenständige Gruppe genannt werden, hängt womöglich auch damit zusammen, dass sie erstmals im ausgehenden 12. Jahrhundert in Brabant belegt sind und dass Hadewijch, eine bedeutende geistliche Autorin des 13. Jahrhunderts, von der man annimmt, dass sie auch eine Begine war, mutmaßlich aus Brabant kam.[98] In ihren strophischen Gedichten in mittelniederländischer Sprache benutzt diese – ähnlich wie Jan – Formen der Trouvères und ersetzt die höfische Liebe durch die Gottesliebe.[99] Allerdings würde ich in der Erwähnung weniger eine Wertschätzung als einen ironischen Seitenhieb sehen. Der Vorwurf besteht aber nun gerade nicht darin, dass die frommen Frauen sich der Liebe hingeben, sondern dass diese alle sich nach außen hin zwar als Liebende darstellen, die Liebe jedoch nicht im Herzen fühlen. Der anschließende Refrain präsentiert den Sänger im Kontext dieser Strophe dann als Gegenmodell, der wahre Liebe empfindet und daher leidet.

In der dritten Strophe geht es auf den ersten Blick um eine Variation des konventionellen Schönheitspreises der Dame:

Het ich die kur von allen frowen,
son wandelt doch niht das herze min.
so sere minne ich eine mit trowen,
das ich ir undertan muos sin.
entzwischen ma[n]se und dem rine
ist kein schoener danne diu mine.
si lit vast in miner gedaht.

---

96 Vgl. besonders Walthers Mailied (L 51,13), in: *Walther von der Vogelweide, Werke. Gesamtausgabe Bd. 2: Liedlyrik.* Mittelhochdeutsch / Neuhochdeutsch, hg., übers. und komm. v. Günther Schweikle. 2., verbesserte u. erw. Aufl. hg. v. Ricarda Bauschke-Hartung (RUB 820), Stuttgart 2011, Lied S. 272–277, Kommentar S. 688–692, hier S. 691.

97 Vgl. Kaspar Elm, Art. „Beg(h)inen", in: *Lexikon des Mittelalters*, Bd. 1, München u. a. 1980, Sp. 1799 f.

98 Vgl. *Hadewijch: Lieder*. Originaltext, Kommentar, Übersetzung und Melodien, hg., eingel., übers. und komm. v. Veerle Fraeters und Frank Willaert. Mit einer Rekonstruktion der Melodien v. Louis Peter Grijp†, Berlin 2016, zur Rekonstruktion der Autorin S. 15–19.

99 Vgl. Willaert, Lyrik (wie Anm. 92), S. 159 f.

Mir stet [troube von ir ze sine,
noch danne lide ich bi ir pine.
das tuot rehter minne kraht]

Wenn ich die Wahl hätte unter allen Damen,
so würde mein Herz nicht schwanken.
So sehr liebe ich die eine unverbrüchlich,
dass ich ihr ergeben bin.
Zwischen Maas und Rhein
ist keine schöner als die Meine.
Ich denke oft an sie.
Ich bin traurig, wenn ich von ihr getrennt bin,
aber ich leide auch Qualen, wenn ich bei ihr bin.
Das bewirkt die Macht der richtigen Liebe.

Die Wortwahl *kur* löst auch politische Assoziationen der Königswahl aus, zumal die Dame gerne, und so auch in Jans Liedern, als Königin oder Kaiserin bezeichnet wird.[100] Dazu passt, dass er ihr aus Liebe *undertan* sein muss. Seine Wahl steht freilich fest: *entzwischen ma(n)se und dem rine / ist keine schoner danne diu mine.* Er bringt hier also den von ihm beanspruchten Herrschaftsbereich – sei es nun vor der Schlacht von Worringen als Anspruch oder danach als Faktum – geschickt im Lied unter.[101] Die Tatsache, dass *manse* und nicht *mase* dort steht, ist dem Zürcher Schreiber geschuldet, der den Fluss wohl nicht kannte und mit einem Nasalstrich korrigierte.[102] Die gepriesene Frau regional zu verorten, bevorzugt im eigenen Herrschaftsbereich, sofern man über einen verfügt, hat im Minnesang eine gewisse Tradition. Insbesondere der staufische Dichterkreis lokalisiert die Dame gern am Rhein[103] und auch die askanischen

100 Vgl. Goossens / Willaert, De liederen (wie Anm. 76), Lied I, Str. 1, 5 und Lied VIII, Refrain.

101 Willaert, Over ‚Ic sac' (wie Anm. 73), S. 485 betont dagegen, dass diese Verse nicht am Brüsseler Hof entstanden sein dürften, sondern im Osten des Sprachgebiets, möglicherweise im Rhein-Maas-Gebiet selbst.

102 Vgl. Goossens / Willaert, De liederen (wie Anm. 76), S. 117; Willaert, Over ‚Ic sac' (wie Anm. 73), S. 485, Anm. 14.

103 Zum Beispiel bei Bligger von Steinach: *Ich vunde noch die schoenen bî dem Rîne/von der mir ist das herze sêre wunt* (MF 119,6 f.), Heinrich von Veldeke: *got êre sî, diu mir daz tuot/al über den Rîn* (MF 64,22 f.) und Otto von Botenlauben: *sie mac vil wol mîn himelrîche sîn,/swâ diu guote wone al umbe den Rîn* (*Deutsche Liederdichter des 13. Jahrhunderts*, hg. v. Carl von Kraus, besorgt v. Hugo Kuhn, 2. Aufl. durchges. v. Gisela Kornrumpf, Bd. 1: Text, Tübingen 1978, S. 314). Auch sonst sind Flussformeln beliebt, besonders prominent ist Walthers ‚Grenzflussformel' in *Ir sult sprechen willekommen* (L 56,14), in dem er seinen Erfahrungsraum „von der Elbe bis an den Rhein und wieder zurück bis nach Ungarn" (5, 1–2) umreißt (Walther von der Vogelweide, Werke (wie Anm. 96), S. 158–163). Dieses Lied beeinflusste wiederum August Heinrich Hoffmann von Fallerslebens Text, der zur deutschen Nationalhymne wurde, vgl. Wapnewski, Peter, Die Deutschen und ihr Lied, in: *Das neue Europa*, hg. v. Margarita Mathiopoulos, Bonn / Berlin 1992, S. 290–319.

Minnesänger Heinrich I. von Anhalt und Otto IV. von Brandenburg insinuieren in ihren Liedern, dass die Schönste in ihrem Land zu finden sei.[104] Der Liebesdiskurs kippt damit unversehens in einen Herrschaftsdiskurs, in dem die im Minnesang gängige Kennzeichnung des Geschlechterverhältnisses über Herrschaftsterminologie durch solche Konkretisierungen wieder auf den eigenen Machtbereich zurückgespiegelt wird.[105]

Diese Involvierung des Minnesangs in politische Interessen – sei es nun, dass der Minnesang wie andere Formen höfischer Inszenierung zur Demonstration von Machtansprüchen genutzt wird, sei es, dass diese Machtansprüche im Minnesang auf eher spielerisch-ironische Weise einbezogen und thematisiert werden – passt zur Deutung der Sprachwahl durch Helmut Tervooren. Dieser zufolge demonstrierte der Herzog durch die mittelniederländisch-mittelhochdeutsche Mischsprache seiner Lieder zugleich seinen Herrschaftsanspruch auf die östlichen Gebiete bis zum Rhein und zielte auf ein Publikum in eben diesem maasländisch-rheinischen Raum.[106] Die amtliche Schreibsprache war dagegen in einem eher westlich-flämisch geprägten Niederländisch verfasst.[107] Auch Renate Hausner betont, dass der Brabanter Hof ein „Zentrum bilateralen kulturellen Austausches“ war und seine Lieder daher in dieser Form ein „Akt bewusster Kulturpolitik“.[108] Anders als bei Veldeke wäre demnach nicht die Literatursituation Grund für die Sprachwahl, sondern die politische Situa-

104 Vgl. Mattern, Minnesang (wie Anm. 84); Edition der Lieder: Otto von Brandenburg [Autor, Texte, Kommentare] und Heinrich von Anhalt [Autor, Texte, Kommentare], hg. v. Stephanie Seidl, in: *Lyrik des deutschen Mittelalters*, hg. v. Manuel Braun, Sonja Glauch und Florian Kragl. Online veröffentlicht seit 09.04.2019: www.ldm-digital.de/doc.php vom 05.12.2022.

105 Vgl. zu diesem Problemfeld Ursula Peters, Fürsten, Adel, Rittertum. Die höfische Dichtung vor dem Hintergrund der neueren Feudalismus-Debatte, in: *König, Reich und Fürsten im Mittelalter. Abschlusstagung des Greifswalder ‚Principes-Projekts‘. Festschrift für Karl-Heinz Spieß*, hg. v. Oliver Auge, Stuttgart 2017, S. 149–196.

106 Vgl. Tervooren, *Masen* (wie Anm. 2), S. 141. Auch Goossens schließt aufgrund des sprachlichen Befundes auf eine „Ausrichtung unserer Lieder auf das Rheinland“, bezweifelt jedoch, dass Jan selbst die Lieder in einer mittelniederländisch-mittelhochdeutschen Mischsprache verfasst habe (Sprache [wie Anm. 76], S. 244), wie Willaert annimmt, vgl. Over ‚Ic sac‘ (wie Anm. 73), S. 483.

107 Vgl. Goossens, Sprache (wie Anm. 76), S. 244; Tervooren betont, dass nicht die Sprachmischung selbst eigentümlich sei, da sie im Mittelalter aus poetischen wie kommunikativen Gründen durchaus üblich war. Wichtiger sei es zu fragen, „wo eine solche Mischsprache als Kommunikationsmittel eingesetzt werden kann, denn bei der Verwendung von Mischsprachen geht es doch zunächst einmal um die Vermittlung von (literarischen) Inhalten für ein Publikum, das ein verwandtes Idiom spricht“, Tervooren, Bemerkungen (wie Anm. 25), S. 177 f. Vgl. auch Gilbert A. R. De Smet, Die amtliche Schreibsprache beiderseits der Maas nach der Schlacht bei Worringen (1288), in: *Literatur und Sprache im rheinisch-maasländischen Raum zwischen 1150 und 1450* (Zeitschrift für deutsche Philologie Sonderheft 108), hg. v. Helmut Tervooren und Hartmut Beckers, Berlin 1989, S. 228–241.

108 Hausner, Spiel (wie Anm. 71), S. 312.

tion. Es wäre aber auch zu überlegen, ob zudem die Sprachmischung als poetische Technik verstanden werden kann. Diese Barbarolexis erfreute sich nämlich gerade in zwei- oder mehrsprachigen Milieus besonderer Beliebtheit, zu denen offensichtlich auch der Brabanter Hof gerechnet werden kann.[109]

Literarische Nachwirkung und kurzes Fazit

Jan I. starb 1294 in Bar-le-Duc, dem Zentrum der Grafschaft Bar am Oberlauf der Maas, an den Folgen einer Turnierverletzung; nach einer zeitgenössischen Quelle war dies die Folge einer „intrigue amoureuse“[110], da er auf dem Turnier die Braut des Grafen von Bar, die eine englische Prinzessin aus dem Haus Plantagenet war, in die er sich verliebt hatte, entführen wollte. Vielleicht gehört dies auch bereits in den Bereich der Legenden- und Literaturbildung um seine Person.[111] Der Brabanter Hof unter seinem Nachfolger Jan II. scheint seine Memoria jedenfalls nach Kräften gefördert zu haben. Er wurde nicht nur in der bereits genannten *Reimchronik* zum Helden von Worringen stilisiert, für ihn wurde auch eine Totenklage verfasst, eine Ehrenrede, die als frühester erhaltener Text der Gattung überhaupt gilt und vermutlich von seinem Sohn in Auftrag gegeben wurde.[112] Auch hier

109 Beispiele dafür bieten die lateinisch-mittelniederdeutsche Sprachkultur der Lüneburger Frauenklöster oder der in klerikalem Kontext zu verortende, für seine lateinisch-mittelhochdeutschen Lieder bekannte *Codex Buranus*, vgl. Henrike Lähnemann, Bilingual Devotion in Northern Germany. Prayer Books from the Lüneburg Convents, in: *A Companion to Mysticism and Devotion in Northern Germany in the Late Middle Ages* (Brill's companions to the Christian tradition 44), hg. v. Elizabeth A. Andersen, Henrike Lähnemann und Anne Simon, Leiden u. a. 2014, S. 317–342; Ulrich Müller, Mehrsprachigkeit und Sprachmischung als poetische Technik. Barbarolexis in den Carmina Burana, in: *Europäische Mehrsprachigkeit. Festschrift zum 70. Geburtstag von Maria Wandruszka*, hg. v. Wolfgang Pöckl, Tübingen 1981, S. 87–103.

110 Vgl. Henri Pirenne, *Histoire de Belgique, Bd. 1: Des origines au commencement du XIVe siècle*, Bruxelles ^{5}1929, S. 248.

111 Vgl. dazu und zum Wahrheitsgehalt sowie zum möglichen politischen Hintergrund Willaert, Een dichter (wie Anm. 61), S. 97 f.; *La chronique de Jean de Hocsem* (Recueil de textes pour servir à l'étude de l'histoire de Belgique 3), hg. v. G. Kurth, Brüssel 1927, S. 29 (zit. nach ebd.). Sein Nachfolger Jan II., der sich am Hof seines Schwiegervaters in England aufhielt, musste eilends zurückgeholt werden, um die Nachfolge anzutreten, vgl. De Ridder, Gefühl (wie Anm. 24), S. 200.

112 Die genaue Datierung ist unklar, wahrscheinlich ist der Text bald nach seinem Tod entstanden, vielleicht aber auch erst in der ersten Hälfte des 13. Jahrhunderts, vgl. Theodor Nolte, ‚Lauda post mortem'. *Die deutschen und niederländischen Ehrenreden des Mittelalters*, Frankfurt a. M. u. a. 1983, Untersuchung S. 146–149, Text S. 201–214; ders., Art. „Totenklage auf Herzog Johann I. von Limburg und Brabant“, in: *Verfasserlexikon* (wie Anm. 53), ^{2}1995, Bd. 9, Sp. 991; Klingner, Totenklage (wie Anm. 29).

wird er als Vorbild dargestellt, das selbst die Ritter „aus den Büchern" übertreffe. Er wird beklagt von den Personifikationen der *ere*, *triuwe*, *saelde* und *milte*, also Ansehen, Loyalität, Glück und Freigebigkeit, die Frau Minne beschuldigen, ihn zugrunde gerichtet zu haben:

> *Lippurg erwarb er mit gewalt*
> *Vf mangem veld im so wol gelank*
> *wan daz in hie div minn twank*
> *Ze schaedlichem var.* (V. 388–391)

> Limburg erwarb er im Kampf.
> Auf vielen Gebieten war er sehr erfolgreich,
> nur die Minne bezwang ihn hier auf Erden
> zu seinem großen Unglück.

Ähnlich wie in Lied VII wird auch hier der Herrschaftsgewinn im Kampf mit der Liebesthematik verknüpft. In einer Preisrede aus der ersten Hälfte des 14. Jahrhunderts, die unter verschiedenen Titeln firmiert, werden Klage über den Verfall ritterlicher Liebe und der Preis verstorbener Ritter vereint; unter den neun vorbildlichen Rittern der Vergangenheit wird ebenfalls Jan von Brabant genannt und auf seinen Tod im Turnier angespielt (V. 312–316).[113] Auch wenn das überlieferte Œuvre mit neun Liedern schmal ist, hat Jan also in der zeitgenössischen Literatur bleibenden Eindruck hinterlassen. Besonders die Verquickung seines Erfolges in der Schlacht von Worringen und der damit verbundenen Machtausdehnung im Rhein-Maas-Raum mit seiner Rolle als Minnesänger und Frauendiener erscheint als gelungene Selbstinszenierung.

Die verschiedenen Quellen zeichnen insgesamt das Bild eines ungemein selbstbewussten Fürsten, der seine Abstammung auf Karl den Großen zurückführte und sich als wahrer Erbe des französischen Throns sah, der seine Machtansprüche ebenso auf dem Schlachtfeld demonstrierte wie auf diplomatischem Gebiet, beim Turnier und im Minnesang. Darin gleicht er anderen hochrangigen Adligen, die mit ihm im *Codex Manesse* an der Spitze der Minnesänger stehen.

---

113 Überliefert ist sie im Hausbuch des Michael de Leone, Bl. 201vb-206rb. Vgl. *Politische Lyrik des Mittelalters* (Göppinger Arbeiten zur Germanistik 68), hg. v. Ulrich Müller, Bd. 1, Göppingen 1972, S. 164–174 (Textedition); ders., *Untersuchungen zur politischen Lyrik des deutschen Mittelalters* (Göppinger Arbeiten zur Germanistik 55/56), Göppingen 1974, S. 178 f., 394 f., 454 f.; Gisela Kornrumpf, Art. „Lob der ritterlichen Minne", in: *Verfasserlexikon* (wie Anm. 53), ^{2}1985, Bd. 5, Sp. 872–875; Nolte, Lauda (wie Anm. 111), S. 71–73. Paul Wessels verweist überdies auf eine Dichterlegende, in der Jan – in wörtlicher Interpretation seiner Lieder – zum Venusritter stilisiert werde, gibt jedoch nicht an, auf welchen Text er sich konkret bezieht (ders., Johann [wie Anm. 53], Sp. 544).

Dass er dabei den Minnesang in deutscher Sprache betrieb und wie der *Codex Manesse* zeigt, als hochdeutsch dichtender Fürst wahrgenommen wurde, hängt sicher mit der durch den Sieg von Worringen verstärkten Orientierung nach Osten zusammen. Dass er romanische Einflüsse mit einer mittelhochdeutsch-mittelniederländischen Mischsprache verband, demonstriert meines Erachtens aber auch ein Sonderbewusstsein des Herzogtums Brabant, das mit seinem Herrschaftsgebiet zwischen Frankreich und dem deutschen Reich stand und aus dieser Position wohl weniger eine kulturelle Vermittlungsposition ableitete, wie das aus heutiger Sicht betont wird, sondern eine gewisse Eigenständigkeit.

Bibliographie

Ausgaben

Boerma, H., Die liederen van Hertzog Jan van Brabant, in: *Tijdschrift voor Nederlandsche Taal- en Letterkunde* 15 (1896), S. 220–238.

Chronique en vers de Jean van Heelu ou relation de la bataille de Woeringen / Rymkronyk van Jan van Heelu betreffende den slag van Woeringen, van het jaer 1288 (Collection des Chroniques Belges inédites), hg. v. Jans Frans Willems, Brüssel 1836, http://www.mdz-nbn-resolving.de/urn/resolver.pl?urn=urn:nbn:de:bvb:12-bsb10722640-4 vom 04.03.2022.

Goossens, Jan / Willaert, Frank, De liederen van Jan I. diplomatische editie, in: *Queeste* 10 (2003), S. 115–127.

Hadewijch: Lieder. Originaltext, Kommentar, Übersetzung und Melodien, hg., eingel., übers. und komm. v. Veerle Fraeters und Frank Willaert. Mit einer Rekonstruktion der Melodien v. Louis Peter Grijp†, Berlin 2016.

Heinric van Veldeken, *Sente Servas* (Bibliothek mittelniederländischer Literatur 3), hg. und übers. v. Jan Goossens, Rita Schlusemann und Norbert Voorwinden, Münster 2008.

Deutsche Liederdichter des 13. Jahrhunderts, hg. v. Carl von Kraus, besorgt v. Hugo Kuhn, 2. Aufl. durchges. v. Gisela Kornrumpf, Bd. 1: Text, Tübingen 1978.

Mittelalterliche Lyrik Frankreichs II. Lieder der Trouvéres. Französisch / Deutsch, ausgew., übers. und komm. v. Dietmar Rieger (RUB 7943), Stuttgart 1983.

Nederlandse Liederenbank, http://www.liederenbank.nl/ vom 05.12.2022.

Ottokars Österreichische Reimchronik (Monumenta Germaniae Historica. Deutsche Chroniken 5), nach den Abschriften Franz Lichtensteins hg. v. Joseph Seemüller, Hannover 1890–1893.

Politische Lyrik des Mittelalters (Göppinger Arbeiten zur Germanistik 68), hg. v. Ulrich Müller, Bd. 1, Göppingen 1972.

Lyrik des deutschen Mittelalters online, hg. v. Manuel Braun, Sonja Glauch und Florian Kragl, www.ldm-digital.de/doc.php vom 05.12.2022.

Des Minnesangs Frühling. Unter Benutzung der Ausg. v. Karl Lachmann und Moriz Haupt, Friedrich Vogt und Carl von Kraus bearb. v. Hugo Moser und Helmut Tervooren, Bd. 1: Texte, 38., erneut rev. Aufl. mit einem Anhang: Das Budapester und Kremsmünsterer Fragment, Stuttgart 1988.

Trouvères belges. Du XIIe au XIVe siècle. Chansons d'amour, jeux-partis, pastourelles, dits et fabliaux par Quenes de Béthune, Henri III, duc de Brabant, Gillebert de Berneville, Mathieu de Gand, Jacques de Baisieux, Gauthier le Long, etc., hg. nach den Manuskripten und komm. v. Auguste Scheler, Brüssel 1876–1879 [Nachdruck Genève 1977].

Walther von der Vogelweide, *Werke. Gesamtausgabe Bd. 2: Liedlyrik.* Mittelhochdeutsch / Neuhochdeutsch, hg., übers. und komm. v. Günther Schweikle. 2., verbesserte und erw. Aufl. hg. v. Ricarda Bauschke-Hartung (RUB 820), Stuttgart 2011.

Wolfram von Eschenbach, *Parzival. Studienausgabe.* Mittelhochdeutscher Text nach der sechsten Ausgabe v. Karl Lachmann. Übersetzung v. Peter Knecht. Mit Einführungen zum Text der Lachmannschen Ausgabe und in Probleme der ,Parzival'-Interpretation v. Bernd Schirok, Berlin / New York [2]2003.

Literatur

Arens, Detlev, Kulturraum Rhein-Maas, in: *Rhein-Maas – Kulturraum in Europa. Ergebnisse eines Symposions in Aachen (25.–27. Oktober 1990)*, hg. v. dems., Köln 1991, S. 3–22.

Aurnhammer, Achim / Beichle, Martin, Flussüberquerung, in: *Compendium heroicum*, hg. v. Ronald G. Asch, u. a., pub. v. Sonderforschungsbereich 948 „Helden – Heroisierungen – Heroismen" der Universität Freiburg, Freiburg 28. 01.2021, https://www.compendium-heroicum.de/lemma/flussueberquerung/ vom 04.03.2022.

Bastert, Bernd, Möglichkeiten der Minnelyrik. Das Beispiel Heinrich von Veldeke, in: *Zeitschrift für deutsche Philologie* 113 (1994), S. 321–344.

Bastert, Bernd / Tervooren, Helmut / Willaert, Frank, Einleitung, in: *Dialog mit den Nachbarn. Mittelniederländische Literatur zwischen dem 12. und 16. Jahrhundert*, hg. v. dens., Berlin 2011, S. 1–12.

Beckers, Hartmut, Die mittelfränkischen Rheinlande als literarische Landschaft von 1150 bis 1450, in: *Literatur und Sprache im rheinisch-maasländischen Raum zwischen 1150 und 1450* (*Zeitschrift für deutsche Philologie* Sonderheft 108), hg. v. Helmut Tervooren und Harmut Beckers, Berlin 1989, S. 19–49.

Bockemühl, Petrus, Die Schlacht von Worringen 1288. Ein bedeutendes Ereignis der Regionalgeschichte, in: *Medamana* 55, 1 (2008), S. 17–18.

Van den Boogaard, Nico H. J., Quelques remarques sur une pastourelle en moyen néerlandais en particulier sur le refrain provençal: ,harba lori fa', in: *Mélanges offerts à René Crozet à l'occasion de son 70e anniversaire par ses amis, ses collégues, ses élèves et les membres cu C.E.S.C.M.* (Vol. 1–2) (Cahiers de civilisation médiévale. Suppl.), Bd. 2, hg. v. Pierre Gallais und Yves-François Riou, Poitiers 1966, S. 1213–1216.

Brandt, Doreen / Mattern, Tanja, Workshopbericht „Vergessene Sänger, unbekannte Lieder. Prozesse und Mechanismen der Kanonbildung im Minnesang seit dem 19. Jahrhundert", in: *Walther von der Vogelweide. Düsseldorfer Kolloquium 2018* (Wolfram-Studien 26), hg. v. Ricarda Bauschke und Veronika Hassel, Berlin 2020, S. 453–467.

Brinkmann, Sabine Christiane, *Die deutschsprachige Pastourelle. 13. bis 16. Jahrhundert* (Göppinger Arbeiten zur Germanistik 307), Göppingen 1985.

Bumke, Joachim, *Wolfram von Eschenbach.* (Sammlung Metzler 36), 8., völlig neu bearb. Aufl. Stuttgart u. a. 2004.

Cramer, Thomas, *Lohengrin, Edition und Untersuchung*, München 1971.

De Ridder, Paul, Dynastisches und nationales Gefühl in Brabant während der Regierungszeit Herzogs Jan I. (1267–1294), des Siegers der Schlacht von Worringen, in: *Jahrbuch des Kölnischen Geschichtsvereins* 50 (1979), S. 193–220.

De Smet, Gilbert A. R., Die amtliche Schreibsprache beiderseits der Maas nach der Schlacht bei Worringen (1288), in: *Literatur und Sprache im rheinisch-maasländischen Raum zwischen 1150 und 1450* (Zeitschrift für deutsche Philologie Sonderheft 108), hg. v. Helmut Tervooren und Hartmut Beckers, Berlin 1989, S. 228–241.

Dialog mit den Nachbarn. Mittelniederländische Literatur zwischen dem 12. und 16. Jahrhundert, hg. v. Bernd Bastert, Helmut Tervooren und Frank Willaert, Berlin 2011.

Dimpel, Friedrich Michael, Der Verlust der Eneas-Handschrift als Fiktion – eine computergestützte, textstatistische Untersuchung, in: *Amsterdamer Beiträge zur älteren Germanistik* 61 (2006), S. 87–102.

Eder, Daniel, *Der Natureingang im Minnesang. Studien zur Register- und Kulturpoetik der höfischen Liebeskanzone* (Bibliotheca Germanica 66), Tübingen 2016.

Elm, Kaspar, Art. „Beg(h)inen", in: *Lexikon des Mittelalters*, Bd. 1, München u. a. 1980, Sp. 1799–1800.

Erbe, Michael, *Belgien, Niederlande, Luxemburg. Geschichte des niederländischen Raumes*, Stuttgart / Berlin / Köln 1993.

Emplaincourt, Edmond A. / Nelson, Jan A., Le fond lotharingien de ‚La Chanson du Chevalier au Cygne', in: *Le Moyen Âge* 99 (1993), S. 232–247.

Finger, Heinz, Der Anspruch der Erzbischöfe auf die Stadtherrschaft über Köln nach der Schlacht bei Worringen, in: *Annalen des Historischen Vereins für den Niederrhein* 209 (2006), S. 45–76.

Fleith, Barbara / Wetzel, René, Einleitung: Kulturtopographie des deutschsprachigen Südwestens im späteren Mittelalter, in: *Kulturtopographie des deutschsprachigen Südwestens im späteren Mittelalter. Studien und Texte* (Kulturtopographie des alemannischen Raums 1), hg. v. dens., Tübingen 2009, S. XI–XXII.

Fossier, Robert, Art. „Arras", in: *Lexikon des Mittelalters*, Bd. 1, München u. a. 1980, Sp. 1026–1028.

Gerritsen, W. P. / Schludermann, Brigitte, Deutsch-niederländische Literaturbeziehungen im Mittelalter. Sprachmischung als Kommunikationsweise und als poetisches Mittel, in: *Akten des V. Internationalen Germanisten-Kongresses Cambridge 1975* (Jahrbuch für Internationale Germanistik A / 5, 2), hg. v. Leonard Forster und Hans-Gert Roloff, Bern u. a. 1976, S. 329–339.

Goossens, Jan, Herzog Jan I. von Brabant und der limburgische Erbfolgekrieg in der mittelalterlichen niederländischen und deutschen Literatur, in: *Literatur und Sprache im rheinisch-maasländischen Raum zwischen 1150 und 1450* (Zeitschrift für deutsche Philologie Sonderheft 108), hg. v. Helmut Tervooren und Harmut Beckers, Berlin 1989, S. 178–192.

Goossens, Jan, Zur linguistischen Problematik Deutsch / Niederländisch im Spätmittelalter und in der Frühmoderne, in: *Dialog mit den Nachbarn. Mittelniederländische Literatur zwischen dem 12. und 16. Jahrhundert*, hg. v. Bernd Bastert, Helmut Tervooren und Frank Willaert, Berlin 2011, S. 13–22.

Goossens, Jan, Zur Sprache der Lieder des brabantischen Herzogs Johan I. in der Manessischen Handschrift, in: *Literatur – Geschichte – Literaturgeschichte. Festschrift für Volker Honemann zum 60. Geburtstag*, hg. v. Nine Robijntje Miedema und Rudolf Suntrup, Frankfurt a. M. 2003, S. 237–248.

Guilardian, David, Les ducs de Brabant, héritiers des ducs de Lotharingie, in: *La Lotharingie en question. Identités, oppositions, intégration; actes des 14*[es] *Journées Lotharingiennes, 10–13 octobre 2006, Université du Luxembourg. Lotharingische Identitäten im Spannungsfeld zwischen integrativen und partikulären Kräften* (Publications du CLUDEM 26), hg. v. Michel Margue, Luxembourg 2016, S. 475–488.

Hausner, Renate, Spiel mit dem Identischen. Studien zum Refrain deutschsprachiger lyrischer Dichtung des 12. und 13. Jahrhunderts, in: *Sprache – Text – Geschichte. Beiträge zur Mediävistik und germanistischen Sprachwissenschaft aus dem Kreis der Mitarbeiter 1964–1979 des Instituts für Germanistik an der Universität Salzburg* (Göppinger Arbeiten zur Germanistik 304), hg. v. Peter K. Stein, Göppingen 1980, S. 281–384.

Henry, Albert, *L'Œuvre lyrique d'Henri III, duc de Brabant*, Brugge 1948 (Rijksuniversiteit te Gent, Werkenuitgegeven door de Faculteit van de Wijsbegeerte en Letteren 103).

Herborn, Wolfgang, *Die politische Führungsschicht der Stadt Köln im Spätmittelalter* (Rheinisches Archiv 100), Bonn 1977.

Holznagel, Franz-Josef, *Geschichte der deutschen Lyrik. Bd. 1:* ...Mittelalter (RUB 18888), Stuttgart 2013.

Hübner, Gert, Konzentration aufs Kerngeschäft. Späte Korpora der Manessischen Liederhandschrift und die Gattungsgeschichte des Minnesangs im 13. Jahrhundert, in: *Transformationen der Lyrik im 13. Jahrhundert. Wildbader Kolloquium 2008* (Wolfram-Studien 21), hg. v. Susanne Köbele, Eckart Conrad Lutz und Klaus Ridder, Berlin 2013, S. 387–411.

Hübner, Gert, ‚Alumbe den Rîn'. Rheinischer und romanischer Minnesang, in: *Dichtung und Musik der Stauferzeit: wissenschaftliches Symposium, 12. bis 14. November 2010* (Schriftenreihe der Nibelungenliedgesellschaft Worms 7), hg. v. Volker Gallé, Worms 2011, S. 15–40.

Jung, Marc-René, Art. „Gillebert de Berneville", in: *Lexikon des Mittelalters*, Bd. 4, München u. a. 1989, Sp. 1454.

Kessel, Raffaela, *Die Motive der galloromanischen Pastourellentradition in der deutschsprachigen Literatur des Mittelalters* (Deutsche Literatur. Studien und Quellen 38), Berlin / Boston 2021.

Klingner, Jacob, Totenklage auf Herzog Johann I. von Limburg und Brabant, in: *Deutsches Literatur-Lexikon. Das Mittelalter. Bd. 3: Reiseberichte und Geschichtsdichtung*, hg. v. Wolfgang Achnitz. Mit einführenden Essays von Gerhard Wolf und Christoph Fasbender, Berlin u. a. 2012, Sp. 304–306.

Köbele, Susanne, Rhetorik und Erotik. Minnesang als „süßer Klang", in: *Poetica* 45 (2013), S. 299–332.

Kolb, Herbert, Die Schwanenrittersage als Ursprungsmythos mittelalterlicher Fürstengeschlechter, in: *History and Heroic Tale. Proceedings of the Eighth International Symposium*, organized by the Centre for the Study of Vernacular Literature in the Middle Ages held at Odense University on 21–22 November 1983, hg. v. Tore S. Nyberg u. a., Odense 1985, S. 23–50.

Kornrumpf, Gisela, Art. „Lob der ritterlichen Minne", in: *Die deutsche Literatur des Mittelalters. Verfasserlexikon*, 14 Bde., hg. v. Kurt Ruth et al., Bd. 5, Berlin u.a., ^{2}1995, Sp. 872–875.

Kupper, Jean-Louis, Herzog Johann I. von Brabant und das Fürstentum Lüttich vor und nach der Schlacht bei Worringen, in: *Le Luxembourg en Lotharingie. Luxemburg im Lotharingischen Raum. Mélanges Paul Margue*, hg. v. Paul Dostert u. a., Luxemburg 1993, S. 345–355 [Erstdruck in: *Blätter für deutsche Landesgeschichte* 125 (1989), S. 87–98, http://periodika.digitale-sammlungen.de/bdlg/Blatt_bsb00000329,00095.html vom 10.03.2022].

Lähnemann, Henrike, Bilingual Devotion in Northern Germany. Prayer Books from the Lüneburg Convents, in: *A Companion to Mysticism and Devotion in Northern Germany in the Late Middle Ages* (Brill's companions to the Christian tradition 44), hg. v. Elizabeth A. Andersen, Henrike Lähnemann und Anne Simon, Leiden u. a. 2014 S. 317–342.

Lecouteux, Claude, Zur Entstehung der Schwanenrittersage, in: *Zeitschrift für deutsches Altertum und deutsche Literatur* 107 (1978), S. 18–33.

Lieb, Ludger, Der Jahreszeitentopos im ‚frühen' Minnesang, in: *Topik und Rhetorik. Ein interdisziplinäres Symposium*, hg. v. Thomas Schirren und Gert Ueding, Tübingen 2000, S. 121–142.

Literatur und Sprache im rheinisch-maasländischen Raum zwischen 1150 und 1450 (Zeitschrift für deutsche Philologie Sonderheft 108), hg. v. Helmut Tervooren und Hartmut Beckers, Berlin 1989.

Literatur im mittelniederdeutschen Sprachraum (1200–1600) (Wolfram-Studien 27), Rostocker Kolloquium 2021, hg. v. Franz-Josef Holznagel u. a., Berlin [im Druck].

Mattern, Tanja, An den Grenzen der Gattung. Zur Rezeption der Pastourelle in der mittelhochdeutschen Lyrik, in: *Euphorion. Zeitschrift für Literaturgeschichte* 110 (2016), S. 287–317.

Mattern, Tanja, Minnesang in Norddeutschland: Überlieferung und Sänger aus dem niederdeutschen Sprachraum, in: *Literatur im mittelniederdeutschen Sprachraum (1200–1600)* (Wolfram-Studien 27), Rostocker Kolloquium 2021, hg. v. Franz-Josef Holznagel u. a., Berlin [im Druck].

Mohr, Walter, *Geschichte des Herzogtums Lothringen. Bd. 2: Niederlothringen bis zu seinem Aufgehen im Herzogtum Brabant (11.-13. Jahrhundert)*, Saarbrücken / Trier 1976.

Müller, Jan-Dirk, Jahreszeitenrhythmus als Kunstprinzip, in: *Rhythmus und Saisonalität. Kongreßakten des 5. Symposions des Mediävistenverbandes in Göttingen 1993*, hg. v. Peter Dilg, Gundolf Keil und Dietz-Rüdiger Moser, Sigmaringen 1995, S. 29–47 [wieder in: ders., *Minnesang und Literaturtheorie*, hg. v. Ute von Bloh und Armin Schulz, Tübingen 2001, S. 129–150].

Müller, Ulrich, Mehrsprachigkeit und Sprachmischung als poetische Technik. Barbarolexis in den Carmina Burana, in: *Europäische Mehrsprachigkeit. Festschrift zum 70. Geburtstag von Maria Wandruszka*, hg. v. Wolfgang Pöckl, Tübingen 1981, S. 87–103.

Müller, Ulrich, *Untersuchungen zur politischen Lyrik des deutschen Mittelalters* (Göppinger Arbeiten zur Germanistik 55/56), Göppingen 1974.

Nolte, Theodor, *‚Lauda post mortem'. Die deutschen und niederländischen Ehrenreden des Mittelalters*, Frankfurt a. M. u. a. 1983.

Nolte, Theodor, Art. „Totenklage auf Herzog Johann I. von Limburg und Brabant", in: *Die deutsche Literatur des Mittelalters. Verfasserlexikon*, hg. v. Kurt Ruth et al., Bd. 9, Berlin u.a., [2]1995, Sp. 991.

Oschema, Klaus, *Die Schlacht von Worringen (1288)* (Schlachten der Weltgeschichte), Braunschweig 2008.

Stehkämper, Hugo / Dietmar, Carl D., *Köln im Hochmittelalter: 1074/75–1288* (Geschichte der Stadt Köln 3), Köln 2016.

Palmer, Nigel F. / Schiewer, Hans-Jochen, Literarische Topographie des deutschsprachigen Südwestens im 14. Jahrhundert, in: *Regionale Literaturgeschichtsschreibung. Aufgaben, Analysen und Perspektiven* (Zeitschrift für deutsche Philologie Sonderheft 122), hg. v. Helmut Tervooren und Jens Haustein, Berlin 2003, S. 178–202.

Pauls, Emil, Zur Geschichte der Vogtei Jülichs und der Obervogtei Brabants in Aachen, in: *Zeitschrift des Aachener Geschichtsvereins* 26 (1904), S. 355–382.

Peters, Ursula, Fürsten, Adel, Rittertum. Die höfische Dichtung vor dem Hintergrund der neueren Feudalismus-Debatte, in: *König, Reich und Fürsten im Mittelalter. Abschlusstagung des Greifswalder ‚Principes-Projekts'. Festschrift für Karl-Heinz Spieß*, hg. v. Oliver Auge, Stuttgart 2017, S. 149–196.

Prietzel, Malte, Was ist Krieg im Mittelalter? Töten um zu herrschen, in: *Krieg im Mittelalter*, hg. v. Gerd Althoff u. a., Darmstadt 2017, S. 11–26.

Rüther, Stefanie, Ordnungen der Gewalt? Narrative und Praktiken des Krieges im europäischen Mittelalter, in: *Narrative der Gewalt. Interdisziplinäre Analysen*, hg. v. Ferdinand Sutterlüty, Matthias Jung und Andy Reymann, Frankfurt a. M. / New York 2019, S. 241–258.

Sleiderink, Remco, Mäzene in der mittelniederländischen Literatur. Versuch einer Bestandsaufnahme, in: *Mäzenaten im Mittelalter aus europäischer Perspektive. Von historischen*

Akteuren zu literarischen Textkonzepten (Encomia Deutsch 4), hg. v. Bernd Bastert, Andreas Bihrer und Timo Reuvekamp-Felber, Göttingen 2017, S. 201–222.

Sleiderink, Remco, *De stem van de meester. De hertogen van Brabant en hun rol in het literaire leven (1106–1430)* (Nederlandse literatuur en cultuur in de middeleeuwen 25), Amsterdam 2003.

Tervooren, Helmut, Einige Bemerkungen zu Herzog Jan I. von Brabant und zu seiner Pastourelle „Eins meien morgens fruo", in: *‚Schoeniu wort mit süezeme sange'. Philologische Schriften* (Philologische Studien und Quellen 159), hg. v. Susanne Fritsch-Staar und Johannes Spicker, Berlin 2000, S. 175–185.

Tervooren, Helmut, Maasländisch oder Mittelhochdeutsch? Bemerkungen eines verspäteten Rezensenten zu der Ausgabe von Veldekes Liedern durch Theodor Frings und Gabriele Schieb, in: *‚Schoeniu wort mit süezeme sange'. Philologische Schriften* (Philologische Studien und Quellen 159), hg. v. Susanne Fritsch-Staar und Johannes Spicker, Berlin 2000, S. S. 20–38.

Tervooren, Helmut, Zur mittelniederländischen Lyrik. Überlegungen zur Überlieferung des höfischen Liedes im 13. und 14. Jahrhundert, in: *Gattungen und Formen des europäischen Liedes 14. bis zum 16. Jahrhundert*, hg. v. Michael Zywietz, Volker Honemann und Christian Bettels, Münster 2005, S. 285–294.

Tervooren, Helmut, *Van der Masen tot op den Rijn. Ein Handbuch zur Geschichte der mittelalterlichen volkssprachlichen Literatur im Raum von Rhein und Maas*, Berlin 2006.

Tervooren, Helmut, Überlegungen zu einer regionalen Literaturgeschichte des Rhein-Maas-Raumes, in: *Regionale Literaturgeschichtsschreibung. Aufgaben, Analysen und Perspektiven*, hg. v. dems. u. Jens Haustein, Berlin 2003 (Zeitschrift für deutsche Philologie Sonderheft. 122), S. 7–30.

Tervooren, Helmut, Statt eines Vorwortes: Literatur im maasländisch-niederrheinischen Raum zwischen 1150–1400, in: *Literatur und Sprache im rheinisch-maasländischen Raum zwischen 1150 und 1450* (Zeitschrift für deutsche Philologie Sonderheft 108), hg. v. dems. und Hartmut Beckers, Berlin 1989, S. 3–19.

Voetz, Lothar, *Der Codex Manesse. Die berühmteste Liederhandschrift des Mittelalters*, 2., durchges. Aufl. Darmstadt 2017.

Vuijlsteke, Marc M., Art. „Adenet le Roi", in: *Lexikon des Mittelalters*, Bd. 1, München u. a. 1980, Sp. 149.

Wapnewski, Peter, Die Deutschen und ihr Lied, in: *Das neue Europa*, hg. v. Margarita Mathiopoulos, Bonn / Berlin 1992, S. 290–319.

Weicker, Tina Sabine, ‚Dô wart daz Bûch ze cleve verstolen'. Neue Überlegungen zur Entstehung von Veldekes ‚Eneas', in: *Zeitschrift für deutsches Altertum und deutsche Literatur* 130 (2001), S. 1–18.

Wessels, Paulus Bernardus, Art. „Johann von Brabant", in: *Die deutsche Literatur des Mittelalters. Verfasserlexikon*, 14 Bde., hg. v. Kurt Ruth et al., Bd. 4, Berlin u.a., ^{2}1983, Sp. 544–545 u. Bd. 11 ^{2}2004, Sp. 763.

Wessels, Paulus Bernardus, Zur Sonderstellung des niederländischen Minnesangs im Germanisch-Romanischen Raum, in: *Neophilologus* 37 (1953), S. 208–218.

Willaert, Frank, A propos d'une ballette de Jean Ier, duc de Brabant (1253–1294), in: *Etudes germaniques* 35 (1980), S. 387–397.

Willaert, Frank, Niederländische Lyrik, in: *Germania litteraria mediaevalis Francigena. 3: Lyrische Werke*, hg. v. Volker Mertens und Anthonius H. Touber, Berlin u. a. 2012, S. 307–346.

Willaert, Frank, Niederländische Lyrik, in: *Handbuch Minnesang*, hg. v. Beate Kellner, Susanne Reichlin und Alexander Rudolph, Berlin 2021, S. 156–171.

Willaert, Frank, Over 'Ic sac noit so roden munt' van hertog Jan I van Brabant, in: *De Nieuwe Taalgids* 79 (1986), S. 481–492.

Willaert, Frank, Een dichter te paard. De minnelyriek van Jan I van Brabant, in: *Queeste* 10 (2003), S. 97–115.

Willaert, Frank, Lyriklandschaft Lotharingien, in: *Dialog mit den Nachbarn. Mittelniederländische Literatur zwischen dem 12. und 16. Jahrhundert*, hg. v. Bernd Bastert, Helmut Tervooren und Frank Willaert, Berlin 2011, S. 37–50.

Wisplinghoff, Erich, Vom Mittelalter bis zum Ende des Jülisch-Klevischen Erbstreits, in: *Düsseldorf. Geschichte von den Ursprüngen bis ins 20. Jahrhundert. Bd. 1: Von der ersten Besiedlung zur frühneuzeitlichen Stadt (bis 1614)*, im Auftrag der Landeshauptstadt Düsseldorf hg. v. Hugo Weidenhaupt, Düsseldorf 1988, S. 161–207.

Miriam Edlich-Muth

Der mittelalterliche Fluss als Ort des Wandels: Eine literarische Zeitreise von Thomas Malory zu Terry Pratchett

Transformative Gewässer

Von der christlichen Taufe bis hin zum Bad im Ganges – immer wieder wird Wasser in literarischen und religiösen Zusammenhängen mit Motiven des Wandels und der Erneuerung in Verbindung gebracht. In den mittelalterlichen Romanen Europas ist das symbolische Potenzial des Wassers am häufigsten mit dem Meer assoziiert. Eine klassische Darstellung des Meeres als Ort der Transformation bezieht sich auf den Protagonisten, der als Kind auf dem Meer verloren geht, beispielsweise durch einen Schiffbruch, und irgendwann zurückkehrt, um seine verlorene soziale Stellung wiederzuerlangen.[1] Ein Beispiel dafür ist die Geschichte von Mordred in Thomas Malorys mittelenglischer Artussammlung *Le Morte Darthur*. Mordred ist Artus‘ inzestuös gezeugter unehelicher Sohn. Nach einem prophetischen Traum, laut dem am ersten Mai ein Kind geboren werden soll, welches Artus später das Leben nehmen wird, lässt Artus alle an diesem Tag geborenen Kinder in einem unbemannten Schiff aufs Meer hinausfahren. Dieser Versuch, Mordred indirekt durch das schicksalhafte Meeresgeschehen zu töten, schlägt jedoch fehl, da Mordred den unvermeidlichen Schiffbruch überlebt. In dieser Erzählung kann das Meer als lenkende Hand des Schicksals betrachtet werden, die die meisten Kinder tötet, aber Mordred überleben lässt und damit die Erfüllung der Prophezeiung ermöglicht.

Einerseits ist das Meer für Mordred eher ein Ort der Wiedergeburt als der Verwandlung: Nachdem er dort dem beinahe sicheren Tod entkommen ist, ähnelt sein Überleben und seine anschließende Kindheit fern des Hofes einem Leben nach dem Tod. Gleichzeitig ist und bleibt Mordreds soziale Identität vorerst auf dem Meer verloren, somit wird er vorübergehend von einer bekannten Figur mit einer spezifischen und bedeutungsvollen sozialen Identität als Artus’ Sohn in eine anonyme Figur verwandelt. Diese Verwandlung schützt ihn vor weiteren Versuchen, getötet zu werden, und ermöglicht es ihm, wieder in die Gesellschaft einzutreten, befreit von der Last, potenziell als König Artus‘ Erzfeind identifiziert zu

1 Zur besonderen Bedeutung des meeresreisenden Schiffes als symbolischer Ort der Transformation im mittelalterlichen Roman, siehe Albrecht Classen, The Symbolic and Metaphorical Role of Ships in Medieval German Literature: A Maritime Vehicle That Transforms the Protagonist, in: *Mediaevistik*, 25 (2012), S. 15–33.

https://doi.org/10.1515/9783111102771-007

werden. In einem weiteren Sinne kann das Meer also als unbekanntes Territorium gelesen werden – ein sozialer Limbus, in den literarische Figuren verschwinden können und aus dem sie möglicherweise verändert, geheilt oder zumindest neu belebt wieder auftauchen.[2]

Die literarische Verquickung von Wasser und Verwandlung beschränkt sich jedoch nicht auf die Anonymität, die Gefahr und die Wiedergeburt, die mit dem offenen Meer assoziiert werden kann, sondern kann auch im Zusammenhang mit begrenzten Gewässern wie Seen auftreten. Auch hier ist die Artussage, insbesondere in der Bearbeitung Malorys, ein gutes Beispiel, denn zwei entscheidende Momente der Verwandlung oder potenziellen Verwandlung in Artus‘ Leben stehen mit Seen in Verbindung.[3] Der erste kommt auf, als Artus sein Schwert Excalibur von Nimue, der Herrin des Sees, erhält. Artus und Merlin reiten im Wald, als der König beklagt, dass er sein Schwert im Kampf verloren hat. Merlin versichert ihm, dass gleich ein Schwert für ihn auftauchen wird.

> So they rode tyll they com to a laake that was a fayre watir and brode. And in the myddis Arthure was ware of an arme clothed in wyght samyte, that helde a fayre swerde. [So ritten sie, bis sie einen See erreichten, ein schönes und weites Gewässer. Und in der Mitte bemerkte Artus einen in weißem Samt gekleideten Arm, der ein schönes Schwert hielt.][4]

Nicht nur der entkörperte Arm, sondern auch die Dame des Sees, die im nächsten Augenblick über das Wasser läuft, um Artus das Schwert zu verleihen, verweisen in dieser Begegnung auf die magischen Kräfte des Ortes. Zugleich liefert Merlin eine Beschreibung des schönen und reichen Palastes unter dem Wasser, der alle Naturgesetze außer Kraft setzt.[5] In diesem Fall scheint Artus‘ Rolle als frischgebackener König durch die übernatürlichen Ereignisse, die die Übergabe des Schwerts begleiten, bestätigt zu werden. Gleichzeitig erweist sich der See selbst als ein Ort der Herberge und des Ursprungs, der mit magischen Kräften ausgestattet ist.

Der zweite Moment der potenziellen Verwandlung ist jedoch vielleicht noch auffälliger: Die bretonische Artushoffnung beruht auf der Behauptung, dass die Überführung von Artus‘ Leichnam auf die Insel Avalon nach seinem Tod nur eine Unterbrechung der Artusgeschichte darstellt und dass er von dieser Insel über

2 Es ist gut belegt, dass Wasser auch in verschiedenen medizinischen Texten des späten Mittelalters als heilend dargestellt wird; siehe Joachim Jacoby, Die Übergießung Mit Wasser – Hydrotherapeutische Vorschriften Im Spätmittelalter, in: *Sudhoffs Archiv* 86:1 (2002), S. 54–68.

3 Zu Thomas Malorys räumlich und zeitlich entfremdeten Darstellung von Wasserlandschaften der Artusgeschichte siehe Meg Roland, The Rudderless Boat: Fluid Time and Passionate Geography in (Hardyng's) Chronicle and (Malory's) Romance, in: *Arthuriana* 22:4 (2012), S. 77–93.

4 Thomas Malory, *The Works of Sir Thomas Malory*, hg. v. Eugène Vinaver, Bd. 1, Oxford [2]1967, S. 52. Übersetzung hier und im Folgenden von der Autorin.

5 Ebd., S. 52.

das Wasser zurückkehren wird, wenn die Zeit reif ist. Hier spielt die Lebenskraft des Wassers als Ort der Wiedergeburt oder der Rückkehr von den Toten eine zentrale Rolle, um das Ende der Artuserzählung als potenziellen Beginn einer neuen Geschichte darzustellen.

Diese kurzen Beispiele zeigen, wie das Motiv der Verwandlung auf dem Wasser als wirksames literarisches Mittel fungiert, um die An- und Abwesenheit zentraler Artusfiguren zu strukturieren und Verschiebungen in ihrer sozialen Identität zu markieren. Dieses Motiv ist jedoch auch außerhalb von Artusromanen verbreitet und taucht häufig in Volksmärchen aus ganz Europa auf. Ein bezeichnendes Beispiel dafür ist die Volksmärchentradition, als Typ 451 des ATU-Indexes klassifiziert, in der eine Gruppe von Geschwistern für einen Teil der Erzählung in Vögel verwandelt wird.[6] Während die Verwandlung selbst in der Regel in einer vollständig auf Menschen ausgerichteten Umgebung, wie zum Beispiel einem königlichen Hof, stattfindet, kehren die verwandelten Vögel in der Geschichte von den Schwanenkindern und anderen Vertretern dieses Typs zu einem See auf dem Anwesen ihres Vaters zurück, wo die meisten von ihnen bleiben, bis sie wieder in Menschen verwandelt werden. Diese Heimkehr zum See spiegelt andere Versionen dieses Märchentyps wider, in denen sich die tierischen Protagonisten in natürliche Welten wie Höhlen zurückziehen, bis sie später wieder auftauchen, um ihre verlorenen menschlichen Identitäten zurückzuerlangen.

Insgesamt kann man also davon ausgehen, dass das Wasser in Artusromanen und Volksmärchen wie dem der Schwanenkinder eine wichtige Rolle spielt, indem es einen Ort bietet, an dem Veränderung stattfinden kann und die Protagonisten ihre soziale Identität verlieren oder wiedererlangen können. Wie ich im Folgenden ausführen werde, ist diese Assoziation mit Verwandlung im Hinblick auf die Darstellung von Flüssen in mittelalterlichen Volksmärchen und Romanen von besonderem Interesse.

So gibt es klare Unterschiede zwischen der literarischen Funktion und Symbolkraft eingeschlossener Gewässer gegenüber unbegrenzten Gewässern. Während das Meer für Ungewissheit und Potenzial steht, da es zu unbekannten Ufern führt, stellen Seen und Flüsse einen begrenzten Raum dar, der leichter zu kontrollieren ist. Als solche sind sie als Stätten der literarischen Wiedergeburt, wie zum Beispiel Mordred sie erlebt, weniger geeignet. Dadurch, dass Flüsse Landmassen teilen und somit eine Barriere darstellen, die von denjenigen, die durch das Land reisen, überwunden werden muss, funktionieren Flüsse, gerade in Abenteuerromanen wo viel gereist wird, eher als Grenzen zwischen verschiedenen imaginier-

6 Hans-Jörg Uther, Zum neuen internationalen Typenkatalog, in: *Märchenspiegel* 15 (2004), S. 10–14.

ten Räumen.[7] So wird das Land auf beiden Seiten eines Flusses durch den Fluss sowohl verbunden als auch getrennt, und das Überqueren des Flusses kann als ein Akt der Überbrückung von Lücken zwischen verschiedenen literarischen oder metaphorischen Welten verstanden werden. In dieser Hinsicht ist der Fluss sowohl ein in sich geschlossener Raum als auch eine symbolische Grenze, die den ihn umgebenden Raum prägt.

Mein erstes Beispiel für einen transformativen Fluss taucht erneut in der *Morte Darthur* auf, in der Perceval während seiner Suche nach dem Gral darum kämpft, seinen moralischen Kompass zu finden und verschiedenen Versuchungen und Täuschungen zu widerstehen. Perceval ist zuvor einer fremden jungen Frau begegnet und hat versprochen, ihr jeden Wunsch zu erfüllen, wenn sie ihm ihr Pferd schenkt. Die Bedingungen des Geschenks lassen den Leser bereits zu diesem Zeitpunkt vermuten, dass sowohl die geheimnisvolle Frau als auch der geschenkte Gaul höchst verdächtig sind. Dieser Eindruck wird durch die übernatürliche Geschwindigkeit bestätigt, mit der Perceval dann innerhalb einer Stunde die Strecke einer viertägigen Reise zurücklegt. In der symbolträchtigen Landschaft, die die Ritter während der Gralssuche durchqueren, ist der moralische Wert des geschenkten Pferdes umso zweifelhafter, weil es Percevals Reise verdächtig leicht macht. Auf der Gralssuche darf der Erfolg nicht zu leichtfertig errungen werden, und Abkürzungen, die auf übernatürlichen Phänomenen beruhen, bergen die Gefahr einer dämonischen Versuchung.

Es ist daher nicht überraschend, dass diese fragwürdig reibungslose Reise bald unterbrochen wird, als die Landschaft selbst Perceval ein Hindernis in den Weg legt. Er stößt auf ein „rowghe watir whych rored, and that the horse wolde have borne him into hit" [„raues Wasser, das rauschte, und das Pferd wollte ihn hineintragen"].[8] Interessanterweise wird dieses Gewässer nicht explizit als Fluss beschrieben, sondern ist vorerst nur aufgrund seines Rauschens als Fluss gekennzeichnet. Ein weiteres Erkennungsmerkmal des Flusses findet sich jedoch in der weiteren Beschreibung, in der wir lesen, dass:

> whan sir Percivale cam nye the brymme he saw the watir so boysteous he doutted to passe over hit, and than he made a sygne of the crosse in hys forehed [als Sir Percivale sich dem

7 Durch ihre Eigenschaft als Barrieren zur Weiterreise stehen Flüsse epochenübergreifend immer wieder im Mittelpunkt von Reiseberichten und Abenteuerromanen. Zum Zusammenhang zwischen der sich wandelnden Konzeptualisierung mittelalterlicher und frühneuzeitlicher Flussläufe und zeitgenössischen Praktiken der Mobilität, siehe Andrew McRae, Fluvial Nation: Rivers, Mobility and Poetry in Early Modern England, in: *English Literary Renaissance* 38:3 (2008), S. 506–534, hier S. 508.

8 Malory, *The Works* (wie Anm. 4), S. 912.

> Ufer näherte, sah er, dass das Wasser so wild war, dass er daran zweifelte es überqueren zu können, und dann machte er das Zeichen des Kreuzes auf seiner Stirn].[9]

Percevals Unsicherheit, ob er das Gewässer überqueren kann, lässt vermuten, dass es sich tatsächlich um einen Fluss handeln muss. Der Eifer, mit dem das verdächtige Pferd Perceval ins Wasser tragen will, nimmt jedoch angesichts von Percevals eigenen Zweifeln und der Beschreibung des rauschenden Wassers eine bedrohliche Note an. An diesem Punkt wird Perceval durch seinen Glauben gerettet, denn er bittet um göttlichen Schutz, indem er sich ein Kreuzzeichen auf die Stirn macht. Diese einfache Geste hat eine sofortige Wandlung zur Folge, denn das Pferd entpuppt sich als eine ganz andere Kreatur:

> Whan the fende felte him so charged he shooke of sir Percivale, and he wente into the water cryinge [and rorynge] and makying grete sorowe, and hit semed unto hym that the roug brente. Than sir Percivale roughtd hit was a fynde, the roug wolde have rought hym unto perdicion. Than he commended hymselff unto God, and prayde oure Lorde to kepe hym frome all suche temptacions [Als der Teufel spürte, dass er so beladen war, warf er Sir Percival ab und ging schreiend und jammernd ins Wasser und er sah, dass das Wasser brannte. Da verstand Sir Percival, dass es ein Teufel war, der ihn in die Verdammnis hatte bringen wollen. Da empfahl er sich Gott und betete an den Herrn, er möge ihn bewahren vor allen solchen Versuchungen].[10]

Insgesamt ist der Fluss für Perceval also sowohl ein Hindernis, das überwunden werden muss, als auch eine göttliche Prüfung seiner moralischen Instinkte. Gleichzeitig ist der Fluss nicht nur ein Ort der Verwandlung – indem er das Pferd in den Teufel verwandelt, der es in Wirklichkeit ist – sondern auch ein Ort der Wahrheit, indem er die Dinge insgesamt als das offenbart, was sie wirklich sind. In diesem Fall ist es nicht nur das Pferd, das sich in seine wahre Form verwandelt, sondern auch der Fluss selbst, der nun sichtbar in Flammen steht. In Malorys metaphorisch konstruierter Landschaft der Gralssuche stellt der geistige Tod, in den der Teufel Perceval zu ziehen versucht, letztlich einen Abstieg in die Hölle dar.[11] Was also wie ein Fluss aussieht, in den Perceval hineinreiten könnte, um seine Reise fortzusetzen und sein Ziel zu erreichen, ist in Wirklichkeit das Höllenfeuer, in das der Teufel ihn hineinzuziehen versucht. Dieser Aspekt des Flusses sticht besonders hervor, wenn man ihn mit dem See in der Geschichte der Schwanenkinder vergleicht. Dieser See auf heimischem Gefilde ist ein sicherer Ort, an dem die Kinder in ihrem

---

9 Ebd., S. 912.

10 Ebd., S. 912.

11 Zu Thomas Malorys Konstruktion einer moralischen Geografie in seiner Grallandschaft siehe Joseph Parry, Following Malory out of Arthur's World, in: *Modern Philology* 95:2 (1997), S. 147–169, hier S. 148.

verwandelten Zustand verweilen können. Es scheint, dass der statische Raum des in sich geschlossenen Sees sowohl als Zufluchtsort vor der Welt dienen kann, als auch, in erzählerischer Hinsicht, als Raum, in dem die Figuren aufgehoben werden können, während sich der Kern der Handlung anderswo entfaltet. Im Gegensatz dazu bietet selbst das trügerische Bild von der sich bewegenden Wasseroberfläche des Flusses keine solche Zuflucht, sondern stellt für Perceval eine Herausforderung dar, die er bewältigen muss, um seine Suche fortsetzen zu können. Metaphorisch gelesen ist dieser Fluss das genaue Gegenteil eines friedlichen Zufluchtsortes, denn er stellt ein Tor zur Hölle dar.

Insgesamt ergibt diese Episode ein sehr stimmiges religiöses Exemplum. Einerseits hindert die Landschaft selbst Perceval daran, einfach auf seinem Pferd loszureiten, indem sie ihm eine physische Barriere in Form des Flusses in den Weg stellt. Andererseits ist dieses Hindernis selbst nur eine Illusion und dient als Test von Percevals moralischen Instinkten – die Tatsache, dass er die Gefahr des Wassers erkennt und sich bekreuzigt, zeigt, dass diese moralischen Instinkte intakt sind, und bewegt Gott, ihn zu retten, indem er sowohl das Pferd als auch den Fluss in ihre wahre Form verwandelt. In diesem Fall fungiert der Fluss als physische und metaphysische Grenze, die einen Moment der physischen und geistigen Wandlung auslöst, indem sie den Protagonisten in eine Zwickmühle bringt und ihn zwingt, eine Entscheidung zu treffen, die seine moralische Haltung offenbart.

Mehrere Elemente dieser Szene tauchen auch in einem anderen weniger bekannten Roman auf: *Sir Ferumbras*, eine mittelenglische Nacherzählung in Couplets von der französischen Alexander-Tradition. In diesem Fall bricht Richard von der Normandie auf einem gestohlenen Pferd auf, um Karl den Großen um Hilfe beim Kampf gegen die ‚Sarazenen' zu bitten. Er erreicht schließlich den Fluss Flagot, der schwer zu überqueren ist.

His message wold he not lete;
His horse was both bigge and gode.
He kneled bisechinge gode of his grace
To save him from myschiefe.
A white hende he saugh anoon in that place,
That swam over the cliffe.
He blessed him in godis name
And folowed the same waye
The gentil hende, that was so tame,
That on that othir side gan playe.
He thanked god fele sythe,
That him hade sente comforte.
He hied him in his message swithe.

[Er wollte nicht von seiner Botschaft lassen;
Sein Pferd war groß und gut.
Er kniete und flehte um Gottes Gnade
Ihn vor Unheil zu bewahren.
Sogleich sah er eine weiße Hirschkuh an dem Ort,
Welches über die Klippe schwamm.
Er segnete sich in Gottes Namen
Und folgte auf gleichem Wege.
Die Hirschkuh war so zahm
Dass sie am anderen Ufer zu spielen begann.
Er dankte Gott vielmals,
Der ihm einen solchen Trost gesandt hatte.
Er eilte sich mit seiner Botschaft sehr.][12]

Auch hier wird Richard mit dem Fluss als Hindernis konfrontiert, das ihn zu einer Entscheidung zwingt. Und auch hier erweist sich seine Entscheidung, Gott um Schutz zu bitten, als die richtige. Besonders interessant an diesem Beispiel ist jedoch, dass die Szene am Fluss als göttliches Wunder gelesen werden kann. So wird das Auftauchen der weißen Hirschkuh, die den Fluss durchschwimmt und Richard dazu inspiriert, dasselbe zu tun, in Richards Danksagung als ein von Gott gesandter „Trost" dargestellt. In diesem Fall ist es ein göttliches Eingreifen und keine Magie oder teuflische List, die das Erscheinen eines übernatürlichen Tieres bewirkt. Im Einklang mit der vertrauenswürdigeren Herkunft dieses ‚geschenkten Gauls' – vielleicht noch verstärkt durch die Tatsache, dass diese Hirschkuh von einem ‚himmlischen' Weiß ist und nicht einem dämonischen Schwarz – hilft das Tier Richard, die Barriere des Flusses zu überwinden und seine Aufgabe zu erfüllen. In diesem Fall werden weder der Fluss noch das Tier verwandelt, aber die Methoden, mit denen Richard göttlich inspiriert wird, den Fluss zu überqueren, verwandeln die Erzählung von einer militärischen Heldentat in ein religiöses Exemplum.

Wie wir gesehen haben, stellen verschiedene mittelenglische Romane Gewässer im Allgemeinen und Flüsse im Besonderen als multivalente und oft magische Räume dar, die buchstäbliche und figurative Verwandlungen inspirieren und erfordern. Im Folgenden werde ich das Motiv des mittelalterlichen Flusses als Ort der Transformation weiter erforschen, indem ich untersuche, wie ein moderner Text mit mittelalterlichen Elementen das Motiv eines städtischen Flusses verwendet, um die kulturelle und soziale Transformation des Protagonisten zu ergründen.

Als der bahnbrechende Fantasy-Autor Terry Pratchett seine berühmte Scheibenwelt entwarf – eine Welt, die sowohl fantastisch ist als auch in einer erkenn-

12 *The English Charlemagne Romances*, hg. v. Sidney John Hervon Herrtage, Bd. 1, London 1879, S. 80–81, Zeilen 2805–2817. Übersetzung v. d. Autorin.

bar vorindustriellen Zeit spielt –, war das kulturelle und wirtschaftliche Zentrum dieser Welt eine Stadt, die in vielerlei Hinsicht an London erinnerte: die Metropole Ankh-Morpork. Diese Stadt wird in wenig schmeichelhaften Worten als eine „Jauchegrube" vorgestellt, für die ein „Einschlag eines größeren Meteoriten [...] zu einer erheblichen Verbesserung der architektonischen und sozio-kulturellen Struktur" geführt hätte.[13] Angesichts dieser Einleitung kann sich der Leser leicht vorstellen, dass der Fluss Ankh, der durch diese Abscheulichkeit fließt, an „ein lavazähes Rinnsal" erinnern soll.[14]

In diesem Abschnitt werde ich mich mit Pratchetts siebten Scheibenwelt-Roman *Pyramiden* (1989) beschäftigen und erläutern, wie seine Darstellung der Stadt Ankh-Morpork und des Flusses Ankh als epochenübergreifende Symbole eines fortschreitenden urbanen Wandels fungieren, die die sich wandelnde Identität des Protagonisten widerspiegelt. Zu diesem Zweck werde ich die Rolle des Flusses als Brennpunkt für den interkulturellen Austausch in Ankh-Morpork untersuchen und erörtern, wie sowohl die Stadt als auch der Fluss die Lebenswelt des Protagonisten prägen.

Ein Jüngling in einer schmutzigen Stadt

In Werken der Fantasy-Literatur werden mittelalterliche Kulissen häufig verwendet, um ein Gefühl von Nostalgie und Vertrautheit zu erzeugen, indem auf vertraute konventionelle Merkmale aus weithin bekannten Genres zurückgegriffen wird.[15] Dies gilt insbesondere für Werke, die auf Motive von Volksmärchen und Märchen zurückgreifen und zu diesem Zweck ihre Geschichten an mittelalterlichen Schauplätzen ansiedeln. Obwohl das Volksmärchen während der gesamten Frühen Neuzeit und darüber hinaus eine sich entwickelnde Gattung war, gibt es eine gemeinsame Konvention, fantastische Geschichten mit typischen Themen aus Volksmärchen, wie etwa Magie, sich verwandelnden Tieren, sowie Hexen, Zauberern, Elfen oder magischen Zwergen, an vorindustriellen Schauplätzen stattfinden zu lassen, die an das Mittelalter erinnern.[16] Diese Schauplätze reichen von Wildnis und Wäldern bis hin zu spätmittelalterlichen Höfen, Städten oder Dörfern.

13 Terry Pratchett, *Pyramiden*, übers. v. Andreas Brandhorst, München 2004, S. 10.

14 Ebd., S. 9.

15 Jules Zanger, Heroic Fantasy and Social Reality: ex nihilo nihil fit, in: *The Aesthetics of Fantasy in Literature and Art*, hg. v. Roger C. Schlobin, Notre Dame 1982, S. 226–236, hier S. 229–230.

16 Siehe W.A. Seniors Erörterung der sich überschneidenden Tropen der mittelalterlichen Literatur und der Fantasy-Literatur: Medieval Literature and Modern Fantasy: Toward a Common Metaphysic, in: *Journal of the Fantastic in the Arts* 3:3/4 (1994), S. 32–49, hier S. 33.

Die satirischen Fantasy-Romane der Scheibenwelt von Pratchett bilden da keine Ausnahme.[17] Obwohl die Buchreihe eine breite Palette städtischer und ländlicher Schauplätze umfasst, die verschiedene Epochen und Orte der Menschheitsgeschichte persiflieren, stehen diese Orte in der Regel im Zusammenhang mit dem zentralen städtischen Zentrum Ankh-Morpork, und die Beschreibung von Ankh-Morpork wiederum greift immer wieder auf Schlüsselelemente aus dem medialen Bildkatalog der mittelalterlichen und frühneuzeitlichen Stadtlandschaften zurück. Zu diesen Elementen gehören gepflasterte Straßen, Pferdewagen, offene Märkte, Straßenverkäufer und Berufsgilden. In Kombination mit den fantastischen Fabelwesen, die die Stadt bevölkern, darunter Werwölfe, Trolle, Zwerge, Hexen und Zauberer, dienen diese Merkmale dazu, Ankh-Morpork und den Ankh fest in einem fantastischen mittelalterlichen Raum zu verankern, der es dennoch schafft, Merkmale aus verschiedenen Zeitepochen und Orten von London und Prag bis Venedig und von der Klassik bis zum Hollywood der 1930er Jahre zu integrieren. Das Ergebnis ist ein Schauplatz, der von unserer realen Vergangenheit nicht eingeschränkt wird und dennoch einen kritischen Bezug zum späten Mittelalter und der frühen Neuzeit herstellt – die Zeit, in der Städte wie London begannen, sich zu industrialisieren.

In *Pyramiden* erkundet Pratchett diese Facette von Ankh-Morpork unter anderem dadurch, dass er das altbekannte Märchenmotiv des Dümmlings aufgreift. In dieser Erzählung spielt die Stadt Ankh-Morpork – als fiktionalisierte Darstellung des spätmittelalterlichen Londons – und der Fluss Ankh – als fiktionalisierte Darstellung der mittelalterlichen Themse – eine zentrale Rolle bei der Darstellung der Wandlung des Protagonisten von einem Landei zu einem weltgewandten Helden.

Der Held von *Pyramiden* ist Teppic, Prinz und später Pharao einer alten, pyramidenbauenden Wüstenzivilisation namens Djelibebi, die an das alte Ägypten erinnert. Die Handlung folgt den Kulturschock des ‚Dümmlings' Teppic, als er auf das Internat der Assassinengilde in der weitaus westlicheren (und historisch weit entfernten!) Stadt Ankh-Morpork geschickt wird, um dort zum Auftragsmörder ausgebildet zu werden. Später stellt sie seinen erneuten Kulturschock dar, als er nach dem Tod seines Vaters nach Hause zurückkehrt, um sein Königreich zu regieren. Dieser zweite Abschnitt des Romans bezieht viel Komik aus den Komplikationen, die sich aus dem Bau der Pyramide seines Vaters und dem Umgang mit der nun ungewohnten Kultur von Djelibebi ergeben.

---

17 Siehe Veronica L. Schanoes Besprechung von Terry Pratchett's Scheibenwelt-Romanen als moderne Bearbeitungen bekannter Märchen: Book as Mirror, Mirror as Book: The Significance of the Looking-Glass in Contemporary Revisions of Fairy Tales, in: *Journal of the Fantastic in the Arts* 20:1 (2009), S. 5–23, hier S. 14–15.

Märchen, die als ‚Dümmlingsmärchen' bezeichnet werden können, handeln meist von einem ‚schönen Unbekannten'. Sie enthalten in der Regel eine Reihe der folgenden Bestandteile:

1. Der ‚Unbekannte' ist ein junger und besonders naiver Protagonist, der von einem sozialen und geografischen Umfeld in ein anderes zieht.
2. Das erste soziale Umfeld ist in der Regel eine isolierte ländliche Idylle, zum Beispiel das Leben bei einem Einsiedler oder Verwandten in den Wäldern.
3. Der Unbekannte kommt dann in eine höfische oder städtische Umgebung und steht vor Herausforderungen, die sich aus Fehlern bei der Interpretation der sozialen und kommunikativen Systeme ergeben, die die neue Umgebung bestimmen.
4. Die Irrtümer des Unbekannten sind humorvoll und/oder sie offenbaren Bruchlinien in der neuen Umgebung, in die er eingetreten ist.
5. Die Fehler des Unbekannten werden behoben und er wird in seinem neuen sozialen Umfeld akzeptiert.

Diese Erzählungen können dem Leser vielschichtige Erlebnisse bieten – sie bieten oft eine Vorlage für komische Momente in Richtung ‚Fisch auf dem Trockenen', während gleichzeitig die Ansichten und Fehler der neuen, unerfahrenen Figuren Aufschluss darüber geben, wie das moralische und soziale System, in dem die Protagonisten sich bewegen, funktioniert. Dieses Motiv kann unkritisch als Darstellung eines jungen Menschen eingesetzt werden, der eine notwendige und wertvolle Ausbildung in den Gepflogenheiten der Welt erfährt. Es kann aber auch auf subtilere Weise verwendet werden, um die Systeme und Werte der Welt zu hinterfragen, in die der junge Mensch eintritt. In solchen Fällen wird der Humor zu einem zweischneidigen Schwert, das nicht nur die unschuldige Figur aufspießt, die lächerliche Fehler macht, sondern auch die Prämisse ins Lächerliche zieht, dass dies eine Gesellschaft ist, in der solche Fehler über persönlichen Erfolg oder Misserfolg entscheiden können.

Der berühmteste Vertreter dieses Erzähltyps in der deutschen Literatur ist zweifellos Wolframs von Eschenbach höfischer Versroman *Parzival* aus dem 13. Jahrhundert.[18] Es gibt jedoch eine Vielzahl von höfischen und weniger höfischen Versionen des Dümmlingsmärchens, die sich in unterschiedlichen Umgebungen und Umständen um das zentrale Thema einer jungen, ahnungslosen Person drehen, die in einer neuen und komplexen Umgebung ankommt, wo sie mit amüsanten Herausforderungen konfrontiert wird, die die Tiefe ihrer Ahnungslosigkeit offenbaren, aber schließlich aufgrund ihrer Tugenden Akzeptanz findet.

18 Siehe Joachim Bumke, *Wolfram von Eschenbach*, Stuttgart 1964, S. 31.

Wolframs *Parzival* ist ein Werk, in dem sich diese widersprüchlichen Impulse innerhalb der Erzählung entfalten können. In diesem Fall ist es die Komplexität der höfischen Welt, in der sich Parzival zurechtfinden muss, und seine grundlegend mangelnde Rücksichtnahme auf andere stellt ein Fehlverhalten dar, welches so sehr gegen die Normen der ‚zivilisierten' Rittergesellschaft verstößt, dass es potenziell komisch ist.[19] Gleichzeitig werden jedoch Parzivals gute Absichten als positive Charaktereigenschaften gezeigt, die aus seiner Unschuld erwachsen und dazu dienen, die Unzulänglichkeiten der unaufrichtigen und formalistischen höfischen Welt, in die er eingeführt wird, aufzuzeigen. Insofern ergibt sich aus Parzivals Erziehung zum Rittertum eine Lektion für alle Ritter, dass das Rittertum höfische Verhaltensweisen mit guten Absichten und Aufrichtigkeit verbinden muss, um ein positives soziales Vorbild darstellen zu können.

Der langjährige und weitreichende Einfluss von Wolframs bahnbrechendem Roman und der vielen Werke, die sie nachahmten, muss als kulturelle Grundlage für die Verwendung des Dümmlingmotivs in späteren Epochen verstanden werden. Infolgedessen bewegen sich Werke, die dieses Motiv parodieren, persiflieren oder rekonfigurieren, oftmals in einem kulturellen Umfeld, in dem die Leser in der Lage sind, dieses neuere Werk mit den bestehenden literarischen Konventionen zu vergleichen und zu kontrastieren und auf der Grundlage dieses Vergleichs zu erkennen, was persifliert wird und welche Werte propagiert werden. Solange das Motiv noch als solches erkannt werden kann, indem es genügend der oben erörterten wesentlichen narrativen Elemente enthält, werden die Leser implizit aufgefordert, die Erzählung mit Bezug auf die narrativen Konventionen der Dümmlingsgeschichte zu lesen, die entweder eingehalten oder auf unerwartete Weise unterlaufen werden.

Die Variante des Dümmlingsmärchens, die Pratchett in *Pyramiden* einsetzt, ist interessant, weil sie einerseits einen hohen Wiedererkennungswert hat, andererseits aber die konstituierenden Merkmale neu arrangiert, um einen ungewöhnlichen Kontrast zwischen der ursprünglichen Umgebung des Dümmlings und der Umgebung, in die er hineingeworfen wird, zu schaffen. Teppic, der zwölfjährige Prinz von Djelibebi, auch bekannt als das Königreich der Sonne im Tal des Flusses Djel, ist sowohl hochgeboren als auch in Ankh-Morpork völlig unbekannt, was eine ideale Voraussetzung für eine Dümmlingsgeschichte bietet. Gleichzeitig wird Djelibebi als ein satirisches Simulakrum einer altägyptischen Gesellschaft dargestellt, in der Mumifizierung, Pyramidenbau und die Einhaltung von Totenriten und ähnli-

19 Siehe Stefan Seebers eingängige Erörterung über vormorderne Formen des Humors im *Parzival:* Medieval Humour? Wolfram's *Parzival* and the Concept of the Comic in Middle High German Romances, in: *The Modern Language Review* 109:2 (2014), S. 417–430, hier S. 419–420.

chen Ritualen einen zentralen Bestandteil der Kultur bilden. Damit sind die Weichen für Teppics Kulturschock gestellt. Zugleich geht es jedoch um den Kontrast zwischen Stadt und Land. Während Ankh-Morpork als laut, dreckig und voll beschrieben wird, beginnt die Beschreibung Djelibebis mit einer idyllischen Beschreibung des ländlichen Flusstals.[20]

In diesem Fall ist der Kulturschock, den Teppic in Ankh-Morpork erlebt, nicht nur auf das isolierte Aufwachsen und die Ankunft an einem neuen Ort mit dem niedrigen Stand eines Unbekannten zurückzuführen, sondern auf die starken kulturellen Unterschiede zwischen seiner alten und seiner neuen Welt. Nachdem wir einige Seiten zuvor gelesen haben, wie Teppic von der königlichen Familie und einem Konvoi von Dienern feierlich aus Djelibebi verabschiedet wird, können wir als Leser nachvollziehen, wie Teppic in Ankh-Morpork mit einem intakten sozialen Selbstverständnis ankommt. Doch schon bald wird ihm bewusst, dass die Eckpfeiler seiner Identität in diesem neuen Gesellschaftssystem bedeutungslos sind. Dem humoristischen Aspekt des Dümmlingsmärchens entsprechend wird Teppics Ahnungslosigkeit auf humorvolle Weise offenbart:

> „Wie heißt du, Junge?", fügte er hinzu.
>
> „Ich bin Prinz Pteppic aus dem Alten Königreich, dem Königreich der Sonne", erwiderte Teppic. „Vermutlich ist dir die Etikette unbekannt, und daher möchte ich dich auf Folgendes hinweisen. Es ist nicht nötig, dass du mich Herr nennst. Es ist nötig, dass du dich verbeugst und die Stirn an den Boden drückst, wenn du das Wort an mich richten möchtest."
>
> „Pateppic, wie?", fragte der Meister.
>
> „Nein, Pteppic."
>
> „Ah, Teppic", sagte der Assassine, hakte einen Namen ab und bedachte den Jungen mit eine, großzügigen Lächeln.
>
> „Euer Majestät", fuhr er fort. „Ich bin Leckerschmeck Nivor, dein Hausmeister. Du gehörst jetzt zum Viper-Haus. Meines Wissens gibt es auf der Scheibenwelt mindestens elf Königreiche der Sonne. Bis zum Ende der Woche wirst du einen kurzen Aufsatz schreiben, der genaue Informationen über die betreffenden Reiche enthält: geographische Besonderheiten, politische Struktur, Hauptstadt beziehungsweise wichtigster Regierungssitz. Darüber hinaus wirst du eine Route nennen, die ins Schlafzimmer eines Staatsoberhauptes deiner Wahl führt. In einem Punkt kannst du ganz sicher sein: Es gibt nur *ein* Viper-Haus. Guten Morgen, Junge."[21]

Hier schafft der Kontrast zwischen Teppics Erwartungen und der blasierten Reaktion des Lehrers einen komödiantischen Moment der Enttäuschung. Sobald das Ritual der Verbeugung, an das er gewöhnt ist, aus seinem gewohnten sozialen Umfeld herausgelöst wird, wirkt es lächerlich und übertrieben. Dies wird noch verstärkt durch die Anweisung des Meisters, einen Aufsatz über alle Königreiche

---

20 Pratchett, *Pyramiden* (wie Anm. 13), S. 7.

21 Ebd., S. 29. Hervorhebung im Original.

der Sonne zu schreiben, was Teppic dazu zwingt, sich mit einer erweiterten Welt auseinanderzusetzen, in der die Stellung und Bedeutung des Königreichs, in dem seine bisherigen Erfahrungen wurzeln, relativ gering ist. Diese gewaltsame Erweiterung seines Horizonts und die plötzliche Erkenntnis der Kleinheit der Welt, in der er bisher gelebt hat, kann als Moment der Wandlung gelesen werden, in dem Teppic das Wissen, das er in seinem bisherigen Leben erworben hat, in ein neues erkenntnistheoretisches System einordnen muss, in dem sein Königreich und sein Status als Prinz deutlich weniger Bedeutung haben. Im Einklang mit der allgemeinen Darstellung von Ankh-Morpork als einem weltlichen, einzigartigen und außergewöhnlichen Ort schließt der Meister seine Ausführungen mit der Behauptung ab, dass das Viper-Haus, das Internatshaus in dem Teppic nun Schüler sein wird, im Gegensatz zum Königreich der Sonne, einzigartig ist.

Das Beharren des Meisters darauf, dass es nur ein Viper-Haus gibt, ist in mehrfacher Hinsicht interessant. Der erste interessante Punkt ist, dass Einzigartigkeit an sich implizit als etwas dargestellt wird, das auf Bedeutung und Sinn hinweist. Die Tatsache, dass Teppic Prinz eines Königreichs ist, welches seinen Namen mit zehn anderen Königreichen teilt, macht den Titel außerhalb seines Heimatlandes fast bedeutungslos. Die Vieldeutigkeit an sich zeigt auf, dass der Ort, der Teppics Prinzentum seine Bedeutung verleiht, in sehr begrenztem hermeneutischem Austausch mit der Außenwelt steht. Der zweite interessante Punkt ist, dass der Meister mit seinem Beharren auf der Einzigartigkeit des Viper-Hauses entweder andeutet, dass er die Namen aller auf der Welt existierenden Institutionen kennt, was unwahrscheinlich ist, oder – was sehr viel wahrscheinlicher ist – dass der Ruhm und das Ansehen des Viper-Haus innerhalb von Ankh-Morpork so groß sind, dass es der einzige bedeutungsvolle Ort mit diesem Namen ist. In dieser zweiten Lesart wird Ankh-Morpork in den Mittelpunkt des Bezugsrahmens des Meisters gestellt, was bedeutet, dass jegliches Wissen, das nur außerhalb von Ankh-Morpork Gültigkeit hat, nebensächlich ist.

Diese Schaffung eines neuen Bezugsrahmens stellt Ankh-Morpork in den Mittelpunkt der Welt, die der Meister und nun auch Teppic bewohnen. Anstatt konkurrierende Wertesysteme und soziale Strukturen in der Welt nebeneinander zu stellen, wie es der Meister in seinem Essay über die verschiedenen Königreiche von Teppic verlangt, wird dieser neue Ort ‚Viper-Haus' als ebenso exklusiv und einzigartig dargestellt, wie Teppic sein Geburtsreich erlebt hat. In dieser Hinsicht scheint der Meister zwar zunächst Teppics Horizont zu erweitern, doch in Wirklichkeit erzielt er nur eine Schwerpunktverschiebung, indem er ein neues ‚Zentrum' für Teppics Welt schafft und darauf besteht, dass dies nun ‚die Welt' ist, deren Regeln und Wertesystem als gültig akzeptiert werden.

Der Meister wendet dasselbe System der erzwungenen Assimilation auf Teppics Namen an, indem er sich zunächst vergewissert, dass er den richtigen Namen verstanden hat, aber auf Teppics Korrektur der Aussprache nicht eingeht und sich mit seiner eigenen assimilierten Aussprache zufriedengibt, indem er „Ah, Teppic" sagt, obwohl er den ‚p'-Laut immer noch nicht hervorbringt. Dies mag zwar Ausdruck dafür sein, dass sein Gehör nicht auf das ‚p' eingestellt ist, wie Teppic es selbst ausspricht, aber die weitere Implikation dieses Austauschs ist von kulturellem Imperialismus durchzogen, da der Meister die Frage, wie Teppics Name auszusprechen ist, aufgrund seiner eigenen unvollständigen Kenntnis der Materie für abgeschlossen zu erklären scheint. Indem der Meister seine eigene Deutungshoheit in einer Angelegenheit zum Ausdruck bringt, die tief in der djelibebischen Kultur verwurzelt ist – dem Namen des Prinzen –, offenbart Pratchett eine reflektierte und kritische Haltung gegenüber einer westlich orientierten Hegemonie, der er teilweise selbst angehört.

Dieser Austausch trägt einerseits zu Teppics Gefühl der Marginalisierung bei, ist aber auch ein Moment, in dem der Leser nicht mehr über Teppics überhöhtes Selbstwertgefühl als routinierter Prinz lacht. Stattdessen werden die Leser aufgefordert, sich mit der Selbstherrlichkeit auseinanderzusetzen, mit der die Autoritätsfiguren in dieser neuen Umgebung bereit sind, das verankerte Wissen fremder Kulturen abzulehnen. Pratchett setzt also das Motiv des ‚schönen Unbekannten' auf zweischneidige Art und Weise ein, indem er den Zusammenprall der Kulturen nutzt, um den kulturellen Imperialismus aufzuzeigen, der im Tonfall der Meister an Teppics neuer Schule zum Ausdruck kommt.

Wenn also Teppics Lebensweg dem klassischen Muster des Dümmlingsmärchens folgt, welche Rolle spielen dann die Flüsse Ankh und Djel bei der Gestaltung dieses Lebensweges?

Teppic erlebt den Kontrast der beiden Kulturen zweimal, zuerst, als er Djelibebi verlässt, und dann noch einmal, als er viele Jahre später zurückkehrt. In diesem Zusammenhang werden die Gegensätze der beiden sehr unterschiedlichen Schauplätze, die er erlebt, durch die Gegenüberstellung der beiden sehr unterschiedlichen lokalen Flüsse verdeutlicht. Dieser Kontrast wird zunächst in der Beschreibung der „kühle[n] Morgendämmerung im Flusstal" deutlich, mit der das Königreich Djelibebi erstmals beschrieben wird.[22] Diesem wird nur drei Seiten später der hitzegebeutelte Fluss Ankh gegenübergestellt, der dem Leser auf folgende Weise vorgestellt wird:

> Hochsommer in Ankh-Morpork. Gestank und Temperatur schienen miteinander zu wetteifern.
>
> Der breite Fluss hatte sich in ein lavazähes Rinnsal verwandelt [...]. Für gewöhnlich verglich man Morpork mit einer Jauchegrube. [...]

22 Pratchett, Pyramiden (wie Anm. 13), S. 7.

> Das Flussbett war weitgehend ausgetrocknet. Auf der Scheibenwelt wusste man noch nicht, was ‚Beton' bedeutete, aber Architekten und Baumeister hätten sich nur den festgebackenen Schlamm ansehen müssen, um eine ungefähre Vorstellung zu gewinnen.[23]

Die Beschreibung des Ankh und der Stadt Ankh-Morpork verweist auf zwei unattraktive Merkmale, die man mit einer mittelalterlichen Stadt assoziieren könnte: einen üblen Geruch und eine Jauchegrube. Die Beschreibung des unreinen Wassers des Ankh, das in einem rissigen Schlammflussbett versickert, ist ein beunruhigendes Bild, das einen ungünstigen Vergleich mit der kühlen Morgendämmerung des Djel-Flusstals und den Beschreibungen des Djelibebi-Flussdeltas bietet.

Einige Kapitel später wird dieser Kontrast noch deutlicher, als Teppic mit seinen Freunden unterwegs ist, um seine bestandenen Prüfungen zu feiern, und sich dabei ertappt, wie er bestürzt in den Ankh starrt, während er sich an den Djel erinnert:

> Teppic seufzte. Er mochte Flüsse, und seiner Ansicht nach sollten sie mit hübschen Seerosen und hungrigen Krokodilen ausgestattet sein. Der Ankh deprimierte ihn immer ein wenig. Wenn man eine Seerose hineinfallen ließ, löste sie sich einfach auf. Der breite Strom entwässerte die schlammigen Ebenen bis hin zu den Spitzhornbergen, und wenn er durch Ankh-Morpork geflossen war (Bevölkerung: eine Million), konnte man ihn nur noch als Fluss bezeichnen, weil er sich etwas schneller bewegte als die Ufer. Ein oder zwei Liter Erbrochenes fügten der zähen Masse wenigstens etwas Flüssigkeit hinzu.[24]

So wie der mörderische Fluss, dem Perceval begegnet, eher eine Bedrohung als einen idyllischen Ort der Zuflucht darstellt, ist auch dieser Fluss weder Augenweide noch Landschaftsschmuck. Diese Passage bringt durch den Kontrast zwischen dem ländlichen Fluss in Teppics Vorstellung und dem Fluss vor ihm die unterschiedlichen Welten von Ankh-Morpork und Djelibebi auf den Punkt. Während der Djel mit der Schönheit und Fruchtbarkeit von Seerosen assoziiert wird, gepaart mit der natürlichen Gefahr von Krokodilen, wird der Ankh als so schmutzig beschrieben, dass er nicht mal fließt. Schlimmer noch, die Erwähnung von „Bevölkerung: eine Million" impliziert, dass dieser Schmutz nicht das Ergebnis von Landwirtschaft oder anderen bukolischen Dingen ist, sondern das Produkt von menschlichen Abfällen. Dieses ekelerregende Bild wird durch Teppics abschließende Schlussfolgerung vervollständigt, dass der Ankh besser fließen würde, wenn jemand sich darin erbrechen würde.

Die extremen Kontraste dieser Passage, in der Erbrochenes und Seerosen einander gegenübergestellt werden, sollen zum Teil einen humoristischen Effekt erzielen. Es gibt jedoch einen tieferen Gegensatz, der sich durch die beiden Orte, an

23 Ebd., S. 9–10.
24 Ebd., S. 68–69.

denen Teppic gelebt hat, zieht und der durch diese Beschreibung verdeutlicht wird. So spiegelt der Unterschied zwischen einem naturbelassenen Fluss, der dem Tierreich nahesteht, und einem schmutzigen Fluss in einer bevölkerungsreichen Stadt nicht nur die verschiedenen Schauplätze wider, sondern auch die unterschiedliche Nutzung der beiden Flüsse. Während der Djel auf dem Land eher einen Agrarwert zu haben scheint, steht der städtische Ankh für den Schmutz, der entsteht, wenn viele Menschen auf engem Raum leben und arbeiten.

Insgesamt wird der Djel also als ein in die Natur eingebetteter Fluss charakterisiert. Dementsprechend wird die Heimkehr von Teppic folgendermaßen beschrieben: „[...] der exotische Duft einer namenlosen Fracht wich vertrauteren Gerüchen: Krokodildung; Riedgras; Seerosen; Mangel an sanitären Anlagen. Hinzu kamen intensive Aromen, die Vorstellungen von Löwen und Nilpferden weckten."[25]

Im Gegensatz zum zähflüssigen Ankh stellt der Djel mit seiner Flora und Fauna das Inbild einer fruchtbaren, gesunden Flusslandschaft dar. Im Kontext von Djelibebi als einem Königreich, das uralte Rituale pflegt und immer wieder als vergangenheitsverliebt beschrieben wird, kann der naturbelassene Fluss als Symbol für die Kontinuität und das langsame Lebenstempo gesehen werden, die das Königreich als Ganzes kennzeichnen und es so deutlich von der kommerzialisierten städtischen Umgebung Ankh-Morporks unterscheiden.

Am deutlichsten wird diese Gegenüberstellung vielleicht in dem Moment, in dem Teppics Vater stirbt und er die gottgleichen Kräfte seines Vaters erbt. Auch diese Szene spielt sich am Fluss Ankh ab, so dass sich die Fruchtbarkeit, die mit Teppics ererbter Göttlichkeit verbunden ist, in der städtischen Umgebung von Ankh-Morpork und seinen Wasserwegen entfaltet. In diesem Moment erinnert Teppics Antritt der Regentschaft an die von Arthur im *Morte Darthur*, denn in beiden Fällen sind es die übernatürlichen Kräfte des Wassers, die den neuen Status des Königs besiegeln – in Arthurs Fall durch das Geschenk des Schwertes Excalibur von der Herrin des Sees und in Teppics Fall durch den wassergewordenen Ausdruck von Teppics neuer göttlichen Kraft. Die erste Andeutung, dass Teppic die göttlichen Kräfte seines gerade plötzlich verstorbenen Vaters übernimmt, kommt auf, als ein betrunkener Teppic und seine Freunde in eine Auseinandersetzung mit einer Diebesbande verwickelt sind und bemerken, dass eine der normalerweise aggressiven Möwen des Ankh zahm auf Teppics Hand gelandet ist. Diesem Hinweis einer gezähmten Fauna folgend, schauen sie bald nach unten: „Zwischen den Brückenpfeilern schwoll das Rinnsal des Ankh an, wuchs in die Breite und strömte über ausgedörrten, festgebackenen Schlamm."[26]

25 Pratchett, Pyramiden (wie Anm. 13), S. 89.
26 Ebd., S. 77.

Hier, in der hässlichen städtischen Umgebung mit aggressiven Möwen, einem ausgetrockneten Fluss und der Gefahr von Diebesbanden, nimmt die symbolische Fruchtbarkeit, die Teppic durch die Macht seiner neu ererbten Gottheit verbreitet, eine schrille Note an, die ins Komische kippt. Diese Komik wird noch verstärkt, als die Bewohner Ankh-Morporks die Rückkehr des Wassers in die ausgetrocknete Stadt nicht loben, sondern sich über die Flut ärgern: „Um sie herum wurden Türen aufgerissen und Flüche geflucht. Bestimmte Geräusche deuteten darauf hin, dass man schwere Möbel aus dem Erdgeschoß ins erste Stockwerk brachte.“[27] Die Tatsache, dass die Überschwemmung des Ankh nicht zu fruchtbaren Feldern, sondern zu überfluteten Geschäften und Ärger führt, macht deutlich, dass Teppic und seine göttlichen Kräfte am falschen Ort sind und er nach Djelibebi zurückkehren muss. So wie die Namen der Flüsse in die Namen der beiden Orte, durch die sie fließen – Ankh-Morpork und Djelibebi –, eingeflossen sind, sind die beiden Flüsse keine eigenständigen geografischen Merkmale, sondern fungieren metonymisch als Stellvertreter für die Orte selbst.

Einerseits durchläuft Teppic durch sein Einleben in Ankh-Morpork die klassische Verwandlung vom Dümmling zum weltlichen jungen Mann. Andererseits weist das Motiv des Flusses darauf hin, dass es nicht nur um Teppics Verwandlung geht, sondern auch um die erweiterten Kontraste zwischen seinen beiden Lebenswelten. Die Dichotomie, die Pratchett zwischen den beiden Flüssen aufstellt, ist vordergründig eine des Ortes – er kontrastiert eine ländliche mit einer städtischen Umgebung. Gleichzeitig greift Pratchett auf altbekannte Motive zurück und stellt den Fluss selbst als den zentralen Ort der Verwandlung und kulturellen Gegenüberstellung dar. Hier erfährt Teppic die Kontraste zwischen seiner alten und seiner neuen Heimat. Und es ist auch der Ort, an dem Teppic selbst ein zweites Mal verwandelt wird. Nachdem er durch das Leben in Ankh-Morpork vom ‚Landei‘ zum Stadtmenschen geworden ist, wird er nun durch göttliche Vorgänge, die unerklärt bleiben, aber mächtig genug sind, um ihre Reichweite vom fernen Djelibebi bis zum Ankh auszudehnen, vom Sterblichen zum Gott. In dieser Hinsicht kann Pratchetts Verwendung des mittelalterlichen Flusses als literarischer Topos als Fortsetzung einer Tradition gelesen werden, die bereits in mittelalterlichen englischen Romanen etabliert ist. Ganz so wie Malory und der anonyme Verfasser des *Ferumbras* setzt Pratchett den Fluss von Ankh-Morpork gekonnt als Ort der Transformation ein, der die Handlung seines Romans vorantreibt. Und doch dient Pratchetts Einsatz dieser Bilder in einer städtischen Umgebung dazu, dieses alte Motiv wiederzubeleben, indem er einen literarischen Rahmen schafft, in dem der Fluss nicht nur der Ort der Verwandlung des Protagonisten ist, sondern auch als Brennpunkt

27 Ebd., S. 81.

dient, durch den man die Urbanisierung, die das spätmittelalterliche Stadtbild verändert, erkennen kann.

Bibliographie

A.A., *The English Charlemagne Romances*, hg. v. Sidney John Hervon Herrtage, Bd. 1, London 1879.
Bumke, Joachim, *Wolfram von Eschenbach*, Stuttgart 1964.
Classen, Albrecht, The Symbolic and Metaphorical Role of Ships in Medieval German Literature: A Maritime Vehicle That Transforms the Protagonist, in: *Mediaevistik* 25 (2012), S. 15–33.
Jacoby, Joachim, Die Übergießung mit Wasser – Hydrotherapeutische Vorschriften im Spätmittelalter, in: *Sudhoffs Archiv* 86:1 (2002), S. 54–68.
Malory, Thomas, *The Works of Sir Thomas Malory*, hg. v. Eugène Vinaver, Bd. 1, Oxford [2]1967.
McRae, Andrew, Fluvial Nation: Rivers, Mobility and Poetry in Early Modern England, in: *English Literary Renaissance* 38:3 (2008), S. 506–534.
Parry, Joseph D., Following Malory out of Arthur's World, in: *Modern Philology* 95:2 (1997), S. 147–169.
Pratchett, Terry, *Pyramiden*, übers. v. Andreas Brandhorst, München 2004.
Roland, Meg, The Rudderless Boat: Fluid Time and Passionate Geography in (Hardyng's) Chronicle and (Malory's) Romance, in: *Arthuriana*, 22:4 (2012), S. 77–93.
Schanoes, Veronica L., Book as Mirror, Mirror as Book: The Significance of the Looking-Glass in Contemporary Revisions of Fairy Tales, in: *Journal of the Fantastic in the Arts* 20:1 (2009), S. 5–23.
Seeber, Stefan, Medieval Humour? Wolfram's *Parzival* and the Concept of the Comic in Middle High German Romances, in: *The Modern Language Review* 109:2 (2014), S. 417–430.
Senior, W.A., Medieval Literature and Modern Fantasy: Toward a Common Metaphysic, in: *Journal of the Fantastic in the Arts* 3: 3/4 (1994), S. 32–49.
Uther, Hans-Jörg, Zum neuen internationalen Typenkatalog, in: *Märchenspiegel* 15 (2004), S. 10–14.
Zanger, Jules, Heroic Fantasy and Social Reality: ex nihilo nihil fit, in: *The Aesthetics of Fantasy in Literature and Art*, hg. v. Roger C. Schlobin, Notre Dame 1982, S. 226–236.

Gero Faßbeck

„An den grünen Ufern des Guadalquivir": Flusslandschaften in der spanischen Lyrik der Frühen Neuzeit

Einleitung

Man kann dem Lauf von Flüssen in zwei entgegengesetzte Richtungen folgen: flussaufwärts und flussabwärts. Folgt man dem Strom „flussaufwärts" in Richtung seiner Quelle, so begibt man sich unweigerlich auf eine Suche nach dem Ursprung – eine Suche, die sich in vielen Fällen als unmögliches Unterfangen erweist, da sich die eigentliche Quelle eines Flusses oftmals nicht eindeutig bestimmen lässt.[1] Aber auch die andere Richtung birgt Probleme. Folgt man dem Strom „flussabwärts" bis zu seiner Mündung, gelangt man in die unbestimmte Zone eines Flussdeltas, wo sich das trübe Flusswasser mit der hereinbrechenden Meeresströmung vermischt. Beide Richtungen schließen einander aus, wie Simone Vierne erklärt, sind aber dennoch nicht voneinander zu trennen.[2]

Überträgt man diese Überlegungen auf die spanische Dichtung der Frühen Neuzeit, so lässt sich die doppelte Bewegung des Flusses als Bild für die Situation Spaniens zur Zeit der Renaissance interpretieren. Wie überall in Europa erfolgte die Erneuerung der Dichtung in Spanien zu Beginn des 16. Jahrhunderts durch die Wiederentdeckung und Neubelebung der römischen Kultur und Literatur. In Spanien nahm diese Entwicklung aber zwangsläufig andere Züge an, weil die Aneignung der antiken Quellen über die Vermittlung Italiens erfolgte. Aus der kulturellen Überlegenheit Italiens erwuchs die Sorge, die eigene kulturelle Legitimität könnte hinter dem Aufstieg Spaniens zur Weltmacht zurückbleiben.[3] Gegen Ende

1 Schon der antike Geschichtsschreiber Herodot spekuliert in seinen *Historien* über die „sagenumwobenen Anfänge" des Nils. Der lateinische Ausspruch *fontes Nili quaerere* (‚sich auf die Suche nach den Quellen des Nils begeben') stand in der Antike für ein „unmögliches Unterfangen". Vgl. Rainer Guldin, Trennender Graben und verbindendes Band. Zur topografischen Ambivalenz von Flüssen, in: *Die Erzählung der Landschaft*, hg. v. Dieter Binder / Helmut Konrad und Eduard Staudinger, Wien u. a. 2011, S. 19–33, hier S. 20.

2 Vgl. Simone Vierne, Remonter ou descendre le fleuve? De Jules Verne à Le Clézio, in: *Le fleuve et ses métamorphoses. Actes du Colloque International tenu à l'Université de Lyon, 13.-15. mai 1992*, hg. v. François Piquet, Paris 1993, S. 385–389.

3 Laut Navarrette taucht das Bewusstsein der „kulturellen Verspätung" (E. R. Curtius) in Spanien erst gegen Ende des 15. Jahrhunderts als ein Problem der Priorität auf. In Italien konnte die kulturelle Wiedergeburt der Antike als nationales Anliegen aufgefasst werden, da sich die Italiener

https://doi.org/10.1515/9783111102771-008

des 16. Jahrhunderts kam es in Spanien daher zu einer allmählichen Abwendung von Italien und der als vorbildlich angesehenen Literatur der römischen Antike, in deren Verlauf sich die Dichter verstärkt der eigenen spanischen Geschichte zuwandten.

Besondere Bedeutung erhält in diesem Zusammenhang der Fluss, denn – wie zu zeigen sein wird – stellt die Identifikation mit naturräumlichen Gegebenheiten ein effektives dichterisches Mittel dar, um einem neuen kulturellen Selbstbewusstsein literarisch Ausdruck zu verleihen. Tatsächlich werden Flüsse in der spanischen Dichtung des 16. Jahrhunderts bemerkenswert häufig erwähnt. So tauchen in Gedichten dieser Zeit nicht nur die großen mythischen Weltströme Ganges, Nil, Rhein und Donau (letztere zum Teil noch unter ihrem antiken, von Herodot stammenden Namen *Istros*) auf,[4] sondern auch eine Reihe spanischer Flüsse. Neben dem Ebro und dem Duero sind dies in erster Linie der Tajo (*Tagus*) und der Guadalquivir (*Betis*).[5] Exemplarisch kann dies anhand der literarischen

als direkte Nachfahren Roms betrachteten. Außerhalb Italiens musste die eigene kulturelle Identität im Verhältnis zur klassischen Kultur der Antike erst bestimmt werden, weshalb die spanischen Humanisten eine *translatio studii* anstrebten, die jedoch zwangsläufig hinter der *translatio imperii* zurückbleiben musste. Aus dem historischen Gefühl der Verspätung leitete sich daher ein geografisches Gefühl der nationalen Unterlegenheit ab. Grundlagentexte dieser Entwicklung sind die *Gramática de la lengua castellana* (1492) von Antonio de Nebrija und die *Arte de poesía castellana* (1496) von Juan del Encinas. Vgl. Ignacio Navarette, *Orphans of Petrarch. Poetry and Theory in the Spanish Renaissance*, Berkeley u. a. 1994, S. 15.

4 Die kulturgeschichtliche Bedeutung des Flusses in der Frühen Neuzeit belegt auch der Bau eines Brunnens auf der Piazza Navona in Rom, den Papst Innozenz X. um die Mitte des 17. Jahrhunderts in Auftrag gab. Das Bauwerk von Gian Lorenzo Bernini besteht aus vier Marmorfiguren, die – wohl in Anspielung auf die vier Paradiesflüsse des Garten Edens – die großen damals bekannten Flüsse der Welt symbolisieren. Der Nil steht für Afrika, der Ganges für Asien, der Rio de la Plata für Amerika und die Donau für Europa.

5 Der spanisch-portugiesische Tajo (oder Tejo) ist mit rund tausend Kilometern der längste Fluss auf der iberischen Halbinsel. Er entspringt in den Bergen der *Sierra de Albarracín* westlich von Madrid und mündet bei Lissabon ins Meer. Für die spanische Monarchie stellte der Tajo im 16. Jahrhundert einen wichtigen Bezugspunkt dar, weil er die ehemalige Hauptstadt des Westgotenreiches (Toledo) mit der neuen Hauptstadt des Reiches (Lissabon) verband. Schiffbar wurde der Fluss allerdings erst gegen Ende des Jahrhunderts. Der andalusische Fluss Guadalquivir entspringt in den Bergen der *Sierra de Cazorla* und durchquert auf seinem Weg von Ost nach West die beiden Städte Córdoba und Sevilla, bevor er nördlich von Cádiz in den Atlantik mündet. Genau wie der Tajo war auch er lange Zeit ein hart umkämpfter Grenzfluss zwischen dem christlichen Norden und dem muslimischen Süden der iberischen Halbinsel. Sein heutiger Name leitet sich von arabisch *al-wād al-kabir* ab, was in etwa so viel wie ‚der große Fluss' bedeutet. Die Römer nannten den Fluss *Betis* nach der gleichnamigen Provinz *Hispania Baetica* im Süden der iberischen Halbinsel. Nach der Entdeckung Amerikas wurde der Guadalquivir aufgrund seiner schiffbaren Lage zu einem wichtigen Verkehrsknotenpunkt im Handel mit Waren aus den Kolo-

Flusslandschaften von Garcilaso de la Vega (um 1503–1536) und Luis de Góngora y Argote (1561–1627) gezeigt werden.

Die Bedeutung des Flusses für die Dichtung muss vor dem Hintergrund eines neuartigen Landschaftsbewusstseins verstanden werden, das sich im Übergang vom Spätmittelalter zur Frühen Neuzeit herausbildet (Abschnitt 2). Die geografische Identifikation mit einem Flussraum in der Dichtung lässt dabei erahnen, inwiefern sich im Spanien des 16. Jahrhunderts ein kulturelles Selbstverständnis entwickelt, das seine Legitimität nicht mehr allein aus der römischen Vergangenheit bezieht. So folgt die Darstellung des Tajo im Werk des Renaissance-Dichters Garcilaso noch weitestgehend antiken Quellen (Abschnitt 3), während die Flusslandschaft des Guadalquivir im Werk des Barock-Lyrikers Góngora den historischen Bezug zur mittelalterlichen Geschichte Spaniens in den Vordergrund rückt (Abschnitt 4).

Allgemeine Bemerkungen zur frühneuzeitlichen Landschaftswahrnehmung

Ein ästhetisches Bewusstsein für Natur als Landschaft entwickelt sich im Übergang vom Spätmittelalter zur Renaissance. Kunstgeschichtlich ist dieser Prozess mit dem Problem der Perspektive verknüpft.[6] Als *terminus technicus* der Malerei erhält der Begriff im 16. Jahrhundert seine heute noch gebräuchliche Bedeutung als künstlerische Darstellung eines Naturausschnitts. Um 1520 wird das deutsche Wort *Landschaft* ebenso wie das italienische Wort *paese* zum ersten Mal für Gemälde benutzt, die einen speziellen Naturraum und nicht das Land selbst darstellen.[7] Davon leitete sich eine zweite Bedeutung ab: Der Begriff ‚Landschaft‘ meint nun „den Inhalt einer ästhetischen Wahrnehmung, in der ein empfindender Be-

nien. Über den Guadalquivir gelangten auch Unmengen an Gold und Silber nach Europa, was den politischen und wirtschaftliche Aufstieg Spaniens im 16. Jahrhundert beförderte.

6 Vgl. Rainer Piepmeier, Art. „Landschaft. Der ästhetisch-philosophische Begriff“, in: Joachim Ritter / Karlfried Gründer (Hg.), *Historisches Wörterbuch der Philosophie*, 13 Bde., Darmstadt 1980, Bd. 5, Sp. 15–28, hier Sp. 17.

7 Vgl. Peter Burke, *Die europäische Renaissance. Zentren und Peripherien*, übers. v. Klaus Kochmann, München 2012, S. 272. Zumindest im deutschen Sprachraum wurde das Wort ‚Landschaft‘ (von mhd. *landscaf*) bis ins Hochmittelalter hinein als territorialer und rechtspolitischer Begriff verwendet, unter den auch die „politisch Handlungsfähigen“ eines Siedlungsraumes, einer Provinz oder *regio* subsumiert wurden. Vgl. Gerhard Hard, Zu den Landschaftsbegriffen in der Geographie, in: *„Landschaft“ als interdisziplinäres Forschungsproblem*, hg. v. Alfred Hartlieb von Wallthor und Heinz Quirin, Münster 1977, S. 13–24, hier S. 14.

trachter eine Gegend wie ein Landschaftsmaler als bildhafte Ganzheit wahrnimmt".[8] Die wahrgenommenen Naturelemente (Berge, Täler, Flüsse, Wälder, und so weiter) verbinden sich jedoch erst dann zu einer Landschaft, wenn der Betrachter sich ihrer „ohne praktischen Zweck in ‚freier' genießender Anschauung zuwendet".[9]

Joachim Ritter hat in einem berühmten Aufsatz dargelegt, wie „die Natur als Landschaft neben die in der Philosophie und Wissenschaft begriffene Natur tritt".[10] Laut Ritter war die Betrachtung der Natur bis ins Mittelalter hinein allein Sache der philosophischen Kontemplation. Natur erschien im Gesamtzusammenhang des Kosmos und ließ sich nur vor dem Hintergrund des alles umgreifenden ‚Ganzen' und ‚Göttlichen' erfassen. Im Übergang zur Frühen Neuzeit wurde die Natur zum Objekt der Wissenschaft und der auf sie gegründeten technischen Instrumentalisierung. In dem Maße, wie sich das Wissen von der Natur spezialisierte, blieb der Blick aufs Ganze der natürlichen Zusammenhänge außen vor. Das so entstandene Defizit wurde laut Ritter von Kunst und Literatur gefüllt. Diese übernahmen die Funktion, die ehemals der philosophischen Theorie zukam, nämlich das aus der Innerlichkeit entspringende Bild des Naturganzen – den „harmonischen Einklang im Kosmos" – ästhetisch zu vermitteln.[11]

Von zentraler Bedeutung für die Herausbildung der Landschaft als ästhetisch wahrgenommenem Naturraum ist Petrarca.[12] Sein Brief über die Besteigung des

8 Thomas Kirchhoff, Landschaft, in: *Naturphilosophie. Ein Lehr- und Studienbuch*, hg. v. Thomas Kirchhoff u. a., Tübingen 2017, S. 152–158, hier S. 153.

9 Vgl. Joachim Ritter, Landschaft. Zur Funktion des Ästhetischen in der modernen Gesellschaft (1963), in: Ders., *Subjektivität. Sechs Aufsätze*, Frankfurt a. M. 1997, S. 141–163, hier S. 151. Zur Natur als Landschaft gehört daher eine funktionale Trennung vom Bereich der Arbeit. Dem in der Natur lebenden Bauern ist eine ästhetische Betrachtung der Landschaft fremd: „Natur ist für den ländlich Wohnenden immer die heimatliche, je in das werkende Dasein einbezogene Natur: der Wald ist das Holz, die Erde der Acker, die Wasser der Fischgrund. Was jenseits des so umgrenzten Bereiches liegt, bleibt das Fremde; es gibt keinen Grund hinauszugehen und sich ihr betrachtend hinzugeben." Ebd., S. 147.

10 Ebd., S. 158.

11 „Wo der Himmel und die Erde des menschlichen Daseins nicht mehr in der Wissenschaft wie auf dem Boden der alten Welt im Begriff der Philosophie gewußt und gesagt werden, übernehmen es Dichtung und Kunst, sie ästhetisch als Landschaft zu vermitteln." Ebd., S. 157 f.

12 Ritter spricht Petrarcas Bergbesteigung gerade aufgrund ihres Scheiterns eine „epochale Bedeutung" zu. Petrarcas Blick auf die Natur sei frei von allen „praktischen Zwecken" und allein von dem Verlangen getrieben, „in freier Betrachtung und Theorie an der ganzen Natur und an Gott teilzuhaben". Am Ende muss Petrarca seine Bewunderung der Natur jedoch im Sinne der augustinischen Philosophie verwerfen. Ritter deutet dies so, dass Petrarcas Blick den antiken Naturbegriff zwar voraussetzt, ihm aber gleichzeitig „eine neue Gestalt und Form" gibt. Entsprechend deutet er Petrarcas Brief als Symptom einer Epochenschwelle, bei der ein neuartiges

Mont Ventoux im April 1336 dokumentiert die Abkehr vom philosophischen Naturbegriff des Mittelalters und die Entstehung eines neuen subjektzentrierten Blicks, der die christliche Theologisierung der Natur (als allegorische Zeichenlandschaft) ablöst. Petrarcas Landschaft, so schreibt Karlheinz Stierle, erschließt einen „neuen europäischen Horizont der Welterfahrung“.[13] Sie ist

> [...] Vielheit in die Schwebe der Anschauung gebracht. Das Ganze der Landschaft ist nicht ein Abglanz des Kosmos, sondern das instabile, kontingente, prekäre Ganze als Konstitutionsleistung des subjektzentrierten Blicks, in dem das viele in momentaner Evidenz in die Schwebe kommt. Nur als momentane Evidenz ist das Ganze des Blicks garantiert.[14]

Entscheidend für die ästhetische Wahrnehmung der Natur als Landschaft ist laut Stierle die bewusste und nur dem Selbstzweck gewidmete Tätigkeit des Betrachtens. Diese Tätigkeit setzt ein Subjekt voraus, das die Natur nicht im Begriff und in wissenschaftlicher Erschließung, sondern in der bloßen Anschauung als Ganzes erfasst. Petrarcas „Entdeckung der Landschaft“ korrespondiert daher laut Stierle mit der „Entdeckung des Selbst“.[15]

Das Auftauchen der Landschaft im Übergang zur Frühen Neuzeit geht einher mit einem allgemeinen Interesse der Renaissance für die Natur. Dieses Interesse erklärt sich nicht zuletzt aus der veränderten Lebenswelt des höfischen und städtischen Publikums. In der spanischen Dichtung des 16. Jahrhunderts vermischt sich die Kritik am Hof und der urbanen Welt mit einem Lob des Landlebens (*laus rei rusticae*), das an die antike Tradition des *Beatus ille qui procul negotiis* an-

---

Landschaftsgefühl neben den philosophischen Naturbegriff tritt. Für die antike und mittelalterliche Philosophie gab es laut Ritter keinen Grund, „ein besonderes, von der begrifflichen Erkenntnis unterscheidbares Organ für die Vergegenwärtigung und Anschauung der sichtbaren Natur ringsum auszubilden“; erst auf dem Boden der Neuzeit konnte sich ein solches „Organ“ entwickeln, um Natur als Landschaft „nicht im Begriff, sondern im ästhetischen Gefühl, nicht in der Wissenschaft, sondern in Dichtung und Kunst“ anschaulich zu machen. (Ebd., S. 146, 148, 149, 150) – Vereinzelt wird in der Forschung kritisiert, dass Petrarcas Bergbesteigung einen „Scheidepunkt“ zwischen Mittelalter und Renaissance darstellt. Detlev Ipsen zufolge wird dabei übersehen, dass es bereits in der Antike ein ästhetisches Landschaftsbewusstsein gegeben habe. Als Beispiel verweist er auf Plinius, der zwar den Begriff *regio* verwende, sich dabei aber „vom Inhalt her klar auf Landschaftselemente in dem heutigen Sinn“ beziehe, wenn er schreibt: „Diese Landschaft vom Gebirge herab zu sehen, würde Dir großen Genuss bereiten. Du würdest keine wirkliche, sondern eine ideale, schön gemalte Gegend zu sehen glauben, so sehr wird das Auge, wohin es sich wendet, durch Abwechslung und Gestalt erquickt.“ Zit. nach: Detlev Ipsen, *Ort und Landschaft*, Wiesbaden 2007, S. 86.

13 Karlheinz Stierle, Petrarcas Orte und Landschaften, in: Ders., *Francesco Petrarca. Ein Intellektueller im Europa des 14. Jahrhunderts*, München / Wien 2003, S. 235–343, hier S. 292.

14 Ebd., S. 296.

15 Ebd., S. 297.

schließt.[16] In Spanien veröffentlicht der Humanist und Franziskanermönch Antonio de Guevara 1539 ein Buch mit dem Titel *Menosprecio de corte y alabanza de aldea* (deutsch ‚Verachtung des Hofes und Lob des Landlebens'). Das unbeschwerte Leben auf dem Land bildet für ihn den Gegenentwurf zum geschäftigen Treiben des Hofes.

Laut Emilio Orozco Díaz befördert die humanistische Überbetonung der Kultur im Spanien der Renaissance zugleich die Sehnsucht nach einer *unverfälschten* Natur.[17] Vorbild für diese unverfälschte Natur ist die einfache Lebensweise des Hirten, wie sie durch die literarischen Hirtenwelten Theokrits und Vergils vermittelt wurden. Aus der antiken Hirtendichtung, die als „literarisch kultivierter Sehnsucht der Großstädter nach der Schlichtheit des Landlebens"[18] begann, entwickelte sich im 14. und 15. Jahrhundert die Gattung des Schäferromans.[19] Traditionsbildend wirkten hier vor allem Petrarcas *Bucolicum carmen* (1357), eine Sammlung von zwölf Eklogen, die sich an dem Modell Vergils orientieren; Boccaccios *Ninfale d'Ameto* (circa 1341), ein in Prosa und Versen geschriebenes Hirtengedicht, das eine stark allegorisierte Darstellung der Liebe enthält; und nicht zuletzt Jacopo Sannazaros Schäferroman *Arcadia* (1495), der heute als ein „Schlüsselwerk der europäischen Bukolik"[20] gilt, da er den „entscheidenden Auftakt" für die „Grenzüberschreitung

16 Vgl. Horaz, Epoden II, vv. 1–8: „Beatus ille qui procul negotiis, / ut prisca gens mortalium, / paterna rura bubus exercet suis / solutus omni faenore / neque horret iratum mare / Forumque vitat et superba civium / potentiorum limina" [Glückselig ist der, welcher fern von Schwierigkeiten, / wie das Urvolk der Sterblichen, / die väterlichen Ländereien mit seinen Stieren beackert, / frei von allem Zins / und nicht als Soldat vom grimmigen Signalhorn aufgeweckt wird, / sich nicht vor dem erzürnten Meer entsetzt / und das Forum meidet und die hochmütigen / Türschwellen der Bürger mit mehr Macht.]. Zit. nach: Quintus Horatius Flaccus, *Sämtliche Werke. Lateinisch-Deutsch*, hg. und übers. v. Niklas Holzberg, Berlin / Boston 2018, S. 192–193.

17 „A la general aspiración del humanismo a un orden mejor, apoyada en la sobrevaloración de la cultura y el raciocinio, se une la fatal añoranza de la vida pastoril que trae una época de hipercultura." Emilio Orozco Díaz, De lo humano a lo divino (Del paisaje de Garcilaso al de San Juan de la Cruz)" [1946], in: Ders., *Paisaje y sentimiento de la naturaleza en la poesía española*, Málaga 2010, S. 107–138, hier S. 107.

18 Gero von Wilpert, Hirtendichtung, in: *Sachwörterbuch der Literatur*, Stuttgart [6]1979, S. 340–341, hier S. 340.

19 Allerdings beruht die arkadische Welt des Schäferromans auf einem offensichtlichen Widerspruch, wie Werner Krauss anmerkt, denn einerseits sucht der zum Schäfer gewordene Hofmensch Ruhe und Frieden in der Einsamkeit der pastoralen Lebensform; andererseits ist die bukolische Gesprächskunst jedoch selbst ein „verfeinertes Produkt der Höfe". Werner Krauss, Der spanische Hirtenroman, in: *Werk und Wort. Aufsätze zur Literaturwissenschaft und Wortgeschichte*, hg. v. ders., Berlin 1972, S. 205–241, hier S. 217.

20 Klaus Garber, Arkadien und Gesellschaft, in: *Utopieforschung. Interdisziplinäre Studien zur neuzeitlichen Utopie*, Bd. 2, hg. v. Wilhelm Voßkamp, Stuttgart 1982, S. 37–81, hier S. 47.

zwischen einer historischen und einer künstlichen Welt" schuf.[21] Auch in Spanien erfreute sich der Schäferroman (*novela pastoril*) im 16. Jahrhundert großer Beliebtheit. Zu nennen wären hier etwa Montemayors *Diana* (1559), Cervantes *Galatea* (1585) und Lope de Vegas *Arcadia* (1598). Meist sind es Flussläufe, an denen sich die Handlung des Schäferromans abspielt oder von denen sie ihren Ausgang nimmt. Am häufigsten liegt der Schauplatz an den Ufern des Tajo, der die alte (westgotische) Hauptstadt Toledo umfließt.[22] So auch bei Garcilaso de la Vega, dessen Dichtung unmittelbar an die bukolische Tradition anschließt.

Gewebte Flusslandschaften: Garcilaso de la Vega und der Tajo

Der um 1503 in Toledo geborene Garcilaso de la Vega gilt gemeinhin als Erneuerer der spanischen Dichtung im 16. Jahrhundert. Gemeinsam mit seinem Freund Juán Boscán führt er das Sonett und andere italienische Gedichtformen in Spanien ein. Boscán ist es auch, der Garcilasos überschaubares Werk – überliefert sind 28 Sonette, fünf Kanzonen, drei Eklogen, zwei Elegien, eine Ode und eine Epistel – nach dessen Tod erstmals 1543 in einer gemeinsamen Werkausgabe unter dem Titel *Las obras de Boscán y algunas de Garcilaso de la Vega* veröffentlicht.[23] Für die folgenden Überlegungen ist vor allem die letzte seiner drei Eklogen von Bedeutung, die Garcilaso vermutlich in den letzten Jahren seines Lebens (zwischen 1533 und 1536) während seines Aufenthaltes in Neapel verfasste. Eklogen waren eine beliebte Gattung der Antike und wurden durch die Auseinandersetzung mit klassischen Autoren in der Renaissance wiederentdeckt. Als Vorbild dienten die

21 Wolfgang Iser, *Das Fiktive und das Imaginäre. Perspektiven literarischer Anthropologie*, Frankfurt a. M. 1993, S. 96.

22 Krauss, Der spanische Hirtenroman (wie Anm. 19), S. 231.

23 Über die ursprüngliche Form der Gedichte und ihre zeitliche Entstehung lässt sich nur spekulieren. Möglicherweise existierten neben den uns bekannten Texten noch weitere Gedichte, die jedoch nicht erhalten geblieben sind. Darauf deutet zumindest der Titel der postum 1543 veröffentlichten Werkausgabe *Las obras de Boscán y algunas de Garcilaso de la Vega* hin. Man kann den Titel dieser Werkausgabe auch als eine Form der Selbstinszenierung deuten. Möglicherweise versuchte Boscán sein eigenes Werk durch den Vergleich mit Garcilaso aufzuwerten. Dessen Ruhm überstieg den seines Freundes schon bald, wozu vor allem der Sevillaner Dichter Fernando de Herrera (1534–1597) beigetragen hat. Dieser fügte den Gedichten von Garcilaso zahlreiche Erläuterungen hinzu und machte dessen Werk dadurch einem breiteren Publikum verständlich. Es ist nicht zuletzt dieser begeisterte Kommentar aus dem Jahr 1580, dem Garcilaso seinen Titel als *príncipe de los poetas* verdankt.

zehn Eklogen (*Eclogae* oder *Bucolica*) des römischen Dichters Vergil (70–19 v. Chr.), die Themen aus dem einfachen Leben der Hirten aufgreifen und so zum Modell für die Bukolik wurden. Auch Garcilaso orientiert sich an Vergil, doch er verlagert den Schauplatz seiner Handlung an den spanischen Fluss Tajo.

Zu Beginn der Ekloge wendet sich der Sprecher des Gedichtes an eine Dame namens María, um ihr die folgenden Strophen zu widmen.[24] Die einleitenden Widmungsstrophen loben ihre Schönheit (*hermosura*), ihren Verstand (*ingenio*) und ihren hohen Stand (*valor*). Anschließend folgt die Rahmenhandlung der Ekloge, die mit einer ausführlichen Beschreibung des Tajo und seiner angrenzenden Flusslandschaft einsetzt:

Cerca del Tajo en soledad amena,
de verdades sauces hay una espesura,
toda de hiedra revestida y llena,
que por el tronco va hasta el altura
y así la teje arriba y encadena,
que el sol no halla paso a la verdura;
el agua baña el prado con sonido
alegrando la vista y el oído.

Con tanta mansedumbre el cristalino
Tajo en aquella parte caminaba,
que pudieran los ojos el camino
determinar apenas que llevaba.
Peinando sus cabellos de oro fino,
una ninfa, del agua, do moraba,
la cabeza sacó, y el prado ameno,
vido de flores y de sombra lleno.

Moviola el sitio umbroso, el manso viento,
el suave olor de aquel florido suelo.
Las aves en el fresco apartamiento

---

24 Die Forschung hat hinter dieser Dame die Ehefrau des Vizekönigs von Neapel vermutet. Die beiden hatten sich zusammen mit dem Onkel des Vizekönigs, dem einflussreichen Herzog von Alba, bei Kaiser Karl V. dafür eingesetzt, dass dieser Garcilasos Strafe der Verbannung abmilderte. Tatsächlich durfte Garcilaso sein Exil auf der Donau-Insel Schütt kurz darauf verlassen und nach Neapel reisen. Zum Dank verfasste der Dichter jedem seiner drei Fürsprecher eine eigene Ekloge: die erste Ekloge ist dem Vizekönig von Neapel gewidmet, die zweite enthält eine eingebettete Lobrede auf das Haus von Alba und die letzte der drei Eklogen richtet sich an María Osorio Pimentel, die Ehefrau des Vizekönigs Pedro de Toledo. Hinter den vier Nymphen, die im Verlauf der Ekloge auftreten, wurden die vier Töchter des Vizekönigs und seiner Frau vermutet. Siehe hierzu die biografischen Erläuterungen von Tomás Navarro Tomás im Vorwort der Werkausgabe *Obras de Garcilaso de la Vega*, Madrid 1966. Die Zitierung erfolgt nach dieser Ausgabe.

vio descansar del trabajoso vuelo.
Secaba entonces el terreno aliento
el sol subido a la mitad del cielo.
En el silencio solo se escuchaba
un susurro de abejas que sonaba.[25] (vv. 57–80)

Garcilaso folgt dem Modell Vergils und präsentiert eine idealisierte Natur fernab der menschlichen Gesellschaft. Die Flussufer werden von Nymphen, weiblichen Naturgeistern, bevölkert. Eine dieser Nymphen wagt sich sogar ans Ufer, um die einladende Landschaft aus nächster Nähe zu betrachten. Vordergründig scheint die Naturdarstellung dem antiken Topos des *locus amoenus* zu entsprechen.[26] Im Hintergrund plätschert der Tajo einsam, aber lieblich (*en soledad amena*) vor sich hin, auf den Wiesen verströmen Blumen ihren wohlriechenden Duft und in den Bäumen erholen sich die Vögel von ihrem anstrengenden Flug. Die gesamte Landschaft ist in andächtige Stille gehüllt. Nur das Rauschen des Wassers und ein paar Insekten sind zu hören. Das Summen der Bienen scheint den friedlichen Naturraum in Schwingung zu versetzen, wobei die evozierten Klänge durch die Alliteration von s-Lauten noch einmal zusätzlich verstärkt werden (*En el silencio solo se escuchaba / un susurru de abejas que sonaba*, vv. 79–80).

Das Motiv der Bienen stammt unter anderem von Vergil (*Georgica* IV, 219–222), der die zur Wiedergeburt bestimmten Seelen in der Unterwelt mit einem Bienen-

25 „Nahe des Tajo, in lieblicher Einsamkeit / befindet sich ein kleiner Wald aus grünen Weiden, / die allesamt von Efeu bedeckt sind, / welcher sich vom Stamm bis zu den Wipfeln rankt / und der so dicht verwebt und verflochten ist, / dass die Sonne keinen Weg durch das Grün hindurch findet. / Das Wasser berieselt die Wiese und erfreut Augen und Ohren mit seinem Klang. // Mit einer solcher Sanftmut schlängelte sich der kristallene / Tajo an diesem Ort, / dass die Augen kaum imstande waren, / seinen Lauf zu bestimmen. / Da stieg, ihr feines goldenes Haar kämmend, / eine Nymphe aus ihrer nassen Behausung / und hob den Kopf, um die schöne Wiese / voller Blumen und Schatten zu betrachten. // Der schattige Ort, die sanfte Brise und / der süße Duft der Blumen auf dem Boden rührten sie. / Sie sah, wie sich die Vögel in ihren kühlen Nestern / vom anstrengenden Flug erholten. / Die Sonne, die zu dieser Zeit hoch am Himmel stand, / trocknete die Erde mit ihrem Atem. / In der Stille hörte man nur / das vibrierende Summen der Bienen." (Übersetzung G.F.).

26 Frank Nagel zufolge wird die idyllische Natur in der Ekloge jedoch nach und nach durch einen „ästhetisch-philosophischen Landschaftsbegriff überlagert". Laut Nagel erfüllen die Landschaft in den Eklogen zwei unterschiedliche „poetologische Funktionen", die sich diskursgeschichtlich „auf den epistemischen Bruch am Übergang vom Mittelalter zur Renaissance" beziehen lassen, „wo eine orthodoxe und scholastisch bestimmte Ähnlichkeitsordnung der metaphysisch garantierten analogia entis übergeht in einen heterodoxen Analogismus nominalistischer Orientierung, der Naturphänomene zunehmend als kontingentes und opakes Geschehen begreift." Vgl. Frank Nagel, Garcilasos Landschaften. Poetologische und epistemologische Brüche in den *Églogas I* und *III*, in: *Romanische Forschungen* 120/3 (2008), S. 307–328, hier S. 322 und 327.

schwarm vergleicht.[27] Daneben ist der sprichwörtliche Fleiß der Bienen seit der Antike ein Symbol für die Tätigkeit des Dichters. In seinem Bienengleichnis (*Oden* IV, 2, 27–32) setzt Horaz die hart arbeitenden Bienen, die ihren Nektar mühsam auf der Erde zusammensuchen, mit dem Dichter gleich.[28] Seneca (*Epistulae morales* LXXXIV, 3–5) und später Petrarca (*Epistulae familiares* I, 8) greifen das Bild auf und übertragen es auf das für die Dichtungstheorie der Renaissance überaus wichtige Nachahmungsprinzip, dem zufolge der Dichter den Nektar aus den Blüten der „vorbildlichen" Autoren sammelt, um ihn nach eigener Kunst zu verarbeiten und etwas Neues daraus zu schaffen.

Um die Kunst geht es auch im weiteren Verlauf der Ekloge.[29] Nachdem die Nymphe die anmutige Flusslandschaft eine Weile betrachtet hat, fordert sie ihre drei Schwestern dazu auf, mit ihr ans Flussufer zu kommen, um im Schatten einiger Bäume ihre Webarbeiten fortzusetzen. Das Verb *tejer* (‚weben') erscheint im Zusammenhang mit der Beschreibung des Efeus, der sich wie ein dicht gewebter Teppich um die am Ufer stehenden Weiden rankt. Unmittelbar darauf folgt im Gedicht das Wort *verdura* (‚Grün'), das sich zum einen auf die grüne Farbe des Laubes bezieht; daneben wird der Begriff *verdura* im Spanischen aber auch als Synonym für Darstellungen von Laub- und Blattwerk auf Wandteppichen verwendet.[30] Mary E. Barnard hat darauf hingewiesen, dass das Verschenken von Wandteppichen im 16. Jahrhundert Teil einer sozialen Praxis war, durch die sich Könige und Fürsten untereinander ihre Gunst bewiesen.[31] Durch seinen Dienst

27 Im Folgenden nach Günter Butzer / Joachim Jacob, Art. „Biene", in: Dies., *Metzler Lexikon literarischer Symbole*, Stuttgart / Weimar [2]2012, S. 50–52, hier S. 51.

28 „Ich erschaffe in der Art und Weise der / Biene vom Matinus, // die den ihr willkommenen Thymian mit größter Mühe / pflückt, rings um den Hain und die Ufer / des feuchten Tibus, klein wie ich bin, sorgfältig / ausgearbeitete Gedichte" (ego apis Matinae / more modoque / grata carpentis thyma per laborem / plurium, circa nemus uvidique / Tiburis ripas operosa parvus / carmina fingo). Zit. nach: Horaz, Sämtliche Werke (wie Anm. 16), S. 536–538.

29 Laut Wolfgang Matzat wird die Darstellung des Naturkontextes in den drei Eklogen zunächst einmal mit den negativen Aspekten der Liebeserfahrung verknüpft. Stärker noch als in den vorausgehenden zwei Eklogen stehe die „Engführung von Naturschönheit und Liebesunglück" in Garcilasos dritter Ekloge aber zugleich „im Dienst einer radikalen Ästhetisierung, denn von Anfang an ist hier der arkadische Raum ausschließlich ein Raum der Kunst". Vgl. Wolfang Matzat, Liebe und Natur in Garcilasos Eklogen, in: *Garcilaso de la Vega. Werk und Nachwirkung*, hg. v. José Morales Savaria, Frankfurt a. M. 2004, S. 91–108, hier S. 106.

30 Das Wörterbuch der *Real academia española*, der königlichen Akademie Spaniens, führt als Definition des Wortes *verdura* unter anderem die Bedeutung „(poét.) follaje que se pinta en lienzos y tapicerías" auf. Vgl. *Diccionario de la lengua española*, https://dle.rae.es/verdura?m=form vom 03.03.2022.

31 Vgl. Mary E. Barnard, *Garcilaso de la Vega and the Material Culture of Renaissance Europe*, Toronto u. a. 2014, S. 14.

am kaiserlichen Hof war Garcilaso mit dieser Praxis vermutlich vertraut, so dass es nahe liegt, die kunstvoll gewebten Teppiche der vier Nymphen aus der Ekloge als literarische Huldigungsgeste aufzufassen.[32]

Sie sind aus Blattfasern (spanisch *hojas*) und dem Gold des Tajo gewebt. Die Verbindung von Fluss und Metall rührt daher, dass aus dem Sand des Tajo lange Zeit Gold gewaschen wurde.[33] Die goldene Farbe des Sandes schimmert auch durch das Haar der Nymphe, das nicht minder fein ist als das Garn, aus dem die Tücher der vier Schwestern gewebt sind. Der Stoff selbst ist mit Farbe (spanisch *tinta*) gefärbt, die sie aus Muschelschalen gewinnen.[34] Was der Text solchermaßen inszeniert, ist eine poetische Transformation: Unter den geschickten Händen der vier Nymphen verwandelt sich die ursprüngliche Natur in Kunst (und damit in Kultur). Aus dem Gold des Tajo und den mit Muschelfarbe (*tinta*) gefärbten Blattfasern (*hojas*) entsteht ein textiles Gewebe, in das mythologische Stoffe eingewebt sind, die wiederum in Form eines Gedichtes verbalisiert werden, so dass am Ende ein *Text* im ursprünglichen Sinne des Wortes daraus hervorgeht, der mit Tinte (*tinta*) auf Papier (*hoja*) gedruckt ist.

In die kunstvoll gearbeiteten Stoffe sind verschiedene mythologische Szenen eingewebt, die in Form einer literarischen Bildbeschreibung, einer Ekphrasis, präsentiert werden.[35] Die Bilder der drei ersten Nymphen zeigen allesamt antike My-

---

32 Adressatin dieser Huldigungsgeste ist die in den Widmungsstrophen angesprochene Ehefrau des Vizekönigs von Neapel, die sich für Garcilaso eingesetzt hatte, nachdem dieser bei Kaiser Karl V. in Ungnade gefallen war. Barnard interpretiert die kunstvoll gewebten Arbeiten der vier Nymphen aus der Ekloge daher als „lyric versions of the figurative tapestries of the period and as objects that, like many actual tapestries, served as gifts for social and political networking, with patrons and powerful others […]." (Ebd.).

33 Bereits in der Antike war der Tajo oder *Tagus*, wie man ihn damals nannte, wegen seiner goldhaltigen Sande als „auriferer" Fluss berühmt (vgl. Ovid, *Amores*, I, 15, 34: *cedat et auriferi ripa benigma Tagi*). Im 16. Jahrhundert war die Beschreibung des Tajo als „goldführender" Fluss längst ein poetischer Gemeinplatz. Der spanische Nationalschriftsteller Miguel de Cervantes, ansonsten ein glühender Verehrer Garcilasos, macht sich in der Vorrede seines *Don Quijote* über die Neigung spanischer Autoren lustig, ihre Erzählungen mit Anmerkungen über den vermeintlichen Goldreichtum des Flusses zu garnieren. Vgl. Miguel de Cervantes, *El ingenioso hidalgo Don Quijote de la Mancha*, ed. Luis Andrés Murillo, Madrid 2010, S. 56.

34 „La delicada estambre era distinta / de las colores que antes le habían dado / con la fineza de la varia tinta / que se halla en las conchas del pescado." [Das feine Garn unterschied sich / in seiner Farbe, die ihm zuvor verliehen wurde / dank der verschiedenen Nuancen der Tinte, / die man in Muschelschalen findet, vv. 113–116, Übersetzung G.F.].

35 Dem kultivierten Lesepublikum der Renaissance sind diese Mythen und ihre literarischen Quellen, in diesem Fall namentlich Ovids *Metamorphosen*, natürlich bekannt. Brigitte Mager betont daher zu Recht, dass sich das Augenmerk der Lektüre somit verlagert, weg von dem Interesse an den dargestellten Geschichten und hin zu der Frage nach der Art ihrer Darstellung.

then: *Filódoce* stellt die Geschichte von Orpheus und Eurydike dar (vv. 121–144), *Dinámene* den Apollo-Daphne-Mythos (vv. 145–168) und *Climene* den Mythos von Venus und Adonis (vv. 169–192). Einzig die „weiße Nise" (*la blanca Nise*, v. 193) wählt kein vergangenes Motiv, sondern entschließt sich zu einer Darstellung des Tajo. In der anschließenden Ekphrasis wird zunächst der Flusslauf von seiner Quelle in den Bergen der Sierra de Albarracín bis in die weite Ebene südlich von Toledo beschrieben. Sodann tritt eine Gruppe von Nymphen auf, die sich am Flussufer versammeln, um den Tod einer jüngst verstorbenen Freundin zu beklagen. Eine der Nymphen verfasst ein Epitaph auf die Verstorbene, das in wörtlicher Rede deren Geschichte wiedergibt. Wir erfahren, dass es sich um Elisa handelt, deren Namen Nemoroso noch immer ruft; doch es antwortet ihm nur der Tajo, indem er den Namen der Geliebten fortträgt.[36]

Betrachtet man die Ekloge als Ganzes, so fällt auf, dass die reale Welt (das heißt der spanische Fluss Tajo) nach und nach in der arkadischen Welt der Fiktion verschwindet. Auf die einleitende Widmung folgt eine Beschreibung des Tajo und seiner Flusslandschaft. Diese leitet über in die Geschichte von vier Nymphen, die verschiedene Bilder in ihre Kleider einweben. In der anschließenden Ekphrasis wird dieses Schema noch einmal wiederholt. Das Bild der letzten Nymphe zeigt erneut den Tajo, der nunmehr den Hintergrund für eine andere Geschichte abgibt. Auf diese Weise wird die Rahmenhandlung der Ekloge in einer Art *mise en abyme* verdoppelt. Erst ganz am Ende wird die Fiktion allmählich wieder abgebaut. Nach der Beschreibung des letzten Bildes treten zwei Schäfer auf, die ihre Herden an den Fluss führen. Begleitet von dem Gesang der beiden Schäfer tauchen die Nymphen ab ins Wasser und verschwinden.

Zusammenfassend lässt sich sagen, dass sich Garcilaso sowohl in der Wahl der Gattung als auch im Thema seiner Ekloge noch weitestgehend an Vergil orientiert. Gleichwohl macht die zweifache Erwähnung des Tajo (jeweils zu Beginn der Rahmenhandlung und zu Beginn der letzten Bildbeschreibung) bereits deutlich, inwie-

---

Vgl. Brigitte Mager, *Imitatio im Wandel. Experiment und Innovation im Werk Garcilaso de la Vegas*, Tübingen 2003, S. 198.

36 „Elisa soy, en cuya nombre suena / y se lamenta el monte cavernoso, / testigo del dolor y grave pena / en que por mí se aflige Nemoroso, / y llama Elisa; Elisa a boca llena / responde el Tajo, y lleva presuroso / al mar de Lusitania el nombre mío / donde será escuchado, yo lo fío." [Ich bin Elisa, in deren Namen / die Bergeshöhlen klagend widerhallen / als Zeugen des Kummers und des tiefen Schmerzes, der Nemoroso meinetwegen befallen hat / und der nach seiner ‚Elisa' ruft; ‚Elisa' antwortet mit lauter Stimme / der Tajo und trägt meinen Namen zum Meer Lusitaniens, / wo er gehört werden wird, so hoffe ich; vv. 246–248, Übersetzung G.F.]. Man hat hinter den zwei Figuren, die auch in Garcilasos erster Ekloge auftreten, den Dichter selbst und seine große Liebe, die Portugiesin Isabel Freyre, vermutet. Eine solche Vermutung wird durch die Erwähnung Lusitaniens, dem poetischen Namen Portugals, gewissermaßen auch nahegelegt.

fern sich die Landschaftsdarstellung von den antiken Autoritäten emanzipiert. Wenn Garcilaso den spanischen Fluss Tajo in den Mittelpunkt seiner Naturschilderungen rückt, so lässt dies auf ein gestiegenes kulturelles Selbstbewusstsein gegenüber Italien und der Antike schließen. Vor diesem Hintergrund wird auch verständlich, weshalb die jüngste der vier Nymphen im Unterschied zu ihren Schwestern keine „antike Geschichte" (*antigua historia*, v. 196) als Motiv für ihre Arbeit wählt, sondern den „viel gepriesenen Ruhm" (*la celebrada gloria*, v. 198) des Tajo darstellt, in dessen Wasser sich „die glücklichste Region Spaniens" (*la más felice tierra de la España*, v. 200) badet.

Musikalische Flussklänge: Góngora und der Guadalquivir

In Spanien besitzt die Antike über das gesamte 16. Jahrhundert hinweg Vorbildcharakter. Wie das Beispiel Garcilaso zeigt, wird das bukolische Modell jedoch teilweise an den spanischen Kontext angepasst. Dadurch verändert sich auch die Funktion des Flusses: Dieser gibt nun nicht mehr nur den Schauplatz für eine pastorale Liebesklage ab, sondern er wird zum Merkmal regionaler Identität und der mit ihr verknüpften Dichtung. Die Identifikation eines geografischen Raumes mit einem benachbarten Fluss ist ein wiederkehrendes Merkmal der Dichtung des 16. Jahrhunderts.[37] Sie dient in erster Linie dazu, die eigene Heimat gegenüber anderen Regionen aufzuwerten. Mit der räumlichen Verschiebung verändert sich derweil auch der zeitliche Bezugshorizont der Dichtung, wie nun im Folgenden am Beispiel zweier literarischer Flusslandschaften von Luis de Góngora y Argote (1561–1627) gezeigt werden soll.

Der 1561 in Córdoba geborene Góngora zählt neben Lope de Vega (1562–1637) und Francisco de Quevedo (1580–1645) zu den bedeutendsten Lyrikern des spanischen Barocks. Von seinen Zeitgenossen wurde seine Lyrik als ‚unverständlich', ‚dunkel' und ‚schwierig' kritisiert.[38] Zu den Widersachern Góngoras gehörten auch die aus Madrid stammenden Dichterrivalen Lope de Vega und Francisco de

37 Vgl. Richard Helgerson, *A Sonnet From Carthago. Garcilaso de la Vega and the New Poetry of Sixteenth-Century Europe*, Philadelphia 2007, S. 45.

38 Ein zeitgenössischer Kritiker Góngoras, der Maler und Dichter Juan de Jáuregui aus Sevilla, verfasste sogar eine *Antídoto contra la pestilente poesía de las ‚Soledades', aplicado a su autor para defenderse de sí mismo* (1624), ein „Gegengift gegen die schädliche Poesie der Soledades, angewendet auf seinen Verfasser, damit er sich gegen sich selbst verteidigt". Freunde des Dichters ergriffen Partei für Góngora und so entbrannte ein Gelehrtenstreit, in den sich namhafte Kritiker

Quevedo.[39] In der älteren Forschung wird dieser Streit meist mit dem Gegensatz von *cultismo* (beziehungsweise *culteranismo*) und *conceptismo* beschrieben.[40] Die Anhänger des *cultismo*, zu denen Góngora gehört, wenden sich mit ihrer Dichtung an eine Minderheit von Gebildeten (*gente culta* oder *cultos*), ihre Sprache ist kompliziert und orientiert sich an den Erfordernissen von Klang und Metaphorik; die Anhänger des *conceptismo*, zu denen Lope de Vega und Quevedo zählen, betonen den Vorrang des Begriffs (*concepto*) gegenüber dem sprachlichen Ausdruck; Metaphorik und Klang dienen hier lediglich unterstützend, im Vordergrund steht eine geistreiche und witzige Sentenz oder Gedankenverbindung.[41]

Für die hier vorliegende Untersuchung sind vor allem zwei frühe Romanzen relevant, die einerseits die virtuose Sprachkunst des *cultismo* zeigen und andererseits verdeutlichen, inwiefern sich die Darstellung des Flusses bei Góngora von den arkadischen Flusslandschaften der Renaissance abhebt. Romanzen gehörten im Mittelalter zu den beliebtesten Dichtungsformen Spaniens, wurden aber – bedingt durch den Einfluss Italiens – ab dem 15. Jahrhundert mehr und mehr durch andere Gedichtformen wie das Sonett und die Ekloge verdrängt. Im Mittelpunkt

---

und Theologen der damaligen Zeit einmischten. Vgl. María José Osuna Cabeza, La polémica gongorina: respuestas al *Antídoto* de Jáuregui, in: *Etiópicas* 10 (2014), S. 189–207.

39 Der Streit zwischen Lope de Vega und Quevedo auf der einen und Góngora auf der anderen Seite wurde vor allem mit den Mitteln der persönlichen Satire ausgetragen und verlief teilweise unter der Gürtellinie, zum Beispiel wenn Quevedo seinen Rivalen wegen dessen Nase als Jude verspottet („Quevedo contra Góngora"). Góngora revanchiert sich, indem er sich über Quevedos Behinderung durch einen Klumpfuß lustig macht. Tatsächlich ging es dabei aber nicht nur um persönliche Animositäten zwischen rivalisierenden Dichtern, sondern auch um eine poetologische Grundsatzdiskussion. Zu den Hintergründen dieser Dichterfehde siehe *La batalla en torno a Góngora (selección de textos)*, hg. v. Ana Martínez Arancün, hg. v. Ana Martínez Arancón, Barcelona 1978; speziell zu Góngora und Quevedo vgl. Frank Savelsberg, *Verbale Obszönität bei Francisco de Quevedo*, Berlin / Boston 2004.

40 In der neueren Forschung wird dieser Gegensatz zunehmend kritisch betrachtet. Hanno Ehrlicher hält die Unterscheidung zwischen einer formbewussten und einer gedanklichen Lyrik für überholt: „Gedankenlose Form findet sich in der Dichtung des spanischen Barocks aber ebensowenig wie formlose Gedanken, weder bei Góngora noch bei Quevedo. […] Der Graben verlief also sicher nicht zwischen formbewusster und gedankenbewusster Lyrik, sondern eher zwischen unterschiedlichen Funktionalisierungen eines didaktisch vermittelten kulteranistisch-konzeptistischen Sprachkomplexes, an dem die Autoren gemeinsam praktizierten, den Quevedo aber in einer Poesie zum Einsatz brachte, die stärker zeitgenössisch ausgerichtet und ideologisch wertkonservativ war, während Góngora den konzeptistischen Stil für erzählerisch und mythologisch geprägte Langgedichte einsetzte, die ohne direkten Bezug zur zeitgenössischen Gesellschaft auskamen und aufgrund der darin verhandelten Liebesthematik nicht per se für einen derartigen Aufwand an Sprachkunst passend schienen." Hanno Ehrlicher, *Einführung in die spanische Literatur und Kultur des Siglo de Oro*, Berlin 2012, S. 179.

41 Vgl. Friedhelm Kemp, *Das europäische Sonett*, Bd. 1, Göttingen 2002, S. 389.

der ersten Romanze aus dem Jahr 1591 steht der Fluss Tajo, den wir aus Garcilasos dritter Ekloge kennen.[42]

> ¡A vos digo, señor Tajo,
> el de las ninfas y ninfos,
> boquirrubio toledano,
> gran regador de membrillos:
>
> a vos el vanaglorioso
> por el extraño artificio,
> en España más sonado
> que nariz con romadizo,
>
> famoso entre los poetas,
> tan leído como escrito,
> y de todos celebrado
> como el día del domingo,
>
> por las Musas pregonado
> más que jumento perdido,
> por río de arenas de oro,
> sin aureolas cernido;
>
> llamado sois con razón
> de todos sagrado río,
> pues que pasáis por en medio
> del ojo del Arzobispo.[43] (vv. 1–20)

In die Beschreibung des Flusses mischt sich ein satirisch-spöttischer Ton. Der „Herr Tajo" ist ein eingebildeter Schnösel, dem sein Ruhm zu Kopf gestiegen ist. Grund dafür ist nicht nur seine Bedeutung für die spanische Monarchie, sondern auch die mit ihm assoziierte Fortschrittlichkeit. 1560 hatte Philipp II. (1527–1598) in Aranjuez südlich des Tajo seine königliche Sommerresidenz (*sitio real*) eingerichtet und dafür erhebliche Veränderungen am Flusslauf vorgenommen. Unter

---

42 Zitiert wird im Folgenden nach der Ausgabe: Luis de Góngora y Argote, *Obras completas*, ed. v. Juan Millé y Giménez und Isabel Millé y Giménez, Barcelona 1972, S. 121–122.

43 „Ich sage Euch, Herr Tajo, / ihr mit den Nymphen, / eingebildeter Schnösel aus Toledo, / großer Bewässerer der Quittenbäume: // Euch eitel Ruhmsüchtigen, / der ihr für eure außerordentliche Vorrichtung / in Spanien noch bekannter seid / als eine verschnupfte Nase; // der ihr gerühmt werdet unter den Dichtern, / viel gelesen und beschrieben, / und von allen stets gefeiert / als ein Sonn- und Feiertag; // von den Musen öffentlich beschworen, / mehr noch als ein verlaufener Esel, / als ein Fluss mit Ufern aus goldenem Sand, / der ohne Heiligenschein gesiebt wird; // zu Recht werdet ihr von allen nur / der heilige Fluss genannt, / denn ihr fließt mitten durch / das Auge eines Erzbischofs." (Übersetzung G.F.).

anderem ließ er eigens einen künstlichen Flussarm anlegen, der direkt am königlichen Palast vorbeilief, um auf der dadurch geschaffenen Insel einen Schlosspark anzulegen.[44] Nach seiner Hochzeit mit Maria von Portugal zog Philipp II. 1580 über den Tajo triumphal als König in Lissabon ein.[45] Später gab er ein ambitioniertes Infrastrukturprojekt in Auftrag, um die Stadt Toledo mit der neuen Hauptstadt seines Reiches zu verbinden.[46] Um den Tajo schiffbar zu machen, waren besondere Vorrichtungen (*el extraño artificio*) vonnöten, mittels derer sich das Flussbett mechanisch anheben ließ. Die Romanze mokiert sich über diese bautechnischen Maßnahmen, die zwar den ganzen Stolz der Monarchie ausmachen, im Rest des Landes aber ungefähr genauso beliebt sind wie eine verschnupfte Nase (*que nariz con romadizo*). Spöttisch im Ton wie in der Aussage ist auch das Ende der zitierten Textpassage, das den „heiligen Tajo" durch die ironische Übertreibung gleichsam entsakralisiert.[47] Der satirische Impetus der Romanze ließe sich auch in den folgenden sechs Strophen nachweisen. Sie beschreiben den Verlauf des Flusses von seinen „bescheidenen Anfängen" (*humildes principios*) in den Bergen von Cuenca, wo er in einer kleinen Quelle (*fuentecilla*) geboren wird, in die ein Felsen uriniert (*adónde se orina un risco*), bis zu den Gärten Philipps II. Unterwegs muss der Tajo als Strafe für etwaige Verbrechen (*por pena* [...] *de vuestros graves delictos*) zweitausend Kiefern auf seinem Rücken transportieren. Um welche Vergehen es sich dabei handelt, bleibt unklar. Möglicherweise sind damit Hochwasser gemeint, die das Flachland im Frühjahr überschwemmen, wenn das Wasser des Tajo zu Artilleriegeschossen (*batería de castillos*) wird und alles Lebendige verschluckt.

Wichtiger als die historischen Anspielungen sind freilich die versteckten poetologischen Implikationen des Gedichtes. Góngora spielt mit den Dichtungskonventionen der damaligen Zeit und stattet den Tajo mit allen gängigen Klischees aus. Dazu gehört die Erwähnung der Nymphen zu Beginn des Textes, genauso wie der obligatorische Hinweis auf den vermeintlichen Goldreichtum des Flusses. Selbst die Musen werden angerufen, um den Ruhm des Flusses zu bezeugen; al-

---

44 Vgl. hierzu das Kapitel „La domesticación del Tajo" in der Studie von Ana Luengo Añón, *Aranjuez. Utopía y realidad. La construcción de un paisaje*, Madrid 2008, S. 80–95.

45 Vgl. Laura Fernández-Gonzáles, *Philip II of Spain and the Architecture of Empire*, Pennsylvania 2021, S. 100–106.

46 Vgl. Ignacio Gonzáles Tascón, Los caminos y los puentes, in: *Felipe II, los ingenio y las máquinas. Ingeniería y obras públicas en la época de Felipe II*, hg. v. dems., Madrid 1998, S. 85–135.

47 Mit dem „Auge des Erzbischofs" ist der Bogen einer Brücke in Toledo gemeint, deren Bau 1338 abgeschlossen wurde. In Auftrag gegeben hatte sie der Erzbischof von Toledo, Pedro Tenorio, dem zu Ehren die Brücke heute noch den Spitznamen *El puente del Arzobispo* trägt.

lerdings wird dieses Lob durch den Vergleich mit einem Esel (*más que jumento perdido*) umgehend wieder relativiert.

Wie unschwer zu erkennen ist, bricht Góngoras Romanze mit der literarischen Dominanz des Tajo. Dem Fluss seines Toledaner Dichterkollegen Garcilaso stellt er den andalusischen Fluss seiner Heimatstadt Córdoba gegenüber, den er – anders als viele seiner Zeitgenossen – nicht mit dem römischen Namen *Betis*, sondern mit dem arabischen Namen *Guadalquivir* anspricht.[48] Wenn der Fluss bis dahin nur unter seinem antiken Namen auftaucht, dann wohl auch deshalb, weil auf diese Weise eine imaginäre Kontinuität zwischen dem christlichen Spanien und seiner römischen Vorgeschichte hergestellt werden sollte. Gleichzeitig wurde die maurische Vergangenheit verschwiegen oder ausgeblendet. Erst Góngora hat dem Guadalquivir im 16. Jahrhundert zu literarischem Ruhm verholfen. Insofern ist dem Literaturwissenschaftler Jorge Alberto Naranjo beizupflichten, wenn er den Dichter als „literarischen Entdecker"[49] des Guadalquivir bezeichnet. Mit dem Fluss seiner andalusischen Heimat verbindet ihn eine fast schon sentimentale Bindung, wie Naranjo schreibt:

> Es el río sagrado de su alma, el testigo íntimo de sus orgullos y de sus pesares. [...] Al Betis-Guadalquivir lo ligan cadenas muy hondamente ancladas en el alma, recuerdos intensísimos de la infancia cordobesa; y ninguna distancia física es suficiente para que su alma se aleje de su río.[50]

Góngora wird nicht müde, die majestätische Größe und die ruhmreiche Geschichte „seines" Guadalquivir zu rühmen. Er ist der mächtige Fluss Córdobas (*En el caudaloso río / donde el muro de mi patria / se mira la gran corona / y el antigua pie se lava*[51]) und der „König" aller Flüsse (*Tú, rey de los otros ríos*[52]), er ist der alleinige Herrscher Andalusiens (*gran rey de Andalucía*[53]) und bisweilen sogar ein „absoluter" Herrscher, der jedem seinen Willen aufzwingt, aber niemandem Tribut zollt (*rey tan absoluto / que da leyes al mar y no tributo*[54]).

---

48 Góngora ist nicht der erste spanische Dichter, der den andalusischen Fluss zum Gegenstand der Literatur macht. Allerdings taucht der Guadalquivir im 16. Jahrhundert zumeist nur unter seinem antiken Namen auf. So verwendet der Sevillaner Dichter Fernando de Herrera (1534–1597) in seinen Sonetten ausschließlich den römischen Namen *Betis* zur Bezeichnung des Flusses.

49 „Si Garcilaso dio entidad literaria al Tajo, Góngora merece [...] ser llamado el poeta del Guadalquivir, su descubridor literario." Jorge Alberto Naranjo Mesa, *Poesía del Renacimiento y el Barroco. Estudios del filología del arte*, Medellín 2005, S. 90.

50 Ebd., S. 86.

51 Góngora, Romance Nr. 5 (wie Anm. 42), S. 46.

52 Góngora, Romance Nr. 14 (wie Anm. 42), S. 63.

53 Góngora, Soneto Nr. 244 (wie Anm. 42), S. 455.

54 Góngora, Comp. Arte Mayor Nr. 386 (wie Anm. 42), S. 573.

Weniger pompös erscheint der andalusische Fluss dagegen in der zweiten Romanze aus dem Jahr 1580, auf die nun abschließend eingegangen werden soll. Für den Literaturkritiker und Diplomaten Francisco García Lorca, Bruder des Schriftstellers Federico García Lorca, gehört sie zu dem Kunstvollsten, was in der spanischen Lyrik des 16. Jahrhunderts geschrieben wurde. An ihr lasse sich ablesen, so Lorca, inwiefern Góngora bereits in seinen frühen Texten die poetischen Verfahren seiner Zeit aufs Äußerste treibt.[55]

Los rayos le cuenta al Sol
con un peine de marfil
la bella Jacinta, un día
que por mi dicha la vi
en la verde orilla
de Guadalquivir.

La mano obscurece el peine;
mas ¿qué mucho? si el abril
la vio obscurecer los lilios
que blancos suelen salir
en la verde orilla
de Guadalquivir.

Los pájaros la saludan,
porque piensan (y es así)
que el Sol que sale en Oriente
vuelve otra vez a salir
en la verde orilla
de Guadalquivir.

55 „Es un ejemplo expresivo de cómo Góngora desde sus comienzos, caso análogo a Quevedo, extrema los procedimientos poéticos.“ Francisco García Lorca, Análisis de un romance de Góngora, in: *De Garcilaso a Lorca*, hg. v. Claudio Guillen, Madrid 1984, S. 181–224, hier S. 182. Man muss jedoch hinzufügen, dass in der Forschung noch immer Zweifel bestehen, ob Góngora auch wirklich der Verfasser der Romanze ist. Es existieren nämlich zwei verschiedene Versionen des Gedichtes, die sich in Wortlaut und Länge unterscheiden. Die kürzere der beiden Fassungen hat vier Strophen und stammt aus dem sog. Chacón-Manuskript. Darin wird vermerkt, dass lediglich die erste Strophe von Góngora selbst stamme. Die zweite, längere Version der Romanze umfasst sieben Strophen und stammt aus dem Manuskript von José María de Alava, der den Text ohne weitere Informationen unter Góngoras Namen anführt. Welche der zwei Versionen tatsächlich aus der Feder des Dichters stammt, ist nach wie vor umstritten. Für die Authentizität der ersten, kürzeren Fassung aus dem Chacón-Manuskript, auf die ich mich beziehe, spricht neben der stilistischen Kohärenz der Strophen auch die inhaltliche Nähe zu einem späteren Sonett („Al sol peinaba Clori sus cabellos“) des Dichters aus dem Jahr 1607. Für eine gegenteilige Meinung vgl. Diane Chaffee-Sorace, *Góngora's Poetic Textual Tradition. An Analysis of Selected Variants, Versions and Imitations of his Shorter Poems*, London 1988, S. 68.

Por solo un cabello el Sol
de sus rayos diera mil,
solicitando invidioso
el que se quedaba allí,
en la verde orilla
de Guadalquivir.[56]

Thema des Gedichtes ist eine Begegnung am Flussufer. Der Eingangsvers ist schwierig zu verstehen und gibt Rätsel auf. Sein Sinn erschließt sich erst im weiteren Verlauf der Strophe, als von einer Frau die Rede ist, die sich am Flussufer die Haare kämmt – wir kennen das Motiv bereits aus Garcilasos dritter Ekloge. Die Beschreibung der Natur mit ihren grünen Wiesen, den duftenden Blumen und dem Zwitschern der Vögel weckt deshalb auch Erinnerungen an die Bukolik. Dennoch handelt es sich nicht um die Darstellung eines *locus amoenus*, der zugleich Schauplatz für die Liebesklagen eines Schäfers ist. Eine Handlung im strengen Sinne gibt es nicht, das eigentliche Ereignis vollzieht sich vielmehr auf der Ebene der Semantik.

Wie Francisco García Lorca in seiner Analyse des Gedichtes anmerkt, resultiert die Rätselhaftigkeit des Textes vor allem daraus, dass die Bedeutungen der Wörter im Eingangsvers vertauscht werden.[57] So wird das Wort *cabellos* (‚Haare‘) durch *rayos* (‚Strahlen‘), das Verb *peinar* (‚kämmen‘) durch *contar* (‚zählen‘) und der Name der Geliebten (*Jacinta*) durch das Substantiv *Sol* (‚Sonne‘) ersetzt. Die so erzeugten Bilder sind an Kühnheit kaum zu übertreffen.[58] Jacinta ist nicht einfach nur blond, wie die Farbe der Sonne, sondern sie ist selbst die Sonne. Ihre goldenen Haare sind Sonnenstrahlen, die auf die Erde fallen und die so herrlich funkeln, dass der Kamm, den ihre Hand führt, sie beim Kämmen einzeln zählen möchte. Lorca weist in seiner Analyse des Gedichts zudem auf die thematische Verknüp-

56 „Ihre Hand zählte das goldene Haar / mit einem Kamm aus Elfenbein, / an jenem Tag, als ich die schöne Jacinta / zu meinem Glück erstmals sah / am grünen Ufer / des Guadalquivir. // Ihre Hand verdeckte den Kamm. / Aber wen wundert’s, wo ich doch sah, / wie ihre Hand die weißen Lilien dunkel färbte, / die normalerweise dort im Frühling blühen / am grünen Ufer / des Guadalquivir. // Die Vögel grüßen sie, / weil sie glauben (und so ist es auch), / dass die Sonne, die im Osten aufgeht, / zurückkehrt und erneut aufgeht / am grünen Ufer / des Guadalquivir. // Für ein einziges Haar würde die Sonne / tausend ihrer Strahlen geben / und neidisch um das eine Haar bitten, / das dort verblieben ist / am grünen Ufer / des Guadalquivir.“ (Übersetzung G.F.).

57 Vgl. Lorca, Análisis (wie Anm. 55), S. 182.

58 Vgl. hierzu die Aussage des Schriftstellers Federico García Lorca: „Inventa [i.e. Góngora] por primera vez en el castellano un nuevo método para cazar y plasmar las metáforas y piensa sin decirlo que la eternidad de un poema depende de la calidad y trabazón de sus imágenes.“ Federico García Lorca, La imagen poética de don Luis de Góngora (1927), in: *Conferencias*, Bd. 1, hg. v. ders., Madrid 1984, S. 85–125, hier S. 97.

fung zwischen den poetischen Bildern hin: Die erste Strophe formuliert anhand der Wörter *rayos*, *peine* und *Sol* das Thema des Gedichtes; in den folgenden Strophen werden die Bilder weiter ausgeführt. Die zweite Strophe verbindet die Hand der Geliebten mit der weißen Farbe der Lilien und knüpft damit erneut an die Farbsymbolik des weißen Marmors aus der ersten Strophe an. Die dritte Strophe entwickelt das Bildfeld der Sonne und identifiziert es mit der Geliebten (Jacinta = Sol). In der letzten Strophe wird diese Gleichsetzung wieder aufgelöst, so dass nunmehr zwei unterschiedliche Sonnen existieren.[59]

Eine weitere Besonderheit des Gedichts betrifft den Refrain (spanisch *estribillo*). Dieser ist nicht autonom, sondern er verlängert den Sinngehalt der Strophe, ergänzt und komplementiert ihn. Hinzu kommt, dass die zwei Verse des Kehrreims nur aus sechs statt (wie in den übrigen Versen) aus acht Silben bestehen, was eine Verlangsamung des Rhythmus zur Folge hat und den Refrain gleichzeitig einprägsam macht. Góngora ist sich zweifelsohne bewusst, dass die volkstümlichen Romanzen des Mittelalters in der Regel mündlich überliefert wurden. Durch die Wiederholung des Refrains am Strophenende erhält das Gedicht eine musikalische Note, die sich auch im Klang der Verse beobachten lässt.

Das Gedicht hat keine echten Reime, verfügt aber über eine Vielzahl von Assonanzen, die sich gegenseitig überlagern und verstärken.[60] In den Versausgängen der ersten Strophe dominiert der helle Vokal ‚i', was dem Gedicht einen weichen und flüssigen Klang verleiht. Daneben überwiegen die dunklen a-Vokale, die sich im Namen der Geliebten (*Jacinta*) mit den hellen i–Vokalen zusammenschließen. In der zweiten Strophe wiederholen sich die Assonanzen der i–Vokale in den Versschlüssen und verbinden sich mit der Alliteration von l-Lauten. Schlüsselwort hierbei ist das Substantiv *lilios* in seiner latinisierten Form (von lateinisch *lilium* statt spanisch *lirio*), das die weiße Farbe der Blumen mit dem elfenbeinfarbenen Kamm in den Händen der Geliebten verbindet. In den letzten beiden Strophen verdichten sich rund um das Schlüsselwort *Sol* mehrere s-Laute, die an das Säuseln des Windes und an das fließende Wasser des Guadalquivir erinnern. Parallel dazu wird in der dritten Strophe eine doppelte Alliteration aus p- und v-Lauten aufgebaut, wobei erstere das euphorische Zwitschern der Vögel unterstreicht, während letztere durch ihre Wiederholungsstruktur auf die erneute Rückkehr der Geliebten verweist (*vuelve otra vez a salir*).

Die lautlichen Äquivalenzen zwischen den Wörtern werden nun aber ihrerseits von visuellen Lichteffekten überlagert. Dazu gehört das Wechselspiel von

---

59 Vgl. Lorca, Análisis (wie Anm. 55), S. 196 f.

60 Lorca spricht diesbezüglich auch von einem „sistema de correspondencias armónicas". Ebd., S. 189.

Licht und Schatten (beziehungsweise hell und dunkel). Die visuellen Eindrücke der einfallenden Sonnenstrahlen werden verstärkt durch die Farbsymbolik. Die ‚goldenen' Haare ebenso wie die mit dem ‚weißen' Elfenbein assoziierten Hände gehören zum festen Inventar des petrarkistischen Schönheitskatalogs. Bei Góngora hat das Motiv zudem eine erotische Dimension: So werden die Haare mit Sinnlichkeit und Verführung assoziiert, während die ‚weißen' Lilien, die von den Händen der Geliebten verdunkelt werden, im Allgemeinen für Unschuld und Reinheit stehen. Die Blumen wachsen an den ‚grünen' Ufern eines Flusses, deren Farbsymbolik – grün als Farbe des Islam – auffällig gut mit dem arabischen Flussnamen korrespondiert. Inmitten der „grünen" Ufer und der ‚weißen' Lilien steht Jacinta. Ihr Namen spielt auf die ‚blaue' Hyazinthe an, eine Blume, die orientalischen Ursprungs ist und um die Mitte des 16. Jahrhunderts aus Vorderasien nach Europa gebracht wurde.[61] Die Farbkonstellation aus grünen, weißen, blauen und goldenen Elementen ähnelt der maurischen Ornamentik. Zusammen mit der Musikalität der Verse erinnert die Romanze weniger an ein Gedicht, sondern vielmehr an ein akustisches Gemälde, das die Bewegungen des Wassers und der Sonnenstrahlen auf der Leinwand immobilisiert.

Fazit

In der spanischen Lyrik des 16. Jahrhunderts sind Flüsse ein fester Bestandteil der Naturdarstellung. Dies hängt unter anderem mit dem Aufkommen einer frühneuzeitlichen Landschaftserfahrung und der Sehnsucht nach einer unverfälschten Natur zusammen. Symptomatisch dafür ist die Wiederbelebung der antiken Bukolik in Form des Schäferromans und der Ekloge. In Spanien erfährt die bukolische Dichtungstradition im 16. Jahrhundert eine echte Renaissance. Zu den Konventionen der arkadischen Landschaftsdarstellung gehört, dass Flüsse darin einen zentra-

61 Ursprünglich stammte die Hyazinthe aus dem Gebiet des heutigen Ostanatolien, Nordsyrien und Libanon. In den altorientalischen Kulturen des Nahen Ostens war sie ein Symbol für die Wiederbelebung der Natur nach dem Winter. Um die Mitte des 16. Jahrhunderts wurde sie gleichzeitig mit Tulpe, Narzisse, Nelke und Flieder aus dem Orient eingeführt. Vgl. Wolfgang Seidel, *Die Weltgeschichte der Pflanzen*, Köln 2012, S. 383–394. Im antiken Griechenland war die Hyazinthe bestens bekannt. Ovid berichtet von dem schönen Jüngling Hyakinthos, der von dem Gott Apollon beim Diskuswerfen versehentlich getötet wird (*Metamorphosen*, X, 262). Nach einer anderen Erzählung wurde die Wurfscheibe von dem eifersüchtigen Windgott Zephyr abgelenkt. Als Zeichen seiner Trauer lässt Apollo aus dem Blut der Wunde eine Blume wachsen, die den Namen seines Geliebten trägt. Vgl. Michael Grant / John Hazel, *Lexikon der antiken Mythen und Gestalten*, übers. v. Holger Fließbach, München 1973, S. 212.

len Platz einnehmen. Neben den kulturgeschichtlich wichtigen, mythischen Strömen Nil, Ganges, Donau und Rhein tauchen in der Dichtung der damaligen Zeit vermehrt reale Flüsse auf, unter denen der Tajo und der Guadalquivir eine Sonderstellung einnehmen. Zu den Darstellungskonventionen der Renaissance gehört ferner, dass Flüsse in der Literatur personifiziert werden. Sie erscheinen als menschliche Wesen, als Könige oder Gottheiten. Meist stehen die Flüsse pars pro toto für einzelne Provinzen oder Regionen.

Garcilasos Dichtung ist aufs Engste mit dem Fluss seiner Toledaner Heimatstadt verknüpft. In den klaren Wassern des *felice Tajo* (Égloga III, v. 106) badet sich *la más felice tierra de la España* („das glücklichste Land Spaniens“, vv. 199–200). Zwar weisen Garcilasos Texte einen starken persönlichen Bezug auf; es wäre jedoch verfehlt, sie ausschließlich autobiografisch zu deuten. Seine Gedichte stehen im Zeichen der Dichtungstheorie der Renaissance. Deren wichtigstes Anliegen ist die *imitación de los clásicos*, das heißt die Nachahmung der als vorbildlich angesehenen Autoren der römischen Antike, allen voran Ovid, Vergil und Horaz. Die Flusslandschaft in Garcilasos dritter Ekloge entspricht daher ganz dem antiken Topos eines *locus amoenus*. Die Ufer des Tajo sind bevölkert von badenden Nymphen, fleißigen Bienen und zwitschernden Vögeln. Bemerkenswert ist, wie Garcilaso die Flusslandschaft des Tajo in einer Art *mise en abyme* verdoppelt und den Fluss damit zum Medium einer literarischen Selbstreflexion macht. Die Aufwertung des spanischen Flusses Tajo zeugt von einem neuen kulturellen Selbstbewusstsein der aufstrebenden Kulturmacht Spanien.

Die Flusslandschaften des Barock-Lyrikers Góngora lassen erahnen, inwiefern sich die spanischen Dichter des späten 16. Jahrhunderts von ihren Vorgängern emanzipieren. Zunächst verlegt Góngora den geografischen Raum seiner Dichtung an einen anderen Ort: nicht mehr der ‚goldene‘ Tajo, sondern die ‚grünen‘ Ufer des Guadalquivir bilden den Rahmen für seine Transformation der pastoralen Liebesklage. Sodann unterscheidet er sich auch in der Wahl der Gattung von seinem Vorgänger. Góngora wählt nicht die antike Ekloge oder das italienische Sonett, sondern die heroische Form der *romance culto*, einer volkstümlichen spanischen Gattung des Mittelalters, die aufgrund ihrer einfachen, einprägsamen Struktur überaus beliebt war und in der Regel mündlich vorgetragen wurde. Das epische Geschehen der Romanze tritt bei ihm jedoch zugunsten von Klang und Metaphorik in den Hintergrund. Gleichzeitig verändert sich auch der historische Bezugshorizont der Landschaft. Bereits im Fall des Renaissance-Dichters Garcilaso wird der spanische Fluss Tajo gegenüber anderen (antiken) Flüssen aufgewertet; die rhetorische Überformung der Landschaft steht bei Garcilaso aber noch immer im Dienste einer klassischen Mythologie. Dagegen ruft Góngoras Romanze allein schon durch den Klang des Flussnamens die mythische Vergangenheit des maurischen Spaniens in Erinnerung. Seine Verse weisen nicht mehr nur flussaufwärts zu den antiken Quellen, sondern sie eröffnen einen neuen zeitlichen Bezugspunkt, indem sie das Eigene der spanischen Geschichte betonen. Gleichzeitig sind es Verse, die durch ihre elaborierte Metaphorik, ihre Symbolik und Musikalität selbst schon wieder flussabwärts in Richtung Zukunft weisen. Nicht zufällig werden sich die spanischen Avantgarden des frühen 20. Jahrhunderts, allen voran ein Federico García Lorca, erneut auf Góngora als den „Vater der modernen Lyrik" (*padre de la lírica moderna*) berufen.[62]

Bibliographie

Barnard, Mary E., *Garcilaso de la Vega and the Material Culture of Renaissance Europe*, Toronto u. a. 2014.

Burke, Peter, *Die europäische Renaissance. Zentren und Peripherien*, übers. v. Klaus Kochmann, München 2012.

Butzer, Günter / Jacob, Joachim, Art. „Biene", in: Dies., *Metzler Lexikon literarischer Symbole*, Stuttgart / Weimar [2]2012, S. 50–52.

Cervantes, Miguel de, *El ingenioso hidalgo Don Quijote de la Mancha*, ed. Luis Andrés Murillo, Madrid 2010.

Chaffee-Sorace, Diane, *Góngora's Poetic Textual Tradition. An Analysis of Selected Variants, Versions and Imitations of his Shorter Poems*, London 1988.

Ehrlicher, Hanno, *Einführung in die spanische Literatur und Kultur des Siglo de Oro*, Berlin 2012.

Fernández-Gonzáles, Laura, *Philip II of Spain and the Architecture of Empire*, Pennsylvania 2021.

Garber, Klaus, Arkadien und Gesellschaft, in: *Utopieforschung. Interdisziplinäre Studien zur neuzeitlichen Utopie*, Bd. 2, hg. v. Wilhelm Voßkamp, Stuttgart 1982, S. 37–81.

García Lorca, Federico, La imagen poética de don Luis de Góngora (1927), in: *Conferencias*, Bd. 1, Madrid 1984, S. 85–125.

García Lorca, Francisco, Análisis de un romance de Góngora, in: *De Garcilaso a Lorca*, hg. v. Claudio Guillen, Madrid 1984, S. 181–224.

Góngora y Argote, Luis de, *Obras completas*, ed. Juan Millé y Giménez und Isabel Millé y Giménez, Madrid 1972.

Gonzáles Tascón, Ignacio, Los caminos y los puentes, in: *Felipe II, los ingenio y las máquinas. Ingeniería y obras públicas en la época de Felipe II*, hg. v. dems., Madrid 1998, S. 85–135.

Grant, Michael / Hazel, John, *Lexikon der antiken Mythen und Gestalten*, übers. v. Holger Fließbach, München 1973.

Guldin, Rainer, Trennender Graben und verbindendes Band. Zur topografischen Ambivalenz von Flüssen, in: *Die Erzählung der Landschaft*, hg. v. Dieter Binder / Helmut Konrad und Eduard Staudinger, Wien u. a. 2011, S. 19–33.

Hard, Gerhard, Zu den Landschaftsbegriffen in der Geographie, in: *„Landschaft" als interdisziplinäres Forschungsproblem*, hg. v. Alfred Hartlieb von Wallthor und Heinz Quirin, Münster 1977, S. 13–24.

62 Vgl. Lorca, imagen poética (wie Anm. 58), S. 96.

Helgerson, Richard, *A Sonnet From Carthago. Garcilaso de la Vega and the New Poetry of Sixteenth-Century Europe*, Philadelphia 2007.
Ipsen, Detlev, *Ort und Landschaft*, Wiesbaden 2007.
Iser, Wolfgang, *Das Fiktive und das Imaginäre. Perspektiven literarischer Anthropologie*, Frankfurt a. M. 1993.
Horatius Flaccus, Quintus, *Sämtliche Werke. Lateinisch-deutsch*, hg. und übers. v. Niklas Holzberg, Berlin / Boston 2018.
Kemp, Friedhelm, *Das europäische Sonett*, Bd. 1, Göttingen 2002.
Kirchhoff, Thomas, Landschaft, in: *Naturphilosophie. Ein Lehr- und Studienbuch*, hg. v. Thomas Kirchhoff u. a., Tübingen 2017, S. 152–158.
Krausch, Heinz-Dieter, *Farbatlas Wasser- und Uferpflanzen*, Stuttgart 1996.
Krauss, Werner, Der spanische Hirtenroman, in: Ders., *Werk und Wort. Aufsätze zur Literaturwissenschaft und Wortgeschichte*, Berlin 1972, S. 205–241.
La batalla en torno a Góngora (selección de textos), hg. v. Ana Martínez Arancón, Barcelona 1978.
Luengo Añón, Ana, *Aranjuez: Utopía y realidad. La construcción de un paisaje*, Madrid 2008.
Mager, Brigitte, *Imitatio im Wandel. Experiment und Innovation im Werk Garcilaso de la Vegas*, Tübingen 2003.
Matzat, Wolfang, Liebe und Natur in Garcilasos Eklogen, in: *Garcilaso de la Vega. Werk und Nachwirkung*, hg. v. José Morales Savaria, Frankfurt a. M. 2004, S. 91–108.
Nagel, Frank, Garcilasos Landschaften. Poetologische und epistemologische Brüche in den *Églogas I* und *III*, in: *Romanische Forschungen* 120/3 (2008), S. 307–328.
Naranjo Mesa, Jorge Alberto, *Poesía del Renacimiento y el Barroco. Estudios del filología del arte*, Medellín 2005.
Navarette, Ignacio, *Orphans of Petrarch. Poetry and Theory in the Spanish Renaissance*, Berkeley u. a. 1994.
Orozco Díaz, Emilio, De lo humano a lo divino (Del paisaje de Garcilaso al de San Juan de la Cruz) [1946], in: Ders., *Paisaje y sentimiento de la naturaleza en la poesía española*, Málaga 2010, S. 107–138.
Osuna Cabeza, María José, La polémica gongorina: respuestas al *Antídoto* de Jáuregui, in: *Etiópicas* 10 (2014), S. 189–207.
Piepmeier, Rainer, Art. „Landschaft. Der ästhetisch-philosophische Begriff", in: Ritter, Joachim / Gründer, Karlfried (Hg.), *Historisches Wörterbuch der Philosophie*, 13 Bde., Darmstadt 1980, Bd. 5, Sp. 15–28.
Ritter, Joachim, Landschaft. Zur Funktion des Ästhetischen in der modernen Gesellschaft (1963), in: Ders., *Subjektivität. Sechs Aufsätze*, Frankfurt a. M. 1997, S. 141–163.
Savelsberg, Frank, *Verbale Obszönität bei Francisco de Quevedo*, Berlin / Boston 2004.
Seidel, Wolfgang, *Die Weltgeschichte der Pflanzen*, Köln 2012.
Stierle, Karlheinz, Petrarcas Orte und Landschaften, in: Ders., *Francesco Petrarca. Ein Intellektueller im Europa des 14. Jahrhunderts*, München / Wien 2003, S. 235–343.
Vega, Garcilaso de la, *Obras de Garcilaso de la Vega*, ed. Tomás Navarro Tomás, Madrid 1966.
Vierne, Simone, Remonter ou descendre le fleuve? De Jules Verne à Le Clézio, in: *Le fleuve et ses métamorphoses. Actes du Colloque International tenu à l'Université de Lyon, 13.-15. mai 1992*, hg. v. François Piquet, Paris 1993, S. 385–389.
Wilpert, Gero von, Hirtendichtung, in: *Sachwörterbuch der Literatur*, Stuttgart ^{6}1979, S. 340–341.

Ursula Hennigfeld

Zwischen Styx und Tiber. Joachim Du Bellays Rom-Sonette

Die im vorliegenden Sammelband verhandelte Forschungsfrage lautet, wie Flüsse in kulturelle Zusammenhänge von bestimmten Kollektiven eingebunden sind, wie sie kulturell konstituiert und medial erzeugt werden, aber auch welche Wirkmacht sie selbst entfalten. So können Flüsse etwa als Modell von Machtbeziehungen fungieren, diese Machtbeziehungen aber auch wieder unterlaufen – oder sie können als Modell für kulturellen Austausch über weite Zeiträume hinweg herangezogen werden, wie im Folgenden erläutert werden soll. Dazu werde ich zunächst skizzieren, welche Rolle antike und christliche mythische Flusslandschaften im kollektiven Imaginären spielen (1), um dann die imaginären Fluss-Läufe in den Sonettzyklen des Renaissance-Dichters Joachim Du Bellay nachzuverfolgen. Der Fokus soll hier besonders auf dem Zyklus *Le Premier Livre des Antiqvitez de Rome, contenant vne generale description de sa grandevr, et comme vne deploration de sa rvine* (1558) liegen. Dabei wird anhand eines kurzen biographischen Überblicks deutlich, dass es hier nicht so sehr um reale Flüsse geht, an deren Ufern Du Bellay einige Zeit gelebt hat (2), sondern dass sowohl mythische als auch real existierende Flüsse von ihm metaphorisch überhöht und in bestimmter Weise funktionalisiert werden. In den *Antiqvitez de Rome* spielen vor allem die Flüsse Styx und Tiber eine zentrale Rolle (3). Meine These lautet, dass es Du Bellay weniger um konkrete Flüsse wie den Tiber geht, sondern vielmehr um ein Modell von Wandel, das an Heraklit anschließt. Der mythische Unterweltsfluss Styx wiederum steht bei Du Bellay für den Graben, der Vergangenheit und Gegenwart voneinander trennt und den eigentlich nur der Dichter überbrücken kann. Der Styx ist hier also ein Modell für Kulturtransfer.

Mythische Flüsse

Flusslandschaften prägen das kollektive Imaginäre vieler Kulturen: So werden im Alten Testament (1. Mose 2,11–15) die vier Paradiesflüsse Indus, Ganges, Euphrat und Tigris genannt.[1] Die mythischen Flüsse der Antike werden vom Christentum in vier Höllenflüsse verwandelt, die das negative Pendant zu den Paradiesflüssen

1 Vgl. Hildegard Kretschmer, Art. „Fluss“, in: Dies., *Lexikon der Symbole und Attribute in der Kunst*, Stuttgart 2008, S. 142.

https://doi.org/10.1515/9783111102771-009

bilden sollen: Der Fluss der Schrecken (Styx), des Schmerzes (Acheron), der Wehklagen (Cocytus) und des Feuers (Phlegeton).[2] In der Vorstellungswelt der Griechen ist der Fluss eine von einem Gott gehütete Grenze: So greift beispielsweise der trojanische Fluss Skamandros selbst auf Seiten der Trojaner in den Krieg mit den Griechen ein.[3] Die Kinder der Flussgöttin Styx werden von Homer und Hesiod als Personifikation menschlicher Eigenschaften präsentiert: Sie heißen Zelos (der Ehrgeiz), Nike (der Sieg), Kratos (die Kraft) und Bia (die Gewalt).[4] Für die antiken Götter soll der Fluss Styx so bedeutsam gewesen sein, dass ihre Eide mit den Worten ‚bei den heiligen Wassern des Styx' bekräftigt wurden.[5] Der Styx stellt außerdem die Grenze zwischen der Welt der Lebenden und der Unterwelt dar: Gelangt man an seine Ufer, so wird man vom Fährmann Charon gegen Geld hinübergebracht – eine Rückkehr in die Welt der Lebenden ist nur wenigen Helden vorbehalten (Orpheus).[6]

Der Überschreitung eines Flusses geht oftmals eine Opferung voran: Caesar und Xerxes opfern beispielsweise Pferde, bevor sie den Rubicon beziehungsweise den Strymon (einen nordgriechischen Fluss) überschreiten. Achill soll dem Fluss Spercheios seine Haare geopfert haben; die Argäer versenken Strohpuppen im Tiber – möglicherweise eine abgeschwächte Version früherer Menschenopfer.[7] Diese rituelle Aufladung von Flüssen beobachtet sogar noch der Humanist Petrarca, als er am 24. Juni 1333 von Aachen kommend Köln erreicht und dort beobachtet,

2 „Styx (‚gehaßt') war ein kleiner Fluß in Arkadien. Sein Wasser galt als tödliches Gift. Spätere Mythographen verlegten ihn in den Tartaros. Acheron (‚Strom des Leides') und Kokytos (‚das Klagen') sind phantasievolle Namen, die das Leid des Todes beschreiben sollen. [...] Phlegeton (‚das Brennen') bezieht sich auf die Sitte der Leichenverbrennung, vielleicht aber auch auf die Vorstellung, daß Sünder in einem Strom von Lava verbrannt wurden." Robert von Ranke-Graves, *Griechische Mythologie. Quellen und Deutung*, Reinbek bei Hamburg 1955, Bd. 1, S. 109.

3 Lurker weist darauf hin, dass die Flussdurchquerung den geheiligten Bereich des Flussgottes verletzt und somit ein Sakrileg darstellt. Vgl. Manfred Lurker, Art. „Flußgottheiten", in: Ders.: *Wörterbuch der Symbolik*, Stuttgart [5]1991, S. 211 f.

4 Manfred Lurker, Art. „Styx", in: Ders.: *Lexikon der Götter und Dämonen. Namen, Funktionen, Symbole/Attribute*. Stuttgart [3]2014, S. 449 und Edward Tripp, Art. „Styx", in: Ders.: *Reclams Lexikon der antiken Mythologie*, übersetzt von Rainer Rauthe, Stuttgart 1974, S. 489.

5 Tripp, Art. „Styx" (wie Anm. 4), S. 489 f.

6 „Cháron, in der griech. Mythologie der Fährmann, der die Toten in seinem Boot über den Grenzfluss (Acheron, Styx) in die Unterwelt fährt und an das Tor des Hades bringt. Eine dem Verstorbenen in den Mund gelegte Münze (*obolos*) galt als Fährlohn." Manfred Lurker, Art. „Cháron", in: Ders.: *Lexikon der Götter und Dämonen. Namen, Funktionen, Symbole/Attribute*, Stuttgart [3]2014, S. 103.

7 Lurker, Art. „Flußgottheiten" (wie Anm. 3), S. 212.

wie die Kölnerinnen am Johannistag im Rhein baden oder sich mit Rheinwasser benetzen, um künftiges Unheil abzuwehren (I. Buch, 4. Brief).[8]

Du Bellays Leben an den Ufern von Seine und Tiber

Joachim Du Bellay, der zweifellos zu den wichtigsten Dichtern der französischen Renaissance zählt, bringt sein Leben im Wesentlichen an den Ufern dreier Flüsse zu, die jedoch nicht alle Eingang in seine Lyrik finden: Aus einer verarmten Seitenlinie des großen Adelsgeschlechtes der Anjou stammend, studiert er zunächst Jura in Poitiers.[9] Der dortige Fluss Clain spielt für seine lyrischen Flusslandschaften allerdings überhaupt keine Rolle. Aber in Poitiers verkehrt Du Bellay in Humanistenkreisen, wo er 1546 Jacques Peletier, den Übersetzer der *Ars poetica* des Horaz, kennenlernt. Ein Jahr später kreuzen sich seine Wege mit dem Dichter Pierre de Ronsard, der Du Bellay überredet, an die Ufer der Seine zu wechseln, um am Collège Coquerêt in Paris Griechisch zu lernen und Vorträge des Hellenisten Jean Dorat zu hören. Du Bellay und Ronsard gründen einen Dichterkreis, der sich zunächst *Brigade*, später – benannt nach einem antiken Siebengestirn – *Pléiade* nennen wird.

1549 veröffentlicht Du Bellay gleich zwei bahnbrechende Werke: Zum einen den Sonettzyklus *L'Olive*, eine der ersten Imitationen in französischer Sprache von Petrarcas Sonetten über Laura (bei Du Bellay heißt die in den Gedichten angebetete Geliebte Olive). Im selben Jahr veröffentlicht er außerdem sein theoretisches Mani-

8 „Ich hatte Aquae verlassen, [...] und Köln nahm mich auf, die agrippinische Kolonie, die am linken Rheinufer gelegen ist, ein Ort, berühmt durch seine Lage und seinen Strom, berühmt auch durch seine Bevölkerung. [...] Zufällig war gerade Johannisabend, als ich dort anlangte, und die Sonne neigte sich schon gen Westen. [...] Ich hatte mich an einem etwas höheren Fleck aufgestellt, von dort auf das, was sich abspielte, zu schauen. Es war ein unglaublicher Zulauf ohne Gedränge. Manche waren mit duftenden Kräutern umwunden und hatten die Ärmel über die Ellenbogen zurückgestreift. So wuschen sie in fröhlichem Durcheinander die weißen Hände und Arme im reißenden Strom und mit fremdländischen Murmellauten sagten sie dabei zu einander irgendetwas Reizendes. [...] Es sei ein uralter Landesbrauch, und besonders das Weibervolk bilde sich fest ein, jedwedes für das ganze Jahr etwa drohende Unheil werde reinigend weggespült durch die Waschung im Strome an diesem Tage, und im Verfolge werde nur Erfreuliches eintreffen;" Hans Nachod / Paul Stern, *Briefe des Francesco Petrarca. Eine Auswahl*, Berlin 1931, S. 35 f.

9 Zu Du Bellays Biographie vgl. hier und im Folgenden die Ausführungen in Albert-Marie Schmidt, *Poètes du XVIe siècle*, Paris 1953, S. 409–412 und Winfried Engler, Art. „Du Bellay", in: Ders.: *Lexikon der französischen Gegenwartsliteratur*, Stuttgart ³1994, S. 326.

fest *La Deffence et Illustration de la Langue Francoyse.*[10] Man muss hier den historischen Kontext berücksichtigen: Es ist erst zehn Jahre her, dass François I. im Edikt von Villers-Cotterêts das Französische zur alleinigen Verwaltungssprache erhoben hatte. Nun fordert Du Bellay, dass auch Dichter sich vom Lateinischen ab- und dem Französischen zuwenden sollten. Nicht mehr das Mittelalter soll als Maßstab gelten, sondern es gilt, die antike und die italienische Literatur zu imitieren.[11] Anders als Ronsard, der den Humanisten nahelegt, Frankreich nicht nur geistig, sondern auch physisch zu entfliehen, ist Du Bellay patriotischer und glaubt, dass man auch in französischer Sprache Werke von Weltruhm schreiben könne.[12] So ist die *Deffence* als Handreichung für Dichter zu verstehen, die erläutert, welche Gattungen sie bevorzugen sollen, wie sie die französische Sprache durch Lehnwörter, Ableitungen oder Neologismen anreichern und so dem Lateinischen ebenbürtig machen können. Du Bellay selbst übersetzt Vergils *Äneis* ins Französische (*Quatrième Livre de l'Énéide de Virgile, traduit en vers français,* 1552).

Aufgrund finanzieller Sorgen ist Du Bellay auf die Protektion seines Onkels Jean Du Bellay angewiesen, der Bischof (und später Kardinal) von Paris ist. Als sein Onkel vom französischen König Henri II. nach Rom geschickt wird, folgt ihm Du Bellay an die Ufer des Tiber. Im Juni 1553 treffen beide in Rom ein. Henri II. hat den Onkel mit der heiklen politischen Mission betraut, mit dem Papst eine Allianz gegen Karl V. zu schmieden.[13] Als Du Bellay in Rom eintrifft, gleicht die Stadt einer Großbaustelle: Die Päpste, besonders Paul III. Farnese, lassen in der Stadt Gebäude und Kirchen errichten, umbauen und renovieren. Antike Ruinen prägen dennoch weiterhin das Stadtbild und werden oft als Steinbruch benutzt, um Marmor für neue prächtige Paläste zu gewinnen. Rom ist einerseits die reiche, prunkvolle Papststadt, andererseits die Stadt der schmutzigen, nahe am Tiber gelegenen Armenviertel, die regelmäßig überschwemmt werden. Rigolot weist darauf hin, dass Rom dennoch zu dieser Zeit eine Art Sehnsuchtsort der Humanisten darstellt:

---

10 Pierre de Ronsard veröffentlicht ebenfalls etliche Jahre später eine eigene Poetik: *Abrégé de l'Art poétique français. Scribendi recte sapere est et principium et fons* (1565). Vgl. Francis Goyet, *Traités de poétique et de rhétorique de la Renaissance. Sébillet, Aneau, Peletier, Fouquelin, Ronsard,* Paris 1990, S. 429–453.

11 „Sans l'imitation des Grecs et Romains nous ne pouvons donner à notre langue l'excellence et lumière des autres plus fameuses." Zit. nach: François Rigolot, *Poésie et Renaissance,* Paris 2002, S. 172.

12 „Ronsard se sépare ici nettement de son ami du Bellay qui, lui, reconnaissait avec plus de réalisme l'existence et la valeur d'un patrimoine littéraire en langue vulgaire où les nouveaux poètes avaient intérêt à puiser à pleines mains s'ils voulaient écrire une poésie véritablement française." Rigolot, *Poésie* (wie Anm. 11), S. 173.

13 Vgl. Schmidt, *Poètes* (wie Anm. 9), S. 410 f.

> On ne saurait sous-estimer l'importance de Rome, ancienne et moderne, pour tout diplomate, tout humaniste et tout poète de la Renaissance. Capitale d'un empire défunt et siège d'une papauté de plus en plus critiquée, la Ville éternelle devient au XVIe siècle un pôle d'attraction pour tout honnête homme désireux de découvrir les sites antiques et de se faire une opinion personnelle sur les Italiens et la cour pontificale.[14]

Du Bellay wird Rom in seinen Sonettzyklen jedoch nicht als die „Ewige Stadt" preisen, sondern als flüchtige Stadt der Leichtlebigkeit und Korruption, als neues Babylon.[15] Vier Jahre später kehren Onkel und Neffe nach Paris zurück. Im Jahr 1558 veröffentlicht Du Bellay zwei Sonettzyklen, die ihm große Anerkennung verschaffen: Die *Regrets*, eine Sonettsammlung, die – wie der Titel schon nahelegt – zahlreiche Anspielungen auf Ovids *Tristia* enthält, und die *Antiquitez de Rome*, eine Sonettsammlung, die anhand der römischen Ruinen eine an Petrarca und Boccaccio geschulte Meditation über Aufstieg und Fall der Stadt Rom als einer Folge menschlicher Hybris darstellt. Doch Du Bellay kann seinen Ruhm nur kurze Zeit genießen: Schon zwei Jahre später stirbt er im Alter von nur 38 Jahren an einem Herzschlag.

Flusslandschaften in Du Bellays Gedichten

In Du Bellays erstem Sonettzyklus *L'Olive* steht vor allem das Meer im Vordergrund.[16] Aber auch die Loire wird oft erwähnt – was nicht weiter verwunderlich ist, wenn man bedenkt, welche Rolle die Loire-Schlösser für den französischen Königshof spielen: Henri II. schenkt Diane de Poitiers das Schloss Chenonceau, sein Vater lässt die Schlösser Blois und Chambord bauen.[17] Im Unterschied zum gefähr-

---

14 Rigolot, *Poésie* (wie Anm. 11), S. 227.

15 Da auch das biblische Babel am Ufer des Euphrat liegt, erhält der Tiber bei Du Bellay durch die Analogie die Qualität eines Dekadenz-Signals.

16 Vgl. die Verse „La mer tranquille" (II), „l'Ocean d'une assez vive course" (III), „la mer fluctueuse" (XI), „Je suis semblable au marinier timide,/Qui voyant [...]/La mer ses flotz ecumeux redoubler" (XLI), „Pere Ocean, commencement des choses" (XLVIII), „Mere d'Amour & fille de la mer" (LII), „La mer sans eau" (LXXVI), „Que l'Ocëan de ses longs braz enserre" (LXXX), „Sans que la mer te fust large tombeau" (CXV). Joachim Du Bellay, *Œuvres poétiques*, Paris 1982, Bd. 1, S. 28, 29, 36, 61, 67, 71, 91, 95, 124.

17 Vgl. die Verse „Loyre fameux" (III), „au fecond bord de Loyre" (XIV), „Et pour à Loire eternité donner" (XXI), „Ou Meine va dedans Loyre se rendre" (LIX), „Laisse ton Loir haultain de ta victoire/Et vien sonner au rivage de Loire" (LX), „Qui vont ainsi comme les flotz de Loire" (LXXI), „Le Dieu de Loire" (LXXIX), „Mon Loire aussi, demydieu par mes vers" (CV). Du Bellay, *Œuvres* (wie Anm. 16), Bd. 1, S. 29, 39, 45, 77, 78, 88, 94, 116. Man sieht an den zitierten Beispielen, dass Du Bellay das antike Motiv des Flussgottes verschiedentlich aufgreift.

lichen Ozean wird die Loire mit bukolischem und latent erotischem Ambiente verbunden. Touvre, Seine und Saône tauchen nur jeweils einmal auf und werden den Dichtern Saint-Gelais, Héroët und Scève zugeordnet, die es jedoch nicht mit dem lyrischen Ich aufnehmen könnten.[18] In diesem Zusammenhang macht Christoph Oliver Mayer auf eine interessante Leerstelle in Du Bellays Œuvre aufmerksam: Trotz der enorm großen Bedeutung der Lyoneser Dichterschule für die französischsprachige Lyrik des 16. Jahrhunderts spielt sie in Du Bellays poetischer und politischer Konzeption keine Rolle. So gründet die Selbstbehauptung Du Bellays und der *Pléiade* auch auf einer bewussten Ausblendung der zeitgenössischen Lyoneser Konkurrenz zugunsten eines einzigen Zentrums der Literatur, das die *Pléiade* in Paris verortet.[19]

In den römischen Sonettzyklen, das heißt in den *Antiquitez de Rome* und den *Regrets*, tauchen die vier Paradiesflüsse, ferner Rhein, Loire, Saône und Themse vereinzelt auf.[20] Die Flüsse dienen dazu, die an ihren Ufern angesiedelten Kulturen zu erwähnen, oft in Zusammenhang mit dem Kampf um militärische und kulturelle Vorherrschaft. Besondere Bedeutung kommt jedoch Styx und Tiber in Du Bellays imaginären Flusslandschaften zu – ich werde darauf zurückkommen. Zunächst ist aber wichtig zu erwähnen, dass Du Bellay sich der Rom-Begeisterung der Humanisten keinesfalls anschließt: In den *Regrets* beklagt er, dass Rom nur noch ein Haufen Steine (*monceau pierreux*), ein öffentliches Schafott (*de tout le monde un public eschafault*) und vor allem eine große Theaterbühne (*Une scène, un théâtre*) sei, auf der das Stück der Glücksgöttin Fortuna aufgeführt werde und man beobachten

18 „Encor, dira que la Touvre & la Seine/Avec‘ la Saone arriveroient à peine/A la moitié d'un si divin ouvrage" (LXII). Du Bellay, *Œuvres* (wie Anm. 16), Bd. 1, S. 80. Die Touvre ist ein Fluss im Département Charente (Nouvelle-Aquitaine).

19 „[...] les poètes de la Pléiade ne veulent que s'orienter vers l'Antiquité et les Italiens pour renouveler leur poésie. [...] Lyon n'a plus de place dans leur conception poétique et politique qui privilégie le choix en faveur de la capitale de la France, la centralisation en faveur de Paris et l'orientation d'une imitation des modes antiques et italiennes qui leur garantit une place centrale dans le champ littéraire. De cette façon, l'oubli de Lyon ouvre le chemin pour la génération de la Pléiade qui introduit tant d'innovations dans la poésie française. Le principe de faire disparaître les concurrents implique la négation des prédécesseurs, l'effacement des traditions littéraires en France." Christoph Oliver Mayer, Poèmes à leur ami Lyon: de Clément Marot à Joachim Du Bellay, in: *Lyon vu/e d'ailleurs (1245–1800)*, hg. v. Jean-Louis Gaulin und Susanne Rau, Lyon 2009, S. 70.

20 Vgl. in den *Antiquitez*: „Et le peuple du Nil ses pointes chantera" (II), „De ce peuple qui tient les bords de la Tamize" (XXII), „Que le Tygre & le Nil, Gange & Euphrate baigne:/[...]/Ny ce brave soldat qui boit le Rhin Gaulois" (XXXI). Und in den *Regrets*: „Plus mon Loyre Gaulois que le Tybre Latin" (XXXI), „Deussions nous voir le Scythe ou la source du Nil" (L), „Son estroicte longeur, que la Sone divise" (CXXXVII). Du Bellay, *Œuvres*, (wie Anm. 16), Bd. II, S. 4, 21, 28, 77, 91, 163.

könne, wie sich ihr Rad drehe und alles Gute ins Schlechte verkehre.[21] Rom – so lautet Du Bellays Diagnose – ist dekadent geworden. Er kritisiert vor allem das heuchlerische Gebaren und die Schmeichelei der römischen Gesellschaft, auch wenn eine gewisse Faszination bestehen bleibt, die er dem *spiritus loci* („Dæmon du lieu") zuschreibt.[22] Du Bellay zufolge werden die Franzosen in Italien korrumpiert, verlernen ihre eigene Sprache und passen sich in Kleidung und Sitten dem schlechten Vorbild der Italiener an.[23] Alle Möglichkeiten, die gesellschaftliche Stellung zu verbessern, werden ergriffen (zum Beispiel Bestechung, Prostitution). Die Höflinge – von Du Bellay auch „Singes de Court" genannt – befinden sich in einem ständigen Konkurrenzkampf; als generelle Regel gilt: „ce qui nuit à l'un, à l'autre est profitable".[24] Wichtigste Verhaltensregel für einen perfekten Höfling sei es, „muet, aveugle et sourd" zu sein (CXXXIX).[25] Du Bellay sieht seine Aufgabe darin, den Sittenverfall anzuklagen und öffentlich zu machen: „Aussi mon vrai métier c'est de n'épargner homme,/Mais les vices chanter d'une publique voix" (CVIII).[26]

Du Bellays Rom-Zyklus *Les Antiquitez de Rome* (1558)

Der 32 Sonette umfassende Gedichtzyklus der *Antiqvitez* ist Henri II. gewidmet und hat nicht so sehr die Klagen eines Exilierten zum Gegenstand als vielmehr die Stadt Rom selbst, ihre glorreiche Vergangenheit und ihren gegenwärtigen Verfall (wie

21 „Ne voyant que l'orgueil de ces monceaux pierreux" (XIX), „Que de vieux monuments un grand monceau pierreux" (LXXX), „Rome est de tout le monde un publique eschafault,/Une scene, un theatre […]/Icy ce void le jeu de la Fortune" (LXXXII). Du Bellay, *Œuvres* (wie Anm. 16), Bd. II, S. 67, 113, 114 f. – Analog zu Ovid stilisiert sich das lyrische Ich Du Bellays hier zum Exilierten, der im äußeren Zustand der Stadt Rom sein Innerstes gespiegelt sieht. Vgl. hierzu ausführlicher Ursula Hennigfeld, *Der ruinierte Körper. Petrarkistische Sonette in transkultureller Perspektive*, Würzburg 2008, S. 210–230.

22 Sonett Nr. LXXXVII, zit. nach Du Bellay, *Œuvres* (wie Anm. 16), Bd. II, S. 119.

23 Tucker erklärt dies damit, dass die *Regrets* in einer historischen Umbruchssituation entstehen, die ab 1559 durch die Religionskriege gekennzeichnet ist, aber auch durch die Rivalität Frankreichs mit Italien und Spanien: „Les Regrets enjambent donc deux cultures complémentaires – celle de la France et celle de l'Italie – s'observant, s'épiant l'une l'autre. Mais ce monde bipolaire se situe également à une époque charnière, prise entre deux moments historiques." George Hugo Tucker, *Les regrets et autres œuvres poétiques de Joachim Du Bellay*, Paris 2000, S. 15.

24 Vgl. zu den „Singes de Court" Sonett CL, zum Wahlspruch Sonett CI. Du Bellay, *Œuvres* (wie Anm. 16), Bd. II, S. 172, 131.

25 Ebd., S. 165.

26 Ebd., S. 138.

schon der vollständige Titel anzeigt: *Le Premier Livre des Antiqvitez de Rome, contenant vne generale description de sa grandevr, et comme vne deploration de sa rvine.* Wie in der Forschung belegt wurde, glaubt Du Bellay – anders als Petrarca – nicht mehr an die *translatio imperii et studii,* sondern möchte jeden Traum von Weltherrschaft als Illusion entlarven.[27] Darauf verweisen auch die Schlüsselwörter „grandeur", „ruine" und „orgueil", die schon im Titel enthalten sind und den gesamten Zyklus durchziehen. Die Komplementärbegriffe „grandeur" und „ruine" stehen stellvertretend für die Vergangenheit und die Gegenwart Roms: Einst war Rom der Nabel der Welt, in der Gegenwart des lyrischen Ichs zeugen nur noch Ruinen von der einstigen Größe. Mit der Abfolge von „grandeur" zu „ruine" ist in diesem Sonettzyklus eine Reflexion über die zerstörerische Zeit verbunden.[28] Ein Sinnbild für das Vergehen der Zeit ist natürlich seit Heraklit der Fluss.

Stolz und Hochmut der Römer (*orgueil*) sind die Ursache dafür, dass aus prachtvollen Gebäuden, die von politischer Macht zeugen sollten, Ruinen wurden. Die Römer haben die Götter herausgefordert, wollten ihnen gleich sein und wurden dafür bestraft. Oft wird deshalb zur Charakterisierung der Römer das Adjektiv „audacieux" verwendet.[29] Die römischen Ruinen dienen Du Bellay vor allem als Exemplum: Sie lehren, wie die Götter strafen, wenn sie herausgefordert werden und sie illustrieren den zerstörerischen Charakter der Zeit.[30] Barbara Vinken vertritt in diesem Zusammenhang die These, dass Du Bellay in den *Antiquités* statt der heilsgeschichtlichen Darstellung römischer Geschichte in Vergils *Äneis* vielmehr Lucans *Pharsalia* als Grundlage nimmt und so römische Geschichte ins Negative umdeutet.[31]

---

27 Vgl. hierzu übereinstimmend François Roudaut in seiner Ausgabe der Romzyklen: Joachim Du Bellay, *Les Regrets suivi de Les Antiquités de Rome. Le Songe*, Paris 2002, S. 37 sowie ähnlich auch Barbara Vinken, *Du Bellay und Petrarca: das Rom der Renaissance*, Tübingen 2001, S. 89–96, und Yvonne Bellenger, *Le temps et les jours dans quelques recueils poétiques du XVIe siècle (Scève, Louise Labé, Ronsard, Du Bellay, Desportes, Du Bartas, D'Aubigné)*, Paris 2002, S. 185.

28 Die unterschiedlichen Zeitvorstellungen in den Gedichtzyklen des 16. Jh. untersucht Bellenger. In der Reflexion über die Zeit sieht sie das eigentliche Thema der *Antiquitez*. Vgl. Bellenger, *Temps* (wie Anm. 27).

29 Vgl. z. B. „Qu'autre pouvoir humain, tant fust audacieux" (VI), „ces monts audacieux" (XXVII). Du Bellay, *Œuvres* (wie Anm. 16), Bd. II, S. 9, 25.

30 Vgl. etwa „Ces vieux fragments encor servent d'exemples" (XXVII). Du Bellay, *Œuvres* (wie Anm. 16), Bd. II, S. 25.

31 „Römische Geschichte zeugt sich in furchtbarer Fruchtbarkeit von Ungeheuerlichkeit zu Ungeheuerlichkeit fort. Gegründet in Brudermord, kann sie nicht anders, als den Bruderzwist im Wiederholungszwang frevelhafter Hybris fortzusetzen. Römische Geschichte repräsentiert das denkbar schlechteste Muster von ‚translatio'; was sich in ihr lesen läßt, ist nichts als die Macht blinder, fluchbeladener Wiederholung." Vinken, *Du Bellay* (wie Anm. 27), S. 4.

Schon im Widmungsgedicht der *Antiqvitez* wird deutlich, dass die Größe der Stadt Rom vergangen ist: Frankreich unter Henri II. soll dem Vorbild des *alten* Rom folgen, um selbst eines Tages jene „grandeur" zu erreichen.[32] Die Größe Frankreichs hängt für Du Bellay jedoch nicht mit der militärischen Vorherrschaft, sondern vor allem mit der Förderung der französischen Sprache zusammen, wie er ja schon in seiner theoretischen Programmschrift dargelegt hatte.[33] Für die Frage, wie Du Bellay zu einer möglichen *translatio imperii et studii* steht, ist es hilfreich, sich jene beiden Flüsse näher anzusehen, die in den *Antiquitez* mehrfach erwähnt werden: der reale Fluss Tiber (das ist bei einem Rom-Zyklus naheliegend) und der imaginäre Fluss Styx, der antike Unterweltsfluss. Meine These lautet, dass sich aus diesem Spannungsfeld zwischen realem Rom und literarischem Unterweltsfluss erkennen lässt, wie sich Du Bellay zur militärischen Vergangenheit des Römischen Imperiums und zur Rolle der antiken Modellautoren positioniert. Dies soll im Folgenden anhand von zwei exemplarischen Sonetten genauer belegt werden.

Das dritte Sonett der *Antiqvitez* richtet sich als eine Art Reiseführer an einen imaginären Neuankömmling, dem das lyrische Ich die Stadt Rom erklärt. Dieses Sonett ist die Imitation eines bekannten neulateinischen Epigramms *De Roma* von Janus Vitalis und nimmt darüber hinaus intertextuell auf Hildebert von Lavardins Rom-Elegie Bezug.[34]

Nouveau venu, qui cherches Rome en Rome
Et rien de Rome en Rome n'aperçois,
Ces vieux palais, ces vieux arcz que tu vois,
Et ces vieux murs, c'est ce que Rome on nomme.

---

32 „Que vous puissent les Dieux un jour donner tant d'heur,/De rebastir en France une telle grandeur/Que je la voudrois bien peindre en vostre langage" (Au Roy). Du Bellay, *Œuvres* (wie Anm. 16), Bd. II, S. 3.

33 Allerdings lässt Du Bellay auch in der *Deffence* (Livre I, Chap. XI) keinen Zweifel daran, dass alte Größe nicht wiederherstellbar ist: „Mais vous ne serez ja si bons massons [...] que leur puissiez rendre celle forme que leur donnarent premierement ces bons & excellens architectes; & si vous esperez [...] que par ces fragmentz recuilliz elles puyssent estre resuscitées, vous vous abusez." Joachim Du Bellay, *La Deffence et Illustration de la Langue Francoyse*, Paris 1970, S. 79.

34 Hildeberts berühmte Zeilen „Par tibi, Roma, nihil cum sis prope tota ruina/quam magni fueris integra, fracta doces" werden in den *Antiquitez* aufgegriffen und umgewandelt. Zu Hildeberts Rom-Elegie vgl. Seraina Plotke, *Par tibi Roma nihil.* Rom-Bilder in lateinischen und mittelhochdeutschen Dichtungen des 11. und 12. Jahrhunderts, in: *Der Fall Roms und seine Wiederauferstehungen in Antike und Mittelalter*, hg. v. Henriette Harisch-Schwarzbauer und Karla Pollmann, Berlin 2013, S. 293–311; zu den intertextuellen Bezügen zwischen Hildebert und Du Bellay vgl. Vinken, *Du Bellay* (wie Anm. 27), S. 78–83. – Haldane weist außerdem noch auf intertextuelle Bezüge zu Ovid und Castiglione hin. Vgl. Michael Haldane, ›Et Rome Rome a vaincu seulement‹: Du Bellay's Sonnet III of the *Antiquitez de Rome*, in: *Neophilologus* 97 (2013), S. 477.

Voy quel orgueil, quelle ruine: & comme
Celle qui mist le monde sous ses loix,
Pour donter tout, se donta quelquefois,
Et devint proye au temps, qui tout consomme.

Rome de Rome est le seul monument,
Et Rome Rome a vaincu seulement.
Le Tybre seul, qui vers la mer s'enfuit,

Reste de Rome. O mondaine inconstance!
Ce qui est ferme, est par le temps destruit,
Et ce qui fuit, au temps fait resistance.[35]

[Neuling, der du Rom in Rom suchst
Und nichts von Rom erblickst,
Diese alten Paläste, diese alten Bögen, die du siehst,
Und diese alten Mauern, das ist, was Rom man nennt.

Sieh, welch Hochmut, welch Zerstörung – und wie
Dieselbe, die die Welt unter ihre Gesetze zwang
Um alles zu beherrschen, sich bald selbst bezwang,
Und Beute der Zeit wurde, die alles verzehrt.

Rom ist Roms einziges Monument,
Und Rom allein hat Rom besiegt,
Der Tiber nur, der zum Meer hin flieht,

Bleibt von Rom. Oh Unbeständigkeit der Welt!
Was festgefügt, wird von der Zeit zerstört,
Und was entflieht, das widersteht der Zeit.][36]

Zunächst fällt auf, dass in vierzehn Versen allein zehnmal der Name Roms beschworen wird (V. 1, 2, 3, 9, 10, 11). Hinzu kommen noch die Wörter, die sich auf „Rome" reimen, also „nomme", „comme", „consomme" (Vers 4, 5, 8). Damit wird schon ein bedeutungsvoller Zusammenhang aufgerufen: Rom ist vergangen (*consomme*), geblieben ist nur noch der erinnerungsschwangere Name (*ce que Rome on nomme*).

Von Rom kennt der Neuankömmling vor allem den Namen, der *pars pro toto* für das Römische Imperium und die Papststadt steht. Zunächst schildert das Sonett also eine enttäuschte Erwartung: Der Neuankömmling findet nicht, was er sich vor Antritt seiner Reise erhofft hat („qui cherches Rome en Rome/Et rien de Rome en Rome n'aperçois"). Das lyrische Ich, das den unerfahrenen Neuling auf

35 Du Bellay, *Œuvres* (wie Anm. 16), Bd. II, S. 5 f.

36 Übersetzung von Helmut Knufmann, von mir überarbeitet. Vgl. Joachim Du Bellay, *Die Ruinen Roms. Les Antiquitez de Rome*, Freiburg i. Br. 1980, S. 19.

Rom vorbereiten will, geht davon aus, dass dieser mit einem Vorwissen nach Rom kommt, das er sich durch Lektüre angeeignet hat.[37] Dieser Lektüreinhalt steht aber im Kontrast zu dem, was er bei seiner Ankunft in Rom tatsächlich vorfinden wird. Antike Texte und zeitgenössische Realität sind nicht mehr in Einklang zu bringen.[38]

In der neulateinischen Vorlage wird klar gesagt, warum das einst große Rom nun besiegt am Boden liegt und nur Ruinen übrig sind: „Disce hinc, quid possit fortuna".[39] Das heißt das Schicksal Roms illustriert den Topos von der wechselhaften Glücksgöttin Fortuna, deren Rad sich unaufhörlich dreht. Du Bellay übernimmt zwar den Verfallsgedanken, ersetzt aber die Glückgöttin Fortuna durch die Zeit („proye au temps qui tout consomme", „Ce qui est ferme, est par le temps destruit", V. 8, 13). Damit rekurriert er auf ein anderes literarisches Motiv, nämlich den Topos der alles zerstörenden Zeit (*tempus edax rerum*), wie er zum Beispiel aus Ovids *Metamorphosen* (XV, 234) bekannt ist. Aber es wird noch eine andere Ursache genannt, nämlich menschliche Hybris beziehungsweise Ruhmsucht. In Vers 5 heißt es emphatisch: „Voy quel orgueil, quelle ruine". Selbst als Ruinen zeugen die Reste folglich noch von Stolz und Größe. Möglicherweise sind sie selbst aber die Strafe für menschlichen Hochmut (*orgueil*) und menschliches Machtstreben („Celle qui mist le monde sous ses loix/Pour donter tout", V. 6–7).

Auffällig ist die häufige Verwendung von Verben der visuellen Wahrnehmung wie ‚apercevoir' und ‚voir' (V. 2, 3, 5). Der Imperativ „Voy" zu Beginn des zweiten Quartetts spricht den Leser als Betrachter direkt an, ist also deiktisch gemeint: Er soll hinsehen und erkennen, dass die Welt von grundsätzlicher Unbeständigkeit und Diskontinuität (*inconstance*) gekennzeichnet ist. Das einzig Beständige ist die Gewissheit des ewigen Wandels: Nichts bleibt, wie es ist.

Wie Le Gall zeigt, verehren schon die Römer den Tiber als heiligen Fluss und *Pater Tiberinus*.[40] Bei Du Bellay kommt dem Tiber unter veränderten Vorzeichen

---

37 Vinken zufolge evoziert Du Bellay humanistische Führer wie Lucio Faunos *Compendio di Roma antica* (1552), Ligorios *Primo libro delle Antichità* (1553) oder Andrea Palladios *Le Antichità di Roma* (1554). Vgl. Vinken, *Du Bellay* (wie Anm. 27), S. 84.

38 Auch das ist zu Zeiten Du Bellays schon ein Topos in der Renaissance-Literatur, denn auch der große Humanist Petrarca projiziert seine Lektüreerfahrung antiker Klassiker auf den tatsächlichen Stadtraum. Nach dem „Sacco di Roma" ist das aber endgültig nicht mehr möglich. Vgl. hierzu etwa den Brief von Petrarca an Giovanni Colonna (*Familiares* VI, 2) und die entsprechende Interpretation von Karlheinz Stierle, *Francesco Petrarca. Ein Intellektueller im Europa des 14. Jahrhunderts*, München / Wien 2003, S. 268.

39 Vgl. hierzu die vergleichende Analyse von Vitalis' Epigramm und Du Bellays Sonett bei Haldane, ›Et Rome Rome a vaincu seulement‹ (wie Anm. 34), S. 467–479.

40 Dabei ist der Tiber-Kult vermutlich von den Ägyptern inspiriert, die den Nil als heiligen Fluss verehrten. Le Gall weist darauf hin, dass der Tiber durchaus eine wichtige geostrategische Be-

eine Schlüsselrolle zu, denn er wird zum Sinnbild des Im-Fluss-Seins – ganz im Sinne von Heraklits Diktum *panta rhei* (alles fließt). Was bleibt, ist, dass sich alles ändert – dieses Gesetz illustriert der Tiber. Wie kunstvoll Du Bellay Form- und Inhaltsebene verknüpft, machen die folgenden Verse deutlich: „Le Tybre seul, qui vers la mer s'enfuit,/Reste de Rome." Der Tiber fließt nicht einfach ins Meer, sondern er ist als Akteur personifiziert und *flieht* aus Rom. Die Papststadt ist also ein Ort, den man am liebsten so schnell wie möglich wieder verlassen möchte. Durch das Enjambement, das über das Zeilenende hinaus die beiden Terzette miteinander verbindet und so in einem Atemfluss gelesen werden muss, schreibt sich der Fluss in die Syntax des Gedichts ein. Wie der Tiber sich durch die Stadt schlängelt, so schlängelt sich der Satz von Terzett zu Terzett.[41] Die semantischen Gegensätze „rester" und „fuir" illustrieren diese paradoxe Figur von der Beständigkeit des Wandels. So wird das physische, ortsgebundene, materielle Rom dem Zahn der Zeit unterworfen. Die Idee von Rom aber, ihr ortsungebundener Geist, lebt fort.

Die zerstörerische Zeit hat im vorliegenden Sonett nicht das letzte Wort, denn das letzte Wort des Gedichts lautet „résistance" (Widerstand). Das, was scheinbar beständig wirkt, wird von der Zeit zerstört (Bauten, weltliche Macht, Ruhmsucht, menschlicher Hochmut). Aber das, was flieht und fließt – hier wird nochmal auf den Tiber rekurriert – kann die Zeit besiegen: „Et ce qui fuit, au temps fait resistance". Durch die Alliteration *R*ome – *r*este – *r*esistance wird der inhaltliche Gedanke eines aktiven Widerstands gegen die Zeit zusätzlich formal unterstrichen.[42]

Wie ist dieser paradox scheinende Gedanke zu verstehen? Wie Du Bellay im fünften Sonett der *Antiquitez* wiederholt: „Rome n'est plus".[43] Was vom alten Rom übriggeblieben ist, ist nur noch Abglanz, Schatten („Quelque umbre encor de Rome fait revoir").[44] Das Bild der aus dem Grab ans Tageslicht hervorgeholten Reliquien, das Du Bellay schon im Widmungssonett an den König verwendet und mehrfach aufgreift, ist hier erhellend. Die Stadt wird mit einem Leichnam verglichen, der aus dem Grab gezerrt wird: „C'est comme un corps par magique sça-

deutung für die Stadt Rom hat: Als schiffbarer Fluss verbindet er Rom mit dem Meer und mit dem Zentrum Italiens. Allerdings billigt Le Gall dem Tiber selbst keinerlei Handlungsmacht zu: „Le déterminisme géographique est une réalité, mais il ne manifeste son action que par l'intervention de l'homme." Vgl. Joël Le Gall, *Le Tibre. Fleuve de Rome dans l'Antiquité*, Paris 1953, S. VI f. & 331.

41 Vgl. dazu auch Haldane, Rome (wie Anm. 34), S. 476.

42 Vgl. Ebd., S. 477.

43 Du Bellay, *Œuvres* (wie Anm. 16), Bd. II, S. 8.

44 Ebd.

voir/Tiré de nuict hors de sa sepulture".[45] Der *Körper*, also die materielle Form der Stadt Rom, ist bereits zu Asche zerfallen („Le corps de Rome en cendre devallé").[46] Fortbestand haben nur die geschriebenen Werke („escripts"), also die Literatur. Damit gestaltet Du Bellay einen literarischen Topos im Wettstreit der Künste, dass nämlich Dichtkunst beständiger als Baukunst sei.[47]

Der Dichter kann die Geschichte dem Grab des Vergessens entreißen und die Erinnerung an Roms einstige Größe wachhalten. Dem antiken Fährmann Charon gleich fährt der Dichter zwischen den Ufern der Vergangenheit und der Gegenwart beständig hin und her. Als Brückenbauer oder Über-Setzer kann er zwischen der glorreichen Vergangenheit Roms und ihrer dekadenten Gegenwart eine Verbindung herstellen. Das Vergangene ist zwar tot (wie die Verstorbenen in der Unterwelt) und kann nicht in physischer Gestalt zurückkehren, aber die Dichtkunst kann die Erinnerung an Vergangenes wachhalten. So kann sie nachfolgende Generationen warnen, die römischen Ruinen können als Exemplum dienen: Sie sind ein mahnendes Beispiel dafür, wie die Götter menschliche Hybris oder Größenwahnsinn bestrafen.

Mit Blick auf den Tiber bleibt festzuhalten, dass er nicht als Lokalkolorit bedeutsam ist und es auch nicht so sehr um ein konkret in der Zeit von Du Bellay verortbares Rom geht. Sondern der Tiber steht für das allgemeine Gesetz, dass der stetige Wandel das einzig Verlässliche ist und jedes Streben nach dauerhafter Größe zum Scheitern verurteilt ist. In dieser Weise sind Du Bellays Rom-Sonette auch als Machtkritik an die Adresse der französischen Könige gerichtet, die nach politischer Vorrangstellung in Europa streben, sich dafür am Imperium Romanum orientieren und von einer *translatio imperii* träumen.

Der zweite wichtige Fluss, der in den *Antiquitez* mehrfach genannt wird, ist der mythische Fluss Styx. In diesem Kontext ist das Sonett Nr. XV des Zyklus bedeutsam, in dem eine Art Geisterbeschwörung stattfindet. Die dunklen o- und u-Vokale unterstreichen lautmalerisch die gruselige Atmosphäre des Gedichts:

Palles Esprits, & vous Umbres poudreuses,
Qui jouissant de la clarté du jour
Fistes sortir cest orgueilleux sejour,
Dont nous voyons les reliques cendreuses:

45 Ebd.

46 Ebd.

47 Die Vorherrschaft der Poesie über die bildenden Künste ist ein beliebter Topos der Lyrik, vgl. schon Horaz, *Carm.* III, 30. Quintus Horatius Flaccus, Carmina, hg. v. Franz Burger, München 1927, S. 88: Ode an Melpomene.

Dictes, Esprits (ainsi les tenebreuses
Rives de Styx non passable au retour,
Vous enlaçant d'un trois fois triple tour,
N'enferment point voz images umbreuses)

Dictes moy donc (car quelqu'une de vous
Possible encor se cache icy dessous)
Ne sentez vous augmenter vostre peine,

Quand quelquefois de ces costeaux Romains
Vous contemplez l'ouvrage de voz mains
N'estre plus rien qu'une poudreuse pleine?[48]

[Fahle Geister, Schatten ihr im Staube,
Die, als noch lichte Tage ihr genossen,
Erstehen ließt die stolze Stätte hier,
Von der wir nur mehr staubig' Überreste sehen:

Sagt mir, Geister, (wo doch die dunklen
Gestade des Styx, die nie jemals zurück durchquert,
Euch neunfach windend rings umschlingen,
Nicht euer Schattenbild umschließen)

Sagt mir doch (denn möglich wär's ja,
Dass von euch hierunten einer sich verbirgt)
Fühlt ihr nicht euren Schmerz vergrößert,

Wenn ihr die Hügel Roms so manches Mal
Als eurer Hände Werk erkennt und
Nichts doch blieb als eine staub'ge Halde?][49]

Eindrücklich ist in diesem Sonett die Licht- und Schattenmetaphorik: Schatten („Umbres") werden dem Tageslicht („clarté du jour") gegenübergestellt und stehen an syntaktisch identischer Stelle am Versende. Das Schattenhafte wird durch „tenebreuses" (V. 5) und „umbreuses" (V. 8) verstärkt. Abermals wird auf den Stolz und Hochmut der Römer angespielt („orgueilleux", V. 3); mit Verben des Sehens (*voir, contempler*) verbunden wird das Ergebnis vorgeführt: Nur Asche und Staub sind übriggeblieben („reliques cendreuses", „poudreuse plaine", V. 4, 14). Die Geister werden mit der Aufforderung „Dictes, Esprits" (V. 5) und „Dictes-moi donc" (V. 9) zweimal explizit beschworen und darum gebeten, dem Sprecher doch Auskunft zu geben. Der in der Lyrik durchaus übliche Musenanruf ist bei Du Bellay zur Geisterbeschwörung geworden, wie Barbara Vinken zu Recht anmerkt.[50] Es sind also die

48 Du Bellay, *Œuvres* (wie Anm. 16), Bd. II, S. 16.
49 Übersetzung von Helmut Knufmann, von mir überarbeitet. Vgl. Du Bellay, *Ruinen* (wie Anm. 36), S. 43.
50 Vinken, *Du Bellay* (wie Anm. 27), S. 90.

Geister der Vergangenheit, die das lyrische Ich hier durch seine direkte Ansprache beschwört. Jene Geister, die das stolze Rom erbaut haben, das jetzt nur noch aus staubigen Überresten von Gebäuden und Körpern besteht. Dabei ist das französische Wort ‚reliques' doppeldeutig: Man kann es nicht nur auf die Ruinen großer Gebäude beziehen, sondern seine religiöse Konnotation spielt auch auf Körperteile von Heiligen (Reliquien) an, deretwegen christliche Pilger in die Papststadt kommen. Du Bellay überblendet hier also in einem Wort antikes Rom und zeitgenössische Papststadt.

Zweimal werden die Geister aufgefordert, doch mit dem lyrischen Ich zu sprechen und von der Vergangenheit zu erzählen, doch sie bleiben stumm. Dies liegt möglicherweise daran, dass sie von den Wassern des Styx umgeben sind, wie der Einschub in Klammern deutlich macht. Der rätselhafte Satzteil „Vous enlaçant d'un trois fois triple tour" spielt nämlich auf die antike Vorstellung an, dass der Styx sich neunmal um die Unterwelt schlängelt.[51] Dieser mäandernde Fluss umschließt auch die Geister der Verstorbenen, nicht jedoch ihre (Ab-)Bilder („N'enferment point voz images umbreuses", V. 8). Die Spur des Gewesenen ist noch zu sehen, auch wenn die Menschen längst gestorben und ihre Gebäude verfallen sind. – Das angesprochene Leid („Ne sentez vous augmenter vostre peine") greift erneut das antike Bild vom Styx als dem Fluss der Schrecken auf.

Wie auch in anderen Sonetten der *Antiquitez* markiert Du Bellay deutlich den Abgrund zwischen dem *Körper* der Stadt Rom einerseits – ihren Ruinen, verfallenen Trümmern und verstorbenen Bewohnern – und dem *Geist* der einstigen Weltmacht andererseits. Wenn es darum geht, diesen Geist Roms in Erinnerung zu rufen, bringt sich der Dichter selbst ins Spiel. Wo der normale Betrachter nur noch eine staubige Ebene erkennen kann, da sieht der Dichter mehr: Er allein vermag es nämlich, die Geister der Vergangenheit zu beschwören und die Distanz zur Jetztzeit im Medium des Gedichts zu überbrücken. Er kann auf das verweisen, was nur noch in der Erinnerung lebt, für die Augen aber nicht mehr sichtbar ist. Das Rom, das Du Bellay entwirft, ist – der antiken Unterwelt vergleichbar – von den Wassern des Styx umgeben. Allein der Dichter vermag es, die Wasser des Vergessens zu überbrücken und eine Verbindung zur Vergangenheit zu stiften – aber nicht im Sinne einer Wiederherstellung imperialer Größe, sondern indem er daran erinnert, wie aus einstiger Größe (*grandeur*) durch menschlichen Hochmut (*orgeuil*) alles zugrunde gerichtet wurde (*ruine*). Daran lassen die Schlüsselworte des Zyklus keinen Zweifel. Nicht durch äußere Feinde werden also Weltreiche zerstört, sondern durch innere Verfallsprozesse, Maßlosigkeit und Unmoral. Die Ruinen sind – Leichenteilen gleich – nur noch die Spur eines Gewesenen, Erinne-

---

51 So schildert es Vergils *Aeneis* 6,439. Vgl. Tripp, Art. „Styx" (wie Anm. 4), S. 489.

rung an etwas, dessen körperliche Präsenz für immer verschwunden ist. Geschichte erweist sich hier als todbringende „Unheilsgeschichte".[52]

Es bleibt festzuhalten: Die Pariser Seine spielt in der Lyrik Du Bellays keine Rolle. Anhand der Flüsse Styx und Tiber lässt sich jedoch klar bestimmen, welches Verhältnis zu Rom als Hauptstadt der Antike und zeitgenössischer Papststadt der französische Renaissance-Dichter hat. Der Befund ist klar: Das Rom der Antike ist unwiederbringlich verloren und kann durch keine *translatio imperii* jemals wiederhergestellt werden. Nur noch im magischen Klang des mehrfach wiederholten Wortes „Rome" kann die alte Größe noch beschworen werden. Du Bellay preist die Kraft der Erinnerung, deren Sachwalter der Dichter ist. Die Haupttätigkeit des Dichters hatte der italienische Dichter Petrarca mit Blick auf Rom als „ri-membrare" beschrieben, und das ist doppeldeutig: Der Dichter setzt die Fragmente (wörtlich Körperteile, *membra*) der Vergangenheit wieder zusammen.[53] Aber er fügt sie nicht zu einem heilen Ganzen, sondern sie sind nur noch Spur des Gewesenen. Denn der Styx ist „non passable au retour", wie Du Bellay betont: Was einmal vergangen ist, kann nicht mehr restituiert werden. Aber den Kontakt zu diesen vergangenen Zeitschichten und Texten kann der Dichter gleichsam als neuer *pontifex maximus* herstellen. In diesem Sinne wird die eigene Tätigkeit des Dichtens als besonders wichtig und wertvoll profiliert, der Dichter inszeniert sich sozusagen als professioneller Verewiger – eine ganz eigene Art dessen, was Stephen Greenblatt mit Blick auf Shakespeare als „Renaissance self-fashioning" bezeichnet hat.[54]

Der Untergang des antiken Roms kann positiv gedeutet werden, wenn man das Bild des beständigen Wandels ernst nimmt. Da das Rom der Renaissance nur noch aus Trümmern und Sittenverfall besteht, bietet sich für Frankreich eine Chance, die der Nationaldichter Du Bellay sofort erkennt: Die kulturelle Vorrangstellung Italiens kann abgelöst werden, Frankreich kann an die antiken und humanistischen Autoren wie Petrarca anknüpfen und selbst zu neuer Größe aufsteigen. Allerdings lässt Du Bellay keinen Zweifel daran, dass es ihm um kulturelle und sprachliche Größe, nicht etwa um militärische Dominanz zu tun ist. Zu eindringlich sind seine

---

52 „Die *Antiquitez* sind auch und vielleicht vor allem eine Geschichtstheorie, die den Topos der *vanitas vanitatum* dekliniert: Todesverfallenheit, Eitelkeit alles Irdischen, blinder Hochmut der Menschen. [...] Im Schicksal der Stadt offenbart sich der Lauf der Welt. Römische Geschichte entpuppt sich in den *Antiquitez* nicht als Heils-, sondern als Unheilsgeschichte." Vinken, *Du Bellay* (wie Anm. 27), S. 111 & 114.

53 Petrarca schreibt in der Canzone LIII über Rom: „L'antique mura ch'anchor teme et ama/et trema 'l mondo, quando si rimembra/del tempo andato e 'ndietro si rivolve". Francesco Petrarca, *Canzoniere*, komm. Edition hg. von Marco Santagata, Mailand 1996, S. 271.

54 Vgl. Stephen Greenblatt, *Renaissance Self-Fashioning. From More to Shakespeare*, Chicago 2005.

Warnungen, dass auf Größe sehr schnell Niedergang folgen kann und dass politische Macht der zerstörerischen Zeit unterworfen ist. Was bleibt, ist der Wandel, für den der Tiber steht. Um nicht in den Fluten des Styx zu versinken und somit dem ewigen Vergessen anheimzufallen, ist es notwendig, auf Dichter als Brückenbauer zwischen Antike und Gegenwart zurückzugreifen – vor allem, um die Fehler der Vergangenheit (Größenwahnsinn, Hochmut) nicht zu wiederholen. Diese Selbstempfehlung als Dichter ist im Falle Du Bellays erfolgreich gewesen, denn er ist durch die *Antiquitez de Rome* berühmt geworden. Doch auch dieser Ruhm währte nicht lange: Nur zwei Jahre nach seinem größten literarischen Erfolg verstirbt Du Bellay. Sein Modell von Kulturtransfer, wie ihn nur der gelehrte Dichter vollbringen kann, hat ihn noch lange überlebt.

Bibliographie

Bellenger, Yvonne, *Le temps et les jours dans quelques recueils poétiques du XVIe siècle (Scève, Louise Labé, Ronsard, Du Bellay, Desportes, Du Bartas, D'Aubigné)*, Paris 2002.

Du Bellay, Joachim, *Les Regrets suivi de Les Antiquités de Rome. Le Songe*, hg. v. François Roudaut, Paris 2002.

Du Bellay, Joachim, *Œuvres poétiques. Bd. I (L'Olive. L'Anterotique. XIII Sonnetz de l'Honneste Amour)*, édition critique publiée par Henri Chamard, nouvelle édition mise à jour et complétée (avec appendice, bibliographie, glossaire, index) par Yvonne Bellenger, Paris 1982.

Du Bellay, Joachim, *Die Ruinen Roms. Les Antiquitez de Rome*, übertragen von Helmut Knufmann, mit einem Vorwort von Frank-Rutger Hausmann, Freiburg i. Br. 1980.

Du Bellay, Joachim, *Œuvres poétiques. Bd. II. Recueils de sonnets*, édition critique publiée par Henri Chamard. Cinquième tirage revu et corrigé avec un cahier additionnel remis à jour en 1969 par Henri Weber, Paris 1970.

Du Bellay, Joachim, *La Deffence et Illustration de la Langue Francoyse*, édition critique publiée par Henri Chamard, Paris 1970.

Engler, Winfried, Art. „Du Bellay", in: ders.: *Lexikon der französischen Gegenwartsliteratur*, Stuttgart [3]1994, S. 326.

Goyet, Francis (Hg.), *Traités de poétique et de rhétorique de la Renaissance. Sébillet, Aneau, Peletier, Fouquelin, Ronsard*, Paris 1990.

Greenblatt, Stephen, *Renaissance Self-Fashioning. From More to Shakespeare*, Chicago 2005.

Haldane, Michael, „Et Rome Rome a vaincu seulement": Du Bellay's Sonnet III of the *Antiquitez de Rome*, in: *Neophilologus* 97 (2013), S. 465–480.

Hennigfeld, Ursula, *Der ruinierte Körper. Petrarkistische Sonette in transkultureller Perspektive*, Würzburg 2008.

Horatius Flaccus, Quintus, *Carmina*, hg. v. Franz Burger, München 1927.

Kretschmer, Hildegard, Art. „Fluss", in: Dies.: *Lexikon der Symbole und Attribute in der Kunst*, Stuttgart 2008, S. 142.

Le Gall, Joël, *Le Tibre. Fleuve de Rome dans l'Antiquité*, Paris 1953.

Lurker, Manfred, Art. „Flußgottheiten", in: Ders.: *Wörterbuch der Symbolik*, Stuttgart [5]1991, S. 211 f.

Lurker, Manfred, Art. „Styx“, in: Ders.: *Lexikon der Götter und Dämonen. Namen, Funktionen, Symbole/Attribute*, Stuttgart [3]2014, S. 449.
Lurker, Manfred, Art. „Charon“, in: Ders.: *Lexikon der Götter und Dämonen. Namen, Funktionen, Symbole/Attribute*, Stuttgart [3]2014, S. 103.
Mayer, Christoph Oliver, Poèmes à leur ami Lyon: de Clément Marot à Joachim Du Bellay, in: *Lyon vu/e d'ailleurs (1245–1800)*, hg. v. Jean-Louis Gaulin und Susanne Rau, Lyon 2009, S. 55–70.
Nachod, Hans / Stern, Paul, *Briefe des Francesco Petrarca. Eine Auswahl*, Berlin 1931.
Petrarca, Francesco, *Canzoniere*, komm. Edition hg. von Marco Santagata, Mailand 1996.
Plotke, Seraina, *Par tibi Roma nihil*. Rom-Bilder in lateinischen und mittelhochdeutschen Dichtungen des 11. und 12. Jahrhunderts, in: *Der Fall Roms und seine Wiederauferstehungen in Antike und Mittelalter*, hg. v. Henriette Harisch-Schwarzbauer und Karla Pollmann, Berlin 2013, S. 293–311.
Ranke-Graves, Robert von, *Griechische Mythologie. Quellen und Deutung*, Bd. 1, Reinbek bei Hamburg 1955.
Rigolot, François, *Poésie et Renaissance*, Paris 2002.
Schmidt, Albert-Marie, *Poètes du XVIe siècle*, Paris 1953.
Stierle, Karlheinz, *Francesco Petrarca. Ein Intellektueller im Europa des 14. Jahrhunderts*, München / Wien 2003.
Tripp, Edward, Art. „Cháron“, in: ders.: *Reclams Lexikon der antiken Mythologie*, übersetzt von Rainer Rauthe, Stuttgart 1974, S. 103 f.
Tripp, Edward, Art. „Styx“, in: ders.: *Reclams Lexikon der antiken Mythologie*, übersetzt von Rainer Rauthe, Stuttgart 1974, S. 489f.
Tucker, George Hugo, *Les regrets et autres œuvres poétiques de Joachim Du Bellay*, Paris 2000.
Vinken, Barbara, *Du Bellay und Petrarca: das Rom der Renaissance*, Tübingen 2001.

Hans Hecker

Dnepr und Volga – Fluss und Herrschaft

Einleitung

Russland[1] hat lange Zeit weithin als Landmacht im eigentlichen Sinne gegolten. Das Land, die Erde, der Boden, die Steppe, Kosaken zu Pferde – darauf gründet sich ein historisches Russlandbild, das die Geschichte der Ausdehnung der russischen Staatsmacht in den Mittelpunkt rückt. Sie vollzog sich über Land, im Unterschied zu den Mächten, die ihre Kolonialreiche über See aufbauten, wie etwa England, Portugal oder Spanien. Die kontinentale russische Expansion nahm bereits mit dem Aufstieg des Großfürstentums Moskau zum Zartum (15./16. Jahrhundert) imperiale Züge an. Peter der Große führte die Entwicklung weiter, indem er über den Landweg hinaus ging und eine Flotte baute, um auf dem Meer präsent zu sein und Russland zu einer der maßgeblichen europäischen Großmächte zu machen.

Die Landesnatur hat den kontinentalen Charakter Russlands geprägt. Die riesigen Dimensionen des Landes, nord-südlich gegliedert in die naturräumlichen Zonen Tundra, Taiga, Waldzone, Waldsteppe und Steppe, verstärken diesen Eindruck. Die Steppe erscheint als dominante Zone, da seit vorchristlicher Zeit nomadisierende und erobernde Völkerschaften von Osten her durch sie hindurch zogen und dort ihre vielfältigen Spuren hinterließen. Die Steppe bot offenes Gelände, der Wald widersetzte sich dem Vormarsch. Am tiefsten wirkte sich die Herrschaft der Tataren aus, die als Teilvolk des mongolischen Weltreichs durch die Steppe vordrangen und die Ruś für zweieinhalb Jahrhunderte ihrer Oberherrschaft unterwarfen.[2]

Russland ist jedoch auch das Land der gewaltigen Ströme und ihrer weitverzweigten Flusssysteme, vom Westen bis nach Sibirien. Sie gliedern die riesige Landmasse in ausgedehnte Räume und gestalten das Land mehrfach im Jahr um, wenn sie im Winter zufrieren und im Frühjahr, während des Tauwetters, weit über ihre Ufer treten. Dann sind sie geradezu fließende Räume. Man kann sie als ergänzende Gegenpole zu den statischen Räumen sehen, zur Waldzone und zur sich südlich anschließenden Steppenzone.

1 Unter dem Begriff „Russland“ werden hier Gebiete für diejenige Zeit zusammengefasst, in der sie unter russisch-großfürstlicher bzw. zarischer oder sowjetischer Herrschaft zu einem Staatsgebiet gehörten.

2 Aufstieg und Niedergang dieser mongolisch-tatarischen Oberherrschaft zogen sich jeweils über etwa zweieinhalb Jahrhunderte hin. Als markante Daten gelten 1240 (Eroberung Kievs) und 1480 (Aufgabe eines Feldzugs gegen Moskau).

https://doi.org/10.1515/9783111102771-010

In diesem Beitrag sollen einige Aspekte der großen Flüsse in ihrer Bedeutung für die Gestaltung der Geschichte Russlands betrachtet werden. Im Hinblick auf das Rahmenthema sollen zwei Ströme gegenübergestellt werden, die in der ostslavisch-russischen Geschichte ganz verschieden auftreten: der Dnepr und die Volga.

Mit ihren Einzugsgebieten gehören sie zu den größten Flusssystemen Europas. Der Dnepr fließt heute, nach einer langen Geschichte wechselnder Herrschaftsgrenzen, durch drei ostslavische, dem christlich-orthodoxen Kulturbereich zugehörige Staaten: Russland, Belarus und die Ukraine, bevor er ins Schwarze Meer mündet. Er ist 2201 km lang. Im Vergleich dazu der Rhein: 1230 km. Die Volga fließt mit 3530 km Länge nur durch die Russländische Föderation, bis sie ins Kaspische Meer, also nicht direkt in den offenen Ozean, mündet. Innerhalb der Russländischen Föderation berührt sie Teilrepubliken wie die der Tataren, der Mari (Čeremissen), der Čuvašen oder der Mordvinen. Das bedeutet, dass sie mehr unterschiedliche Völker und Kulturen berührt als der Dnepr, so zum Beispiel die Mari mit ihrer traditionellen synkretistischen Naturreligion sowie zahlreiche christliche Denominationen, die sprachlich-kulturell finno-ugrisch geprägten, aber vielfältig beeinflussten Čuvašen oder die islamischen Tataren (Abb. 1).

Welchen Einfluss die beiden Ströme in der russischen Geschichte auf die Entwicklung und Strukturierung des Landes, auch auf die Nationsbildung, ausgeübt haben, darüber gehen die Meinungen der Historiker auseinander – die Akzente werden unterschiedlich gesetzt. Eine direkt nations- beziehungsweise staatsbildende Wirkung spricht man den Flüssen nicht zu, wohl aber eine grundlegende Bedeutung als Verkehrswege und somit für die wirtschaftliche und soziale Entwicklung sowie für die Mobilität der Bevölkerung. Dass die wechselseitigen Einwirkungen sich sowohl politisch auswirkten als auch politisch gesteuert wurden, ist unbestritten.[3] Hier soll anhand der beiden Ströme der Frage nach der Bildung und der Erweiterung von Herrschaft in historischer Perspektive nachgegangen werden.

Dnepr

Der Dnepr fließt nahezu mittig durch eine Großregion, die Ukraine,[4] und ist, wie noch zu zeigen sein wird, im 17. Jahrhundert zur Abgrenzung zwischen zwei

3 Einen präzisen Überblick gibt Guido Hausmann, *Mütterchen Wolga. Ein Fluss als Erinnerungsort vom 16. bis ins frühe 20. Jahrhundert* (Campus Historische Studien 50), Frankfurt / New York 2009, S. 11–33; dort auch zahlreiche weitere Literatur.

4 Zur Geschichte der Ukraine weiterhin grundlegend: Andreas Kappeler, *Kleine Geschichte der Ukraine*, München [8]2022; ders., *Ungleiche Brüder. Russen und Ukrainer vom Mittelalter bis zur*

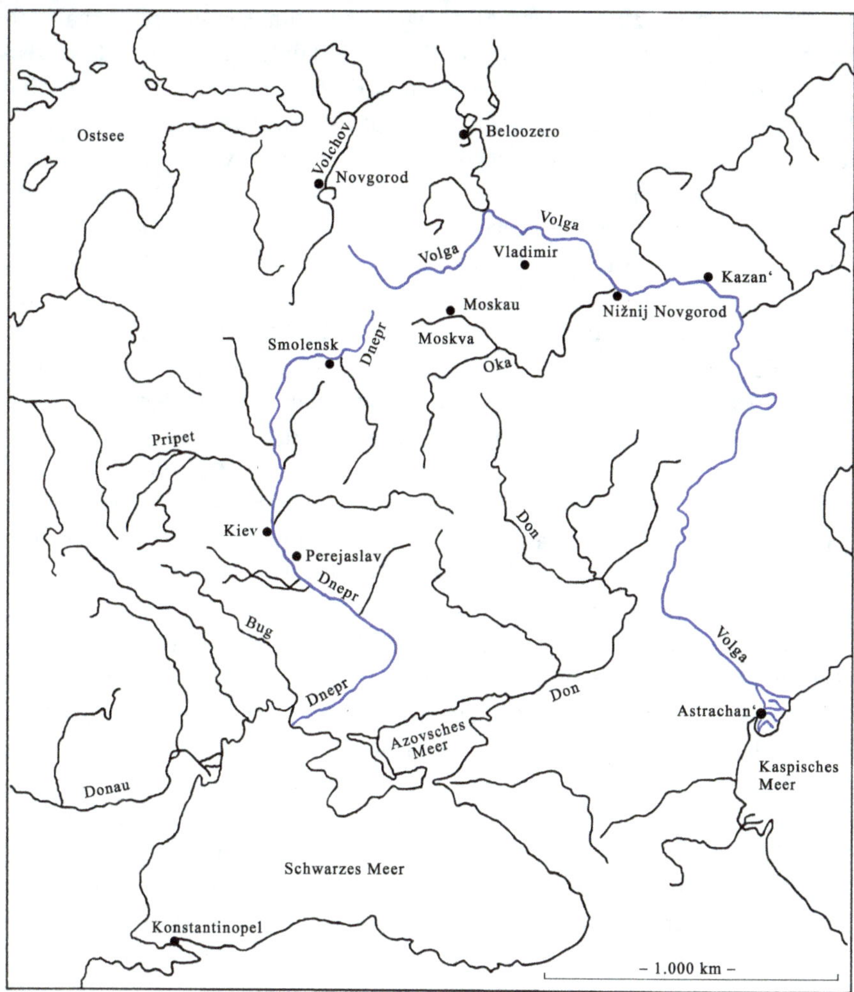

Übersichtskarte

Abb. 1: Karte des Dnepr- und Volgaverlaufs.

Machtbereichen genutzt worden, mit Nachwirkungen auf die Herrschafts- und Machtverhältnisse bis heute. Die Gründe dafür traten bereits seit dem 15. bis 16. Jahrhundert zutage.

Gegenwart, München ^{3}2022; Orest Subtelny, *Ukraine. A History,* Toronto u. a. ^{2}1994; Władysław A. Serczyk, *Historia Ukrainy,* Wrocław u. a. ^{2}1990.

Doch zunächst zu den Voraussetzungen und Anfängen der Herrschaftsbildung in der Flusslandschaft des Dnepr: Um die Herkunft der Slaven und den geographischen Ausgangsort ihrer Verbreitung im östlichen Europa gibt es eine langwierige, kontroverse, von politischen Aspekten nicht ganz freie Forschungsdiskussion. Mehrheitlich wird heute die „Urheimat" der Slaven in der Gegend um den Fluss Pripet angenommen, einem Nebenfluss des Dnepr im belarussisch-ukrainischen Grenzgebiet. Von dort nahm wahrscheinlich seit dem 5. Jahrhundert die slavische Völkerwanderung ihren Ausgang, aus der sich die Herausbildung von Stämmen, je nach den landschaftlichen Gegebenheiten und Nachbarschaftsverhältnissen, und im Zuge der Sesshaftwerdung im Laufe der Jahrhunderte die Aufgliederung in West-, Süd- und Ostslaven sowie nicht zuletzt der slavischen Sprachen entwickelte.[5] Wo es nötig war, bewegte man sich über Land, wo hingegen der Wald zu dicht, der Boden zu sumpfig war oder sonstige Hindernisse im Weg waren, nutzte man die Flüsse mit ihren weitverzweigten Zuflüssen, wie es alle wandernden Völkerschaften taten. Es waren keine mehr oder minder geschlossenen Verbände, die da unterwegs waren, sondern es handelte sich eher um eine langsame Verlagerung der Niederlassungen, je nach den gegebenen Verhältnissen, wie sie der bäuerlichen Nutzung günstig waren.

Die Ostslaven, aus denen im Laufe der Jahrhunderte die Russen, Ukrainer und Weißrussen werden sollten, wie wir sie heute kennen, breiteten sich über das Dneprgebiet nach Osten aus. Man kann sich den Prozess der „Landnahme", wie der Vorgang bezeichnet worden ist, als ein allmähliches Vordringen vorstellen, als eine gewissermaßen „sickernde", punktuelle Siedelbewegung. Damals begann der Vorgang der permanenten Kolonisierung des Landes, als den der bedeutende russische Historiker V.O. Ključevskij die gesamte Geschichte Russlands charakterisiert hat.[6] Wo die Wasserläufe sich nicht berührten, setzte man die Boote auf rundgehauene Baumstämme; darüber rollte man sie über Land bis zum nächsten Gewässer. Diese Schleppstellen waren zwangsläufig gefährdet. Anders als auf dem Fluss war man

5 Art. „Slaven", in: *Reallexikon der Germanischen Altertumskunde*, hg. v. Heinrich Beck, Dieter Geuenich und Heiko Steuer, 35 Bde., Berlin 2015, Bd. 29, S. 44–106. Grundlegend problematisierend zur Genese, Entwicklung, Einschätzung der Slaven Eduard Mühle, *Die Slawen im Mittelalter. Zwischen Idee und Wirklichkeit*, Wien 2020.

6 „Die Geschichte Russlands ist die Geschichte eines Landes, das kolonisiert wird. Das Gebiet der Kolonisierung in ihm hat sich zusammen mit seinem staatlichen Territorium ausgedehnt. [...] diese jahrhundertelange Bewegung dauert bis in unsere Tage an." (Übersetzung von mir. HH) in: Prof. V.O. Ključevskij, *Kurs Russkoj Istorii*, Čast' I, 3-izdanie, Moskva / Petrograd 1923 (Lehrgang der Russischen Geschichte, Band 1, 3. Aufl.), S. 24. Die 1. Auflage war 1904–1910, der 5. Bd. 1922 erschienen. Der „Kurs" von Ključevskij (1841–1911) galt einige Jahre über die Revolution von 1917 hinaus als maßgeblich.

dort der Gefahr von Überfällen und sonstigen Angriffen leichter ausgesetzt. Dagegen wurde an diesen Stellen häufig durch Befestigung und Bewachung Vorsorge getroffen.

Über die Frühzeit der ostslavischen Wanderung und Siedlung weiß man nur das, was die Archäologen zutage fördern. Immerhin lässt sich erkennen, dass sie sich zu Stämmen formten, die von Ältesten geführt wurden. Die „Erzählung von den vergangenen Jahren“ oder „Nestorchronik“, die älteste russische Chronik,[7] nennt bereits in der undatierten Vorgeschichte – die Jahreszählung beginnt mit dem Jahr 852 – einige Stämme mit Namen mit dazu gehöriger Erläuterung, so zum Beispiel „[Es] kamen auch dieselben Slaven und siedelten am Dnepr und nannten sich Poljanen,[8] andere aber Derevljanen,[9] weil sie in Wäldern siedelten.“[10] Die Chronik berichtet auch von den Poločanen, die sich nach dem Flüsschen Polota nannten, an dem sie sich niedergelassen hatten, andererseits auch von einem Stamm, der sich eine Stadt am Ilmensee gebaut hatte, die er *Novgorod*, also „Neustadt“, nannte.[11] Dies lässt darauf schließen, dass Novgorod nicht die erste Stadt war, die dieser Stamm errichtete, dass er also sein Siedlungsgebiet ausgedehnt oder verlegt hatte. Die Chronik erzählt von den Poljanen, dass drei Brüder, die wahrscheinlich eine führende Position einnahmen, namens Kij, Ščеk und Choriv, den Dnepr hinuntergefahren seien. Am rechten Ufer, dem Hoch- oder Bergufer,[12] hätten sie Halt gemacht, sich zunächst auf je einem Hügel niedergelassen und dann gemeinsam eine Stadt gebaut, die sie nach ihrem ältesten Bruder Kij benannt hätten, nämlich Kiev. Der Kaiser der Griechen habe daraufhin ehrenvolles Interesse an den neuen Nachbarn gezeigt, als sie bei ihm auftraten.[13] Der zum guten Teil als Gründungsmythos einzuschätzende Bericht zeigt auf jeden Fall, dass der Dnepr als

---

7 Der Urtext aus der Hand des Abtes Silʹvestr wird auf das Jahr 1116 datiert. Zu den Fragen der Benennung, deren Übersetzung und der Überlieferung in den verschiedenen Handschriften *Die Nestorchronik. Die altrussische Chronik, zugeschrieben dem Mönch des Kiever Höhlenklosters Nestor, in der Redaktion des Abtes Silʹvestr aus dem Jahre 1116, rekonstruiert nach den Handschriften Lavrentʹevskaja, Radzivilovskaja, Akademičeskaja, Troickaja, Ipatʹevskaja und Chlebnikovskaja* und ins Deutsche übersetzt von Ludolf Müller, München 2001 (Forum Slavicum 56), S.VII-XXVII. Im Anschluss an Müller weiter zitiert als *Nestorchronik*.

8 Der Name ist von *poljana*, Rodung oder Lichtung, abgeleitet. Das bedeutet, dass die Poljanen auf freiem Gelände siedelten, was nicht weiter erläutert wird, aber den Unterschied zu den Derevljanen verständlich macht.

9 „Derevljanen“ von *derevo*, Baum.

10 *Nestorchronik* (wie Anm. 7), S. 6.

11 Ebd., S.7 f.

12 Das rechte, westliche Dneprufer ist im Gegensatz zum linksufrigen „Wiesenufer“ hügelig und durch Schluchten zerklüftet.

13 *Nestorchronik* (wie Anm. 7), S. 9.

Weg nach Süden, in die Nähe Konstantinopels, des politischen und wirtschaftlichen Zentrums im Bereich des Schwarzen Meeres und des östlichen Mittelmeerraums, an Bedeutung gewann.

Die Wahl Kievs als Ort der Niederlassung war vom Dnepr bestimmt. Er liegt, wenn man von Norden den Dnepr hinunterfährt, vor den berüchtigten Stromschnellen, an denen die Schiffsfahrt bis ins 19. Jahrhundert unterbrochen werden musste. Von der Stadt aus, die man sich – wir sind im 6./7. Jahrhundert – als durchaus bescheidene Ansammlung von Holzgebäuden vorstellen mag, oben auf den Hügeln auf dem rechten, also westlichen Flussufer, konnte man diese schwierige Stelle kontrollieren. Eine stabile Herrschaft vermochten die ostslavischen Stammesführer damals noch nicht daraus zu entwickeln.

Seit wann die Normannen, in den russischen Chroniken *varjagi*, Waräger, genannt, diesen Weg den Dnepr hinunter nutzten, ist unklar. Es deutet aber alles darauf hin, dass sie dort schon unterwegs waren, bevor die Nestorchronik davon erzählt. Die bewaffneten, von Seeräubern kaum zu unterscheidenden skandinavischen Fernkaufleute hatten ihren Orienthandel bereits über die Volga betrieben, bevor sie auf der weiter westlich verlaufenden, näher an Konstantinopel heranführenden Dnepr-Route erschienen. Ihr Ziel war es, ihre Raubfahrten im östlichen Mittelmeer zu intensivieren, darüber hinaus den Handel mit Byzanz und über Byzanz hinaus mit dem Orient auszubauen. Dafür brauchten sie gesicherte Wege von Skandinavien nach Süden, und die führten nun einmal durch die ostslavischen Siedlungsgebiete. Der Landweg kam aus zwei Gründen nicht infrage: große Landstriche waren sumpfig, und die riesigen Wälder waren dicht und ebenfalls nicht verkehrsfreundlich. Die Flüsse blieben die einzig geeigneten Verkehrswege, und die Waräger waren als aktive Seefahrer gewohnt, sich auf dem Wasser fortzubewegen. Über das nördliche Flusssystem um Volchov, Nemen, Neva gelangten sie zum Dnepr. Als die Waräger anfingen, diese Verkehrslinie zu stabilisieren, richteten sie befestigte Stützpunkte ein und forderten von den jeweils ansässigen ostslavischen Stämmen Tribut, wie sie es im Norden in der Umgebung von Novgorod bereits taten. Den erhob allerdings schon das in der Region zwischen Dnepr und Volga gelegene Reich der jüdischen Chazaren, das eine Tributherrschaft über die ostslavischen Stämme im südlichen Dnepr-Gebiet, also im weiteren Umfeld Kievs, errichtet hatte. Die Waräger mussten also die Chazaren verdrängen, was eine stabilere Herrschaft erforderte. Es folgte eine Phase wechselnder Oberherrschaft und Unruhen, und als die Waräger ihre Tributforderungen steigerten, kam es zu einem Aufstand der einheimischen Stämme gegen sie. Dazu berichtet die russische Chronik unter dem Jahre 862 ein Ereignis, das fortan ein heiß umstrittenes, da politisch aufgeladenes Thema bleiben sollte:

Im Jahre 6370.[14] Sie verjagten die Waräger übers Meer und verweigerten ihnen den Tribut. Und sie begannen, selbst über sich zu herrschen, und es war keine Gerechtigkeit unter ihnen. Und Sippe stand auf gegen Sippe, und es entstanden Fehden unter ihnen, und sie begannen Krieg gegeneinander zu führen. Und sie sagten untereinander: Lasset uns einen Fürsten suchen, der über uns herrsche und der anordne nach Recht! Und sie fuhren über das Meer zu den Warägern, zu der Ruś. Denn so hießen diese Waräger: die Ruś. Wie nämlich andere [Waräger] Schweden heißen, andere aber Normannen, Angeln[15], andere Goten, so auch diese. Und es sagten die Čuď, die Slovenen und die Krivičen und [...][16] zu der Ruś: Unser Land ist groß und hat Überfluß, aber es ist keine Ordnung in ihm. So kommt, Fürst zu sein und über uns zu herrschen![17]

Dass die Chronik berichtet, die Waräger hätten drei Brüder geschickt, die sich in drei „Städten" niedergelassen hätten, lässt wieder den mythischen Zug der Erzählung erkennen. Konkret und nachhaltig ist dann jedoch die ziemlich lakonisch wirkende Aussage: „Und von diesen Warägern erhielt das Russische Land seinen Namen."[18] In diesem Bericht werden folgende, heftig umstrittene Punkte angesprochen:

1) Der Name der Russen. Unter den vielfältigen Forschungen und kontroversen Thesen gilt folgende Auffassung als am besten gesichert: Die Waräger, ein Teil der Wikinger, nannte sich nach dem finnischen Wort *ruotsi* = *Ruderer*. Im Ostslavisch-Russischen wurde es zu *Ruś* / *Russen* – ein Beispiel dafür, dass sich im Ganzen das Ostslavische gegenüber dem skandinavischen Einfluss durchsetzte. Dafür sprechen insbesondere die Ergebnisse der Namensforschung und der Archäologie.
2) Die Chronik betont, dass die Ostslaven nicht unterworfen worden seien, sondern sich ihre Herrscher gewählt hätten. Die Wirklichkeit sah nicht ganz so friedlich aus. Die Waräger mussten die einheimische Bevölkerung in den Griff nehmen, um ihren Handelsweg abzusichern, sie waren aber auch auf die Einheimischen angewiesen. In der Verbindung der jeweiligen Oberschichten passte sich die normannische der ostslavischen an.
3) Damit hängt ein großes Problem im historischen Selbstverständnis der Russen zusammen: Im Zuge der Verwissenschaftlichung der Geschichtsschreibung kam es im 18. Jahrhundert zum sogenannten Normannistenstreit. Vordergründig ging es um die Frage nach dem normannischen Anteil an der Herrschaftsbildung bei den Ostslaven – politisch virulent war jedoch die Frage nach dem Verhältnis zum russischen Staat, das heißt zum nachpetrinischen Kaiserreich, in dem die Deutschen lange Zeit in der Politik, in der Verwaltung und in der

14 Die altrussischen Chroniken rechnen nach der byzantinischen Ära.

15 Engländer.

16 Unklare Stelle, wahrscheinlich „alle übrigen".

17 *Nestorchronik* (wie Anm. 7), S. 19 f.

18 Ebd., S. 20.

Wissenschaft eine dominierende Rolle spielten. Durch die Vorstellung, den Ursprung Russlands auf „ausländische“, womöglich „deutsche“ Gründung zurückzuführen, fühlte sich das russische Selbstbewusstsein bedroht, zumal in einer Zeit, als das russische Imperium in die europäische Politik tief eingriff. Später führten rassenideologische Erfindungen dazu, die Waräger/Normannen in die Ahnenreihe der Deutschen beziehungsweise der nordischen Herrenmenschen einzureihen. Insbesondere von deutscher Seite wurde bis weit ins 20. Jahrhundert hinein immer wieder von der angeblich fehlenden staatsbildenden Kraft der Slaven geredet. Inzwischen gibt es eine international besetzte Forschergruppe, die sich auf seriöse Weise mit der Frage ostslavisch-ukrainisch-russischer Identität beschäftigt.[19] Wie der durch den gegenwärtigen russischen Eroberungskrieg gegen die Ukraine verschärfte ukrainisch-russische Konflikt überdeutlich zeigt, haben das Thema „nationale Identität“, deren Wurzeln und die daraus abgeleiteten Ansprüche nichts an Brisanz eingebüßt.

Die russische Chronik erzählt dann weiter von dem warägischen Anführer Rjurik, der von Novgorod am Ilmensee aus eine Oberherrschaft über das Einzugsgebiet des Dnepr errichtete. Zwei seiner Gefolgsleute, Askoĺd und Dir,[20] verfolgten offensichtlich das eigentliche Ziel der Waräger, nämlich die Verbindung nach Konstantinopel, ins Schwarze Meer und östliche Mittelmeer. Sie fuhren den Dnepr hinab, kamen nach Kiev und ließen sich dort nieder. Einige Jahre später zogen sie mit einer Flotte von Booten gegen Konstantinopel, erlitten aber eine verheerende Niederlage und zogen sich erst einmal wieder nach Kiev zurück.

Als Rjurik starb (879), vertraute er die Betreuung seines noch minderjährigen Sohnes Igoŕ seinem Gefolgsmann Oleg an,[21] womit er ihm auch die Herrschaft übergab. Oleg verfolgte das Ziel, die Herrschaft auszubauen und in eine warägisch-dynastische Erbfolge zu überführen. Dafür musste er Kiev gewinnen, das unter Askoĺd und Dir in slavischer Hand war. Nachdem Oleg die warägische Macht über die ostslavischen Stämme im Norden durch Einsatz von Vertrauensmännern umsichtig abgesichert und eine starke Streitmacht rekrutiert hatte, fuhr er 882 den Dnepr hinunter. In Kiev präsentierte er Igoŕ als Rjuriks Sohn und

---

19 Einen Überblick über die russische, bis in die jüngste Zeit führende Debatte gibt Hartmut Rüss in seiner Rezension zu Lev S. Klejn, Spor o varjagach. Istorija protivostojanija i argumenty storon (Der Warägerstreit. Geschichte des Disputs und Argumente der Parteien), Sankt-Petersburg 2009, in: *Jahrbücher für Geschichte Osteuropas* 59 H.3 (2011), S. 422–425.

20 Die Chronik hebt hervor, dass sie zwar Gefolgsleute des Warägerfürsten Rjurik, aber keine Waräger gewesen seien. *Nestorchronik* (wie Anm. 7), S. 20–22.

21 Hier erwähnt die Chronik ausdrücklich, dass Oleg Waräger aus Rjuriks Sippe war. Ebd., S. 23. Vgl. Anm. 17.

damit legitimen Prätendenten für die künftige Herrschaft. Mit der Ansage: „Ihr seid nicht Fürsten noch von fürstlichem Geschlecht, aber ich bin von fürstlichem Geschlecht“[22], den die Chronik ihm in den Mund legt, ließ Oleg Askoĺd und Dir umbringen und „ließ sich“, wie die Chronik berichtet, „als Fürst herrschend, in Kiev nieder“. Darauf folgt der Satz, der ebenfalls politische Brisanz erhalten hat: „Und Oleg sagte: Dies sei die Mutter für die russischen Städte“.[23] Damit erklärte er Kiev zum Oberzentrum seines Herrschaftsbereiches. Er gründete Städte, das heißt befestigte Orte, von denen aus er bei den unterworfenen ostslavischen Stämmen Tribut eintrieb. Die Chronik fährt fort: „Und es waren bei ihm Waräger und Slovenen und die übrigen; sie wurden „Ruś“genannt.“[24] So beschreibt die Chronik den spannungsreichen Prozess warägisch-ostslavischer Herrschaftsbildung, aus der im Laufe der Jahrhunderte der russische und später der ukrainische und der belarussische Staat hervorgehen sollten. Die von Kiev aus ihre Herrschaft entfaltende Sippe nannte sich nach ihrem normannischen Stammvater, den es, obwohl nicht nachweisbar, wahrscheinlich gegeben hat, *Rjurikiden*. Als erste russische Herrscherdynastie behauptete sie sich über die Entstehung des Zartums Moskau hinaus bis 1598.

In den permanenten Kämpfen mit den verschiedenen Stämmen um Macht und Tribut wurde es erforderlich, die Herrschaft in der Kiever Rus’ nach innen stabilisierend auszubauen und nach außen abzusichern. Umgeben von Mächten, deren Herrscher sich durch die Berufung auf eine monotheistische Religion – Christentum, Judentum, Islam – legitimierten, lag es für den Kiever Großfürsten nahe, sich dem Christentum in seiner ostkirchlich-byzantinischen Form zuzuwenden. Indem Vladimir Svjatoslavič (956–1015), der äußerst machtbewusste Großfürst von Kiev, 988 diesen Schritt tat, erreichte er für sich und sein Herrschaftsgebiet eine gewaltige Rangerhöhung. Eine Notlage der byzantinischen Kaiser Basileios und Konstantin nutzte er, ihnen mit einem Kontingent lästig gewordener warägischer Truppen zu helfen, aber als Gegenleistung zwang er sie zu einem damals an sich unmöglichen Zugeständnis: Sie mussten ihm ihre Schwester Anna, eine purpurgeborene und damit innerhalb des europäischen Hochadels höchstrangige Prinzessin, zur Frau geben.[25] Dadurch fiel etwas von dem Glanz der Weltmetropole Konstantinopel auf das damals vergleichsweise eher hinterwäldlerische Machtgebilde am Dnepr. Unabweisbare Voraussetzung für diese Ehe war die Taufe des Herrschers und des

22 Ebd., S. 23 f.
23 Ebd., S. 24.
24 Ebd.
25 Eine purpurgeborene, das heißt eine während der kaiserlichen Herrschaft ihres Vaters geborene Prinzessin musste eher unverheiratet bleiben als unter ihrem Rang zu heiraten.

Landes, und die machte Großfürst Vladimir zum Beginn der Christianisierung der Ruś und der Ausgestaltung Kievs nach dem byzantinischen Vorbild.

Sein Volk trieb Vladimir auf drastische Weise zur Taufe: Alle Götzenstatuen ließ er zerstören, den heidnischen Obergott Perun ließ er in den Dnepr schleifen und mit Stöcken schlagen. Die Chronik berichtet:

> ... nicht, als ob das Holz etwas fühlen könnte, sondern zur Schmähung des Teufels, der durch dieses Bild die Menschen verführte, damit er Vergeltung empfange von den Menschen [...]. Als er aber [...] zum Dnepr geschleppt wurde, weinten über ihn die ungläubigen Menschen; denn sie hatten die heilige Taufe noch nicht empfangen. Und nachdem sie ihn bis zum Dnepr geschleppt hatten, warfen sie ihn hinein. Und Volodimer[26] gab Befehl und sprach: „Wenn er euch irgendwo an Land kommt, dann stoßt ihn fort vom Ufer, bis er über die Stromschnellen hinaus ist; alsdann laßt ihn![27]

Anschließend befahl Vladimir das Volk zum Dnepr: „Wenn sich morgen einer nicht einfindet am Fluss, er sei reich oder arm oder besitzlos oder Sklave, der soll mir zuwider sein."[28] Selbstverständlich kamen alle und stiegen befehlsgemäß in den Fluss. Die Priester standen am Ufer und nahmen die Massentaufe vor. So wurde der Dnepr für eine Doppelaufgabe benutzt: Zuerst hatte er alles heidnische Götzenwerk fortzuspülen, danach wurde er zum Taufbecken des Volkes. Wenn die von Mönchen geschriebene Chronik diesen Vorgang auch als Einwirken Gottes darstellt, so war diese „Taufe" aus kritischer historischer Sicht nichts anderes als ein geschicktes Manöver des Großfürsten Vladimir, seine Herrschaft dadurch zu stabilisieren und ihr eine höhere Legitimität zu verschaffen. Dies konnte und kann für die russische orthodoxe wie auch für die ukrainische orthodoxe Kirche, für die historisch-politische und religiöse Identität zusammenfallen, jedoch kein Hinderungsgrund sein, den machtbewussten Herrscher als großen Heiligen zu verehren. Im historisch-kirchlichen Streit propagieren die Russen Vladimirs Schritt als „Taufe Russlands", die Ukrainer als christliche Gründung des ukrainischen Staates.[29] Der jetzige Herrscher Russlands, Präsident Vladimir Putin, lässt nicht ohne Absicht in seinem ganzen Reich riesige Denkmäler seines fürstlichen und zum Heiligen erhobenen Namensvetters errichten. Mit seiner Kennzeichnung des Dnepr als „gemeinsames Taufbecken" der Russen und Ukrainer und seiner Feststellung, „die heutige russische Staatlichkeit [habe] ihre Wurzeln am Dnepr"[30] akzentuiert Putin seine Auffassung von der unauflöslichen staatlichen Gemeinsamkeit Russlands und der

26 Müller verwendet die altrussische Namensform der Chroniken.

27 *Nestorchronik* (wie Anm. 7), S. 144

28 Ebd., S. 145.

29 Siehe das Kapitel „Der Erbstreit der Politiker" in: Kappeler, *Ungleiche Brüder* (wie Anm. 4), S. 33f.

30 Ebd., S. 33.

Ukraine, mehr noch: Er leugnet jegliche ukrainische Eigenständigkeit und postuliert das unbedingte Aufgehen der Ukraine in einem imperialen Russland. Mit diesem Rückgriff auf die Entstehung stammesübergreifender Herrschaftsstrukturen bei den Ostslaven, die sich vor rund anderthalb Jahrtausenden am Dnepr bildeten, begründet der gegenwärtige Präsident der Russländischen Föderation ideologisch seinen Krieg gegen die Ukraine.[31] Wenn er die Ukraine mehrfach *Kleinrussland*[32] nennt, greift er auch im Sprachgebrauch tendenziell die Staatskonzeption der imperialen russischen Autokratie seit dem ausgehenden 18. Jahrhunderts auf.[33] Sie betont die Kontinuität der unmittelbaren Verbindung und Einheit von Russen und Ukrainern, ihrer Kultur und Staatlichkeit. Dieses Geschichtsbild wurde im Zarenreich und wird im heutigen Russland massiv propagiert, in der Ukraine findet es Zustimmung bei Anhängern einer Orientierung an Russland.

Wir bleiben in der Region, machen aber einen Zeitsprung ins 17. Jahrhundert. In der Ukraine hatte sich die Entwicklung zur Eigenständigkeit in der Nations- und Herrschaftsbildung, in Sprache, Kultur und Religion immer deutlicher bemerkbar gemacht. Der Einfluss aus dem lateinisch geprägten Mitteleuropa, der über Polen-Litauen in das südwestlich gelegene Fürstentum Galizien-Wolhynien gelangte, wirkte sich zunehmend in der Ukraine aus. Der Name, erstmals 1187 in der Hypatiuschronik erwähnt, bezeichnet ihre geographische Position: *Ukraina*, das war die Grenzregion an der Steppengrenze, im Schnittpunkt der großen Nachbarmächte Polen-Litauen, Zartum Moskau und Osmanisches Reich; dieses schützte auf der Krim das letzte tatarische Khanat, das aus der Zerfallsmasse der mongolisch-tatarischen Oberherrschaft übrig geblieben war. Es wurde erst 1783 unter Katharina II. erobert, die Krim in das russische Reich eingegliedert.[34]

---

31 Wladimir Putin, Über die historische Einheit der Russen und der Ukrainer, übers. v. Andrea Huterer, in: *Osteuropa* 7 (2021), S. 51–66. Dazu Andreas Kappeler, Revisionismus und Drohungen. Vladimir Putins Text zur Einheit von Russen und Ukrainern, in: Ebd., S. 67–76. In diesem Heft weitere Beiträge zur Gesamtthematik.

32 In Anbetracht des Zerfalls der Ruś und der einsetzenden Sonderentwicklung der Großregionen, als seit dem 12./13. Jahrhundert in südwestlichen Randgebieten der Ruś die geographisch bedingte Bezeichnung „Ukraine" („Grenzland") aufkam, begann das Patriarchat in Konstantinopel 1292, den Namen „Kleinrussland" zu verwenden. Später bekam sie einen negativen Akzent. Vgl. Michael G. Müller, Art. „Ukraine", in: *Lexikon der Geschichte Rußlands. Von den Anfängen bis zur Oktober-Revolution*, hg. v. Hans-Joachim Torke, München 1985, S. 386–388.

33 Katharina II. „sprach den `Kleinrusseń" unter Hinweis auf die fortschreitende Russifizierung ihrer Oberschicht „jede Eigenständigkeit ab". Andreas Kappeler, *Russland als Vielvölkerreich. Entstehung. Geschichte. Zerfall*, München 1992, S. 64.

34 Zur gesamten Geschichte der Krim neuerdings Kerstin S. Jobst, *Geschichte der Krim. Iphigenie und Putin auf Tauris*, Berlin u. a. 2020, umfassend und materialreich. Speziell zur Bedeutung der Krim im Zarenreich Dies., *Die Perle des Imperiums. Der russische Krim-Diskurs im Zarenreich*, Konstanz 2007.

Die Ukraine ist als Land der Kosaken bekannt, seit dem 15. Jahrhundert sind sie dort bezeugt.[35] Zunächst waren es frei in der Steppe lebende Tataren, zu ihnen stießen im Laufe der Zeit zunehmend Läuflinge aus den ostslavischen Völkerschaften, die auf die Dauer den Charakter dieser Bevölkerungsgruppe prägten. Sie waren den immer drückenderen Bedingungen ihrer Grundherren entflohen, um, angepasst an die Bedingungen der Steppengrenze, von Jagd, Fischfang, Viehzucht sowie von Beutezügen unterschiedlicher Art zu leben. Das populäre Bild von den Kosaken als feurig-wilde, unbarmherzig die Knute schwingende Reitertruppe entspricht der Realität nur teilweise. Tatsächlich bewegten sie sich lange Zeit überwiegend per Boot durch die Flusslandschaften, wo sie auch ihre Niederlassungen aufschlugen. Daher nannten sie sich jeweils nach dem Fluss, an dem sie siedelten, zum Beispiel Don-Kosaken, die heute am bekanntesten sind, Dnepr-Kosaken, Volga-Kosaken usw. Im 16. Jahrhundert liefen ihnen vor allem aus Polen-Litauen Bauern in wachsenden Mengen zu, auch Kleinadelige und Stadtbewohner. Als Kosaken übernahmen sie oft Führungspositionen wie Offiziere oder die des Hetmans, ihres obersten Führers. Die anwachsenden Kosakenheere versahen Dienste für die umgebenden Mächte, vor allem für Polen-Litauen waren sie unentbehrlich. Gleichzeitig widersprachen ihr Freiheitswille und ihre demokratische Organisation der sich ausdehnenden Leibeigenschaft sowie der Adelsherrschaft in Polen als auch dem autokratischen Herrschaftsanspruch des Zartums Moskau und des Osmanischen Reichs. Deren Versuche, die Kosaken von außen her in den Griff zu bekommen, und immer schärfere innere Konflikte führten zu wachsenden Unruhen, andauernden Spannungen und Kämpfen mit wechselnden Gegnern und Verbündeten. Zum Schwerpunkt kosakischer Macht wuchs die „Zaporožer Sič“ heran. „Sič“ hießen die Hauptquartiere der verschiedenen Kosakenverbände. Südlich von Kiev, hinter („za“) den Stromschnellen („porogi“) befand sich das Zentrum der Dnepr-Koaken, daher hießen sie „Za-poroger Kosaken“.

Die Spannungen brachen offen aus, als der Hetman der Dnepr-Kosaken, Bohdan Chmelnyckyj (1595–1657), 1648 zum Aufstand gegen Polen aufrief, insbesondere gegen den polnischen grundbesitzenden Adel.[36] Es ging darum, die Freiheitsprivile-

35 Nach wie vor grundlegend Günther Stökl, *Die Entstehung des Kosakentums,* München 1953; den aktuellen Forschungsstand bietet Andreas Kappeler, *Die Kosaken. Geschichte und Legenden,* München 2013. Knapper Überblick bei Gerhard Schalhorn, Art. „Kosaken“, in: *Lexikon* (wie Anm. 32), S. 212–215.

36 Günther Stökl, *Russische Geschichte von den Anfängen bis zur Gegenwart,* Stuttgart [4]1983, S. 314 ff.; Robert Friedl, *Polen und sein Osten am Vorabend einer Katastrophe. Der große Kosaken- und Bauernaufstand des Jahres 1648,* Diss. phil. Univ. Düsseldorf 2004 (digital), mit zahlreichem neuem Material, kritische Auseinandersetzung mit der umfangreichen gängigen Literatur zu diesem populären Thema.

gien, die ihnen von polnischer Seite genommen worden waren, zurückzugewinnen und zu sichern. Im Bündnis mit den Krimtataren kämpften die Kosaken erfolgreich, die Ukraine erlitt schwere Verwüstungen, die zahlreiche jüdische Bevölkerung erlebte ihr erstes gewaltiges Massaker. Da gewisse Zugeständnisse der polnischen Seite kein Ende der Unruhen und Kämpfe brachten, wandten sich die Kosaken an den Moskauer Zaren und baten ihn um Hilfe und Schutz. Als Gegenleistung kam nur infrage, was der Zar bei seinen ständigen Abwehrkämpfen gegen Angriffe in den Grenzgebieten seines Reichs gebrauchen konnte: treue Gefolgschaft gegen die Feinde Moskaus. Als die Dnepr-Kosaken 1654 in dem Ort Perejaslav mit den Moskauer Vertretern schließlich einen Vertrag abschlossen,[37] war darin bereits im Kern die Oberhoheit des Zaren festgeschrieben: Formal wurden die kosakischen Freiheitsrechte bestätigt, aber der Zar behielt das letzte Bestätigungsrecht. Außerdem durften die Kosaken keine unmittelbaren Beziehungen zu den beiden anderen Großmächten mehr unterhalten, was letztlich den Moskauer Anspruch auf die außenpolitische Vertretung des Hetmanats bedeutete. Weiterhin trug der Vertrag in der Substanz bereits den Keim der Unklarheit durch unterschiedliche Auslegung in sich. Die Kosaken sahen darin ein Abkommen auf Augenhöhe mit grundsätzlicher Garantie ihrer Autonomie, Moskau verstand es als Unterwerfung der Kosaken unter den Zaren. Die Kosaken schworen den Treueid, die Moskauer verweigerten ihn mit der Begründung, der Autokrator leiste niemandem einen Eid. Für den Zaren gab es nur die Unterwerfung der Gegenseite und die daraus folgende einseitige Gehorsamspflicht von Untertanen.[38]

Die Folgen des Vertrages von Perejaslav 1654 riefen eine Entwicklung hervor, deren Nachwirkungen bis in die jüngste Zeit erkennbar sind und sogar politisch virulent werden können.[39] In der historischen Bewertung ist der Vertrag höchst umstritten. Sieht die russische Seite in ihm die „Wiedervereinigung der Ukraine mit Russland", so schätzt ihn die ukrainische Bewertung als Abkommen zwischen zwei gleichrangigen Mächten ein. Zunächst einmal aber brachte er keine Lösung des Kon-

37 Stökl, *Russische Geschichte* (wie Anm. 36), S. 317, weist darauf hin, dass er „kein Vertrag im üblichen Sinne war und [...] sich daher jeder eindeutigen staatsrechtlichen Interpretation entzieht".

38 Dazu ausführlich Ricarda Vulpius, *Die Geburt des Russländischen Imperiums. Herrschaftskonzepte und -praktiken im 18. Jahrhundert*, Wien u. a. 2020, S. 53–100.

39 Zur Aktualität sei hier nur auf die 300-Jahrfeier 1954 des Vertrages von Perejaslav verwiesen, als der damalige Generalsekretär des ZK der KPdSU Nikita Chruščev die Krim der Ukrainischen Sowjetrepublik angliederte, was der gegenwärtige russische Staatspräsident Vladimir Vladimirovič Putin 2014 unter großer internationaler Beachtung durch Annexion rückgängig machte. Putin beruft sich in seinem am 24.02.2022 begonnenen Unterwerfungskrieg gegen die Ukraine u. a. auch auf Perejaslav 1654.

fliktes zwischen dem Moskauer Zartum und der der polnisch-litauischen Adelsrepublik. Zahlreiche Kämpfe, Bürgerkrieg, ein Krieg zwischen den beiden Mächten, dem Osmanischen Reich und Schweden, damals Vormacht im östlichen Europa, das alles spielte sich auf ukrainischem Boden ab. Die beiden Hauptkontrahenten, Moskau und Polen-Litauen, betrieben über ihre Kosakenpolitik die Integration ihres jeweiligen Anteils an der Ukraine, während die Osmanen sich aus ihrem Anteil allmählich zurückzogen. Der Konflikt lief darauf hinaus, dass das Gesamthetmanat mit dem Zentrum Zaporožer Sič ab 1663 schrittweise in zwei Hetmanate geteilt wurde. Der neu aufgenommene Krieg des Zartums gegen die polnisch-litauische Adelsrepublik endete 1667 mit dem Frieden von Andrusovo. Als Grenze einigte man sich auf den Dnepr. Polen-Litauen gliederte sich die rechtsufrige, also die westliche Ukraine an, Moskau intensivierte die Integration der linksufrigen Ukraine. Entgegen den Abmachungen behielt es darüber hinaus die Zaporožer Sič mit Kiev, obwohl sie rechtsufrig war, und zwar auf Dauer. Damit war der Versuch gescheitert, über ein autonomes Kosakenhetmanat den Weg zur Bildung ukrainischer staatlicher Strukturen einzuschlagen.[40] Die politische Teilung zog mit der administrativen und sozialen die konfessionell-kirchliche Teilung nach sich. Sie wirkte sich auch auf die kulturelle und sprachliche Entwicklung aus. In der rechtsufrigen Ukraine ging die Entwicklung der ukrainischen Sprache stärker voran, ebenso die Orientierung nach Westen. Dabei spielte die 1632 von dem Kiever Metropoliten Petro Mohyla nach dem Modell der lateinisch-polnischen Jesuitenschulen gegründete Akademie,[41] *das* Zentrum der Aufnahme und Verarbeitung westlicher Wissenschaft, Theologie und Philosophie, eine führende Rolle. In der linksufrigen Ukraine breitete sich der russische Einfluss stärker aus, den neben der Regierung auch die russische orthodoxe Kirche kräftig förderte. Erst die Teilungen Polen-Litauens Ende des 18. Jahrhunderts brachten größere ukrainische Gebiete unter russische und andererseits unter österreichische Herrschaft. Obwohl die Trennung entlang des Dnepr an Schärfe verlor, sind die Spuren früherer Prägungen immer noch erkennbar. Das haben weder die mörderische deutsche Besatzungspolitik im Zweiten Weltkrieg noch die Stalinära mit ihrer katastrophalen Kollektivierungs-und Bevölkerungspolitik verwischen können. Die ukrainische Nationalbewegung ging im 19. Jahrhundert im Wesentlichen von der westlichen Ukraine aus. In der östlichen,

---

40 Im Hinblick auf das Dilemma, die Freiheit der Ukraine weder ohne fremde Hilfe noch mit ihr behaupten zu können, spricht Stökl von der „tiefe[n] Tragik, die über der kurzen Episode ukrainischer ›staatlicher‹ Selbständigkeit unter Chmeľnyćkyj liegt“. Stökl, *Russische Geschichte* (wie Anm. 36), S. 316.

41 Kappeler, *Kleine Geschichte* (wie Anm. 4), S. 59, 84 ff.; Subtelny, *Ukraine* (wie Anm. 4), S. 119 ff.

spärlicher besiedelten Ukraine führte die von der Regierung geförderte russische Einwanderung zu einem deutlich höheren russischsprachigen Bevölkerungsanteil, der sich stärker nach Russland orientierte. Dies ließ sich anfangs noch an Wahlergebnissen in der postsowjetischen Ukraine erkennen,[42] wenn auch das Bekenntnis der Bevölkerung zum gemeinsamen unabhängigen Staat Ukraine inzwischen weitaus überwiegt. Hier liegen auch die historischen Voraussetzungen des gegenwärtigen russisch-ukrainischen Konflikts, die als – fragwürdige – Begründungen für den russischen Anspruch mindestens auf die östlichen Grenzgebiete der Ukraine herangezogen werden.

Zwei unterschiedliche Funktionen des Dnepr und der von ihm bestimmten Landschaft wurden anhand markanter historischer Entwicklungen beleuchtet. In den Anfängen bot er mit seinem Stromgebiet die Voraussetzungen und mit Kiev das Zentrum für die Entstehung und Ausbildung ostslavisch-warägischer Herrschaft namens „Ruś" bis zum Großfürstentum. Das Herrschaftszentrum wanderte im Zuge des Zerfalls der Kiever Ruś nach Norden, zunächst ab Mitte der 1160er Jahre nach Vladimir-Suzdaĺ; 1169 ließ der dortige Großfürst Andrej Bogoljubskij Kiev zerstören. In Konkurrenz mit dem Fürstentum Tveŕ weiteten dann die Moskauer Großfürsten (seit 1317) unter der mongolisch-tatarischen Oberhoheit ihre Herrschaft über die russischen (Teil-)Fürstentümer systematisch aus. Diese mit Nachdruck, Geld und Raffinesse betriebene Politik trug den Titel „Sammeln der russischen Lande". In dieser Zeit imperialer Expansion Moskaus und der Ausbildung machtvoller, jedoch noch stärkerem äußeren Druck ausgesetzter kosakischer Gesellschaften erhielt der Dnepr die Funktion einer Abgrenzung zwischen zwei grundverschiedenen, gegnerischen Mächten. In der sich formierenden Ukraine begegneten sich am Dnepr der moskauisch-orthodoxe und der lateinisch-polnische Einflussbereich. Einander vielfach überlagernde politische, ethnische, kulturelle und ökonomische Entwicklungen ließen im Laufe der Zeit eine Ukraine entstehen, die ihren eigenen Charakter und ihre staatliche Souveränität in einem modernen Europa mit vollem Recht behauptet. Zugleich markiert der Dnepr, der die in Jahrhunderten zur Eigenständigkeit gelangten Länder Russland, Belarus und Ukraine verbindet, die inneren Grenzen und Gegensätze der Herrschaftsgeschichte dieser Länder.

42 So noch bei der Präsidentenwahl 2010, vor der Annexion der Krim und Euro-Maidan. Aus ihr ging der russlandorientierte Kandidat Viktor Janukovyč als Sieger hervor, der seine Mehrheit schwerpunktmäßig in den ostukrainischen Bezirken gewann. *ukraine wahlergebnis 2010* https://dewiki.de vom 03.06.2022.

Volga

Anders verhält es sich mit der Volga und ihrer Geschichte.[43] Von ihr ging keine Herrschaftsgründung aus, die zur Staatenbildung führte. Sie kam unter die bereits existierende Herrschaft des ersten gekrönten Zaren, Ivans IV. (1530–1584), im Zuge seiner expansiv-imperialen Politik. Seither ist die Volga in aller Welt bekannter und populärer als der Dnepr geworden, und zwar als eine Art russischer Nationalstrom. Die Volga fließt durch Russland, liebevoll wird sie „Mütterchen Volga" genannt – „Mat' rodnaja". Ihre weltweite Popularität verdankt sie zum erheblichen Teil einem balladenhaften russischen Volkslied, das von dem Kosakenhetman Sten'ka Razin erzählt.[44] Stepan („Sten'ka") Razin (1630–1671) war einer der gefährlichsten Aufrührer im an Unruhen reichen 17. Jahrhundert. Als charismatischer Führer eines Aufstandes der Volga-Kosaken führte er mit seiner Flotte einen lange erfolgreichen Krieg gegen den Zaren und zugleich einen Raubkrieg gegen den Sultan. Es war eine wüste Kosakenherrschaft auf der Volga. 1669 gewann er nach einem großen Sieg über die Flotte des Sultans eine persische Prinzessin zur Frau. Kaum hatte er sie zu seiner Geliebten gemacht, murrten seine Kosaken gegen ihn: Er liebe diese Frau mehr als sie und sei selbst zum Weib geworden. Sten'ka sah die Gefahr für seine Herrschaft und griff zur Tat. Er packte die Schöne und warf sie in die Volga. Dazu soll er gerufen haben: „Mutter Volga, dir verdanke ich meine Herrschaft und meinen Reichtum, nun statte ich dir meinen Dank ab." Die Kosaken in ihren Booten jubelten, und Razin hatte seine Herrschaft über die Volga gerettet. Seither gilt er als Volksheld, und das Lied mit dieser Geschichte wird noch heute auf jeder Volga-Kreuzfahrt gesungen. Tatsächlich ging es um mehr: Die Volgaregion und die weiteren Gebiete im Osten des damaligen Russischen Reiches befanden sich noch nicht völlig im festen Herrschaftsgriff des Moskauer Zartums. Daher boten sie den Bauern, die dem zunehmenden Druck der Leibeigenschaft zu entkommen suchten, Zuflucht, die Aussicht auf ein freieres Leben. Von den Kosaken, die in Aufständen und Feldzügen ihre Autonomie zu wahren suchten, erhielten sie, so lange es möglich war, Hilfestellung. So galt ihnen die Volga als „Fluss der Freiheit", Razin als einer ihrer Freiheitshelden. Mit der Popularität der Volga verbindet sich ein gewisses Freiheitsversprechen:

> Es ist staatsfern, aber nicht unbedingt autokratiefeindlich; es hat egalitäre Züge, es ist äußerst uneinheitlich [...], es ist auf Solidarität zwischen Russen und Nichtrussen angelegt, oder es ignoriert die nichtrussische Bevölkerung, und es eröffnet die Möglichkeit, historische Kontinuitäten herzustellen.[45]

---

43 Zum Folgenden grundlegend Hausmann, *Mütterchen Wolga* (wie Anm. 3), v. a. S. 11–109.
44 Ebd., S. 318–349.
45 Ebd., S. 349.

Ein Jahrhundert vorher war die Volga unter russische Herrschaft geraten. Vom 7. bis zum 13. Jahrhundert unterstand sie weitgehend dem Volgabulgarischen Großreich. Dessen Herrschaft brach unter dem Vorstoß der Tataren 1237 bis 1240 zusammen. Danach errichteten die Eroberer in Sarāi am Unterlauf der Volga das Zentrum der Goldenen Horde, ihres Steppenreichs, das für zweieinhalb Jahrhunderte die Oberherrschaft über die Ruś ausübte.[46] In der zweiten Hälfte des 14. Jahrhunderts begann die Goldene Horde zu zerfallen, und es bildeten sich tatarische Nachfolgekhanate heraus: Kazań an der Mündung der Kama in die Volga, Astrachań am Unterlauf der Volga, nahe bei ihrer Mündung in Kaspische Meer, das Krimkhanat, das Khanat Sibiŕ.

Vor allem die beiden erstgenannten Khanate galt es zu gewinnen, um den Volgalauf in die Hand zu bekommen. Nach mehreren gescheiterten Versuchen gelang es 1552 unter Ivan IV. dem Schrecklichen einem Moskauer Heer, Kazań zu erobern.[47] Davon berichtet eine Chronik, die wahrscheinlich in den 1550er Jahren entstanden ist.[48]

Gleich zu Beginn legt der Chronist Wert darauf, dass es bei den Eroberungszügen gegen Kazań um eine Rückeroberung handelte. Er behauptet, das ganze Land um die Volga, auf dem später das Khanat Kazań entstanden sei, habe schon unter der Herrschaft von Kiev und Vladimir-Suzdaĺ gestanden.

> Es war nämlich seit Anfang des russischen Landes [...] alles das ein russisches Land, wo heute die Stadt Kasan steht. In der Länge setzte es sich fort auf der einen Seite von Nižnij-Novgorod nach Sonnenaufgang an beiden Seiten des großen Stromes Wolga, hinunter bis zu den Grenzen der Bulgaren und zum Kama-Fluß; in der Breite gen Mitternacht bis zum [...] Land von Vjatka und Perm, gen Mittag bis zu den Grenzen der Polovcer – all das war Reich und Gebiet von Kiev und Vladimir, nach ihnen eben von Moskau. Es lebten aber jenseits des Kama-Flusses in ihrem Anteil der Erde bulgarische Fürsten und Barbaren, die das heidnische Volk der Čeremissen beherrschten, ohne Gott zu kennen und irgendein Gesetz zu haben. Beide aber hatten sie dem russischen Reich gedient und Tribut gezahlt bis zum Chan Batu.[49]

46 „Tataren" ist der Sammelbegriff für die Westvölker des mongolischen Weltreichs (zeitweiliges Zentrum QaraQorum). Einen Überblick gibt der Artikel von Michael G. Müller, Art. „Tataren", in: *Lexikon* (wie Anm. 32), S. 377–380.

47 Ruslan G. Skrynnikow, *Iwan der Schreckliche und seine Zeit.* Mit einem Nachwort von Hans-Joachim Torke, München 1992, S. 50 ff. Zur Eroberung Kazańs unter militärischem Aspekt in größerem Zusammenhang Carol B. Stevens, *Russiás Wars of Emergence 1460–1730,* Harlow u. a. 2007.

48 *Historie vom Zartum Kasan (Kasaner Chronist)* (Slavische Geschichtsschreiber VII), übers., eingel. und erl. v. Frank Kämpfer, Graz u. a. 1969. Über den Autor dieser Chronik weiß man nichts, sie enthält reichlich literarisch-religiöse Ausschmückungen, ihre sachlichen Berichte werden als weitgehend zutreffend betrachtet.

49 Ebd., S. 50. Ob der Tribut gezahlt wurde oder nicht, ist nicht eindeutig. Dazu ebd., S. 305, Anm. 24. Entscheidend ist die rechtfertigende Behauptung, dass diese Region bis zur Unterwer-

Der Zar schickte seine Truppen teils durch die Steppe, teils über die Volga, und auf dieser sowie auf ihren Nebenflüssen wurde gekämpft. Von einer Niederlage der Moskauer und ihrer Verbündeten auf der Volga berichtet die Chronik:

> Durch ein unerwartetes Unglück erschlugen jene bösen Kasaner Čeremissen jene unserer Streitmacht in Booten auf der Wolga [...], 5000 Mann, die ganze Vorhut, 15.000 Mann und vom Hauptheer 10.000 Mann durch eine bestimmte Kriegslist:[...] An engen Stellen mit Inseln sperrten sie jenen Strom mit großen Bäumen und Felsen und schufen gleichsam Stromschnellen. Dort versanken die Boote, indem eins am andern zerschellte. Überdies bedrängten die Čeremissen sie von vorn und hinten, beschossen und erschlugen sie, ohne sie durchzulassen. Auch hackten sie große Bäume an der Wurzel an, Eichen und Schwarzpappeln, hielten sie fest an den stehengebliebenen Zapfen und ließen sie dann von den hohen Bergen und von den Ufern hinabstürzen, dort, wo sie vorbeikommen mußten. Von einem einzigen Baum wurden fünf oder mehr Boote versenkt, mit der Besatzung, mit den Vorräten und mit dem mauerbrechenden Geschütz. Viele große und kleine Geschütze gingen unter, viele Leute ertranken oder stürzten sich vor Angst selbst ins Wasser.[50]

Es war gar nicht so ungeschickt, dass die Čeremissen die natürlichen Gegebenheiten der Volga und ihrer Ufer nutzten, um den Gegner zu bekämpfen. Ihren Erfolg nutzten sie bei im folgenden Frühjahr aus, während der üblichen Überschwemmung, als die Volga auftaute. Da haben sie

> viel Kriegsgerät herausgeholt: das eine aus den untergegangenen Booten, in Kisten und Kasten stehend, das andere nahmen sie von den Leichen der Ertrunkenen, große Geldkatzen, angefüllt mit Silber, wieder anderes fanden sie im Sand, sowohl glänzende Gewänder als auch Waffen ohne Zahl.
>
> Und die Wolga erschien den Heiden wie der goldströmende Tigris, voll unzähligen Reichtums, Gold und Silber, Perlen und Edelgestein.[51]

Es gelang ihnen, die beachtliche Beute nach Kazań zu bringen. Daran konnten die übrig gebliebenen, erschöpften Moskauer Krieger von ihren Booten aus nichts mehr ändern.

Für seinen letzten und schließlich erfolgreichen Großangriff nutzte der junge Zar mit seinen Woiwoden die Volga als hochgerüsteten Kampfplatz. Seine gesamte Streitmacht schickte er über die Volga los:

> Schnell legten sie den Marsch zurück nach Kasan auf dem großen Flusse Wolga in Booten – sie nimmt ihren Lauf aus Rußland direkt nach Osten; an ihrer linken Seite, etwa fünf Verst entfernt, liegt die Stadt Kasan.

---

fung durch die Mongolen-Tataren unter russischer Herrschaft gestanden habe und es sich somit bei dem Feldzug gegen Kazań um eine Rückgewinnung handele.

50 Ebd., S. 83 f.

51 Ebd., S. 84.

> Sie führten mit sich eine vollständige hölzerne Stadt, auf großen Booten aus Beloozero, die im selben Jahre neu und künstlich erbaut worden war.[52]

Um über die Volga hinweg Kazań angreifen zu können, hatte man aus Holz eine Art Festung gebaut und, wie es heißt, 30 Tage lang den Fluss hinunter in die Nähe der Stadt bugsiert. Dass man sie ausdrücklich als christliche Stadt gestaltete, mit einer Kathedrale, sechs Kirchen, einem Kloster und einer Kapelle, wie der Chronist schreibt, hatte demonstrative Bedeutung: Christen gegen Heiden beziehungsweise Anhänger des falschen, schädlichen, islamischen Glaubens. Diesmal gelang es, unter viel Blutergießen Kazań zu erobern. Von einem 15 Meter hohen, dem Haupttor gegenüber errichteten Holzturm aus nahm man die Stadt unter andauernden Artilleriebeschuss. Zu diesem Erfolg trugen auch fränkische Mineure maßgeblich bei. Sie hatten an mehreren Stellen die Stadtmauern unterminiert und in die Luft gejagt. Diesen und anderen Zerstörungen der Stadt fügte der Zar keine weiteren hinzu, außer der Niederlegung der Befestigungen und der Moscheen. Ivan gestaltete Kazań zu einem Vorposten Moskauer Machtausdehnung nach Osten, nach Sibirien aus. Das hieß auch: zu einem Vorposten der russischen orthodoxen Kirche. Dazu ließ er sofort Kirchen errichten und ein Bistum gründen. Nach diesem Sieg reiste Ivan der Schreckliche mit seinem Gefolge über die Volga nach Norden, über Nižnij-Novgorod nach Moskau zurück. Die weitschweifige, nachdrücklich religiöse Begründung dieses Feldzuges dient, wie Kämpfer schreibt, nicht als lediglich ausschmückende Literatur, sondern ist echt und zeitgemäß bedingt:

> Danach sieht man den rechtgläubigen Zaren, wie er die Heiligkeit Rußlands unter seine Fahne sammelt, indem er die heiligen Wundertäter, seine Vorfahren und die wundertätigen Ikonen besucht und die Heiligen zu Beistand und Mithilfe verpflichtet.
>
> Vergleicht man die anderen Quellen mit der Historie, so erkennt man, daß darin keine literarische Ausschmückung erblickt werden darf. Es scheint die Aufgabe des jungen Herrschers gewesen zu sein, auf dem Eroberungsfeldzug gegen Kasan die irdische Unternehmung mit dem himmlischen Wollen in Übereinstimmung zu bringen. [...] Im Sinne altrussischer Tradition erzogen, von den damals voll entfalteten Theorien über die ökumenische Sendung Rußlands durchdrungen, nahm der junge Herrscher die von der Geistlichkeit in anfeuernden Sendschreiben ausgebreiteten Topoi vom Kampf für die Kirche, die Herde Christi, gegen die Heiden und den geistlichen Wolf im wörtlichen Sinne auf.[53]

Vom Denken des jungen Herrschers, des ersten gekrönten Zaren der Ruś her, der in der heilsgeschichtlich fundierten Gedankenwelt der russischen orthodoxen Kirche und der Idee von Moskau als dem Dritten Rom aufgewachsen war, galt es, mit

52 Ebd., S. 120.
53 Ebd., S. 18 f.

der Eroberung der Stadt und des Khanats Kazań einen mächtigen politischen Gegner eine als feindlich und gefährlich beurteilte Religion, den Islam, zu bekämpfen. Der Sieg der „wahren“ Religion war damit ein heilsgeschichtlicher Triumph, der gewaltig gefeiert wurde, eine zentrale Rolle im Selbstverständnis des Moskauer Zartums und der Kirche einnahm, und mit den Mitteln jener Zeit – Kirchbauten, Chroniken, Preisgesänge, Ikonen – dokumentiert und propagiert wurde. Insofern bekamen die Stadt an der Volga und ihre sowohl gottgefällige als auch gewaltsame Konversion zu einem christlichen Zentrum eine andere Bedeutung als die Stadt am Dnepr. Zu Kiev und dem Dnepr gehört der Gründungsmythos mit der Taufe, aber der Sieg über den etablierten, in Moscheen und Infrastruktur manifesten Islam ist deutlicher fassbar als der Sturz Peruns als zwar oberste, aber nur eben eine von vielen heidnischen, hölzernen Gottheiten.

Vier Jahre später, 1556, eroberte Ivan IV. Astrachań, das reich und wichtig war für den Orienthandel. Im Gegensatz zu Kazań ließ er es völlig zerstören und als Festung neu errichten. Die Zaren betrieben von Astrachań aus eine expansive Machtpolitik, gegen die sich die Nachbarvölker und weitere Betroffene zur Wehr setzten. 1670/71 eroberte Steńka Razin im Zuge seines Aufstandes Astrachań. So ging der Kampf um die gesicherte Herrschaft über den mittleren und südlichen Volgalauf lange Zeit weiter. Noch im späten 18. Jahrhundert war die Volga nicht sicher. Die Steppenvölker stießen immer wieder über sie nach Westen vor. Deshalb siedelte Katharina II. nicht nur russische Bauern in die spärlich bewohnte Volgaregion um, sondern warb auch Siedler aus Deutschland und anderen Ländern an, um sie abzusichern. Saratov auf dem rechten Volgaufer wurde ein wichtiges Zentrum der Volgadeutschen.

Entscheidend war jedoch, dass mit dem Vorstoß über die Volga der Weg nach Sibirien geöffnet wurde.[54] Schon früher hatte es von Novgorod aus Handelskontakte nach Sibirien gegeben. Aber nun stand die Volga, bisher eine harte machtpolitische Grenze, zugleich eine christlich-islamische Kulturgrenze, dem breiteren Zugang zu diesem riesigen Gebiet, das lange unbekannt und kaum erforscht blieb, nicht mehr im Wege. Als Kosakentrupps losgeschickt wurden, um über das Stromgebiet der Volga dorthin vorzudringen, ging es zunächst um zwei Ziele: das Land und seine Bewohner dem Zaren zu unterstellen und die Schätze des Landes zu gewinnen. Das waren vor allem Pelze, mit denen man auf den Märkten im Westen, zum Beispiel in Leipzig, große Profite erzielen konnte. Der Zar übertrug der Kaufmanns- und Unternehmerfamilie Stroganov mit allen erforderlichen Pri-

54 Skrynnikow, *Iwan der Schreckliche* (wie Anm. 47), S. 298–339. Zur russischen Geschichte Sibiriens Dittmar Dahlmann, *Sibirien. Vom 16. Jahrhundert bis zur Gegenwart*, Paderborn u. a. 2009, hier v. a. Kap. I-III.

vilegien die Aufgabe, die Erschließung Sibiriens voranzutreiben. Dafür schickte man Kosakentrupps los.

Der Kosakenführer Ermak eroberte das Khanat Sibiŕ; dessen Herrscher leistete keinen großen Widerstand und setzte sich bald ab. Die Kosaken nutzten die Flüsse, solange sie eisfrei waren. Der Landweg bot sich nicht an, das Land war zu unwirtlich, die Wälder waren undurchdringlich. Mit der Ausdehnung der Moskauer Herrschaft über die Volga nach Osten wurde die Volga zum russischen Fluss, geradezu zu einem Symbol, zu einem zentralen Erinnerungsort Russlands.

Schluss

In diesem vergleichenden Überblick sind die beiden großen Flüsse Dnepr und Volga an insgesamt vier zentralen Ereignissen behandelt worden: Einerseits der Beginn der Herrschaftsbildung bei den Ostslaven in Verbindung mit normannischen Kriegerkaufleuten bis zur Christianisierung sowie die Teilung der ukrainischen Kosakengesellschaft, andererseits die imperiale Ostexpansion des zum Zartum aufgestiegenen Moskauer Großfürstentums und der Abwehrkampf der aufständischen Kosaken. Es hat sich gezeigt, dass die beiden Flüsse mit ihren Landschaften bei allen Unterschieden die geschilderten tiefgreifenden Entwicklungen nicht in irgendeiner Weise verursacht oder nur angeregt haben. Aber sie haben das Gelände, die Geographie für die – im weitesten Sinne – Politik geboten, oder vielleicht besser: für historische Zentralereignisse, die bis heute nachwirken. Sie lassen erkennen, welche Bedeutung für die Entstehung und Geschichte politischer Herrschaft sich mit Flüssen und Flusslandschaften nachhaltig verbinden kann. Beiden Fällen gemeinsam ist die Idee der Freiheit und Selbstbehauptung, die in den Kämpfen der Kosaken erkennbar wird. Somit sind die beiden Ströme auf ihre Weise prägend und charakteristisch für die Vielfalt und Dynamik einer riesigen Region, für die historische, stets aktuelle Spannung zwischen der Kontinuität und dem Wandel ihrer Gestalt.

Bibliographie

A.A., *Die Nestorchronik. Die altrussische Chronik, zugeschrieben dem Mönch des Kiever Höhlenklosters Nestor, in der Redaktion des Abtes Siĺvestr aus dem Jahre 1116*, rekonstruiert nach den Handschriften Lavrenťevskaja, Radzivilovskaja, Akademičeskaja, Troickaja, Ipaťevskaja und Chlebnikovskaja und ins Deutsche übersetzt von Ludolf Müller, München 2001 (Forum Slavicum 56).

Dahlmann, Dittmar, *Sibirien. Vom 16. Jahrhundert bis zur Gegenwart*, Paderborn u. a. 2009.

Friedl, Robert, *Polen und sein Osten am Vorabend einer Katastrophe. Der große Kosaken- und Bauernaufstand des Jahres 1648*, Diss. Phil. Univ. Düsseldorf 2004.

Hausmann, Guido, *Mütterchen Wolga. Ein Fluss als Erinnerungsort vom 16. bis ins frühe 20. Jahrhundert* (Campus Historische Studien 50), Frankfurt / New York 2009.

Historie vom Zartum Kasan (Kasaner Chronist) (Slavische Geschichtsschreiber VII), übers., eingel. und erl. v. Frank Kämpfer, Graz u. a. 1969.

Jobst, Kerstin S., *Geschichte der Krim. Iphigenie und Putin auf Tauris*, Berlin u. a. 2020.

Jobst, Kerstin S., *Die Perle des Imperiums. Der russische Krim-Diskurs im Zarenreich*, Konstanz 2007.

Kappeler, Andreas, *Kleine Geschichte der Ukraine*, München ^{8}2022.

Kappeler, Andreas, *Ungleiche Brüder. Russen und Ukrainer vom Mittelalter bis zur Gegenwart*, München ^{3}2022.

Kappeler, Andreas, *Russland als Vielvölkerreich. Entstehung. Geschichte. Zerfall*, München 1992.

Kappeler, Andreas, Revisionismus und Drohungen. Vladimir Putins Text zur Einheit von Russen und Ukrainern, in: *Osteuropa* 7 (2021), S. 67–76.

Ključevskij, V.O., *Kurs Russkoj Istorii*, Čast' I, 3-izdanie, Moskva / Petrograd 1923 (Lehrgang der Russischen Geschichte, Band 1, 3. Aufl.).

Lübke, Christian, Art. „Slaven", in: *Reallexikon der Germanischen Altertumskunde*, hg. v. Heinrich Beck, Dieter Geuenich und Heiko Steuer 35 Bde., Berlin 2015, Bd. 29, S. 44–106.

Mühle, Eduard, *Die Slawen im Mittelalter. Zwischen Idee und Wirklichkeit*, Wien u. a. 2020.

Müller, Michael G., Art. „Ukraine", in: *Lexikon der Geschichte Rußlands. Von den Anfängen bis zur Oktober-Revolution*, hg. v. Hans-Joachim Torke, München 1985, S. 386–388.

Müller, Michael G., Art. „Tataren", in: *Lexikon der Geschichte Rußlands. Von den Anfängen bis zur Oktober-Revolution*, hg. v. Hans-Joachim Torke, München 1985, S. 377–380.

Putin,Wladimir , Über die historische Einheit der Russen und der Ukrainer, übers. v. Andrea Huterer, in: *Osteuropa 7* (2021), S. 51–66.

Rüss, Hartmut, Rezension zu: Lev S. Klejn, Spor o varjagach. Istorija protivostojanija i argumenty storon (Der Warägerstreit. Geschichte des Disputs und Argumente der Parteien), Sankt-Petersburg 2009, in: *Jahrbücher für Geschichte Osteuropas* 59 H.3 (2011), S. 422–425.

Schalhorn, Bernhard, Art. „Kosaken", in: *Lexikon der Geschichte Rußlands. Von den Anfängen bis zur Oktober-Revolution*, hg. v. Hans-Joachim Torke, München 1985, S. 212–215.

Serczyk, Władysław A., *Historia Ukrainy*, Wrocław u. a. ^{2}1990.

Skrynnikow, Ruslan G., *Iwan der Schreckliche und seine Zeit*. Mit einem Nachwort von Hans-Joachim Torke, München 1992.

Stökl, Günther, *Die Entstehung des Kosakentums*, München 1953.

Stökl, Günther, *Russische Geschichte von den Anfängen bis zur Gegenwart*, Stuttgart ^{4}1983.

Stevens, Carol B., *Russiás Wars of Emergence 1460–1730*, Harlow u. a. 2007.

Subtelny, Orest, *Ukraine. A History*, Toronto u. a. ^{2}1994.

Vulpius, Ricarda, *Die Geburt des russländischen Imperiums. Herrschaftskonzepte und -praktiken im 18. Jahrhundert*, Wien u. a. 2020.

Achim Landwehr

Im Kriegstheater 1688: Der Rhein zwischen den Zeiten

Die Unentschiedenheit des Gilbert Burnet

Die eine oder andere Eigenheit Gilbert Burnets mag auf seine schottische Herkunft zurückzuführen sein. Zugegeben, das klingt nach einem wenig überzeugenden und zudem küchenpsychologisch angehauchten Heranziehen oberflächlicher Nationalstereotype; zugleich erscheint die Mutmaßung nicht allzu weit hergeholt, dass der Eintritt eines jungen Mannes aus Edinburgh in englische Gesellschaftskreise nicht gänzlich ohne gegenseitige Irritationen abgegangen sein dürfte: politisch, kulturell, sprachlich.

Ziemlich sicher kann die eine oder andere Eigenheit Gilbert Burnets aber auf die besonderen Umstände seiner Lebenszeit zurückgeführt werden, auf die zweite Hälfte des 17. Jahrhunderts (mit noch anderthalb Jahrzehnten des 18. Jahrhunderts als Zugabe), genauer auf die Jahre 1643 bis 1715. Auch wenn die vergröbernde historische Rückschau geneigt ist, für den europäischen Kontinent in der Zeit nach dem Dreißigjährigen Krieg, nach dieser menschengemachten Katastrophe ungeheuren Ausmaßes, eine gewisse Beruhigung zu konstatieren, weil sich das Moment konfessioneller Fundamentalismen abgeschwächt und die Ausbildung europäischer Großmächte den Weg für ein Austarieren der politischen Kräfte geebnet haben soll, so ist doch kaum zu übersehen, wie spannungsgeladen und weiterhin offen konfliktreich dieser Zeitraum europäischer Geschichte blieb. Das wird nicht nur durch den Umstand zahlreicher auf dem Kontinent geführter Kriege belegt; auch Gilbert Burnets Familienumfeld macht das deutlich. Sein Vater Robert Burnet, Lord Crimond, war nicht nur Mitglied des schottischen Adels und Jurist, sondern auch Anhänger der Monarchie und der schottischen Episkopalkirche, wandte sich damit gleichzeitig gegen den radikalen Presbyterianismus, der in Schottland großen Einfluss hatte. Sein Onkel hingegen, Archibald Johnston, Lord Wariston, war ebenfalls Mitglied des schottischen Adels, ebenfalls Jurist und Politiker, aber auch führender Anhänger des schottischen Presbyterianismus, war in dieser Rolle auch involviert in der Zeit der englischen Republik unter Oliver Cromwell, und wurde deswegen im Jahr 1663, also nach der Restauration der englischen Monarchie, wegen Hochverrats in Edinburgh hingerichtet.

Gilbert Burnet zieht seine Lehren aus dieser Familienkonstellation mit ihren auch durchaus tragischen Zügen: Er will sich nicht entscheiden, nicht für die eine und nicht für die andere Seite. Wie andere englische Theologen des späten 17. und

https://doi.org/10.1515/9783111102771-011

18. Jahrhunderts, setzt auch er auf eine vermittelnde, angebliche unverhandelbare Entgegensetzungen vermeidende Position, den sogenannten ‚Latitudinarismus'.[1] Dem Feld der Theologie bleibt er dennoch treu, studiert in Aberdeen zunächst Philosophie, dann kurz Jura und schließlich Theologie. Schon in jungen Jahren beginnt er zu reisen und seine Interessen auf vielfältige Bereiche auszudehnen, besucht die Universitäten in Oxford und Cambridge, ist 1664 in den Niederlanden und studiert dort Hebräisch bei einem Rabbi. Im gleichen Jahr wird er zum Fellow der *Royal Society* gewählt und ein Jahr später bereits in der schottischen Episkopalkirche zum Pfarrer ordiniert. 1669 wird er zum Theologieprofessor in Glasgow berufen und behält dort seine tolerante Linie bei, verteidigt das Ansehen der Bischofskirche gegenüber den Presbyterianern und wirbt gleichzeitig für eine Duldung der Presbyterianer durch die Bischofskirche – und macht sich damit auf beiden Seiten unbeliebt. Er verlässt daraufhin Schottland, geht 1674 nach London, gewinnt das Vertrauen von König Charles II. und wird Anhänger der Whigs, die sich für die Etablierung einer konstitutionellen Monarchie einsetzen. Zur selben Zeit beginnt er seine publizistische Karriere, schreibt eine dreibändige Geschichte der englischen Reformation, später auch theologische Werke sowie eine Autobiographie, die postum unter dem Titel *History of His Own Time* veröffentlicht wird.[2]

Im Jahr 1685 stirbt nicht nur seine erste Frau, sondern es kommt auch zu einem Wechsel auf dem englischen Thron. Der sowohl katholisch wie absolutistisch geneigte James II. wird von Burnet in diesem Jahr gebeten, ihn nach Europa auf Reisen gehen zu lassen. Burnets Bitte wird stattgegeben. Er ist ausgiebig unterwegs in der Schweiz und Italien, auch in Frankreich und Deutschland, hält sich dann länger in den Niederlanden auf und hat dort engen Kontakt mit Wilhelm von Oranien und dessen Frau Mary, der ältesten Tochter von James II. Auch in der Beziehung zu den großen politischen Parteiungen Englands gelingt es Gilbert Burnet, zumindest für eine gewisse Zeit, Verbindungen in beide Richtungen zu unterhalten, sich nicht zu entscheiden zwischen der noch regierenden jakobitischen und der herausfordernden oranischen Seite – bis er sich dann eben doch entscheiden muss. Spätestens 1687 hat er sich für Wilhelm von Oranien und Mary entschieden, kehrt von seiner Reise auch gar nicht mehr nach England zurück, sondern bleibt im niederländischen Exil, wird von König James II. des Hochverrats angeklagt, ist dann aber Teil der *Glorious Revolution* von 1688 und darf sogar die Predigt bei der Krönung von Wilhelm und Mary am 11. April 1689 halten. Im

1 Tony Claydon, Latitudinarianism and Apocalyptic History in the Worldview of Gilbert Burnet 1643–1715, in: *Historical Journal* 51 (2008), S. 577–598.

2 Gilbert Burnet, *Bishop Burnet's History of His Own Time*, 2 Bde., London 1724–1734.

gleichen Jahr wird er zum Bischof von Salisbury ernannt, ein Amt, das er bis zu seinem Tod ausüben wird.[3]

Warum ich das alles hier zusammentrage? Weil Gilbert Burnet, wenige Jahre bevor er zum Revolutionsteilnehmer und zum Bischof werden sollte, als Rheinreisender unterwegs ist, weil er sich zwischen dem Königreich Frankreich und den vielen deutschen Einzelterritorien hindurchbewegt, und weil er bei dieser Bewegung keine politische Präferenzen hat, weder für die eine noch für die andere Seite, sondern den Rhein bei seiner Reise in der Weise nutzt, in der sich Flüsse nutzen lassen, gerade wenn es um die Herstellung von vermeintlichen Eindeutigkeiten geht: als fluide Gebilde, die sich weder der einen noch der anderen Seite zuordnen lassen, sondern sich ungreifbar zwischen ihnen hindurchschlängeln.

Als englischer Reisender, der im Herbst 1685 und Frühjahr 1686 unterwegs ist, als sich ein weiterer militärischer Konflikt zwischen der deutschen und der französischen Seite schon merklich ankündigt, kann sich Gilbert Burnet auf eine Position zurückziehen, in der er sich nicht entscheiden muss. Auf dem Rhein und entlang des Rheins unterwegs zu sein, ist daher eine durchaus passende Fortbewegungsweise, die auch seinen persönlichen Eigenheiten entgegenkommt. Klare Haltungen hat er als anglikanischer Theologe zwar zu den konfessionellen Gegebenheiten – aber da die in dieser Gegend Europas ja nun einmal nicht minder vielfältig und verwirrend sind als die mäandrierenden Ausformungen des Flusses mit all seinen Nebenarmen, Sandbänken, Inseln, Strudeln, lässt sich auch hier kaum zu einer eindeutigen Einschätzung kommen.

Bei seinen politischen Vorlieben bringt Burnet wenig Sympathien weder für die eine noch für die andere Seite auf, weder für die französische noch für die deutsche. Mit seiner Beschreibung der Eigenarten des Oberrheins scheint Burnet diese Uneindeutigkeit wie auch sein Unwohlsein mit der Situation vor Ort fast schon in die Landschaft verlegen zu wollen:

> The River of the Rhine, all from Bazile [Basel] to Spire [Speyer] is so low, and is on both sides so covered with Woods, that one that cometh down in a Boat hath no sight of the Country: The River runneth sometimes with such a force, that nothing but such Woods could preserve its Banks, and even these are not able to save them quite, for the Trees are often washed away by the very Roots, so that in many places those Trees lye along in the Channel of the River: It hath been also thought a sort of a Fortification to both sides of the River, to have it thus faced

3 Zur Biographie von Gilbert Burnet vgl. Thomas Elliot Simpson Clarke / Helen Charlotte Foxcroft, *A Life of Gilbert Burnet, Bishop of Salisbury*, Cambridge 1907; Osmund Airy, Art. „Gilbert Burnet", in: *The Dictionary of National Biography*, 63 Bde., hg. v. Leslie Stephen, London 1886, Bd. 7, S. 394–405.

> with Woods, which maketh the passing of Men dangerous, when they must march for some-time after their passage through a defilé.[4]

Was soll man mit dieser Oberrheinlandschaft anfangen? Der Fluss ist tief, breit, zugewachsen, sumpfig, reißend, gewaltsam, schlecht passierbar – mit einem Wort, er scheint keine Ordnung zu kennen und jegliche bestehende Ordnung aufzulösen. (Kaum verwunderlich, wenn sich Johann Gottfried Tulla etwas mehr als ein Jahrhundert später daran machen wird, genau diese Unordnung zu bereinigen.)[5] Und die Annahme ist vielleicht nicht allzu weit hergeholt, Burnet habe Entsprechungen zwischen diesem Abschnitt des Oberrheins und den anrainenden Ländern entdeckt. Denn die für Burnet vorbildlichen politischen Gebilde liegen eher an den Extremen des Rheins, an seinem Ausgangs- und seinem Endpunkt. Sowohl die Schweizer Eidgenossenschaft wie die niederländischen Generalstaaten sieht Burnet – nicht untypisch für seine Zeit – als vorbildlich an, weil sie auf ihre jeweilige Weise mehr politische Beteiligung größerer Bevölkerungsgruppen zulassen als dies in anderen europäischen Territorien in dieser Zeit der Fall ist. Und Burnet macht kein Geheimnis daraus, dass er sich ähnliches für England vorstellt.

Neben den konfessionellen Zuständen, für die er sich an den besuchten Orten jeweils sehr interessiert, zeigt er sich auch aufmerksam für die baulichen Zustände von Befestigungsanlagen. Das ist keineswegs untypisch für Reisende seiner Zeit, die sich aufgrund apodemischer, also reisetheoretischer Vorgaben[6] unter anderem mit den jeweiligen militärischen Zuständen zu beschäftigen hatten, um diese Informationen als nützliches Wissen von der Reise mit nach Hause zu bringen. Insofern mag verständlich sein, weshalb ein anglikanischer Theologe, der bald zu einem der wichtigsten Bischöfe seines Heimatlandes aufsteigen sollte, sich in seinen Reisebeschreibungen so ausgiebig mit verteidigungstechnischen Vor- oder Nachteilen der Anlage einer Stadt beschäftigt, mit der Architektur der Befestigungsanlagen oder mit der Anzahl der stationierten Soldaten. Die Ausführ-

---

4 Gilbert Burnet, *Dr. Burnet's Travels, or Letters Containing an Account of What Seemed Most Remarkable in Switzerland, Italy, France and Germany, etc.*, Amsterdam 1687, Book III, S. 15, https://books.google.de/books?vid=KBNL:UBA000072348&redir_esc=y vom 03.03.2022. Der Reisebericht wurde umgehend ins Deutsche übersetzt: Gilbert Burnet, *Des berühmten Englischen Theologi/ D. Gilberti Burnets/ Durch die Schweitz/ Italien/ auch einige Oerter Deutschlandes und Franckreichs im Jahr 1685. und 86. Jahre gethaner Reise* [...], Leipzig 1688.

5 David Blackbourn, *Die Eroberung der Natur. Eine Geschichte der deutschen Landschaft*, München 2008, S. 97–145.

6 Uli Kutter, Apodemiken und Reisehandbücher. Bemerkungen und ein bibliographischer Versuch zu einer vernachlässigten Literaturgattung, in: *Das Achtzehnte Jahrhundert* 4 (1980), S. 116–131; Justin Stagl, *Apodemiken. Eine räsonnierte Bibliographie der reisetheoretischen Literatur des 16., 17. und 18. Jahrhunderts*, Paderborn u. a. 1983; Justin Stagl, *A History of Curiosity. The Theory of Travel 1550–1800*, Chur 1995.

lichkeit seiner Beschreibungen lässt jedoch darauf schließen, dass er sich intrinsisch für die fortifikatorischen Verhältnisse interessiert hat.

Als politisch Unbeteiligter und als keiner der jeweiligen kollektiven Identitäten Zugeneigter bewegt sich Burnet auf dem Rhein zwischen der deutschen und der französischen Einflusszone und bemerkt gerade bei der Betrachtung militärischer Anlagen die unterschiedlichen Ausgangssituationen: eine expansiv-aggressive Haltung auf der einen sowie einen schleichenden Verfall auf der anderen Seite. Schon in Basel lässt sich das kaum übersehen. Burnet weist in aller Deutlichkeit auf die Naivität der Basler hin, den Bau der Festung Hüningen[7] (Huningue) auf der linksrheinischen Seite, unmittelbar nördlich von Basel gelegen, nicht verhindert zu haben. Hüningen wurde seit 1679 erbaut und war Teil des fortifikatorischen Verteidigungsrings, der nach Vaubans Plänen um Frankreich gelegt wurde.[8] Die Festung sollte erst 1691 fertiggestellt werden, einige Jahre nachdem Burnet dort vorbeigekommen war; aber dass die ursprüngliche Aussage der französischen Seite, es solle sich nur um eine kleine, bescheidene Schanze handeln, nicht den Tatsachen entsprechen würde, konnte bereits dem schottischen Theologen nicht verborgen bleiben.[9] Und diese Beobachtungen setzen sich fort, je weiter sich Burnet rheinabwärts bewegt: Die Befestigung von Straßburg, das erst 1681 durch Ludwig XIV. besetzt worden war, erwies sich als alt und marode, war jedoch nach Übernahme durch französische Truppen deutlich aufgebessert worden. In Philippsburg, nördlich von Karlsruhe gelegen, hatte Frankreich in den 1670er Jahren bereits mit dem Ausbau einer stärkeren Befestigung begonnen, allerdings waren Stadt und Festung 1676 von einer Reichsarmee wieder zurückerobert worden, um genau diese Befestigung zu verhindern. (1688 sollten französische Truppen dann ihrerseits Philippsburg wieder einnehmen.) Speyer hingegen ist trotz der Größe seines Namens weder groß noch reich, lebt eigentlich nur noch von der Anwesenheit des Reichskammergerichts,[10] und zeigt sich Burnet als eine so offene und unbefestigte Stadt, dass sie einem Angriff nicht den geringsten Widerstand entgegensetzen könnte. Nicht nur der Mangel an Verteidigungsanlagen, auch der sonstige Zustand der Stadt hinterlässt nicht gerade einen positiven Eindruck. Das so hochberühmte Reichskammergericht ist in einem kleinen, wenig repräsentativen Gebäude untergebracht, und der Speyerer Dom erscheint Burnet als gotische („Gothick manner") Architektur der schlimmsten Sorte. Auch um Mainz steht es nicht besser, weil die Stadt laut

7 Lucien Kiechel, Geschichte der Stadt und ehemaligen Festung Hüningen, in: *Das Markgräflerland* 49 H. 1 (1987), S. 5–71.

8 Dominique Le Brun, *Vauban. L'inventeur de la France moderne*, Paris 2016.

9 Burnet, *Dr. Burnet's Travels* (wie Anm. 4), Book III, S. 13 f.

10 Anette Baumann / Joachim Kemper (Hg.), *Speyer als Hauptstadt des Reiches. Politik und Justiz zwischen Reich und Territorium im 16. und 17. Jahrhundert*, Berlin / Boston 2016.

Burnet angesichts der flächenmäßigen Ausdehnung bei gleichzeitig geringer Bevölkerungszahl kaum verteidigt werden kann. Koblenz verfügt zwar über gute Verteidigungsanlagen, dies aber nur entlang des Rheins, während sich die Moselseite schwächlich zeigt. Die äußere Ringmauer in Bonn ist in einem so üblen Zustand, dass sie sich einem Angriff kaum längere Zeit zur Wehr setzen könnte. Ganz übel sieht es dann in Köln aus. Burnet schreibt von einer zwar großen, aber schlecht gebauten und noch schlechter bevölkerten Stadt, deren Stadtmauern im schlimmsten Zustand seien. Während Kaiserswerth hinsichtlich seiner Verteidigungsanlagen beeindrucken kann, ist Rheinberg nur durch einen ungenügenden Erdwall geschützt. Auch Wesel zeigt sich schlecht auf einen möglichen Angriff vorbereitet.[11]

Dabei ist zu beachten, dass Burnet keineswegs in verallgemeinernder oder abfälliger Weise auf die deutschen Zustände am Rhein blickt. Er versteht durchaus, genau hinzusehen, lobt beispielsweise immer wieder tolerante Religionspolitiken, wie sie in manchen deutschen Gegenden gepflegt werden, und ist auch voll des Lobes über die liebliche Landschaft in der Pfalz oder entlang des Mittelrheins.[12] Aber über die militärisch-infrastrukturelle Situation auf deutscher Seite macht er sich keine Illusionen.

Burnets Beschreibung französischer Zustände arbeitet hingegen mit einer Umkehrung der Vorzeichen. Militärisch-fortifikatorisch ist die französische Monarchie bestens gerüstet, wie die Festungen von Hüningen und Philippsburg eindrücklich belegen, kann das aber nur sein, weil die Bevölkerung mit drückenden Abgaben belegt wird. Einige Ausgaben des Reiseberichts von Gilbert Burnet sind mit einem Anhang versehen, in dem zusätzliche Beschreibungen der von ihm besuchten Orte versammelt sind. Darin stellt er unter anderem Vergleiche zwischen der Schweiz und Frankreich an, die sowohl seine politischen Vorlieben wie auch die von ihm entdeckten Probleme deutlich machen: Während man in der Schweiz nur wenig Reichtum, dafür aber auch kaum notleidende Menschen findet, keine Bettler auf den Straßen sieht und die Häuser meistenteils in einem guten Zustand sind, ist die Bevölkerung Frankreichs verarmt, auf den Straßen sind regelmäßig Menschen anzutreffen, die nach Almosen verlangen, und die Häuser sind gemeinhin in einem schlechten Zustand.[13] Neben der militärischen Aufrüstung und der gesamtgesellschaftlichen Verarmung in Folge der Abgabenlast ist es vor allem die konfessionelle Intoleranz, die Burnet anprangert. Er wird während seiner Reise Augenzeuge der Vertreibung der Hugenotten,[14] wie sie nach dem Erlass des Edikts von Fontainebleau

---

11 Burnet, *Dr. Burnet's Travels* (wie Anm. 4), Book III, S. 16–36.

12 Zum Beispiel ebd., S. 22, 25 f., 30.

13 Gilbert Burnet, *Bishop Burnet's Travels Through France, Italy, Germany, and Switzerland. Describing Their Religion, Learning, Government, Customs, Natural History, Trade, etc.*, London 1750, S. 295.

14 Burnet, *Dr. Burnet's Travels* (wie Anm. 4), Book III, S. 2–5.

1685 stattfindet.[15] Burnet ist bei seinen Ausführungen über die Vertreibungen nicht nur deswegen aufgebracht, weil es sich um protestantische Opfer handelt, sondern weil das Vorgehen der französischen Monarchie und des Militärs so brutal ist: „In short I do not think that in any Age there ever was such a violation of all that is sacred, either with relation to God or man."[16]

Der Schotte Burnet sieht also bei seiner Reise auf dem Rhein in Frankreich einerseits und in den deutschen Territorien andererseits sehr unterschiedliche politische, gesellschaftliche, religiöse und militärische Zustände. Seine Stimme ist dabei kaum als neutral oder objektiv zu bezeichnen, dafür hat er in Sachen konstitutioneller Verfasstheiten oder konfessioneller Zustände viel zu eindeutige Meinungen. Aber seine Stimme ist bedeutsam, weil sie sich nicht für die eine oder andere Seite aussprechen muss, weil sie es sich vielmehr leisten kann, eine Äquidistanz in beide Richtungen zu bewahren; es ist eine dritte Stimme in einer Situation, in der ansonsten ein kategorisches Entweder-oder vorherrscht. Die Bewegung auf dem Rhein, auf diesem Fluss, der sich mit seiner unausweichlichen Dynamik beständig zwischen den beiden Seiten hindurchschlängelt, erscheint dafür durchaus passend. Burnet macht es sich auf dem Fluss zwischen den Seiten bequem. Er wählt die Rolle des Bindestrichs in diesem allgegenwärtigen Entweder-oder. Er will sich nicht entscheiden. Und der Fluss bietet ihm die Möglichkeit, sich nicht entscheiden zu müssen.

Seine biographischen Erfahrungen und daraus resultierenden persönlichen Eigenheiten machten es ihm wohl möglich, eine solche Position einzunehmen, weil er von klein auf erfahren musste, welche Konsequenzen es haben kann, sich auf die Logik des Entweder-oder einzulassen. Er will sich nicht entscheiden müssen zwischen anglikanisch oder presbyterianisch, zwischen Religion und Politik, zwischen Schottland und England, obwohl er doch immer wieder zu Entscheidungen gezwungen wird, die er im Anschluss so weit als möglich abzumildern versucht. Aber hier, zwischen Frankreich und Deutschland, muss er sich nicht entscheiden. Hier kann er sich auf Prinzipien wie Toleranz, Wohlstand für alle oder breite politische Teilhabe berufen, wodurch es möglichst vielen Menschen ermöglicht werden soll, sich nicht entscheiden zu müssen. Deswegen ist Burnet so zornig über die Vertreibung der Hugenotten aus Frankreich, weil sie gegen ihren Willen gezwungen werden, sich entscheiden zu müssen: gegen ihr Gewissen zu handeln und zu konvertieren oder ihrem Gewissen zu folgen und sich damit gegen ihre Heimat zu entscheiden und das Land zu verlassen.

---

15 Ulrich Niggemann, *Hugenotten*, Köln u. a. 2011; *Der Exodus der Hugenotten. Die Aufhebung des Edikts von Nantes 1685 als europäisches Ereignis*, hg. v. Heinz Duchhardt, Köln – Wien 1985.
16 Burnet, *Dr. Burnet's Travels* (wie Anm. 4), Book III, S. 2.

Burnet selbst wird sich erst wieder entscheiden müssen, wenn er gemeinsam mit Wilhelm von Oranien nach England übersetzt und die *Glorious Revolution* begleitet. Bis dahin ist Burnets Stimme jedoch bedeutsam, weil sie sich kurz vor einem Konflikt vernehmen lässt, in dem der Rhein eine wesentliche Rolle spielt (oder spielt der Rhein darin vielleicht gerade keine Rolle?).

Der Rhein zwischen den Fronten

Der Krieg, vor dessen Ausbruch Burnet sich rheinabwärts und damit entlang einer künftigen Frontlinie bewegt, hat unterschiedliche Namen, je nachdem, von welcher Seite auf ihn geschaut wird. Es ist der *Pfälzische Erbfolgekrieg*, weil aus deutscher Sicht die Frage eben dieser Erbfolge im Mittelpunkt steht und die rücksichtslose Zerstörung der Pfalz auch die nachhaltigsten Narben hinterlassen hat. Es ist der *Guerre de la Ligue d'Augsbourg* aus französischer Sicht, weil sich Frankreich der Kriegskoalition der sogenannten Augsburger Allianz gegenübersieht, der unter anderem die niederländischen Generalstaaten, England, Spanien, Savoyen, Schweden, der habsburgische Kaiser, Brandenburg-Preußen sowie weitere deutsche Territorien angehören. Und es ist der *Nine Years' War* aus englischer Sicht – vielleicht die treffendste Bezeichnung, nicht nur weil der Krieg neun Jahre dauerte (1688–1697), sondern weil diese auf die Chronologie zielende Bezeichnung auf eine bestimmte inhaltliche Schwerpunktsetzung verzichtet. Damit wird es auch eher möglich, der Komplexität des Kriegsgeschehens Raum zu geben.[17]

Ohne allzu sehr auf die Details dieses Konflikts eingehen zu wollen, sei er zumindest in groben Zügen skizziert. Neben der Selbstverständlichkeit der Kriegsführung als Mittel zur Durchsetzung politischer Ziele sind mindestens noch drei weitere Faktoren zu berücksichtigen, um diesen Neunjährigen Krieg verständlich werden zu lassen: erstens das Bestreben Ludwigs XIV., seinen Machtbereich im Osten zu arrondieren und den Rhein als eine der natürlichen Grenzen Frankreichs zu etablieren;[18] zweitens die große Bedeutung, welche der Vorstellung der

17 Vgl. Johannes Burkhardt, *Vollendung und Neuorientierung des frühmodernen Reiches 1648–1763*, Stuttgart [10]2006, S. 103 f.

18 Peter Sahlins, Natural Frontiers Revisited. France's Boundaries Since the Seventeenth Century, in: *American Historical Review* 95 (1990), S. 1423–1451; Peter Claus Hartmann, Zwischen Krieg und Faszination. Frankreich, das Heilige Römische Reich und das Rheingebiet von Karl V. bis Napoleon I., in: *Frankreich am Rhein. Vom Mittelalter bis heute*, hg. v. Franz J. Felten, Stuttgart 2009, S. 127–141; Ilja Mieck, Der deutsch-französische Grenzraum, in: *Francia* 30 (2003), S. 1–26. Vgl. auch Andreas Rutz, *Die Beschreibung des Raums. Territoriale Grenzziehungen im Heiligen Römischen Reich*, Köln u. a. 2018.

gloire im Denken des französischen Königs zukam, also einem Verständnis von Ehre, Ruhm und Prestige, das reputationssteigernde Taten in der eigenen Gegenwart, vor allem aber auch mit Blick auf die Nachwelt und den Nachruhm erforderlich machten – und siegreich geführte Kriege inklusive Gebietserweiterungen gehörten unbedingt dazu;[19] und drittens schließlich der beständige Kampf Frankreichs gegen eine habsburgische Umzingelung, die aus Sicht Ludwigs sowohl von spanischer wie auch von österreichischer Seite beständig drohte. Man darf also tatsächlich davon ausgehen, dass Ludwig XIV. sein Territorium gegen eine befürchtete Gefahr von außen absichern wollte; in diesem Zusammenhang sind auch die Vauban'schen Festungsbauten rund um Frankreich zu verstehen, die unter anderem Gilbert Burnet am Rhein beobachten konnte.

Konkrete Anlässe für den Einfall Frankreichs in die Pfalz und den Ausbruch des Krieges sind erstens die siegreichen habsburgischen Feldzüge gegen das Osmanische Reich (Ludwig fürchtet ein Ende dieses Konflikts und eine sich daran anschließende Konzentration habsburgischer Begehrlichkeiten auf Frankreich), zweitens der Streit um die Besetzung des Kölner Erzbistums, das als territorialer Nachbar Frankreichs nach Ludwigs Vorstellungen besetzt werden sollte (was letztlich nicht geschieht)[20] und drittens der vorgeschobene Anspruch des französischen Dauphins auf die Erbfolge in der Kurpfalz, weil der Sohn des Königs mit Elisabeth Charlotte von der Pfalz verheiratet war (der bekannten briefschreibenden Liselotte).[21] Als vierter Anlass ist noch das Geschehen anzuführen, bei dem Gilbert Burnet unmittelbar zugegen war: die *Glorious Revolution*. Denn der Niederländer Wilhelm von Oranien wird 1688 ja deswegen vom englischen Parlament gerufen, weil der regierende König James (Jakob) II. nicht nur selbst katholisch war, sondern in eben diesem Jahr auch Vater eines ebenso katholischen Thronfolgers wurde. Eine katholische Monarchie ist die englische Elite jedoch nicht bereit zu tolerieren. Also kommt Wilhelm die Aufgabe zu, den katholischen König zu vertreiben und selbst als dritter seines Namens zum König von England gekrönt zu werden. Nicht nur aufgrund der persönlichen Nähe zwischen James II. und Ludwig XIV., sondern vor allem aufgrund des befürchteten Verlusts katholischer Einflusspolitik in Europa und speziell in England sieht der französische Monarch die *Glorious Revolution* seinerseits als einen Kriegsgrund an.[22]

---

19 John A. Lynn, *The Wars of Louis XIV. 1667–1714*, Harlow 1999, S. 27–32.

20 Christoph Kampmann, Kalkulierter Konflikt? Die Kölner Doppelwahl 1688 und die Entstehung des Pfälzischen Kriegs, in: *Zeitschrift für Historische Forschung* 48 (2021), S. 211–262; Ders., Ein großes Bündnis der katholischen Dynastien 1688? Neue Perspektiven auf die Entstehung des Neunjährigen Krieges und der Glorious Revolution, in: *Historische Zeitschrift* 294 (2012), S. 31–58.

21 Karin Feuerstein-Praßer, *Liselotte von der Pfalz. Ein Leben am Hof Ludwigs XIV.*, Regensburg 2016.

22 *The Final Crisis of the Stuart Monarchy. The Revolutions of 1688–91 in Their British, Atlantic and European Contexts*, hg. v. Tim Harris und Stephen Taylor, Woodbridge 2013.

Damit ist im Jahr 1688[23] eine explosive Mischung für einen europäischen Konflikt entstanden, der letztlich neun Jahre lang dauern sollte und nicht nur entlang des Rheins, sondern ebenso in den Niederlanden, in Italien, in England und Irland, in Spanien, auf hoher See und auch in den nordamerikanischen Kolonien (als *King William's War*) ausgefochten wird.[24]

Anstatt eines zügigen Feldzugs mit schnellen Siegen, errungen über schwächliche Gegner, wird der Neunjährige Krieg für Ludwig XIV. zu einem Kampf gegen eine europaweite Koalition, den er auf den Schlachtfeldern zwar gewinnen mag, der Frankreich aber ökonomisch und politisch in einem desolaten Zustand zurücklässt. Im Frieden von Rijswijk muss der französische König daher auch Verluste hinnehmen, anstatt Gewinne zu verzeichnen.[25]

Für den deutschen Zusammenhang bleibt die Politik der verbrannten Erde nachhaltig in Erinnerung, welche die französische Armee vor allem in der Pfalz praktiziert. Den gegnerischen Armeen soll die Möglichkeit genommen werden, sich aus dem Land heraus zu ernähren, und daher wird ein ganzer Landstrich in Schutt und Asche gelegt, werden Städte wie Speyer, Mannheim oder Heidelberg zerstört; die Ruine des Heidelberger Schlosses erinnert bis heute daran.[26]

Der Rhein als abwesende Anwesenheit

Dieser Krieg wird unter anderem entlang des Rheins geführt. Aber es bleibt fraglich, auf welche Weise der Rhein in diesem Krieg vorkommt – und ob er überhaupt vorkommt.[27] Bei all den harschen Entgegensetzungen, all den territorialen Forderungen, all den gegenseitigen Anfeindungen, all den proto-nationalistischen Aufladungen bleibt der Rhein selbst überraschend unsichtbar.[28] Er ist beständig

---

23 John E. Wills, *1688. Was geschah in jenem Jahr rund um den Globus? Ein Mosaik der frühen Neuzeit*, Bergisch Gladbach 2003.

24 Lynn, *The Wars* (wie Anm. 19), S. 191–265; Guido Braun, *Von der politischen zur kulturellen Hegemonie Frankreichs 1648–1789* (Deutsch-Französische Geschichte IV), Darmstadt 2008, S. 53–57.

25 *Der Friede von Rijswijk 1697*, hg. v. Heinz Duchhardt, Mainz 1998.

26 Kurt von Raumer, *Die Zerstörung der Pfalz von 1689 im Zusammenhang der französischen Rheinpolitik*, Bad Neustadt 1982; Heinz Musall / Arnold Scheuerbrandt, Siedlungszerstörungen und Festungswerke im späten 17. und frühen 18. Jahrhundert (1674–1714). Beiwort zur Karte 6/12, in: *Historischer Atlas von Baden-Württemberg. Erläuterungen*, hg. v. Kommission für geschichtliche Landeskunde in Baden-Württemberg, Stuttgart 1980.

27 Vgl. Lucien Febvre, *Der Rhein und seine Geschichte*, Frankfurt a. M. / New York [3]2006, S. 142–159.

28 Das gilt auch für eine Darstellung der kriegerischen Auseinandersetzungen am Rhein wie: Anonym, *Martialischer Schau-Platz/ Des Lustreichen und zugleich blutigen Rhein-Strohms/ Worinnen Alle Kriege/ Bataillen/ Scharmützel und Schlachten [...] durch dieses gantze Jahrhundert von*

Thema, als Hindernis, als Grenze, als Ziel, tritt aber nicht in Erscheinung, wird kaum explizit zum Gegenstand gemacht. All die kriegerischen Beschreibungen und Argumentationen kommen weitgehend ohne ausdrückliche Darstellungen des Flusses aus – obwohl es doch die ganze Zeit um den Fluss geht, obwohl er doch wahlweise erobert oder verteidigt werden soll. In den Titeln entsprechender Veröffentlichungen wird er häufig erwähnt – in den Texten, die sich unter diesen Überschriften finden, ist er dann kaum noch zu finden. Er scheint geradezu zu versickern unter all den ideologischen Aufladungen, die ein Krieg zwangsläufig mit sich bringt. Auch in Gilbert Burnets Reisebericht kommt der Rhein *als Rhein* fast nicht vor (mit Ausnahme der kurzen, bereits zitierten Oberrhein-Passage).

Was also ist dieser Fluss im Zusammenhang der Auseinandersetzungen des Jahres 1688 (und all der Konflikte, die während des Neunjährigen Krieges noch folgen sollten)? Tritt er nicht in Erscheinung, weil ihm nur eine Statistenrolle zukommt in diesem martialischen Schauspiel, in diesem *theatrum belli*?[29] Oder tritt er nicht in Erscheinung, weil er das Dritte ist, das sich der binären Logik militärischer und nationalistischer Verhärtungen verweigert, weil er der dritte Raum ist,[30] der sich zwischen den vermeintlich eindeutigen Oppositionsräumen hindurchschlängelt, weil es beim Fluss nicht nur *um eine Grenze* geht, sondern weil er *die Grenze ist*, und damit auch das Ungreifbare ist, das zugleich trennt *und* verbindet, und weil er die Vorgänge des Trennens und Verbindens in seinem Fließen und in seinem Fluss-Sein immer untrennbar miteinander verbindet und als Gleichzeitigkeit in der Gleichräumigkeit vorführt und vollführt? Wie ist mit einem solchen hybriden Gegenstand umzugehen, der sich der eindeutigen Zuordnung entzieht,[31] der weder das eine noch das andere, sondern alles zugleich ist – wie anders denn durch Verschieben in den Hintergrund des Geschehens oder gar durch konsequentes Verschweigen?

Das ist gerade auffallend bei den (Nicht-)Behandlungen des Rheins in diesem Konflikt am Ende dieses ohnehin schon so konfliktreichen 17. Jahrhunderts: Er wird beständig angerufen, ohne jemals behandelt zu werden; er ist in den Diskursen im Zusammenhang mit dem Neunjährigen Krieg beständig präsent, ohne je-

einer Zeit zur andern/bis auf das jetzt-lauffende 1690. Jahr [...] vorgestellet und beschrieben worden, Nürnberg 1690.

29 Zur Theatrum-Metapher vgl. Christian Weber, Theatrum Mundi. Zur Konjunktur der Theatrum-Metapher im 16. und 17. Jahrhundert als Ort der Wissenskompilation und zu ihrer literarischen Umsetzung im Großen Welttheater, in: *Dimensionen der Theatrum-Metapher in der frühen Neuzeit. Ordnung und Repräsentationen von Wissen*, hg. v. Flemming Schock, Oswald Bauer und Ariane Koller, Hannover 2008, S. 333–360.

30 Homi K. Bhabha, The Third Space, in: *Identity. Community, Culture, Difference*, hg. v. Jonathan Rutherford, London 1990, S. 207–221.

31 Für eine solche postkoloniale Perspektive auf den Fluss vgl. Felix Schürmann, Kongo. Konturen einer Flussbiographie, in: *Aus Politik und Zeitgeschichte* 71 H. 12 (2021), S. 45–52.

mals konkret zu werden; er wird wieder und wieder zum Gegenstand gemacht, ohne dass man sich ernsthaft um ihn kümmert.

Es ist allein schon bibliometrisch auffällig, in wie vielen deutschsprachigen Titeln aus den 1680er und 1690er Jahren der Rhein explizit genannt wird[32] – ohne dann tatsächlich vorzukommen. Möglicherweise ist der Neunjährige Krieg der Moment, in dem der Fluss endgültig zum Gegenstand proto-nationalistischer Aufladung zwischen Frankreich und Deutschland wird,[33] auch wenn diese Aufladung schon lange vorbereitet worden war. Schon in Caesars *Gallischem Krieg* ist der Rhein zur kulturellen Grenze erhoben worden, der das linksrheinische Gallien vom rechtsrheinischen Germanien trennen und damit auch die Ausdehnung des Römischen Reichs in dieser Gegend Europas markieren soll – obwohl sich diese Grenze in der alltäglichen Praxis als deutlich durchlässiger erwies.[34] Im Zusammenhang des Neunjährigen Krieges wird diese vermeintliche Eindeutigkeit des Rheins nicht zum ersten und nicht zum letzten Mal aufgerufen.

Der anonyme Verfasser der 1685 erstmals erschienenen und 1689 aus kriegerisch gegebenem Anlass nochmals veröffentlichten topographischen Beschreibung *Der Edle Rhein-Strom* weist dem Fluss bereits in seinen einleitenden Worten eine eindeutige Aufgabe zu:

> GOTT hat den unüberwindlichen Teutschen die Zwey allergrösseste Haupt-Flüsse deß fürtrefflichsten Theils der Welt Europae, die Donau nehmlich und den Rhein/ gegen die Land und Wasser bezwingende Macht der alten Römer/ auch noch da sie zur Zeit Kaiser Augusti die vierdte Monarchie aufgerichtet/ und gleichsam aller Welt Herren worden/ zu Gräntzen gegen Ost und Westen gesetzet.

Die Römer hätten,

> sonderlich wenn Sie sich über den Rhein gewagt/ den Teutschen nit nur nichts abgewonnen/ sondern vilmehr in ihren Sümpfen und Wäldern vil schöne Völcker sitzen lassen/ wie Quin-

32 Eine Suche im Verzeichnis der im deutschen Sprachraum erschienenen Drucke des 17. Jahrhunderts kann das schnell belegen: www.vd17.de vom 09.12.2022.

33 Peter Sahlins, La nationalité avant la lettre. Les pratiques de naturalisation en France sous l'Ancien Régime, in: *Annales* 55 (2000), S. 1081–1108; Winfried Schulze, Die Entstehung des nationalen Vorurteils. Zur Kultur der Wahrnehmung fremder Nationen in der europäischen Frühen Neuzeit, in: *Menschen und Grenzen in der Frühen Neuzeit*, hg. v. Wolfgang Schmale und Reinhard Stauber, Berlin 1998, S. 23–49; Reinhard Stauber, Nationalismus vor dem Nationalismus? Eine Bestandsaufnahme der Forschung zu Nation und Nationalismus in der Frühen Neuzeit, in: *Geschichte in Wissenschaft und Unterricht* 47 (1996), S. 139–165.

34 *Feindliche Nachbarn. Rom und die Germanen*, hg. v. Helmuth Schneider, Köln / Weimar / Wien 2008.

tilius Varus, der Römer Feld-Herr solches erfahren/ der mit etlichen Regimentern und einer grossen Menge Auxiliar-Völckern in den Westphälischen Morasten stecken bliben ist.[35]

Es ist fraglos naheliegend, einen Fluss als Grenzmarkierung zu verwenden, sei es nun für die Unterscheidung zwischen der römischen und der nicht-römischen Einflusssphäre, sei es für die Abtrennung von Frankreich und Deutschland. Doch durch die proto-nationalistische Aufladung des Rheins Ende des 17. Jahrhunderts wird der Fluss einerseits zu deutlich mehr als zu einer praktischen Hilfe bei der Separierung territorialer Ansprüche – er wird hochgradig mit Emotionen aufgeladen;[36] und es wird deutlich, weshalb der Fluss genau durch diese emotionale Überlagerung sogleich wieder verschwindet – weil der Fluss *als Fluss*, als naturräumliches Phänomen und als potamologisches Faktum kaum noch von Interesse ist. Es geht sogar noch weiter, denn man wird feststellen müssen, dass der Fluss *als Fluss* in solchen proto-nationalistischen Zusammenhängen gar nicht auftauchen darf, weil er sich mit allem, was er aufzubieten hat, einer solchen Vereinnahmung verweigert. Würde man den Fluss *als Fluss* allzu genau in den Blick nehmen, könnte sich erweisen, dass er nicht nur durch seine Fließbewegungen Inbegriff beständiger Dynamiken ist, sondern dass sich sein Verlauf auch gar nicht genau bestimmen lässt und dass er nicht nur trennt, sondern ebenso verbindet.

Doch ideologischen Vorhaben wie Nationalismen geht es wohl eher selten um Differenzierungen oder auch nur um etwas genauere Beobachtungen. Das wird spätestens dann deutlich, wenn Verlautbarungen im Zusammenhang mit dem Kriegsgeschehen von sich behaupten, mit „unpartheyischer Feder",[37] wahlweise auch mit „aufrichtiger Feder"[38] geschrieben oder von einem „Redlichen Teutschen" im Ort

---

35 Anonym, *Der Edle Rhein-Strohm/ Von seinem Ursprung/ biß zu desselben Theilung/ Nahmens Aenderung/ und endlichen Verlierung/ sammt seinen fürnemsten Zuflüssen/ anstossenden und von ihm befeuchteten oder durchwanderten Provinzen/ Völkern/ Kreißen/ Herrschafften/ Stätten und Schlössern* [...], Augsburg 1685, S. 1.

36 Zu proto-nationalistischen Diskursen in Deutschland und Frankreich vgl. Timothy Charles William Blanning, *Das Alte Europa 1660–1789. Kultur der Macht und Macht der Kultur*, Darmstadt 2006, S. 177–248; Braun, *Hegemonie* (wie Anm. 24), S. 203–229.

37 Anonym, *Die von denen barbarischen Franzosen/ wider alle Geist- und Weltliche Rechte/ ohn einig zuvor ergangene Kriegs-Ankündigung/ überfallene Untere Pfalz/ nebst den daran gränzenden Chur- und Fürstenthümern/ auch denen meistentheils am Rhein und Neccar gelegenen Ländern/ Städten und Vestungen [...] Mit unpartheyischer Feder beschrieben*, Nürnberg 1689, http://mdz-nbn-resolving.de/urn:nbn:de:bvb:12-bsb10377249-7 vom 14.03.2022.

38 Paul Conrad Balthasar Han, *Des jetzt-regirenden Französischen Königs allergrausamste Tyranney und kaum erhörte Mord-Brennerey Erste Fortsetzung; Nemlich Die in Teutschland/ am Ober- und Nider-Rhein- Necker- Mayn- Noh- und Mosel-Strohm/ auch andern angräntzenden Ländern und Städten/ verübte Barbarische Unthaten [...] mit aufrichtiger Feder beschrieben/ Und Mit schönen Kupffern gezieret*, o.O. 1689.

„Höchst" bei „Johann Wahrheit"[39] veröffentlicht worden zu sein. Ideologischen Vorhaben wie Nationalismen geht es um schematisierende Deutungen von Welt. Und das gilt insbesondere in Kriegszeiten.[40] Auch wenn Flüsse auf den ersten Blick zu solchen Schematisierungen einladen – ziehen sie nicht eindeutige blaue Linien durchs Land, die auf unterschiedliche Weise der Orientierung dienen können? – erweisen sie sich bei näherem Hinsehen als fluide Räume. Fluide Räume entsprechen nicht einer singulären Flusslinie, sondern sind Agglomerationen zahlreicher Linien (zum Beispiel durch Zuflüsse, naturräumliche Konstellationen, Flora und Fauna, wirtschaftliche Nutzungen, kulturell-diskursive Aufladungen etc.) und können erhebliche Ausmaße annehmen. Vor allem aber sind sie geprägt durch ein Wechselspiel von Dynamik und Statik, insofern Flüsse für permanente Bewegung sorgen – sich aber gerade darin immer gleichbleiben; und insofern mit Flüssen stabile Räume als kulturelle Ordnungsleistungen ausgebildet werden (geographische Räume, politische Räume, wirtschaftliche Räume etc.) – diese Räume aber selbst permanent beweglich bleiben.

Weil der Fluss *als Fluss* also viel zu komplex ist, weil er in mehr als nur einer Hinsicht mäandert und sich um Vereindeutigungen und Vereinnahmungen herumwindet,[41] kommt er eigentlich gar nicht vor, wenn er zu Beginn des Neunjährigen Krieges vorkommt. So zum Beispiel in einer circa 1690 anonym erschienenen Topographie, in welcher der Fluss schon im seinerseits mäandernden Titel einen prominenten Auftritt hat:

> Das Edle Fluß-Perle/ Oder Der Gold-trächtig- und Fürtreffliche Ströme-Printz/ Der Rhein/ Bewandelt und vorgestellet in etlichen Lust-Gängen; Das ist: Kurtze und Kern-reiche Beschreibung/ Von dieses herrlichen Flusses Ursprung/ Wachsthumb/ Vermehrung/ Zertheilung/ auch Vorbey- und Durchfliessung vieler schönen und namhafften/ ja theils der Welt berühmtesten Städte/ Schlösser und Vestungen/ mit Beygethaner Anmerckung derselben Situation/ und son-

39 Anonym, *Frantzösischer Vielfraß/ Oder Kurtzverfaßte Beschreibung Derer beyden Cardinäle Richelieu und Mazarini […] Staats-Griffen […] Nunmehr aber/ Wegen Fehlgeschlagener Rechnung/ In mehr als Barbarische Grausamkeiten außgebrochene Raach-Ubungen am Neckar-Mosel- und Rhein-Strom […] von Einem Redlichen Teutschen*, Gedruckt zu Höchst bei Johann Warheit 1689, http://mdz-nbn-resolving.de/urn:nbn:de:bvb:12-bsb10893921-3 vom 14.03.2022.

40 Franz Bosbach, Der französische Erbfeind. Zu einem deutschen Feindbild im Zeitalter Ludwigs XIV., in: *Feindbilder. Die Darstellung des Gegners in der politischen Publizistik des Mittelalters und der Neuzeit*, hg. v. dems., Köln u. a. 1992, S. 117–139.

41 Am Beispiel des Elsass zeigen das Isabelle Guinaudeau / Odile Bour: Art. „Elsass/Alsace", in: *Handwörterbuch der deutsch-französischen Beziehungen*, hg. v. Astrid Kufer et al., Baden-Baden 2009, S. 62–65.

> derbarsten Denckwürdigkeiten/ so dann der Natur und Eigenschafft solches hoch-berühmten Flusses / an sich selbst.[42]

Eigentlich müsste der Verleger – David Funck aus Nürnberg – noch im Nachhinein der Irreführung der Leser:innenschaft für schuldig befunden werden. Denn ganz entgegen den Versprechungen dieses Titels kommt der „Ströme-Prinz" eben kaum vor, werden seine „Natur und Eigenschafft [sic]" kaum behandelt. Was hingegen vorkommt, sind die Gegenden, die er durchfließt, sind die Städte, an denen er vorbeiströmt, und sind die kriegerischen Auseinandersetzungen, die er provoziert. Aber der Rhein selbst bleibt weitgehend unsichtbar. Er wird zur Kulisse degradiert, zum nützlichen Transportmittel, zum billigen Symbol – und zwar nicht nur in dieser Veröffentlichung, sondern in nahezu allen Publikationen aus diesem Zeitraum, die sich dem Rhein widmen (oder eher: die sich dem Rhein zu widmen scheinen).

Vor allem wird der Rhein zum Vehikel binärer Entgegensetzungen. Und diesen Oppositionen wird auch zügig eine historische Tiefendimension verpasst. Der anonyme Verfasser der *Edlen Fluß-Perle* zitiert nahezu unvermeidlich „die alten Römer", die schon am Rhein gescheitert seien, denn für sie war

> dieser Fluß ein rechte Marck-Gräntz oder Stein des Anstossens/ als bey welchem sie ihre stoltzen Waffen sincken lassen/ und zum öffteren mit einer langen Nasen gar unglücklich wieder umbkehren musten/ wann sie sich biß an oder über selbigen/ die tapffern Teutschen anzugreiffen/ gewaget hatten. Und hätte man ihnen billich diese Denck-Worte in eine Aehrne [eherne/eiserne] Säule an den Gräntzen des **Rheins** graben und aufrichten mögen: Biß hieher/ und nicht weiter.[43]

Eben das ist die unzweideutige Botschaft, die von deutscher Seite Ende des 17. Jahrhunderts mit Blick auf den Rhein ausgesandt werden soll, damals an die römischen, heute an die französischen Truppen: bis hierher und nicht weiter. Und der Fluss soll Medium dieser unzweideutigen Botschaft sein, um solcherart die zweiwertige Logik von Wir gegen die Anderen zu etablieren, obwohl er doch mit seiner Mehrdeutigkeit genau diese Logik permanent unterspült.

Aber ungeachtet aller Komplexitäten und Ambiguitäten rücken die Beschreibungen der *Edlen Fluß-Perle* prominent und sehr bezeichnend die flussmäßigen Entgegensetzungen (und nicht die verbindenden Verknotungen) ins Zentrum, an denen es konfliktreich und eindeutig zugeht: Den Festungen, die im Neunjährigen Krieg umkämpft sind, wird besondere Aufmerksamkeit geschenkt, so dass Hüningen, Breisach oder Philippsburg trotz ihrer recht bescheidenen Ortsgröße reich-

---

42 Anonym, *Das Edle Fluß-Perle/ Oder Der Gold-trächtig- und Fürtreffliche Ströme-Printz/ Der Rhein* [...], Sulzbach / Nürnberg o.J. (circa 1690), https://nbn-resolving.org/urn:nbn:de:urmel-ufb-152946 vom 11.03.2022.

43 Ebd., S. 6 f. (Hervorhebungen im Original).

lich Platz auf der textlichen Ebene bekommen – und nicht der Fluss, an dessen Ufern diese Festungen liegen.[44] Auch Speyer, Mannheim, Heidelberg, Worms oder Koblenz kommen vor allem als umkämpfte Städte vor, als von französischen Truppen eroberte und zerstörte Städte, kaum als Rhein-Städte.[45]

Zahlreiche weitere Veröffentlichungen aus dieser Zeit verfahren kaum anders, beispielsweise die akronym erschienene *Neu eigentliche Charta/ Des Rhein-Stroms* von Georg Christoph Eimmart d.J. (1638–1705). Der auf dem Titelblatt nur als G. C. E. erscheinende Autor war fraglos qualifiziert, einen solchen bildlichen Zugang zu wählen (auch wenn seine Veröffentlichung letztlich doch vornehmlich aus einer textlichen Darstellung besteht), denn er verdiente seinen Lebensunterhalt als Kupferstecher, Mathematiker und Betreiber einer Sternwarte in Nürnberg.[46] Da er im Fränkischen lebte, war ihm der Rhein nicht unbedingt nahe; dass er sich trotzdem diesem Fluss widmete, unterstreicht einmal mehr die öffentlich-publizistische Aufmerksamkeit sowie die nationalistische Aufladung, die dem Rhein während des Neunjährigen Krieges zuteil wurde. Und neben allgemeinen geographischen Informationen zum Fluss konzentriert sich dann auch Eimmart auf eine „Eigenhaffte Beschreibung/ der zwölff dieser Zeit von wegen Kriegs-Unruhe/ besonders verrühmbtsten Städt und Oerter/ an unserm Strom gelegen."[47] Neben dem vereinnahmenden Possessivpronomen („unser Strom") ist es dann die Auswahl der jeweils auch durch einen Kupferstich dargestellten zwölf Orte, die verdeutlicht, dass es eben nicht um den Fluss in seiner Gesamtheit, sondern um den Rhein in seiner Umkämpftheit geht: Philippsburg, Mannheim und Frankenthal liegen nur wenige Kilometer auseinander, waren aber Schauplätze militärischer Aktionen, ebenso wie Mainz, Bacharach, Koblenz, Andernach, Bonn, Köln und Wesel. Die von Eimmart ebenfalls behandelten Städte Trier und Kaiserslautern liegen bekanntlich über-

---

44 Ebd., S. 18 f., 20–26, 44–51.

45 Ebd., S. 52–70, 83–90. Einzelne Flugschriften widmeten sich in knapper Form solchen belagerten Städten auch im Detail, zum Beispiel: Anonym, *Die Schöne/ Wolerbaute/ Alte und Volkreiche/ An der Vereinigung der beeden grossen Flüssen Rhein und Mosel/ Lustig liegende/ anjetzo von den Franzosen beunruhigte/ belagerte/ und beschossene Chur-Trierische Stadt/ Confluentia, Confluentes, Oder Coblenz: Nach Dero Uhrsprung/ Aufnehmen/ und Gelegenheit/ Dem curiosen Leser zur Nachricht/ Historisch und in Kupffer vorgestellt*, Augsburg 1688, http://mdz-nbn-resolving.de/urn:nbn:de:bvb:12-bsb10676544-0 vom 14.03.2022; Anonym, *Die Ertz-Bischofflich-Churfürstlich-Welt-berühmte Haupt- und Residentz-Stadt Maintz/ Wie solche hierbey in gedoppelten Kupffer-Riß/ so wohl im Prospect- als Grund-liegend/ vorgebildet zu sehen [...] Vornehmlich wie solche/ durch die Fried-brüchig-Treulose Franzosen/ An. 1688 per Accord (den sie aber pro more nicht gehalten) erobert* [...], Bonn 1689.

46 https://de.wikipedia.org/wiki/Georg_Christoph_Eimmart vom 13.03.2022.

47 Georg Christoph Eimmart (G.C.E.), *Neu eigentliche Charta/ Des Rhein-Stroms; Worzu gefüget seynd/ zwölff/ der auserlesensten/ und verrühmtsten Oerter/ Haupt-Städt/ und Vestunge/ am Rhein gelegen* [...], Nürnberg 1689, https://nbn-resolving.de/urn:nbn:de:hbz:061:1-8515 vom 13.03.2022.

haupt nicht am Rhein, sondern nur im erweiterten Einflussgebiet dieses Stroms, waren aber Teil der Kriegshandlungen.

Anonyme oder akronyme Veröffentlichungen zum Rhein gab es im Zusammenhang mit dem Neunjährigen Krieg durchaus häufiger. Neben der Vermeidung persönlicher Nachteile, die durch solch eindeutige Positionierungen in einer kriegerischen Auseinandersetzung durchaus drohen konnten, mag dafür wohl auch die Überlegung leitend gewesen sein, solche Aussagen nicht zu personalisieren, sondern durch den Verzicht auf einen Verfasser:innennamen zu generalisieren. Auch das 1689 in Augsburg erschienene dreibändige Buch *Der Vortreffliche Grosse Wasser-Strom Der Rhein*[48] verzichtet darauf, die Autorschaft zu spezifizieren, und das, obwohl es sich hierbei weniger offensichtlich um einen publizistischen Beitrag in Kriegszeiten handelt. In wahrhaft topographischer Manier werden die Städte und Ortschaften entlang des Rheins systematisch abgehandelt (der Fluss selbst gelangt aber wieder nicht an die textliche Oberfläche), werden auch mit Karten und Kupferstichen bedacht. Allein die Aufmerksamkeit und Ausführlichkeit, mit der Festungen wie Breisach oder Philippsburg behandelt werden[49] oder wie sich der zweite Band auf den angesichts der gesamten Rheinlänge doch verhältnismäßig kurzen, aber im Neunjährigen Krieg eben auch besonders umkämpften Abschnitt zwischen Mannheim und Koblenz konzentriert,[50] macht deutlich, dass auch dieser klassisch topographisch anmutende Zugang nicht frei ist von den Auswirkungen der kriegerischen Auseinandersetzungen.

Nun mag es wahrlich nicht allzu verwunderlich sein, dass in diesen topographischen Beschreibungen der Fluss *als Fluss* kaum vorkommt, sondern vornehmlich als Kulisse dient, vor der sich die eigentlich interessierenden Beschreibungselemente wie an einer wässrigen Schnur aufreihen, vor allem also die Städte sowie die kriegerischen Ereignisse, die sich diesen Städten anlagern und sie auch tatsächlich belagern.[51] Denn entspricht nicht genau eine solche Vorgehensweise den Normen

---

48 Anonym, *Rhenus Fluminum Princeps, De Montibus Rhetiae Oriens, & in Mare Germanicum Occidens. Oder: Der Vortreffliche Grosse Wasser-Strom Der Rhein [...]*, [Bd. 1:] Rhenus Fluminum Princeps, De Montibus Rhetiae Oriens, & ad Unionem Neccari currens. Oder: Der vortreffliche grosse Wasser-Strom der Rhein/ Von seinem Ursprung/ biß zum Einfluß deß Neckarstroms [...], Augsburg 1689, https://nbn-resolving.de/urn:nbn:de:0128-1-17486 vom 13.03.2022.

49 Ebd., S. 50–56, 85–105.

50 Anonym, *Rhenus Fluminum Princeps* (wie Anm. 48), [Bd. 2:] Rhenus Fluminum Princeps, Ab Unione Neccari, ad Connubium Mosellae Fluens. Der Vortreffliche Grosse Wasser-Strohm/ Der Rhein/ Von seiner mit dem Neckar geschehenen Vereinigung/ biß zu seiner mit der Mosel getroffenen Vermählung [...], Augsburg 1689.

51 Christian Ernst Nigrinus hat es in seiner 1673 erschienenen Rhein-Topographie bereits im Titel zum Ausdruck gebracht. Dass es um die Städte und Festungen geht, die am Fluss liegen: „Grundrichtige Beschreibung und Beschaffenheit aller Städte/ Schlösser und Vestungen/ so hin und wieder

topographischer und reiseberichtender Beschreibungen? Ging es diesen Textgattungen ab dem 15. Jahrhundert und bis weit ins 18. Jahrhundert hinein nicht genau darum, diese Knotenpunkte der Zivilisation in den Blick zu nehmen,[52] weil ‚die Natur' tendenziell als feindlich, sogar angsteinflößend wahrgenommen wurde und daher in solchen Beschreibungen kaum stattfand?[53] Verfährt denn das große topographische Beschreibungswerk des 17. Jahrhunderts, die im Verlagshaus von Matthäus Merian erschienene *Topographia Germaniae*, die (man möchte kaum an einen Zufall glauben) ausgerechnet im Jahr 1688 zum Abschluss kam, nicht in genau diesem Sinn? Stellt nicht auch sie in ihren Beschreibungen, gerade in den ausgiebigen Bänden zu den rheinischen Gebieten, die Städte als politische, wirtschaftliche, religiöse und kulturelle Zentren in den Mittelpunkt, um den Rhein, der in kaum einem Kupferstich dieser Bände fehlt, zu einer nützlichen Wasserstraße zu degradieren?

Expansion in den Raum, Expansion in die Zeit

Rhetorische Fragen, gewiss. Denn genau diese Form der Weltbeschreibung ist den frühneuzeitlichen Topographien und Reiseberichten unschwer zu entnehmen: Sie konzentrieren sich auf die Städte und vernachlässigen naturräumliche Erscheinungen, mithin auch den Fluss. Darüber hinaus zeigt sich aber noch eine weitere, möglicherweise auf den ersten Blick nicht allzu auffällige Eigenschaft dieser Texte. Gerade mit Konzentration auf die Städte (und ihre Zerstörung im Krieg) sowie auf den Fluss (und seine proto-nationalistische Aufladung) verbinden deutschsprachige Topographien und Reiseberichte eine zeitlich rückwärtsgewandte Komponente, denn sehr häufig geht es um die Beschwörung vergangener Zustände. Das ist bereits in Merians *Topographia* von Anfang an die Intention gewesen, ein Deutschland heraufzube-

am gantzen Rheinstrom gelegen". Vgl. Christian Ernst Nigrinus, *Totius Fluminis Rheni Accuratissima descriptio Das ist: Grundrichtige Beschreibung und Beschaffenheit aller Städte/ Schlösser und Vestungen/ so hin und wieder am gantzen Rheinstrom gelegen/ Unter wessen Gebiet sie gehören/ und was sich notables mit ihnen/ so wol ehedessen/ als vor kurtzverwichner Zeit zugetragen* [...], Nürnberg 1673, http://nbn-resolving.de/urn:nbn:de:0128-1-32484 vom 14.03.2022.

52 *Reiseberichte als Quellen europäischer Kulturgeschichte. Aufgaben und Möglichkeiten der historischen Reiseforschung*, hg. v. Antoni Mączak und Hans Jürgen Teuteberg, Wolfenbüttel 1982; *Wege ins Ungewisse. Reisen in der Frühen Neuzeit 1500–1800*, hg. v. Thomas Gräf und Ralf Pröve, Frankfurt a. M. 1997.

53 *„Die Natur ist überall bey uns". Mensch und Natur in der Frühen Neuzeit*, hg. v. Aline Steinbrecher und Sophie Ruppel, Zürich 2009.

schwören, das im Dreißigjährigen Krieg zu erheblichen Teilen untergegangen ist[54] – und das ist auch die kaum zu übersehende sowie durchaus nachvollziehbare Intention der Beschreibungen aus den Jahren um 1689: Zu einem Zustand zurückzukehren, der einst verloren wurde oder der gerade ganz akut, zu Beginn eben dieses Neunjährigen Krieges, verloren zu gehen drohte.

Stellvertretend dafür steht die Festung Philippsburg, im Nordbadischen gelegen, der in der ersten Phase des Neunjährigen Krieges, während des mit Brutalität und Rücksichtslosigkeit geführten Feldzugs zur Eroberung der Pfalz, eine besondere Rolle zukam.[55] Die Festung wurde als Schlüssel zur Kontrolle dieser Rheinregion angesehen, und zwar von beiden kriegführenden Parteien, weshalb ihr auch von beiden Seiten erhebliche Aufmerksamkeit zuteilwurde. Noch weit bevor sich der Name des Ortes Philippsburg mit einem inzwischen stillgelegten Atomkraftwerk verband, dessen Kühltürme im Jahr 2020 gesprengt wurden, und sogar noch bevor der Ort überhaupt Philippsburg genannt wurde, war er seit der ersten Erwähnung im 8. Jahrhundert als Udenheim bekannt. Erst zu Beginn des 17. Jahrhunderts ließ dort das Bistum Speyer eine Festung errichten – womit der bis dahin wahrscheinlich eher beschauliche Ort Udenheim nicht nur seinen Namen, sondern auch seinen Frieden auf absehbare Zeit verlor. Der Festungsbau wurde 1623 gerade rechtzeitig fertig, um bereits während des Dreißigjährigen Krieges zum regelmäßigen Schauplatz von Belagerungen zu werden. Dazu hatte der Speyrer Bischof Philipp Christoph von Sötern die nach ihm benannte Festung schließlich auch auserkoren: der Verteidigung gegen benachbarte protestantische Fürsten zu dienen. Diese Einladung zum Austesten der Verteidigungsfähigkeit wurde in der Folge von verschiedenen Armeen auch immer wieder angenommen, durchaus unter Absehung konfessioneller Zugehörigkeiten. 1634 wurde Philippsburg von schwedischen Truppen erobert, 1635 von kaiserlichen wieder zurückerobert, 1644 von Frankreich eingenommen und für 32 Jahre auch französisch kontrolliert und durch Vauban ausgebaut, 1676 von einer Reichsarmee belagert und erobert, 1688 wieder von Frankreich eingenommen und zur Basis für die militärischen Operationen in der Pfalz der kommenden Jahre gemacht, nach dem Ende des Neunjährigen Krieges wieder zur deutschen Reichsfestung

---

54 Lucas Heinrich Wüthrich, *Das druckgraphische Werk von Matthaeus Merian d. Ae.*, Bd. 4: Die großen Buchpublikationen II: Die Topographien, Basel 1996; Ders., *Matthaeus Merian d. Ä. Eine Biographie*, Hamburg 2007; Ulrike Valeria Fuss, *Matthaeus Merian der Ältere. Von der lieblichen Landschaft zum Kriegsschauplatz. Landschaft als Kulisse des 30jährigen Krieges*, Frankfurt a. M. u. a. 2000.

55 Anonym, *Die In der Untern Pfaltz/ am Rhein ligende/ Bischofflich-Speyerische Residenz-Stadt/ und Schloß Udenheim/ Oder Philippsburg/ Dero Uhrsprung/ Wachsthum/ Befestigung/ und Gelegenheit/ Biß auf heutige Französische Invasirung/ harte Belägerung/ Bombardirung/ Ruinirung/ und durch Accord erhaltene Eroberung: Dem curiosen Leser zur Nachricht/ Historisch und in Kupffer vorgestellt*, Augsburg 1688, http://mdz-nbn-resolving.de/urn:nbn:de:bvb:12-bsb10003426-7 vom 14.03.2022.

gemacht, ab 1734 nochmals durch Frankreich belagert, zwar erfolglos, aber drei zähe Jahre lang (das blutigste Kapitel der Festungsgeschichte mit mehreren zehntausend Toten), und 1799 schließlich zum letzten Mal belagert durch französische Revolutionstruppen und auf Anordnung Napoleons dann auch geschleift.[56]

Philippsburg steht auch im Zentrum des französischen publizistischen Interesses in diesen Kriegstagen des Jahres 1688 – in einem Krieg, der selbstverständlich auch publizistisch geführt wurde, wie die deutschsprachigen Rheinbeschreibungen schon hinreichend deutlich machen.[57]

Die Voraussetzungen der beiden kriegführenden Seiten sind denkbar unterschiedlich: Deutschland sieht sich in der verteidigenden Position gegen einen zunächst übermächtig wirkenden Gegner, Frankreich in der angreifenden Position beim Versuch zur Arrondierung des eigenen Territoriums. Und durchaus unterschiedlich sind auch die publizistischen Formen und medialen Voraussetzungen, mit denen beiderseits des Rheins auf die Kriegshandlungen reagiert wird. Während auf deutscher Seite der Rhein als ‚Kriegsteilnehmer' vor allem im Zusammenhang topographischer Beschreibungen Erwähnung findet, wird auf französischer Seite eher der lyrische Ton angeschlagen und werden Lobeshymnen und Triumphgedichte veröffentlicht.

So schreibt der Abt Louis Maumenet, der sich auch als Lyriker betätigte, 1688 ein Sonnet auf den Dauphin, der in Frankreich gemeinhin als Eroberer von Philippsburg gefeiert wird,[58] auch wenn Vauban die Belagerung tatsächlich leitet.[59] In diesem Sonnet treten die üblichen panegyrischen Attribute auf – wie auch in anderen lyrischen Elaboraten aus diesem thematischen Zusammenhang: Der Dauphin wird als Held gefeiert, sein Mut wird bewundert, die Ungeheuerlichkeit des Triumphs und die Mehrung des Ruhms werden bejubelt und sowohl Rhein als auch Philippsburg zum Eigentum des Monarchen erklärt. Auch Claude Boyer widmet diesem Ereignis einige Stanzen,[60] ebenso wie Paul Bernard eine Ode auf den Sieg des Dauphins verfasst – um nur einige wenige Beispiele zu nennen.[61]

---

56 *Festung im Spiegel der Quellen. Im Mittelpunkt: Die Reichsfestung Philippsburg*, hg. v. Volker Schmidtchen, Wesel 1988.

57 Michel Rousseau, *Quand Louis XIV brûlait le Palatinat. La guerre de la Ligue d'Augsburg et la presse*, Paris 2014.

58 [Louis Maumenet], *A Monseigneur sur la prise de Philisbourg. Sonnet Par L.D.M.C.D.B.*, o.O. 1688, https://gallica.bnf.fr/ark:/12148/bpt6k5660460r vom 16.03.2022.

59 Max Plassmann, *Krieg und Defension am Oberrhein. Die Vorderen Reichskreise und Markgraf Ludwig Wilhelm von Baden (1693–1706)*, Berlin 2000, S. 124–140.

60 Claude Boyer, *Sur la campagne de Monseigneur le Dauphin. Stances*, Paris 1688, https://gallica.bnf.fr/ark:/12148/bpt6k57235746 vom 16.03.2022.

61 Paul Bernard, *Ode à Monseigneur sur la prise de Philisbourg, par B. de Hautmont*, Paris 1689, https://gallica.bnf.fr/ark:/12148/bpt6k61510642 vom 16.03.2022.

Auch ein erheblicher Teil der *Académie française* fühlt sich (oder wird) aufgerufen, heroische Lobeshymnen auf den Kronprinzen zu verfassen.[62] Aufgrund ihrer Gleichförmigkeit müssen diese Arbeitsergebnisse hier nicht im Detail wiedergegeben werden. Zwei Punkte erscheinen jedoch der Erwähnung wert: Erstens dürfte es kaum überraschen, dass der Rhein auch in diesen Lobgedichten keine Rolle als Fluss spielt, sondern dass er allein aufgrund seiner mythisierenden beziehungsweise symbolischen Bedeutung genannt wird, also nur als eine räumliche Markierung in Erscheinung tritt, die durch die französische Monarchie vereinnahmt wurde. Der Rhein spielt in diesen Gedichten also eine nicht minder beiläufige Rolle als in den deutschen Veröffentlichungen – diesmal wird der Fluss allerdings nicht räumlich in den Hintergrund gerückt, sondern mittels Symbolisierung zum Verschwinden gebracht. Zweitens ist die Betonung der Jugendlichkeit des Helden und seine Stellung als Sohn des Monarchen nicht zu unterschätzen. Dass es der Dauphin ist, der hier über alle Maßen gelobt wird, ist in der Tat nicht nebensächlich. Er war zwar formal Oberbefehlshaber des militärischen Unternehmens, weshalb er als Adressat dieser Heldenverehrungen zwangsläufig in den Mittelpunkt gerückt wird. Er ist aber auch Sohn des Königs und damit die Zukunft der französischen Monarchie. Und genau das ist ein Aspekt, der bei all den Vereinnahmungen des Rheins – sowohl den konkreten militärischen wie auch den übertragenen medialen – eine wichtige Rolle spielt: die unterschiedlichen zeitlichen Anbindungen des Flusses.

Jean Claude Viani hat dies in seiner aus diesem Anlass geschriebenen Hymne sehr deutlich zum Ausdruck gebracht, wenn er im Dauphin die Fortsetzung des Ruhms des Sonnenkönigs sieht, dessen Verlängerung in die Zukunft und sogar dessen Eingang in die Ewigkeit:

> C‘est alors que LOUIS au dessus de l‘Envie,
> Prolongeant par son Fils la gloire de sa Vie,
> Formera par ses soins des Princes généreux;
> Et se verra revivre encor dans ses Neveux,
> Dont la postérité des siécles révérée.
> Aura du Firmament l‘éternelle durée;
> Et toujours plus seconde en Héros immortels;
> Exposera son Sang en faveur des Autels.[63]

Die allgemeine Aussage dieser Zeilen ist ebenso wenig überraschend wie im Zusammenhang der Vereinnahmung des Rheins bezeichnend: Der gegenwärtige Zu-

62 Zum Beispiel Michel Le Clerc, *A Monseigneur le Dauphin, sur la prise de Philisbourg. Ode*, o.O. 1688, https://gallica.bnf.fr/ark:/12148/bpt6k55675905 vom 17.03.2022.

63 Jean Claude Viani, *Paraphrase allegorique aux victoires de monseigneur le Dauphin, du pseaume 71*, o.O. o.J. [circa 1690], S. 3, https://gallica.bnf.fr/ark:/12148/bpt6k54427960 vom 16.03.2022.

stand wird sich dank der Nachkommen des Königs wie auch des Dauphins gewissermaßen in alle Ewigkeit fortsetzen; die Nachwelt, die Posterität der kommenden Jahrhunderte wird noch von den Wohltaten dieser monarchischen Linie profitieren und deren Heldenhaftigkeit wird sich ins Unsterbliche fortsetzen.

Wohlgemerkt: Hinsichtlich der literarischen Mittel ist das keineswegs bemerkenswert. Aber gerade im Vergleich zu den deutschsprachigen Publikationen ist die zeitliche Ausrichtung doch eine gänzlich andere. Noch deutlicher in die Zukunft, auch in die räumliche Zukunft, greift ein anonym erschienenes Langgedicht aus, das die Eroberungen des Dauphins verherrlicht, wenn es mit Blick auf den Rhein feststellt:

> Le Rhin, dit-on, se plaint d'être nôtre frontiére,
> Le Rhin, qui des Césars termina la carrière:
> Qu'il ne se plaigne plus bientôt, au liéu de luy
> L'Elbe & l'Oder seront ce qu'il est aujourd'huy.[64]

Der Rhein beschwert sich also noch, dass er französische Grenze sein soll, eben dieser Rhein, der die Laufbahn von Caesaren beendete. Doch bald, so das Gedicht, wird er sich nicht mehr beschweren, weil dann bereits Elbe und Oder sein werden, was er heute schon ist.

Manchmal genügte auch schon ein naheliegender Reim von *Rhin* und *vin*, um das Expansive zu verdeutlichen, wenn dem Dauphin nämlich gedankt wird, dass er am Rhein neue Weingebiete erobert habe („Nostre Dauphin/ Brillant de gloire/ Le long du Rhin/ Nous a conquis le Pays du bon Vin“[65]).

Mit der Expansion in den Raum geht also auch eine Expansion in die Zeit einher. Die politische Zukunft der französischen Monarchie erschien angesichts der militärischen Erfolge glänzend. Ja noch wichtiger: Es gab überhaupt eine Zukunft als Aussicht, während auf deutscher Seite vor allem eine Betonung des Gewesenen als Rücksicht vorherrschte. Lautete hinsichtlich des Rheins auf deutscher Seite das Motto „Bis hierhin und nicht weiter“, folgte die französische Seite eher dem Prinzip „Bis hierhin und noch viel weiter“.

---

64 Anonym, *Discours sur la campagne de Philisbourg commandée par Monseigneur le Dauphin en Octobre et Novembre 1688*, Montbéliard 1688, S. 13, https://gallica.bnf.fr/ark:/12148/bpt6k5860579p vom 16.03.2022.

65 René Le Pays, *Au Roy Sur ses dernieres Conquestes*, o.O. 1688, o.S, https://gallica.bnf.fr/ark:/12148/bpt6k5675982w vom 17.03.2022.

Zeitströme

Zu den Mitgliedern der *Académie française*, die sich odenverfassend an der Lobpreisung des Dauphins beteiligten, gehörte auch Charles Perrault.[66] Sein Gedicht sticht gegenüber den anderen kaum hervor, weil auch hier der jugendliche Heros mit all den martialischen Attributen auftaucht, mit denen er seinen Feinden das Fürchten lehrt und der französischen Monarchie Ruhm einbringt. Von Interesse ist Perrault jedoch aufgrund der temporalen An- und Einbindungen des Rheins, wie sie im Zusammenhang mit dem Neunjährigen Krieg zu beobachten sind. Man darf den Verdacht hegen, dass diese zeitlichen Vereinnahmungen des Flusses keine solitären Erscheinungen sind, sondern sich in umfassendere kulturhistorische Transformationen einordnen lassen, die insbesondere gegen Ende des 17. Jahrhunderts in Europa beobachtet werden können.[67] Perrault ist hierfür ein guter Zeuge, weil er zentraler Protagonist der *Querelle des Anciens et des Modernes* war, diesem Gelehrten- und Literatenstreit über die Frage, ob die Gegenwärtigen (*Modernes*) in der Lage sind, ebenso große (literarische) Taten zu vollbringen wie die Antiken (*Anciens*). Perrault behauptete in seinem Poem *Le siècle de Louis le Grand*, das er in der Sitzung der *Académie française* vom 27. Januar 1687 vortrug, genau das: Er verglich die Zeit von Kaiser Augustus mit der Zeit Ludwigs XIV. und kam zu dem Schluss, dass die römische Antike Großartiges hervorgebracht habe – dass sich aber seine eigene Gegenwart nicht dahinter verstecken müsse. Das Resultat dieser Sitzung war ein handfester kulturhistorischer Skandal inklusive eines Streits, der danach über Jahre hinweg (und in chronologischer Parallele zum Neunjährigen Krieg) mit zahlreichen Publikationen ausgetragen wurde. Solche Diskussionen über den Vorrang (oder auch Nicht-Vorrang) der Antike über die Gegenwart hatten bis dahin bereits eine lange Geschichte. Insofern ist dieser Streit nicht außergewöhnlich. Bemerkenswert an ihm ist jedoch, dass sich im Rahmen der europäischen Kulturgeschichte zum letzten Mal die Gegenwart gegenüber der Antike rechtfertigen musste. Seither ist es umgekehrt, seither ist die Wertschätzung und Bedeutung der Antike für eine Gegenwart begründungsbedürftig. Insofern hat diese *Querelle*, die dem Jahr 1687 folgte, zu einer Umwertung beigetragen, in der der Gegenwart als einem Möglichkeits(zeit)raum deutlich mehr Gewicht zugesprochen wird und zudem Fortschritt als historische Größe denkbar wird.[68] Dass eine ähnliche zeitliche Vereinnah-

66 Charles Perrault, *A Monseigneur le Dauphin, sur la prise de Philisbourg. Ode*, Paris 1688, https://gallica.bnf.fr/ark:/12148/bpt6k56129132 vom 17.03.2022.

67 Achim Landwehr, *Geburt der Gegenwart. Eine Geschichte der Zeit im 17. Jahrhundert*, Frankfurt a. M. 2014.

68 *La Querelle des Anciens et des Modernes. XVIIe-XVIIIe siècles*, hg. v. Anne-Marie Lecoq, Paris 2001; Hans Kortum, *Charles Perrault und Nicolas Boileau. Der Antike-Streit im Zeitalter der klassi-*

mung hinsichtlich des Rheins vorgenommen wird – der Fluss als die zukünftige Ostgrenze der französischen Monarchie – scheint mir zumindest eine auffallende Parallele.[69]

Nicht minder auffallend ist eine andere Parallele: Im Jahr 1688 veröffentlicht Johannes Hofer seine medizinische Dissertation mit dem Titel *Dissertatio Medica de Nostalgia, oder Heimwehe.*[70] Hofer kann damit nichts weniger für sich in Anspruch nehmen als die Erfindung einer neuen Krankheit und eines dazugehörigen Begriffs. Zudem war er auch noch selbst Oberrheinländer, war in Mulhouse geboren worden und hatte in Basel Medizin studiert.[71] Er kannte also nicht nur die Gegend aus eigener Anschauung, sondern sollte auch den Neunjährigen Krieg, der gleichzeitig mit der Veröffentlichung seiner Dissertation ausbrach, aus der Nähe erleben.

Dass er mit dem Kunstwort ‚Nostalgie' eine neue Bezeichnung für eine – wie er konstatierte – schon lange bestehende Krankheit erschafft, ist Hofer durchaus bewusst.[72] Er führt diese Nostalgie mit seiner Arbeit jedoch erst als medizinische Diagnose in den Diskurs ein, wo sie auch bis zum 19. Jahrhundert verbleibt, um erst danach in andere diskursive Gefilde abzuwandern. Auf die pathologischen Details von Hofers Ausführungen – eine fatale Bildproduktion des Gehirns durch Fehlleistung der ‚Lebensgeister', der *spiritus animales*, die zur Nostalgie-Erkrankung führt und bei falscher Behandlung auch letal wirken kann –, ist hier nicht einzugehen. Vielmehr sind die Symptome dieser Krankheit von Bedeutung, weil durch die Fehlleistung der *spiritus animalis* in der Vergangenheit angelegte Bilder von der Heimat intensiviert werden – und zwar so weit intensiviert werden, dass die Lebensgeister ihre anderen körperlichen Aufgaben nicht mehr erfüllen können und nahezu unweigerlich den Tod herbeiführen müssen. Bei Johannes Hofer ist Nostalgie daher sowohl eine Sehnsucht nach einem bestimmten Raum als auch nach einer vergangenen Zeit.

Ich will damit nun nicht behaupten, dass die Verfasser deutschsprachiger Topographien des späteren 17. Jahrhunderts an dieser Form einer medizinischen Nos-

---

schen französischen Literatur, Berlin 1966; Hans Robert Jauß, Ästhetische Normen und geschichtliche Reflexion in der „Querelle des Anciens et des Modernes", in: Charles Perrault, *Parallèle des Anciens et des Modernes en ce qui regarde les arts et les sciences*, hg. v. Max Imdahl, München 1964, S. 8–64; August Buck, Aus der Vorgeschichte der *Querelle des anciens et des modernes* in Mittelalter und Renaissance, in: *Bibliothèque d'Humanisme et Renaissance* 20 (1958), S. 527–541.

69 Das Format der Parallelisierung spielt in der *Querelle des Anciens et des Modernes* ja ohnehin eine zentrale Rolle: Perrault, *Parallèle* (wie Anm. 68).

70 Johannes Hofer, *Dissertatio Medica de Nostalgia, oder Heimwehe* [...], Basel 1688, https://mdz-nbn-resolving.de/urn:nbn:de:bvb:12-bsb10672487-2 vom 17.03.2022.

71 Zur Biographie Hofers: Simon Bunke, *Heimweh. Studien zur Kultur- und Literaturgeschichte einer tödlichen Krankheit*, Freiburg i. Br. u. a. 2009, S. 26–28.

72 Achim Landwehr, Nostalgia and the Turbulence of Times, in: *History and Theory* 57 (2018), S. 251–268.

talgie gelitten hätten. Sie hatte Hofer auch gar nicht als Krankheitsfälle im Blick. Aber die chronologische Koinzidenz des medizinischen Befundes und der rückwärtsgewandten, defensiven Argumentation deutschsprachiger Rheinbeschreibungen ist zumindest bemerkenswert – und wohl auch aussagekräftig hinsichtlich der zeitgenössischen Beobachtungen zur Zeit.

Sowohl hinsichtlich allgemeiner Zeit-Diskurse wie auch hinsichtlich spezifischer Rhein-Beschreibungen lassen sich zwei unterschiedliche Vorgehensweisen bei den Kriegsparteien beobachten: das tendenziell rückwärtsgewandte, konservative, die Vergangenheit beschwörende, defensive und letztlich auch nostalgische Vorgehen deutscher Beschreibungen, die den Rhein als unverrückbares Bollwerk ansehen – und zwar gegen eine vorwärtsstrebende, dynamische, Fortschritt bedenkende, expansive und letztlich auch Veränderungen (zumindest auf Kosten anderer) begrüßende Haltung auf französischer Seite.

Beide Vorgehensweisen sind jedoch nicht dauerhaft erfolgreich, auch wenn das zu Beginn des Neunjährigen Krieges im Jahr 1688 noch niemand absehen kann. Im Fall der konservativen Beharrung des Heiligen Römischen Reichs Deutscher Nation mag das schon eine Weile deutlich gewesen sein, weil dieses Kaiserreich spätestens nach dem Ende des Dreißigjährigen Krieges im Kampf um eine europäische Hegemonie nicht mehr mithalten kann. Im lange Zeit recht erfolgreichen Kampf Frankreichs um eben diese europäische Hegemonie sollte sich der Neunjährige Krieg tatsächlich als ein Kipppunkt erweisen, weil sich die französische Monarchie in diesem Konflikt finanziell hoffnungslos übernommen hatte[73] und nun auch noch einer europäischen Gegenkoalition gegenüberstand. Der Friede von Rijswijk 1697 ist daher ein klassisches Beispiel für das Prinzip: die Schlacht gewinnen, aber den Krieg verlieren.

Und während man sich beiderseits des Rheins stritt über die Kontrolle über den Fluss sowie über defensive oder expansive Zeitmodellierungen und damit zusammenhängende Vereinnahmungen des Rheins, war kurz zuvor der aus Schottland stammende Geistliche Gilbert Burnet eben diesen Rhein flussabwärts in Richtung Niederlande gereist. Dort wird er nicht nur Zeuge der Vorbereitung einer „Glorreichen Revolution“ in England 1688, ist nicht nur dabei, wie neue verfassungspolitische Rahmenbedingungen geschaffen werden, sondern trifft dort auch John Locke,[74] den sich ebenfalls im niederländischen Exil befindlichen Philosophen, der nach seiner Rückkehr nach England im Anschluss an die *Glorious Revolution* seine wegweisenden Werke veröffentlichen wird. Denn mit dem *Letter Concerning Toleration*,

73 Guy Rowlands, *The Financial Decline of a Great Power. War, Influence, and Money in Louis XIV's France*, Oxford 2012.

74 Das Verhältnis zwischen Locke und Burnet scheint nicht von der allergrößten Zuneigung geprägt gewesen zu sein: Clarke / Foxcroft, *A Life of Gilbert Burnet* (wie Anm. 3), S. 267, 359.

den *Two Treatises of Government* und dem *Essay Concerning Human Understanding* (alle 1689/90 erschienen) legt Locke wichtige Grundlagen für rationalistische, liberale und auch Pluralität ermöglichende Haltungen zur Welt – und auch Grundlagen für damit einhergehende Zeitmodelle,[75] die sich schnell als erfolgreicher erweisen sollten als die defensiven respektive expansiven der deutschen respektive französischen Seite. Aber das konnte 1688 noch niemand ahnen. John Locke gibt zumindest argumentative Rahmenbedingungen vor, um unterschiedliche Zeitmodellierungen nebeneinander existieren zu lassen – zumindest solange sie sich in einem europäisch-christlichen, männlich-bürgerlichen und besitzvermögenden Rahmen bewegen, was wiederum andere Schwierigkeiten mit sich bringt, die aber an dieser Stelle nicht zu verhandeln sind.

All diese Zeitmodellierungen, die ich nur recht grob und sehr vereinfachend vorgeführt habe, sind nicht ursächlich dem Rhein entwachsen. Sie sind auch nicht zwangsläufig mit dem Rhein verbunden. Aber nicht nur waren die Akteure häufig auf und am Rhein unterwegs, als sie ihre (zumeist impliziten) Zeitmodellierungen entwarfen oder praktizierten – als Reisende, Schreibende, Kriegführende, Forschende –, sie nutzten auch wahlweise die Dynamik oder die Statik des Flusses, um ihre Zeitmodelle zu begründen.

Der Fluss selbst hat zu diesen Verzeitungen eher wenig beitragen können. Würde man auf ihn hören, ergäben sich noch ganz andere, noch viel weiter gefächerte Möglichkeiten, den Zusammenhang von Zeit und Raum zu denken. Aber dazu müsste man den Fluss *als Fluss* auch tatsächlich ernst nehmen.

Bibliographie

Airy, Osmund, Art. „Gilbert Burnet“, in: *The Dictionary of National Biography*, 63 Bde., hg. v. Leslie Stephen, London 1886, Bd. 7, S. 394–405.

Anonym, *Das Edle Fluß-Perle/ Oder Der Gold-trächtig- und Fürtreffliche Ströme-Printz/ Der Rhein* [...], Sulzbach / Nürnberg o.J. (circa 1690), https://nbn-resolving.org/urn:nbn:de:urmel-ufb-152946 vom 11.03.2022.

Anonym, *Martialischer Schau-Platz/ Des Lustreichen und zugleich blutigen Rhein-Strohms/ Worinnen Alle Kriege/ Bataillen/ Scharmützel und Schlachten [...] durch dieses gantze Jahrhundert von einer Zeit zur andern/bis auf das jetzt-lauffende 1690. Jahr [...] vorgestellet und beschrieben worden*, Nürnberg 1690.

Anonym, *Die Ertz-Bischofflich-Churfürstlich-Welt-berühmte Haupt- und Residentz-Stadt Maintz/ Wie solche hierbey in gedoppelten Kupffer-Riß/ so wohl im Prospect- als Grund-liegend/ vorgebildet zu sehen [...] Vornehmlich wie solche/ durch die Fried-brüchig-Treulose Franzosen/ An. 1688 per Accord (den sie aber pro more nicht gehalten) erobert* [...], Bonn 1689.

75 Tony Claydon, *The Revolution in Time. Chronology, Modernity, and 1688–1689 in England*, Oxford 2020.

Anonym, *Die von denen barbarischen Franzosen/ wider alle Geist- und Weltliche Rechte/ ohn einig zuvor ergangene Kriegs-Ankündigung/ überfallene Untere Pfalz/ nebst den daran gränzenden Chur- und Fürstenthümern/ auch denen meistentheils am Rhein und Neccar gelegenen Ländern/ Städten und Vestungen […] Mit unpartheyischer Feder beschrieben*, Nürnberg 1689, http://mdz-nbn-resolving.de/urn:nbn:de:bvb:12-bsb10377249-7 vom 14.03.2022.

Anonym, *Frantzösischer Vielfraß/ Oder Kurtzverfaßte Beschreibung Derer beyden Cardinäle Richelieu und Mazarini […] Staats-Griffen […] Nunmehr aber/ Wegen Fehlgeschlagener Rechnung/ In mehr als Barbarische Grausamkeiten außgebrochene Raach-Ubungen am Neckar-Mosel- und Rhein-Strom […] von Einem Redlichen Teutschen*, Gedruckt zu Höchst bei Johann Warheit 1689, http://mdz-nbn-resolving.de/urn:nbn:de:bvb:12-bsb10893921-3 vom 14.03.2022.

Anonym, *Rhenus Fluminum Princeps, De Montibus Rhetiae Oriens, & in Mare Germanicum* Occidens. *Oder: Der Vortreffliche Grosse Wasser-Strom Der Rhein […]*, [Bd. 1:] Rhenus Fluminum Princeps, De Montibus Rhetiae Oriens, & ad Unionem Neccari currens. Oder: Der vortreffliche grosse Wasser-Strom der Rhein/ Von seinem Ursprung/ biß zum Einfluß deß Neckarstroms […], Augsburg 1689, https://nbn-resolving.de/urn:nbn:de:0128-1-17486 vom 13.03.2022.

Anonym, *Rhenus Fluminum Princeps, De Montibus Rhetiae Oriens, & in Mare Germanicum* Occidens. *Oder: Der Vortreffliche Grosse Wasser-Strom Der Rhein […]*, [Bd. 2:] Rhenus Fluminum Princeps, Ab Unione Neccari, ad Connubium Mosellae Fluens. Der Vortreffliche Grosse Wasser-Strohm/ Der Rhein/ Von seiner mit dem Neckar geschehenen Vereinigung/ biß zu seiner mit der Mosel getroffenen Vermählung […], Augsburg 1689.

Anonym, *Die In der Untern Pfaltz/ am Rhein ligende/ Bischofflich-Speyerische Residenz-Stadt/ und Schloß Udenheim/ Oder Philippsburg/ Dero Uhrsprung/ Wachsthum/ Befestigung/ und Gelegenheit/ Biß auf heutige Französische Invasirung/ harte Belägerung/ Bombardirung/ Ruinirung/ und durch Accord erhaltene Eroberung: Dem curiosen Leser zur Nachricht/ Historisch und in Kupffer vorgestellt*, Augsburg 1688, http://mdz-nbn-resolving.de/urn:nbn:de:bvb:12-bsb10003426-7 vom 14.03.2022.

Anonym, *Die Schöne/ Wolerbaute/ Alte und Volkreiche/ An der Vereinigung der beeden grossen Flüssen Rhein und Mosel/ Lustig liegende/ anjetzo von den Franzosen beunruhigte/ belagerte/ und beschossene Chur-Trierische Stadt/ Confluentia, Confluentes, Oder Coblenz: Nach Dero Uhrsprung/ Aufnehmen/ und Gelegenheit/ Dem curiosen Leser zur Nachricht/ Historisch und in Kupffer vorgestellt*, Augsburg 1688, http://mdz-nbn-resolving.de/urn:nbn:de:bvb:12-bsb10676544-0 vom 14.03.2022.

Anonym, *Discours sur la campagne de Philisbourg commandée par Monseigneur le Dauphin en Octobre et Novembre 1688*, Montbéliard 1688, S. 13, https://gallica.bnf.fr/ark:/12148/bpt6k5860579p vom 16.03.2022.

Anonym, *Der Edle Rhein-Strohm/ Von seinem Ursprung/ biß zu desselben Theilung/ Nahmens Aenderung/ und endlichen Verlierung/ sammt seinen fürnemsten Zuflüssen/ anstossenden und von ihm befeuchteten oder durchwanderten Provinzen/ Völkern/ Kreißen/ Herrschafften/ Stätten und Schlössern* […], Augsburg 1685.

Bernard, Paul, *Ode à Monseigneur sur la prise de Philisbourg, par B. de Hautmont*, Paris 1689, https://gallica.bnf.fr/ark:/12148/bpt6k61510642 vom 16.03.2022.

Bhabha, Homi K., The Third Space, in: *Identity. Community, Culture, Difference*, hg. v. Jonathan Rutherford, London 1990, S. 207–221.

Blackbourn, David, *Die Eroberung der Natur. Eine Geschichte der deutschen Landschaft*, München 2008, S. 97–145.

Bosbach, Franz, Der französische Erbfeind. Zu einem deutschen Feindbild im Zeitalter Ludwigs XIV., in: *Feindbilder. Die Darstellung des Gegners in der politischen Publizistik des Mittelalters und der Neuzeit*, hg. v. dems., Köln u. a. 1992, S. 117–139.

Boyer, Claude, *Sur la campagne de Monseigneur le Dauphin. Stances*, Paris 1688, https://gallica.bnf.fr/ark:/12148/bpt6k57235746 vom 16.03.2022.

Braun, Guido, *Von der politischen zur kulturellen Hegemonie Frankreichs 1648–1789* (Deutsch-Französische Geschichte IV), Darmstadt 2008.

Buck, August, Aus der Vorgeschichte der *Querelle des anciens et des modernes* in Mittelalter und Renaissance, in: *Bibliothèque d'Humanisme et Renaissance* 20 (1958), S. 527–541.

Bunke, Simon, *Heimweh. Studien zur Kultur- und Literaturgeschichte einer tödlichen Krankheit*, Freiburg i. Br. u. a. 2009, S. 26–28.

Burkhardt, Johannes, *Vollendung und Neuorientierung des frühmodernen Reiches 1648–1763*, Stuttgart [10]2006.

Burnet, Gilbert, *Dr. Burnet's Travels, or Letters Containing an Account of What Seemed Most Remarkable in Switzerland, Italy, France and Germany, etc.*, Amsterdam 1687.

Burnet, Gilbert, *Bishop Burnet's History of His Own Time*, 2 Bde., London 1724–1734.

Burnet, Gilbert, *Bishop Burnet's Travels Through France, Italy, Germany, and Switzerland. Describing Their Religion, Learning, Government, Customs, Natural History, Trade, etc.*, London 1750.

Blanning, Timothy Charles William, *Das Alte Europa 1660–1789. Kultur der Macht und Macht der Kultur*, Darmstadt 2006, S. 177–248.

Claydon, Tony, *The Revolution in Time. Chronology, Modernity, and 1688–1689 in England*, Oxford 2020.

Claydon, Tony, Latitudinarianism and Apocalyptic History in the Worldview of Gilbert Burnet 1643–1715, in: *Historical Journal* 51 (2008), S. 577–598.

Clarke, Thomas Elliot Simpson / Foxcroft, Helen Charlotte, *A Life of Gilbert Burnet, Bishop of Salisbury*, Cambridge 1907.

Der Exodus der Hugenotten. Die Aufhebung des Edikts von Nantes 1685 als europäisches Ereignis, hg. v. Heinz Duchhardt, Köln – Wien 1985.

Der Friede von Rijswijk 1697, hg. v. Heinz Duchhardt, Mainz 1998.

„Die Natur ist überall bey uns". Mensch und Natur in der Frühen Neuzeit, hg. v. Aline Steinbrecher und Sophie Ruppel, Zürich 2009.

Eimmart, Georg Christoph (G.C.E.), *Neu eigentliche Charta/ Des Rhein-Stroms; Worzu gefüget seynd/ zwölff/ der auserlesensten/ und verrühmtsten Oerter/ Haupt-Städt/ und Vestunge/ am Rhein gelegen* [...], Nürnberg 1689, https://nbn-resolving.de/urn:nbn:de:hbz:061:1-8515 vom 13.03.2022.

Febvre, Lucien, *Der Rhein und seine Geschichte*, Frankfurt a. M. / New York [3]2006.

Feindliche Nachbarn. Rom und die Germanen, hg. v. Helmuth Schneider, Köln u. a. 2008.

Festung im Spiegel der Quellen. Im Mittelpunkt: Die Reichsfestung Philippsburg, hg. v. Volker Schmidtchen, Wesel 1988.

Feuerstein-Praßer, Karin, *Liselotte von der Pfalz. Ein Leben am Hof Ludwigs XIV.*, Regensburg 2016.

Foxcroft, Helen Charlotte, *A Life of Gilbert Burnet, Bishop of Salisbury*, Cambridge 1907.

Fuss, Ulrike Valeria, *Matthaeus Merian der Ältere. Von der lieblichen Landschaft zum Kriegsschauplatz. Landschaft als Kulisse des 30jährigen Krieges*, Frankfurt a. M. u. a. 2000.

Guinaudeau, Isabelle / Bour, Odile, Art. „Elsass/Alsace", in: *Handwörterbuch der deutsch-französischen Beziehungen*, hg. v. Astrid Kufer, Isabelle Guinaudeau und Christophe Premat, Baden-Baden 2009, S. 62–65.

Han, Paul Conrad Balthasar, *Des jetzt-regirenden Französischen Königs allergrausamste Tyranney und kaum erhörte Mord-Brennerey Erste Fortsetzung; Nemlich Die in Teutschland/ am Ober- und Nider-Rhein- Necker- Mayn-* Noh- *und Mosel-Strohm/ auch andern angräntzenden Ländern und Städten/ verübte Barbarische Unthaten [...] mit aufrichtiger Feder beschrieben/ Und Mit schönen Kupffern gezieret*, o.O. 1689.

Hartmann, Peter Claus, Zwischen Krieg und Faszination. Frankreich, das Heilige Römische Reich und das Rheingebiet von Karl V. bis Napoleon I., in: *Frankreich am Rhein. Vom Mittelalter bis heute*, hg. v. Franz J. Felten, Stuttgart 2009, S. 127–141.

Hofer, Johannes, *Dissertatio Medica de Nostalgia, oder Heimwehe* […], Basel 1688, https://mdz-nbn-resolving.de/urn:nbn:de:bvb:12-bsb10672487-2 vom 17.03.2022.

Jauß, Hans Robert, Ästhetische Normen und geschichtliche Reflexion in der „Querelle des Anciens et des Modernes", in: Charles Perrault, *Parallèle des Anciens et des Modernes en ce qui regarde les arts et les sciences*, hg. v. Max Imdahl, München 1964, S. 8–64.

Kampmann, Christoph, Kalkulierter Konflikt? Die Kölner Doppelwahl 1688 und die Entstehung des Pfälzischen Kriegs, in: *Zeitschrift für Historische Forschung* 48 (2021), S. 211–262.

Kampmann, Christoph, Ein großes Bündnis der katholischen Dynastien 1688? Neue Perspektiven auf die Entstehung des Neunjährigen Krieges und der Glorious Revolution, in: *Historische Zeitschrift* 294 (2012), S. 31–58.

Kiechel, Lucien, Geschichte der Stadt und ehemaligen Festung Hüningen, in: *Das Markgräflerland* 49 H. 1 (1987), S. 5–71.

Kortum, Hans, *Charles Perrault und Nicolas Boileau. Der Antike-Streit im Zeitalter der klassischen französischen Literatur*, Berlin 1966.

Kutter, Uli, Apodemiken und Reisehandbücher. Bemerkungen und ein bibliographischer Versuch zu einer vernachlässigten Literaturgattung, in: *Das Achtzehnte Jahrhundert* 4 (1980), S. 116–131.

Landwehr, Achim, Nostalgia and the Turbulence of Times, in: *History and Theory* 57 (2018), S. 251–268.

Landwehr, Achim, *Geburt der Gegenwart. Eine Geschichte der Zeit im 17. Jahrhundert*, Frankfurt a. M. 2014.

La Querelle des Anciens et des Modernes. XVIIe-XVIIIe siècles, hg. v. Anne-Marie Lecoq, Paris 2001.

Le Brun, Dominique, *Vauban. L'inventeur de la France moderne*, Paris 2016

Le Clerc, Michel, *A Monseigneur le Dauphin, sur la prise de Philisbourg. Ode*, o.O. 1688, https://gallica.bnf.fr/ark:/12148/bpt6k55675905 vom 17.03.2022.

Le Pays, René, *Au Roy Sur ses dernieres Conquestes*, o.O. 1688, o.S, https://gallica.bnf.fr/ark:/12148/bpt6k5675982w vom 17.03.2022.

Lynn, John A., *The Wars of Louis XIV. 1667–1714*, Harlow 1999.

[Maumenet, Louis], *A Monseigneur sur la prise de Philisbourg. Sonnet Par L.D.M.C.D.B.*, o.O. 1688, https://gallica.bnf.fr/ark:/12148/bpt6k5660460r vom 17.03.2022.

Mieck, Ilja, Der deutsch-französische Grenzraum, in: *Francia* 30 (2003), S. 1–26.

Musall, Heinz / Scheuerbrandt, Arnold, Siedlungszerstörungen und Festungswerke im späten 17. und frühen 18. Jahrhundert (1674–1714). Beiwort zur Karte 6/12, in: *Historischer Atlas von Baden-Württemberg. Erläuterungen*, hg. v. Kommission für geschichtliche Landeskunde in Baden-Württemberg, Stuttgart 1980.

Niggemann, Ulrich, *Hugenotten*, Köln u. a. 2011.

Nigrinus, Christian Ernst, *Totius Fluminis Rheni Accuratissima descriptio Das ist: Grundrichtige Beschreibung und Beschaffenheit aller Städte/ Schlösser und Vestungen/ so hin und wieder am gantzen Rheinstrom gelegen/ Unter wessen Gebiet sie gehören/ und was sich notables mit ihnen/ so wol ehedessen/ als vor kurtzverwichner Zeit zugetragen* […], Nürnberg 1673, http://nbn-resolving.de/urn:nbn:de:0128-1-32484 vom 14.03.2022.

Perrault, Charles, *A Monseigneur le Dauphin, sur la prise de Philisbourg. Ode*, Paris 1688, https://gallica.bnf.fr/ark:/12148/bpt6k56129132 vom 17.03.2022.

Plassmann, Max, *Krieg und Defension am Oberrhein. Die Vorderen Reichskreise und Markgraf Ludwig Wilhelm von Baden (1693–1706)*, Berlin 2000.

Raumer, Kurt von, *Die Zerstörung der Pfalz von 1689 im Zusammenhang der französischen Rheinpolitik*, Bad Neustadt 1982.

Reiseberichte als Quellen europäischer Kulturgeschichte. Aufgaben und Möglichkeiten der historischen Reiseforschung, hg. v. Antoni Mączak und Hans Jürgen Teuteberg, Wolfenbüttel 1982.

Rousseau, Michel, *Quand Louis XIV brûlait le Palatinat. La guerre de la Ligue d'Augsburg et la presse*, Paris 2014.

Rowlands, Guy, *The Financial Decline of a Great Power. War, Influence, and Money in Louis XIV's France*, Oxford 2012.

Rutz, Andreas, *Die Beschreibung des Raums. Territoriale Grenzziehungen im Heiligen Römischen Reich*, Köln u. a. 2018.

Sahlins, Peter, La nationalité avant la lettre. Les pratiques de naturalisation en France sous l'Ancien Régime, in: *Annales* 55 (2000), S. 1081–1108.

Sahlins, Peter, Natural Frontiers Revisited. France's Boundaries Since the Seventeenth Century, in: *American Historical Review* 95 (1990), S. 1423–1451.

Schürmann, Felix, Kongo. Konturen einer Flussbiographie, in: *Aus Politik und Zeitgeschichte* 71 (2021), H. 12, S. 45–52.

Schulze, Winfried, Die Entstehung des nationalen Vorurteils. Zur Kultur der Wahrnehmung fremder Nationen in der europäischen Frühen Neuzeit, in: *Menschen und Grenzen in der Frühen Neuzeit*, hg. v. Wolfgang Schmale und Reinhard Stauber, Berlin 1998, S. 23–49.

Speyer als Hauptstadt des Reiches. Politik und Justiz zwischen Reich und Territorium im 16. und 17. Jahrhundert, hg. v. Anette Baumann und Joachim Kemper, Berlin / Boston 2016.

Stagl, Justin, *Apodemiken. Eine räsonnierte Bibliographie der reisetheoretischen Literatur des 16., 17. und 18. Jahrhunderts*, Paderborn u. a. 1983.

Stagl, Justin, *A History of Curiosity. The Theory of Travel 1550–1800*, Chur 1995.

Stauber, Reinhard, Nationalismus vor dem Nationalismus? Eine Bestandsaufnahme der Forschung zu Nation und Nationalismus in der Frühen Neuzeit, in: *Geschichte in Wissenschaft und Unterricht* 47 (1996), S. 139–165.

The Final Crisis of the Stuart Monarchy. The Revolutions of 1688–91 in Their British, Atlantic and European Contexts, hg. v. Tim Harris und Stephen Taylor, Woodbridge 2013.

Viani, Jean Claude, *Paraphrase allegorique aux victoires de monseigneur le Dauphin, du pseaume 71*, o. O. o.J. [circa 1690], S. 3, https://gallica.bnf.fr/ark:/12148/bpt6k54427960 vom 16.03.2022.

Weber, Christian, Theatrum Mundi. Zur Konjunktur der Theatrum-Metapher im 16. und 17. Jahrhundert als Ort der Wissenskompilation und zu ihrer literarischen Umsetzung im Großen Welttheater, in: *Dimensionen der Theatrum-Metapher in der frühen Neuzeit. Ordnung und Repräsentationen von Wissen*, hg. v. Flemming Schock, Oswald Bauer und Ariane Koller, Hannover 2008, S. 333–360.

Wege ins Ungewisse. Reisen in der Frühen Neuzeit *1500–1800*, hg. v. Holger Thomas Gräf und Ralf Pröve, Frankfurt a. M. 1997.

Wills, John E., *1688. Was geschah in jenem Jahr rund um den Globus? Ein Mosaik der frühen Neuzeit*, Bergisch Gladbach 2003.

Wüthrich, Lucas Heinrich, *Matthaeus Merian d. Ä. Eine Biographie*, Hamburg 2007.

Wüthrich, Lucas Heinrich, *Das druckgraphische Werk von Matthaeus Merian d. Ae.*, Bd. 4: Die großen Buchpublikationen II: Die Topographien, Basel 1996.

Hans Körner

Der Übergang. Flussüberquerungen als Entscheidungssituationen in der bildenden Kunst

„Alea iacta est“

Die Dogge – Caesar heißt sie – hat den Kopf auf den Tisch gelegt und beäugt über das weiße Tischtuch hinweg sehr interessiert den Zinnteller mit den Würsten. Sie wird die Würste fressen. Dass man sich sicher sein kann, dass der Hund zwar offensichtlich noch zögert, sich aber bald über das Verbot hinwegsetzen und über die Würste hermachen wird, verrät der Bildtitel, den Wilhelm Trübner dem Gemälde der Österreichischen Galerie im Wiener Belvedere und anderen Fassungen dieses Themas gegeben hat: *Caesar am Rubikon* (Abb. 1). Caesar, jetzt nicht die Dogge, hatte den Feldzug in Gallien erfolgreich abgeschlossen; doch seine Bewerbung um eine zweite Amtszeit als Konsul war vom römischen Senat, den die Anhänger des Pompeius dominierten, an Caesars Verzicht auf die Herrschaft über Gallien und Illyrien und auf die Niederlegung der Befehlsgewalt über das ihm unterstehende Herr gekoppelt worden. Daraufhin beschloss Caesar mit seinen Truppen nach Rom und gegen Pompeius zu ziehen, und überschritt die Grenze. Nach Süden begrenzt war sein Territorium durch den Fluss Rubikon. Der Übergang über den Rubikon am 10. Januar des Jahres 49 v. Chr. markierte die definitive Entscheidung Caesars für den Bürgerkrieg (Abb. 2).[1]

Die Entscheidung war unumkehrbar, und das kommt in dem berühmten Wort zum Ausdruck, das Sueton zufolge Caesar bei der Flussüberquerung gesprochen haben soll: „Alea iacta est“ („Die Würfel sind gefallen“). Die Übersetzung ist nicht präzise: Weil es eine Pluralbildung ist, und weil der eine Würfel noch nicht gefallen, sondern hochgeworfen ist. Das im Deutschen ungenau übersetzte geflügelte Wort tendiert weniger zum eingegangenen Wagnis, das in dem von Sueton überlieferten Wort und den Voraussetzungen dafür in der griechischen Literatur bei Menander und Plutarch gemeint ist, und betont eher die bereits gefallene Entscheidung.[2] Wie auch immer: Der Würfelwurf ist nicht mehr rückgängig zu machen. Er ist unumkehrbar.

1 Christian Meier, *Caesar*, München 1982, S. 11ff.

2 Lutz Röhrich, Art. „Würfel“, in: Ders. (Hg.), *Lexikon der sprichwörtlichen Redensarten*, 3. Bde., Freiburg i. Br. / Basel / Wien [6]1994 (dt. Originalausg. 1991), Bd. 3, S. 1747; https://www.ariva.de/forum/alea-iacta-est-278876 vom 20.12.2022.

https://doi.org/10.1515/9783111102771-012

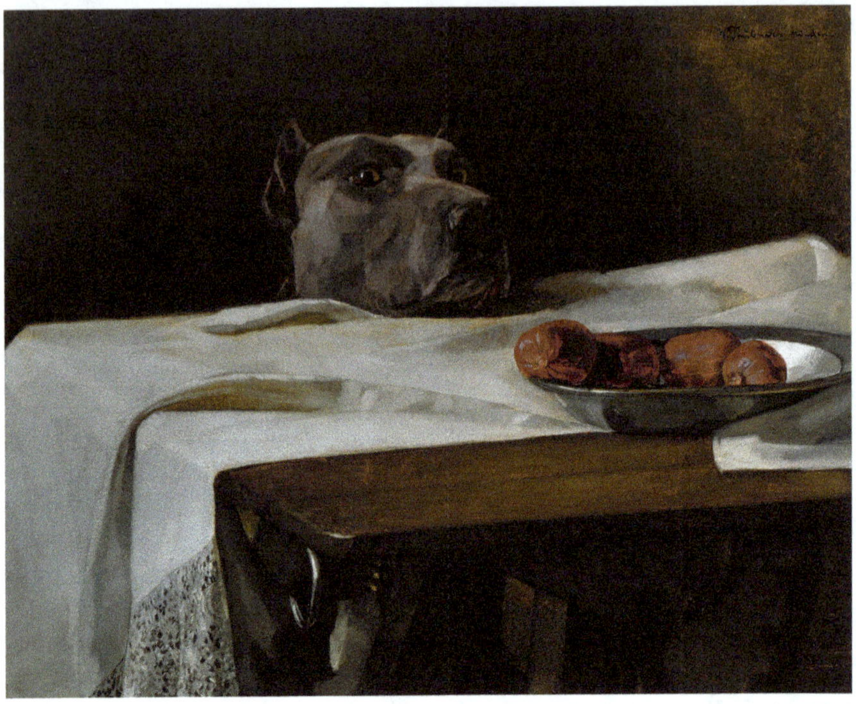

Abb. 1: Trübner, Wilhelm, Caesar am Rubikon, 1880, Wien, Österreichische Galerie Belvedere. Galerie Belvedere, Inv.-Nr. 8522, © Foto: Johannes Stoll / Belvedere, Wien.

Flussüberquerungen als Kriegsauslöser, gelegentlich als kriegsentscheidende Aktionen finden sich in der Militärgeschichte häufiger. Entsprechend große Bedeutung räumten Kriegstheoretiker ihnen ein. Friedrich der Große, der unvermeidliche Clausewitz und andere handelten sowohl über die militärischen Strategien bei Flussübergängen als auch über die Verteidigung von Flüssen.[3] Der vorliegende Beitrag hat keine militärhistorischen Ambitionen. Hier interessieren Bilder von Flussüberquerungen nicht hinsichtlich ihrer tatsächlichen historischen Relevanz, sondern als paradigmatische Entscheidungssituationen. Die Karriere, die Caesars Ausspruch gemacht hat – seine Verselbständigung zum Inbegriff jeder unumkehrbaren Entschei-

3 Karl Graf von Clam-Martinic, *Vorlesungen aus dem Gebiete der Kriegskunst. Ein Handbuch für Offiziers*, Wien 1832, S. 87ff.; Friedrich der Große, *Die Werke Friedrichs des Großen*, hg. v. Gustav Berthold Volz und Friedrich von Oppeln Bronikowski, Bd. 6: Militärische Schriften, Berlin 1913, S. 52–54; https://www.hs-augsburg.de/~harsch/germanica/Chronologie/19Jh/Clausewitz/cla_kri7.html#8 vom 20.12.2022.

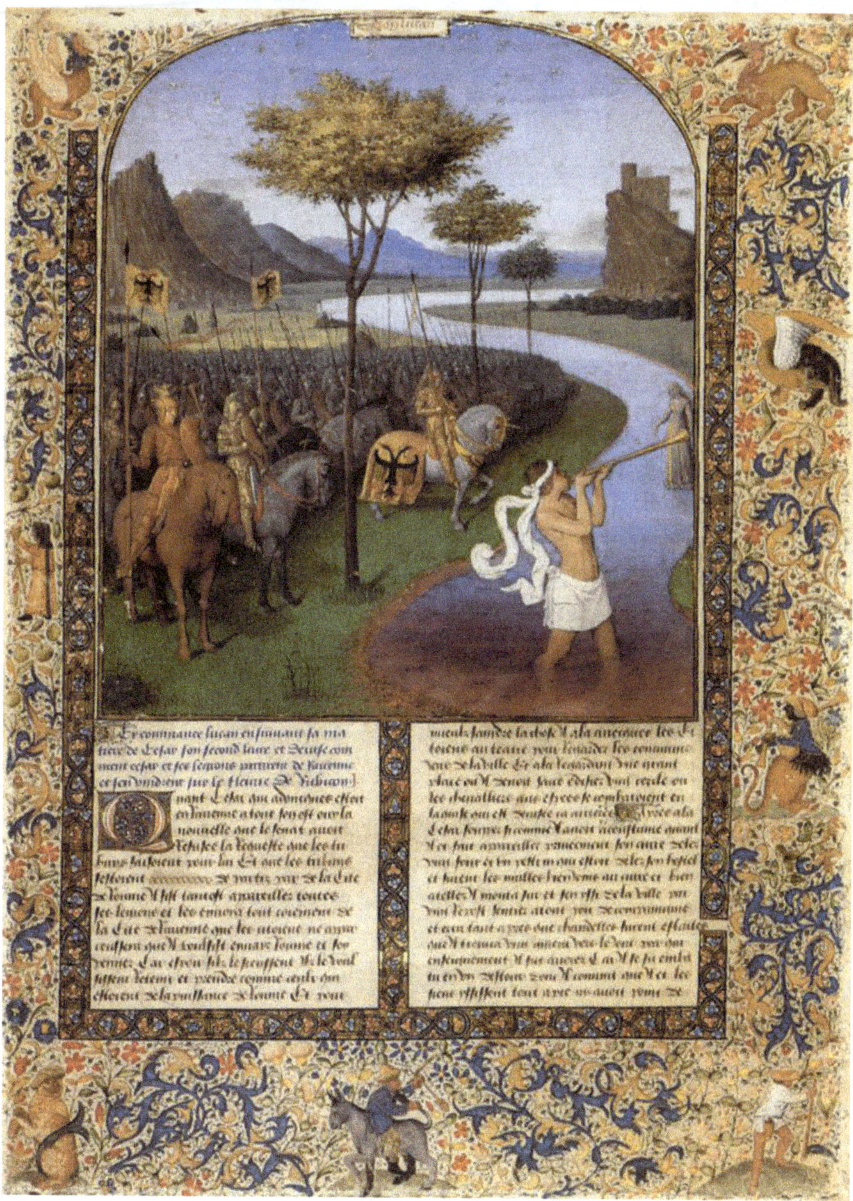

Abb. 2: Fouquet, Jean, Caesar überschreitet den Rubikon, um 1470–75, Paris, Musée du Louvre, Département des arts graphiques © RMN / Thierry Le Mage, https://www.photo.rmn.fr/archive/07-532181-2C6NU0JJC1OV.html

dung unbeschadet aller möglichen Konsequenzen – ist Indiz dafür, dass Bilder von Flussüberquerungen mehr sein können als historische Momentaufnahmen.

Sie können schon deshalb mehr sein, weil selbst der radikalste, der ungewisseste Übergang, der Tod, sein Bild in der Flussüberquerung findet. Charon ist der Fährmann des Hades. Auf seinem Nachen fährt er die Verstorbenen über den Fluss der Unterwelt ins Reich der Schatten (Abb. 3). Er tut das nicht kostenlos. Deshalb pflegte man den Toten eine Münze unter die Zunge zu legen.[4] Nach Herkules, Theseus und Orpheus waren Vergil und Dante die Ausnahmen.[5] In der *Aeneis* bringt Charon den lebenden Aeneas in die Unterwelt, und im *Inferno* besteigt Dante gemeinsam mit seinem Führer Vergil das diesmal von dem zornmütigen Phlegyas geruderte Boot, und wie für den Vergil der *Aeneis* ist für Dante diese Überfahrt nicht unumkehrbar (Abb. 4). „Als wir den toten Graben so zerteilen, / Taucht ein Beschlammter auf und schreit: ‚Wer immer / Du seist, du kommst zu frühe, hier zu weilen.‘ / Und ich zu ihm: ‚ich kam, doch bleib ich nimmer.‘“[6] Aber das sind Ausnahmen. Ansonsten gilt auch und gerade im Angesicht dieses zur Flussüberfahrt bereiten Nachens: „Alea iacta est“.

Dantes *Inferno* dürfte maßgeblich dafür verantwortlich sein, dass das antike Todesmotiv in die nachantike Kunst Eingang fand. Botticelli illustrierte die Szene vor der Höllenstadt Dis im achten Gesang (Abb. 5).[7] In Michelangelos *Jüngstem Gericht* (Abb. 6) sind Charon und Hölle einander ebenso zugeordnet wie in Botticellis Zeichnung. Doch wenn der Würfel richtig geworfen ist, oder die Würfel richtig gefallen sind, dann darf man hoffen, am gegenüberliegenden Ufer nicht auf Höllenfeuer zu treffen.

Ludwig XIV. und der Übergang über den Rhein

Die historisch paradigmatische Flussüberquerung Caesars und die schlechthin existenziell entscheidende Überfahrt über den Fluss der Unterwelt – dazwischen eingespannt sind die Bilder, die im Folgenden vorgestellt werden. Ein großer

---

4 Herbert Hunger, *Lexikon der griechischen und römischen Mythologie*, Reinbek 1974, S. 90f.

5 Karl Kerény, *Die Mythologie der Griechen, Bd. 1: Die Götter- und Menschheitsgeschichten*, München 1983, S. 194; https://gedankenwelt.de/der-mythos-von-charon-dem-faehrmann-der-unterwelt/ vom 20.12.2022.

6 „Mentre noi corravam la morta gora, / dinanzi mi si fece un, pien di fango, / e disse: ‚Chi se’ tu che vieni anzi ora?‘ / E io a lui: ‚S’io vegno, non rimango’.“ (einfaches Ausführungszeichen Punkt doppelte Ausführungszeichen) Dante Alighieri, *Dantes Werke. La Vita nuova – La divina commedia / Das neue Leben – Die göttliche Komödie*, hg. v. Erwin Laaths, Berlin / Darmstadt 1968, S. 90.

7 Hein Thomas Schulze Altcappenberg, *Sandro Botticelli. Der Bilderzyklus zu Dantes Göttlicher Komödie* (Ausst.-Kat., Berlin, Kupferstichkabinett, 2000), Ostfildern-Ruit 2000, S. 54; Hans Körner, *Botticelli*, Köln 2006, S. 337f.

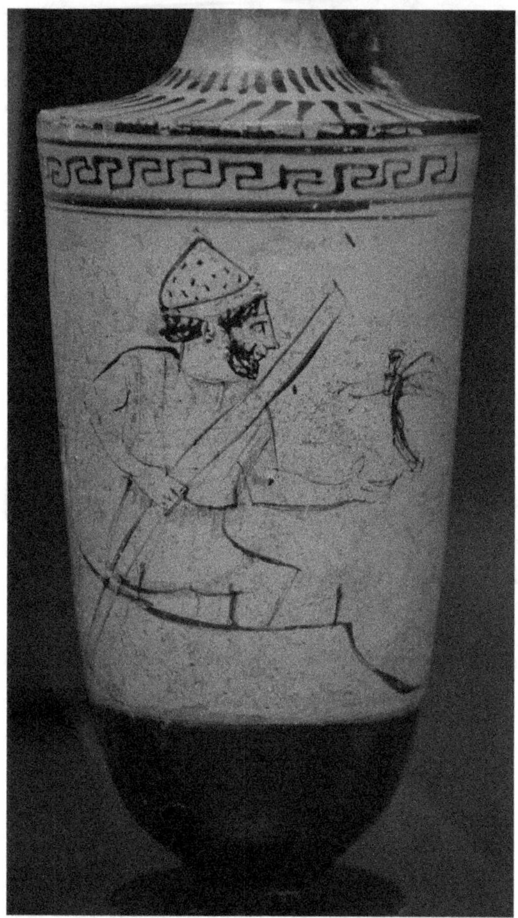

Abb. 3: Tymbos-Maler, Charon in seinem Nachen nimmt den Schatten eines Verstorbenen in Empfang, Weißgrundige Lekythos, 1. Hälfte 5. Jh. v. Chr., Oxford, Asmeolean Museum.

Flussüberquerer, kunsthistorisch verengt gesprochen, einer, der bezüglich seiner bildlichen Selbstdarstellung großen Wert auf eine Flussüberquerung legte, war Ludwig XIV. Zuerst soll von einem Bildprogramm die Rede sein, das zentrale Bedeutung für die Propaganda des jungen Königs hatte.

1661 malte Charles Le Brun eine Begebenheit aus dem Leben Alexanders des Großen (Abb. 7).[8] Zur Vorgeschichte: Alexander hatte auf seinem Feldzug durch

8 Dazu ausführlicher: Hans Körner, Der „neue Alexander" und die Spieler. Zur Ikonologie der Chambre de Mars in Versailles, in: *Münchner Jahrbuch der bildenden Kun*st, 3. Folge, Bd. XI (1989),

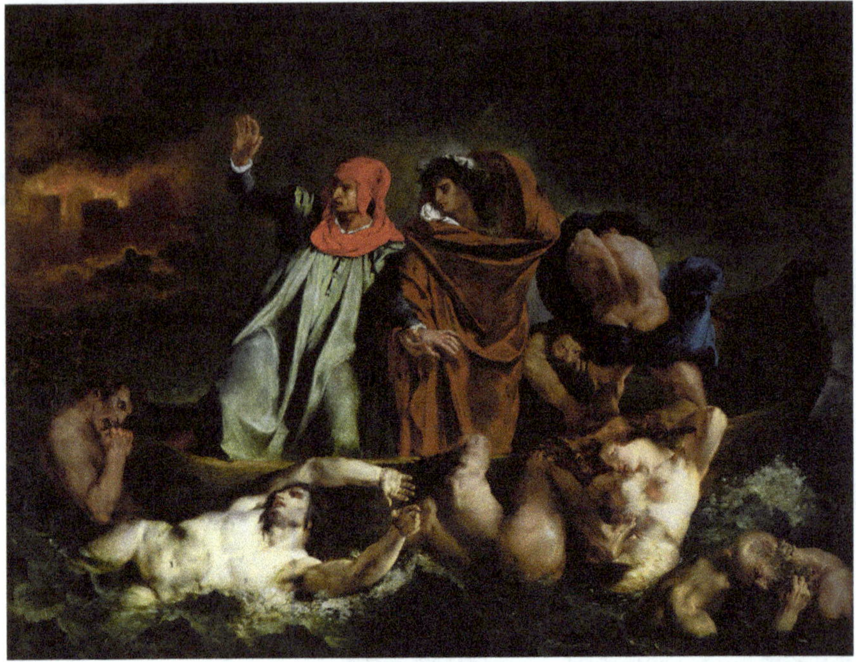

Abb. 4: Delacroix, Eugène, Die Dantebarke, 1822, Paris, Musée du Louvre © 2017 RMN-Grand Palais (Musée du Louvre) / Franck Raux, https://www.photo.rmn.fr/archive/17-633012-2C6NU0AKWXZ_O.html

Asien im Jahr 333 bei Issos das Heer des Perserkönigs Darius geschlagen. Darius floh vom Schlachtfeld. Seine Familie musste er zurücklassen, und trotz des großzügigen Angebots der Reichsteilung gab Alexander Darius seine Familie nicht zurück. Charles Le Bruns Gemälde zeigt die Szene, als Alexander das Zelt mit der Familie des geschlagenen Perserkönigs betritt. Zu befürchten war, dass der Sieger der Familie des Feindes gegenüber seine Macht mit aller Schonungslosigkeit ausüben wird. In der Hoffnung, Alexander gnädig zu stimmen, fiel Sysigambis, die Mutter des Perserkönigs, vor dem Eintretenden auf die Knie. Dabei beging sie einen schweren Fehler. Alexander hatte das Zelt in Begleitung seines engen Freundes Hephaistion betreten. Hephaistion war ähnlich prächtig gekleidet gewesen wie Alexander, und er war etwas größer gewachsen. Sysigambis fiel vor dem Falschen, sie fiel vor Hephaistion auf die Knie. Die Majestätsbeleidigung hatte keine schlimmen Folgen. Le Brun erzählte es gestensprachlich: Hephaistion weicht

S. 141–152; Thomas Kirchner, *Der epische Held. Historienmalerei und Kunstpolitik im Frankreich des 17. Jahrhunderts*, München 1996, S. 286f.

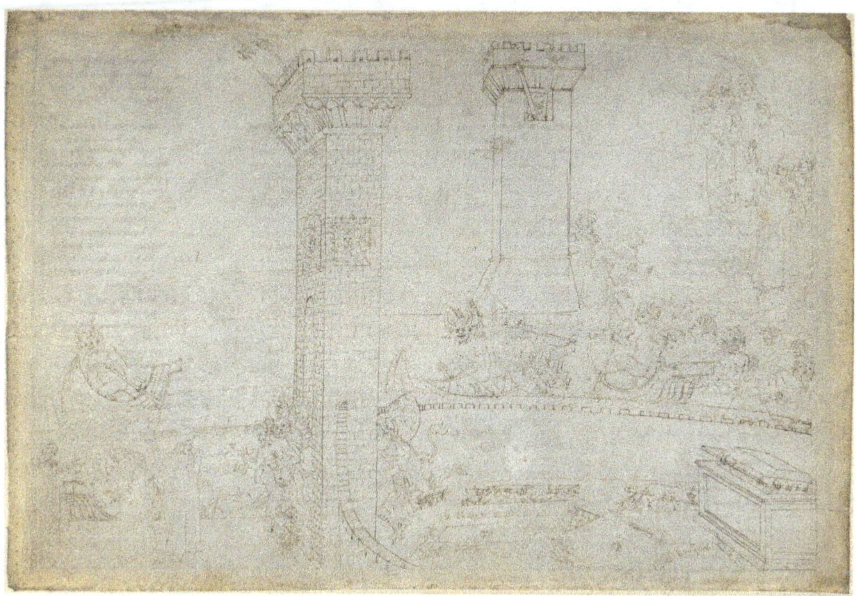

Abb. 5: Botticelli, Sandro, Illustration zu Dantes „Divina Commedia“ (Inferno VIII), um 1490, Berlin, Kupferstichkabinett, Fotonachweis: Staatliche Museen zu Berlin, Kupferstichkabinett / Philipp Allard CC BY-NC-SA 4.0

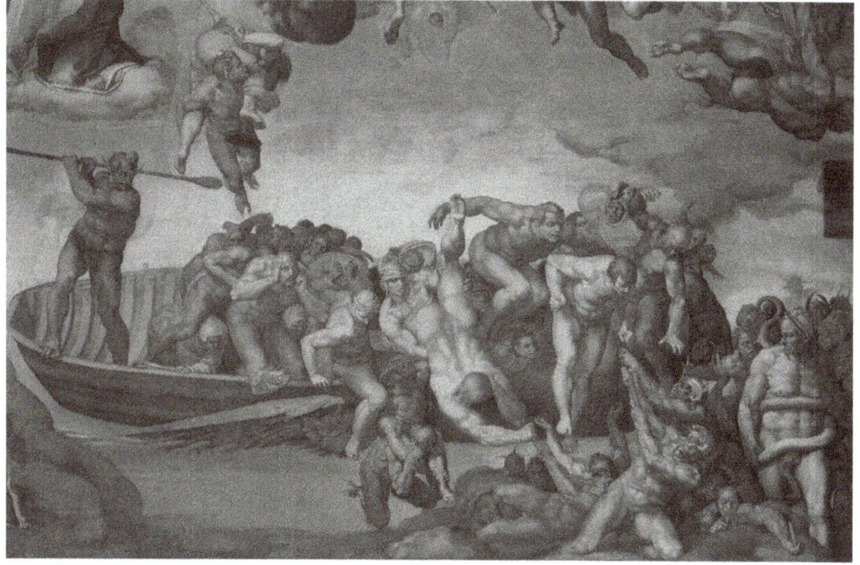

Abb. 6: Michelangelo, Das Jüngste Gericht (Detail: Charon treibt die Verdammten von seinem Kahn in die Hölle), um 1540, Rom, Vatikan, Sixtinische Kapelle.

zurück und hebt abwehrend die Hand. Doch Alexander verhindert mit seiner Rechten ein weiteres Zurückweichen des Freundes und mit der Linken fordert er die kniende Gattin und die Tochter des Darius auf, sich zu erheben. Wie Marcus Curtius Rufus und andere römische Autoren überlieferten, soll Alexander Sisygambis versichert haben, dass sie sich nicht getäuscht habe, denn Hephaistion sei ebenfalls Alexander.[9] Oder wie es dann um 1700 der französische Autor Nivelon formulierte: „c'est un autre moi-même."[10]

Charles Le Bruns Gemälde rühmt Ludwig XIV. als neuen Alexander;[11] und es rühmt ihn über Alexander als den, der den größten aller Siege errungen hat, den über den eigenen Stolz: Félibien, der 1663 eine Bildbeschreibung publizierte, brachte es auf den Punkt: „[I]ndem er sich selbst bezwingt, bezwingt er nicht nur die barbarischen Nationen, sondern den Sieger über alle Nationen."[12] Erst Jahre, nachdem Charles Le Brun die Arbeit an diesem Gemälde abgeschlossen hatte, zum ersten Hofmaler des Königs und zum Akademiedirektor ernannt worden war, erhielt er den Auftrag zu vier weiteren Szenen aus der Geschichte Alexanders des Großen, und dies selbstverständlich ebenfalls, um Ludwig XIV. als Nachbild des antiken Eroberers, als „neuen Alexander", zu feiern.

1665 dürften der *Übergang über den Granikos* (Abb. 8) und der *Einzug in Babylon* vollendet gewesen sein. Mit der Arbeit an der *Schlacht von Arbela* wird Le Brun Ende 1668 oder Anfang 1669 zum Abschluss gekommen sein. Das späteste Bild der Serie ist die Szene der Begegnung Alexanders mit dem besiegten und verwundeten indischen König Poros. Es war 1673 im Salon ausgestellt.[13] Es sind dies alles wichtige Stationen von Alexanders Eroberungszug. Man darf sich trotzdem fragen, weshalb bei den beiden Gemälden, die den Höhepunkt eines Schlachtgeschehens zeigen, die Wahl auf den *Übergang über den Granikos* und die *Schlacht von Arbela* gefallen war. Letzteres war gewiss unumgänglich. Mit dem Sieg über

---

9 Donald Posner, Charles Lebrun's Triumphs of Alexander, in: *The Art Bulletin*, XLI, 3 (1959), S. 237–248, hier S. 239f.; Körner, Der „neue Alexander" (wie Anm. 8), S. 146.

10 Claude Nivelon, *Vie de Charles Le Brun & Description détaillée de ses ouvrages*, um 1700, MS (BN ms. Fr. 12987), S. 141.

11 Zur Tradition dieses Herrscherlobs: Kirchner, Der epische Held (wie Anm. 8), S. 103ff.

12 „En se surmontant soy-mesme, il surmonte, non pas des peuples barbares, mais le Vainqueur de toutes les Nations." André Félibien, Les Reines de Perse aux pieds d'Alexandre (1663), in: Ders., *Descriptions de divers ouvrages de peinture faites pour le Roy*, Paris 1671, S. 38. Dazu: Körner, Der „neue Alexander" (wie Anm. 8), S. 146.

13 Zur Entstehungsgeschichte der Alexanderbilder: Posner, Lebrun's Triumphs of Alexander (wie Anm. 9), S. 238; Körner, Der „neue Alexander" (wie Anm. 8), S. 142; Kirchner, Der epische Held (wie Anm. 8), S. 272ff.; Alescha-Thomas Birkenholz, *Die Alexander-Geschichte von Charles Le Brun. Historische und stilistische Untersuchungen der Werkentwicklung*, Frankfurt u.a. 2002.

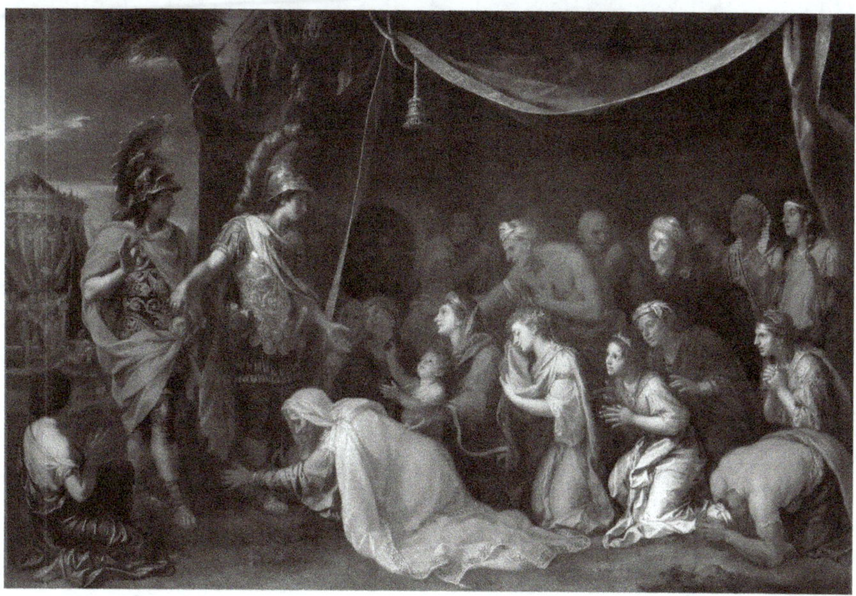

Abb. 7: Le Brun, Charles, Die Familie des Darius vor Alexander, 1661, Versailles, Schloss.

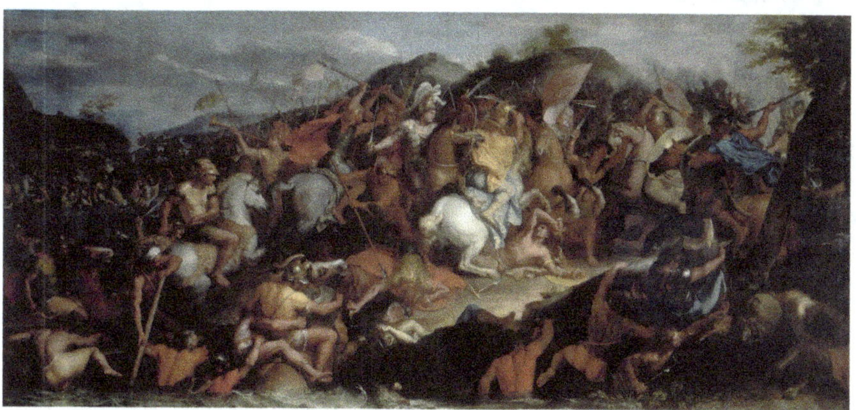

Abb. 8: Le Brun, Charles, Der Übergang über den Granikus, 1665, Paris, Musée du Louvre © 2017 RMN-Grand Palais (Musèe du Louvre) / Rabeau/Didierjean/Chan-Liat https://www.photo.rmn.fr/archive/21-510669-2C6NU0AD6NO5A.html

das zahlenmäßig überlegene Heer des Darius bei Arbela war dieser definitiv geschlagen, und wurde denn auch in der Folge von einem Verwandten ermordet.

In der Schlacht am Fluss Granikos war Alexanders Heer im Frühjahr des Jahres 334 erstmals auf das Heer des Perserkönigs gestoßen. Der *Kleine Pauly* gibt dazu die folgende Auskunft: „Granikos. Fluß in Kleinasien [...]. Etwa 10 km vor der Mündung wird der Übergang vermutet, an dem Alexander 334 ein Heer aus Truppen persischer Satrapen und griechischer Söldner unter Memnon schlug."[14] Fraglos ein für Alexanders Feldzug bedeutsamer erster Sieg. Doch am Granikos war er auf Truppen persischer Statthalter gestoßen. Die direkte Konfrontation mit dem persischen Großkönig erfolgte erst 333 in der Schlacht von Issos. Alexanders Schlachtensieg, das Faktum, dass – wie gesehen –, die Familie des Darius zu den Gefangenen zählte, sowie die für das Prestige des Perserkönigs verheerende Flucht vom Schlachtfeld, geben dieser Schlacht bei Issos ihre herausragende historische Bedeutung.

Weshalb malte Charles Le Brun nicht die Schlacht bei Issos, sondern den *Übergang über den Granikos*? Der junge König stand mit seinen militärischen Ambitionen erst am Anfang. 1665, im Jahr der Vollendung des Gemäldes, machte Ludwig XIV. Ansprüche auf das Erbe des in diesem Jahr verstorbenen spanischen Königs geltend und bereitete den Krieg vor, den er 1667 mit dem Einmarsch in die spanischen Niederlande beginnen sollte. Die erste große Schlacht in Alexanders Eroberungsfeldzug bot sich vielleicht von daher, passend zum Beginn einer erst einsetzenden Kriegsheld-Karriere, an. Doch daneben dürfte es das Motiv der Flussüberquerung gewesen sein, das Motiv, das durch Caesars Würfelmetapher zum Inbegriff der entscheidenden Tat geworden war. Von links her steigen die Reiter Alexanders aus den Wassern des Granikos. Versuche der gegnerischen Krieger, sie am Flussübergang zu hindern, sind aussichtslos.[15] Alexander, angeordnet exakt in der Mittelachse des Bildes, hat bereits Land gewonnen und befindet sich im Reiterkampf mit einem Schimmelreiter. Es ist der Kulminationspunkt der Schlacht, auch wegen des dramatischen Motivs des feindlichen Kriegers, der Alexander von hinten mit dem Beil erschlagen will und daran gerade noch von einem Getreuen Alexanders gehindert werden kann. Charles Le Brun gelang es, ein wildes Schlachtgetümmel zu inszenieren und doch den Protagonisten in diesem Getümmel nicht untergehen zu lassen.

Zum Zeitpunkt der Entstehung des Gemäldes hatte, wie erwähnt, Ludwig XIV. noch keine kriegerische Auseinandersetzung für sich entschieden, geschweige denn eine Schlacht, die mit einem Flussübergang verbunden gewesen oder der ihr vorausgegangen wäre. Das kam erst später. Ende März und Anfang April 1672 hatten zuerst England, dann Frankreich Holland den Krieg erklärt. Dieser Holländische Krieg endete 1678 mit dem Frieden von Nymwegen, der dem Frankreich

---

14 *Der kleine Pauly. Lexikon der Antike*, 2. Bd., (1975), München 1979, Sp. 867.

15 Zur Ikonografie des Bildes: Michel Gareau, *Charles Le Brun. First Painter to King Louis XIV*, New York 1992, S. 208; Kirchner, Der epische Held (wie Anm. 8), S. 289.

des Sonnenkönigs die Vorherrschaft in Europa sicherte. Nach einem ersten Rückschlag in einer Seeschlacht Anfang Juni 1672, erzielten die französischen Truppen Erfolge zu Land. Sie eroberten die ersten Städte und fielen in Holland ein. Am 12. Juni 1672 überquerte die Armee Ludwigs den Rhein über eine Furt bei Tolhuis.[16] Das war gewiss eine wichtige Aktion, doch diese Flussüberquerung war nicht die Initialzündung des Holländischen Krieges gewesen, und sie hat diesen mehr als sechs Jahre dauernden Krieg keineswegs vorentschieden.[17] Doch wichtiger im Kontext dieses Beitrags ist, welchen Stellenwert Ludwig XIV. selbst und seine Lobredner dieser Rheinüberquerung zugemessen haben. Tatsächlich gab es, worauf Hendrik Ziegler hinwies, keine militärische Leistung Ludwigs XIV., die literarisch und im Bild so sehr gefeiert wurde, wie dieser Rheinübergang.[18]

Der Übergang über den Granikos war als historischer Prototyp in Hinblick auf Ludwigs Übergang über den Rhein bei den Zeitgenossen allenthalben präsent, doch wohingegen Le Brun den jungen Ludwig XIV. gerühmt hatte, indem er ihn bildlich in die Rüstung des den Granikos überschreitenden Alexander steckte, rivalisiert nun der französische König mit dem antiken Vorbild. Mit dem Übergang über den Rhein habe Ludwig XIV. Alexanders Übergang über den Granikos nicht nur wiederholt; er habe das historische Vorbild übertroffen.[19] So jedenfalls beurteilte es Michel Le Clerc schon 1673: „Durch diese heldenhafte Anstrengung / löscht er das Andenken an den stolzen Übergang über den Granikos aus."[20] Guyonnet de Vertron fordert Alexander 1686 sogar auf, von seiner hohen Stellung herunterzusteigen. Der Übergang über den Granikos büße an Rang ein angesichts der blutgetränkten Wasser des Rheins.[21] Und der *Mercure alant* in einer Ausgabe des Jahres 1699 konzediert Alexander, sich einen „großen Namen in der Geschichte gemacht" zu haben. Doch wäre ihm am Granikos Ludwig begegnet, hätte er dessen Ruhm nichts entgegensetzen wollen.[22]

16 Dazu v. a.: Hendrik Ziegler, Die Personalisierung der Geschichte. Charles Le Bruns „Passage du Rhin" in der Spiegelgalerie von Versailles zwischen Ereignis und Mythos, in: *Bilder machen Geschichte*, hg. v. Uwe Fleckner, Berlin 2014, S. 185–200, hier S. 187ff.

17 Carl J. Ekberg, *The Failure of Louis XIV's Dutch War*, Chapel Hill 1979, S. 129ff.

18 Ziegler, Personalisierung (wie Anm. 16), S. 187. Vgl. Peter Burke, *The Fabrication of Louis XIV*, New Haven / London 1992, S. 76f.

19 Vgl. Ziegler, Personalisierung (wie Anm. 16), S. 191.

20 „Et par cet effort héroique / Du fier passage du Granique / Il efface le souvenir". Michel Le Clerc, *Le Temple de l'immortalité, ode à Mgr le Dauphin*, Paris 1673, S. 20.

21 Claude-Charles Guyonnet de Vertin, *Parallèle poétique de Louis-le-Grand avec les princes surnommés grands (...)*, Le Havre 1686, S. 23.

22 „Alexandre [...] / S'est fait un grand nom dans l'histoire; / Mais si sur le Granique il eust trouvé / LOVIS se n'aurois pas voulu répondre de sa gloire." Lettre à Monsieur de S. Evremont. Sur la mort de Madame Mazarin, in: *Mercure Galant* Sept. (1699), S. 257–281, hier S. 267.

Ludwig XIV. war jetzt nicht mehr der „neue Alexander", sondern größer als Alexander, und er kam auch anders ins Bild. Ludwig als der „neue Alexander" im *Übergang über den Granikos* ist kämpfend gezeigt, kämpfend inmitten des Schlachtengewühls. Die Gemälde Adam Frans van der Meulens und Joseph Parrocels, die das historische Ereignis der Rheinüberquerung memorieren, zeigen demgegenüber den vom Kampfgeschehen separierten, souveränen Feldherrn, der nicht selbst sich in die Fluten des Flusses stürzt, der sich nicht am Ufer auf die Holländer werfen wird, sondern der das Geschehen dirigiert (Abbs. 9 und 10). Dass dies der historischen Situation sicher gemäßer ist, steht außer Frage. Bemerkenswert für die bildgeschichtliche Fragestellung ist, dass militärische Erfolge jetzt so, als souverän distanziert errungen, thematisiert werden. Der König ist vom Kämpfer zum überlegenen Lenker aufgestiegen.[23]

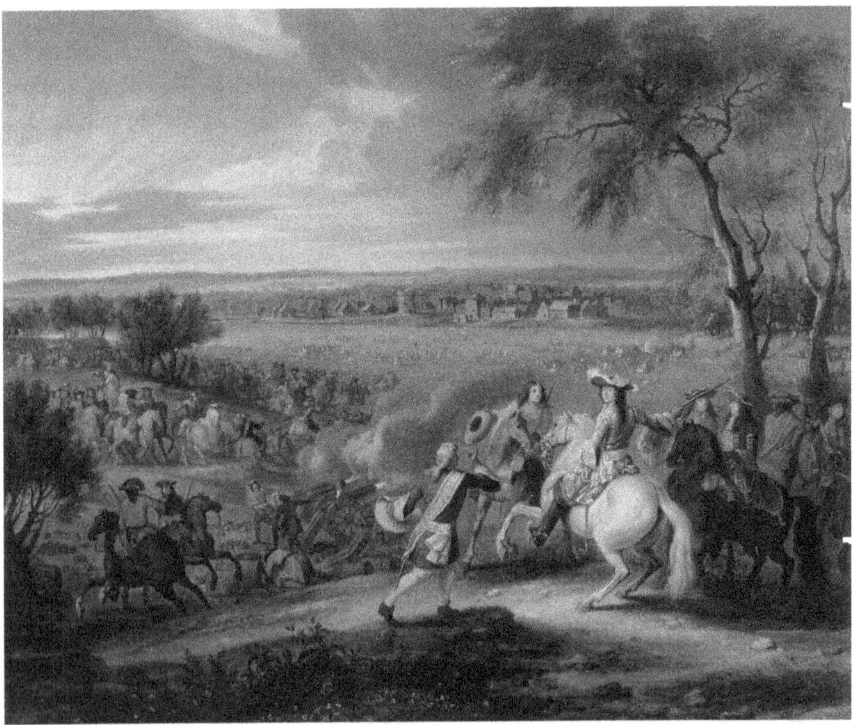

Abb. 9: Van der Meulen, Adam Frans, Ludwig XIV. überquert den Rhein am 12. Juni 1672, 1680, Berlin, Deutsches Historisches Museum.

23 Zu der neuen Repräsentationsform einer Schlacht und dem Zusammenhang mit der Heeresreform: Kirchner, Der epische Held (wie Anm. 8), S. 407ff.

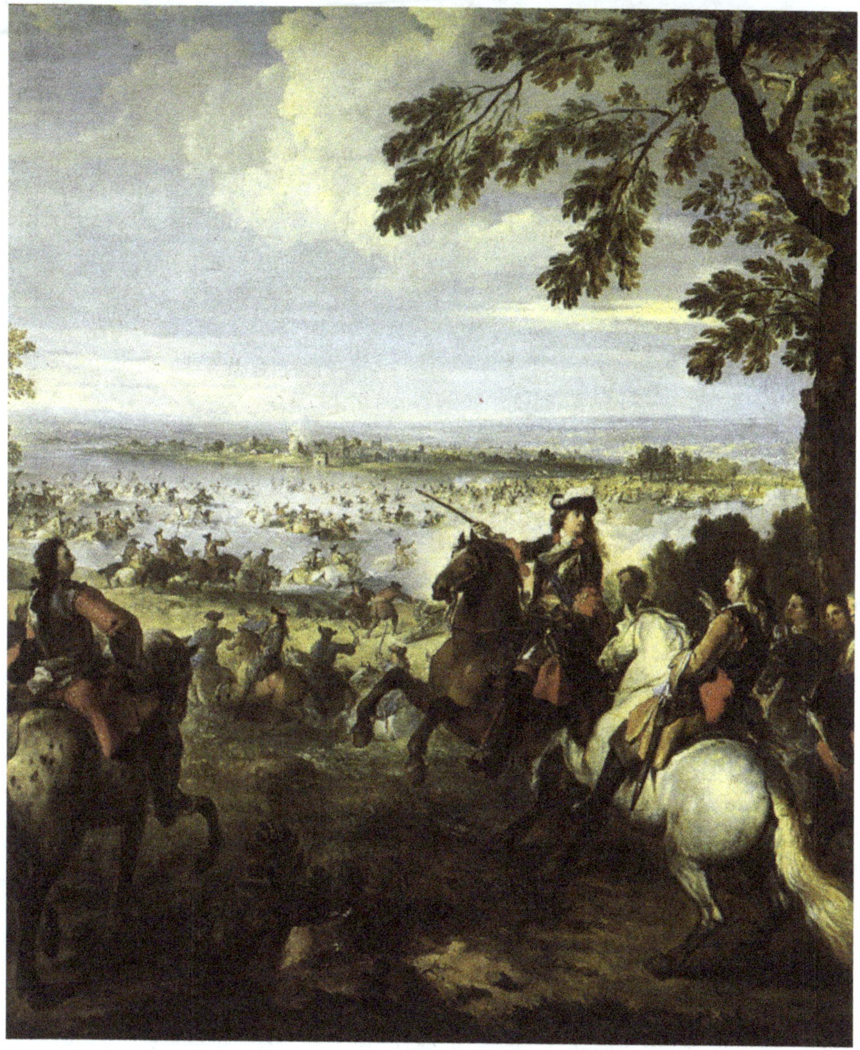

Abb. 10: Parrocel, Joseph, Ludwig XIV. überquert den Rhein am 12. Juni 1672, 1699, Paris, Musée du Louvre © 2014 RMN-Grand Palais (musée du Louvre) / Franck Raux, https://www.photo.rmn.fr/archive/14-551159-2C6NU0AGFZNGL.html

Ganz aus dem historischen Geschehen ins Allegorische erhöht, feiert ein Deckenbild Charles Le Bruns in der Spiegelgalerie des Schlosses von Versailles den Rheinübergang (Abb. 11). Die Rheinüberquerung vollführt der König auf einem kostbaren, von Schimmeln gezogenen Streitwagen. Nass macht er sich bei der Flussüberquerung nicht, denn offensichtlich schwebt er in den Lüften, wie es sich für einen olympischen Gott gehört. Und ein solcher ist er; das Blitzbündel in seiner Rechten, weist ihn als neuen Jupiter aus. Diesem neuen Jupiter stehen andere olympische Götter und Allegorien zur Seite. Die behelmte Göttin Minerva weist als Göttin der Weisheit Ludwig den richtigen Weg. Er wird triumphieren; offenkundig schon deshalb, weil über ihm die Personifikation des Ruhms schwebt, mit der Armillarsphäre in der Hand, die visualisiert, dass der Ruhm Ludwigs sich im ganzen Weltall verbreitet. Der Rhein ist bei dieser Rheinüberquerung nur als Personifikation anwesend, als alter Mann mit Ruder und Schilfhaar. Seine Situation ist keine komfortable. Herkules bedroht ihn mit seiner Keule.[24]

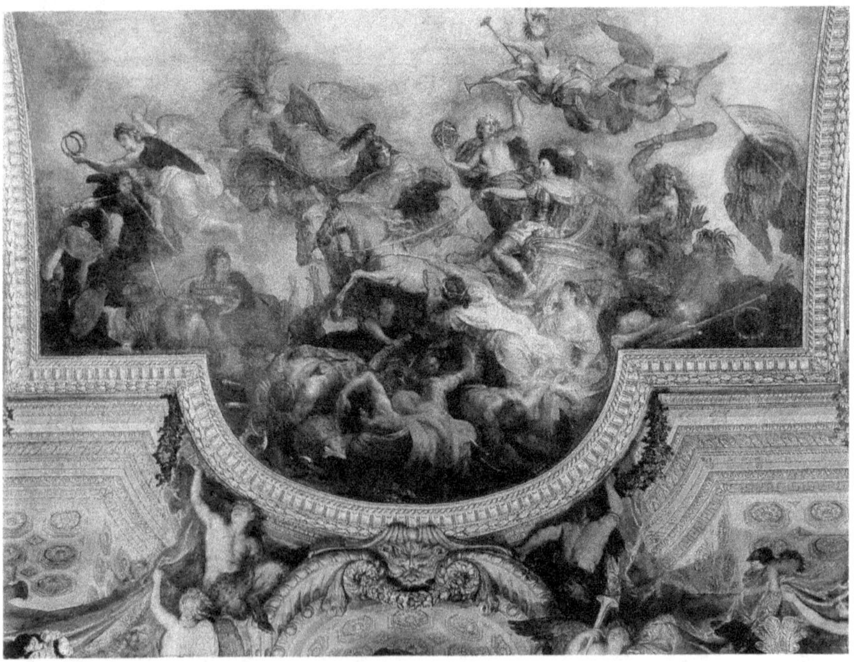

Abb. 11: Le Brun, Charles, Ludwig XIV. überquert den Rhein, 1684, Versailles, Schloss, Spiegelgalerie (Detail).

An ihren beiden Enden wird die Versailler Spiegelgalerie von zwei Salons gerahmt, die allgemein für die militärischen und die nichtmilitärischen Ruhmestaten des Königs stehen, die dann im Bildprogramm der Spiegelgalerie genauer

24 Zur Ikonographie: Burke, Fabrication (wie Anm. 18), S. 77; Ziegler, Personalisierung (wie Anm. 16), S. 214ff.

ausgefaltet werden: Dem *Salon de la Paix* und dem *Salon de la Guerre*. Im *Salon de la Guerre* ist der Übergang über den Rhein möglicherweise bereits an prominentester Stelle dargestellt. Das große ovale Relief über dem Scheinkamin zeigt den als römischen Triumphator gerüsteten König zu Pferd, die niedergeschlagenen Feinde zu seinen Füßen und die ihn krönende Siegesgöttin zu Häupten (Abb. 12).[25] Die Literatur ist hinsichtlich der Ikonographie dieses Bildwerks nicht einhellig. Das Relief wird als unspezifische Darstellung Ludwigs als antiker Triumphator gedeutet, aber auch als allegorische Darstellung des Übergangs über den Rhein. Sollte letztere ikonographische Deutung, die Luc Benoist vertrat,[26] zutreffen, dann würde dieses Motiv der Rheinüberquerung an dieser Stelle des *Salon de la Guerre* den Kriegsruhm Ludwigs XIV. insgesamt resümieren.

In jedem Fall war für diese prominente Stelle das Thema der Rheinüberquerung später auch vorgesehen. Coysevox' Reiterfigur Ludwigs XIV. ist aus Stuck. 1715 machte sich Coysevox daran, ein Marmorrelief auszuführen. Sein Vorschlag blieb unberücksichtigt. Stattdessen ging der Auftrag, das Stuckrelief durch ein Marmorbild zu ersetzen, an Coysevox' Neffen Nicolas Coustou. Thema: Der Übergang über den Rhein. Erst 1738 lag die Ausführung vor, vollendet von Nicolas Bruder Guillaume Coustou (Abb. 13).[27] Das Relief kam nicht an den vorgesehenen Ort im *Salon de la Guerre*. Es geriet schlussendlich in das untere Vestibül der Schlosskapelle von Versailles. Hilflos liegt der Rhein auch hier, wie in Le Bruns Deckenbild, in Gestalt eines gealterten Flussgottes am Boden. Triumphierend setzt Ludwig XIV. seinen Fuß auf den unterworfenen Fluss. Flussüberquerung und militärischer Triumph ganz im Allgemeinen sind hier und vielleicht schon in Coysevox' Stuckrelief synonym geworden. So wie Caesars Übergang über den Rubikon stellvertretend für jede unwiderrufliche Entscheidung wurde, so verdichtete sich zumindest für die Zeitgenossen Ludwigs der Rheinübergang des Jahres 1672 zum Siegesmotiv schlechthin.

Washington überquert den Delaware

Ob George Washington diese Tradition im mentalen Gepäck hatte, als er in der Nacht vom ersten zum zweiten Weihnachtsfeiertag des Jahres 1776 über den Dela-

---

25 Eine Zusammenstellung der literarischen Quellen zu Coysevox' Relief bei: George Keller-Dorian, *Antoine Coysevox (1640–1720). Catalogue raisonné de son oeuvre*, I, Paris 1920, S. 37.

26 Luc Benoist, *Coysevox* (Les maîtres de l'art), Paris 1930, S. 29, Dazu: https://www.guichetdusavoir.org/viewtopic.php?f=2&t=48806 vom 20.12.2022.

27 Pierre Verlet, *Le château de Versailles*, Paris 1985, S. 305; Alexandre Maral, Le cheval sculpté à Versailles: une image du pouvoir?, in: *In Situ* 27 (2015), S. 19, https://journals.openedition.org/insitu/12009?lang=en#tocto2n2 vom 20.12.2022.

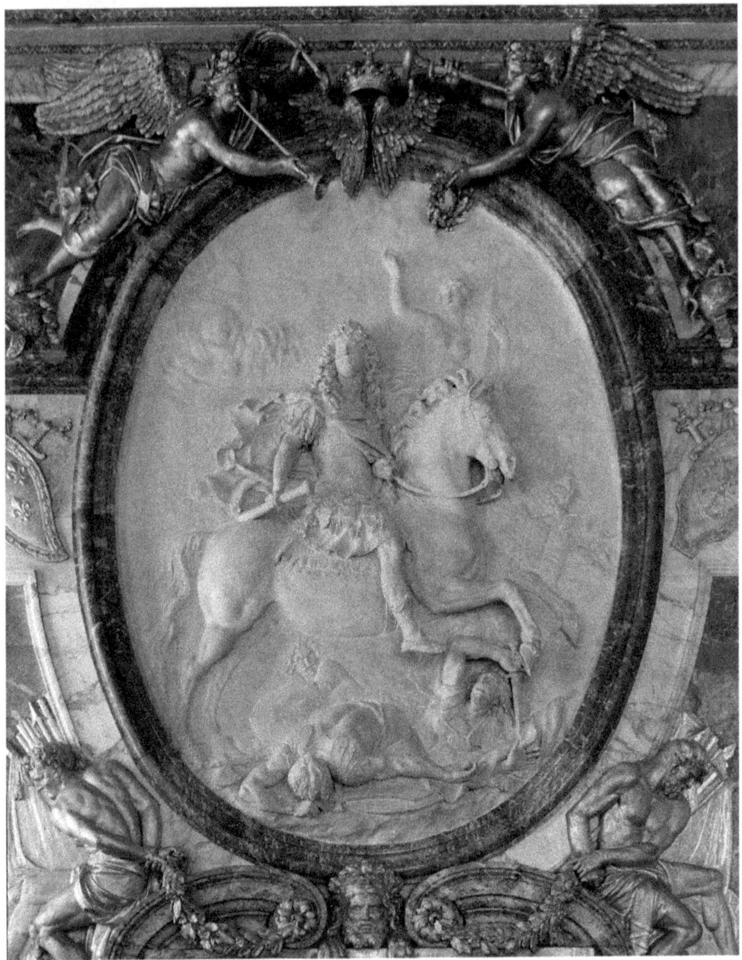

Abb. 12: Coysevox, Antoine, Ludwig XIV. als Triumphator (Der Übergang über den Rhein (?)), 1681–82, Versailles, Schloss, Salon de la Guerre.

ware setzte? In Trenton, New Jersey, lagerten die im Dienst der britischen Krone stehenden hessischen Truppen. Dass die jenseits des Flusses Delaware sich nähernde Armee der amerikanischen Aufständischen übersetzen könnte, hielt der kommandierende Colonel Rall angesichts der Kräfteverteilung der Streitkräfte, angesichts der Wetterverhältnisse und angesichts des winterlichen Zustands des Flusses für eine lächerliche Vorstellung und vernachlässigte deshalb die Vorsichtsmaßnahmen. George Washington setzte auf einen Überraschungsangriff, wagte mit drei Booten den Übergang über den vereisten Delaware; etwa um vier Uhr morgens erreichten

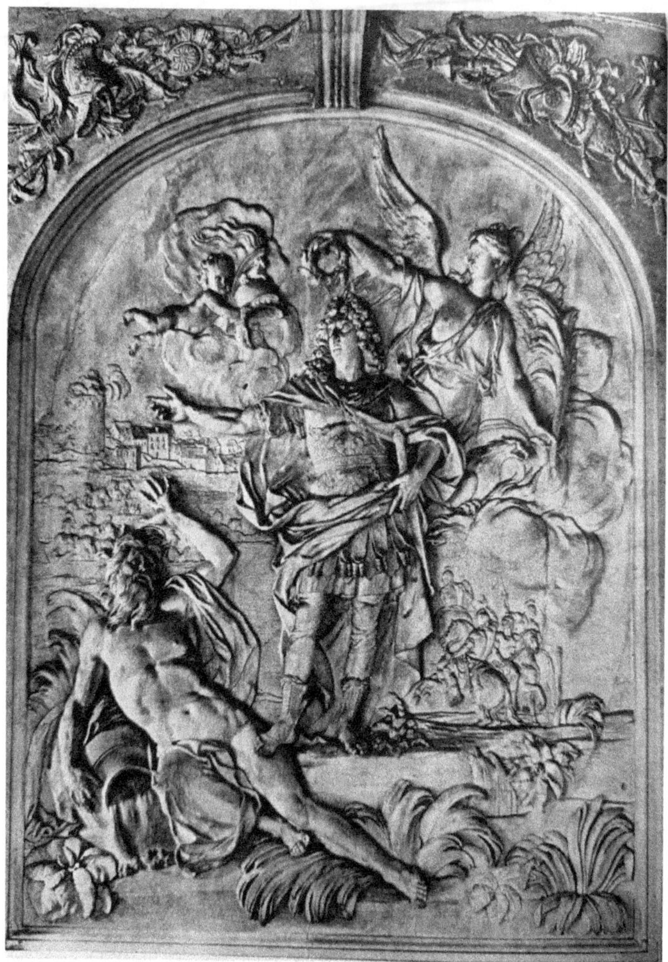

Abb. 13: Coustou, Nicolas / Guillaume, Der Übergang über den Rhein, 1715–38, Versailles, Schloss, Vestibül der Kapelle.

die amerikanischen Soldaten das Ufer; kurz nach Sonnenaufgang griffen sie die Truppe Colonel Ralls an, und sie siegten.[28]

28 Ernest Goldstein, *Let's Get Lost in a Painting, Bd. 3: Emanuel Leutze, Washington Crossing the Delaware,* Champaign 1983, 14f.; Michael Hochgeschwender, *Die Amerikanische Revolution. Geburt einer Nation 1763–1815,* München [2]2017, S. 234f. Erhalten haben sich Teile des Tagebuchs und Briefe mit Erinnerungen an die Schlacht von Trenton und an die amerikanische Gefangenschaft des hessischen Leutnants Andreas Wiederhold. Dazu: Patrick Sturm, „Wie abwechselnd

Der amerikanischen Unabhängigkeitsbewegung gab dieser Sieg Washingtons eine entscheidende Wendung. Doch diese Wendung verdichtete sich bildlich erst in zweiter Linie in der Schlacht bei Trenton, sondern zunächst im Übergang über den Delaware. 1819 wurde Thomas Sully beauftragt, eine großformatige Darstellung dieser Flussüberquerung für das Kapitol von North Carolina zu malen (Abb. 14).[29] Das Boot George Washingtons hat am Ufer angelegt. Washington ist bereits mit seinem nervös tänzelnden Schimmel an Land. Kompositorisch ist das Gemälde nicht allzu weit von den genannten Gemälden Van der Meulens und Parrocels entfernt. Jeweils dominiert der Feldherr – Ludwig XIV., Washington – und sie heben sich deutlich vom hintergründigen Geschehen ab.

Nicht Sullys *Übergang über den Delaware* wurde zur Ikone des amerikanischen Unabhängigkeitskriegs, sondern bekanntlich das Gemälde eines deutschen Auswandererkindes.[30] 1825 – Emmanuel Leutze war im Alter von elf Jahren – nahmen ihn seine Eltern aus dem heimatlichen Schwäbisch Gmünd mit in die USA. Seine Leistungen im Kunstunterricht, den er in Philadelphia erhielt, waren dergestalt, dass er sich Karrierehoffnungen machen durfte. Das Studium an einer der renommiertesten Kunstakademien der Welt sollte dafür die Voraussetzung legen. Die von Leutze gewählte Akademie war die Düsseldorfer.[31] Hier in Düsseldorf lebte und studierte er ab 1841, und hier, nicht in den USA, nicht angesichts des Delaware, sondern angesichts des Rheins, malte er den *Übergang über den Delaware*. Diese erste Fassung des *Übergangs* hatte bereits 1850 Brandschäden erlitten, kam dann von Leutze selbst restauriert in die Bremer Kunsthalle, wo sie im

aber das Kriegsglück ist, wißen Sie theurester Freund und ich hab es nun auch leyder erfahren". Quellenkritische Bemerkungen zu den hessischen Zeugnissen aus dem Amerikanischen Unabhängigkeitskrieg am Beispiel Andreas Wiederholds, in: *Die „Hessians" im amerikanischen Unabhängigkeitskrieg (1776–1783). Neue Quellen, neue Medien, neue Forschungen*, hg. v. Holger Thomas Gräf, Andreas Hedwig und Annegret Wenz-Haubfleisch, Marburg 2014, S. 69–95.

29 Karsten Fitz, *The American Revolution Remembered 1830s to 1850s. Competing and Conflicting Narratives*, Heidelberg 2010, S. 275f.; Carry Rebora Barratt, Washington Crossing the Delaware and the Metropolitan Museum, in: *Washington Crossing the Delaware. Restoring an American Masterpiece* (Reprint von The Metropolitan Museum of Art Bulletin, LXIX, n. 2, Fall 2011), hg. v. Carry Rebora Barratt, Lance Mayer, Gay Myers u.a., New York 2011, S. 5–19, hier S. 6.

30 Zu den möglichen Voraussetzungen für die Bilderfindung in einem Gedicht Freiligraths und zu den Faktoren, die Leutzes Gemälde zur US-amerikanischen Ikone werden ließen: Fitz, American Revolution (wie Anm. 29), S. 269ff.

31 Zu Leutzes Biographie: Barbara S. Groseclos, *Emanuel Leutze 1816–1868. Freedom is the Only King* (Ausst.-Kat., Washington, National Gallery of Fine Arts, Smithonian Institution 1976), Washington 1976, S. 13f.; Barbara S. Groseclos / Bettina Baumgärtel, Art. „Emanuel Gottlieb Leutze", in: Hans Paffrath (Hg.), *Lexikon der Düsseldorfer Malerschule 1819–1918*, 3 Bde., München 1998, Bd. 2, S. 335–339; Joachim Haller, Lebenschronologie, in: *Emanuel Leutze. Leben und Werk* (Ausst.-Kat., Schwäbisch-Gmünd, Museum im Prediger 2016), Schwäbisch-Gmünd 2016, S. 9–13.

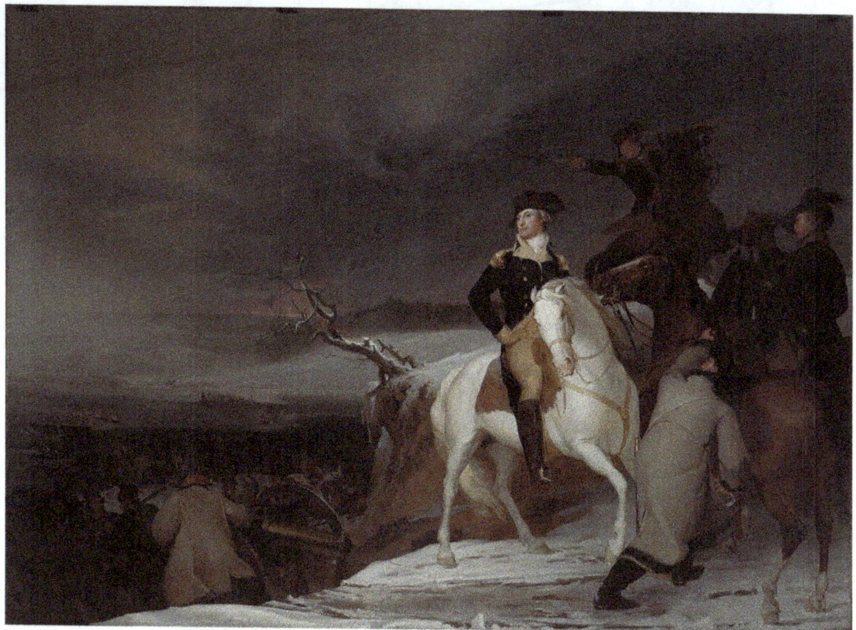

Abb. 14: Sully, Thomas, Der Übergang über den Delaware, 1819, Boston, Museum of Fine Arts.

Zweiten Weltkrieg zerstört wurde.[32] Die heute im New Yorker *Metropolitan Museum of Art* gezeigte US-Amerikanische Ikone (Abb. 15) ging auf die Bestellung eines französischen Kunsthändlers zurück, der sich damit einen Ausstellungserfolg in seiner Galerie am New Yorker Broadway versprach.[33] Sehr viel größer geriet diese zweite Version. Annähernd 4 m Höhe auf fast 6 ½ m Breite. So groß, dass Leutze auf die Mitarbeit befreundeter Maler zurückgreifen musste.

Das kommerzielle Kalkül des französischen Auftraggebers war nicht aus der Luft gegriffen. Dass großformatige kontinentaleuropäische Gemälde mit spektakulärem Thema zu Ausstellungserfolgen werden konnten, hatte bereits eine nicht sehr lange, aber immerhin Tradition. 1820 schickte Théodore Géricault sein 1818/19 gemaltes aufsehenerregendes bis skandalöses und eben auch riesiges *Floß der Medusa* (Abb. 16) nach London, wo es in der Piccadilly Egyptian Hall neben ausge-

32 Groseclose, Emanuel Leutze (wie Anm. 31), S. 38; Barrat, Washington Crossing (wie Anm. 29), S. 38.

33 Groseclose, Emanuel Leutze (wie Anm. 31), S. 40; Barrat, Washington Crossing (wie Anm. 29), S. 8; Joachim Haller, Emanuel Leutze – mehr als ein deutsch-amerikanischer Maler, in: *Emanuel Leutze. Leben und Werk* (Ausst.-Kat., Schwäbisch-Gmünd, Museum im Prediger 2016), Schwäbisch-Gmünd 2016, S. 19–21, hier S. 19f.

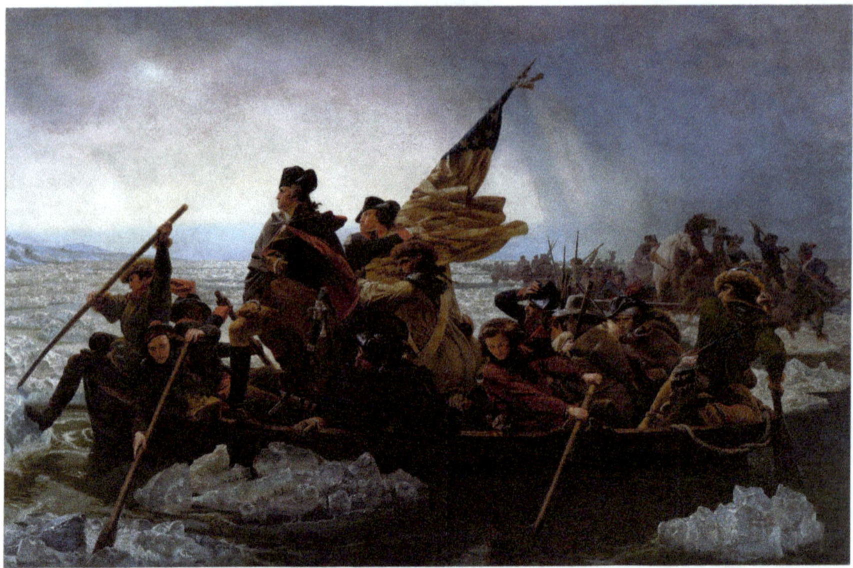

Abb. 15: Leutze, Emmanuel, Der Übergang über den Delaware, 1851, New York, Metropolitan Museum of Art.

stopften Elefanten 40 000 Besuchern gezeigt wurde. Weniger besucht war die nächste Ausstellung 1821 in Dublin. Insgesamt aber war der Erfolg dieser Bildshow derart, dass um 1830 ein kleinere, aber immerhin fast 2 m breite Kopie auf eine Ausstellungstournee durch die USA geschickt wurde. Die Präsentationen dieser Kopie des spektakulären Werkes in Boston, Philadelphia, New York und Washington gerieten zu einem eminenten Publikumserfolg.[34]

Auch hier geht es um eine Überfahrt, zwar nicht um eine Flussüberquerung, sondern um ein hilflos im Meer treibendes Floß, dessen Besatzung durch das Schiff Argus gerettet werden konnte, das im Bild kaum sichtbar im Hintergrund auftaucht und dem die noch Kraftvolleren im Floß sich zu erkennen geben wollen. Es ist auch kein ruhmreiches Geschehnis, das Géricaults Gemälde memoriert. Die Regierung der zurückgekehrten Bourbonen hatte ein Expeditionsschiff einem zwar königstreuen, aber sonst unerfahrenen bis unfähigen Kapitän anvertraut. Das Schiff lief auf Grund. Es gab nur sechs Rettungsboote für die 400 Besatzungsmitglieder. Ungefähr 150 mussten mit einem notdürftig gezimmerten Floß vorliebnehmen, das die

34 Maximiliane Drechsler, *Zwischen Kunst und Kommerz. Zur Geschichte des Ausstellungswesens zwischen 1775 und 1905*, München / Berlin 1996, S. 132; https://en.wikipedia.org/wiki/The_Raft_of_the_Medusa vom 20.12.2022.

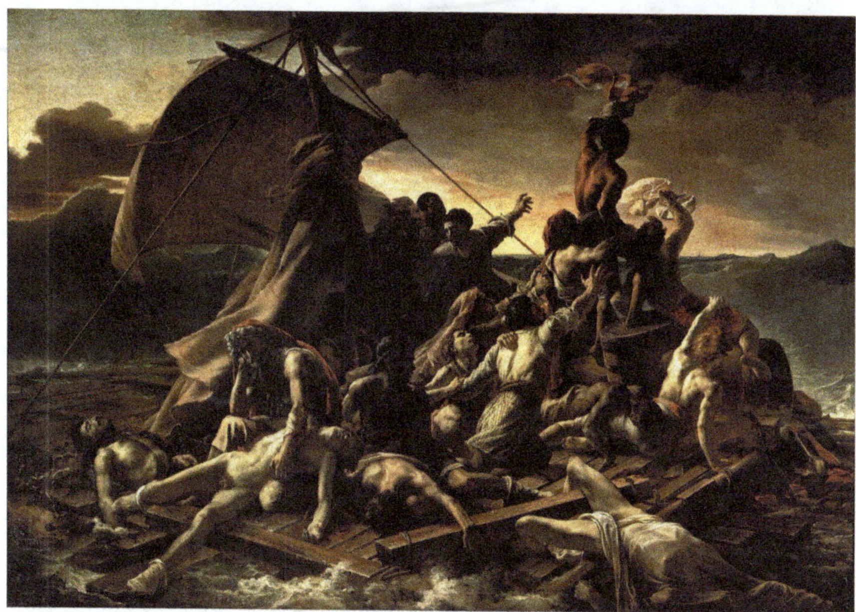

Abb. 16: Géricault, Théodore, Das Floß der Medusa, 1819, Paris, Musée du Louvre © 2015 RMN-Grand Palais (musée du Louvre) / Michel Urtado https://www.photo.rmn.fr/archive/12-546856-2C6NU087SHPQ.html

Rettungsboote hinter sich herziehen sollten. Schon bald wurde das Floß als hinderlicher Anhänger lästig. Die Verbindungstaue wurden gekappt. Im zurückgelassenen Floß spielten sich schrecklichste Szenen ab: Verhungern, gegenseitiges Abschlachten, Kannibalismus. Als die Argus die Floßbesatzung aufnahm, waren noch 15 von den ca. 150 übrig, und wegen Entkräftung starben davon bald nochmal fünf.[35]

Ein sehr anderes Thema als das, das sich der Düsseldorfer Amerikaner Leutze vorgenommen hatte. Gleichwohl darf man davon ausgehen, dass Leutze von Géricaults Meisterwerk profitiert hat. Er hat von Géricault gelernt, wie man kompositorisch Spannung aufbauen kann. Die Toten, die Entkräfteten, die Verzweifelten bilden die kompositorische Basis. Von der steigt die Dynamik in vielfältigen Diagonalbewegungen an, die kulminieren in der einen Gestalt des schwarzen Matrosen, der ein Tuch schwingt, um dem weit entfernt am Horizont auftauchenden Schiff Argus ein Zeichen zu geben. Auch bei Leutze wird Entscheidung nicht als unmittelbare Konfrontation gezeigt, wie in Le Bruns *Übergang über den Granikos*, sie wird auch nicht allegorisch abgehandelt, wie in Versailles, sie verbildlicht die Entscheidung auch

35 https://de.wikipedia.org/wiki/Das_Floß_der_Medusa vom 20.12.2022.

nicht als strategische Meisterleistung eines überlegenen Führers, wie es Van der Meulen und Parrocel hinsichtlich Ludwigs Rheinüberquerung und anders, doch vergleichbar Thomas Sully mit dem am anderen Ufer des Delaware angekommenen George Washington vorgeführt hatten. Es ist die angehaltene Spannung, die Géricaults *Floß der Medusa* und Leutzes *Übergang über den Delaware* verbindet.

Die Bildbewegung, aufsteigend von den mit den Eisschollen kämpfenden Ruderern über die beiden die Fahne aufrichtenden, hin zu Washington, in dem die Bildkomposition und die Bildbewegung kulminiert, der sich dem Ungewissen entgegenstellt, lässt die immense Spannung übrig, die mit dem Körper Washingtons wie anders mit dem Körper des schwarzen Matrosen bei Géricault für den Betrachter selber geradezu körperlich spürbar wird. Dort die Spannung auf die Rettung hin, hier die Spannung auf den Sieg hin. Auf den ungewissen Sieg. Doch ein Zurück gibt es nicht. „Alea iacta est". Caesars Wort und mit ihm die ganze Tradition der in die Flussüberquerung verpackten definitiven, existenziell und historisch grundlegenden Entscheidung versammelt sich in die Körpersprache und den Blick George Washingtons hin zum jenseitigen Ufer des Delaware.

Der Übergang über den Rubikon, der Übergang über den Granikos, der Übergang über den Rhein, all das lädt Leutzes *Übergang über den Delaware* ikonisch auf. Doch der Rhein ist nicht nur eine bildgeschichtliche Station hin zu Leutzes *Übergang über den Delaware*, Leutzes *Übergang über den Delaware* ist, zumindest von der Entstehungsgeschichte dieses Gemäldes her, zunächst auch ein Übergang über den Rhein. Das Bild wurde, wie gesagt, sowohl in seiner ursprünglichen zerstörten Fassung wie in der großen Version des New Yorker Metropolitan Museums in Düsseldorf gemalt. Letztlich waren es Studien des Rheins bei Kaiserswerth, die dafür sorgten, dass George Washington so effektvoll den Delaware überqueren konnte.

Josua und Joseph Beuys

Noch in den 1970er Jahren, den Düsseldorfer 1970er Jahren, konnte das ganze bildgeschichtliche Paket der entscheidenden Flussüberquerungen im Allgemeinen, der Rheinübergänge im Besonderen aufgerufen werden. Die Vorgeschichte ist bekannt. Das berühmteste Wort von Joseph Beuys „Jeder Mensch ist ein Künstler" kollidierte mit der Auswahl und dem Aufnahmesystem der Düsseldorfer Kunstakademie. Nicht die tatsächliche oder vermeintliche Qualität der eingereichten Mappe war für ihn ein zulässiges Kriterium für die Aufnahme zum Kunststudium an der Akademie; der Wunsch, Kunst zu machen, genügte ihm als hinreichendes Kriterium. Bereits im Kontext der von Jörg Immendorf organisierten LIDL-Akademie, die bereits eine polizeiliche Räumung zur Folge hatte, formulierte Beuys das Konzept einer „Idealen Akademie".

Zunächst wurde – obwohl die Akademie ihre Aufnahmekapazität überschritten sah – hingenommen, dass Beuys 1971 die 142 in anderen Klassen abgelehnten Bewerber: innen in seine Klasse aufnehmen durfte. Die Besetzung des Studierendensekretariats im Folgejahr 1972, wieder mit dem Ziel, die Einschreibung der abgelehnten Studienbewerber zu erzwingen, veranlasste Wissenschaftsminister Johannes Rau dann allerdings zu der fristlosen Kündigung. Polizisten geleiteteten den entlassenen Professor Beuys und die protestierenden Studienbewerber aus dem Akademiegebäude.[36]

Gegen die Auflösung seiner Klasse, gegen seine Entlassung als Akademieprofessor hat Beuys protestiert und die Proteste waren ihrerseits kalkulierte und inszenierte Kunstaktionen. Einen halben Monat nach seiner Entlassung bauten Akademiestudenten einen Stacheldrahtzaun vor der Akademie auf, um die Unfreiheit des Systems zu visualisieren. Den anschaulich durch den Stacheldraht von der Akademie ausgesperrten Beuys präsentiert eine Fotografie neben einem in den Stacheldraht eingehängten Flugblatt mit der Aufschrift „Prof. Beuys muß wieder eingestellt werden“. Medienwirksamer und kunsthistorisch einprägender geriet eine andere Protestaktion. Nach dem bisherigen Verlauf dieses Aufsatzes wird es nicht überraschen, dass diese medienwirksamste Protestaktion gegen die Entlassung des Akademieprofessors Joseph Beuys eine Flussüberquerung war.[37]

Karl-Heinz Herzfeld war unter den treuen Beuysschülern einer der treuesten und bekannter wurde er unter seinem Künstlernamen Anatol. Anatol schnitzte aus einer Pappel einen Einbaum.[38] Auf dem Schwanenspiegel testete man die Seetüchtigkeit des Objekts. Am 20. Oktober startete die Protest- beziehungsweise die Kunstaktion. In Anatols Nachen überquerte Beuys von Oberkassel aus den Rhein. Dabei waren – auch Revolutionäre sind ja bisweilen vorsichtig – kompetente Wassersportler vom Kanuclub Jan Wellem. Es lief nicht so wie gewünscht. Statt nahe der Kunstakademie zu landen, trieb das Kanu ab und kam erst hinter der Nordbrücke ans Ufer (Abb. 17). Doch Joseph Beuys’ symbolische Rückeroberung der Düsseldorfer Kunstakademie war gelungen. Es dauerte allerdings bis 1978, dass ihm eine außergerichtliche Einigung die Benutzung eines Raumes in der Akademie bis zur Pensionierung garantierte und die weitere Führung des Professorentitels zugestand.[39]

---

36 Johannes Myssok, Beuys an der Düsseldorfer Kunstakademie, in: *Joseph-Beuys-Handbuch. Leben – Werk – Wirkung*, hg. v. Timo Skrandies und Bettina Paust, Berlin 2021, S. 20–25, hier S. 23f.

37 Der Bezug zu Leutzes *Washington Crossing the Delaware* wurde bereits hergestellt in: Thomas Kliemann, Der Rhein als Strom der Künstler, in: *Kölnische Rundschau*, 13.07.2016, https://www.rundschau-online.de/region/serie–stadt-land-rhein–der-rhein-als-strom-der-kuenstler-24389874 vom 20.12.2022.

38 Zum folgenden: Anatol im Gespräch mit Heribert Brinkmann, in: Heribert Brinkmann, *Anatol. Lebenszeiten, Arbeitszeiten*, Krefeld 2001, S. 112f.

39 Myssok, Beuys (wie Anm. 36), S. 24.

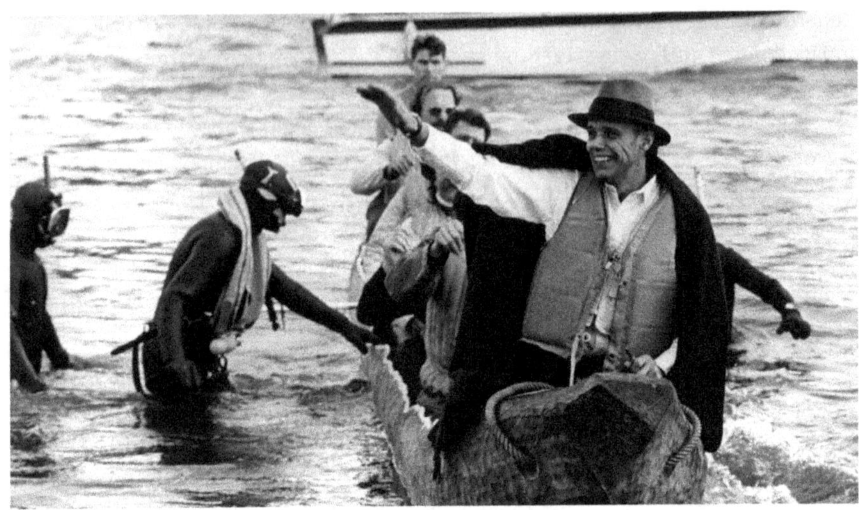

Abb. 17: Joseph Beuys überquert den Rhein am 20. Oktober 1973 – Deutschlandfunk Kultur, 14.02.2017, © picture alliance / dpa / Roland Scheidemann © VG Bild-Kunst, Bonn 2023.

Es war eine spektakuläre Kunstaktion. Und vielleicht mehr: Die Umgehung des Numerus Clausus geschah sicher nicht allein aus Sympathie für Studienanfänger, sondern intendierte auch die Bildung einer Jüngerschar. Und hinsichtlich seines Werks legte Beuys seine Ambitionen als Heilsbringer ganz unumwunden offen. „Wenn jemand meine Sachen sieht, trete ich in Erscheinung".[40] Moses durfte das Gelobte Land nur schauen, nicht betreten. Nach dem Tod des Moses führte Josua die Israeliten. Nach der Verheißung Gottes, ihm auf allen seinen Wegen zur Seite zu stehen, konnte Josua seinem Volk folgendes Versprechen geben: „Noch drei Tage, und ihr werdet hier über den Jordan ziehen, um das Erbe des Landes anzutreten, das der Herr, euer Gott, euch zum Besitz verleiht."[41] Der Übergang über den Jordan – leicht gemacht, insofern als Gott den Fluss an der Übergangsstelle hat austrocknen lassen – war der heilsgeschichtlich wichtige Schritt des auserwählten Volkes in das gelobte Land. Auch diese Tradition wird man beim Rheinübergang des „heiligen Joseph" mitbedenken müssen. Wie in diesem Kontext die Geste der erhobenen rechten

---

40 *Joseph Beuys, Spuren in Italien* (Ausst.-Kat., Kunstmuseum, Luzern, 1979), Luzern 1979, o. S. Zum messianischen Anspruch bei Beuys: Hans Körner / Reinhard Steiner, „Plastische Selbstbestimmung"? Ein kritischer Versuch über Joseph Beuys, in: *Das Kunstwerk*, 3 (1982), S. 32–41, hier S. 36f.

41 Josua, 1, 11. Vgl. Goldstein, Let's Get Lost (wie Anm. 28), S. 41f. Zu Washington als amerikanischem Moses Fitz, American Revolution (wie Anm. 29), S. 285.

Hand auf einer der Fotografien, die diese Aktion dokumentieren, zu verstehen ist, soll allerdings dem Leser überlassen bleiben.

Der Weg von Josua, Alexander dem Großen, Julius Caesar, Ludwig XIV. und George Washington bis zu Joseph Beuys, ist ein weiter, doch Bilder, und dazu gehören auch literarische Bilder, haben eine lange Haltbarkeit. Man kann solche Bilder – die Referenz geht selbstredend auf Aby Warburg – mit Batterien vergleichen, die andere Bilder aufladen. Die Batterie des literarischen und ikonischen Übergangs über den Fluss ist noch nicht erschöpft. Ein Eintrag im Netz vom 04. November 2020, einen Tag nach der Präsidentenwahl in den USA, ist überschrieben mit: „Trump's Crossing the Rubicon".[42] Donald Trump akzeptierte die Wahlniederlage nicht, er provozierte die Krise. Der geworfene Würfel fiel anders als Trump sich das gewünscht, vorgestellt hatte. Glücklicherweise.

Bibliographie

Alighieri, Dante, *Dantes Werke. La Vita nuova – La divina commedia / Das neue Leben – Die göttliche Komödie*, hg. v. Erwin Laaths, Berlin / Darmstadt 1968.

Anatol im Gespräch mit Heribert Brinkmann, in: Heribert Brinkmann, *Anatol. Lebenszeiten, Arbeitszeiten*, Krefeld 2001, S. 112–113.

Barratt, Carry Rebora, Washington Crossing the Delaware and the Metropolitan Museum, in: *Washington Crossing The Delaware. Restoring an American Masterpiece* (Reprint von The Metropolitan Museum of Art Bulletin, LXIX, n. 2, Fall 2011), hg. v. Carry Rebora Barratt, Lance Mayer, Gay Myers u.a., New York 2011, S. 5–19.

Benoist, Luc, *Coysevox* (Les maîtres de l'art), Paris 1930, S. 29, https://www.guichetdusavoir.org/viewtopic.php?f=2&t=48806 vom 20.12.2022.

Birkenholz, Alescha-Thomas, *Die Alexander-Geschichte von Charles Le Brun. Historische und stilistische Untersuchungen der Werkentwicklung*, Frankfurt u.a. 2002.

Burke, Peter, *The Fabrication of Louis XIV*, New Haven / London 1992.

Clam-Martinic, Carl Graf von, *Vorlesungen aus dem Gebiete der Kriegskunst. Ein Handbuch für Offiziers*, Wien 1832.

Der kleine Pauly. Lexikon der Antike, 2. Bd., (1975), München 1979, Sp. 867.

Drechsler, Maximiliane, *Zwischen Kunst und Kommerz. Zur Geschichte des Ausstellungswesens zwischen 1775 und 1905*, München / Berlin 1996.

Ekberg, Carl J., *The Failure of Louis XIV's Dutch War*, Chapel Hill 1979.

Félibien, André, Les Reines de Perse aux pieds d'Alexandre (1663), in: Ders., *Descriptions de divers ouvrages de peinture faites pour le Roy*, Paris 1671, S. 38.

Fitz, Karsten, *The American Revolution Remembered 1830s to 1850s. Competing and Conflicting Narratives*, Heidelberg 2010.

42 https://www.theglobalist.com/united-states-democracy-2020-presidential-elections-donald-trump-julius-caesar-roman-empire/ vom 20.12.2022.

Friedrich der Große, *Die Werke Friedrichs des Großen*, hg. v. Gustav Berthold Volz und Friedrich von Oppeln Bronikowski, Bd. 6: Militärische Schriften, Berlin 1913.

Gareau, Michel, *Charles Le Brun. First Painter to King Louis XIV*, New York 1992.

Goldstein, Ernest, *Let's Get Lost in a Painting*, Bd. *3: Emanuel Leutze, Washington Crossing the Delaware*, Champaign 1983.

Groseclos, Barbara S. / Baumgärtel, Bettina, Art. „Emanuel Gottlieb Leutze", in: Hans Paffrath, *Lexikon der Düsseldorfer Malerschule 1819–1918*, 3 Bde., München 1998, Bd. 2, S. 335–339.

Groseclos, Barbara S., *Emanuel Leutze 1816–1868. Freedom is the Only King* (Ausst.-Kat., Washington, National Gallery of Fine Arts, Smithonian Institution 1976), Washington 1976.

Guyonnet de Vertin, Claude-Charles, *Parallèle poétique de Louis-le-Grand avec les princes surnommés grands (...)*, Le Havre 1686.

Haller, Joachim, Emanuel Leutze – mehr als ein deutsch-amerikanischer Maler, in: *Emanuel Leutze. Leben und Werk* (Ausst.-Kat., Schwäbisch-Gmünd, Museum im Prediger 2016), Schwäbisch-Gmünd 2016, S. 19–21.

Haller, Joachim, Lebenschronologie, in: *Emanuel Leutze. Leben und Werk* (Ausst.-Kat., Schwäbisch-Gmünd, Museum im Prediger 2016), Schwäbisch-Gmünd 2016, S. 9–13.

Hochgeschwender, Michael, *Die Amerikanische Revolution. Geburt einer Nation 1763–1815*, (2016) München ^{2}2017.

Hunger, Herbert, *Lexikon der griechischen und römischen Mythologie*, Reinbek 1974.

Joseph Beuys Spuren in Italien (Ausst.-Kat., Kunstmuseum, Luzern, 1979), Luzern 1979.

Keller-Dorian, George, *Antoine Coysevox (1640–1720). Catalogue raisonné de son oeuvre*, I, Paris 1920.

Kerény, Karl, *Die Mythologie der Griechen*, Bd. 1: Die Götter- und Menscheitsgeschichten, München 1983.

Kirchner, Thomas, *Der epische Held. Historienmalerei und Kunstpolitik im Frankreich des 19. Jahrhunderts*, München 1996.

Kliemann, Thomas, Der Rhein als Strom der Künstler, in: *Kölnische Rundschau*, 13.07.2016, https://www.rundschau-online.de/region/serie–stadt-land-rhein–der-rhein-als-strom-der-kuenstler-24389874 vom 20.12.2022.

Körner, Hans, *Botticelli*, Köln 2006.

Körner, Hans / Steiner, Reinhard, „Plastische Selbstbestimmung"? Ein kritischer Versuch über Joseph Beuys, in: *Das Kunstwerk* 3 (1982), S. 32–41.

Körner, Hans, Der "neue Alexander" und die Spieler. Zur Ikonologie der Chambre de Mars in Versailles, in: *Münchner Jahrbuch der bildenden Kun*st, 3. Folge, Bd. XI (1989), S. 141–152.

Le Clerc, Michel, *Le Temple de l'immortalité, ode à Mgr le Dauphin*, Paris 1673.

Lettre à Monsieur de S. Evremont. Sur la mort de Madame Mazarin, in: *Mercure Galant* Sept. (1699), S. 257–281.

Maral, Alexandre, Le cheval sculpté à Versailles: une image du pouvoir?, in: *In Situ* 27 (2015), https://journals.openedition.org/insitu/12009?lang=en#tocto2n2 vom 20.12.2022.

Meier, Christian, *Caesar*, München 1982.

Myssok, Johannes, Beuys an der Düsseldorfer Kunstakademie, in: *Joseph-Beuys-Handbuch. Leben – Werk – Wirkung*, hg. v. Timo Skrandies und Bettina Paust, Berlin 2021, S. 20–25.

Nivelon, Claude, *Vie de Charles Le Brun & Description détaillée de ses ouvrages*, um 1700, MS (BN ms. Fr. 12987).

Posner, Donald, Charles Lebrun's Triumphs of Alexander, in:*The Art Bulletin* XLI, 3 (1959), S. 237–248.

Röhrich, Lutz, Art. „Würfel", in: Ders., *Lexikon der sprichwörtlichen Redensarten*, 3. Bde., Freiburg / Basel / Wien ^{6}1994 (dt. Origibnalausg. 1991), Bd. 3, S. 1747.

Schulze Altcappenberg, Hein Thomas, *Sandro Botticelli. Der Bilderzyklus zu Dantes Göttlicher Komödie* (Ausst.-Kat., Berlin, Kupferstichkabinett, 2000), Ostfildern-Ruit 2000.

Sturm, Patrick, „Wie abwechselnd aber das Kriegsglück ist, wißen Sie theurester Freund und ich hab es nun auch leyder erfahren". Quellenkritische Bemerkungen zu den hessischen Zeugnissen aus dem Amerikanischen Unabhängigkeitskrieg am Beispiel Andreas Wiederholds, in: *Die „Hessians" im amerikanischen Unabhängigkeitskrieg (1776–1783). Neue Quellen, neue Medien, neue Forschungen*, hg. v. Holger Th. Gräf, Andreas Hedwig und Annegret Wenz-Haubfleisch, Marburg 2014, S. 69–95.

Verlet, Pierre, *Le château de Versailles*, Paris 1985.

Ziegler, Hendrik, Die Personalisierung der Geschichte. Charles Le Bruns „Passage du Rhin" in der Spiegelgalerie von Versailles zwischen Ereignis und Mythos, in: *Bilder machen Geschichte*, hg. v. Uwe Fleckner, Berlin 2014, S. 185–200.

Internetquellen

https://de.wikipedia.org/wiki/Das_Floß_der_Medusa vom 20.12.2022.

https://en.wikipedia.org/wiki/The_Raft_of_the_Medusa vom 20.12.2022.

https://gedankenwelt.de/der-mythos-von-charon-dem-faehrmann-der-unterwelt/ vom 20.12.2022.

https://www.ariva.de/forum/alea-iacta-est-278876 vom 20.12.2022.

https://www.guichetdusavoir.org/viewtopic.php?f=2&t=48806 vom 20.12.2022.

https://www.hs-augsburg.de/~harsch/germanica/Chronologie/19Jh/Clausewitz/cla_kri7.html#8 vom 20.12.2022.

https://www.theglobalist.com/united-states-democracy-2020-presidential-elections-donald-trump-julius-caesar-roman-empire/ vom 20.12.2022.

Guido Thiemeyer

Über den Nationen? Der Rhein als völkerrechtlicher Inkubations-Raum im frühen 19. Jahrhundert

Flüsse sind im 19. Jahrhundert nicht nur in kunsthistorischer und literaturwissenschaftlicher Hinsicht von Interesse, sondern auch in politischer und völkerrechtlicher Perspektive. Seit der Entstehung des Völkerrechts im modernen Sinne auf den Friedenskonferenzen in Münster/Osnabrück 1648 und dem Wiener Kongress 1815 entwickelten sich an Flüssen grundlegende Diskussionen um ihre rechtlich-politische Bedeutung, die bis in die Gegenwart hineinreichen. Flüsse, so könnte man überspitzt formulieren, entwickelten sich zu Inkubationsräumen des Völkerrechts, an ihnen wurden zentrale Prinzipien der internationalen Rechtsetzung diskutiert und ausprobiert, bis sie dann auch auf andere Bereiche der zwischenstaatlichen Beziehungen ausgeweitet wurden.

Im Folgenden wird der Rhein um die Wende vom 18. zum 19. Jahrhundert als völkerrechtlicher Raum in den Blick genommen. In dieser Zeit entstanden neue Modelle völkerrechtlicher Regulierung, die für die Folgezeit nicht nur für Europa, sondern auch in anderen Teilen der Welt relevant wurden. Konkret ging es darum, dass Regierungen beschlossen, auf Teile ihrer Kompetenzen zu verzichten und diese einer neuen internationalen Organisation übertrugen. Der Rhein erwies sich in dieser Zeit als Experimentierfeld und Inkubations-Raum von völkerrechtlichen Ideen. An diesem Fluss wurden die neuen Ideen nicht nur diskutiert, sondern erstmals auch umgesetzt. Die 1815 entstandene *Zentralkommission für die Rheinschifffahrt* war die erste Internationale Organisation im modernen Sinne und sie existiert bis heute. Mit der Zentralkommission für die Rheinschifffahrt wurde der Rhein zu einem eigenständigen grenzüberschreitenden völkerrechtlichen Raum, der sich von den Rechtsräumen der Nationalstaaten unterschied. Die Zentralkommission war gleichsam das Zentrum des durch das neue Völkerrecht geschaffenen Raumes. Wie und warum wurde diese Organisation geschaffen? Warum entschlossen sich Regierungen von Einzelstaaten gerade in der Zeit der Entstehung des modernen Nationalstaates dazu, auf konkrete Rechte dieser Staaten zu verzichten und diese einer internationalen Organisation zu übertragen? Wie wurde der Raum konstruiert?

In einem ersten Teil des Aufsatzes wird die Vorgeschichte dieser Diskussionen vom 17. bis zum 18. Jahrhundert in einer groben Skizze dargestellt. Ein zweiter Teil beschäftigt sich mit dem so genannten Octroi-Vertrag zwischen Frankreich und dem Heiligen Römischen Reich Deutscher Nation vom 15. Oktober 1804, in dem ein neuer völkerrechtlicher Status für den Rhein fixiert wurde. Auf dem Wiener Kongress

https://doi.org/10.1515/9783111102771-013

wurde das mit dem Octroi-Vertrag geschaffene Recht in modifizierter Form multilateralisiert. In einem weiteren Schritt soll dieses neue internationale Recht kontextualisiert werden. Welche Motive verfolgten die Akteure mit ihren Vorschlägen, warum war gerade die Jahrhundertwende in dieser Hinsicht von so großer Bedeutung? In einem kurzen Fazit wird die Perspektive erweitert und ein Ausblick auf das 19. und 20. Jahrhundert geworfen.

I

Debatten um den rechtlichen Status des Rheins hatte es bereits in der Vormoderne gegeben.[1] Im Heiligen Römischen Reich lagen die Rechte an der Rheinschifffahrt grundsätzlich beim Kaiser. Mit der Entstehung des Kurfürstenkollegs im 14. Jahrhundert delegierte dieser seine Rechte an die rheinischen Kurfürsten. Es ging hierbei vor allem um die wirtschaftliche Bedeutung des Flusses, um das Recht Schifffahrt zu betreiben und um Zolleinnahmen.[2] Allerdings gab es schon zu dieser Zeit das Bedürfnis nach einer grenzüberschreitenden Koordinierung der Rhein-Politik. Ab 1354 entsandten die rheinischen Kurfürsten Vertreter in den so genannten *Rheinischen Verein*, eine zunächst informelle Institution, in deren Rahmen die grenzüberschreitenden Probleme der Rheinschifffahrt geregelt wurden. Offenbar entstand im Laufe der Zeit ein stärkerer Regulierungsbedarf, denn 1557 wurde die Kooperation intensiviert. Im Rahmen der so genannten ‚Zollkapitel' entsandten die Erzbischöfe von Köln, Mainz und Trier sowie der Pfalzgraf bei Rhein je einen Delegierten in eine Institution, die jährlich in Oberwesel tagen sollte. Entscheidend für diese Entwicklung dürften wirtschaftliche und politische Interessen gewesen sein. Zum einen ging es darum, die Zolleinnahmen aus der Rheinschifffahrt weiterhin zu sichern, zum anderen schuf man eine Institution zur gemeinsamen Verwaltung der Rheinschifffahrt. Auch wenn die nun jährlich tagenden ‚Zollkapitel' nur eine beratende Funktion hatten, übernahmen sie doch Verwaltungsaufgaben. Diese Art der gemeinsamen Verwaltung der Schifffahrt auf dem Rhein hielt sich im Kern bis zum Ende des Alten Reiches im Jahre 1803.

1 Wesentliche Gedanken dieses Abschnittes verdanke ich der unpublizierten Masterarbeit von Lennart Schmidt, *Die Integration der europäischen Binnenschifffahrt und die Genese der Supranationalität im frühen 19. Jahrhundert*, Düsseldorf 2021.

2 Clemens von Loos-Corswarem, Der Rhein als Verkehrsweg im 18. Jahrhundert, in: Ders. *Schifffahrt und Handel auf dem Rhein vom Mittelalter bis ins 19. Jahrhundert. Beiträge zur Verkehrsgeschichte*, Wien / Köln / Weimar 2020, S. 133–163.

Allerdings stießen diese Vereinbarungen auch an Grenzen, weswegen der US-amerikanische Historiker Robert Mark Spaulding von einem „rudimentary level of cooperation“ im Rahmen der Zollkapitel sprach.[3] Die Souveränität der Kurfürsten wurde durch die Beschlüsse der Zollkapitel nicht eingeschränkt. In der politischen Praxis wurden daher im Rahmen der Zollkapitel oft Beschlüsse gefasst, die die Kurfürsten später ignorierten. So wurde beispielsweise 1571 bereits beschlossen, dass es keine Zollbarrieren auf dem Rhein mehr geben solle, weil diese die Schifffahrt beschränkten und die Transportkosten erhöhten. Es wäre also im allgemeinen Interesse des Handels vorteilhaft gewesen die Zölle abzuschaffen. Aber gleichzeitig blieben die Kurfürsten in finanzieller Hinsicht auf die Einnahmen aus den Zöllen angewiesen. Der Beschluss von 1571 wurde daher niemals umgesetzt.[4] Dieses Beispiel zeigt das der zwischenstaatlichen Kooperation am Rhein zu Grunde liegende Problem: Auf der einen Seite war bereits in der Vormoderne klar, dass eine Befreiung des Handels von Zollabgaben im wirtschaftlichen Interesse der Rheinlande sein würde. Andererseits gab es aber das Bedürfnis nach stabilen Staatseinnahmen. Beide Ziele mussten immer wieder in Einklang gebracht werden.

Angesichts dieser Situation wurde im 18. Jahrhundert weiter über die Organisation der Rheinschifffahrt diskutiert. Eine wichtige Rolle spielten in diesem Zusammenhang die Debatten in der akademischen Rechtswissenschaft. 1625 publizierte Hugo Grotius sein für das Völkerrecht grundlegende Werk über das *De jure belli ac pacis* mit der These, dass niemand ein Eigentum am Meer begründen könne, dieses also für die Schifffahrt grundsätzlich frei sei.[5] Dieser, vom frühen Liberalismus niederländischer Prägung beeinflusste Gedanke wurde in den folgenden Debatten auch auf grenzüberschreitende Flüsse übertragen. So wurde im so genannten Westfälischen Frieden vereinbart, dass die Flüsse den Einwohnern der Uferstaaten zur freien Nutzung zur Verfügung stünden und keine neuen Zölle am Rhein erhoben werden sollen.[6] Die von der Völkerrechtslehre formulierte Freiheit der Rheinschifffahrt schlug sich daher – wenn auch mit einer gewissen Verzögerung – im Völkerrecht nieder.

---

3 Robert Mark Spaulding, Revolutionary France and the Transformation of the Rhine, in: *Central European History* 44 (2011), S. 203–226, hier S. 212.

4 Eberhard Gothein, Rheinische Zollkongresse und Handelsprojekte am Ende des 17. Jahrhunderts, in: *Beiträge zur Geschichte vornehmlich Kölns und der Rheinlande*, hg. v. Archiv der Stadt Köln, Köln 1895, S. 361–400, hier S. 366.

5 Hugo Grotius, *De jure belli ac pacis*. Bd. II., übers. und eingeleitet v. Walter Schätzel, Tübingen 1950, S. 152.

6 Münsterscher Friedensvertrag, in: *Kaiser und Reich. Klassische Texte zur Verfassungsgeschichte des Heiligen Römischen Reiches Deutscher Nation vom Beginn des 12. Jahrhunderts bis zum Jahr 1806. Teil II.*, hg. v. Arno Buschmann, Baden-Baden [2]1994, S. 119.

Eine weitere Veränderung brachte der Frieden von Rijswijk von 1797, der den Spanischen Erbfolgekrieg beendete und Frankreich zum Rheinanliegerstaat machte. Dieses beanspruchte fortan auch eine Mitsprache in den Fragen betreffend die Rheinschifffahrt und stellte damit das in dieser Hinsicht bislang bestehende Monopol der rheinischen Kurfürsten und der Zollkapitel in Frage. Auf dem Zollkongress von Köln 1699 waren daher nicht mehr nur die Kurfürsten, sondern auch die freien Städte am Fluss, die Niederlande und – obwohl es formell nicht eingeladen worden war – auch Frankreich durch einen Delegierten vertreten. Damit hatte sich die Situation am Rhein im 18. Jahrhundert deutlich verändert. Die Zollkapitel verloren an Bedeutung, das Völkerrecht hatte den Grundgedanken der Freiheit der Schifffahrt formuliert und die Kurfürsten ihre exklusive Zuständigkeit für die Rheinschifffahrt zu Gunsten des Uferstaaten-Prinzips verloren.

II

Im 18. Jahrhundert änderte sich an dieser Situation nichts Grundlegendes bis die Französische Revolution und ihre Folgen die Dinge wieder in Bewegung brachten. Bereits im Reichdeputationshauptschluss vom 25. Februar 1803 war vereinbart worden, dass alle Zölle auf dem Rhein, der nunmehr zum deutsch-französischen Grenzfluss werden solle aufgehoben und durch einen so genannten Octroi ersetzt werden sollten.[7] Artikel 39 sah zudem die Errichtung einer „einzigen Behörde“ vor, die von einem Generaldirektor geleitet werden sollte, der gemeinsam von der französischen Regierung und dem für die deutschen Interessen eintretenden Kur-Erzkanzler ernannt werden sollte. Die Details sollten in einem eigenen Abkommen zwischen Frankreich und dem Heiligen Römischen Reich geklärt werden.[8] Der Reichsdeputationshauptschluss wurde daher zum Ausgangspunkt für den so genannten Octroi-Vertrag, der den Rhein in völkerrechtlicher Hinsicht auf völlig neue Grundlagen stellte.

Dieser Vertrag ging in völkerrechtlicher Hinsicht weit über die bisherigen Regelungen der Rhein-Schifffahrt hinaus. Entscheidend war Artikel 2 des Vertrages:

---

7 Robert Marc Spaulding, The Octroi-Treaty of 1805: Origin of Modern Administration on the Rhine, in: *Ĺespace rhénan. Pôle de savoirs*, hg. v. Catherine Maurer und Astrid Strack-Adler, Straßburg 2013, S. 131–143.

8 *Hauptschluss der außerordentlichen Reichsdeputation*, 25. Februar 1803, Art. 39. http://www.documentarchiv.de/nzjh/rdhs1803.html vom 03.01.2004.

> En conséquence, quoique le Thalweg du Rhin forme, quant à la souveraineté, la limite entre la France et ÍAllemagne, le Rhin sera toujours considéré sous le rapport de la navigation et du commerce, comme un fleuve commun entre les deux empires [...] et la navigation en sera soumise à de règlemens communs.[9]

Obwohl also der Rhein in Bezug auf die Souveränität als Grenze zwischen den beiden Staaten angenommen wurde, war er zugleich in Bezug auf Handel und Schifffahrt ein gemeinsamer Fluss. Handel und Schifffahrt auf dem Rhein wurden daher einem eigenen, von den Einzelstaaten unabhängigen Regime unterstellt. Anders formuliert: Der Rhein war in Bezug auf Handel und Schifffahrt ein eigener, von den Einzelstaaten unabhängiger Raum. Dies ist insofern bemerkenswert, als die Zeit um die Wende vom 18. zum 19. Jahrhundert als die Zeit gilt, in der die Vorstellung vom modernen, souveränen Staat entstand. Offenbar erkannte man bereits zu diesem Zeitpunkt, dass das Prinzip Grenzen hatte und vor allem Infrastrukturen des Transportes von dem Nationalstaatsprinzip ausgenommen werden mussten.

Die Vorstellung, dass der Rhein ein eigener, von den Staaten unabhängiger Raum sei, fand seine institutionelle Bestätigung durch die Octroi-Organisation. Die Hauptaufgabe der Organisation war die Verwaltung des Schifffahrtsweges. Hierzu trieb sie die Benutzungsgebühren (Octroi) ein und kümmerte sich auch um die technische Instandhaltung des Schifffahrtsweges. Die Behörde wurde von einem Generaldirektor geleitet, der gemeinsam durch die französische Regierung und den Mainzer Kur-Erzkanzler ernannt wurde. Ihm unterstanden vier Inspektoren, die vier Flussabschnitte des Rheins verwalteten. Ihren Sitz sollte die Organisation in Mainz nehmen, praktisch jedoch war sie zunächst in Köln, dann in Paris beheimatet.

Die Octroi-Behörde übernahm für den Rhein staatliche Aufgaben. Das war neben der Verwaltung des Flusses als Schifffahrtsweg eine eigene, von den Einzelstaaten unabhängige Gerichtsbarkeit.[10] Im Falle eines Konfliktes zwischen Akteuren in der Rheinschifffahrt wurden zunächst die Inspektoren der Octroi-Organisation befugt Recht zu sprechen und eventuelle Konsequenzen zu ergreifen. Hiergegen jedoch konnte der Beklagte Widerspruch einlegen. In diesem Fall wurde das Problem einem Tribunal vorgelegt, das aus dem Generaldirektor des Octroi und zwei Inspektoren bestand. Diese zweite Instanz entschied auf der Basis der Akten mit einfacher

9 Oktroi-Vertrag zwischen dem Deutschen Reich und Frankreich vom 15. August 1804, in: *Rheinurkunden* Bd. 1; München / Leipzig 1918, Dok. Nr. 4, S. 6–25, hier S. 25.

10 Dieter Kischel, *Die Geschichte der Rheinschifffahrtsgerichtsbarkeit von 1804 bis in die Gegenwart. Unter besonderer Berücksichtigung der rheinpreußischen Verhältnisse*, Bergisch-Gladbach / Köln 1990. Guido Thiemeyer, Isabel Tölle, Supranationalität im 19. Jahrhundert? Die Beispiele der Zentralkommission für die Rheinschifffahrt und des Octroi-Vertrages, in: *Journal of European Integration History* 17 (2011), S. 177–196.

Mehrheit. Auch gegen ihre Entscheidungen konnte Berufung eingelegt werden. In diesem Fall wurde der Streit dem französischen Präfekten des Departements Donnersberg und einem Kommissar des Kurerzkanzlers von Mainz vorgelegt, die von deutschen und französischen Rechtsgelehrten beraten wurden. Dieses Gremium entschied endgültig, das heißt es konnte keine Berufung mehr eingelegt werden. Wichtig für die hier interessierenden Fragen ist, dass der Octroi-Vertrag von 1804 eine eigene, von den Einzelstaaten unabhängige Rechtsprechung für den Rhein schuf, deren Entscheidungen in dem hierdurch geschaffenen Rechtsraum verbindlich waren. Dieser Rechtsraum war der Flusslauf des Rheines so weit, wie er 1804 die deutsch-französische Grenze bildete, das heißt von der niederländischen Grenze bis zur Schweiz.

Warum war dieser neue von den Einzelstaaten unabhängige Rechtsraum entstanden? Zum einen ging es bei der Gründung des Octroi um die Entschädigung der deutschen Fürsten für den Verlust der linksrheinischen Gebiete. Frankreich war nicht bereit gewesen, die Entschädigungszahlungen zu leisten und deswegen wurden die Einkünfte aus dem Octroi hierfür genutzt. Zum anderen aber wurden auch in starkem Maße ökonomische Gründe für den Vertrag angeführt. Die Präambel des Vertragstextes hielt fest, dass es das Ziel der Vereinbarung sei,

> à donner une nouvelle activité à la navigation d'un fleuve commun entre les deux puissances". Artikel VIII nannte als Ziel des Vertrages „ĺutilité du commerce auquel il importe que les expeditions des machandises se fassent avec régularité, célérité et sûreté.[11]

Es ging also in starkem Maße um wirtschaftliche Interessen. Der Handel auf dem Rhein und die Schifffahrt sollten möglichst effizient organisiert werden. Die nationalen Behörden, die nach je eigenen Kriterien und Standards entschieden, waren den Akteuren zu langsam und zu ineffizient. Dies muss auch vor dem Hintergrund des in dieser Zeit steigenden Verkehrs auf dem Rhein gesehen werden. Es ging darum, die eine grenzüberscheitende Infrastruktur so zu organisieren, dass sie den Bedingungen der sich im Rahmen der Industriellen Revolution wandelnden Wirtschaftswelt gerecht wurden.

Mit dem Octroi wurde erstmals am Rhein eine internationale Organisation im modernen Sinne geschaffen mit einer völkerrechtlich fixierten, präzise umrissenen Aufgabe, mit einem eigenen, von der Organisation selbst finanzierten Personal. Der Rhein war – zumindest in dem Gebiet, in dem der Flusslauf die Grenze zwischen Deutschland und Frankreich bildete – zu einem eigenen, von den Einzelstaaten unabhängigen Rechtsraum geworden.

11 Octroi-Vertrag in *Rheinurkunden* (wie Anm. 9).

III

Nach dem Zusammenbruch des Napoleonischen Systems wurde auf dem Wiener Kongress eine neue internationale Ordnung für Europa entworfen. Es ist bemerkenswert, dass die oben skizzierten neuen Regelungen für den Rhein nun wieder aufgegriffen und weiter entwickelt wurden. Auf dem Kongress wurde eine eigene Sektion für die Regulierung der Flussschifffahrt etabliert, auf der die Anrainerstaaten des Rheins vertreten waren. In diesem Rahmen war man sich sehr schnell grundsätzlich darüber einig, dass der Octroi und seine Bestimmungen weitergeführt werden sollten, nun aber nicht mehr alleine für den deutsch-französischen Rhein, sondern für den Fluss insgesamt.

Eine zentrale Rolle übernahm in den nun folgenden Verhandlungen über den völkerrechtlichen Status des Rheins der preußische Delegierte Wilhelm von Humboldt. Obwohl es eine inzwischen kaum noch zu überschauende Literatur über die Humboldt-Brüder und ihr umfangreiches wissenschaftliches und kulturelles Werk gibt, sind die völkerrechtlichen Innovationen Wilhelm von Humboldts bislang kaum beachtet worden. In einer Aufzeichnung für die Ende 1814 geschaffene Unterkommission für Schifffahrtsfragen des Wiener Kongresses vom 8. Februar 1815 fasste von Humboldt die Kernprobleme der Diskussion zusammen[12]: Zwei grundlegende Prinzipien gelte es am Rhein in Einklang zu bringen. Das eine sei das Prinzip der einzelstaatlichen Souveränität, so wie es sich seit der Entstehung moderner Staatlichkeit herausgebildet habe. Das andere sei das Prinzip der Handelsfreiheit. Wilhelm von Humboldt war für ein systematisches Vorgehen: Zunächst schlug er vor, die völkerrechtlichen Prinzipien zu suchen, die den allgemeinen Handelsinteressen zu Grunde liegen. In einem zweiten Schritt müssten diese auf den Rhein und die Schelde angewandt und untersucht werden, wie sie mit der Souveränität der Rhein-Anlieger-Staaten in Einklang gebracht werden könnten. In einem dritten Schritt schlug von Humboldt vor zu prüfen, inwieweit diese Prinzipien auch auf andere europäische Flüsse angewandt werden könnten. In einer undatierten, wahrscheinlich ebenfalls im Februar 1815 verfassten Aufzeichnung mit der Überschrift „Propositions“, einer Art Diskussionsgrundlage für die Schifffahrtskommission, ging der preußische Delegierte dann noch weiter. In institutioneller Hinsicht müsse man eine „centralité quelconque“ schaffen, wobei grundsätzlich zwei Möglichkeiten offen stünden. Zum ersten eine „Versammlung von Kommissaren“ der Rhein-Anlieger-Staaten, die sich als diplomatische Vertreter in regelmäßigen Abständen über die

12 Procès verbal de la seconde conférence de la Commission relative à la libre navigation des rivières, à Vienne, le 8 février 1815, in: *Rheinurkunden, erster Teil (1803–1860)*, hg. v. der Zentral-Kommission für die Rheinschifffahrt, München / Leipzig 1918, S. 59ff.

anstehenden Probleme verständigten und einstimmig Entscheidungen fällten. Sie wären aber Vertreter ihrer Regierungen und eine Mehrheit könne niemals eine Minderheit zu einer Entscheidung verpflichten, das heißt es gelte das Veto-Recht. Oder, so von Humboldt, man würde eine „véritable autorité centrale" schaffen, als ständige oder in regelmäßigen Abständen tagende Versammlung. Sie würde einer gemeinsam bestellten Leitung unterstehen. Entscheidend sei hier: „ĺindépendance de chaque état riverain est subordonné à la volonté générale et [...] ĺopinion de la pluralité ou du chef prévaut sur ĺopinion individuelle."[13] Damit hatte von Humboldt im Frühjahr 1815 ein völkerrechtliches Konzept entworfen, das in vielerlei Hinsicht bemerkenswert ist. Er ging von einer „Volonté Générale" aus. Dies ist ein von Jean-Jacques Rousseau 1755 geprägter Begriff, der den auf das Allgemeinwohl gerichteten politischen Willen einer Gemeinschaft bezeichnet. Rousseau jedoch bezog diesen auf den Einzelstaat, der sich in der Vorstellung der politischen Philosophie dieser Zeit zur Nation im französischen Sinne zu entwickeln begann. Wilhelm von Humboldt übertrug den Begriff aber auf die Staatenwelt. Offenbar war er der Überzeugung, dass es auch im europäischen Staatensystem – zumindest am Rhein – eine ‚Volonté Générale' gab, ein Allgemeinwohl, das aus dieser Perspektive eng mit den wirtschaftlichen Aktivitäten verbunden war. Die wirtschaftliche Freiheit der Rheinschifffahrt, so die Konsequenz dieser Formulierung entsprach dem Allgemeinwohl. Um dieses von den Einzelstaaten unabhängige, gleichsam über ihnen stehende Allgemeinwohl zu operationalisieren allerdings, so von Humboldt, müsse es eine „centralité quelquonque" geben. Damit meinte von Humboldt das, was in den modernen Politik- und Geschichtswissenschaften als Internationale Organisation bezeichnet wird, eine dauerhaft angelegte Organisation, geschaffen von verschiedenen Staaten in der Regel mit transnationalen staatlichen Aufgaben betraut. Es ist davon auszugehen, dass von Humboldt den Octroi und seine Konstruktion in Bezug auf den Rhein kannte, mit hoher Wahrscheinlichkeit hat dieser ihm bei seinen theoretischen Überlegungen vor Augen gestanden.

Damit beschrieb Wilhelm von Humboldt im Frühjahr 1815 erstmals das, was im Völker- und Europarecht des 20. Jahrhundert unter den Begriffen Supranationalität und Intergouvernementalität diskutiert werden würde. Es ging darum, inwieweit Staaten an die Entscheidungen von Internationalen Organisationen gebunden würden oder, anders formuliert, inwieweit die nationale Souveränität durch die Entscheidungen von supranationalen Organisationen eingeschränkt werden dürfte.

13 Propositions de M. le baron de Humboldt, plénipotentiaire de la Prusse, undatiert, in: *Rheinurkunden, erster Teil (1803–1860)*, hg. v. der Zentral-Kommission für die Rheinschifffahrt, München / Leipzig 1918, S. 93.

Diese Grundsatzfrage wurde in der Diskussion um die rechtliche Situation des Rheines und anderer grenzüberschreitender Flüsse im frühen 19. Jahrhundert bereits diskutiert.

Warum war diese Debatte zu dieser Zeit entstanden? Eine Voraussetzung waren sicherlich die Mega-Trends der Zeit, zum einen die sich entwickelnde Industrielle Revolution und zum zweiten die gleichzeitig entstehende Vorstellung vom modernen Nationalstaat: Diese beiden aus der doppelten Revolution der „Sattelzeit" hervorgegangenen Prinzipien galt es also 1815 miteinander zu vereinen: Das auf Jean Bodin zurückgehende Prinzip von der Souveränität der Einzelstaaten wurde seit der französischen Revolution in Europa dominant. Unterschieden wurde die Souveränität nach innen, nach der die Staaten unabhängig von anderen über die politischen, wirtschaftlichen und gesellschaftlichen Regeln selbst bestimmen können und der Souveränität nach außen. Diese bedeutete die Unabhängigkeit der Staaten. Eine Einschränkung staatlicher Souveränität war aus dieser Sicht völkerrechtswidrig. Zugleich wurde Kontinentaleuropa aber um die Wende vom 18. zum 19. Jahrhundert von der Industriellen Revolution erfasst, die mit der Durchsetzung einer neuen Form des Kapitalismus einherging. In der Landwirtschaft, im Handel und auf den Finanzmärkten setzten sich in diesem Kontext umwälzend neue Prinzipien durch, die die europäischen Gesellschaften grundlegend veränderten. Bei den Wiener Verhandlungen über die Organisation der Rheinschifffahrt schlug sich das im Primat des Prinzips der Freiheit der Rheinschifffahrt nieder, das, wie oben gezeigt, wirtschaftlich begründet wurde. Da die Freiheit der Rheinschifffahrt langfristig gültige gemeinsame Standards für den Strom erforderte, die wiederum die nationale Souveränität der Anrainerstaaten berührten, trafen beide Prinzipien aufeinander. Damit formulierte von Humboldt auf dem Wiener Kongress wohl erstmals das bis heute für die moderne Staatenwelt charakteristische Problem eines Widerspruchs zwischen dem Prinzip der äußeren Souveränität von Staaten auf der einen und der zunehmenden wirtschaftlichen und gesellschaftlichen Verflechtung dieser Staaten auf der anderen Seite. Es ist kein Zufall, dass diese Grundsatzdiskussionen erstmals in Bezug auf den Rhein geführt wurden. Er war um 1800 die wichtigste Transport-Infrastruktur in Westeuropa. Er verband mehrere Einzelstaaten miteinander und es entstand notwendigerweise ein grenzüberschreitender Regulierungsbedarf, um den Transport und den Handel zu sichern. Das Prinzip der Handelsfreiheit und jenes der nationalen Souveränität trafen am Rhein erstmals konkret aufeinander.

Das in Wien 1815 verabschiedete Schlussprotokoll verpflichtete die europäischen Mächte, auf den internationalen Flüssen die Fragen der Schifffahrt gemeinsam zu regeln.[14] Zugleich sollte die Schifffahrt auf allen Flüssen, von dem Punkt an, wo sie möglich war bis zur Mündung völlig frei sein. Zölle und andere Abgaben wurden verboten. Allerdings sollte eine einheitliche Benutzungsgebühr erhoben werden, deren Höhe einheitlich und gemeinsam festgelegt würde. Die Stapelrechte der Städte Mainz und Köln sollten ersatzlos abgebaut werden. Die Delegierten der Zentralkommission entschieden mit einfacher Mehrheit in diesen Fragen, allerdings musste der Beschluss nachträglich von den Regierungen der Einzelstaaten bestätigt werden. In Bezug auf die Rechtsprechung wurde das Modell des Octroi-Vertrages aufgenommen, allerdings in eingeschränkter Form. Die Beklagten konnten nun bei Streitigkeiten entscheiden, ob ihr Fall vor einem einzelstaatlichen Gericht oder einem unter der Aufsicht der Zentralkommission stehenden Gericht entschieden werden sollte. Allerdings waren damit keineswegs alle Probleme aus dem Weg geräumt. Zwischen den Regierungen der Niederlande und Preußens entstand eine Diskussion um die Frage, ob das Prinzip der Freiheit der Rheinschifffahrt auch für die Mündung des Rheines in das Meer gelten sollte oder nur bis zur Mündung. Hierhinter standen die Interessen des Hafens von Rotterdam, der über seinen exklusiven Zugang zum Meereshandel wachen wollte. Erst 1832 wurde der Konflikt durch die so genannte Mainzer Akte beigelegt und die Zentralkommission für die Rheinschifffahrt nahm ihre Arbeit auf.

IV

Es ist schon darauf verwiesen worden, dass die wirtschaftliche Effizienz im grenzüberschreitenden Handel ein wichtiges Motiv für die völkerrechtliche Regulierung der Flussschifffahrt gewesen ist. Sowohl im bilateralen Octroi-Vertrag als auch in den multilateralen Regulierungen für die Zentralkommission für die Rheinschifffahrt auf dem Wiener Kongress spielte das Argument der wirtschaftlichen Effizienz für den Handel auf dem Rhein eine bedeutsame Rolle. Daneben waren aber auch noch andere Argumente relevant. Am 10. Februar 1815 legte der Delegierte des Großherzogtum Baden, Karl Christian von Berckheim, eine Dokument („Remarques“) vor, in dem er die Position seines Staates in Bezug auf die geplante Rhein-Kommission darlegte. Er plädierte für eine permanente internationale Organisation für die Rheinschifffahrt, die die gemeinsamen Rechte der Anrainerstaaten definie-

14 *200 Jahre Geschichte. Zentralkommission für die Rheinschifffahrt*, unter der Leitung von Jean-Marie Woerling, Sylvain Schirmann, Martial Libera, Straßburg 2015, hier S. 36–47. Thiemeyer, Tölle, Supranationalität (wie Anm. 10), S. 177–196.

ren, umsetzen und durchsetzen sollte. Besonderes Interesse hatte der badische Delegierte aber auch daran, wie diese Kommission zusammengesetzt werden sollte.

> En considération du but de la réunion de cette commission centrale, que ne peut être que celui d'un intérêt commun à tous les états riverains, qui exclue par la même toute idée de jalousie, d'influence ou de prépondérance de la part d'un des états riverains, l'un sur l'autre, le soussigné est d'avis d'arrêter comme règle invariable que chacun des états riverains, le plus grand que le plus petit, ne pourra envoyer qu'un seul commissaire à cette réunion, pour éviter par là, tout sujet d'une juste méfiance en statuant de même que, dès qu'en fait de délibération il existe une différence d'opinion, ce sera la pluralité des voix qui en décidera.[15]

Es ging von Berckheim also darum, dass im Rahmen der Zentralkommission jeder Staat grundsätzlich nur einen Repräsentanten und eine Stimme haben solle. Das bedeutete, dass es in der Kommission keine dominanten Staaten geben würde, alle hätten daher die gleichen Rechte. Damit sprach der badische Delegierte das Problem der kleinen Staaten in Europa an. Diese mussten bis zum Ende des Zweiten Weltkrieges immer um ihre Existenz fürchten. Europa wurde von Großmächten dominiert, die eine Art „Direktorium"[16] über den Kontinent ausübten und den kleineren Staaten keine oder nur eingeschränkte Mitspracherechte gewährten. Nicht selten war, dass die kleineren Staaten einfach aufgelöst und von Großmächten annektiert wurden. Das betraf beispielsweise Polen am Ende des 18. Jahrhunderts, aber auch Luxemburg oder Belgien waren im 19. Jahrhundert immer in der Gefahr, von Preußen/Deutschland oder Frankreich annektiert zu werden. Die Vorschläge des badische Delegierten waren eine Reaktion auf diese Gefahr, die auch Baden betraf. In der Zentralkommission für die Rheinschifffahrt, so seine Forderung, sollten die großen und die kleinen Staaten jeweils nur durch einen Kommissar vertreten werden, sie würden also ungeachtet ihrer Machtstellung im Staatensystem gleiche Mitspracherechte genießen. Damit wurde 1815 von dem badische Delegierten ein Prinzip formuliert, das sich erst nach 1919 schrittweise im Völkerrecht etablieren würde, die prinzipielle rechtliche Gleichheit von großen und kleinen Staaten. Dieses Motiv war auch nach 1945 für kleinere Staaten relevant bei ihrer Entscheidung internationalen Organisationen beizutreten, ob den Europäischen Gemeinschaften oder auch der NATO. Die rechtlich fixierten Strukturen sicherten den kleineren Staaten im politischen Prozess Mitspracherechte, die sie unter den anarchischen Bedingungen des Staatensystems im 19. Jahrhundert nicht hatten. Auch in dieser

---

15 Remarques concernant la convention à conclure d'un traité de commerce et de navigation sur le Rhin, par M. le Baron de Berckheim, plénipotentiaire de Bade, in: *Rheinurkunden, erster Teil (1803–1860)*, hg. v. der Zentral-Kommission für die Rheinschifffahrt, München / Leipzig 1918, S. 73.

16 Matthias Schulz, *Normen und Praxis. Das europäische Konzert der Großmächte als Sicherheitsrat 1815–1860*, München 2009.

Hinsicht war der Rhein ein Raum für Innovationen im Völkerrecht. Doch bezog sich diese Absicherung der politischen Interessen der kleineren Staaten nicht alleine auf die politischen Fragen. Ein anderer Vertreter eines kleinen Staates, Johann Freiherr von Türckheim für Hessen-Darmstadt, wies auf die wirtschaftlichen Ungleichgewichte am Rhein hin.[17] Die Erhaltung der Schifffahrtsstraße sei aus natürlichen Gründen am Niederrhein sehr viel billiger als am Oberrhein. Gleichzeitig sei am Niederrhein der Verkehr dichter, das heißt die Einnahmen aus den Gebühren deutlich höher als am Oberrhein. Gleichwohl würden alle Anrainerstaaten in gleichem Maße von der Freiheit der Rheinschifffahrt profitieren. Eine gemeinsame Verwaltung des Rheins durch eine gemeinsame Autorität würde diese Ungleichgewichte egalisieren. Dies war die wirtschaftliche Entsprechung des Argumentes: Die gemeinsame Verwaltung des Schifffahrtsweges durch eine internationale Organisation, die die politischen Machtungleichgewichte zwischen den Mitgliedstaaten egalisierte, versprach auch die aus den Wirtschaftsstrukturen erwachsenen wirtschaftlichen Unterschiede auszugleichen. Aus diesem Grunde plädierten vor allem die kleineren Staaten für eine internationale Organisation, die einerseits eine rechtsetzende Autorität hatte, andererseits aber Großmächte und kleinere Staaten politisch und wirtschaftlich gleich behandelte.

Ein anderes Argument für die Weiterentwicklung des Völkerrechtes wurde in der zweiten Hälfte des 19. Jahrhunderts an der Donau benutzt. Es ging in diesem Fall darum, konkrete Infrastrukturen und Wirtschaftsbereiche aus der nationalen Souveränität eines Staates herauszulösen, weil dies dem allgemeinen Interesse entsprach. Als Beispiel hierfür kann eine Überlegung Otto von Bismarcks aus dem Jahr 1871 herangezogen werden. In einem Schreiben an den preußischen Botschafter in Sankt Petersburg, Heinrich Prinz zu Reuss, vom 10. Januar 1871 reflektierte der preußische Ministerpräsident und künftige Reichskanzler über den Status der Donau als Schifffahrtsweg. Anlass waren die durch den deutsch-französischen Krieg und die nun unmittelbar bevorstehende Reichsgründung anstehenden Veränderungen des europäischen Staatensystems. Die Donau, so schrieb Bismarck, sei wichtig für den „Handel und die Schiffahrt [sic] Deutschlands“ und die Beibehaltung der Transitfreiheit auf dem Strom im deutschen Interesse. Dies ergebe sich aus dem „großen Reichtum an Erzeugnissen des Ackerbaus“ der Donaustaaten „und der Viehzucht, deren das westliche Europa bedarf“. Die Donaustaaten importierten im Gegenzug eine „große Menge von Erzeugnissen der Gewerbe, welche Deutschland und das westliche Europa hervorbringen“. Die Donau sei daher ein wichtiger Handelsweg für Eu-

17 Observations de M. le Baron de Türckheim, plénipotentiaire de Hesse-Darmstadt, in: *Rheinurkunden, erster Teil (1803–1860)*, hg. v. der Zentral-Kommission für die Rheinschifffahrt, München / Leipzig 1918, S. 68.

ropa insgesamt, der dauerhaft gesichert werden müsse. Die 1856 auf dem Pariser Kongress gegründete Donau-Kommission, so Bismarck, habe in diesem Zusammenhang gute Arbeit geleistet. Aber, „es würde eine Täuschung sein zu glauben, dass mit der einmal erfolgten Herstellung eines befriedigenden Zustandes die Aufgabe gelöst sei. Es kommt darauf an, diesen Zustand zu erhalten und diesem Zwecke bedarf es einer kräftigen, über die Verfolgung lokaler oder nationaler Interessen erhabenen, lediglich dem allgemeinen Interesse des Handels und der Schiffahrt [sic] wahrnehmenden Leitung".[18] Wichtig für den hier interessierenden Zusammenhang ist die Forderung nach einer von nationalen und regionalen Interessen unabhängigen, lediglich den „allgemeinen Interessen des Handels" verpflichteten Organisation. Die Kernidee war auch hier, die Donau als Schifffahrtsweg der nationalen Souveränität der Anrainerstaaten zu entziehen und einer dem Allgemeinwohl verpflichteten Organisation zu unterstellen. Erneut taucht damit die bereits 1815 von Wilhelm von Humboldt formulierte Vorstellung von einer „Volonté Générale" jenseits des Nationalstaates auf. Dabei ging es Bismarck gewiss nicht primär um die allgemeinen Interessen der Schifffahrt, sondern vor allem darum, Österreich-Ungarn die alleinige Kontrolle der strategisch wichtigen Donau-Schifffahrt zu entziehen. Auch dieser Gedanke sollte im 20. Jahrhundert im Zusammenhang mit der Europäischen Integration eine wichtige Rolle spielen. Die 1952 gegründete Europäische Gemeinschaft für Kohle und Stahl war ein rechtliches Instrument, um das in politischer und wirtschaftlicher Hinsicht als strategisch bedeutsam wahrgenommene Ruhrgebiet der exklusiven deutschen Kontrolle zu entziehen und internationaler Regulierung zu unterstellen. Erneut war es also ein Fluss gewesen, an dem völkerrechtliche Denkmuster erstmals eine konkrete Existenz erhalten hatten.

V

Mit dem Octroi-Vertrag und der Zentralkommission für die Rheinschifffahrt wurde ein Fluss-Raum geschaffen, dessen Basis das Völkerrecht war. Wie war dieser Raum beschaffen?

18 *Politisches Archiv des Auswärtigen Amtes*, Berlin R 12151, Bismarck an Reuss, 10.01.1871. Vgl. auch Dominik Haffer, *Europa in den Augen Bismarcks. Bismarcks Vorstellungen von der Politik der europäischen Mächte und vom europäischen Staatensystem*, Paderborn u.a. 2010, hier S. 247–249. Guido Thiemeyer, Die „Volonté Générale", das europäische Staatensystem und die Genese supranationaler internationaler Organisationen vom frühen 19. Jahrhundert bis in die Mitte des 20. Jahrhunderts, in: *Journal of European Integration History* 22 (2016), S. 229–248.

Zum ersten lässt sich festhalten, dass es sich nicht um einen statischen, sondern einen fluiden Raum handelte. Der Octroi-Vertrag bezog sich auf den Rhein als Schifffahrtsweg sofern der die Grenze zwischen Deutschland und Frankreich bildete. Mit dem Wiener Kongress wurde dieser Raum auf den niederländischen Teil des Flusses ausgedehnt. Zugleich entstand ein Konflikt darüber, ob auch die Mündung des Rheines in das Meer zu diesem Rechtsraum gehöre oder nicht. Ebenfalls gleichzeitig wurde darüber diskutiert, die rechtlichen Prinzipien des Rheinraumes auch auf andere Fluss-Räume zu übertragen. Es entstanden ähnliche Kommission für die Elbe, die Weser und 1856 auch für die Donau. Die Debatten um diese Kommissionen und ihre Beschaffenheit bezogen sich ausdrücklich auf den Rhein – auch wenn die dort entstandenen Kommissionen nicht notwendigerweise unmittelbare Kopien der Rhein-Kommission waren. Auch wenn sie sich an diesem Vorbild orientierten, besaßen die Elbe, die Weser, die Donau und später auch der Po und der Pruth eigenständige Kommissionen, deren institutionelle Struktur und ihre Kompetenzen sich nach den besonderen Bedingungen dieser Flussläufe richteten. In den 1880er Jahren wurden diese Strukturen auch auf außereuropäische Flüsse, den Kongo und den Niger, übertragen.

Aber nicht nur die Geographie, auch die politische Struktur der Fluss-Räume änderte sich. In den frühen Kommissionen am Rhein, an der Elbe und der Weser herrschte das Uferstaaten-Prinzip, das heißt, es waren die Anrainerstaaten der Flüsse, die einen gemeinsamen, über ihren einzelstaatlichen Territorien situierten Rechts-Raum schufen. Zwar versuchte die britische Regierung seit 1815 Mitglied der Rhein-Kommission zu werden, dies wurde von den Ufer-Staaten, insbesondere Frankreich aber zurückgewiesen. Mit der am 4. November 1856 gegründeten Europäischen Donau-Kommission änderte sich dies: Die Mitgliedstaaten waren die Europäischen Großmächte, Großbritannien, Frankreich, Preußen, Russland, die Donaumonarchie und Sardinien-Piemont. Damit wurde erstmals ein Fluss zu einem von den Uferstaaten unabhängigen, europäischen Raum erklärt. Gleichzeitig entstand allerdings auch die Uferstaaten-Kommission für die Donau nach dem Vorbild der Rhein-Kommission. Das am Rhein zu Beginn des 19. Jahrhunderts erstmals angewandte Prinzip der völkerrechtlichen Räume jenseits des (National-)Staates wurde im 20. Jahrhundert noch einmal weiterentwickelt. Der deutsche Außenminister Hermann Müller schlug unmittelbar nach dem Ersten Weltkrieg eine europäische Organisation nach dem Vorbild der Rhein-Kommission vor, die sich nicht mehr alleine auf die Schifffahrt beziehen sollte. Aristide Briand und Gustav Stresemann entwickelten in der zweiten Hälfte der 1920er Jahre ähnliche Ideen, die allerdings alle angesichts der europäischen Gesamtsituation scheiterten. Nach 1945 wurde der Gedanke im Rahmen der Europäischen Integration wieder aufgegriffen und im Kontext der Europäischen Gemeinschaft für Kohle und Stahl 1952 erstmals realisiert. Die Flussräume hatten sich weiterentwickelt zu europäischen Räumen.

Zum Zweiten wurden die Fluss-Räume durch wirtschaftliche Verflechtungen und ihre Entwicklung konstruiert. Die seit der Wende vom 18. zum 19. Jahrhundert konstant zunehmenden transnationalen wirtschaftlichen Verflechtungen, die sich insbesondere entlang der Infrastrukturen vollzogen, erforderten eine gemeinsame Organisation dieser Infrastruktur. Begünstigt wurde diese wirtschaftliche Verflechtung durch die technische Entwicklung. Die Durchsetzung der Dampfschifffahrt auf Rhein und Donau in der Mitte des 19. Jahrhunderts erforderte auch rechtlich-politische Anpassungen im Rahmen der Fluss-Kommissionen und der durch sie verwalteten Räume. Später wurde dies durch den Bau der Eisenbahnen, die sich auch an den Flussläufen orientierten noch einmal verstärkt.

Und schließlich war auch die klassische Machtpolitik von Bedeutung. Großbritannien versuchte seit 1815 Zugang zur Rhein-Kommission zu erhalten, um diesen Raum beeinflussen zu können. Die politische Bedeutung der Fluss-Räume wurde auch 1856 in der Europäischen Donau-Kommission deutlich, die die Donau zu einem übernationalen europäischen Raum machte. Im 20. Jahrhundert nahmen die machtpolitischen Strukturen innerhalb der Fluss-Räume noch einmal zu.

Bibliographie

Gothein, Eberhard, Rheinische Zollkongresse und Handelsprojekte am Ende des 17. Jahrhunderts, in: *Beiträge zur Geschichte vornehmlich Kölns und der Rheinlande*, hg. v. Archiv der Stadt Köln, Köln 1895, S. 361–400.

Haffer, Dominik, *Europa in den Augen* Bismarcks. *Bismarcks Vorstellungen von der Politik der europäischen Mächte und vom europäischen Staatensystem*, Paderborn u.a. 2010.

Hauptschluss der außerordentlichen Reichsdeputation, 25. Februar 1803, Art. 39. http://www.documentarchiv.de/nzjh/rdhs1803.html vom 20.12.2022.

Hugo Grotius, *De jure belli ac pacis*. Bd. II., übers. und eingeleitet v. Walter Schätzel, Tübingen 1950.

Kischel, Dieter, *Die Geschichte der Rheinschifffahrtsgerichtsbarkeit von 1804 bis in die Gegenwart. Unter besonderer Berücksichtigung der rheinpreußischen Verhältnisse*, Bergisch-Gladbach / Köln 1990.

Loos-Corswarem, Clemens von, Der Rhein als Verkehrsweg im 18. Jahrhundert, in: Ders. *Schifffahrt und Handel auf dem Rhein vom Mittelalter bis ins 19. Jahrhundert. Beiträge zur Verkehrsgeschichte*, Wien / Köln / Weimar 2020, S. 133–163.

Münsterscher Friedensvertrag, in: *Kaiser und Reich. Klassische Texte zur Verfassungsgeschichte des Heiligen Römischen Reiches Deutscher Nation vom Beginn des 12. Jahrhunderts bis zum Jahr 1806. Teil II.*, hg. v. Arno Buschmann, Baden-Baden [2]1994, S. 119.

Observations de M. le Baron de Türckheim, plénipotentiaire de Hesse-Darmstadt, in: *Rheinurkunden, erster Teil (1803–1860)*, hg. v. der Zentral-Kommission für die Rheinschifffahrt, München / Leipzig 1918, S. 68.

Oktroi-Vertrag zwischen dem Deutschen Reich und Frankreich vom 15. August 1804, in: *Rheinurkunden* Bd. 1; München / Leipzig 1918, Dok. Nr. 4, S. 6–25.

Politisches Archiv des Auswärtigen Amtes, Berlin R 12151, Bismarck an Reuss, 10.01.1871.

Procès verbal de la seconde conférence de la Commission relative à la libre navigation des rivières, à Vienne, le 8 février 1815, in: *Rheinurkunden, erster Teil (1803–1860)*, hg. v. der Zentral-Kommission für die Rheinschifffahrt, München / Leipzig 1918, S. 59ff.

Propositions de M. le baron de Humboldt, plénipotentiaire de la Prusse, undatiert, in: *Rheinurkunden, erster Teil (1803–1860)*, hg. v. der Zentral-Kommission für die Rheinschifffahrt, München / Leipzig 1918, S. 93.

Remarques concernant la convention à conclure d'un traité de commerce et de navigation sur le Rhin, par M. le Baron de Berckheim, plénipotentiaire de Bade, in: *Rheinurkunden, erster Teil (1803–1860)*, hg. v. der Zentral-Kommission für die Rheinschifffahrt, München / Leipzig 1918, S. 73.

Schmidt, Lennart, *Die Integration der europäischen Binnenschifffahrt und die Genese der Supranationalität im frühen 19. Jahrhundert*, Düsseldorf 2021.

Schulz, Matthias, *Normen und Praxis. Das europäische Konzert der Großmächte als Sicherheitsrat 1815–1860*, München 2009.

Spaulding, Robert Mark, Revolutionary France and the Transformation of the Rhine, in: *Central European History* 44 (2011), S. 203–226.

Spaulding, Robert Marc, The Octroi-Treaty of 1805: Origin of Modern Administration on the Rhine, in: *L'espace rhénan. Pôle de savoirs*, hg. v. Catherine Maurer und Astrid Strack-Adler, Straßburg 2013, S. 131–143.

Thiemeyer, Guido, Isabel Tölle, Supranationalität im 19. Jahrhundert? Die Beispiele der Zentralkommission für die Rheinschifffahrt und des Octroi-Vertrages, in: *Journal of European Integration History* 17 (2011), S. 177–196.

Thiemeyer, Guido, Die „Volonté Générale", das europäische Staatensystem und die Genese supranationaler internationaler Organisationen vom frühen 19. Jahrhundert bis in die Mitte des 20. Jahrhunderts, in: *Journal of European Integration History* 22 (2016), S. 229–248.

200 Jahre Geschichte. Zentralkommission für die Rheinschifffahrt, unter der Leitung von Jean-Marie Woerling, Sylvain Schirmann, Martial Libera, Straßburg 2015.

Bildnachweise

Beitrag von Hülsen-Esch

Die Abbildungen 1, 2, 3, 4, 11, 12 und 14 stammen aus dem Prometheus-Bildarchiv.

Abb. 1 Binding, Günther, Meister der Baukunst, Darmstadt 2004, Abb. 69 / Foto Detmar, Frankfurt a.M.

Abb. 2 Ausst.-Kat. Niclaus Gerhaert. Der Bildhauer des späten Mittelalters, hg. von Stefan Roller, Petersberg: Michael Imhof 2011, Abb. 35

Abb. 3 Schulze–Senger, Christa / Hansmann, Wilfried: Der Clarenaltar im Kölner Dom - Dokumentation der Untersuchung, Konservierung und Restaurierung, Worms 2005, S. 145, Abb. 148

Abb. 4 Van Eyck bis Dürer, hg. von Till–Holger Borchert, Brügge 2010, S. 289 Kat.–Nr. 125 / Berlin, Staatl. Museen, Gemäldegalerie, Kat.-Nr. 1656 / Foto Jörg P. Anders

Abb. 5 Corpus der älteren Germania-Karten. Ein annotierter Katalog der gedruckten Gesamtkarten des deutschen Raumes von den Anfängen bis um 1650, hg. v. Peter H. Meurer, Alphen aan den Rijn, 2001, Bd. 2, Taf. 1.5 / Bayerische Staatsbibliothek München, Rar. 287, ff. 307v-308r. CC BY-NC-SA 4.0, https://www.digitale-sammlungen.de/de/view/bsb00034024?page=688,689

Abb. 6 Corpus der älteren Germania-Karten. Ein annotierter Katalog der gedruckten Gesamtkarten des deutschen Raumes von den Anfängen bis um 1650, hg. v. Peter H. Meurer, Alphen aan den Rijn, 2001, Bd. 2, Taf. 2.3 / Germanisches Nationalmuseum Nürnberg

Abb. 7 © akg–images GmbH

Abb. 8 Sáenz-López Pérez, Sandra, *The Beatus Maps. The Revelation of the World in the Middle Ages,* Burgos 2014, S. 30f., Abb. 4 / Kapitel der Kathedrale von El Burgo de Osma, Soria

Abb. 9 Reichert, Folker; Das Bild der Welt im Mittelalter, Darmstadt, Primus Verlag, 2013, S. 24 / Bayerische Staatsbibliothek München, Clm 10058, fol. 154v

Abb. 10 Sáenz-López Pérez, Sandra, *The Beatus Maps. The Revelation of the World in the Middle Ages,* Burgos 2014, S. 86, Abb. 43 / Pierpont Morgan Library, New York

Abb. 11 + 12 Rolf Lauer, Der Schrein der Heiligen Drei Könige, Köln: Verl. Kölner Dom 2006, S. 22 Abb. 12 u. S. 64 Abb. 73. ©Köln, Dombauarchiv

Abb. 13 © Rheinisches Bildarchiv/Wolfgang F. Meier

Abb. 14 Ursula Mende, Die Bronzetüren des Mittelalters 800-1200, München 1983, Taf. 101 (nach Adolph Goldschmidt, Die Bronzetüren von Nowgorod und Gnesen, Marburg a.L. 1932)

Abb. 15 Clemens Paulusch, Deutschland in historischen Karten, Berlin 2019, Abb. 2 / Bayerische Staatsbibliothek München. CC BY-NC-SA 4.0, http://daten.digitale-sammlungen.de/bsb00034024/image_1

https://doi.org/10.1515/9783111102771-014

Abb. 16	Magie Bergkristall. Ausstellungskatalog. Köln, hg. v. Manuela Beer, München 2022, S. 240, Abb. 229. © Wibke Bornkessel
Abb. 17	© Schatzkammer Werden, Foto Ansgar Hoffmann
Abb. 18	Ausst.-Kat. *Van Eyck. Eine optische Revolution* (Museum voor Schone Kunsten, Gent, 1. Feb. bis 30. Apr. 2020), hg. von Maximilian Martens, Till-Holger Borchert, Jan Dumolyn, Johan De Smet u. Frederica Van Dam, Stuttgart 2020, S. 298, Abb. 12.1 / © Turin, Museo Civico d'Arte Antica, Palazzo Madama
Abb. 19, 20	Ausst.-Kat. *Van Eyck. Eine optische Revolution* (Museum voor Schone Kunsten, Gent, 1. Feb. bis 30. Apr. 2020), hg. von Maximilian Martens, Till-Holger Borchert, Jan Dumolyn, Johan De Smet u. Frederica Van Dam, Stuttgart 2020, S. 298, Abb. 12.2 / © Turin, Museo Civico d'Arte Antica, Palazzo Madama (Reproduktion mit freundlicher Genehmigung der Fondazione Torino Musei)

Beitrag Wirbelauer

Abb. 1	https://www.oberrheingraben.de/Morphologie/Oberrhein_Morph_RB_200.jpg / Zeichnung Christian Röhr (letzter Zugriff am 07.03.2023)
Abb. 2, 6, 7, 8	© Eckhard Wirbelauer
Abb. 3	https://fr.wikipedia.org/wiki/Tour_du_télégraphe_Chappe_de_Saverne#/media/Fichier:Tour_du_telegraphe_Chappe_Saverne_01.JPG / Hans-Peter Scholz Ulenspiegel (letzter Zugriff am 07.03.2023)
Abb. 4	Österreichische Nationalbibliothek Wien, Public Domain. https://digital.onb.ac.at/RepViewer/viewer.faces?doc=DTL_2764184&order=1&view=SINGLE (letzter Zugriff am 07.03.2023)
Abb. 5	Mit freundlicher Genehmigung von Ketterer Kunst GmbH
Abb. 6	© Stadtarchiv Kehl
Abb. 9	© Christoph Schäfer, Trier
Abb. 10	Quelle: Archiv Axel Mayer

Beitrag Schurr

Abb. 1	© Carta Historica
Abb. 2	Sauerländer, Willibald, *Gotische Skulptur in Frankreich 1140-1270*, München 1970, S. 109, Abb. 49
Abb. 3	Lauer, Rolf, *Der Schrein der Heiligen Drei Könige*, Köln 2006, S. 63, Abb. 71 / ©Köln, Dombauarchiv
Abb. 4, 5, 6	© Marc C. Schurr
Abb. 7	Zeichnungen © Katarina Papajanni

Beitrag Trinkert

Abb. 1 © Carta Historica

Abb. 2 Library of Congress, Washington, DC, G3200 1507 .W3, https://lccn.loc.gov/2003626426 (letzter Zugriff am 07.03.2023)

Abb. 3 Public domain

Abb. 4 CC BY-NC 3.0, https://mapy.mzk.cz/de/mzk03/001/060/306/2619268282/ (letzter Zugriff am 07.03.2023)

Abb. 5 Universitätsbibliothek Heidelberg / A 330 A Folio RES:1–2 bzw. VD16 B 7180 / 24 Public Domain

Abb. 6 Berggren, Lars, The Export of Limestone and Limestone Fonts from Gotland during the Thirteenth and Fourteenth Centuries, in: *Cogs, Cargoes, and Commerce: Maritime Bulk Trade in Northern Europe, 1150–1400*, hg. von Lars Berggren, Toronto 2006, S. 143-180, hier S. 163, Abb. 18 © Lars Berggren und Annette Landen

Abb. 7 Thorkild Sørensen, https://mapio.net/pic/p-60146642/ (letzter Zugriff am 07.03.2023)

Abb. 8 Bayerische Staatsbibliothek München, CC BY-NC-SA 4.0, https://mdz-nbn-resolving.de/details:bsb00025551 (letzter Zugriff am 07.03.2023)

Abb. 9 Lennart Karlsson, The Swedish History Museum/SHM (CC BY)

Abb. 10 Lennart Karlsson, The Swedish History Museum/SHM (CC BY)

Beitrag Mattern

Abb. 1 CC BY-SA 3.0, Autor: WWasser, keine Änderungen vorgenommen, https://commons.wikimedia.org/wiki/File:Flusssystemkarte_Rhein_02.jpg (letzter Zugriff am 07.03.2023)

Abb. 2 CC BY-SA 4.0, Autor: Alphathon, Detailansicht, https://de.wikipedia.org/wiki/Datei:Mitteleuropa_zur_Zeit_der_Staufer.svg#metadata (letzter Zugriff am 07.03.2023)

Abb. 3 © Prof. em. Dr. Jan Goossens

Abb. 4 © Universitätsbibliothek Heidelberg, Signatur Cod. Pal. Germ. 848, S. 18r, https://digi.ub.uni-heidelberg.de/diglit/cpg848/0031(letzter Zugriff am 07.03.2023)

Abb. 5 © Universitätsbibliothek Heidelberg, Signatur Cod. Pal. Germ. 848, S. 18v, https://digi.ub.uni-heidelberg.de/diglit/cpg848/0032 (letzter Zugriff am 07.03.2023)

Abb. 6 © Universitätsbibliothek Heidelberg, Signatur Cod. Pal. Germ. 848, S. 4v, https://digi.ub.uni-heidelberg.de/diglit/cpg848/0004 (letzter Zugriff am 07.03.2023)

Beitrag Körner

Abb. 1 CC BY-SA 4.0, Inv.-Nr. 8522, © Foto Johannes Stoll / Belvedere, Wien

Abb. 2 © RMN–Grand Palais (Musée du Louvre) – Thierry Le Mage, https://www.photo.rmn.fr/archive/07-532181-2C6NU0JJC1OV.html (letzter Zugriff am 07.03.2023)

Abb. 3 Sourvinou-Inwood, Chrsitiane, *‚Reading Greek Death' to the End of the Classical Period*, Oxford 1995, Taf. 11 (Courtesy of the Visitors of the Ashmolean Museum, Oxford)

Abb. 4 © 2017 RMN–Grand Palais (Musée du Louvre) / Franck Raux, https://www.photo.rmn.fr/archive/17-633012-2C6NU0AKWXZ_O.html (letzter Zugriff am 07.03.2023)

Abb. 5 CC BY-NC-SA 4.0 Staatliche Museen zu Berlin, Kupferstichkabinett / Philipp Allard CC BY-NC-SA 4.0

Abb. 6 Cirri, Caterina, *The Sistine Chapel – Die Sixtinische Kapelle*, Bagno a Ripoli 2011, S. 25, Foto Servizio Fotografico dei Musei Vaticani © 2011 Musei Vaticani

Abb. 7 Kirchner, Thomas, Programmbilder in Konkurrenz. Jacques-Louis Davids Brutus und das Erbe des Ancien Régime, in: *Schönheit und Revolution. Klassizismus 1770-1820*, hg. v. Maraike Bückling und Eva Mongi–Vollmer, München 2013, S. 144-153, hier: S. 150 © 2017 RMN-GP (Château de Versailles) © Gérard Blot

Abb. 8 © 2017 RMN-Grand Palais (Musée du Louvre) / Rabeau/Didierjean/Chan-Liat, https://www.photo.rmn.fr/archive/21-510669-2C6NU0AD6NO5A.html (letzter Zugriff am 07.03.2023)

Abb. 9 *Stiftung Deutsches Historisches Museum Berlin: Im Atelier der Geschichte. Gemälde bis 1914 aus der Sammlung des Deutschen historischen Museums* (Ausst.–Kat., Berlin, Deutsches Historisches Museum 2012), hg. v. Sabine Beneke und Annette Vogler, Dresden 2012, S. 125 © bpk / Deutsches Historisches Museum / Arne Psille

Abb. 10 © 2014 RMN-Grand Palais (Musée du Louvre) / Franck Raux, https://www.photo.rmn.fr/archive/14-551159-2C6NU0AGFZNGL.html (letzter Zugriff am 07.03.2023)

Abb. 11 Ziegler, Hendrick, *Der Sonnenkönig und seine Feinde. Die Bildpropaganda Ludwigs XIV. in der Kritik* (Studien zur internationalen Architektur– und Kunstgeschichte, Bd. 79), Petersberg 2010, zugl. Hamburg: Univ. Habil 2007, S. 204, Taf. 25 © RMN–GP (Château de Versailles) / © Gérard Blot / Hervé Lewandowski

Abb. 12 Burke, Peter, *Ludwig XIV. die Inszenierung des Sonnenkönigs*, Berlin 1993 © Château de Versailles, Dist. RMN / Jana Zimmermann

Abb. 13 Archiv des Autors © RMN–GP (Château de Versailles)

Abb. 14 Public domain

Abb. 15 Public domain

Abb. 16 © 2015 RMN–Grand Palais (musée du Louvre) / Michel Urtado, https://www.photo.rmn.fr/archive/12-546856-2C6NU087SHPQ.html (letzter Zugriff am 07.03.2023)

Abb. 17 © picture alliance / dpa / Roland Scheidemann und © VG Bild-Kunst, Bonn 2023

Autorenviten

Miriam Edlich-Muth (1981) ist seit 2017 Professorin für mittelalterliche englische Literatur und historische Linguistik an der Heinrich-Heine-Universität Düsseldorf. In ihren Forschungen verbindet sie das Materielle mit dem Ephemeren, indem sie digitale Analyse- und Visualisierungstechniken einsetzt, um neue Perspektiven auf die mittelalterliche Handschriftenkultur zu schaffen. Des Weiteren forscht sie über die Anpassungsgeschichte weit verbreiteter mittelalterlicher Texte, wie zum Beispiel Romane, und über die Rolle affektiver Narrative für die Identitätsbildung bei der Begegnung mit Artefakten der Toten im Mittelalter und im 21. Jahrhundert.

Gero Faßbeck (*1985) ist wissenschaftlicher Mitarbeiter am Institut für Romanistik der Heinrich-Heine-Universität Düsseldorf. Seine Forschungsschwerpunkte liegen im Bereich der französischen Gegenwartsliteratur, der Literatur der Moderne sowie im Bereich der frühneuzeitlichen Dichtung Frankreichs und Spaniens. Zuletzt erschienen sind seine Dissertation *Wirklichkeit im Wandel. Schreibweisen des Realismus bei Balzac und Houellebecq* (Bielefeld 2021) und seine Übersetzung (zusammen mit Luca Viglialoro) des Buches *Ikonografie des Autors* (Wien 2021) von Federico Ferrari und Jean-Luc Nancy.

Hans Hecker (*1942) habilitierte sich über russische Universalhistoriker und war 1982–2007 Professor für Osteuropäische Geschichte an der Heinrich-Heine-Universität Düsseldorf. Er veröffentlichte vor allem zu den Themenbereichen: Geschichte der Geschichtsschreibung, russische und polnische Geschichte, Stalin/Stalinismus, historische deutsch-osteuropäische Beziehungen, Geschichte der Deutschen und der Juden im östlichen Europa, historische Einheit Europas, Probleme der Grenze sowie Krieg und Frieden im östlichen Europa.

Ursula Hennigfeld (*1977) ist Professorin für Romanistische Literatur- und Kulturwissenschaft an der Heinrich-Heine-Universität Düsseldorf. Ihre Arbeitsschwerpunkte liegen u. a. im Bereich der romanischen Kulturen der Frühen Neuzeit sowie der französisch- und spanischsprachigen Literatur- und Kulturwissenschaft der Gegenwart. Zuletzt publizierte sie die Monographien „Terror und Roman – 9/11-Diskurse in Frankreich und Spanien“ (2021) und „Lazarus – Literarische Latenzen in romanischen Literaturen des 20. Jahrhunderts“ (2022).

Andrea von Hülsen-Esch (*1961) ist seit 2001 Professorin für Kunstgeschichte an der Heinrich-Heine-Universität Düsseldorf. Ihre Forschungsschwerpunkte sind u. a.: Materialität, Temporalität und Produktion in der Kunst, Kunstsoziologie, transdisziplinäre Forschungen zu Alter(n)sdarstellungen in der Kunst des Mittelalters und der Frühen Neuzeit, Bühnenbilder vom 16. bis 19. Jahrhundert, Geschichte des Kunsthandels, Künstlernetzwerke und Künstlervereinigungen in der Klassischen Moderne, Digital Art History.

Hans Körner (*1951) war von 1992 – 2017 Lehrstuhlinhaber am Institut für Kunstgeschichte der Heinrich-Heine-Universität Düsseldorf. Seine Arbeitsschwerpunkte sind die mittelalterliche Grabmalskunst, spätmittelalterliche Druckgraphik, Malerei der italienischen Frührenaissance, französische Malerei, Plastik und Kunstliteratur (17. – 20. Jh.), deutsche Malerei und Plastik (19. – 20. Jh.), die Kunstgeschichte des Tastsinns, die Geschichte des Ornaments, Rahmengeschichte, Outsider Art, christliche Kunst des 19. und 20. Jhs. in Frankreich und Deutschland.

https://doi.org/10.1515/9783111102771-015

Achim Landwehr (*1968) ist seit 2008 Professor für Geschichte der Frühen Neuzeit an der Heinrich-Heine-Universität Düsseldorf. Seine Forschungsschwerpunkte liegen in den Bereichen der europäischen Geschichte des 17. Jahrhunderts, der Geschichtstheorie, der Zeiten-Geschichte, der Geschichte von Weltmodellierungen sowie der Geschichte fluider Räume.

Tanja Mattern (*1974) ist seit 2018 als Akademische Rätin am Institut für Germanistik der Heinrich-Heine-Universität Düsseldorf. Ihr Habilitationsprojekt hat den Titel: ‚Goldene Zeiten. Macht, Metall und Materialität in der europäischen Heldenepik'. Ihre Forschungsschwerpunkte sind die Kultur und Literatur mittelalterlicher Frauenklöster, Lyrik des Hoch- und Spätmittelalters, europäische Heldenepik und Literaturbeziehungen zwischen Latein und Volkssprache.

Marc Carel Schurr (*1965) bekleidete nach Stationen in Freiburg (Schweiz), Bern und an der ETH Zürich eine Gastprofessur in Wien, sowie Professuren in Grenoble und von 2012–2022 an der Universität Straßburg. Seit September 2022 ist er Professor für Architekturgeschichte und Bauforschung an der Universität Trier; seine Forschungsschwerpunkte sind die Bauforschung und Denkmalpflege sowie Kunstgeographie.

Guido Thiemeyer (*1967) bekleidete nach Gastprofessuren in Innsbruck, Metz, Siegen, Heidelberg und Köln von 2010 bis 2013 eine Professur für Zeitgeschichte an der Universität Cergy-Pontoise. Seit 2013 ist er Professor für Neuere Geschichte an der Heinrich-Heine-Universität Düsseldorf. Er beschäftigt sich in Forschung und Lehre mit der Geschichte Europas im 19. und 20. Jahrhundert, insbesondere mit der Geschichte der Europäischen Integration und den deutsch-französischen Beziehungen.

Julia Trinkert (*1983) ist Juniorprofessorin für die Kunstgeschichte des Mittelalters am Institut für Kunstgeschichte an der Heinrich-Heine-Universität Düsseldorf. Ihre Arbeitsschwerpunkte sind vor allem die Kunstgeschichte des Mittelalters und der Frühen Neuzeit in Nordeuropa und Ostmitteleuropa mit einem Schwerpunkt auf den Bildkünsten, Bildfunktionen und Sakraltopografie, Kunstproduktion und Kunsthandel, Künstlersozialgeschichte, Kunstsoziologie, Kulturerbe, Materielle Kultur und Architektur des 18. Jahrhunderts, Digital Art History, Criticial Heritage Studies.

Eckhard Wirbelauer (*1962) ist seit 2004 Professor an der Université de Strasbourg, zunächst für Griechische Geschichte, seit 2006 für Römische Geschichte. Sein besonderes Interesse gilt deutsch-französischen Studiengängen und Lehrangeboten von der Licence bis zur Promotion. Seine Forschungsgebiete in der Alten Geschichte liegen im Bereich der Geschichte der Stadt Rom und der Spätantike (Papsttum, kirchenrechtliche Sammlungen), in der griechischen und römischen Landesgeschichte (Kephallenia und Ithaka, Oberrhein) sowie in der Wissenschaftsgeschichte, insbesondere mit Blick auf die Universitäten Freiburg im Breisgau und Straßburg.

Personennamen

https://doi.org/10.1515/9783111102771-016

Ortsnamen

https://doi.org/10.1515/9783111102771-017

Gewässer und topographische Bezeichnungen

https://doi.org/10.1515/9783111102771-018

www.ingramcontent.com/pod-product-compliance
Lightning Source LLC
LaVergne TN
LVHW010852110826
845149LV00005B/1389

* 9 7 8 3 1 1 1 0 8 5 3 4 0 *